동양인의 영원한 지혜의 샘터

菜根譚

채근담

李錫浩 譯

明文堂

동양인의 영원한 지혜의 샘터

李錫浩 譯

明文堂

사람의 욕심에는 한이 없다. 99섬의 곡식을 가진 이가 100섬을 채우려 든다. 이런 욕심을 만족시키고자 수단과 방법을 가리지 않다가 구렁텅이에 빠진 뒤에야 후회하는 사람들이 많이 있다.

'수인사 대천명(修人事 待天命)'이라 하여 최선을 다하고 결과를 기다림이 교양인의 자세일 것이다. 낚싯밥도 달지 않고 고기를 바라거나 올무도 없이 노루를 잡으려 든다면, 이는 근본적으로 허황된 것이다.

여러 모로 최선을 다했으나 목표 달성이 어려울 때는 빨리 길을 달리 잡아야 할 것이다. 자꾸 미련을 가지고 연연한다면 시간만 가고 속된 인간이 될 뿐이다.

요즘같이 황금만능 시대일수록 마음의 자세는 더욱 중요하다. 물질의 지족(知足)보다 마음의 지족을 찾아야 할 것이다.

'나물 뿌리를 씹어 먹을 수 있으면 온갖 일을 다 이루리라.'

정말로 훌륭한 사람은 밑바닥 생활부터 경험해야 할 것이다. 옛말에도 "소년고생 사서 한다"고 했다. 초근목피(草根木皮)로 연명하면서 각고(刻苦)의 노력이 있는 사람만이 대성(大成)할 수 있음은 만고의 진리이다.

이 ≪채근담≫은 저자 홍자성(洪自誠)이 나물 뿌리를 씹는 담박한 생활에서, 또 오랜 체험의 토대 위에서 지어낸 명언집(名言集)이다. 유교(儒敎)에 기본을 두었으되 불가(佛家)와 도가(道家)의 설도 가미하여 폭넓게 인간의 갈 길을 제시하고 있다. 특히 인간이 욕망을 줄이고 초탈(超脫)의 경지로 나아갈 길을 여러 각도에서 설명하고 있다. 속세에 살면서 그 더러움에 물들지 않고, 고아한 경지에 뜻을 두되 외로운 생각에 빠지지 말 것이며, 일을 줄여 복을 찾는 등의 경지를 강조하고 있다.

더욱이 요즘같이 인정이 각박하고 사람의 도의가 땅에 떨어진 듯한 현실에서는 조용한 마음으로 옷깃을 여미고 매일 한 구절씩 감상해보면 우리의 갈 길을 저절로 찾고, 마음의 기쁨을 한껏 누릴 수 있을 것이다. 따라서 부귀빈천을 막론하고 이 ≪채근담≫은 누구에게나 인격 수양의 양약(良藥)이 되고 참된 삶의 청량제(淸涼劑)가 될 수 있다.

그래서 둔한 붓으로 번역을 시도해 보았다. 독자 여러분의 기탄없는 질정(質正)을 바라며 번역에 임한 소회를 적는다.

역자 씀

題 詞

제 사

逐客孤踪하고 屏居蓬舍하며 樂與方以內人遊하고 不樂與方以外人遊也라. 妄與千古聖賢과 置辯於五經同異之間하고 不妄與二三小子로 浪跡于雲山變幻之麓也라. 日與漁父田夫로 朗吟唱和於五湖之濱綠野之坳하고 不日與競刀錐榮升斗者로 交臂抒情於冷熱之場腥羶之窟也라. 間有習濂洛之說者牧之하고 習竺乾之業者闢之하되 爲譚天雕龍之辯者遠之라. 此足以畢予山中伎倆矣라.

適有友人洪自誠者하여 持菜根譚하여 示予하고 且丐予序라. 予始訑訑然視之耳라. 旣而徹几上陳編하고 屏胸中雜慮하고 手讀之하니 則覺其譚性命에 直入玄微하고 道人情에 曲盡岩險하여 俯仰天地에 見胸次之夷猶하고 塵芥功名에 知識趣之高遠하며 筆底陶鑄에 無非綠樹靑山하고 口吻化工에 盡是鳶飛魚躍이라. 此其自得何如는 固未能深信이나 而據所擒詞하면 悉砭世醒人之喫緊하여 非入耳出口之浮華也라. 譚以菜根名하니 固自清苦歷練中來하고 亦自栽培灌漑裡得하니 其顚頓風波와 備嘗險阻를 可想矣라.

洪自曰, '天勞我以形이면 吾逸吾心以補之하고 天阨我以遇하면 吾高吾道以通之하리라'하니 其所自警自力者를 又可思矣라. 由是로 以數語辯之하여 俾公諸人人하여 知榮根中有眞味也라.

三峯主人 于孔兼 題

방문객도 쫓아버리고 외로이 엉성한 집에 틀어박혀 살면서, 유도(儒道)의 사람들과는 놀기를 즐기고, 그 밖의 사람들과는 교유하기를 즐기지 않았다. 망령되이 옛날 성현들과는 오경(五經)의 뜻의 같고 다름을 의론하되, 함부로 두세 젊은이들과 자연의 모습이 때때로 변하는 산기슭에 함부로 자취를 나타내지 아니하였다. 날마다 어부나 농부와 오호(五湖)의 물가나 푸른 들 가운데서 읊조리고 노래하되, 날마다 한 푼의 이익을 다투고 조그만 지위의 차를 영광으로 여기는 자들과는 변덕이 심하고 이해만 따지는 소굴에서 서로 사귀지 않았다. 혹 염락(濂洛, 염계濂溪 주돈이周敦頤와 낙양洛陽의 정호程顥, 정이程頤 형제 곧 유학을 지칭)의 설을 배우려는 자가 있으면 이들을 가르치고, 축건(竺乾, 불교)의 공부를 하고자 하는 자가 있으면 일깨우되, 하늘을 말하고 용을 조각하는 듯한 허황된 변론을 하는 자는 멀리했다. 이렇게 나는 산속에서 사는 사람의 기량을 다해 왔다.

마침 홍자성(洪自誠)이란 벗이 있어 ≪채근담≫을 가지고 와서 나에게 보이면서 나의 서문을 요구했다. 나는 처음에는 이를 건성으로 보았을 뿐이었다. 그러나 이윽고 책상 위의 묵은 책들을 물리치고, 가슴속의 잡념을 없애고 손에 책을 잡고 읽어보니, 그가 인생의 본성을 논하매 곧 현묘한 경지에 이르고, 인정을 말하매 인생의 괴로움을 곡진하게 밝혀서, 천지를 바라보며 심중의 유연(悠然)함을 보고, 공명이 티끌같이 여겨지고 견식이 고원(高遠)해져, 붓끝으로 녹수청산을 만들어 내고, 입으로부터 나오는 말이 연비어약(鳶飛魚躍)의 생동감을 나타냄을 깨달았다. 이는 그가 얼마나 자득(自得)하고 있는가를 진실로 깊이 믿을 수는 없지만, 그러나 그가 서술한 말에 의하면 모두가 세인을 깨우치는 긴요한 것들로서, 귀로 듣고 입으로 내뱉는 경박한 것은 아니었다. '채근담'이라 이름했으니, 본디 스스로 청고(淸苦)한 경험 속에서 이루어졌고, 또한 스스로 가꾸고 물 주는 속에서 얻어진 것이다. 풍파에 시달리고 험난함을 겪은 데서 생겨났음을 가히 상상할 수 있다.

홍자성이 말하기를, "하늘이 나를 몸으로써 괴롭히면 나는 내 마음을 편안하게 하여 이를 보충하고, 하늘이 나에게 액을 만나게 하면 나는 나의 도를 높여 이를 통하게 하리라"(전집 90 참조) 하였으니, 그가 스스로 경계하고 스스로 힘썼음을 또한 생각할 수 있다. 이로 말미암아 몇 마디 말로써 이 책을 소개하여 여러 사람에게 공개함으로써 이 ≪채근담≫ 가운데 인생의 참된 맛이 있음을 알게 하는 바이다.

삼봉주인 우공겸 씀

일러두기

- 이 책은 홍자성의 ≪채근담≫을 대본으로 하여 한 줄도 빼놓지 않고 완역한 것이다.
- 원본에는 전집 225조, 후집 134조로 되어 있는데, 후집을 135조로 하여 도합 360조로 나누어 번역하였다.
- 한자 한문 습득에 편하게 하기 위하여 원문에는 음과 토를 달았으며, 한자의 음은 원음대로 달고 두음법칙(頭音法則)을 적용하지 않았다.
- 원문을 앞에 놓고 역문(【문의(文義)】)을 다음에 놓았으며, 이해를 돕기 위하여 【요지(要旨), 자의(字義), 어의(語義)】 등의 난을 두어 설명하였다.
- 한자의 짜임새를 이해하게 하고자 【자원(字源)】 난을 두어 한자의 자원을 밝혔다. 다만 상용한자 1800자에 국한하였다.
- 본문에 숨어 있는 전고(典故)의 내용, 출처, 기타 인용 시문(詩文), 본문과 유사한 명언 등을 모아 【해설】 난으로 묶어 설명하여 이해를 돕게 하였다. 간혹 본문 내용에 해당하는 예화(例話)를 곁들이기도 하였다.
- 한문의 문법 특징을 간략히 설명하기 위하여 【참고】 난을 둔 곳도 있다.

차 례

머리말   3

제사題詞   5

일러두기   8

······ 전집前集   29

1. 도덕을 지키는 달인達人   31

2. 차라리 순박하고 소탈疏脫하라   33

3. 군자는 재주를 감추어라   35

4. 알면서도 이용하지 말라   37

5. 충언忠言은 수양修養의 숫돌이다   39

6. 마음속에 즐거움을 가져라   41

7. 지인至人은 평범하다   42

8. 정중동靜中動, 망중한忙中閑이 긴요하다   45

9. 정적靜寂 속에 본심을 관조觀照하라   47

10. 실패한 후에 성공한다   48

11. 지조志操는 청렴결백에서 뚜렷해진다   51

12. 넓은 마음으로 살아가라   52

13. 한 걸음 양보하며 살아가라   54

14. 속세를 벗어나면 명사名士요 성인聖人이다   56

15. 의협심義俠心과 양심이 있어야 사람이다   58

16. 덕은 남보다 앞서고, 이利는 남보다 뒤처져라   59

17. 양보와 관용寬容에 힘써라   61

18. 공功을 자랑 말고 죄를 뉘우쳐라   63

19. 명예를 독점하지 말라   65

20. 매사에 여유를 두라   67

21. 화기和氣로 융합하라   69

22. 정적靜寂 속에 활력이 있어야 한다   71

23. 남에게 지나치게 기대하지 말라   72

24. 광명은 어둠 속에서 나온다   74

25. 정기正氣와 진심眞心으로 살아가라   76

26. 사전事前에 미혹迷惑에 대처하라   78

27. 경륜經綸과 한정閑情을 함께 지녀라   80

28. 성공과 감은感恩만을 바라지 말라   82

29. 지나치게 괴로워하거나 결백潔白하지 말라   84

30. 진퇴유곡進退維谷일 때는 근원根源으로 돌아가라   86

31. 총명한 사람은 과묵寡默하다   88

32. 입장을 바꿔 봐야 잘 안다   90

33. 부귀공명이나 인의도덕仁義道德에 얽매이지 말라   92

34. 독선獨善과 총명聰明을 버려라   94

35. 한 걸음 후퇴와 양보에 힘써라   96

36. 누구에게나 예의를 갖추어 대하라   98

37. 총명聰明과 화려함을 배제排除하라   100

38. 마음속의 악마와 나 자신의 객기客氣부터 버려라   102

39. 자녀교육에는 교우交友관계가 가장 중요하다   104

40. 여색女色을 삼가고 정의正義에 용감하라   105

41. 극단을 피하고 중용中庸의 길을 가라   107

42. 뜻이 있으면 길이 있어 운명을 개척한다   109

43. 입신立身에는 진일보進一步하고, 처세에는 퇴일보退一步하라   111

44. 학자는 정신을 한 곳에 집중하라   113

45. 모든 것은 마음에 달려 있다   115

46. 수도修道는 목석木石, 정치는 운수雲水의 마음으로 행하라   117

47. 착한 사람은 화기和氣, 악한 사람은 살기殺氣로 구분할 수 있다   119

48. 어두운 곳이라고 죄를 짓지 말라   120

49. 일은 간소해야 행복하다   122

50. 방정方正과 원만圓滿, 관대와 엄격을 적절히 활용하라   124

51. 은혜를 베풀었거든 생각하지 말라   126

52. 은혜를 베풀면 보답을 바라지 말라   127

53. 나와 남을 비교하여 균형을 맞추라   129

54. 마음이 맑아야 진리를 탐구할 수 있다   131

55. 검소하고 졸렬拙劣함이 도리어 천성天性을 보전한다 133

56. 매사에 맡은 바 실질實質을 다하라 135

57. 사물의 노예가 되지 말고 본성本性으로 돌아가라 137

58. 고생 끝에 낙이 있다 139

59. 부귀와 명예는 얻는 방법에 따라 다르다 141

60. 사군자士君子는 좋은 언행을 해야 한다 143

61. 삼가는 마음과 말쑥함을 겸하라 144

62. 뛰어난 재주를 지닌 사람은 귀인貴人과 같다 146

63. 군자는 중용中庸의 길을 간다 148

64. 명예욕과 객기客氣를 버려라 150

65. 심지心地가 확고해야 유혹을 물리친다 151

66. 하나만 알고 둘은 모른다 153

67. 잘못하고 뉘우치면 그래도 양심良心이 있다 154

68. 자연의 이치를 따르며 대비하라 156

69. 중화中和를 지켜야 복을 받는다 158

70. 즐거운 마음에 복이 깃든다 159

71. 차라리 입 다물고 모른 체 하라 161

72. 성품이 온화해야 복을 받는다 163

73. 진리의 길은 한없이 넓다 164

74. 연마練磨하여 얻은 지식만이 진실하다 166

75. 마음을 진리로 채워라   168

76. 아량雅量으로 남을 받아들이라   169

77. 노력해야 진보進步가 있다   171

78. 탐내지 않는 것을 보배寶貝로 삼는다   173

79. 안팎의 도적을 물리쳐라   174

80. 장래의 실패에 대비하라   176

81. 매사에 조화를 이루라   177

82. 군자는 명경지수明鏡止水의 마음을 가져야 한다   179

83. 너무 달지도, 너무 짜지도 말아야 한다   181

84. 군자는 곤궁해도 수양修養에 근면하라   183

85. 미리 대처하면 후환後患이 없다   184

86. 진리의 길만을 생각하라   186

87. 마음을 보고 도를 깨달음에는 세 가지 요건이 있다   188

88. 동중정動中靜, 고중락苦中樂이 진짜 정靜이며 낙樂이다   190

89. 은혜를 베풀었거든 보답을 바라지 말라   191

90. 최선을 다하면 하늘도 감동한다   193

91. 하늘의 의지는 헤아릴 수 없다   194

92. 유종有終의 미美를 거두라   196

93. 공덕功德을 쌓고 권위를 탐하지 말라   198

94. 조상의 은덕을 생각하라   199

95. 군자는 위선僞善을 행해서는 안 된다   201

96. 가족의 잘못은 온화하게 타이르라   203

97. 원만하고 관대한 마음으로 세상을 보라   205

98. 변절變節하지도, 너무 통제統制하지도 말라   206

99. 역경逆境에서 사람은 완성된다   208

100. 부귀富貴하되 방자放恣하면 몸을 망친다   209

101. 지성至誠이면 하늘도 움직인다   211

102. 문장의 극치는 기교技巧가 없는 것이다   213

103. 현상現象과 실재實在를 구분할 줄 알아야 한다   214

104. 자제自制하며 분수를 넘지 말라   216

105. 성실과 용서로 남을 대하라   218

106. 처신處身과 용심用心을 조절하라   219

107. 인생은 무상하니 세월을 헛되이 보내지 말라   221

108. 은덕과 원한을 모두 잊게 하라   222

109. 가득 차면 기울어지니 더욱 조심하라   224

110. 사적私的인 은혜를 버리고 공론公論을 따르라   226

111. 공론公論을 범하거나 권문權門에 아첨하지 말라   228

112. 신념으로 일관一貫하라   229

113. 골육骨肉 사이의 일에는 침착하라   231

114. 매사에 치밀하고 끝까지 꿋꿋하라   232

115. 사랑이 지나치면 원망을 산다　　　　　　　　234

116. 교묘巧妙와 졸렬拙劣, 청렴과 혼탁混濁을 조화하라　　236

117. 고진감래苦盡甘來, 흥진비래興盡悲來　　　　238

118. 유별난 것은 영원한 것이 못 된다　　　　　239

119. 사악한 마음을 참마음으로 변화시켜라　　　241

120. 자신自信만 믿고 객기客氣를 부리지 말라　　242

121. 단점은 덮어두고, 완고頑固함은 타일러라　　244

122. 함부로 상대하지 말라　　　　　　　　　245

123. 마음의 균형을 잡아라　　　　　　　　　247

124. 변화의 자취를 남기지 말라　　　　　　　248

125. 사욕私慾을 다스리는 능력을 길러라　　　250

126. 너그럽게 받아들이며 나타내지 않는다　　251

127. 단련鍛練을 받아야 참다운 인간이 된다　　253

128. 이 몸은 소천지小天地요, 천지는 대부모大父母이다　254

129. 생각은 깊게, 덕성은 원만하게 키워라　　256

130. 시비是非를 분별하고 전체를 인식하라　　257

131. 칭찬하지도, 발설發說하지도 말라　　　259

132. 절의節義와 경륜經綸도 수양에서 얻어진다　260

133. 육친의 정애情愛는 당연한 것이다　　　262

134. 미추美醜와 청탁淸濁을 초월하라　　　263

135. 매사에 냉정히 대처對處하라   265

136. 공로와 잘못은 구별하고, 은혜와 원한은 덮어 두라   266

137. 너무 지나치면 도리어 손해를 본다   268

138. 악惡은 드러내고 선善은 숨겨라   269

139. 덕德은 주인이요, 재능은 종이다   270

140. 도망갈 길을 열어 주라   272

141. 공로와 안락安樂은 남에게 양보하라   273

142. 정신적인 도움도 큰 공덕功德이 된다   274

143. 인정人情은 유리한 쪽으로 향한다   276

144. 군자는 냉철한 눈으로 사물을 보라   277

145. 먼저 식견識見을 쌓아라   278

146. 고요 속에 본심本心으로 반성하라   279

147. 자신을 반성하라   281

148. 공명功名은 한때나 절개節槪는 천년 간다   283

149. 인간의 지혜는 한限이 있다   284

150. 성실하고 원만하게 살아가라   286

151. 원인을 없애면 결과는 분명하다   287

152. 생각·말·행동을 늘 조심하라   289

153. 급히 굴면 손해 본다   291

154. 절의節義와 학문도 인격에서 나와야 한다   292

155. 제 때에 물러날 줄 알라   294

156. 작은 일부터 삼가 행하라   295

157. 순정純情을 사귀고 진실을 담론談論하라   296

158. 기초가 견고해야 오래 간다   298

159. 마음이 착해야 후손이 잘 된다   299

160. 과욕過慾을 삼가고 있음을 자랑 말라   300

161. 도덕과 학문은 게을리 말라   302

162. 마음이 성실한 사람은 남을 신임信任한다   304

163. 봄바람은 만물을 생육하고, 차가운 눈은 생물을 죽인다   305

164. 인과응보因果應報는 틀림없다   306

165. 옛 친구일수록 더욱 의리가 있어야 한다   307

166. 덕의德義에 민첩하고, 재물과 이익에 담담하라   309

167. 즉흥적인 행위를 삼가라   310

168. 자신에게 냉엄冷嚴하라   312

169. 너무 기이奇異하거나 과격하지 말라   313

170. 인정人情의 기미機微를 알라   314

171. 잡념을 버려라   316

172. 인격과 덕망을 쌓아라   317

173. 자비지심慈悲之心을 가져라   319

174. 욕정에 매이지 말고 천체天體와 부합하라   321

175. 마음을 고요히 가져라 323

176. 의논은 객관적으로, 실행은 이해利害를 초월하라 324

177. 지조志操는 엄정 공명하고, 심기心氣는 화평해야 한다 325

178. 혼연渾然한 화기和氣만이 영생의 길이다 327

179. 정성스러운 마음으로 감화시켜라 328

180. 자선慈善은 화기和氣를 낳고, 결백은 청명淸名을 남긴다 329

181. 평범한 덕행만이 화평和平의 기초가 된다 331

182. 매사에 인내가 최선의 길이다 332

183. 공업功業과 문장文章은 겉치레이다 334

184. 망중한忙中閑, 동중정動中靜에 힘써라 336

185. 맑은 마음과 인정으로 물질을 아껴라 337

186. 관직에 있을 때에는 공렴公廉이요, 집에 있을 때에는 서검恕儉이라 338

187. 부자일 때 가난을 생각하고, 편할 때 고통을 생각하라 339

188. 청탁淸濁을 모두 포용하라 341

189. 원수怨讐를 맺지도, 아첨阿諂하지도 말라 342

190. 아집我執의 병은 고치기 어렵다 343

191. 매사를 급히 서두르지 말라 344

192. 미움과 꾸지람은 받는 편이 낫다 345

193. 눈에 띠지 않는 해害가 더 크다 347

194. 은혜는 갚고 원한怨恨은 잊어라 348

195. 아양 떨고 아첨하는 사람을 조심하라   349

196. 고고孤高한 행동과 과격한 마음을 버려라   350

197. 겸허謙虛하고 원만해야 성공한다   352

198. 처세에는 중용지도中庸之道를 걸어라   353

199. 노익장老益壯하고 대기만성大器晚成하라   354

200. 재주와 지혜를 숨겨야 큰 일을 맡을 수 있다   355

201. 지나친 검약儉約과 사양辭讓은 인색과 비굴이 된다   357

202. 희우喜憂와 안위安危를 개의치 말라   358

203. 연락宴樂·명성名聲·고위高位를 탐하지 말라   359

204. 즐거움이 다하면 슬픔이 오고, 괴로움 끝에 즐거움이 온다   360

205. 가득 차면 넘치고, 강하면 부러진다   361

206. 매사를 냉정하게 판단·처리하라   363

207. 도량이 넓어야 복록福祿도 후하다   363

208. 선악善惡을 들으면 이성으로 판단하라   365

209. 성질이 조급한 사람은 모든 일이 이루어지지 않는다   366

210. 각박하게 사람을 부리지 말고, 함부로 친구를 사귀지 말라   367

211. 상황을 재빨리 판단하여 대처하라   368

212. 절의節義는 온화한 마음으로, 공명은 겸덕謙德으로 보완하라   370

213. 관직에 있을 때에는 절도가 있고, 고향에서는 친목親睦에

　　힘써야 한다   371

214. 누구에게나 경외심敬畏心으로 대하라 373

215. 괴로울 때는 나만 못한 사람과 비교하라 374

216. 후회할 일은 아예 하지 말라 375

217. 진수眞髓를 알고 본질에 이른다 376

218. 자신의 장점을 드러내어 남의 단점을 들추지 말라 378

219. 어중간한 사람과는 일을 도모하기 어렵다 380

220. 입조심하고 뜻을 바르게 가져라 381

221. 남을 꾸짖음에는 관대하고, 자신을 꾸짖음에는 가혹苛酷하라 382

222. 어려서 잘 가르쳐야 훌륭한 인물이 된다 383

223. 군자는 환난을 근심하지 않고, 권호權豪를 두려워하지 않는다 385

224. 대기만성大器晩成이 진실하다 386

225. 고요 속에서 참된 경지境地를 안다 387

······ 후집後集   389

1. 산림山林의 낙樂은 표현을 초월한다 391

2. 천진天眞을 온전히 하라 392

3. 꾸밈을 버리고 진면목眞面目을 찾아라 393

4. 사람들은 자기 나름대로 생각한다 394

5. 정취情趣와 경치景致는 마음먹기에 달렸다 395

6. 꿈속의 꿈을 깨고, 몸 밖의 몸을 깨달아라   397

7. 맑은 마음으로 자연의 이치를 깨달아야 한다   398

8. 문자 밖의 글과 악기 밖의 소리를 알라   399

9. 물욕物慾을 없애고 금서琴書를 벗하라   401

10. 즐거움이 다한 뒤에는 슬픔이 온다   402

11. 참된 멋과 기틀을 알라   403

12. 사물에 집착하지 않는 밝은 마음을 가져라   405

13. 시야를 넓게 가져라   406

14. 정상正常을 넘으면 도리어 무익無益하다   408

15. 주저躊躇하지 말고 용감하게 멈추어라   409

16. 열광熱狂과 번잡煩雜은 빨리 벗어나야 한다   411

17. 부귀를 부러워하지 말고 시詩를 즐겨라   412

18. 염담恬淡하되 자랑하지 말라   414

19. 모든 것은 생각하기에 달렸다   415

20. 물욕物慾과 시비是非를 버리고 자연에 동화同化하라   416

21. 만족할 줄 알면 속세俗世도 선경仙境이다   418

22. 권세에 붙좇는 화禍는 참담慘憺하며 빠르다   419

23. 풍월風月을 벗으로 삼을 줄 알라   420

24. 색욕이나 명리욕名利欲을 버리고 도심道心을 기르라   421

25. 다투는 길은 좁고 짙은맛은 잠깐이다   423

26. 바쁠 때일수록 본성을 잃지 말라   424

27. 은일隱逸에는 영욕榮辱이 없고, 도의道義에는 변화가 없다   425

28. 더위나 가난을 잊는 마음을 기르면 심신이 편안하다   426

29. 전진할 때는 후퇴할 때를 예상하라   427

30. 족한 줄 알면 왕공王公도 부럽지 않다   429

31. 명예를 자랑하지 말고, 일은 가능한 한 줄여라   430

32. 자득自得한 선비라야 유유자적한다   431

33. 도를 체득한 사람은 아무런 구속을 받지 않는다   433

34. 짙은맛은 짧고 담담한 맛은 길다   434

35. 진리는 먼 데 있는 것이 아니다   436

36. 유有에서 나와 무無로 들어갈 줄 알라   437

37. 집착執着은 고해苦海요, 해탈解脫은 선경仙境이다   439

38. 시끄러움을 버리고 고요함을 취하라   441

39. 가난한 대로 자연을 즐긴다   442

40. 매사에 고아高雅하고 담박淡泊하라   444

41. 출세지도出世之道는 세상일을 겪으며 지내 오는 가운데 있다   445

42. 몸은 한가하게, 마음은 고요하게 가져라   447

43. 있는 곳에 따라 풍정風情이 다르다   448

44. 영달榮達을 바라지 않으면 권세도 두렵지 않다   449

45. 아담雅淡한 경지境地를 보면서 마음을 길러라   451

46. 가을의 맑음은 심신을 가장 맑게 한다   452

47. 시詩는 마음에 있고, 게偈는 깨달음에 있다   454

48. 만상萬象이 마음에 따라 달라진다   455

49. 일체를 자연에 맡겨라   457

50. 인정人情은 사물을 형기形氣로써 구분하기 쉽다   458

51. 겉모습은 헛된 것, 본연의 진리를 깨달아라   459

52. 욕심은 차가운 연못에 뜨거운 물결을 일으킨다   461

53. 많이 가진 사람은 많이 잃는다   462

54. 솔숲에서 주역周易을 읽고, 대숲에서 불경佛經을 논한다   463

55. 인위人爲를 가하면 자연의 맛을 잃는다   465

56. 기호嗜好와 번뇌煩惱는 나 때문에 생긴다   466

57. 실의失意의 생각으로 득의得意하는 마음을 눌러라   468

58. 인정세태는 변화가 끝이 없다   469

59. 복잡한 때일수록 냉철히 생각하라   471

60. 세상일은 모두 상대적相對的이다   472

61. 자연自然 풍광風光에 접하면 물아일치경物我一致境에 들어야 한다   473

62. 성공 후에 실패가 있고, 삶 후에 죽음이 있음을 알라   475

63. 흐르는 물이나 낙화落花와 같이 처세해야 심신이 자유롭다   476

64. 자연의 음악과 문장을 알아야 한다   478

65. 맹수는 길들이기 쉬워도 인심人心은 다스리기 어렵다   479

66. 마음이 고요하면 어디나 청산녹수靑山綠水이다   481

67. 고관대작高官大爵이 소박한 농부만 못하다   482

68. 세상에 살면서 세상을 잊어라   484

69. 인생은 무상無常하고 성쇠盛衰는 돌고 돈다   485

70. 총애寵愛와 치욕恥辱에도 놀라지 않는다   487

71. 부나비나 올빼미는 되지 말라   488

72. 밖에서 구하지 말고 마음속에서 구하라   490

73. 냉정한 눈과 마음으로 사물을 판단하라   491

74. 물욕에서 벗어나 천성天性에 자적自適하라   493

75. 마음이 밝으면 모든 것이 영롱玲瓏하고 투철透徹하다   494

76. 산천이 아름다우면 시상詩想은 절로 일어난다   495

77. 일찍 피는 꽃은 일찍 진다   497

78. 삼라만상森羅萬象은 헛된 것이다   498

79. 속세에 살면서 속세를 초월하라   499

80. 신분은 다르지만 욕심은 마찬가지이다   501

81. 소라고 부르건 말이라고 부르건 상관하지 않는다   503

82. 매사를 현재의 인연에 따라 처리하라   504

83. 인위人爲를 버리고 자연에 맡겨라   506

84. 본심이 맑아야 안빈낙도安貧樂道할 수 있다   507

85. 욕심 없는 마음을 가지고 근심 걱정을 잊어라   509

86. 풍류는 세속적世俗的인 데에 있다 510

87. 도심道心으로 볼 때 만물은 한결같다 511

88. 정신이 왕성하면 안빈낙도安貧樂道할 수 있다 512

89. 마음에 깨달음이 없으면 중도 속인俗人이다 513

90. 근심을 버리면 자연自然을 즐길 수 있다 515

91. 사물에 부딪치면 풍정風情이 일어난다 517

92. 심신을 조종하여 중용을 지켜라 519

93. 자연과 인심은 융화하여 하나가 된다 521

94. 문장 수업과 도덕 수양도 졸拙로부터 시작하라 522

95. 사물의 주인공이 되어 천지를 소요逍遙하라 524

96. 형체가 있으면 그림자가 있다 525

97. 세속의 겉치레와 구속에서 벗어나라 526

98. 생각이 생사生死에 미치면 온갖 뜻이 재처럼 차다 528

99. 미연未然에 아는 것이 지혜로운 것이다 530

100. 미추美醜와 자웅雌雄은 일시적인 가상假相이다 531

101. 자연의 아름다움은 한가한 사람만이 느낄 수 있다 533

102. 천성天性을 보전하면 욕심도 담박淡泊하다 534

103. 사념邪念이 없으면 진심眞心이니 관심觀心이 필요 없다 536

104. 극極에 이르기 전에 머물 줄 알라 537

105. 마음을 꽉 잡고 속세를 걸어가라 539

106. 남과 나를 동일시하고 사물과 나를 잊으라 540

107. 속세로 돌아오면 속기俗氣에 물든다 541

108. 물아일치경物我一致境에는 새도 친구가 되고, 구름도 와 머문다 543

109. 행복과 불행은 마음가짐에 달렸다 544

110. 물방울이 계속 떨어져 돌구멍이 생긴다 546

111. 세속의 마음을 버리면 티끌과 같은 이 세상이라도 고해苦海가
    아니다 548

112. 낙엽이 새싹을 틔운다 549

113. 비 갠 뒤의 경치景致가 더 아름답다 551

114. 자연은 인심人心을 지배한다 552

115. 모든 척도尺度는 마음에 달렸다 553

116. 사물事物을 내가 부리되 사물에게 부림을 당하지 말라 554

117. 자신에 대하여 깨달은 사람은 만물을 자기 것으로 생각하지
    않는다 556

118. 너무 한가하지도, 너무 바쁘지도 말라 557

119. 마음이 고요하면 어디에 간들 천국이다 558

120. 슬픔도 기쁨도 모두 잊을 줄 알라 560

121. 마음에 그림자를 남기지 말라 561

122. 세상은 티끌 같은 세상도, 고해苦海도 아니다 562

123. 술은 거나하고, 꽃은 반쯤 피었을 때가 좋다 564

124. 자연을 본받아 세속世俗에 물들지 말라 565

125. 사물을 관찰하되 깨달음이 있어야 한다 566

126. 불의不義에 빠지느니 차라리 죽는 편이 낫다 568

127. 분수에 맞지 않는 이득은 함정陷穽일 따름이다 569

128. 확고한 주견主見으로 자유자재로워야 한다 570

129. 아무 일이 없음이 최상의 복이다 572

130. 망망한 세상에 절이 모순의 소굴이 되어서는 안 된다 574

131. 제3자의 입장에서 사고思考하고 판단하라 575

132. 번거로움을 줄이고 고요함을 늘이라 577

133. 자신의 변덕을 없애기가 제일 어렵다 578

134. 최상의 즐거움은 스스로 만족함에 있다 580

135. 모든 일은 인연이니 분수에 안거安居하라 581

해제解題 584

전집前集

1. 도덕을 지키는 달인達人

서 수 도 덕 자　　적 막 일 시　　　의 아 권 세 자　　처 량 만 고　　달 인
棲守道德者는 寂寞一時나 依阿權勢者는 凄凉萬古라. 達人

　　관 물 외 지 물　　　사 신 후 지 신　　　녕 수 일 시 지 적 막
은 觀物外之物하고 思身後之身하니 寧受一時之寂寞이언정

무 취 만 고 지 처 량
毋取萬古之凄凉하라.

文意 ▌ 도덕을 지키는 사람은 한때만 적막하나, 권세에 붙좇는 사람은 만고에 처량하다. 달인은 물욕 밖의 진리를 보고 육체가 죽은 뒤의 몸을 생각하니, 차라리 한때의 적막을 받을지언정 만고의 처량함을 취하지 말라.

要旨 ▌ 도덕을 지키며 사는 달인은 한때는 처량하지만 만고에 깨끗한 이름을 남기니, 권세에 아부하여 사후에 명예를 더럽히지 말라.

解說 ▌ 중국 춘추시대(春秋時代) 주(周)나라 노자(老子, 이이李耳)는 나라가 어지러워지자 수장실리(守藏室吏, 지금의 국립도서관장격)라는 관직을 버리고 속세를 떠나려고 함곡관(函谷關)에 이르렀다. 그때 관령(關令, 함곡관 수문장守門將격) 윤희(尹喜)가 쫓아와 이별의 기념으로 글을 지어 달라고 하여 받은 것이 오늘날 남은 ≪노자도덕경(老子道德經)≫이다. 그때 노자가 속세의 권력과 지위를 탐내어 그 자리에 머물러 있었더라면 지금 그의 이름은 존재하지 않았을 것이다. 그렇다. 속세의 권세에 아부하고 부귀 앞에 아첨하는 자는 잠깐 동안 의기양양해할지 모르나 그 누명(陋名)은 천추에 영원히 남을 것이다. 반대로 도덕을 지키면서 속세를 초월한 달인은 한때는 처량하지만 그 깨끗한 이름은 만고에 길이 남아 영구불멸의 노자와 같을 것이다.

字源 ▌ 守(지킬 수) 宀+寸. 宀는 '관청의 집', 寸은 '규칙'을 나타내며 관

청에서 규칙을 '지킨다'는 뜻. 會意

道(길 도) 辶(辵, 쉬엄쉬엄 갈 착)+首(머리 수, 사람을 뜻함). 사람이 쉬엄쉬엄 가는 곳이 '길' 또는 '도리'라는 뜻. 會意

德(큰 덕) 彳(行의 왼쪽)+悳(悳의 변형, 悳은 직심直心, 즉 곧은 마음). 곧은 마음[悳 → 悳]으로 행동(彳←行)함이 덕(德)임. 會意 / 彳(行의 왼쪽)에서 뜻을, 悳(德의 고자古字)에서 음을 취함. 形聲

者(놈 자) 耂(老의 생략형)+白(自의 생략형). 원래는 '키[箕]' 위에 땔나무를 얼기설기 올려 놓아 '저장하다'는 뜻이었는데, 후에 '이것' '저것'의 '것'으로 쓰이니 이런 경우에는 가차자(假借字)로 본 것이다. 象形

寂(고요할 적) 宀+尗(콩 숙). 宀에서 뜻을, 尗에서 음을 취했음. 寂은 나중에 생긴 글자임. 形聲

字義 ▌ 棲(서) 깃들이다. 阿(아) 아첨하다, 언덕. 凄(처) 차다. 寧(녕) 편안하다=안녕(安寧). 어찌=왕후장상 영유종호(王侯將相 寧有種乎, 임금·제후·장수·재상이 어찌 씨가 있느냐?) 차라리=영검(寧儉, 차라리 검소해야 한다). 毋(무) 말다, 없다=무구면(毋苟免, 구차하게 면하지 말라).

語義 ▌ 棲守(서수) 깃들어 지킴. 머물러 지킴. 依阿(의아) 의지하고 아첨함. 達人(달인) 사물의 이치에 통달한 사람, 달통자(達通者). 物外之物(물외지물) 사물 밖의 사물. 앞의 물(物)은 속세의 물, 즉 지위나 재산 등이고, 뒤의 물(物)은 속세를 초월한 물, 곧 불변의 진리 등. 身後之身(신후지신) 몸뚱이 이후의 몸. 앞의 신(身)은 살아 있는 육체, 뒤의 신(身)은 죽은 뒤의 정신적인 몸, 곧 현세의 몸이 죽은 뒤의 명예나 평판. 寧(녕)A~毋(무, 物勿)B 차라리 A할지언정, B하지 말라=영위계구(寧爲鷄口), 무[물]위우후(毋[勿]爲牛後, 차라리 닭의 주둥이가 될지언정 쇠꼬리는 되지 말라. - 《전국책戰國策》 한책韓策. 비교문比較文)

2. 차라리 순박하고 소탈疏脫하라

涉世淺하면 點染亦淺하고 歷事深하면 機械亦深이라. 故로
君子는 與其練達은 不若朴魯하고 與其曲謹은 不若疏狂이
라.

文意 ▌ 세상살이의 경험이 적은 사람은 속세의 때묻음도 적으나, 일에
경험이 많은 사람은 잔꾀나 권모술수도 많다. 그러므로 군자는 세상일
에 숙달하기보다는 도리어 솔직하고 우둔한 편이 낫고, 자잘한 예절에
얽매임보다는 도리어 소탈하고 꾸밈이 없는 편이 낫다.

要旨 ▌ 속세와의 관계가 깊으면 속세의 악에 깊이 빠져들어 권모술수
와 간지(奸智)만이 늘어난다. 따라서 군자는 속세의 악에 깊이 빠져들
지 말고, 차라리 소박하고 우직하게 일생을 살라.

解説 ┃ 본문에 '기계(機械)'라는 말이 나온다. 현대어로는 기계란 인력(人力)을 직접 쓰지 않고, 자연의 원동력을 이용하여 어떤 일정한 일을 하는 장치를 말한다. 그 재료는 금속을 주로 하고 동력은 수력(水力)·풍력(風力)·증기(蒸氣)·석유(石油) 등을 사용한다. 그러나 중국 전국시대(戰國時代) 도가(道家) 사상가 장자(莊子, 장주莊周)의 저서 ≪장자(莊子)≫ 천지편(天地篇)에는 '기계'에 관한 이런 이야기가 있다.

공자(孔子)의 제자 자공(子貢)이 시골길로 여행하다가 동이로 물을 퍼다가 밭에 대는 노인을 만났다. 그 노인에게 '기계'를 사용하여 물을 푸면 빠르지 않느냐고 하니 노인이 대답했다. "내 우리 스승님께 들었는데 기계가 있으면 반드시 꾀하는 일이 있게 되고, 꾀하는 일이 있으면 반드시 꾀하는 마음이 생기고, 꾀하는 마음이 가슴에 가득하면 순수한 마음이 없어지고, 순수한 마음이 없어지면 정신과 생명이 안정되지 못하고, 정신과 생명이 안정되지 못하면 마침내 진리를 잃는다 하였소. 내가 기계를 모르는 바 아니나 부끄러워 차마 쓰지 못하는 것이오." 자공은 부끄러워 뺑소니를 쳤다 한다.

그렇다. 기계는 우리의 삶을 편안하게 하지만 반대로 그 기계로 인한 공해(公害)와 손실이 있다. 우리의 심신은 그 기계 때문에 도리어 병이 드는 수가 있다. 차라리 자연의 섭리(攝理)에 맡겨 순박하고 우직하게 살아감이 더 현명할 수도 있다.

字源 ┃ 涉(건널 섭) 氵(水)+步(걸을 보). 물을 걸어가는 것이 '건너다'의 뜻. 會意

世(인간 세) 十(열 십)자 3개가 모여 이루어졌음. 원래는 삽(卅, 30)의 뜻이었다. 30년을 1세라 함. 會意

淺(얕을 천) 氵(水)+戔(쌓을 전). 氵에서 뜻을, 戔에서 음을 취했음. 形聲

點(점 점) 黑+占. 黑에서 뜻을, 占에서 음을 취했음. 形聲

染(물들 염) 氵(水)+九+木. 나무[木]에서 뽑아낸 즙[氵]에다 옷감을 아홉 번[九]이나 담가 '물들이다'는 뜻. 會意

字義 ┃ 謹(근) 삼가다. 疏(소) 성기다. 狂(광) 미치다.

語義 ▌ 涉世(섭세) 세상과 교섭함. 點染(점염) 조금씩 물들음. 機械(기계) 수단, 권모술수(權謀術數). 練達(련달) 숙련(熟練)하여 통달함. 朴魯(박로) 질박(質朴)하고 노둔(魯鈍)함. 曲謹(곡근) 곡진(曲盡)하게 근신(謹愼)함. 疎狂(소광) 소탈하고 거침. 與(여)A 不若(불약)B A함은 B함만 같지 못하다. A하기보다는 B하는 편이 낫다. 비교문.

3. 군자는 재주를 감추어라

^{군 자 지 심 사}君子之心事는 ^{천 청 일 백}天靑日白하여 ^{불 가 사 인 부 지}不可使人不知요,

^{군 자 지 재 화}君子之才華는 ^{옥 온 주 장}玉韞珠藏하여 ^{불 가 사 인 이 지}不可使人易知라.

文意 ▌ 군자의 마음은 하늘처럼 푸르고 태양같이 빛나서 사람으로 하여금 모름이 없게 할 것이요, 군자의 뛰어난 재주는 옥이 바위 속에 박혀 있고 구슬이 바다 깊이 감추어져 있듯이 남들로 하여금 쉽게 알게 하지 말아야 한다.

要旨 ▌ 군자의 깨끗하고 밝은 마음은 청천백일처럼 드러내어 남에게

알게 할 것이나, 그의 재능은 보석처럼 깊이 간직해 함부로 드러내어서는 안 된다.

解說 ▌ 중국 춘추시대 노(魯)나라 공자(孔子)는 47세 때 학문의 선배격인 노자(老子)를 찾아갔다. 노자는 당시 주(周)나라의 서울 낙양(洛陽)에서 수장실리(守藏室史)리는 오늘날의 국립도서관장 겸 박물관상격의 직위에 있었다. 공자는 생전 처음으로 주나라 서울에 간 것이다. 노자는 공자가 온다는 소식을 듣고 하인들을 시켜 길을 쓸게 하고서 공자를 맞았다. 공자는 당시의 예절에 따라 기러기 한 마리를 상면(相面)하는 첫인사로 선사했다. 공자는 노자에게 예(禮)를 질의했고 노자는 이에 허심탄회하게 대답했다. 공자는 역사와 문화의 도시 낙양을 며칠 동안 두루 구경하고 노자에게 하직 인사를 했다. 그때 노자는 이렇게 말했다.
"훌륭한 장사꾼은 상품을 안에다 감추어 놓고 밖에는 진열해 놓지 않아 겉으로 보매 형편없는 듯하나 실속이 있고, 훌륭한 군자는 속에는 훌륭한 인격과 학문을 품었으면서도 겉으로는 어리석은 사람과 같이 보이오.(良賈深藏若虛, 君子盛德 容貌若愚)"
오늘날 중국인의 점포를 볼 때 겉보다 속이 실한 것이 바로 이런 습성에서 생겨난 결과이고, 인격과 덕이 높은 군자가 함부로 나대지 않는 것이 바로 이 노자의 말과 같다. 진실한 군자는 겉보기에 바보 같다. 잔재주를 부리지 않는다. 잔재주는 소인들의 것이다. 군자의 공평무사하고 떳떳한 마음씨는 모든 사람이 알아야 하지만, 군자의 재능, 재주는 보석처럼 깊이 간직해 두었다가 세상을 위해 크게 쓰이게 될 때 발휘할 것이다.

字源 ▌ 君(임금 군) 尹(다스릴 윤)＋口(입 구). 백성을 '다스리기〔尹〕' 위하여 '명령〔口〕'을 내리는 이가 '임금'임. 會意 / 그러나 口에서 뜻을, 尹에서 음을 취한 글자로 볼 수도 있음. 形聲
子(아들 자) 어린아이가 양팔을 벌리고 있는 모양을 본떴음. 象形
之(갈 지) 풀의 싹〔屮,屮〕이 땅〔一〕으로부터 솟아나는 모양을 본떴음. 象形 / 屮(止, 발)로 땅〔一〕의 어떤 선(線) 상에서 '가기' 시작함. 會意
心(마음 심) 심. 사람의 심장 모양을 본떴음. 象形

事(일 사, 섬길 사) 十(𣎆, 깃발)+屮(史, 역사책)+彐(又, 손). 손에 깃발과 역사책을 쥐고서 관청 같은 데서 '일하거나' 그런 일에 '종사한다'는 뜻. [會意]

字義 ▌ 華(화) 빛나다, 꽃. 韞(온) 감추다. 珠(주) 구슬. 藏(장) 감추다. 易(이) 쉽다. (역) 바꾸다.

語義 ▌ 心事(심사) 심사(心思), 심술(心術), 곧 마음. 天靑日白(천청일백) 하늘이 푸르고 태양이 환하다. 청천백일(靑天白日)과 같은 뜻. 才華(재화) 빛나는 재주, 뛰어난 재능. 玉韞珠藏(옥온주장) 옥이 바위 속에 박혀 있고 구슬이 바다 속 깊이 감추어져 있음. 使人(사인)A 사람으로 하여금 A하게 하다. 사역문(使役文).

---

4. 알면서도 이용하지 말라

^{세 리 분 화} ^{불 근 자 위 결} ^{근 지 이 불 염 자} ^{위 우 결}
勢利紛華는 不近者爲潔이요 近之而不染者는 爲尤潔하며,

^{지 계 기 교} ^{부 지 자 위 고} ^{지 지 이 불 용 자} ^{위 우 고}
智械機巧는 不知者爲高요 知之而不用者는 爲尤高니라.

文意 ▌ 권세나 명리(名利), 사치(奢侈)나 부귀를 가까이하지 않는 사람을 깨끗하다 하고, 이것들을 가까이하되 물들지 않는 사람을 더욱 깨끗하다고 하며, 권모와 술수를 모르는 사람을 고상하다 하고, 이를 알면서도 쓰지 않는 사람을 더욱 고상하다고 하디.

要旨 ▌ 권세·명리·사치·부귀와 권모술수는 가까이하지 말 것이요, 불가피해서 가까이했더라도 거기에 빠져 그것들을 이용해서는 안 된다.

解説 ▌ 노자(老子)는 ≪노자≫ 19장에서

'총명[聖]을 없애고 지혜[智]를 버리면 백성들의 이익이 백 배로 늘어나고, 기교[巧]를 없애고 이익[利]을 버리면 도둑이 없어진다.'

고 했다. 남이 부러워하는 총명과 지혜, 기교와 이익을 버려야 사람들은 소박해지고 깨끗해져 약탈이 없어지고 도둑이 없어진다.

또 한비자(韓非子)도

'성인(聖人)의 도(道)는 지(智)와 교(巧)를 버린다. 지혜와 기교를 버리지 않으면 항상 그것들을 이용하게 되어 백성들은 이것 때문에 패가망신(敗家亡身)하고, 임금은 이것 때문에 나라를 망친다.' – ≪한비자≫ 양권편(揚權篇)

고 했다. 참으로 지혜로운 사람은 이런 속세의 명리(名利)와 부화(浮華)에 가까이하지 말아야 한다. 혹 가까이했다 하더라도 깊이 빠져 물들지 말 것이다. 이런 속세의 영화(榮華)를 추구하기 위하여 권모술수가 횡행함이 일반적이다. 따라서 일반 속세에 살려면 어느 정도의 권모술수를 알아둘 필요는 있겠지만, 이를 이용하여 고상한 경지를 벗어나서는 안 될 것이다.

字源 ▌ 勢(권세 세) 埶(심을 예)＋力. 힘들여 심으면 '기세'있게 자란다는 뜻. 會意 / 力에서 뜻을, 埶에서 음을 취했음. 形聲

利(이로울 리) 禾＋刂(刀). 곡식[禾]을 농기구[刀]로 경작하면 '이롭다'는 뜻. 會意

紛(분잡할 분) 糸(실 사)에서 뜻을, 分에서 음을 취했음. 形聲

華(빛날 화) ⺾(艸)＋華(⻍＝垂). 초목[⺾]의 꽃이 드리워져[垂] '화려하다'는 뜻. 會意

不(아닐 불) 새[⻊]가 하늘[一]로 날아가 '아니' 내려옴을 나타냈음. 象形

字義 ▌ 潔(결) 깨끗하다. 尤(우) 더욱, 허물. 巧(교) 교묘하다.

語義 ▌ 勢利(세리) 권세, 명리(名利). 紛華(분화) 호사(豪奢)하고 화려함. 尤潔(우결) 더욱 결백함. 智械機巧(지계기교) 교지기계(巧智機械)라고도 하는데 권모술수(權謀術數)를 뜻함.

회의(會意) 이미 이루어진 두 글자 이상을 조합해서 더 복잡한 뜻을
나타내는 글자. 대체로 상형(象形)과 지사자(指事字)를 배합해서 만
드는 경우가 많다. 같은 글자를 합쳐 만든 것을 동체회의(同體會意)
라 하고, 각각 다른 글자를 배합하여 만든 글자를 이체회의(異體會
意)라 한다.

信・休・安・北・比・林・森・轟

---

5. 충언忠言은 수양修養의 숫돌이다

耳中에 常聞逆耳之言하고 心中에 常有拂心之事하면 纔是
進德修行的砥石이라.

若言言悅耳하고 事事快心하면 便把此生을 埋在鴆毒中矣라.

文意 ▌ 귓속에 항상 귀에 거슬리는 말을 듣고, 마음속에 항상 마음에
거슬리는 일이 있으면, 겨우 덕을 쌓고 행실을 닦는 숫돌이 된다.
만약 말마다 귀를 기쁘게 하고, 일마다 마음을 유쾌하게 한다면, 곧
이 생명을 짐새의 독 속에 파묻게 되리라.

要旨 ▌ 귀에 거슬리고 기분 나쁜 남의 충고를 잘 받아들여 수양의 자
료로 삼아야 한다.

解說 ▌ 공자는 ≪공자가어(孔子家語)≫에서

'좋은 약은 입에는 쓰지만 병에는 이롭고, 충고의 말은 귀에는 거슬리나 행동에는 이롭다.(良藥苦於口而利於病, 忠言逆於耳而利於行.)'
라고 했다. 사람은 귀에 거슬리는 충고나 기분에 불쾌한 일을 포용할 줄 알아야 한다.

조선 숙종 때 함경도 온성(穩城)에 전백록(全百錄)이란 군인이 있었다. 그가 경흥부사(慶興府使)로 있을 때, 경성(鏡城)을 지나다가 마침 북평사(北評事)로 있는 상관인 이동언(李東彦)을 만났다. 이동언은 조정에서 남의 잘못을 잘 간하기로 유명했다. 이동언은 전백록이 북쪽 출생이라 자신에 대한 이 지방 사람들의 여론을 물었다. 그래서 전백록은 사실대로 말했다. 처음 이곳에서는 이동언이 조정에서 탄핵을 잘하기로 유명하여 올곧은 사람으로 여겨 정신을 바짝 차리고 있었으나 근래에는 주색에 빠져 공무를 돌보지 않으므로 백성들의 원망이 많다고 말했다.

그러자 이동언은 옷깃을 여미고 자기의 잘못을 깨우쳐 주어 고맙다고 전백록에게 사례했다. 뿐만 아니라 조정으로 돌아와 전백록의 장점을 임금께 추천하여 전백록은 벼슬이 충청수사(忠淸水使)에까지 올랐다. 당시만해도 북쪽 사람들에게는 벼슬을 잘 내리지 않았던 때였다.

이렇게 충고를 들을 때에는 기분이 나쁘지만 이를 받아들임으로써 도리어 영광이 오는 것이다. 사람은 누구나 마땅히 충고를 받아들이는 아량을 길러야겠다.

字源 ▌ 耳(귀 이) ♦, ♦. 귀의 모양을 본떴음. 象形
中(가운데 중) 어떤 물체의 한복판을 가리키고 있음. 指事
常(항상 상) 巾에서 뜻을, 尙에서 음을 취했음. 形聲
聞(들을 문) 耳에서 뜻을, 門에서 음을 취했음. 形聲
逆(거스릴 역) 辵(辶)에서 뜻을, 屰(거스릴 역)에서 음을 취했음. 形聲

字義 ▌ 拂(불) 거슬리다. 纔(재) 겨우. 砥(지) 숫돌. 把(파) 잡다. 埋(매) 묻다. 鴆(짐) 짐새.

語義 ▌ 逆耳(역이) 귀에 거슬림. 拂心(불심) 마음에 거슬림. 的(적) 之(之)와 같음. 소유격 조사 '의'의 뜻. 백화문(白話文)에서 씀. 砥石(지석) 숫돌. 칼이나 낫 따위를 갈아서 날을 세우는 데 쓰는 돌. 把(파)

'을'에 해당하는 목적격 조사. 把此生(파차생) 이 생명을. 鴆毒(짐독) 짐
새의 깃에 있다는 맹렬한 독.

---

6. 마음속에 즐거움을 가져라

^{질 풍 노 우}疾風怒雨에는 ^{금 조 척 척}禽鳥戚戚하고 ^{제 일 광 풍}霽日光風에는 ^{초 목 흔 흔}草木欣欣하니,
^{가 견 천 지}可見天地에 ^{불 가 일 일 무 화 기}不可一日無和氣요 ^{인 심}人心에 ^{불 가 일 일 무 회 신}不可一日無喜神이라.

文意 ▌ 세찬 바람 성난 비에는 새들도 근심하고, 개인 날씨 화창한 바
람에는 초목도 기뻐하니, 천지에는 하루라도 온화한 기운이 없어서는
안 되고, 사람의 마음에는 하루도 즐거운 마음이 없어서는 안 됨을 알
수 있다.

要旨 ▌ 사람은 늘 온화한 기운과 즐거운 마음을 가지고 일생을 살아가
야 한다.

解説 ▌ '온화한 기운이 있는 자는 반드시 즐거운 빛이 있고, 즐거운 빛
이 있는 자는 반드시 아리따운 태도를 갖는다.(有和氣者 必有愉色, 有愉
色者 必有娥容)'
고 ≪소학(小學)≫에 있으며,
'집안이 평화로우면 모든 일이 이루어진다.(家和萬事成)'
고 했다. 천지간에는 화기(和氣)가 있어 만물을 생성시키듯 우리 인건의
마음속에도 항상 온화한 기운과 즐거운 정신을 지녀야 할 것이다.
신라 때 백결선생(百結先生)은 유명한 음악가였다. 항상 거문고를 타며
온화한 기운으로 마음이 기뻤다. 비록 백 번이나 꿰맨 누더기 옷을 입

고, 끼니를 굶어도 안빈낙도(安貧樂道)하며 세월을 보냈다. 섣달 그믐날
이 되자, 남들은 떡방아를 찧어 떡을 만들어 설 쉴 준비에 바빴다. 아내
는 참다못해 하소연하니 백결선생은 거문고를 들어 떡방아타령을 뜯었
다. 이것이 유명한 대악(碓樂)인데, 오늘날 전하지는 않지만, 이 노래로
이웃집에서는 모두 백결선생 집에서도 떡방아를 찧는 줄 알았다고 한다.

字源 ▌ 疾(병 질) 疒(병들어 기댈 녁)＋矢(화살 시). 병듦이 화살같이
빠르다는 뜻. 會意 / 疒에서 뜻을, 矢에서 음을 취했음. 形聲

風(바람 풍) 벌레〔虫〕 위로 바람〔凡〕이 스쳐가는 모양을 본떴음. 象形 /
虫에서 뜻을, 凡에서 음을 취했음. 形聲

怒(성낼 노) 心에서 뜻을, 奴에서 음을 취했음. 形聲 / 奴＋心. 학대 받
는 노예〔奴〕의 마음〔心〕은 '성낸다'는 뜻. 會意

雨(비 우) 구름 속에서 빗방울이 떨어지는 모양을 본떴음. 象形

禽(새 금) 离(짐승의 머리〔凶〕와 네 다리〔内〕를 나타낸 것)에서 뜻을, 今
에서 음을 취했음. 形聲

字義 ▌ 戚(척) 겨레, 슬퍼하다. 슬퍼하다의 뜻일 때는 척(慽)과 같음.
霽(제) 개다. 欣(흔) 기쁘다.

語義 ▌ 戚戚(척척) 근심하는 모양. 霽日光風(제일광풍) 개인 날 화창한
바람. 欣欣(흔흔) 기뻐하는 모습. 可見(가견) 가히 볼 것이다, 볼 수
있다. 天地(천지)～喜神(희신) 전체 문장이 가견(可見)의 목적절(目的
節)임. 喜神(희신) 기쁜 마음. 신(神)은 정신(精神).

---

7. 지인至人은 평범하다

膿肥辛甘이 非眞味요 眞味는 只是淡하며,

^{신 기 탁 이} ^{비 지 인} ^{지 인} ^{지 시 상}

神奇卓異가 非至人이요 至人은 只是常이라.

文意 ▌ 진한 술, 기름진 고기와 맵고 단 음식이 참맛이 아니요, 참맛은 다만 담담할 뿐이다. 신기한 재주와 탁월한 사람이 지인이 아니요, 지인은 다만 평범할 뿐이다.

要旨 ▌ 정말로 훌륭한 음식의 맛은 담박한 것처럼, 진실로 덕이 높은 사람은 도리어 평범하다.

解說 ▌ '지인(至人)'이란 말은 원래 도가(道家)에서 썼던 말이다. 곧 영험(靈驗)의 극치를 이룬 사람을 말한다. 비슷한 말로 선인(仙人)·신인(神人)·진인(眞人)·도인(道人)·신선(神仙)·선자(仙子)·선자(仙者)·선공(仙公)·선부(仙夫)·선객(仙客) 등을 들 수 있다. 현대어로 도사(道士)와 같은 말이라 하겠다.

이들은 정신적·영적으로 수양하여 만물의 이치를 두루 깨달아 천지의 조화에 통한 자들이다. 그래서 속세인과는 격리된 감이 있다. 그렇다고 반드시 속세를 떠나 계견성(鷄犬聲)이 들리지 않는 심산(深山) 고도(孤島)에만 가서 사는 사람도 아니다. 속세에 묻혀 속세인과 함께 살면서도 속인의 욕망 등을 초월한 사람이다.

그래서 ≪장자(莊子)≫에는

'지인은 자기 뜻대로 행위하지 않는다. 즉 자연의 변화에 따른다.(至人無爲)' - 지북유편(知北遊篇)

'지인은 사의(私意), 아집(我執)을 가지지 않는다.(至人無己)' - 소요유편(逍遙遊篇)

'지인은 세속에서 생활하지만 세속에 번민하지 않는다.(至人潛行不窒)' - 달생편(達生篇)

'지인은 위로는 푸른 하늘에 이르고, 아래로는 황천에 잠긴다. 즉 지인의 마음은 투철해서 자유자재로움을 뜻함(至人者上闚靑天, 下潛黃泉.)' - 전자방편(田子方篇)

등의 표현이 있다.

곧 지인은 일반인과 같이 속세에 살고 있다. 그러면서도 그의 언동은 신기하거나 탁월하려 하지 않는다. 오히려 속세에서 유아독존(唯我獨尊)하려는, 도를 깨닫지 못한 일부 인간들이 일반적이며 담박한 인생의 진미를 모르고 오욕(五慾)에 사로잡혀 있음을 본다. 차라리 평범한 가운데 비범함이 나을 것이다.

字源 肥(살찔 비) 月(肉)＋巴(巴←절고자節古字, 뼈마디를 나타냄). 뼈마디에 살[肉]이 붙었으니 '살쪘다'는 뜻. 會意 / 月에서 뜻을, 巴에서 음을 취했음. 形聲

辛(매울 신) 옛날 종이나 죄인의 이마에다 문신(紋身)할 때 쓰던 침 모양을 본떴음. 象形 / 二(上)＋辛(찌를 임). 이마 위쪽[上]을 찔러[辛] 죄인을 나타냈음. 會意

甘(달 감) 혀를 어떤 것에 대어 맛본다는 사실을 나타냈음. 맛보니 '달다'는 뜻. 指事 / 口＋一. 입[口]에다 어떤 물건[一]을 넣었는데 그것은 단 것임. 會意

非(아닐 비) 새의 두 날개를 본떴음. 象形 / 새의 두 날개가 등졌음을 나타내어 '어긋나다' '아니'의 뜻도 되었음. 指事

眞(참 진) 匕(化의 고자古字)＋目＋乚(隱의 고자)＋八(탈것의 모양). 도를 닦아 신선이 되어[匕] 구름을 타고[八] 보이지[目] 않게 몰래[乚] 올라갔음을 나타냈음. 會意

字義 膿(농) 고름, 진하다.　淡(담) 맑다.　奇(기) 기이하다.　異(이) 다르다.

語義 膿肥辛甘(농비신감) 진한 술과 기름진 고기와 매운 것과 단것. 곧 좋은 술과 안주, 맵고 단 음식을 뜻함.　神奇卓異(신기탁이) 신비하고 기이하며 뛰어나고 이상함.　至人(지인) 도를 닦음이 지극한 사람.　只是(지시) 다만 …이다. 어세를 강조하는 표현.

8. 정중동靜中動, 망중한忙中閑이 긴요하다

天地는 寂然不動하되 而氣機는 無息少停하고 日月은 晝夜
奔馳하되 而貞明은 萬古不易이라.

故로 君子는 閑時에 要有喫緊的心思하고 忙處에 要有悠閑
的趣味라.

文意 ▌ 천지는 고요하여 움직이지 않되 그 작용은 잠시도 쉼이 없고, 일월은 밤낮으로 달리되, 그 밝음은 만고에 변하지 않는다.
그러므로 군자는 한가한 때에 긴급한 경우에 대비하는 마음을 지녀야 하고, 바쁜 때에는 한가하고 여유 있는 멋을 지녀야 한다.

要旨 ▌ 천지와 일월이 자연의 원리를 어김없이 지키듯이, 군자도 이 자연의 원리를 따라 한가할 때에도 긴급할 때를 예상하여 대비하는 마음을 가져야 하고, 또 아무리 바쁠 때라도 여유 있는 마음자세를 가져야 한다.

解說 ▌ 군자란 현대어로 신사·지성인·엘리트·지도자 등의 복합적인 실력을 갖춘 사람이라 하겠다. 수신(修身)·제가(齊家)·치국(治國)·평천하(平天下)의 온갖 덕목을 갖춘 사람이다. 따라서 군자의 행동은 만인(萬人)의 사표(師表)가 되어야 한다. 잠시라도 방탕한 마음, 조급한 생각을 가져서는 안 된다. 평상시의 일거일동이 조용하고 조심스러워야 하되 다급한 때를 예상하여 유비무환(有備無患)의 자세를 취해야 하고, 또는 늘 여유작작(餘裕綽綽)하여 망중한(忙中閑)도 즐길 줄 알아야 한다. 항상
'전전긍긍하여 깊은 연못가에 다다른 듯, 엷은 얼음을 밟듯(戰戰兢兢, 如

臨深淵, 如履薄氷)' - ≪시경≫ 소아(小雅) 소민편(小旻篇)

행동하면서 욕기(浴沂)의 유유자적(悠悠自適)의 심정도 이해할 줄 알아야 군자라 할 것이다. 곧 동중정(動中靜), 정중동(靜中動)의 묘미를 아는 것이 군자의 묘처(妙處)라 하겠다.

字源 ▌ 天(하늘 천) 一+大. 이 세상에서 제일[一] 큰 것[大]이 하늘임. 會意 / 큰[大] 사람 위에 있는 것[一]이 하늘이라는 뜻. 指事

地(땅 지) 土에서 뜻을, 也에서 음을 취했음. 也는 它(蛇)의 고자(古字). 形聲 / 土+也(它=蛇). 뱀이 우글거리는 곳은 땅이라는 뜻. 會意

然(그럴 연) 灬(火)에서 뜻을, 狀(개고기 연)에서 음을 취했음. 形聲 / 狀+灬. 개고기를 불에 굽는다는 뜻에서 '불사르다[燃]'의 뜻으로 쓰였다가 나중에 '그렇다'는 뜻이 되었음. 形聲

動(움직일 동) 力에서 뜻을, 重에서 음을 취했음. 形聲 / 重+力. 무거운 것[重]에 힘들이니[力] '움직인다'는 뜻. 會意

而(어조사 이) 긴 수염의 모양을 본떴음. 象形 / 말을 잇는 어조사로 전용(轉用)하기도 함. 假借

字義 ▌ 寂(적) 고요하다.　機(기) 기계, 고동.　停(정) 멈추다.　奔(분) 달아나다.　馳(치) 달리다.　喫(끽) 먹다.　緊(긴) 요긴하다, 딴딴하다.　趣(취) 추창하다.

語義 ▌ 寂然(적연) 고요한 모양.　氣機(기기) 음양의 작용, 활동.　無息少停(무식소정) 쉬면서 잠시 멈춤이 없다.　奔馳(분치) 부지런히 달려감.　貞明(정명) 바르고 밝음.　要有(요유) …이 있어야 함.　喫緊(끽긴) 매우 긴요함.　悠閒(유한) 한가롭고 여유 있음.

참 고

형성(形聲) 의미를 나타내는 글자와 발음을 나타내는 글자가 합하여 이루어진 글자. 이때 의미를 나타내는 부분을 형부(形符), 또는 의부(意符)라 하고, 발음을 나타내는 부분을 음부(音符) 또는 성부(聲符)라 한다. 한자 전체의 70~80퍼센트는 이 형성문자에 속한다.
洞·桐·銅·胴·恫

9. 정적靜寂 속에 본심을 관조觀照하라

夜深人靜에 獨坐觀心하면 始覺妄窮而眞獨露하니 每於此中에 得大機趣라. 旣覺眞現而妄難逃하면 又於此中에 得大慚愧이라.

文意 ┃ 밤이 깊어 인적이 고요한데 홀로 앉아 본심을 관찰하면 비로소 허망한 생각이 사라지고 진실이 홀로 드러남을 깨닫게 되니, 매양 이런 가운데서 그 진리를 깨달음을 얻을 것이다. 그러나 진실은 드러났어도 허망한 생각이 사라지지 않음을 깨닫는다면 다만 이 가운데 큰 부끄러움을 얻게 되는 것이다.

要旨 ┃ 만뢰구적(萬籟俱寂)한 밤중에 스스로 본심을 살피면 허망한 생각은 사라지고 진실이 나타나 대진리를 깨닫는 희열을 만끽할 수 있다.

解說 ┃ 맹자(孟子)는 사람의 본성이 착하다고 했다. 그래서 이것을 성선설(性善說)이라 한다. 그러나 비슷한 시대의 순자(荀子)는 사람의 본성이 악하다고 맹자와 정반대의 주장을 했다. 그러나 오늘날에 있어서도 사람의 천성은 누구나 다 절대로 착한 것인지 또는 악한 것인지, 한쪽으로 결론 짓지는 못하는 것 같다.

그러나 맹자나 순자는 같은 입장을 취하는 점이 있다. 곧 후천적인 교육의 힘으로 착한 천성을 영구히 보존하거나, 악한 천성을 바로잡아 착한 경지로 나아가게 하는 점에서는 일치한다. 맹자에 의하면 사람의 천성은 착하나 주위 환경의 오염으로 나빠지므로 교육의 힘으로 바로잡아야 한다고 하고, 순자는 선천적으로 나쁜 인간성을 교육의 힘으로 바로잡아 선(善)의 경지로 나아가게 해야 한다는 것이다. 하여간 이 대목에서는 사람의 천성을 착한 것으로 보아, 고요한 밤중에 조용히 사색에 잠겨 대

진리를 발견했을 때의 희열을 강조하고 있다. 일사불란(一絲不亂)한 청정한 관조(觀照)의 마음에 비친 진리의 발견은 사람의 보람을 더할 나위 없이 깨닫게 할 것이다.

字源 ▌ 夜(밤 야) 夕에서 뜻을, 亦(亦의 한 획이 준 글자)에서 음을 취했음. 形聲

深(깊을 심) 氵(水)에서 뜻을, 罙(深의 고자古字)에서 음을 취했음. 形聲

人(사람 인) 사람이 한 발을 앞으로 내딛고 있는 모양을 본떴음. 象形

靜(고요할 정) 靑에서 뜻을, 爭에서 음을 취했음. 形聲

獨(홀로 독) 犭(犬)에서 뜻을, 蜀에서 음을 취했음. 形聲

字義 ▌ 覺(각) 깨닫다. 妄(망) 망령되다. 逃(도) 달아나다. 慚(참) 부끄럽다. 恧(뉵) 부끄럽다.

語義 ▌ 觀心(관심) 본심을 관찰함. 妄窮(망궁) 망령된 생각이 끝남. 주술구조(主述構造). 眞獨露(진독로) 진실이 홀로 드러남. 주술구조. 機趣(기취) 기틀과 멋, 진리의 깨달음. 慚恧(참뉵) 부끄러움.

> **참 고**
>
> **전주(轉注)** 한 글자의 뜻이 다른 뜻으로 전용(轉用)되는 글자를 말한다. 뜻만 달라질 뿐 아니라 음도 달라지는 경우가 있다.
> 樂(풍류 악, 즐거울 락, 좋아할 요)·惡(악할 악, 미워할 오, 어찌 오)

---

10. 실패한 후에 성공한다

恩裡에 由來生害라. 故로 快意時에 須早回頭하라.

敗^패後^후에 或^혹反^반成^성功^공이라. 故^고로 拂^불心^심處^처에 莫^막便^변放^방手^수하라.

文意 ▌ 은총 속에서 원래 재앙이 싹튼다. 그러므로 득의한 때에 모름지기 일찌감치 머리를 돌려라. 실패한 뒤에 혹 도리어 성공한다. 그러므로 마음대로 안 될 때에도 문득 손을 떼지 말라.

要旨 ▌ 윗사람의 사랑을 받아 한창 득의할 때에 물러날 준비를 하고, 한 번 실패했다고 포기하지 말고 계속해 나간다면 성공하는 수가 있다.

解說 ▌ ≪노자도덕경≫ 9장에
'성공하여 명예를 완수하고 물러남이 하늘의 도다.(功成名遂身退, 天之道.)'
라 했다. 또 32장에는
'멈출 줄 알면 위험이 없다.(知止不殆)'
라고 했다. 그러나 사람의 욕심은 한이 없다. 말을 타면 종까지 두고 싶어하는 것이 인정이다.

소하(蕭何)·장량(張良)·한신(韓信)은 중국 한(漢)나라 고조(高祖) 유방(劉邦)의 신하 중의 삼걸(三傑)이었다. 세 사람이 합심 진력하여 천하를 통일한 뒤, 장량은 속세에 미련을 두지 않고 적송자(赤松子)를 따라 신선도(神仙道)를 닦으러 산으로 들어갔다. 그러나 한신은 천하 통일의 큰몫을 담당했던 까닭에 제후로 봉해졌다. 처음에는 제왕(齊王), 초왕(楚王)을 거쳐 회음후(淮陰侯)까지 되었으나 나중에는 역모로 몰려 죽음을 당했다. 그가 모반(謀反)에 걸려 체포되었을 때 한
'교활한 토끼가 죽으매 사냥개를 삶아 먹고, 높이 나는 새가 없어지매 좋은 활을 감추어 둔다.(狡兔死 走狗烹, 高鳥盡 良弓藏)'
라고 한 말은 유명하다. 곧 적을 평정하고 나니 '주구(走狗)'나 '양궁(良弓)' 같은 자기 자신도 소용이 없게 되어 없애 버린다는 말이다.

사람은 만족할 때 물러설 줄 알아야 한다. 조금만 더 행복해야겠다고 생각하다가 마침내는 패가망신(敗家亡身)하고 멸문지화(滅門之禍)를 당한 예가 역사상에 많이 있다. 지족(知足)을 깨달아 물러서는 방법부터 배워

야 할 것이다.

字源 ▌ 恩(은혜 은) 心에서 뜻을, 因에서 음을 취했음. 〔形聲〕

裡(속 리) 衤에서 뜻을, 里에서 음을 취했음. 裏와 같음. 〔形聲〕

由(말미암을 유) 술을 거르는 용수 모양을 본떴음. 술은 용수로 '말미암
아' 걸러진다는 뜻. 〔象形〕

來(올 래) 보리 이삭이 매달린 모습을 본떴음. 〔象形〕 / '온다'는 뜻으로 빌
어다 쓰게 되었음. 〔假借〕

生(날 생) 屮(싹 삐죽 나올 철)＋土. 땅 위로 싹이 삐죽 '나온다'는 뜻.
〔會意〕

字義 ▌ 須(수) 모름지기.   拂(불) 떨치다, 어기다.   便(변) 문득, 곧, 똥.
(편) 편하다.

語義 ▌ 恩裡(은리) 은총을 받는 가운데.   由來(유래) 원래.   快意(쾌의)
만족스러움〔得意〕.   回頭(회두) 머리를 돌림, 물러남.   拂心(불심) 마음
에 어긋남, 마음대로 안 됨.   放手(방수) 손을 뗌.

참 고

가차(假借) 이미 가지고 있는 의미와는 관계없이 그 글자의 음만 빌
어서 다른 사물을 나타내는 글자.
來(보리→오다)〔麥〕・北(등지다 →북녘)〔背〕・豆(제기祭器→콩)・而
(입가 수염→어조사)・Asia→亞細亞・Paris→巴里・Italy→伊太利
・London→倫敦・Suisse→瑞西

---

11. 지조志操는 청렴결백에서 뚜렷해진다

려 구 현 장 자　　다 빙 청 옥 결　　　　곤 의 옥 식 자　　　감 비 슬 노 안
藜口莧腸者는 多冰淸玉潔하고 袞衣玉食者는 甘婢膝奴顔이

개 지 이 담 박 명　　　이 절 종 비 감 상 야
라. **蓋志以澹泊明하고 而節從肥甘喪也**라.

文意 ▌ 명아주국을 먹고 비름나물로 창자를 달래는 사람〔惡衣惡食者〕
은 얼음처럼 맑고 옥같이 깨끗함이 많지만, 좋은 옷을 입고 맛있는 음
식을 먹는 사람〔好衣好食者〕은 굽실거리며 아첨하는 시늉도 달게 여긴
다. 대체로 지조는 청렴결백함으로써 분명해지고, 절개는 부귀를 탐냄
에 따라 잃게 되는 것이다.

要旨 ▌ 가난한 사람 중에 깨끗한 사람이 많고, 부귀한 사람은 비굴한
점이 많다. 따라서 지조와 절개는 청렴결백한 데서 지켜지고, 부귀해
지면 잃기 쉽다.

解說 ▌ 공자도 ≪논어(論語)≫ 이인편(里仁篇)에서
'선비가 진리 탐구에 뜻을 두고서 악의악식을 부끄러워한다면 그와는 함
께 의논할 수 없다.(士志於道, 而恥惡衣惡食者, 未足與議也.)'
라고 하였고, ≪논어≫ 옹야편(雍也篇)에서 수제자 안회(顔回)를 평하
되,
'훌륭하다 안회는. 한 그릇의 밥, 한 쪽박의 물로 빈촌에서 살게 되면 다
른 사람들은 그 근심을 견뎌 내지 못하는데, 안회는 그렇게 살면서도 그
의 즐거움이 변하지 않는다.(賢哉, 回也. 一簞食一瓢飮, 在陋巷, 人不堪
其憂, 回也不改其樂.)'
라고 했다. 곧 안빈낙도(安貧樂道)의 경지를 말한 것이다.

字源 ▌ 口(입 구) 입의 모양을 본떴음. 象形
腸(창자 장) 月(肉)에서 뜻을, 昜(陽의 고자古字)에서 음을 취했음. 장

(腸)으로 쓰기도 함. [形聲]

多(많을 다) 夕+夕. 밤[夕]이 거듭되면 날짜가 '많아진다'는 뜻. [會意]

冰(얼음 빙) 冫(얼음 빙)+水. 물이 얼었다는 뜻. 冫이 丶으로 변하여 氷으로 쓰기도 함. [會意] / 水에서 뜻을, 冫에서 음을 취했음. [形聲]

淸(맑을 청) 氵(水)에서 뜻을, 靑에서 음을 취했음. [形聲] / 氵+靑. 물이 푸르니 '맑다'는 뜻. [會意]

字義 ▌ 藜(려) 명아주. 莧(현) 비름. 袞(곤) 곤룡포. 膝(슬) 무릎. 蓋(개) 대개, 덮다. 澹(담) 맑다. 泊(박) 정박하다, 담박하다. 喪(상) 죽다, 잃다.

語義 ▌ 藜口(려구) 명아주를 입에 넣음, 명아주를 먹음. 莧腸(현장) 비름을 창자에 넣음, 곧 비름나물을 먹어 소화함. 冰淸玉潔(빙청옥결) 얼음같이 맑고 옥같이 깨끗함. 袞衣(곤의) 제왕이 입는 옷. 고관이 입는 옷이란 뜻도 됨. 玉食(옥식) 옥 같은 밥, 좋은 음식. 婢膝(비슬) 종의 무릎, 곧 종이 주인 앞에서 무릎걸음으로 굽실거림. 奴顔(노안) 종의 얼굴, 종이 상전에게 아첨하는 얼굴. 澹泊(담박) 담박(淡泊)과 같음. 肥甘(비감) 살진 고기와 맛있는 음식.

---

12. 넓은 마음으로 살아가라

면 전 적 전 지　요 방 득 관　　사 인 무 불 평 지 탄
面前的田地는 要放得寬하여 使人無不平之歎하고,

신 후 적 혜 택　요 류 득 구　　사 인 유 불 궤 지 사
身後的惠澤은 要流得久하여 使人有不匱之思라.

文意 ▌ 살아 생전의 마음은 활짝 열어 너그럽게 하여 사람들로 하여금 불평의 탄식이 없도록 하고, 죽은 뒤의 은혜는 오래 남도록 해서 사람

들로 하여금 만족한 생각을 갖도록 할 것이다.

要旨 ▌ 마음을 탁 털어놓고 살아 남의 불평을 사지 말 것이며, 은혜는 영원히 남겨 후인에게 만족스럽게 하라.

解說 ▌ 중국 고사(故事)에 '절영연(絶纓宴)'이 있다.

중국 춘추시대 초(楚)나라 장왕(莊王)이 신하들에게 잔치를 베풀어 아침부터 밤까지 계속되었다. 밤이 되어 촛불을 켜놓고 술을 마시는데 주흥을 돋우기 위하여 장왕은 애첩(愛妾)에게 신하들의 좌석을 돌며 술을 따르라 하였다. 그래서 그 미인이 술자리를 지나면서 술을 따르는데 마침 일진광풍이 불더니 모든 촛불이 일시에 꺼져 버렸다. 그 순간 미인 앞에 있던 한 신하가 미인을 껴안았다. 이에 놀란 미인은 재빨리 남자의 얼굴을 더듬어 갓끈이 손에 잡히자 후다닥 뜯었다. 그러자 남자는 껴안은 손을 놓았고, 미인은 손에 든 갓끈을 들고 더듬어 왕에게 왔다.

미인은 왕에게 귓속말로 "저의 몸에 손을 댄 그 무엄한 자를 빨리 불을 켜서 찾아 엄벌하여 주소서." 하였다. 그 말을 들은 장왕은 애첩의 부탁을 일축하고 반대로 "이왕 술을 냈으면 취해야 하고, 취하면 실례를 범하는 일이 예사인데 어찌 부인의 절개를 가상히 여겨 선비들에게 욕을 당하게 할 수 있는가? 오늘은 과인과 더불어 군신관계를 넘어 동료 입장에서 마시는 것이니 멋있게 마시세. 지금부터 그 갑갑하게 붙들어 맨 갓끈을 모두 뜯으시오."하니 여기서도 뚝뚝, 저기서도 뚝뚝 모두 갓끈을 뜯어 버렸다. 그런 다음 불을 켜고 마음껏 마시다가 헤어졌다.

얼마 후, 초나라는 진(晉)나라와 한판 겨루는 전쟁을 치르게 되었다. 그 때 어떤 날랜 장수가 적진으로 달려가 적장과 오합(五合)을 싸워 족족 이겼다. 초 장왕이 이상히 여겨 "저 사람이 누구냐?"하니 옛날 절영연이 있던 날 밤에 왕의 애첩을 껴안았던 자라 하였다.

요컨대 확 터놓고 적나라하게 속을 보여 일호(一毫)의 의심이 없게 함으로써 믿어 용기를 낼 수 있고, 또 생명을 살려준 평생의 은인은 영원히 잊을 수가 없는 것이다.

字源 ▌ 面(낯 면) 甲. 사람의 얼굴 모양을 본떴음. 멀리서 볼 때 눈이 유난히 드러나므로 눈[目]과 얼굴의 윤곽을 합쳤음. [象形]

前(앞 전) 歬, 止+舟. 止는 足을 뜻함. 발이 배를 타고 있어 발은 움직이지 않아도 배는 움직여 '앞'으로 간다는 뜻. 會意

的(과녁 적·어조사 적) 白에서 뜻을, 勺(잔질할 작)에서 음을 취했음. 形聲

田(밭 전) 밭의 모양을 본떴음. 象形

要(중요할 요) 여자가 허리에 양손을 짚고 서 있는 모양을 본떴음. 몸에서 허리가 가장 '중요하다'는 뜻. 象形

字義 ▌ 歎(탄) 탄식하다. 惠(혜) 어질다, 은혜, 주다. 澤(택) 못, 윤택하다. 匱(궤) 다하다, 갑.

語義 ▌ 面前(면전) 현재. 田地(전지) 마음〔心志〕. 放得寬(방득관) 관대함, 마음을 활짝 열어 놓음. 身後(신후) 죽은 후. 流得久(류득구) 남기어 오래 가게 함. 不匱(불궤) 부족함이 없음, 만족함.

---

13. 한 걸음 양보하며 살아가라

_{경 로 착 처} _{류 일 보} _{여 인 행} _{자 미 농 적} _{감 삼 분}
徑路窄處엔 **留一步**하여 **與人行**하고, **滋味濃的**은 **減三分**하

여 _{양 인 기} **讓人嗜**하라. _{차 시 섭 세} **此是涉世**의 _{일 극 안 락 법} **一極安樂法**이니라.

文意 ▌ 작은 길, 좁은 곳에서는 한 걸음 멈추어 남에게 먼저 지나가도록 하고, 맛있는 음식은 30퍼센트만 덜어서 남에게 맛보도록 양보하라. 이것이 바로 세상을 살아가는 가장 안락한 한 가지 방법이다.

要旨 ▌ 매사에 양보함이 인생을 안전하게 살아 나가는 최선의 길이다. 양보의 미덕을 강조하고 있다.

解說 ▌ 겸양(謙讓)·사양(辭讓)은 동양 도덕의 기본이라 할 수 있다. '사양하는 마음은 예의 시초다.(辭讓之心 禮之端也)' - ≪맹자(孟子)≫ 공손추(公孫丑) 상

라고 했다. 온(溫-溫和), 양(良-良順), 공(恭-恭遜), 검(儉-儉素), 양(讓-謙讓)은 유교의 오덕(五德)이라 하는데, 여기에도 겸양은 반드시 들어 있다. 양보할 줄 아는 것이 사람이요, 그래서 사람은 만물의 영장(靈長)이다. 수탉도 모이를 보면 암탉과 새끼를 불러 같이 먹는다. 사람이 닭만도 못해서야 되겠는가?

양보는 예절의 기초이니 반드시 사양할 줄 알아야 한다. 그러나 어느 정도를 양보해야 하나? 양보는 많이 할수록 좋다. 중국 속담에 '한 치를 사양하면 한 자를 얻는다.(讓禮一寸, 得禮一尺)'

고 했고, 또 당(唐)나라 주경칙(朱敬則)의 말에 '일생 동안 길을 양보해도 백 보를 넘지 않는다.(終身讓路 不在百步)' 라고 했다. 교통법규를 무시하면서 추월해 달리는 차가 요행히 사고 없이 목적지에 도착했어도 결국 몇 분 차이밖에 안 된다. 신호를 지키며 한 발짝, 또는 1초 1분의 양보를 할 줄 안다면 교통사고는 나지 않을 것이다.

중국 춘추시대 고죽국(孤竹國)의 왕자 장남 백이(伯夷)와 막내 숙제(叔齊)의 왕위 양보는 천하에 길이 전하는 미담이며, 끝까지 양보하다가 해결을 못 본 형제는 각기 도망감으로써 중자(仲子)가 왕위를 계승한 일이 있다. 그러니 우리는 겸양의 덕, 양보의 미덕을 살려 명랑한 사회를 이루어 나가는 데 앞장서야 할 것이다.

字源 ▌ 徑(길 경) 彳에서 뜻을, 巠(지하수 경)에서 음을 취했음. 形聲
路(길 로) 足+各. 사람들이 각기[各] 걸어 다니는[足] 곳이 '길'이라는 뜻. 會意
處(곳 처) 処(處의 원래 글자)에서 뜻을, 虍에서 음을 취했음. 形聲
留(머무를 류) 田에서 뜻을, 丣에서 음을 취했음. 形聲 / 丣(酉의 고자)에서 뜻을, 由에서 음을 취했음. 形聲
一(한 일) 손가락 또는 선이나 막대기 하나를 그어 '하나'라는 수효를 나타냄. 指事

語義 ▮ 徑路(경로) 작은 길, 지름길. 窄處(착처) 좁은 곳. 與人行(여인행) 다른 사람을 먼저 가게 함. 滋味濃的(자미농적) 맛있는 음식. 적(的)은 명사형 조사. 讓人嗜(양인기) 남에게 양보하여 맛보게 함.

---

14. 속세를 벗어나면 명사名士요 성인聖人이다

作人에 無甚高遠事業이나 擺脱得俗情이면 便入名流하고,

爲學에 無甚增益工夫나 減除得物累면 便超聖境이라.

文意 ▮ 사람됨이 어떤 위대한 일을 하지 않았더라도 세속의 인정을 벗어날 수만 있다면 그것으로 족히 명사의 부류에 들어갈 수 있을 것이며, 학문을 함에 어떤 많은 공부를 하지 않았더라도 마음에서 물욕을 제거할 수만 있다면 그것으로 족히 평범을 초월하여 성인의 경지에 넘어 들어갈 수 있을 것이다.

要旨 ▮ 속세의 정을 버리면 일류의 명사요, 속세의 이욕을 벗어나면 성인(聖人)이라 할 수 있다.

解說 ▮ '세이(洗耳)'란 말이 있다. '귀를 씻는다'는 뜻인데, 이 말의 주인공은 허유(許由)이다. 허유는 옛날 중국의 전설상의 인물로 몇 천 년을 두고 익히 알려진 인물이다. 중국 고대 전설상의 성군(聖君)인 요(堯)임금이 천하의 현인(賢人)인 허유를 찾아갔다. 그때 허유는 기산(箕山)이란 산이 뒤로 아름답게 솟아 있고, 앞에는 영수(潁水)라는 내가 흐르는

속세를 떠난 명승지에 살고 있었다. 허유는 단 하나밖에 없는 벗 소보(巢父)와 같은 곳에 살고 있었다. 나무 위에다 까치집처럼 원두막 같은 집을 짓고 살므로 소보라고 불렀다.

요임금은 허유를 만나자 이 천하를 맡아 천자가 되어 뭇 백성을 다스려 달라고 했다. 곧 정권을 선양(禪讓)하는 것이었다. 허유는 일언지하(一言之下)에 거절하여 요임금을 돌려보냈다. 요임금은 할 수 없이 섭섭한 마음으로 되돌아갔다. 허유는 속세의 더러운 이야기를 들었다며 영수의 물을 떠서 귀를 씻었다.

때마침 소보가 들에 매놓았던 소를 끌고 돌아오다가 귀를 씻는 허유에게 이유를 물으니 허유는 사실대로 답했다. 그러자 소보는 목말라 물을 마시려는 소를 잡아채고 허유보다 상류로 소를 몰고 가서 물을 먹이며 "허유가 씻어낸 속세의 더러움이 섞인 물을 소가 마시면 소도 더러워지기 때문에 위쪽에 와서 물을 먹이는 것이다."라고 했다.

참으로 요즈음 세상에서는 있을 수 없는 일이다. 그러나 이들은 속세의 정을 버리고 속세의 명예나 이익을 헌신짝처럼 버렸기 때문에, 그들의 이름은 영원히 남아 만고에 빛나는 것이다. 현재 우리가 이렇게까지 하기는 어렵지만, 그래도 어느 정도 현세를 초월할 수 있는 마음자세는 가져야 할 것이다.

字源 ▮ 作(지을 작) 亻(人)에서 뜻을, 乍(잠깐 사)에서 음을 취했음. 形聲

無(없을 무) 亡＋橆(번성할 무). 번성한 것이 없어진다는 뜻. 會意 / 亡에서 뜻을, 橆에서 음을 취했음. 形聲

甚(심할 심) 甘＋匹. 부부[匹]가 맛있는 음식[甘]을 먹으니 '매우' 즐겁다는 뜻. 會意 / 匹에서 뜻을, 甘에서 음을 취했음. 形聲

高(높을 고) 성 위에 '높이' 세워 놓은 망루 모양을 본떴음. 象形

遠(멀 원) 辶(辵)에서 뜻을, 袁(옷 치렁거릴 원)에서 음을 취했음. 形聲

字義 ▮ 擺(파) 열다, 제서하나. 累(루) 포개다, 매다. 超(초) 뛰어넘다. 境(경) 지경.

語義 ▮ 作人(작인) 사람됨, 위인(爲人). 甚(심) '심마(甚麼)' '하(何)'의 뜻. 어떤. 高遠事業(고원사업) 고상하고 원대한 일, 위대한 일. 擺脫(파

탈) 벗어버림.　**增益工夫**(증익공부) 업적으로 남을 만한 연구.　**減除**(감제) 덜어서 제거함.　**物累**(물루) 물욕에 마음이 얽매임. 명문이욕(名聞利欲).　**超**(초) 넘어서 그 경지에 들어감.

---

15. 의협심義俠心과 양심이 있어야 사람이다

^{교 우}　　　^{수 대 삼 분 협 기}　　^{작 인}　　　^{요 존 일 점 소 심}
交友에는 **須帶三分俠氣**요, **作人**에는 **要存一點素心**이라.

文意 ▌ 벗을 사귀는 데는 반드시 30퍼센트의 의협심을 지녀야 하고, 사람됨에는 반드시 한 점의 순수한 마음을 지녀야 한다.

要旨 ▌ 벗과 사귐에는 어느 정도 의협심이 뒤따라야 하고, 사람은 반드시 조금이라도 순수한 마음이 있어야 한다.

解說 ▌ 이태백(李太白)이라면 누구나 다 잘 안다. 중국 당(唐)나라 때 시선(詩仙)으로 불리는 유명한 시인이다. 그는 술과 달과 시와 합쳐 영원히 살아 있는 시인이다. 신화적인 존재로까지 숭앙 받고 허다한 일화를 지니고 있는 유명한 풍류객이기도 하다.
그러나 그도 젊었을 때는 의협심이 매우 강한 청년이었다. 그는 다음과 같이 말한 적이 있다.
"전에 동쪽으로 유양(維揚) 땅을 유람할 때, 1년도 못 되어 30만 금이란 거액을 써버린 일이 있으니 집안이 망한 귀공자를 돕다가 그렇게 되었다. 또 전에 촉중(蜀中)의 친구 오지남(吳指南)과 함께 초(楚) 지방을 여행했는데 오지남이 동정호(洞庭湖) 가에서 급사했다. 그래서 나는 통곡하고 동기간을 잃은 듯 무더운 염천(炎天)인데도 시체에 엎드려 울다가 피눈물을 흘렸다. 그때 사나운 범이 앞으로 다가와도 단단히 지키며

움직이지 않고 있다가 마침내 동정호 가에다 가매장(假埋葬)해놓고 금릉
(金陵, 지금의 남경南京)으로 갔다가 수년 만에 다시 와서 보니 근육이
아직도 붙어 있었다. 나는 눈물을 닦고 칼로 뼈를 바르고 물로 깨끗이
씻어 싸가지고 갔는데 자나 깨나 놓지 않고 간수하여 악성(鄂城, 지금의
무창武昌) 동쪽에다 장지를 빌어 묻어 주었다. 고향까지의 길이 멀어 혼
백이 주인이 없으니 예(禮)로써 이장(移葬)하여 붕우의 정을 밝히니, 이
는 내가 벗과의 의리를 중히 여겼기 때문이다.”
이렇게 시주(詩酒)·풍류로만 유명한 이태백인 줄만 알았던 이면에는,
그의 의협심과 혜시(惠施)의 일화도 숨어 전해 오고 있다.

字源 ▌ 交(사귈 교) 사람이 발을 꼬고 선 모양을 나타냄. 象形

友(벗 우) ナ(왼손)＋又(오른손). 손을 맞잡고 ‘친하게’ 돕는다는 뜻.
會意

須(모름지기 수) 頁(머리 혈)＋彡(터럭 삼). 턱의 수염을 나타냄. 會意

帶(가질 대) 卅는 허리띠. 帀은 巾(수건 건)이 겹쳐진 모양. 수건을 허리
에 찬 모양. 象形

三(석 삼) 작대기 세 개로 ‘셋’을 나타냄. 指事

字義 ▌ 俠(협) 의기.

語義 ▌ 俠氣(협기) 의협심. 약하고 외로운 사람을 도와주는 마음. 素心
(소심) 순수한 마음.

16. 덕은 남보다 앞서고, 이利는 남보다 뒤처져라

총리　　무거인전　　덕업　　무락인후
寵利에는 毋居人前하고 德業에는 毋落人後하라.

수향　　무유분외　　수위　　무감분중
受享에는 毋踰分外하고 修爲에는 毋減分中하라.

文意 ▌ 총애와 이익을 얻는 데는 남의 앞장을 서지 말고, 덕행과 업적을 쌓는 데는 남의 뒤에 처지지 말라. 받아서 누림은 분수를 넘지 말고, 수양하여 실천함은 분수 이하로 줄이지 말라.

要旨 ▌ 덕행과 수양에는 용감하게 앞서 나가고, 총애와 향락에는 분수를 지켜야 한다.

解説 ▌ 단종(端宗)은 왕위를 세조(世祖)에게 빼앗기고 노산군(魯山君)으로 강등되어 영월(寧越)로 쫓겨났다. 그러나 신숙주(申叔舟)·정인지(鄭麟趾) 등 세조 편을 드는 신하들은 마음이 놓이지 않아 단종을 죽여야 한다고 주장했다. 그래서 조정에서는 금부도사(禁府都事)에게 사약을 주어 영월로 가서 단종을 죽이게 했다. 금부도사는 영월에 도착했으나 차마 말을 고하지 못하고 뜰에 엎드려 있었다. 단종은 밖으로 나와 온 까닭을 묻는데, 옆에 있던 통인(通引) 하나가 노끈으로 단종의 목을 졸라 죽이니 단종의 나이 17세 때였다.

단종이 승하한 뒤 시체는 팽개쳐져 아무도 거두어 장사 지내는 사람이 없었다. 그때 이 고을에 사는 호장(戶長) 엄흥도(嚴興道)가 관을 사다가 염해서 영월군 북쪽 산에 묻었다. 어떤 사람이 엄흥도에게 죄인의 시체를 장사 지냈다가 화를 당하면 어쩌려고 그러느냐고 하니, "좋은 일을 하다가 화를 당하면 달게 받겠다."하고 단종을 장사 지낸 후 아들과 함께 그 고장을 떠났다.

그 후 영조(英祖) 때 조정에서는 엄흥도의 공적을 아름답게 여겨 공조참의(工曹參議)를 추증했다. 지금도 영월 장릉(莊陵) 입구에 엄흥도의 공적비가 있어 당시의 내력을 무언으로 증명해주고 있다. 이렇게 덕을 쌓는 데는 남보다 앞서 행해야 할 것이다.

字源 ▌ 居(살 거) 尸(사람이 앉거나 누움)＋古(오래). 어떤 곳에서 오랫동안 머물러 '산다'는 뜻. [會意] / 尸에서 뜻을, 古에서 음을 취했음. [形聲]
業(업 업) 북과 같은 악기를 걸어 놓는 받침대를 본떴음. [象形]
落(떨어질 락) ++에서 뜻을, 洛에서 음을 취했음. [形聲]
後(뒤 후) 彳＋幺(작을 요)＋夂(뒤에 올 치). 어린아이[幺] 걸음[彳]이 느려 '뒤지다[夂]'의 뜻. [會意]

受(받을 수) 爪+冖+又. 爪〔주는 손〕과 又〔받는 손〕 사이에 冖〔舟, 잔대〕가 끼어 있음. 會意 / 爪와 又에서 뜻을, 冖에서 음을 취했음. 形聲

字義 ▮ 寵(총) 사랑하다. 享(향) 누리다. 踰(유) 넘다.

語義 ▮ 寵利(총리) 총애와 이익. 毋(무) …하지 말라. 물(勿)이나 막(莫)과 같이 금지를 나타내는 조동사. 德業(덕업) 덕행과 업적. 修爲(수위) 몸을 수양하여 실천함. 分中(분중) 분수, 능력의 한계.

---

17. 양보와 관용寬容에 힘써라

處世에는 讓一步爲高이니 退步는 即進步的張本이요,

待人에는 寬一分是福이니 利人은 實利己的根基니라.

文意 ▮ 세상을 살아감에는 한 발짝 양보함을 높게 여기니, 한 걸음 물러섬은 곧 나아감의 토대가 된다. 사람을 대우함에는 일 푼의 관대함이 복이 되니, 남을 이롭게 함이 실로 자기를 이롭게 하는 기초가 된다.

要旨 ▮ 양보와 관용은 진보(進步)와 이기(利己)의 기초가 된다.

解說 ▮ 효령대군(孝寧大君)은 태종(太宗)의 차남이며 세종대왕의 형이다. 세종의 훌륭한 인품을 안 양녕대군(讓寧大君)은 세자 자리를 양보하려 하였다. 그래서 어느 날 양녕대군은 저물녘에 효령대군의 처소로 갔다. 촛불 앞에서 책을 읽고 있는 효령대군에게 양녕대군은 "너는 내가 왜 미친 체 하는지 아느냐? 충녕(忠寧, 세종世宗)이 임금이 될 덕이 있음을 모르느냐?"고 묻자, 효령대군은 안다고 대답했다.

그러면 장차 어떻게 하겠느냐고 다시 묻자, 효령대군은 합장하면서 중이 되겠다고 하였다. 효령대군의 의중을 안 양녕대군은 돌아가고, 다음날 새벽에 궁인이 효령대군의 처소로 가보니 효령대군은 벽을 향하여 합장하고 불공을 드리고 있었다. 이 소식은 곧바로 태종에게 알려지고 태종은 효령대군을 불러 이유를 물으니, "어젯밤 꿈에 부처님이 나타나 불제자(佛弟子)가 되라고 하여 중이 되기로 결심했습니다."라고 대답했다.

그 후로 효령대군은 철저한 불교신자가 되었다. 그러나 가끔 양녕대군은 효령대군이 불공드리는 곳으로 술과 음식을 차려 와서 신나게 마시며 놀았다. 너무 심하여 효령대군이 이를 말리면 양녕대군은, "나는 살아서는 왕의 형이요, 죽어서는 부처의 형이 될 것이니 이 아니 즐거운가?" 하였다.

효령대군은 나중에 절로 들어가 울적한 심정을 달래려고 두 손으로 북을 칠 때 심하게 두드려 북가죽이 늘어졌다. 그래서 속담에 부드럽고 질긴 것을 '효령대군의 북가죽'이라 하였다.

이는 양보의 미덕을 보인 예이다. 지존(至尊)의 자리까지 양보하였으므로 효령대군은 편안하게 90여 세를 살았고, 그 자손들이 번성하여 전주 이씨 중에서 대종을 이루고 있다.

字源 ▌ 讓(사양할 양) 言에서 뜻을, 襄(도울 양)에서 음을 취했음. [形聲]
步(걸음 보) 止(足의 변형)＋少(脚, 다리 각과 같음). 사람이 앞을 향해 두 발로 '걷는' 모양. [會意] / 원숭이가 앞 발톱으로 머리를 긁는 모양. [象形]
爲(할 위) 爪＋爲(象, 코끼리 상의 변형). 손으로 코끼리를 끈다는 뜻. [會意]
退(물러날 퇴) 원자는 復. 彳(자축거릴 척)＋日＋夊. 높이 있던 해가 뒤로 처져 서산으로 넘어간다는 뜻. [會意]
即(곧 즉) 皀(낟알 흡)＋卩(꿇어앉은 모양). 밥상 앞에 '나아가'서 '곧' 식사를 한다는 뜻. [會意]

字義 ▌ 寬(관) 너그럽다.

語義 ▌ 張本(장본) 토대, 발단. 根基(근기) 근본과 기초.

18. 공功을 자랑 말고 죄를 뉘우쳐라

蓋世功勞_{개세공로}도 當不得一個矜字_{당부득일개궁자}요, 彌天罪過_{미천죄과}도 當不得一個悔_{당부득일개회}字_자니라.

文意 ▌ 세상을 뒤덮을 만한 큰 공로도 '자랑 긍(矜)'자 하나를 당해내지 못하고, 하늘에 가득 찰 만한 큰 죄도 '뉘우칠 회(悔)'자 하나를 당하지 못한다.

要旨 ▌ 아무리 큰 공로라도 자랑하면 없어지고, 아무리 큰 죄를 지었다 하더라도 참회하면 그 죄는 사라진다.

解説 ▌ '개세(蓋世)'란 위력이나 기상이 세상을 뒤덮는다는 뜻이다. 그래서 그런 영웅을 개세영웅(蓋世英雄)이라 한다. 개세란 원래 중국 초(楚)나라 항우(項羽)의 시에서 나온 말이다.

진시황(秦始皇)의 나라가 무너지고 군웅(群雄)이 할거(割據)할 때, 옛 초나라 땅에서 항우와 유방(劉邦)이 제위(帝位)를 노려 축록전(逐鹿戰)이 벌어진다. 항우는 20여 세 청년이었고, 유방은 40대였을 때 서로 군사를 일으켜 7년 전쟁 끝에 유방이 천하를 통일했다. 처음에는 항우의 군대가 매우 우세했으나 항우가 용기만 믿고 부하를 박대했으므로 날이 갈수록 세력이 약해져 갔다. 유방 아래의 삼걸(三傑)의 하나인 한신(韓信)도 원래는 항우의 부하였다. 소하(蕭何)와 장량(張良)의 훌륭한 꾀와 능력으로 한신마저 부하로 삼은 유방은 마침내 해하(垓下)란 곳에서 항우에게 치명적인 공격을 가했다.

항우는 해하 성에서 장량의 군대에게 이중삼중으로 포위되어 사면초가(四面楚歌)를 당했을 때,

'힘은 산을 뽑아내고 기운은 세상을 뒤덮지만,　力拔山兮氣蓋世
역 발 산 혜 기 개 세

때가 불리하니 추(騅, 항우의 애마 이름)도 전진하지 않네.

時不利兮騅不逝
시 불 리 혜 추 불 서

추마저 나아가지 않으니 어찌 해야 하나?

騅不逝兮可奈何
추 불 서 혜 가 내 하

우미인(虞美人, 항우의 애첩)이여, 우미인이여 당신을 어떻게 하나?'

虞兮虞兮奈若何
우 혜 우 혜 내 약 하

라고 읊으니 우미인은 다음과 같이 답했다.

'한나라 군대가 이미 우리 땅을 노략질해서

漢兵已略地
한 병 이 략 지

사방에는 초나라 노랫소리로다.

四面楚歌聲
사 면 초 가 성

대왕께서 의기가 다하셨으니

大王意氣盡
대 왕 의 기 진

천한 이 몸이 살아서 무엇 하겠습니까?'

賤妾何聊生
천 첩 하 료 생

결국 항우는 자기 힘만 믿고 자랑하다가 간신히 해하 성을 탈출하여 오강(烏江) 가에 가서 자살로 끝을 맺었다.

字源 ▌ 蓋(덮을 개) 艸(풀 초)＋盍(덮을 합). 풀로 '덮다'라는 뜻. 會意
功(공 공) 工＋力. 힘껏[力] 일하여[工] 이루어진 결과가 '공로'라는 뜻.
會意 / 力에서 뜻을, 工에서 음을 취함. 形聲
勞(수고로울 로) 炏(熒, 밝을 형에서 火를 생략한 글자)＋力. 밝은 등불
밑에서 힘을 들인다. 곧 야간에도 불을 밝혀 '수고한다'는 뜻. 會意
當(마땅할 당) 尙(짝지을 상)＋田. 밭[田]값이 비슷하여[尙] 맞바꾸기에
'마땅하다'는 뜻. 會意 / 田에서 뜻을, 尙에서 음을 취함. 形聲
得(얻을 득) 彳에서 뜻을, 㝵(得의 고자古字)에서 음을 취함. 形聲

字義 ▌ 矜(긍) 자랑하다. 彌(미) 그치다, 더하다. 悔(회) 후회하다.

語義 ▌ 蓋世(개세) 온 세상을 뒤덮음. 彌天(미천) 하늘에 가득 참.

19. 명예를 독점하지 말라

완명미절 불의독임 분사여인 가이원해전신
完名美節은 不宜獨任이니 分些與人이면 可以遠害全身이요,

욕행오명 불의전추 인사귀기 가이도광양덕
辱行汚名은 不宜全推니 引些歸己면 可以韜光養德이라.

文意 ▌온전한 명예와 아름다운 절개는 혼자만 차지해서는 안 된다. 조금이라도 남에게 나누어 주어야만 해를 멀리하고 몸을 보전할 수 있다. 욕된 행실과 더러운 이름은 전부 남에게 미루어서는 안 된다. 조금은 끌어다가 자신에게도 돌려야 빛을 지니고 덕을 기를 수 있다.

要旨 ▌명예를 독점하면 화를 당하고, 오욕(汚辱)을 함께 당해야 덕을 기를 수 있다.

解説 ▌이괄(李适)은 조선 인조(仁祖) 때 반란을 일으킨 것으로 유명하다. 인조반정(仁祖反正)에 늦게 참여했지만 공로는 컸는데, 논공행상(論功行賞) 때 2등공신이 된 데 불만이 컸다. 그런데 또 변방 수비를 맡아 부원수(副元帥) 겸 평안병사(平安兵使)로 영변(寧邊)에 머무르게 되자 불평은 더 커져 난을 꾀한다. 그러나 사전에 발각되어 조정에서 체포령이 내려져 아들이 먼저 잡혔다.
이괄은 부하 이수백(李守白)·기익헌(寄益獻) 등과 귀성부사(龜城府使)이면서 순변사(巡邊使)인 한명련(韓明璉)과 합세, 1만여 군사로 1624년(인조 2) 1월 24일 반란군을 일으켜 승승장구로 순천(順天)·자산(慈山)·평양을 통과, 수안(遂安)·황주(黃州)를 거쳐 평산(平山)으로 진격해 왔다. 이때 중앙에서 파견된 토벌군과 장만(張晚)의 추격군이 서흥(瑞興)에서 합류, 이괄의 군대와 저탄(猪灘)에서 충돌, 일대 격전을 벌였으나 관군이 패하였다. 반란군은 개성을 돌파, 지금의 서울 북쪽 벽제(碧蹄)에 이르렀다.
그리하여 인조는 공주(公州)로 피란가고 서울은 점령되어 그 해 2월 11

일에 선조(宣祖)의 10남 흥안군(興安君)을 내세워 임금을 삼고 논공행상까지 하였다. 그러나 패잔병을 정돈, 다시 추격해온 장만 휘하의 관군의 반격으로 지금의 독립문 근처 길마재에서 크게 싸운 끝에 이괄이 패했다. 이괄은 남은 병사와 더불어 수구문(水口門, 지금의 광희문)으로 빠져 광주(廣州)를 거쳐 이천(利川) 묵방리(黙坊里)에 이르렀을 때, 부하인 기익헌·이수백 등에게 2월 15일에 죽임을 당함으로써 반란은 끝이 났다.

이괄에게 논공행상이 박했던 것도 사실이었으나, 이에 불만을 품고 지나친 욕심을 부리다가 자기 수명도 누리지 못했음은 물론, 청사에 길이 역적의 누명을 남겼으니, 명예를 비롯한 욕심이 너무 과했기 때문이다.

字源 ▌ 完(완전 완) 宀에서 뜻을, 元에서 음을 취했음. [形聲]
名(이름 명) 夕＋口. 저녁이 되어 어두워지니, 눈으로 보이지 않아 입으로 부르는 것이 '이름'이 되었다 함. [會意]
美(아름다울 미) 羊＋大. 양이 커지면 살찌고 '아름답다'는 뜻. [會意]
節(마디 절) 竹에서 뜻을, 卽에서 음을 취함. [形聲] / 竹＋卽. 대[竹]가 나아가며[卽] 생기는 '마디'를 뜻함. [會意]
宜(마땅할 의) 宀(집)＋夕(多의 생략형)＋一(땅). 땅[一] 위에 집[宀]을 짓고 그 안에다 많은 것[多]을 두는 것이 '마땅하다'는 뜻. [會意] / 또는 宀＋月(肉, 고기를 쌓아 둠)＋一. 땅 위에 집 짓고 고기를 쌓아 신에게 제사 지냄이 '마땅하다'는 뜻. [會意]

字義 ▌ 些(사) 적다. 辱(욕) 욕되다. 推(추) 옮기다, (퇴) 밀다. 韜(도) 감추다.

語義 ▌ 完名(완명) 흠 없이 완전한 명예. 獨任(독임) 혼자 차지하다. 分些與人(분사여인) 조금 나누어 남에게 줌. 全推(전추) 전부 남에게 미룸. 韜光(도광) 빛을 감쌈. 자신의 재능을 감추어 드러내지 않음.

20. 매사에 여유를 두라

事^사事^사留^류個^개有^유餘^여不^부盡^진的^적意^의思^사면 便^변造^조物^물이 不^불能^능忌^기我^아하고 鬼^귀神^신도 不^불能^능損^손我^아하나 若^약業^업必^필求^구滿^만하며 功^공必^필求^구盈^영者^자는 不^불生^생內^내變^변하면 必^필召^소外^외憂^우니라.

文意 ▍ 일마다 어느 정도의 여유를 두어 못다 한 뜻을 둔다면, 조물주도 나를 시기하지 않을 것이고, 귀신도 나를 해치지 않을 것이나, 만약 사업에 반드시 만족을 구하고, 공로에 반드시 가득 채움을 구한다면, 안에서 변란이 생기지 않으면 필시 밖에서 우환이 닥쳐올 것이다.

要旨 ▍ 매사에 여유를 두면 손해가 없고, 만족하기를 바라면 변이 생긴다.

解説 ▍ ≪노자(老子)≫ 제29장에
'지속적으로 가득 채우고자 하는 것은 그만두느니만 못하고, 이미 두드려 예리하게 만든 것을 다시 더 예리하게 하고자 하면 오래 보존할 수가 없다. 금과 옥이 집에 가득하면 지킬 수가 없고, 부귀하면서 교만하면 스스로 허물을 남기게 된다. 공을 이루어 놓고 자신이 물러나는 것이 하늘의 도다.(持而盈之 不如其已. 揣而銳之 不可長保. 金玉滿堂 莫之能守. 富貴而驕 自遺其咎. 功遂身退 天之道.)'
라고 하여 가득 참을 경계하고 있다. 곧
'만물이 무성하면 쇠하고, 달이 가득 차면 기운다.(物盛則衰, 月滿則虧)'
– ≪사기(史記)≫ 채택전(蔡澤傳)
는 말과도 통하는 내용이다.
영만(盈滿)이나 만족(滿足)이 반드시 좋은 것이 아니다. 꽃도 활짝 핀 것보다는 조금 벌어진 상태가 더 어여쁘고, 배도 잔뜩 부른 것보다는 조금 고픈 듯한 것이 더 낫다. 곧 세상이나 온갖 만물은 모두가 영쇠(榮衰)를 교대하면서 변천하는 것이다. 가득 찼을 때에는 이미 기울어지는 원인을 내포하고 있는 것이다. 고무줄도 세게 당기면 끊어지고, 밥도 지나치게 먹으면 병이 난다. 그래서 매사에 여유를 두어야 한다. 우리의 신체 유지는 물론, 정신적인 사고나 우리가 영위하는 모든 일에도 어느 한계에서 자족(自足)할 줄 알아야 한다. 욕심껏 허욕(虛慾)을 부리다가 사업을 망치고, 패가망신(敗家亡身)하는 경우를 종종 본다.

'술이 취했는데 더 마시는 것은 안 마시는 것만 못하다.(醉後添杯不如無)'

라고 ≪명심보감(明心寶鑑)≫에도 한 말이 있다.

모든 일에 가득 채우지 않는 겸양을 배워 심신에 여유를 두도록 해야 할 것이다.

字源 ▎ 個(낱 개) 亻(人)+固. 사람〔人〕이 죽어 굳어진〔固〕 시체는 물건처럼 '개수'로 센다는 뜻. 會意 / 亻에서 뜻을, 固에서 음을 취했음. 形聲

有(있을 유) 月(肉)에서 뜻을, 𠂇(오른손 우)에서 음을 취했음. 形聲

餘(남을 여) 食에서 뜻을, 余에서 음을 취했음. 形聲

盡(다할 진) 皿에서 뜻을, 𦰩(燼, 불똥 진)에서 음을 취했음. 形聲 / 손에 그릇을 들고 씻는 모양, 음식을 다 먹어 그릇이 비었음을 뜻함. 指事

意(뜻 의) 音+心. 소리로 나타내고자 하는 마음이 '생각'이라는 뜻. 會意

字義 ▎ 損(손) 잃어버리다. 盈(영) 차다. 召(소) 부르다.

語義 ▎ 個(개) 일개의, 얼마쯤의. 造物(조물) 조물주. 外憂(외우) 외적의 침입.

21. 화기和氣로 융합하라

家庭^{가정}有^유個^개眞^진佛^불하며 日用^{일용}有^유種^종眞^진道^도라. 人^인能^능誠^성心^심和^화氣^기하고 愉^유

色^색婉^완言^언하여 使^사父^부母^모兄^형弟^제間^간으로 形^형骸^해兩^량釋^석하고 意^의氣^기交^교流^류하면

勝^승於^어調^조息^식觀^관心^심萬^만倍^배矣^의리라.

文意 ▎ 가정에 참부처가 있고, 일상생활 속에 참된 도가 있으니, 사람이 능히 정성스러운 마음과 화평한 기운을 지녀 얼굴빛을 화사하게 하고 말씨를 부드럽게 하여서 부모형제가 화합하고 뜻이 서로 통하게 한다면, 그 공효(功效)가 조식(調息)이나 관심(觀心)을 하는 것보다도 만 배나 더하리라.

要旨 ▎ 참된 부처와 진실한 도는 우리 마음속에 있고, 우리 가정의 평화 속에 있다.

解說 ▎ 불교의 참된 부처와 도교의 참된 도사(道士)의 예를 들어 심신을 조용히 조화시키면, 이야말로 도교의 조식(調息)보다, 불교의 좌선(坐禪)보다 무한의 효과가 있음을 강조하고 있다.
하늘[天]·땅[地]·사람[人]은 삼재(三才)이다. 재(才)는 재(材)의 뜻이다. 천지가 조화하여 만물을 생성 변화시킨다. 인간은 천지 사이에 있으며 천지의 작용을 조화시키는 구실을 한다. 그래서 인간은 천지, 곧 우주의 축소체로 본다. 그러므로 만물의 영장이다. 따라서 만물의 진리는 바로 사람 세계에 존재한다. 인간을 등진 진리는 진리가 아니다. 《중용(中庸)》에
'도는 잠깐이라도 사람에게서 떨어져서는 안 된다. 떨어져 나갈 수 있으면 도가 아니다.(道也者不可須臾離也. 可離非道也)'
라고 했다.

가정 안의 진리, 참된 도가 반드시 부처님이나 옥황상제에 의해서만 얻어지는 것은 아니다. 집안 식구끼리 참된 마음과 온화한 기상과 즐거운 얼굴 및 아름다운 말씨로 피차 융합하고 의기투합해 나가면 여기에 바로 참된 진리가 있는 것이다. 공연히 조식이니 좌선이니 하면서 떠들어 댈 필요는 없는 것이다. 오직 온 식구가 화기(和氣)로 합할 때 제가(齊家)의 꽃은 펴 영생(永生)할 것이다.

字源 ▌ 家(집 가) 宀+豕(돼지 시). 돼지와 사람이 같이 사는 '집'. 會意 / 宀에서 뜻을, 豕에서 음을 취했음. 形聲

庭(뜰 정) 广에서 뜻을, 廷에서 음을 취했음. 形聲 / 广(지붕)+廷(조정). 비를 맞지 않게 지붕[广]을 한 조정[廷]의 작은 '뜰'을 뜻함. 會意

佛(부처 불) 亻(人)에서 뜻을, 弗에서 음을 취했음. 形聲

日(날 일) 해의 모양을 본떴음. 象形

用(쓸 용) 卜+中. 점을 쳐서 맞으면 그 점을 '이용'한다는 뜻. 會意 / 말뚝을 박고 가로막대를 대어 짐승을 기르는 우리를 나타냄. 象形

字義 ▌ 婉(완) 어여쁘다. 骸(해) 뼈. 釋(석) 풀다. 調(조) 고르다, 가리다.

語義 ▌ 眞佛(진불) 불교의 진리. 種(종) 일종(一種). 眞道(진도) 인간의 참된 도리. 形骸兩釋(형해량석) 형해는 형체, 양(兩)은 피차(彼此)를 가리킴. 피차 몸도 서로 융화되어 하나가 됨. 調息(조식) 양생(養生)의 한 방법으로 고요히 앉아 숨을 고르게 하는 법. 도교(道敎)의 수양법. 觀心(관심) 고요히 앉아 자기 마음을 관찰함. 마음속을 관조(觀照)함.

22. 정적靜寂 속에 활력이 있어야 한다

^{호 동 자} ^{운 전 풍 등} ^{기 적 자} ^{사 회 고 목} ^{수 정 운 지}
好動者는 雲電風燈이요 嗜寂者는 死灰槁木이라. 須定雲止
^{수 중} ^{유 연 비 어 약 기 상} ^{재 시 유 도 적 심 체}
水中에 有鳶飛魚躍氣象하니 纔是有道的心體라.

文意 ▌ 움직임을 좋아하는 사람은 구름 사이의 번개 같고 바람 앞의
등불 같으며, 고요함을 즐기는 사람은 식은 재 같고 마른 나무와 같다.
모름지기 멈춘 구름, 잔잔한 물 위에 소리개 날고 물고기 뛰는 기상이
있어야 한다. 이것이야말로 도(道)를 체득한 심체(心體)이다.

要旨 ▌ 지나치게 움직여도 안 되고, 지나치게 고요해도 안 된다. 움직
이는 가운데도 고요함이 있고, 고요한 가운데에서도 움직임이 있어야
한다. 곧 동(動)과 정(靜)의 조화를 이루어야 한다.

解說 ▌ 이 대목에는 두 가지 전거(典據)가 있다. ≪장자(莊子)≫ 제물론
편(齊物論篇)에 남곽자기(南郭子綦)와 그의 제자 안성자유(顔成子游) 사
이의 대화 중에서, 멍하니 넋을 잃고 책상에 기대어 앉아 있는 스승을
향해 제자가
'(멍하니 계신) 선생님의 형체는 진실로 마른 나무와 같고, 마음은 진실
로 식은 재와 같으니(形固可使如槁木, 而心固可使如死灰乎) 어째서 그렇
습니까.'
라고 한 데서 나온 말이다. 곧 너무나 정적(靜寂)인 사자(死者)와 같음
을 뜻하고 있다.
그리고 연비어약(鳶飛魚躍)은 ≪시경(詩經)≫ 대아(大雅) 한록편(旱麓
篇)에서 나온 유명한 말이다. '솔개가 날고 물고기가 뛴다'는 뜻으로 활
기차게 움직이는 모습을 나타내고 있다.
곧 지나치게 날뛰어서도 안 되고, 그렇다고 지나치게 죽은 듯이 생기가
없어서도 안 되며, 고요한 가운데 때때로 생동하여 정중동(靜中動)의 중

용(中庸)의 조화를 이룰 때 만사는 형통하고, 참다운 도심(道心)을 맛볼 수 있다는 유도자(有道者)의 유유자적(悠悠自適)하는 심경을 잘 표현하고 있다.

字源 ▌ 好(좋을 호) 女＋子. 여자가 아들을 안고 있는 모양이 보기 '좋다'는 뜻. 會意

雲(구름 운) 雨에서 뜻을, 云에서 음을 취했음. 形聲

燈(등잔 등) 火에서 뜻을, 登에서 음을 취했음. 形聲

死(죽을 사) 歹(살 바른 뼈 알)＋人. 사람이 '죽어' 뼈만 남았다는 뜻. 會意

灰(석회 회) 十(손)＋火. 손을 쬐던 불이 꺼지고 남은 '재'를 뜻함. 會意

字義 ▌ 槁(고) 마른 나무. 鳶(연) 솔개. 躍(약) 뛰다.

語義 ▌ 好動者(호동자) 활동하기를 좋아하는 사람. 雲電風燈(운전풍등) 구름 사이에서 번쩍이는 번갯불과 바람 앞에서 흔들리는 등잔불. 곧 안전성이 없는 것을 비유. 死灰槁木(사회고목) 식은 재와 마른 나무. 곧 생기가 전혀 없음을 비유. 定雲止水(정운지수) 한 군데 멈추어 있는 구름과 머물러 흐르지 않는 물. 즉 정적의 비유. 鳶飛魚躍(연비어약) 소리개가 날고 물고기가 뜀. 활기 있게 움직이는 모습의 비유. 有道的(유도적) 도리를 아는 사람. 유도적인(有道的人)의 준말. 心體(심체) 마음의 실체.

---

23. 남에게 지나치게 기대하지 말라

攻人之惡에 毋太嚴하라. 要思其堪受라. 敎人以善에 毋過高하라. 當使其可從이니라.

文意 ▒ 남의 잘못을 공격하되 너무 엄하게 하지 말라. 그가 받아서 견딜 만한가를 생각해야 한다. 남을 선(善)으로써 가르치되 지나치게 높게 바라지 말라. 그로 하여금 따를 수 있게 해야 한다.

要旨 ▒ 지나치게 꾸짖거나, 지나치게 칭찬하여 기대에 어그러지는 행동으로 나아가게 하지 말라.

解說 ▒ 한자에는 혼동하기 쉬운 글자가 있다. 무(毋)・모(母)・관(毌) 세 글자는 비슷하여 잘못 읽기가 쉽다. 무(毋)는 '없을 무' '말 무'라 하여 무(無)와 통하는 글자이다. 모(母)는 '어미 모'자이다. 관(毌)은 '꿸 관' '성 관'자이다. 모(母)자는 누구나 다 아는 글자이지만 무(毋)와 관(毌)이 틀리기 쉽다.

중국 위(魏)나라 때 장군으로 관구검(毌丘儉)이 있다. 242년 고구려가 요동 지방을 공격하자 244년에 관구검이 정벌군의 장군이 되어 침입, 비류수(沸流水)에서 동천왕(東川王)의 방어군을 무찌르고 국내성(國內城, 환도성丸都城)을 함락, 동천왕이 피신하여 항복을 받지 못했다. 245년, 현도태수(玄菟太守) 왕기(王頎)를 보내어 침입하여 왕은 옥저(沃沮)로 피난했으며, 밀우(密友)와 유유(紐由)의 분전으로 퇴각시켰다. 관구검이 고구려를 침입한 공을 기리는 관구검 기공비(紀功碑)가 1906년에 만주 집안현(輯安縣) 판석령(板石嶺)에서 발견되었다.

또 옛날 어떤 어리석은 선생이 엉터리로 한문을 가르치면서 사례금을 톡톡히 받아냈다. 그러나 선생 자신도 양심에 가책이 있었던지 낮잠을 자는데 꿈속에서 염라대왕에게 불려갔다. 염라대왕이 한바탕 꾸짖고 나서 이 선생을 짐승으로 환생시켜 고생을 실컷 하게 하라고 부하에게 명령했다. 이에 선생은 이왕이면 암캐로 환생시켜 달라고 하였다. 이유를 물으니 ≪예기(禮記)≫에 '재물을 취하는 데는 암캐라야 된다.(臨財母狗得)'라 했으니, 돈을 버는 데는 암캐가 최고이므로 암캐로 만들어 달라는 것이다. 염라대왕이 기가 막혀 이 선생을 내쫓으라 하여 사자(使者)가 떼밀어 쫓으므로 깨어 보니 한바탕 꿈이었다.

그러나 ≪예기≫의 원문은 '재물에 대해서는 구차하게 벌어서는 안 된다.(臨財毋苟得)'는 것이었다. 이 글에서 무(毋)를 모(母)로, 구(苟, 구

차할 구)를 구(狗, 개 구)자로 잘못 본 것이다. 곧 어로불변(魚魯不辨)
의 일화이다. 사람은 모든 일에 치밀해야 한다.

字源 ▮ 攻(칠 공) 工+攵. 연장[工]을 들고 적을 쳐[攵] '다스린다'는 뜻.
[會意] / 攵에서 뜻을, 工에서 음을 취했음. [形聲]

惡(악할 악·미워할 오) 心에서 뜻을, 亞에서 음을 취했음. [形聲] / '악하
다'의 뜻에서는 '악'으로 발음되고, '미워하다'로 의미가 바뀌거나 '어찌'
등의 의문사로 쓰일 때는 '오'로 발음됨. [轉注] / 亞+心. 두 곱추[亞]의
마음[心]이라는 뜻. [會意]

太(클 태) 大(큰 대)에 丶을 더하여 '참으로 크다' '심하다'의 뜻을 나타
냄. [會意] / 사람이 두 다리를 벌리고 진흙탕에 서서 주체를 못하고 있는
모양을 가리킴. [指事]

嚴(엄할 엄) 吅(부르짖을 현)에서 뜻을, 厰(산 높을 음)에서 음을 취했
음. [形聲]

思(생각할 사) 心+囟(정수리 신). 뇌[囟] 안에 있는 정신[心]이 '생각'이
라는 뜻. [會意]

字義 ▮ 堪(감) 견디다.

語義 ▮ 太嚴(태엄) 지나치게 엄격함. 堪受(감수) 받아 견디어 냄. 過高
(과고) 지나치게 고상(高尚)함. 使其(사기)… 그로 하여금 …하게 한다.
사역형(使役形).

---

24. 광명은 어둠 속에서 나온다

분충지예　　　변위선이음로어추풍　　　부초무광　　　화위형
糞蟲至穢나 變爲蟬而飲露於秋風하고, 腐草無光이나 化爲螢

이요채어하월　　　　고지결상자오출　　　명매종회생야
而耀采於夏月하니, 固知潔常自汚出하며 明每從晦生也니라.

文意 ▌ 굼벵이는 매우 더럽지만 변하여 매미가 되어서 가을바람에 이슬을 마시고, 썩은 풀은 빛이 없지만 반딧불이 되어서 여름밤에 빛을 낸다. 진실로 깨끗함은 항상 더러움에서 나오고, 밝음은 매양 어둠에서 생기는 것임을 알아야 한다.

要旨 ▌ 깨끗함은 더러움으로부터 나오고, 밝음은 어둠으로부터 생겨난다.

解說 ▌ 굼벵이에서 매미가 나오고, 썩은 풀 속에서 반딧불이가 나온다는 중국의 전설이 있다. 중국 한(漢)나라 왕충(王充)이 지은 《논형(論衡)》 무형편(無形篇)에
'굼벵이가 변화하여 복육(復育, 매미의 유충)이 되고, 복육이 또 변해서 매미가 된다.(蠐螬化爲復育, 復育轉而爲蟬)'
는 말과, 《예기(禮記)》 월령편(月令篇)에
'늦여름에 …썩은 풀이 반딧불이 된다.(季夏之月 …腐草爲螢)'
는 설이 그 근거가 된다. 어디까지나 전설이요, 과학적 근거에서 한 말은 아니다.
또 송(宋)나라 주돈이(周敦頤)의 〈애련설(愛蓮說)〉에
'연꽃이 진흙 속에서 솟아나오나 진흙에 물들지 않고, 맑은 파도에 씻기면서도 요절(夭折)하지 않고 줄기가 속은 뚫리고 겉은 곧으며 넌출지거나 가지 치지 않고 향기는 멀수록 더욱 맑고 우뚝히 깨끗하게 서 있으니, 멀리 볼수록 좋으며 더럽힐 수 없는 것을, 나는 홀로 사랑한다.(予獨愛蓮之出於游泥而不染, 濯淸漣而不夭, 中通外直不蔓不枝, 香遠益淸, 亭亭淨植, 可遠觀而不可褻翫焉.)'
란 구절이 있다. 연꽃은 분명히 진흙 속에서 나와 핀다. 진흙이 없으면 연꽃이 자라지 못한다.
거름을 주어 농작물을 키우듯이, 밤이 지나 낮이 되듯이, 고생 끝에 낙이 오듯이 진통 끝에 희열이 오는 법이다. 원인이나 전제가 하찮다고 하여 무시할 것은 아니다. 티끌 모아 태산 식으로 적은 지식이나 경험이라도 차곡차곡 쌓아 올릴 때 결국에는 반딧불이 되고 광명이 되어 이 세상을 비추어 나갈 수 있으리라.

字源 ▌ 蟲(벌레 충) 虫(벌레 훼)가 셋 합친 글자. 會意

至(이를 지) '夭'는 새, 또는 화살, 'ㅡ'은 땅. 새가 날아 내려와 땅 위에 있는 모양, 또는 화살이 땅에 꽂히는 모양을 본뜸. 象形

變(변할 변) 攴(칠 복)에서 뜻을, 䜌(다스릴 런)에서 음을 취했음. 形聲

飮(마실 음) 고깔 쓴 사람〔欠〕이 술병〔食〕에 머리를 숙인 모양. 象形 / 食+欠. 음식을 먹을 때 입을 벌리고〔欠〕 음료수를 '마신다'는 뜻. 會意 / 食(酓 쓴 술 염의 변형)에서 음을, 欠(하품 흠)에서 뜻을 취했음. 形聲

露(이슬 로) 雨에서 뜻을, 路에서 음을 취했음. 形聲

字義 ▌ 糞(분) 똥. 穢(예) 더럽다. 蟬(선) 매미. 腐(부) 썩다. 螢(형) 반딧불. 耀(요) 광채가 남. 汚(오) 더럽다. 晦(회) 그믐, 어둠.

語義 ▌ 糞蟲(분충) 꽁지벌레. 여기에는 굼벵이로 매미의 유충(幼蟲)을 말함. 至穢(지예) 지극히 더러움. 耀采(요채) 빛을 냄. 從(종) …로부터.

---

25. 정기正氣와 진심眞心으로 살아가라

矜高倨傲는 無非客氣니 降伏得客氣下而後에 正氣伸하며,
情欲意識은 盡屬妄心하니 消殺得妄心盡而後에 眞心現이라.

文意 ▌ 뽐내고 거만함은 객기 아님이 없으니, 객기를 항복받아 끌어내린 뒤에야 정기가 펴지고, 정욕이나 의식은 모두 망심에 속하니, 망심을 소멸하여 없앤 뒤에야 진심이 나타날 것이다.

要旨 ▌ 마땅히 객기를 버려 정기를 찾고, 망심을 없애어 진심을 보존해야 한다.

解説 ▌ '살(殺)'은 '죽일 살' '감할 쇄' '빠를 쇄' '어조사 쇄' 등 여러 가지 뜻이 있고, 음도 '살'과 '쇄'로 읽힌다. 살인(殺人)·상쇄(相殺)·쇄도(殺到)·소쇄(笑殺) 등으로 읽는데, 특히 어조사로 쓰일 경우가 어렵다. 의미를 강조하기 위하여 용언(用言)에 붙여 쓰는 조사인데 '죽인다'고 해석하여 웃기는 경우를 본다.

'어제 와 나에게 10여편을 보이며,　昨來示我十餘篇
　　　　　　　　　　　　　　　　　작 래 시 아 십 여 편

　강남의 풍월을 읊어 댄다.'　　　詠殺江南風與月
　　　　　　　　　　　　　　　　　영 쇄 강 남 풍 여 월

　　　　　　　　　　　－ 오융(吳融) 〈증광리태사가(贈廣利太師歌)〉

'만약에 공을 이루고 옷을 떨치며 떠나기를 바란다면

　　　　　　　　　　　　　若待功成拂衣去
　　　　　　　　　　　　　약 대 공 성 불 의 거

　무릉의 복사꽃이 사람을 웃기리.'　武陵桃花笑殺人
　　　　　　　　　　　　　　　　　무 릉 도 화 소 쇄 인

　　　　　　　　　　　－ 이백(李白) 〈분도산수가(粉圖山水歌)〉

'우습다, 도연명이　　　　　　　笑殺陶淵明
　　　　　　　　　　　　　　　　소 쇄 도 연 명

　잔 속의 술을 안 마시다니.'　　不飮杯中酒
　　　　　　　　　　　　　　　　불 음 배 중 주

　　　　　　　　　　　－ 이백 〈고풍(古風)〉

여기서 '살(殺)'자를 '죽인다'로 해석해 보라. '영쇄(詠殺)'는 '읊어 죽인다', '소쇄(笑殺)'는 '웃어 죽겠다', 심지어 '비쇄(悲殺)'를 '슬퍼 죽겠다'고 한다면, 그야말로 '웃겨 죽이는' 번역이다. 위의 원문의 '소쇄(消殺)'가 바로 그런 경우이다. 이를 '지워 죽인다'면 어색하기 짝이 없다.

그래서 번역은 제2의 창작이요, 만만히 보아서는 안 될 일이다.

字源 ▌ 傲(업신여길 오) 亻(人)에서 뜻을, 敖(희롱할 오)에서 음을 취했음. 形聲

客(손님 객) 宀＋各. 집〔宀〕에 각각〔各〕 찾아온 사람, 곧 '손님'이라는 뜻. 會意 / 宀에서 뜻을, 各에서 음을 취했음. 形聲

氣(기운 기) 气+米. 쌀[米]로 밥을 지을 때 끓으면서 증발하는 증기[气]를 뜻함. 會意 / 米에서 뜻을, 气에서 음을 취했음. 形聲

降(내릴 강·항복할 항) ⻖(阜, 언덕 부)+夅(내릴 강). 언덕[阜] 위에서 아래로[夅]로 '내려온다'는 뜻. 會意 / ⻖에서 뜻을, 夅에서 음을 취했음. 形聲

伏(엎드릴 복) 亻+犬. 개[犬]가 사람[人]에게 '엎드린다'는 뜻. 會意

字義 ▌盡(진) 다하다. 屬(속) 붙다. (촉) 부탁하다.

語義 ▌矜高(긍고) 뽐내며 높은 체함. 倨傲(거오) 거만함. 客氣(객기) 쓸데없이 부리는 혈기(血氣). 正氣(정기) 정대(正大)한 기운. 情欲(정욕) 욕망. 意識(의식) 이해득실(利害得失)에 대한 생각. 妄心(망심) 허망(虛妄)한 마음. 消殺(소쇄) 소멸시킴 得(득)…下(하), 得(득)…盡(진) 득(得)은 가능을 나타내는 조동사, 하(下)·진(盡)은 본동사.

---

26. 사전事前에 미혹迷惑에 대처하라

飽後에 思味하면 則濃淡之境이 都消하며, 色後에 思婬하면
則男女之見이 盡絶이라.

故로 人常以事後之悔悟로 破臨事之癡迷하면 則性定而動
無不正이라.

文意 ▌ 배가 부른 뒤에 음식의 맛을 생각해보면 맛이 있고 없음의 구별조차도 모두 사라지고, 색(色)을 쓴 뒤에 음사(婬事)를 생각해보면

성욕조차도 모두 없어진다.

그러므로 사람이 항상 일 뒤의 뉘우침을 가지고 일 앞의 어리석음을 깨뜨리면 성품이 안정되어 움직임이 바르지 않음이 없을 것이다.

要旨 ▌ 본성을 잃지 말고, 잘못을 저지른 뒤에 후회할 생각을 예상하고 매사에 임해라.

解說 ▌ 천성(天性)·본성(本性)·품성(稟性)·부성(賦性)·원성(原性)·실성(實性) 등은 모두 같거나 비슷한 말이다. 타고날 때부터 가지고 있는 성질을 말하는 것이다. 그런데 이 사람의 천성이 본디부터 착하냐 악하냐의 문제가 예부터 거론되어 꾸준히 충돌하면서 아직까지 결론을 내지 못하고 있는 형편이다.

중국 전국시대 맹자(孟子, 기원전 372-289년)는 사람의 천성은 원래 착하다고 하여 성선설(性善說)을 주장했고, 같은 시대 순자(荀子, 기원전 380-245년)는 성악설(性惡說)을 주장했다. 갓난아기는 참으로 착하다. 따라서 성선설이 옳을 것 같다. 그러나 4~5세가 되어 행동할 때 자세히 살펴보면, 어떤 애는 찢고 부수며 모진 짓을 함을 볼 수 있다. 그럴 때 그 아이의 천성은 어느 면에서 본디 악하다고도 볼 수 있다. 일률적으로 착하다, 악하다고 하기에는 조금 수긍이 가기 어려운 면이 있다. 그러나 맹자나 순자가 다 같이 공통되는 것은 학문을 강조하는 점이다. 맹자는 말하되 착한 천성이 악한 환경의 지배를 받아 나빠지므로 학문으로 착한 천성을 유지해 나가야 한다고 하고, 순자는 악한 천성을 학문으로 바로잡아 착하게 만들어야 한다는 것이다.

'남이 싫어하는 바를 좋아하고, 남이 좋아하는 바를 싫어하면, 이는 사람의 천성에 배반된다고 할 수 있다.(好人之所惡, 惡人之所好, 是謂拂人之性.)'

는 ≪대학(大學)≫ 11장의 말대로 여럿이 가는 데 옳음이 있고 거기에 착함이 있다고 볼 것이다.

字源 ▌ 飽(배부를 포) 食에서 뜻을, 包에서 음을 취했음. [形聲] / 食＋包. 음식〔食〕이 배 속〔包〕에 가득 차 '배부르다'는 뜻. [會意]

味(맛 미) 口에서 뜻을, 未에서 음을 취했음. [形聲]

則(곧 즉・법칙 칙) 貝＋刂. 재물[貝]을 공평히 나누려면[刂] 일정한 '원칙'이 있어야 한다는 뜻. 會意

濃(무르녹을 농) 氵(水)에서 뜻을, 農에서 음을 취했음. 形聲 / 氵＋農(厚, 두텁다). 물[水]이 두텁다[農], 곧 '짙다'는 뜻. 會意

淡(맑을 담) 氵(水)＋炎. 불[炎]에 끓인 물[水]은 '맑다'는 뜻. 會意 / 氵에서 뜻을, 炎에서 음을 취했음. 形聲

字義 ┃ 色(색) 빛깔, 색정. 悟(오) 깨닫다. 破(파) 깨뜨리다. 臨(림) 다다르다. 癡(치) 어리석다. 迷(미) 어지럽다, 미혹하다.

語義 ┃ 濃淡之境(농담지경) 맛있는 것과 없는 것의 구별. 都消(도소) 모두 사라짐. 色後(색후) 성교를 한 뒤. 姪(음) 성교하는 일. 男女之見(남녀지견) 이성(異性)에 대한 의식, 성욕(性欲). 事後(사후) 일이 지난 뒤. 臨事(림사) 일에 임함. 일을 시작하려는 때. 癡迷(치미) 어리석음과 미혹(迷惑). 性定(성정) 성은 인간의 본성이므로, 본성이 정착됨.

---

27. 경륜經綸과 한정閒情을 함께 지녀라

거 헌 면 지 중   불 가 무 산 림 적 기 미
居軒冕之中이나 **不可無山林的氣味**요,

처 림 천 지 하   수 요 회 랑 묘 적 경 륜
處林泉之下나 **須要懷廊廟的經綸**이라.

文意 ┃ 높은 벼슬자리에 있을지라도 자연에 묻혀 사는 취미가 없어서는 안 되고, 자연 속에 묻혀 있더라도 모름지기 조정의 경륜을 품어야 한다.

要旨 ┃ 높은 관직에 있어도 처사(處士)의 한정(閒情)을 지녀야 비속해

지지 않고, 초야에 묻혀 있으면서도 경륜을 품고 있어야 촌스럽지 않다.

解説 ▌ '경륜(經綸)'이란 세상을 다스릴 포부나 식견을 말한다. '경(經)'은 '날줄'을 뜻하며 '륜(綸)'은 '실꾸리를 감는다'는 뜻이다. 두 글자가 합쳐 국가의 질서를 바로잡는 정치에 대한 지식 등을 말하게 된 것이다.
《주역》 둔괘(屯卦) 대상(大象)에도
'군자는 경륜을 가져야 한다.(君子以經綸)'
고 했다. 그런데 '독장사 경륜'이란 소화(笑話)가 있다. 일명 '독장사 구구(九九)'라고도 한다.
옛날에 어떤 홀아비 독장수가 큰 독을 지게에 지고, 이 마을 저 마을로 팔러 다니다가 외딴 집 벽 앞에 지게를 뻗치고 쉬고 있었다. 그는 쉬는 사이에 공상을 하기 시작했다. 속으로 생각하되, 이 독 한 개를 두 배 값에 팔아 두 개를 사고, 두 개는 네 개가, 네 개는 여덟 개가 되고 하는 식으로 배로 배로 값을 따지니 기하급수(幾何級數)적으로 늘어 벼락부자가 된다. 그래서 그는 그 돈으로 기와집도 짓고 전답도 많이 장만하고 미인과 결혼하여 아들딸을 낳아 기르고…… 등등의 망상을 하니 기분이 아주 좋았다. 그래서 '지화자'를 부를 때 엉겁결에 잘못 작대기를 쳐 독이 왕창 깨져 장사 밑천이 날라갔다.
이렇게 실현성 없는 허황한 생각은 손해만 가져온다는 뜻에서 헛된 생각을 하다가 도리어 손해를 보는 경우에 이런 속담을 쓴다.

字源 ▌ 軒(초헌 헌) 車＋干. 수레[車] 주변에 난간[干]을 두르고 장식한 '대부(大夫)들이 타는 수레'라는 뜻. 〔會意〕 / 車에서 뜻을, 干에서 음을 취했음. 〔形聲〕
可(옳을 가) 丁(ㄅ, 웃을 가의 변형, 숨 막힐 교丂의 반대 모양)＋口. 숨 막히지 않고[丁] 말이 입에서[口] 나옴. '허락'함의 뜻. 〔會意〕 / 丁과 口에서 뜻을, 丁에서 음을 취했음. 〔形聲〕
山(메 산) 산의 모양을 본떴음. 〔象形〕
林(수풀 림) 木이 합하여 '숲'을 뜻함. 〔會意〕
泉(샘 천) 땅 또는 바위틈에서 물이 솟아나는 모양을 본떴음. 〔象形〕

字義 ▌ 冕(면) 면류관. 處(처) 살다. 廊(랑) 행랑. 廟(묘) 조정. 綸(륜) 다스리다.

語義 ▌ 軒冕(헌면) 헌(軒)은 높은 벼슬아치가 타던 수레이고, 면(冕)은 고관이 머리에 쓰던 관이므로, 높은 벼슬아치를 말함. 山林的氣味(산림적기미) 산림에 은거하는 한가한 취미. 林泉(림천) 수풀과 샘을 말하니 시골을 뜻함. 자연, 초야(草野). 廊廟(낭묘) 낭(廊)은 궁중의 복도, 묘(廟)는 종묘(宗廟)로 조정(朝廷)을 뜻함. 經綸(경륜) 나라를 다스리는 일. 정치에 대한 포부(抱負).

---

28. 성공과 감은感恩만을 바라지 말라

處^처世^세에 不^불必^필邀^요功^공하라. 無^무過^과면 便^변是^시功^공이라.
與^여人^인에 不^불求^구感^감德^덕하라. 無^무怨^원이면 便^변是^시德^덕이라.

文意 ▌ 세상에 처함에는 반드시 성공만을 구하지 말라. 허물이 없는 것이 바로 공이다. 남에게 줄 때에 그 은덕에 감격하기를 바라지 말라. 원망이 없는 것이 바로 은덕이다.

要旨 ▌ 허물이 없음이 곧 성공이요, 원망이 없음이 곧 은덕이다.

解說 ▌ 기대가 크면 실망도 크다. 지나치게 공명욕(功名慾)에 불타면 성공하기는커녕 도리어 실의에 빠지기 쉽다. 지금 상태에서 자족(自足)할 줄 알아야 한다. 독일의 시인 칼 뷰세(Karl Busse, 1872-1918)의 〈저 산 너머(Über den Bergen)〉란 제목의 시가 있다.
'저 산 너머 저 멀리 하늘가엔

행복이 깃든다고 사람들이 말하기에
아! 새로운 희망을 가지고 갔다가
눈물만 흘리고 돌아왔네.
저 산 너머 저 멀리 먼 먼 하늘가엔
행복이 숨었다고 사람들은 말하네.
(Über den Bergen, weit zu wandern
Wohnt das Glük, sagen die Leute.
Ach! Ich ging im Schwarme der Andern,
Und kam mit verweinten Augen zurück.
Über den Bergen, weit weit drüber,
Wohnt das Glück, sagen die Luete.)'
행복은 저 산 너머나 저 세상에만 있는 것이 아니다. 바로 여기에 있고,
현재에 있다. 내 마음속에 있는 것이다.
'거친 밥을 먹고 물을 마시고 팔을 베고 누웠으되, 즐거움은 그 안에 있
다.(飯疏食飮水, 曲肱而枕之, 樂亦在其中矣.)' - ≪논어≫ 술이편(述而
篇)
는 말처럼 행복은 마음에 달린 것이다. 성공은 한이 없는 것이다. 허물
이 없어 언제 어디에서나
'우러러 하늘에 부끄러움이 없고 굽어보아 사람들에게 부끄러워하지 않
는(仰不愧於天, 俯不怍於人)' - ≪맹자(孟子)≫ 진심 상(盡心 上)
그런 심정을 가졌으면 그것이야말로 성공한 것이다. 부귀해져야 반드시
성공한 것은 아니다.

字源 ▌ 必(반드시 필) 弋(杙, 말뚝 익의 뜻)＋八(나누다). 땅을 나눌 때
〔八〕, 말뚝〔弋〕을 박아 '틀림없게' 한다는 뜻. 會意 / 弋과 八에서 뜻을,
八에서 음을 취함. 形聲
過(넘을 과) 辶＋咼(입 비뚤어질 괘). 입이 비뚤어진 사람〔咼〕같이 말이
잘못 나가〔辶〕'허물'이 된다는 뜻. 또는 목적지를 지나쳐〔咼〕간다〔辶〕
는 뜻. 會意 / 辶에서 뜻을, 咼에서 음을 취했음. 形聲
便(다름이 아니라, 곧 변·편할 편) 亻(人)＋更(고칠 갱). 사람〔人〕이 불
편한 것을 고쳐〔更〕'편안하도록' 한다는 뜻. 會意 / '편리하다'의 뜻일 때

는 '편'으로, '똥오줌'이나 '곧'의 뜻일 때는 '변'으로 발음함. 轉注

是(옳을 시) 日+疋(바를 아). 해[日]가 규칙적으로 도는 것처럼 어김없이[疋] '바르다'는 뜻. 會意

與(더불 여) 舁(마주들 여)에서 뜻을, 与(줄 여)에서 음을 취했음. 形聲

字義 邀(요) 맞다, 초대하다. 感(감) 느끼다. 德(덕) 은덕. 怨(원) 원망.

語義 邀功(요공) 공적(功績)을 맞이하다, 공적을 요구함. 與人(여인) 남에게 줌. 은혜를 베풂. 感德(감덕) 은덕에 감동함. 便是(변시) 곧 … 이다.

---

29. 지나치게 괴로워하거나 결백潔白하지 말라

憂勤_{우 근}은 是美德_{시 미 덕}이나 太苦則 無以適性怡情_{태 고 즉 무 이 적 성 이 정}하고,

澹泊_{담 박}은 是高風_{시 고 풍}이나 太枯則 無以濟人利物_{태 고 즉 무 이 제 인 리 물}이라.

文意 일에 근심하며 부지런함은 미덕이라 할 수 있으나 너무 괴로워하면 본성에 따르고 뜻을 기쁘게 할 수 없으며, 청렴과 결백은 고상한 기풍이지만 너무 말쑥하면 사람을 구제하고 사물(事物)을 이롭게 할 수 없다.

要旨 지나치게 미덕을 찾다가 몸을 망치는 수가 있고, 너무 결백해서 일을 그르치는 수가 있다.

解說 조광조(趙光祖, 1482-1519)는 조선 중종 때 학자이며 혁신 정치가였다. 그는 철인군주주의(哲人君主主義)를 내세워 제도를 쇄신하고

국민을 계몽했으며, 물심양면으로 급진적인 이상향 건설에 힘썼다. 반정(反正)을 일으켜 새로 임금이 된 중종의 곁을 떠나지 않고 왕도정치(王道政治)를 일깨워 임금의 두터운 사랑을 받았다. 현량과(賢良科)를 새로 설치하여 어진 인재를 각 부처에 고루 등용하니 간신 무리가 붙을 곳이 없었다. 그러나 조광조를 중심한 젊은 신진들은 너무나 급속히 이상정치의 실현을 꾀했기 때문에, 결국 목적도 달성하지 못했을 뿐 아니라, 몸까지 죽게 되었다.

1519년 10월에 대사헌(大司憲) 겸 세자부빈객(世子副賓客)으로 있던 조광조는 중종반정 때 공신(功臣)들 중에 잘못 책록(冊錄)된 것이 많으니 이를 고쳐야 한다고 상소하여 모든 공신의 4분의 3인 76명을 깎아 버렸다. 이로 인해 깎여진 공신들과 반대파의 원한의 대상이 되었고, 그들은 마침내 궁중 안의 나뭇잎에 꿀로 '주초위왕(走肖爲王)'이라 써서 벌레들이 글자대로 파먹게 하고 그 잎을 따다 하늘의 징조라고 중종에게 속여, 임금의 마음을 움직이게 했다. 1519년(기묘년)에 조광조 일파는 반역죄로 몰려 처벌되었는데 조광조는 능주(綾州)로 귀양갔다가 12월 20일에 사사(賜死, 임금이 중죄인에게 자결을 명함)되었다. 모처럼 지치주의(至治主義, 세상이 매우 잘 다스려짐을 도의道義를 바탕으로 함) 정치는 꽃을 피려다가 가지째 꺾인 격이 되었다. 그러므로 사람이란 너무 고생을 하면 마음마저 찌들어지고, 너무 결백하다 보면 몸까지 망치는 경우를 볼 수 있다.

字源 憂(근심 우) 夂(천천히 걸을 쇠)에서 뜻을, 惪(근심 우)에서 음을 취했음. [形聲]

勤(부지런할 근) 堇(노란 진흙 근)＋力. 진흙 밭[堇]을 다루려면 한층 더 힘[力]을 들여야 한다. 곧 '부지런'해야 한다는 뜻. [會意] / 力에서 뜻을, 堇에서 음을 취했음. [形聲]

苦(쓸 고) 艹(풀)＋古. 풀[艹]이 오래[古] 묵으면 '쓰다'라는 뜻. [會意] / 艹에서 뜻을, 古에서 음을 취했음. [形聲]

以(써 이) 사람이 쟁기로 밭을 가는 모양을 표시. [指事]

適(마침 적) 辶＋啇(나무뿌리 적). 나무뿌리[啇]가 뻗어나간다[辶]는 데서 '가다'의 뜻이 됨. [會意] / 辶에서 뜻을, 啇에서 음을 취했음. [形聲]

語義 ▌ 憂勤(우근) 근심하고 부지런함. 太苦(태고) 지나치게 수고로움.
無以(무이) …할 수 없다. 불가이(不可以). 適性(적성) 본성에 맞게 함.
怡情(이정) 뜻을 즐겁게 함. 澹泊(담박) 청렴결백함. 담박(淡泊). 太枯
(태고) 지나치게 말쑥함. 濟人(제인) 사람을 구제함. 利物(리물) 사물
을 이롭게 함.

---

30. 진퇴유곡進退維谷일 때는 근원根源으로 돌아가라

事窮勢蹙之人은 當原其初心하고, 功成行滿之士는 要觀其
末路니라.

文意 ▌ 일이 궁하고 형세가 곤란에 빠진 사람은 그 처음 일을 시작했
을 때의 마음을 돌이켜보아야 하고, 공을 이루어 만족한 사람은 그 노
후를 생각해야 한다.

要旨 ▌ 일이 막혔을 때는 처음으로 돌아가 다시 생각해보고, 성공하여
만족할 때는 말로(末路)를 생각하라.

解說 ▌ '화무십일홍(花無十日紅)'이요, '세무십년(勢無十年), 권불십년(權
不十年)'이란 말이 있다. 곧 모든 것은 변한다는 뜻이다. 현재 최고의 영
달(榮達)을 누린다고 안일(安逸)과 교만(驕慢)에 빠져 안하무인(眼下無
人)의 행동을 해서는 안 된다. 달도 차면 기우나니, 앞날을 내다보고 대

처해야 할 것이다. 노자(老子)도

'공적을 이루고 명예를 완수한 다음 몸이 물러나는 것이 하늘의 도이다.(功成名遂身退 天之道.)' - ≪노자≫ 9장

라고 하였다.

중국 한(漢)나라 때 장량(張良)은 제갈량(諸葛亮)과 병칭되는 모사(謀士)요 전략가(戰略家)이다. 소하(蕭何)·한신(韓信)과 더불어 유방(劉邦) 부하 중의 삼걸(三傑)이다. 그는 유방을 도와 천하의 장사인 항우(項羽)의 군사를 물리쳐 한나라를 세우는 데 일등공신이었다. 그러나 그는 한나라 고조(高祖, 유방)가 주는 벼슬을 팽개치고 적송자(赤松子)를 따라 입산(入山)하여 속세와 인연을 끊었다.

그와는 반대로 한신은 유방 밑에서 제후로 봉해져 호강을 누렸으나 마침내 역모로 몰려 삭탈관직되었을 뿐 아니라 결국에는 죽음을 당했다. 한신은 죽을 때 '교활한 토끼가 다 잡혀 죽으니 사냥개를 삶아 먹는다.(狡兔死 走狗烹)'고, 실컷 부려먹고 죽인다는 비유의 명언을 남겼다. 그러나 이미 때는 늦은 것이다. 장량처럼 거취(去就)를 분명히 할 줄 알았던들 말로가 비참하지 않았을 것이다.

字源 窮(궁할 궁) 穴+躬. 몸〔躬〕을 구부리고 들어간 굴〔穴〕이 막혀 버리니 '곤궁하다'는 뜻. 會意 / 穴에서 뜻을, 躬에서 음을 취했음. 形聲

原(근원 원) 厂(굴바위 엄)+泉. 바위 밑에서 샘물이 나오는 곳이 '근원'이라는 뜻. 會意

其(그 기) 甘(쌀을 까부르는 키)+丌(책상 기의 변형). 책상 위의 키를 가리킴. 象形 / 원래는 키를 뜻하는 글자였으나 오늘날 '그것'을 뜻함. 假借

初(처음 초) 衤(衣)+刀. 옷〔衣〕을 만들 때 옷감에 칼〔刀〕을 대어 마르기 '시작한다'는 뜻. 會意

成(이룰 성) 戊(성할 무)+丁(장정 정). 혈기가 왕성한〔戊〕 장정〔丁〕이 일을 목적대로 '이룬다'는 뜻. 會意 / 戊에서 뜻을, 丁에서 음을 취함. 形聲

字義 勢(세) 세력. 蹙(축) 찌푸리다.

事窮(사궁) 일이 막힘. 勢蹙(세축) 형세가 나빠짐. 原(원) 원
(源)과 같음. 근원을 거슬러 올라가 살핌. 돌이켜봄. 初心(초심) 처음
일을 시작했을 때의 마음. 功成(공성) 공적을 이룸. 行滿(행만) 일이
마음에 만족함. 要(요) 마땅히 …해야 한다. 末路(말로) 만년(晩年), 노
후(老後).

31. 총명한 사람은 과묵寡默하다

富貴家는 宜寬厚어늘 而反忌刻이면 是는 富貴而貧賤其行
矣니 如何能享이리오?

聰明人은 宜斂藏이어늘 而反炫耀하면 是는 聰明而愚懵其病
矣니 如何不敗리오?

文意 ▌ 부귀한 집안은 마땅히 너그럽고 후덕해야 하거늘, 도리어 시기
하고 각박하게 행한다면, 부귀하면서 그 행실을 빈천하게 하는 것이니,
어찌 그 부귀를 누릴 수 있겠는가?

총명한 사람은 마땅히 그 재주를 거두어서 감춰야 하거늘, 도리어 드
러내서 자랑한다면, 이것은 총명하면서도 그런 병통에 어리석어지는
것이니 어찌 실패하지 않을 수 있으랴?

要旨 ▌ 부귀할수록 인심이 후해야 하고, 총명할수록 재주를 감추어야
한다.

解說 ▌ 안탄대(安坦大)는 조선 중종(中宗)의 후궁 창빈(昌嬪) 안씨(安

氏)의 아버지이다. 원래 집이 매우 가난했으나 천성이 순박하고 근엄했다. 궁녀로 들여보낸 딸이 빈이 되고 그 딸의 둘째아들인 덕흥대원군(德興大院君)이 선조(宣祖)를 낳아 명종(明宗)의 뒤를 이어 임금이 되자 일약 상감의 외조부가 되었다. 그러나 그는 더욱 삼가 이웃 아이들이 문 앞에 와서 욕을 해도 사과할 뿐이었다. 그렇게 귀하게 되었어도 항상 가난했을 때를 생각하면서 비단옷은 몸에 걸치지도 않았다. 그가 늙고 병들어 눈이 멀자 선조는 불쌍히 여겨 담비 가죽옷을 만들어 주려 하나 안 입을 것 같아 마음을 떠보게 했다.

이 소식을 들은 안탄대는 "천한 사람이 그런 좋은 옷을 입는 것도 죽을 죄요, 임금의 명을 어기는 것도 죽을죄이니, 이왕 죽을 바에야 내 분수나 지키며 마음 편하게 죽겠네." 하였다. 그래서 선조도 할 수 없이 개가죽 옷이라고 속여 입히니 그는 가죽옷을 입고서 손으로 쓰다듬으며 "상방(尙方, 궁중의 의복 제조소)의 개는 잘 먹여서 그런가, 개털이 이렇게 부드러울 수가 있나?"라고 했다고 한다. 그래서 안탄대는 부귀를 영원히 누릴 수 있었다.

字源 ▌ 富(부유할 부) 宀＋畐(찰 복). 병에 술이 가득하듯이〔畐〕, 광〔宀〕에 재물이 많다. 곧 '부자'라는 뜻. 會意 / 宀에서 뜻을, 畐에서 음을 취했음. 形聲

貴(귀할 귀) 中(臾, 삼태기 궤의 변형)＋貝. 삼태기〔中〕에 돈〔貝〕을 담은 모양에서 '귀하다'는 뜻이 됨. 會意 / 貝에서 뜻을, 中에서 음을 취했음. 形聲

寬(너그러울 관) 宀에서 뜻을, 莧(패모 환)에서 음을 취했음. 形聲 / 宀＋莧(넓은 들을 좋아하는 산양). 집〔宀〕이 산양〔莧〕을 넣을 수 있을 만큼 '넓다'라는 뜻. 會意

厚(두터울 후) 厂＋旱(厚의 본자). 바위〔厂〕가 겹쳐〔旱〕 '두껍다'는 뜻. 會意

反(돌이킬 반) 厂＋又. 돌〔厂〕을 손〔又〕으로 뒤집었다 엎었다 하여, '뒤치다'라는 뜻이 됨. 會意

字義 ▌ 忌(기) 꺼리다.　刻(각) 새기다, 각박하다.　聰(총) 총명.　斂(렴)

거두다. 藏(장) 저장하다. 炫(현) 눈부시다. 愚(우) 어리석다. 懵(몽) 어리둥절하다.

語義 ▌ 寬厚(관후) 관대하고 후덕함. 忌刻(기각) 남을 시기하고 각박하게 대함. 斂藏(렴장) 거두어 깊이 숨김. 炫耀(현요) 드러내서 빛냄. 愚懵(우몽) 어리석고 어두움.

---

32. 입장을 바꿔 봐야 잘 안다

居^거卑^비而^이後^후에 知^지登^등高^고之^지爲^위危^위하고 處^처晦^회而^이後^후에 知^지向^향明^명之^지太^태露^로하며, 守^수靜^정而^이後^후에 知^지好^호動^동之^지過^과勞^로하고 養^양默^묵而^이後^후에 知^지多^다言^언之^지爲^위躁^조니라.

文意 ▌ 낮은 지위에 있어 본 후에야 높은 데 오름이 위태로운 줄 알고, 어두운 데 있어 본 후라야 밝은 곳으로 향함이 너무 드러나는 것인 줄을 알며, 고요함을 지켜본 후에야 움직임을 좋아함이 부질없음을 알고, 침묵을 수양해 본 뒤라야 말 많음이 시끄러운 것임을 알게 된다.

要旨 ▌ 높고 뚜렷한 위치에 있을수록 낮고 어두웠을 때를 생각하고, 고요하고 과묵하게 있으면서 부질없이 지나치게 행동하거나 떠들어 대지 말 것이다.

解說 ▌ ≪노자도덕경≫ 제16장에
'천지가 그 사이를 공허하게 함이 궁극에 달하고, 고요함을 지킴이 독실해지면 만물은 일제히 일어나 생동한다. 나는 그 생동하는 만물들이 다

시 정적의 상태로 돌아감을 본다.(致虛極, 守靜篤, 萬物並作. 吾以觀其復.)'

고 하였다. 또 ≪사기(史記)≫ 태사공자서(太史公自序)에 만물은, 특히 식물은

'봄에는 싹이 트고, 여름에는 자라고, 가을에는 거두고, 겨울에는 저장함(春生, 夏長, 秋收, 冬藏)'

이 천도(天道)의 대원칙이라 하였다.

이렇게 사계절도 제 철의 구실이 있고, 최대로 공허하고 조용하면 다시 풍성하고 떠들썩한 상태가 반복되는 것이다. 겨울 동안 매우 조용하고 공허하다 보면 봄이 와서 사물이 움트느라고 시끄러워진다. 그래서 영국의 유명한 시인 엘리엇(T. S. Eliot, 1888-1965)도 4월은 겨울 동안의 최고의 고요한 공허를 깨기 때문에 '4월은 가장 잔인한 달'이라고 읊은 것 같다.

낮은 지위에 있어 봐야 고관의 직위가 얼마나 어려웠던가를 알고, 어둠 속에 있어 봐야 밝은 곳으로 갔을 때 너무나 드러남을 안다. 조용히 있어 봐야 지나치게 활동함이 한갓 헛수고임을 알고, 묵묵히 있어 봐야 말 많은 것이 시끄러운 것인 줄을 안다.

입장을 바꾸어 놓고 볼 때 그 처지와 경우를 더욱 분명하게 알 수 있을 것이다.

字源 ▌卑(낮을 비) 十(왼손)＋甲(사람의 머리). 일을 맡은 천한 사람이라는 뜻, 왼쪽[十]은 천한 것을 나타냄. 會意

知(알 지) 口＋矢(화살 시). 입[口]에서 나오는 말은 화살[矢]처럼 빠른데, 그것을 '알아듣는다'는 뜻. 會意

登(오를 등) 癶(좌우의 발자국 모양으로, 밟는다는 뜻)＋豆(밟고 올라가는 디딤돌). 디딤돌[豆]을 딛고[癶], '오른다'는 뜻. 會意

危(위태로울 위) 𠂉(人)＋厂＋㔾(쭈그리고 있는 모양). 사람[𠂉]이 바위[厂] 위에 쭈그리고[㔾] 있는 '위태한' 모양의 뜻. 會意

向(향할 향) 창문의 모양을 본뜸. 본디 북쪽 창을 뜻하였으나, 그 창이 남쪽 창과 서로 맞바라보고 있다 하여 '향하다'의 뜻이 되었음. 象形

字義 ▌露(로) 드러나다, 이슬. 養(양) 기르다. 默(묵) 침묵하다. 躁

(조) 조급하다.

語義 ▌ 居卑(거비) 낮은 지위에 처함. 向明(향명) 밝음으로 향함. 太露 (태로) 지나치게 나타남. 守靜(수정) 고요함을 지킴. 한가하고 고요한 생활을 함. 養默(양묵) 말을 적게 하는 수양을 쌓음. 躁(조) 시끄러움.

---

33. 부귀공명이나 인의도덕仁義道德에 얽매이 지 말라

방 득 공 명 부 귀 지 심 하   변 가 탈 범   방 득 도 덕 인 의 지
放得功名富貴之心下라야   便可脫凡하고,   放得道德仁義之

심 하   재 가 입 성
心下라야 纔可入聖이라.

文意 ▌ 부귀와 공명에 얽매인 마음을 풀어버려야 비로소 범속을 벗어 나게 되고, 도덕과 인의의 마음을 놓아버려야 비로소 성인의 경지에 들어가게 된다.

要旨 ▌ 부귀공명의 마음이나 인의도덕의 관념을 초월해야 탈속(脫俗) 하여 성인(聖人)의 경지에 들어갈 수 있다.

解說 ▌ 공자(孔子)는 ≪논어≫ 이인편(里仁篇)에서 '부귀는 누구나 바라는 바이지만 정당한 방도로 얻는 것이 아니면 거기 에 머물러 있지 않겠다.(富與貴, 是人之所欲也. 不以其道得之, 不處也.)' 고 했다. 그렇다고 정당한 노력 끝에 오는 부귀마저 버린다는 뜻은 아니 다. 지나친 부귀공명의 마음은 금물(禁物)이다. 지나치게 부귀공명에 마 음을 쏟으면 속물이 되고 만다. 수단과 방법을 가리지 않고 나대다가는

패가망신(敗家亡身)은 물론이요, 국가 민족까지 해치고 말게 된다. 좀 더 속세를 초월한 고고한 마음 자세를 가져야 그 부귀공명도 고상해지고 또 그것을 영원히 누릴 수가 있다.

도덕이나 인의의 마음도 마찬가지이다. 물론 인의도덕이 있음으로써 사회 국가의 안녕 질서가 유지되겠지만, 그러나 지나치게 그 규범의 굴레에 구속된다면 이도 속물의 경지를 벗어나지 못한다. 성인(聖人)은 새로운 도덕과 인의를 만들어 나갈 수 있는 사람이다. 작은 인의도덕에 얽매이지 않고 초탈하면서도 만인의 규범이 될 수 있는 사람이라야 성인이 될 것이다.

≪노자도덕경≫ 제18장에서는 심지어 '큰 도가 없어지니 인의가 있게 되고, 교활한 지혜가 생기니 큰 거짓이 있게 되며, 육친(부자·형제·부부)이 불화하니 효행·자애 등이 있게 되고, 나라가 어지러워지니 충신이 있게 되었다.(大道廢, 有仁義. 智慧出, 有大僞. 肉親不和, 有孝慈. 國家昏亂, 有忠臣.)' 고 했다. 유가(儒家)에서 주장하는 인의·충효 등을 부정적으로 보는 것이다. 도가(道家)의 도인 무위자연(無爲自然), 무위이치(無爲而治)의 도의 입장에서 볼 때, 부귀공명이나 인의도덕의 관념 때문에 인간의 자연 법칙은 도리어 무너진다고 보는 것이다.

字源 ▌ 放(놓을 방) 攵에서 뜻을, 方에서 음을 취했음. 形聲

下(아래 하) 평지를 표시하는 '一'의 아랫부분을 나타낸 글자. 指事

脫(벗을 탈) 月(肉)에서 뜻을, 兌(바꿀 태)에서 음을 취했음. 形聲 / 月＋兌. 살[肉]이 빠지거나 곤충 등이 꼴을 바꾼다[兌] 하여 '벗다'의 뜻이 되었음. 會意

凡(무릇 범) 二＋儿(及, 미칠 급). 이쪽에서 저쪽에 이르러[儿] 두 가지[二] 이상의 것을 뭉뚱그린다. '대강'의 뜻. 會意

字義 ▌ 義(의) 옳다, 뜻. 聖(성) 성인, 거룩함.

語義 ▌ 放得(방득)A下(하) …A를 놓아버림. …에서 벗어남. 득(得)은 가능을 나타냄. 脫凡(탈범) 범속(凡俗)에서 벗어남. 聖(성) 성역(聖域)의 뜻.

34. 독선獨善과 총명聰明을 버려라

利欲^{리욕}이 未盡害心^{미진해심}이요 意見^{의견}이 乃害心之蠹賊^{내해심지모적}이며, 聲色^{성색}이 未^미

必障道^{필장도}요 聰明^{총명}이 乃障道之藩屛^{내장도지번병}이라.

文意 ▌ 이욕(利欲)이 모두 마음을 해치는 것이 아니라 독단적인 의견이 바로 마음을 해치는 벌레이고, 성색(聲色)이 도를 가로막는 것이 아니라 하찮은 총명이 바로 도를 막는 울타리이다.

要旨 ▌ 이욕이 전부 나쁜 것은 아니고, 독선(獨善)이 정말로 해로운 것이며, 성색이 반드시 도를 가로막는 것이 아니고, 잘난 체하는 총명이 곧 도를 해치는 장애물이다.

解說 ▌ ≪명심보감(明心寶鑑)≫ 성심편(省心篇)에 이런 말이 있다.
'술이 사람을 취하게 하는 것이 아니라, 사람이 스스로 취하는 것이요, 색이 사람을 홀리는 것이 아니요, 사람이 스스로 홀린다.(酒不醉人人自醉, 色不迷人人自迷.)'
주색(酒色)을 삼가라는 말이다. 술은 거나할 정도로 알맞게 마셔야 건강에도 좋고 풍류로운 것이다. 그러나 수양이 부족한 사람일수록 술이 술을 먹고 색에 탐닉하여 패가망신하는 경우를 본다.
그래서 우리 조상들은 주색잡기(酒色雜技)란 말을 만들어 냈다. 주색잡기는 패가망신하는 직접적인 요소가 되는데, 술을 맨 앞에 놓은 이유를 생각해 보자. 잡기란 물론 노름 등 잡된 기능을 말한다. 얼핏 생각에 색이 패가망신의 최대 요인이 될 것 같지만 그렇지가 않다. 색이나 잡기는 행하는 기간이 짧고, 혈기가 왕성했을 때 가능한 것이다. 늙으면 색을 쓸 수가 없고, 눈이 나쁘거나 몸이 건강하지 못하면 밤을 새우면서 노름도 못한다.
그러나 술은 눈이 멀어도, 이가 없어도, 사지가 말을 안 듣는 지경에 이르러도 마실 수 있다. 심지어는 자기가 들어갈 관을 옆에 놓고도 마실 수 있다. 술 마시는 기간은 한이 없다. 또 술을 마시면 색이나 잡기를 하게 되는 것이 일반적이다. 곧 이 글은 본심을 해치지 않는 이욕, 도의를 깨지 않는 범위 안에서의 성색은 무관하지만, 도리어 아집(我執)과 잘난 체하는 총명은 본심을 해치고 도의를 뭉개는 수단이 되니, 이것들을 경계해야 한다는 것이다.

字源 ▌ 欲(하고자 할 욕) 欠에서 뜻을, 谷에서 음을 취했음. 形聲
未(아닐 미) 나무의 가지와 잎이 겹쳐 있는 모양. 가지와 잎이 무성하여 나무가 잘 보이지 않는다는 뜻에서 '아니다'라는 뜻이 되었음. 象形
害(해로울 해) 宀+丰(어지러울 개)+口. 집[宀]에 들어앉아 남을 헐뜯고 어지럽히는[丰] 말[口]을 한다 하여 '해친다'의 뜻이 되었음. 會意 / 宀와 口에서 뜻을, 丰에서 음을 취했음. 形聲
見(볼 견) 目+儿(사람 인). 사람[儿]이 일어서서 눈[目]으로 '본다', 눈으로 보니 사물이 '나타난다'는 뜻. 會意
乃(이에 내) 기운이 곧바로 펴지지 못하고 구부러지는 모양. 곧 바로 말하기가 어려워, 말을 끌면서 돌려서 의사를 전달한다는 뜻. 指事

字義 ▌ 蟊(모) 해충. 賊(적) 도적. 障(장) 장애물. 藩(번) 울타리. 屛(병) 병풍.

語義 ▌ 意見(의견) 독단적인 견해. 아견(我見), 독선(獨善). 蟊賊(모적) 식물의 해충. 모(蟊)는 뿌리를 잘라 먹는 해충. 적(賊)은 마디를 잘라 먹는 명충(螟蟲). 聲色(성색) 음악과 여색(女色). 障道(장도) 도를 방해함, 도덕의 실천을 방해함. 聰明(총명) 여기서는 잘난 체하며 악용(惡用)되는 총명을 말함. 藩屛(번병) 울타리, 장애물.

35. 한 걸음 후퇴와 양보에 힘써라

人情^{인 정}은 反復^{반 복}하며 世路^{세 로}는 崎嶇^{기 구}하다. 行不去處^{행 불 거 처}에는 須知退一^{수 지 퇴 일}
步之法^{보 지 법}하고, 行得去處^{행 득 거 처}에는 務加讓三分之功^{무 가 양 삼 분 지 공}하라.

文意 ▎ 인정은 변하기 쉽고 세상길은 험난하다. 쉽게 갈 수 없는 곳에서는 모름지기 한 걸음 물러설 줄 알아야 하고, 쉽게 갈 수 있는 곳이라도 약간의 공로를 사양하기에 힘써라.

要旨 ▎ 인정과 세도(世道)는 무상(無常)하니, 부득이할 때는 물러설 줄 알고, 행로가 순조롭더라도 일부를 사양할 줄 알라.

解說 ▎ 두보(杜甫)의 〈빈교행(貧交行)〉이란 시에
'손을 뒤집으면 구름이 되고, 손을 엎으면 비가 오니 　翻手作雲覆手雨
　　　　　　　　　　　　　　　　　　　　　　　　번 수 작 운 복 수 우
분분한 경박함을 어찌 다 세리오? 　　　　　　　　紛紛輕薄何須數
　　　　　　　　　　　　　　　　　　　　　　　　분 분 경 박 하 수 수
그대는 보지 못했는가? 관중(管仲)과 포숙(鮑叔)의 가난할 때 사귐을.
　　　　　　　　　　　　　　　　　　　　　　　　君不見管鮑貧時交
　　　　　　　　　　　　　　　　　　　　　　　　군 불 견 관 포 빈 시 교
이런 도리를 오늘날 사람은 흙덩이 버리듯 하네.' 　此道今人棄如土
　　　　　　　　　　　　　　　　　　　　　　　　차 도 금 인 기 여 토
라고 했고, 우리나라 김시습(金時習)의 〈사청사우(乍晴乍雨)〉란 시에서도
'잠깐 개었다가 비 내리고 비 내리자 또 개이네. 　乍晴還雨雨還晴
　　　　　　　　　　　　　　　　　　　　　　　　사 청 환 우 우 환 청
하늘의 도가 그러하거늘 세상 인심에 있어서랴? 　天道猶然況世情
　　　　　　　　　　　　　　　　　　　　　　　　천 도 유 연 황 세 정
나를 추켜올리다가 깎아내리며 　　　　　　　　　擧我便應足毀我
　　　　　　　　　　　　　　　　　　　　　　　　거 아 편 응 족 훼 아

이름을 피하다가 또 명예를 구하기도 하는도다.'　逃名却自爲求名
　　　　　　　　　　　　　　　　　　　　　　　도 명 각 자 위 구 명

라고 한 구절이 있다.

세상 인심의 돌변을 풍자한 시들이다. 이런 세상일수록 두 발짝 전진을 위하여 한 발짝 후퇴할 줄을 알고, 공을 독차지하지 말고 남에게 양보해 순탄하게 세상을 살아가야 할 것이다.

字源 ▮ 情(뜻 정) 忄(心)에서 뜻을, 靑에서 음을 취했음. [形聲] / 忄+靑. 깨끗한[靑] 마음[心] 곧 '사랑'이나 '정'을 뜻함. [會意]

復(다시 부·회복할 복) 彳에서 뜻을, 夏(복)에서 음을 취했음. [形聲]

行(갈 행) 사람들이 다니는 네거리를 본떴음. [象形] / 彳+亍(자축거릴 촉). 사람이 왼발[彳]과 오른발[亍]을 번갈아 움직여 '다닌다'는 뜻. [會意]

去(갈 거) 土(밥그릇 뚜껑을 가리킴)+凵(밥그릇 거). 밥그릇[凵]의 밥을 먹어 '없애버리다', 또는 밥을 먹고 '가다'의 뜻. [會意] / 土에서 뜻을, 凵에서 음을 취했음. [形聲]

法(법 법) 氵(水)+去(버릴 거). 죄악을 제거[去]하고, 평평한 수면[水] 과도 같이 공평한 구속력을 가하는 '법'을 뜻함. [會意]

字義 ▮ 崎(기) 험하다. 嶇(구) 험하다.

語義 ▮ 反復(반복) 자주 변함. 번복(飜覆)과 같음. 世路(세로) 세상을 살아가는 길. 崎嶇(기구) 산길이 험준함. 곧 세상살이의 어려움을 비유. 行不去處(행불거처) 가지만 갈 수 없는 곳. 곧 앞으로 나아갈 수 없는 곳. 行得去處(행득거처) 나아가되 갈 수 있는 곳. 곧 쉽게 갈 수 있는 곳. 得(득) 할 수 있다. 가능을 나타냄. 三分(삼분) 3할(割). 곧 조금, 일부의 뜻.

36. 누구에게나 예의를 갖추어 대하라

待小人^{대소인}에는 不難於嚴^{불난어엄}이나 而難於不惡^{이난어불오}하며, 待君子^{대군자}에는 不^불難於恭^{난어공}이나 而難於有禮^{이난어유례}라.

文意 ▌ 소인을 대함에 있어서 엄격히 대하기가 어려운 것이 아니라 미워하지 않기가 어려우며, 군자를 대함에 있어서는 공손하기가 어려운 것이 아니라 예절을 갖추기가 어렵다.

要旨 ▌ 소인을 대할 때는 덮어놓고 미워하지 말고, 군자를 대할 때는 공손하기보다는 예의를 갖추어야 한다.

解説 ▌ 소인(小人)이란 ①나이 어린 사람, ②키가 작은 사람, ③도량이 좁거나 수양이 적은 사람, ④무식하고 신분이 낮은 사람 등등의 뜻이 있다. 반대로 군자(君子)란 ①학식과 덕행이 높은 사람, ②높은 관직에 있는 사람, ③아내가 자기 남편을 일컫는 말 등의 뜻이 있고, 대인(大人)이란 ①키가 큰 사람, 거인(巨人), ②어른, 성인(成人), ③높은 관직에 있는 사람, ④남의 아버지의 존칭, ⑤남에 대한 경칭(敬稱) 등의 뜻이 있다. 곧 군자와 대인은 일맥상통(一脈相通)하는 말이다. 대인군자(大人君子)라고도 한다.

하여간 소인과 군자는 여러 가지로 차이가 난다. 이런 소인과 군자를 대할 때의 행동 요령을 적은 글이 바로 이것이다. 우리가 소인을 대할 때는 그의 잘못을 준엄하게 다스려야 할 것인데 까딱 잘못하면 그 인간 자체를 미워할 수 있다. 잘못을 미워할 것이지, 그 사람 자체를 욕해서는 안 된다. 그러나 군자를 대하게 되면 그의 덕에 눌려 우선 행동을 공손하게 갖게 마련이다. 그러나 무조건 공손해서는 안 된다. 예의에 맞게 행동해야 한다.

'예의는 조화를 최고로 여긴다.(禮之用, 和爲貴)' - ≪논어≫ 학이편(學

而篇)

곧, 조화를 이룬 예의로써 상대방을 대하여야 한다. 소인을 대할 때 한술 제쳐놓고 무시하거나 미워하기부터 하는 것이 일반적이요, 이런 사람이야말로 또한 소인이다. 잘못이 있다면 죄를 미워할 것이요, 그 사람을 미워해서는 안 되는 것이 수양을 쌓은 사람의 도리이다.

'어진 사람만이 사람을 좋아할 수도 있고 남을 미워할 수도 있는 것이다.(惟仁者能好人能惡人)' - ≪논어≫ 이인편(里仁篇)

字源 ▌ 待(기다릴 대) 彳(行, 갈 행의 생략)＋寺(踌, 머뭇거릴 치). 길〔彳〕에서 머뭇거리다〔寺〕, 곧 '기다리다'의 뜻. 會意 / 彳에서 뜻을, 寺(관청 시)에서 음을 취했음. 形聲

小(작을 소) 亅(가는 것)＋八(쪼개다). 가는 것〔亅〕을 쪼개니〔八〕, '작다'는 뜻. 會意 / 점 세 개로 물건의 '작은' 모양을 나타내거나, 조금씩 나온 싹들을 본떴음. 象形

難(어려울 난) 菓(菫, 진흙 근)＋隹. 원래는 진흙〔菫〕이 많은 고장의 새〔隹〕이름. 귀한 먹이만 먹어서 기르기 어렵기 때문에 '어렵다'의 뜻이 되었음. 會意 / 隹에서 뜻을, 菓(嘆, 탄식 탄의 생략)에서 음을 취했음. 形聲

於(어조사 어) 까마귀가 울며 나는 모양. 사람이 까마귀소리를 흉내 내는 모양을 본떴음. 象形

恭(공경할 공) 心에서 뜻을, 共에서 음을 취했음. 形聲

字義 ▌ 嚴(엄) 엄하다. 禮(례) 예절.

語義 ▌ 待(대) 대(對)와 같음. 대처(對處)함.   小人(소인) 덕이 부족한 사람, 또는 신분이 낮은 사람. 군자 또는 대인(大人)의 반대어.   不惡(불오) 미워하지 않음.

37. 총명聰明과 화려함을 배제排除하라

寧守渾噩하고 而黜聰明하여 留些正氣還天地하며, 寧謝紛華하고 而甘澹泊하여 遺個淸名在乾坤하라.

文意 ▌ 차라리 소박함을 지키고 총명을 물리침으로써 얼마의 정기(正氣)를 남겨 천지에 돌리고, 차라리 화려함을 사양하고 청렴결백함을 달게 여김으로써 깨끗한 이름을 세상에 남게 하라.

要旨 ▌ 소박하여 정기(正氣)를 남겼다가 자연으로 돌아가게 하고, 결백하여 맑은 이름을 세상에 남겨라.

解說 ▌ 여기에서 정기(正氣)는 공명정대한 기운, 곧 호연지기(浩然之氣)를 뜻한다. 호연지기란 ①하늘과 땅 사이에 넘치게 가득 찬 넓고도 큰 원기(元氣), ②도의에 뿌리 박고 공명정대하여 조금도 부끄러움이 없는 도덕적 용기, ③사물에서 해방되어 자유롭고 유쾌한 마음 등을 나타낸다. 이 말은 《맹자(孟子)》에서 나온 것이다. 맹자는 말했다.
'호연지기는 지극히 크고 지극히 강하니 바르게 길러 방해만 안하고 보면 천지 사이를 꽉 메운다. 또 이 호연지기는 의(義)와 도(道)를 떠나지 못한다. 만약 떠나면 호연지기는 허탈해진다. 호연지기는 의가 쌓여서 발생한 것이며 의가 돌발적으로 호연지기를 만들어내는 것은 아니다. 사람의 행위가 의에 부합되지 않아 마음을 만족시켜 주지 않으면 호연지기는 허탈에 빠진다. …호연지기를 기르기 위해 노력해야 하나, 그것만에 마음이 매어도 안 되고, 그것을 마음속에 잊어서도 안 되고, 또 무리하게 조장해서도 안 된다.(其爲氣也, 至大至剛, 以直養而無害, 則塞于天地之間. 其爲氣也, 配義與道, 無是餒也. 是集義所生者, 非義襲而取之也. 行有不慊於心則餒矣. …必有事焉而勿正, 心勿忘, 勿助長也.)'
곧 호연지기는 막강한 천지자연의 기운이다. 그것은 반드시 도의에 입각한 기운이다. 도의 수양의 결과를 나타내는 기운이다. 도의 실천에서 만족을 느껴 생기는 자연스러운 기운이다. 사람은 이를 쌓아 길러야 한다. 사람은 이런 정기를 조금이라도 남겼다가 죽을 때 가지고 가야 하고, 그러려면 겉꾸밈을 버리고 청렴결백해져 맑은 명성을 이 세상에 영원히 남길 수 있다.

字源 ▌ 寧(편안할 녕) ⼧+心+皿+丁. 집안[⼧]에 먹을 것이 그릇[皿]에 가득하니, 마음[心]이 안정되고 기세가 왕성[丁]하여 '편안하다'는 뜻. 會意

聰(귀 밝을 총) 耳에서 뜻을, 悤(바쁠 총)에서 음을 취했음. 形聲

明(밝을 명) 日+月. 창[日]에 달[月]이 비치니 '밝다'는 뜻. 會意

正(바를 정) 一+止. 사람이 땅[一]에 발[止]을 딛고 똑바로 서 있으니 '바르다'는 뜻. 會意

還(돌아올 환) ⻍에서 뜻을, 睘(비틀거릴 경)에서 음을 취했음. 形聲

字義 ▌ 渾(혼) 흐리다. 噩(악) 놀라다. 엄숙하다. 黜(출) 내치다. 乾(건) 마르다. 하늘. 坤(곤) 땅.

語義 ▌ 渾噩(혼악) 소박하여 꾸밈이 없음. 聰明(총명) 귀가 밝고 눈이 예민함. 그러나 너무 약아 꾀가 많은 것을 나타내기도 함. 些(사) 약간, 조금. 謝(사) 물리침, 사절(謝絶). 紛華(분화) 분잡하고 화려함. 個(개) 한 개. 또는 조금. 淸名(청명) 맑은 이름. 乾坤(건곤) 천지.

38. 마음속의 악마와 나 자신의 객기客氣부터 버려라

降魔者는 先降自心하라. 心伏하면 則群魔退聽이라.

馭橫者는 先馭此氣하라. 氣平하면 則外橫不侵이라.

文意 ▮ 악마를 항복시키려거든 먼저 자신의 마음을 항복받으라. 마음이 항복하면 모든 악마들이 물러나서 명령에 따르리라. 횡포를 제어하려면 먼저 마음의 객기를 눌러라. 객기가 평정되면 외부로부터 오는 횡포가 침입하지 못할 것이다.

要旨 ▮ 내 마음속의 마귀부터 쫓아내고, 쓸데없는 객기를 버리면 외부의 횡포가 침입하지 못한다.

解說 ▮ 중국 명(明)나라의 대학자·대사상가·정치가인 왕양명(王陽明, 1472-1529)이 남만(南蠻)을 정벌하러 갈 때 말했다.

'산속의 도적은 격파하기 쉬워도, 마음속의 도적은 깨뜨리기 어렵다.(破山中賊易, 破心中賊難)' - 《여양사덕설상성서(與楊仕德薛尚誠書)》 전서(全書) 권4

왕양명은 무종(武宗) 때 도찰원우첨도어사(都察院右僉都御史) 순무(巡撫)로서 강서성(江西省)과 복건성(福建省)의 유적(流賊)을 토벌하러 갔다. 군사들이 용남(龍南, 강서성 감남도贛南道)에 도착, 이튿날 소(巢, 안휘성安徽省 안경도安慶道)로 진출할 예정이었다. 사방에서 몰려든 관군(官軍)이 이미 적들을 삼킬 기세로 진격하고 있었으므로 적의 섬멸은 명약관화(明若觀火)했다. 이때 횡수(橫水, 강서성 숭의현崇義縣)에 전진해 있던 왕양명은 양사덕(楊仕德)과 설상성(薛尚誠) 앞으로 준 편지에서 위와 같은 말을 했다.

마음이 문제다.

'마음이 바르면 일도 바르다.(心正事正)' – ≪독서속록(讀書續錄) 2≫

'마음이 도에 통한 뒤에야 시비를 구분할 수 있다.(心通乎道, 然後能辨是非)' – ≪근사록(近思錄)≫ 치지(致知)

'마음은 몸의 지배자다.(心者, 形之君)' – ≪순자(荀子)≫ 해폐(解蔽)

'마음은 몸의 근본이다.(心者, 身之本也)' – ≪회남자(淮南子)≫ 태족훈(泰族訓)

마음이 몸을 지배하니, 마음의 도덕, 곧 사심(私心)이나 악심(惡心)이 없어지면 다른 악마가 덤벼들지 못하고, 공연한 혈기(血氣) 때문에 닥치는 횡액(橫厄)도 마음의 평정을 이루면 닥쳐올 리가 없다. 모름지기 명경지수(明鏡止水) 같은 마음으로 모든 일에 임할 것이다.

字源 ▌ 先(먼저 선) 之(之, 갈 지의 변형)+儿(어진 사람 인). 사람〔儿〕이 앞서간다〔之〕는 데서 '먼저'의 뜻이 되었음. 會意

自(스스로 자) 사람의 코를 정면으로 본떠, 콧김이 '스스로' 나온다는 것을 나타냄. 象形

群(무리 군) 羊(양떼)에서 뜻을, 君에서 음을 취했음. 形聲

聽(들을 청) 耳+壬(나올 청)+悳(惪, 큰 덕과 같음). 덕 있는 사람〔悳〕에게서 나오는〔壬〕 말을 귀〔耳〕로 '듣는다'는 뜻. 會意 / 耳와 悳에서 뜻을, 壬에서 음을 취했음. 形聲

橫(가로지를 횡) 木+黃. 누른〔黃〕 빛의 나무〔木〕로 만든 '빗장'으로 '가로지름'을 뜻함. 會意 / 木에서 뜻을, 黃에서 음을 취했음. 形聲

字義 ▌ 魔(마) 마귀. 馭(어) 다스리다.

語義 ▌ 降魔(항마) 악마를 항복시킴. 退聽(퇴청) 물러나 듣는다. 馭橫(어횡) 횡포를 다스려 막음. 此氣(차기) 객기(客氣), 혈기(血氣).

39. 자녀교육에는 교우交友관계가 가장 중요하다

_{교 제 자} _{여 양 규 녀} _{최 요 엄 출 입} _{근 교 유} _{약 일 접}
教弟子는 **如養閨女**하여 **最要嚴出入**하고 **謹交遊**하니 **若一接**

_{근 비 인} _{시 청 정 전 중} _{하 일 부 정 종 자} _{변 종 신 난 식 가}
近匪人하면 **是淸淨田中**에 **下一不淨種子**하여 **便終身難植嘉**

_화
禾라.

文意 ▌ 자녀를 가르침은 마치 규중의 처녀를 기르는 것과 같아 출입을 엄하게 하고 친구 사귀는 것을 조심하게 함이 가장 중요하다. 만일 한 번 나쁜 사람을 사귀게 되면 이것은 마치 깨끗한 논밭에 잡초를 심는 것과 같아서 평생토록 좋은 곡식을 심기가 어렵다.

要旨 ▌ 자녀교육의 요체는 교우(交友)에 있다. 한 번 친구를 잘못 사귀면 영원히 버려 쓸모없는 인간이 되고 만다.

解説 ▌ ≪순자≫ 권학편(勸學篇)에
'쑥이 삼밭에서 자라니 붙들어 주지 않아도 곧다.(蓬生麻中, 不扶而直)'
고 하였고, 중국 육조(六朝)시대 진(晋)나라 문인 부현(傅玄)의 〈태자소부잠(太子少傅箴)〉에
'주색(朱色)을 가까이한 자는 붉어지고, 먹을 가까이한 자는 검어지며, 소리가 조화를 이루면 울림이 맑고, 형체가 바르면 그림자도 곧다.(近朱者赤, 近墨者黑, 聲和則響淸, 形正則影直.)'
라고 했다. 곧 사람을 비롯한 모든 생명체는 주위 환경에 적응함을 뜻하는 말이다.
특히 자녀교육에 있어 출입을 멋대로 내버려두어 나쁜 친구들과 사귀게 둔다면, 그 아이는 악에 감염되어 고치기가 매우 힘들다. 그래서 친구를

가려 사귀어야 한다. 교우관계가 이렇게 중요하므로 오륜(五倫)에도 붕우유신(朋友有信)의 항목이 들어 있어 교유를 중시한 것이다. 따라서 '맹모삼천지교(孟母三遷之教)' 같은 고사(故事)도 나오게 되었으리라. 좋은 밭에 잡초의 씨로 밭을 버려서는 안 될 것이다.

字源 ▎ 教(가르칠 교) 孝(인도할 교)＋攵. 손에 회초리를 들고〔攵〕 인도하고〔孝〕 훈계한다는 뜻에서 '가르친다'는 뜻이 되었음. 會意

弟(아우 제) 막대〔丫〕에 가죽끈을 내리감은 모양〔弓〕에서 형제간의 순서를 나타낼 때 '아우'를 뜻하게 되었음. 象形

如(같을 여) 口에서 뜻을, 女에서 음을 취했음. 形聲

養(기를 양) 羊＋食. 양〔羊〕에게 음식〔食〕을 주어 '기른다'는 뜻. 會意 / 食에서 뜻을, 羊에서 음을 취했음. 形聲

閨(협문 규) 門에서 뜻을, 圭(서옥 규)에서 음을 취했음. 形聲

字義 ▎ 匪(비) 악하다.　植(식) 심다.　嘉(가) 좋다, 아름답다.

語義 ▎ 弟子(제자) 자녀.　閨女(규녀) 규중의 처녀.　最要(최요) 가장 중요한, 가장 …해야 한다.　匪人(비인) 나쁜 사람. 비(匪)는 비(非). 악인(惡人).　清淨田中(청정전중) 깨끗하게 가꾸어 놓은 전지(田地) 안.　下(하) 씨를 뿌림.　不淨種子(부정종자) 좋지 않은 곡식의 씨앗, 잡초의 씨앗.　嘉禾(가화) 좋은 곡식.

---

40. 여색女色을 삼가고 정의正義에 용감하라

欲路上事는 毋樂其便하여 而姑爲染指하라. 一染指면 便深
入萬仞하리라.

리 로 상 사　　　무 탄 기 난　　이 초 위 퇴 보　　　일 퇴 보　　변 원
理路上事는 **毋憚其難**하여 **而稍爲退步**하라. **一退步**면 **便遠**
격 천 산
隔千山하리라.

文意 ▌ 정욕에 관한 일은 비록 쉽게 즐길 수 있을지라도 잠시도 물들지 말라. 한 번 물들게 되면 곧 만 길 깊은 구렁으로 떨어진다.
도리에 관한 일은 그 어려움을 꺼려서 조금이라도 뒤로 물러서지 말라. 한 걸음 물러서면 일 천 산을 사이에 둔 것처럼 멀리 떨어지게 된다.

要旨 ▌ 여색은 유혹적이라 자칫 잘못하면 타락하기 쉽고, 도의적 생활은 어렵다고 여겨 한 번 후퇴하면 영원히 뒤떨어진다.

解說 ▌ '염지(染指)'라는 말은 '손가락을 물들인다' 또는 '손가락으로 찍어 맛본다'는 말이었는데 변하여 '과분한 이익을 보려 한다'는 비유의 뜻으로도 쓰인다. ≪좌전(左傳)≫ 선공(宣公) 4년 기사에 고사(故事)가 나온다. 초(楚)나라 사람이 정(鄭)나라 영공(靈公)에게 큰 자라 한 마리를 바쳤다. 정나라의 공자(公子) 자송(子宋=자공子公)과 자가(子家)가 영공을 배알하러 들어가려는데 자송의 식지(食指)가 저절로 움직였다. 그래서 자가에게 보이면서 하는 말이 "다른 날 이런 일이 있었을 때는 반드시 맛좋은 음식을 먹었었네."라고 했다. 그리고서 궁 안으로 들어가니 궁중 요리사가 큰 자라를 요리하고 있었다. 그것을 본 두 사람은 함께 웃었다. 영공이 이유를 물으니 자가가 사실대로 답했다.
그런데 막상 요리가 완성되어 대부(大夫)들에게 요리를 대접하는데, 자송은 불렀으면서도 요리를 먹으라고 하지 않았다. 자송은 노하여 손가락을 요리솥에 넣어 찍어 맛을 보고 나와 버렸다. 영공이 노하여 자송을 죽이려 했다. 이에 자송이 자가에게 함께 선수를 치자고 했다. 자가가 말하기를, "가축도 늙은 것을 죽이기를 꺼리거늘 하물며 임금을 죽일 수 있는가?" 했다. 이에 자송이 자가를 참소하려 하자 자가는 두려워 자송과 합심하여 여름에 영공을 죽였다. 곧 자라 요리 한 그릇 때문에 임금을 죽이는 일이 생긴 것이다.

字源 ▌ 指(가리킬 지) 扌(手)에서 뜻을, 旨에서 음을 취했음. 形聲

入(들 입) 물체의 뾰족한 부분이 어떤 물체 속으로 뚫고 '들어가는' 모양을 본떴음. 象形

萬(일만 만) 벌의 모양을 본떠, 그 수가 많은 데서 '일만'의 뜻이 됨. 象形 假借

理(다스릴 리) 王(玉, 구슬의 가지런함을 뜻함)에서 뜻을, 里에서 음을 취했음. 形聲

千(천 천) 丿(人의 줄임)+十. 한 사람〔人〕의 수명은 백 년인데, 열〔十〕 사람이 있으니 햇수가 '천'이 된다는 뜻. 會意

字義 ▌ 仞(인) 8척. 憚(탄) 꺼리다. 稍(초) 점차. 隔(격) 가로막다.

語義 ▌ 欲路上事(욕로상사) 욕정(欲情)의 길에 있어서의 일. 곧 욕정에 관한 일. 毋(무) '말라'는 뜻의 금지사(禁止辭). '낙기편이고위염지(樂其便而姑爲染指)' 전체를 금지하고 있다. 樂其便(락기편) 편(便)은 편리함. 곧 욕정의 편리함을 즐긴다는 뜻. 姑(고) 잠시. 染指(염지) 식지(食指)를 움직임, 맛을 봄. 지나친 이익을 보려 함의 비유. 便(변) 곧. 이 경우에는 '변'으로 발음함. 萬仞(만인) 만 길. 깊은 절벽. 稍(초) 조금. 遠隔(원격) 멀리 떨어짐. 千山(천산) 많은 산.

---

41. 극단을 피하고 중용中庸의 길을 가라

념 두 농 자　　자 대 후　　　대 인 역 후　　　치 치 개 농　　념 두
念頭濃者는 自待厚하고 待人亦厚하여 處處皆濃하며, 念頭

담 자　　자 대 박　　　대 인 역 박　　　사 사 개 담
淡者는 自待薄하고 待人亦薄하여 事事皆淡이라.

故로 君子는 居常嗜好에 不可太濃艶하며 亦不宜太枯寂이라.

文意 ▌ 마음이 농후한 사람은 자신을 대함에도 후하고, 남을 대함에도 또한 후하여 이르는 곳마다 농후하다. 마음이 담담한 사람은 자신을 대함에도 야박하고, 남을 대함에도 또한 박하여 일마다 모두 야박하다. 그러므로 군자는 평상시에 즐기고 좋아하기를 지나치게 짙고 화려하게 하여도 안 되며, 또한 너무 야박하여 쓸쓸하게 해서도 안 된다.

要旨 ▌ 자신이나 타인 또는 모든 일에 있어 후하게 대하고 박하게 대하지 말라. 그러나 지나치게 후해도 안 되며, 또 지나치게 박하게 대해도 안 된다. 중용의 도를 지켜야 할 것이다.

解說 ▌ '중용(中庸)'이란 대체로 누구나 다 잘 아는 단어이다. 그러나 설명하기는 쉽지 않은 말이다. 중용이란 과불급(過不及)이 없는 꼭 알맞은 상태이다. 지나치거나 미치지 못하거나 어느 쪽으로 기울어지는 일 없이 중도에서 떳떳한 길을 가는 것이 중용이다. 중(中)은 '가운데·중간'의 뜻이요, 용(庸)은 용(用)으로 '쓰인다'는 뜻이다. 곧 '중간으로 쓰이는 것'이 중용이다. 그래서 탕탕평평(蕩蕩平平)해서 불편부당(不偏不黨)한 중용의 정치를 해야 한다고 탕평책(蕩平策)을 주장한 이가 조선 22대 임금 영조였다.

당쟁의 폐해를 없애기 위하여 당파를 초월하여 인재를 등용했고, 시비를 엄정하게 가려 처리했으므로 조선시대 문예부흥기를 이룩하기도 했다. 그 뒤를 이은 정조(正祖)도 선왕의 정책을 이어받아 이 정책을 계속했을 뿐 아니라 침실 이름을 탕탕평평실(蕩蕩平平室)이라고까지 하였다.

너무 지나치거나 모자람이 없는 중용의 도, 이는 매사에 표준이 되고 철칙으로 적용될 수 있다.

字源 ▌ 念(생각할 념) 心에서 뜻을, 今에서 음을 취함. [形聲] / 今＋心. 지금[今]까지 잊지 않고 마음[心]에 '생각한다'는 뜻. [會意]
頭(머리 두) 頁(머리 혈)에서 뜻을, 豆에서 음을 취함. [形聲]
亦(또 역) 亣(大의 변형)＋八. 서 있는 사람[亣]의 팔[八]은 오른쪽에도

있고, '또' 왼쪽에도 있다는 것을 가리킴. 指事

皆(모두 개) 比+白. 사람들이 나란히[比] 동의하여 말한다[白]는 뜻에서 '모두'라는 뜻이 됨. 會意

薄(엷을 박) 艸에서 뜻을, 溥(물 이름 박)에서 음을 취함. 形聲

字義 ▮ 艶(염) 곱다. 宜(의) 마땅하다. 枯(고) 메마르다.

語義 ▮ 念頭(념두) 마음, 생각. 自待厚(자대후) 자신을 대함이 후함. 濃(농) 농후하다, 두텁다. 淡(담) 박함, 얕음. 自待薄(자대박) 자신을 대함이 박함. 居常(거상) 평상(平常). 嗜好(기호) 즐기고 좋아함. 濃艶(농염) 짙고 화려함. 枯寂(고적) 지나치게 담박하여 쓸쓸함, 인색함.

42. 뜻이 있으면 길이 있어 운명을 개척한다

彼富면 我仁이요 彼爵이면 我義라. 君子는 固不爲君相所牢籠이라. 人定하면 勝天하고 志一하면 動氣라. 君子는 亦不受造物之陶鑄라.

文意 ▮ 그가 부(富)를 내세우면 나는 인(仁)을 내세우고, 그가 지위를 내세우면 나는 의(義)를 내세운다. 그러므로 진실로 군자는 임금이나 재상에게 농락당하지 않는다. 인간의 힘이 정해져서 전심을 기울이면 하늘을 이기고, 뜻이 일치되면 기질도 변화시킨다. 그러므로 군자는 조물주가 만들어 놓은 일정한 틀 속에 구속받지 않는다.

要旨 ▮ 군자는 부귀나 관직을 무시하고 인의도덕에 입각해서 살아나간

다. 따라서 통치자나 운명의 지배를 받지 않고 도리어 운명을 개척해 나간다.

解說 ▌ 윗글은 유가(儒家) 사상의 일면을 피력한 것이다. 특히 맹자(孟子)의 인의(仁義) 사상에 기반을 두고 적극적인 면을 나타낸 것이다. ≪맹자≫ 공손추장(公孫丑章) 하편 학언후신장(學焉後臣章)에서 맹자가 "그들이 재부를 가지고 대하나 나는 내 인자함을 가지고 대하며, 그들은 그들의 작위를 가지고 대하나 나는 내 도의를 가지고 대하니, 내가 어찌 딸리겠는가?(彼以其富, 我以吾仁, 彼以其爵, 我以吾義, 吾何慊乎哉.)"라고 한 말에서 '피부아인(彼富我仁), 피작아의(彼爵我義)'가 생긴 것이다. 군자는 인의를 생활의 방패로 삼기 때문에 부당한 지배를 받지 않는다는 것이다.

더 나아가 군자는 후천적으로 의지를 모으고 기를 단련하여 천성과 숙명을 변경시키고 개척해 나갈 수 있다. 그래서 피동적인 생활을 초월하여 적극적인 자세로 지향하는 목표를 달성하는 것이다. 곧 서양 속담에 '뜻이 있는 데 길이 있다'는 말과도 상통하는 것이다.

字源 ▌ 彼(저 피) 彳(往의 왼쪽)에서 뜻을, 皮에서 음을 취함. '저쪽 편'으로 '가다'는 뜻. 形聲

我(나 아) 手+戈. 손[手]에 창[戈]을 들고 '나'를 지킨다는 뜻. 會意

爵(벼슬 작) 爪(새 모양의 술잔)+畧(鬯, 울창주鬱鬯酒)+寸(손). 조정의 제례 때 쓰는 울창주[畧]의 잔[爪]을 들고 있는 '벼슬아치'를 뜻함. 會意

義(옳을 의) 羊(희생물로 선량하고 올바름을 뜻함)+我. 내[我]가 양[羊]을 이고 있으니 '올바르다'는 것을 뜻함. 會意

固(굳을 고) 囗(성벽을 뜻함)+古. 오래된[古] 성벽[囗]은 '굳고' '단단하다'는 뜻. 會意 / 囗에서 뜻을, 古에서 음을 취함. 形聲

字義 ▌ 牢(뢰) 우리. 籠(롱) 새장. 陶(도) 질그릇, 가르치다. 鑄(주) 쇠를 녹여 만들다.

語義 ▌ 君相(군상) 임금과 재상. 牢籠(뢰롱) 감옥과 새장, 가두고 농락함의 뜻. 人定勝天(인정승천) 사람의 뜻이 정해져서 전심하면 천명도 이

겨낼 수 있다. ≪사기(史記)≫ 오자서전(伍子胥傳)에서 인용. **志一動氣**
(지일동기) 뜻을 하나로 모으면 기질도 변화시킬 수 있다. ≪맹자≫ 공
손추장 상(上). **陶鑄(도주)** 찰흙으로 질그릇을 만들고, 쇠붙이를 녹여
틀에 넣어 연모를 만들어 냄. 곧 조물주가 인간의 기질과 운명을 만들어
준 일정한 틀.

---

43. 입신立身에는 진일보進一步하고, 처세에 는 퇴일보退一步하라

립 신 불 고 일 보 립 　 여 진 리 　 진 의 　 니 중 　 탁 족
立身不高一步立하면 **如塵裡**에 **振衣**하며 **泥中**에 **濯足**하니

여 하 초 달
如何超達이리오?

처 세 　 불 퇴 일 보 처 　 여 비 아 　 투 촉 　 저 양 　 촉 번
處世에 **不退一步處**하면 **如飛蛾**가 **投燭**하며 **羝羊**이 **觸藩**이

니 여 하 안 락
니 **如何安樂**이리오?

文意 ▌몸을 닦아 세움에 한 걸음 높이 세우지 않는다면 마치 먼지 속
에서 옷을 털고 진흙탕에 발을 씻음과 같으니 어찌 달관할 수 있으랴?

세상을 살아가되 한 걸음 뒤져서 거처하지 않는다면, 마치 불나방이 촛불로 날아들고, 양이 울타리를 들이받음과 같으니, 어찌 안락하게 살 수 있을까?

要旨 ▌ 자기 자신을 수양하여 확립함에는 남보다 한 발짝 앞서야 초탈할 수 있고, 속세에 거처함에는 남보다 한 발짝 뒤져 살아야 안락을 누린다.

解説 ▌ '탁족(濯足)'이란 발을 씻는다는 뜻이다. 또 탁족회(濯足會)란 것이 있었다. 옛날 사람들이 여름에 시원한 산속으로 들어가 맑은 물에 발을 씻고 놀던 모임 이름이다. 그런데 이 탁족이란 말은 원래 굴원(屈原)의 〈어부사(漁父辭)〉에서 나온 것이다.

초(楚)나라 충신 굴원이 간신의 모함을 받고 쫓겨나 강가를 거닐며 비관할 때, 지나가던 어부가 알아보고 이유를 물으매, 사실대로 답하니 어부가 암시한 말이 있다.

'창랑의 물이 맑거든 내 갓끈을 씻고,   滄浪之水淸兮 可以濯吾纓
창 랑 지 수 청 혜 　가 이 탁 오 영

창랑의 물이 흐리거든 내 발을 씻으리라.'   滄浪之水濁兮 可以濯吾足
창 랑 지 수 탁 혜 　가 이 탁 오 족

세상 돌아가는 대로 따라 지내라는 뜻이다. ≪맹자≫ 이루장(離婁章) 상(上)에도 이 말이 인용되어 있다.

진흙탕 물에서 발을 닦으나마나, 먼지 속에서 옷을 터나마나, 이왕 깨끗하려면 맑은 공간이나 물에서 털고 닦아야 효과가 크다. 사람의 수양도 이와 같다. 두드러지게 수양해야 남이 모르는 초월의 경지를 알 것이다. 그러나 속세에 묻혀 살려면 남보다 뒤져 가야 편안하다.

字源 ▌ 立(설 립) 땅 위에 똑바로 서 있는 사람 모습을 본뜸. 象形
身(몸 신) 사람의 몸 전체를 본뜸. 象形
振(떨칠 진) 扌(手)＋辰(별 진). 별[辰]이 항상 운행하듯, 사람의 손[手]도 항상 움직여 일한다 하여, '떨치다'의 뜻이 됨. 會意 / 扌에서 뜻을, 辰에서 음을 취함. 形聲
衣(옷 의) 사람이 저고리를 입고 있는 모양을 본뜸. 象形

泥(진흙 니) 氵(水)에서 뜻을, 尼(여승 니)에서 음을 취함. 形聲

字義 ▌ 塵(진) 먼지. 濯(탁) 씻다. 蛾(아) 나방. 羝(저) 숫양.

語義 ▌ 立身(립신) 세상에 몸을 세움. 塵裡振衣(진리진의) 먼지 속에서 옷을 털음. 효과를 거둘 수 없음을 뜻함. 飛蛾(비아) 불나방. 羝羊觸藩 (저양촉번) 숫양이 울타리를 들이받음. 섣불리 뛰어들어 오도 가도 못하게 됨을 뜻함.

---

44. 학자는 정신을 한 곳에 집중하라

^{학자}學者는 ^{요 수 습 정 신}要收拾精神하여 ^{병 귀 일 로}併歸一路라. ^{여 수 덕 이 류 의 어 사 공}如修德而留意於事功 ^{명예}名譽하면 ^{필 무 실 예}必無實詣하며, ^{독 서 이 기 흥 어 음 영 풍 아}讀書而寄興於吟咏風雅하면 ^{정 불}定不 ^{심 심}深心이라.

文意 ▌ 학문하는 사람은 정신을 가다듬어 한 곳으로 집중해야 한다. 만일 덕을 닦으면서도 마음을 공적과 명예에 둔다면 필시 깊은 경지에 이르지 못할 것이요, 책을 읽으면서도 감흥을 시나 읊고 풍류나 즐기는 데 둔다면, 정녕 깊은 마음에까지는 이르지 못할 것이다.

要旨 ▌ 덕을 닦는 사람은 공명을 생각하지 말아야 하고, 책을 읽는 사람은 마음을 깊은 경지에 둘 것이다.

解說 ▌ '정신일도 하사불성(精神一到 何事不成)'이란 말이 있다. 한 가지 일에 온 정력을 다 쏟으면 안 되는 일이 없다는 뜻이다. 이 말은 원래 주자(朱子)가 한 말인데 앞에

'양기가 발하는 곳에는 쇠나 돌도 또한 뚫어진다.(陽氣發處 金石亦透)'
는 말이 더 붙어 있다. 곧 만물을 생성시키는 기운인 양기가 움직이고
이것을 외곬로 집중하면 불가능이 없다. 그와 마찬가지로 사람도 정신을
외곬로 집중하면 무슨 일이든지 다 이루어낸다는 것이다.

특히 학자는 정신을 집중시켜 독서하여 덕을 닦아야 한다. 이것이 궁극
적인 목표이다. 그런데 정신을 여러 방면으로 분산시켜 특히 공적이니
명예니 따위에 신경을 쓰거나 독서랍시고 음풍농월(吟風弄月, 맑은 바람
과 밝은 달을 대하여 시를 지어 읊으며 즐김)이나 즐기거나 한다면 정신
이 산만해져 높은 경지에 이르지 못하게 된다. 곧 이것저것 하다가는 중
도 아니고, 속환(俗還, 중 속환俗還이의 준말. 중 생활을 그만두고 다시
속인俗人이 된 사람)도 아닌 얼치기가 되기 쉽다. 모름지기 매사에 정신
을 외곬로 집중하여 정진해 나갈 일이다.

字源 ▌ 學(배울 학) 臼(양손 국)+爻(사귈 효)+冖+子. 아이[子]들이
친구[爻]들과 손잡고[臼] 한 집[冖]에서 서로 '배운다'는 뜻. 會意 / 爻
와 冖, 子에서 뜻을, 臼에서 음을 취함. 形聲

收(받을 수) 丩(얽힐 구)+攵(攴). 이삭에 얽혀 있는[丩] 곡식을 쳐서
[攵] 그 열매를 '거둔다'는 뜻. 會意 / 攵에서 뜻을, 丩에서 음을 취함.
形聲

拾(주울 습) 扌(手)에서 뜻을, 合에서 음을 취함. 形聲 / 十(열 십)자의
음을 빌어 같은 자로 쓰이기도 함. 假借

精(정할 정) 米+靑. 쌀알[米]에 푸른빛[靑]이 감돌 정도로 '깨끗하다'는
뜻. 會意 / 米에서 뜻을, 靑에서 음을 취함. 形聲

神(귀신 신) 示+申. 번갯불[申]은 '신'이 보여주는 것[示]이라고 믿는 데
서, '신'이나 '귀신'을 뜻함. 會意 / 示에서 뜻을, 申에서 음을 취함. 形聲

字義 ▌ 歸(귀) 돌아가다. 譽(예) 명예. 詣(예) 조예, 나아가다.

語義 ▌ 收拾精神(수습정신) 정신을 가다듬음. 倂歸(병귀) 아울러 돌아감,
집중시킴. 事功(사공) 사업과 공적. 實詣(실예) 참다운 조예. 吟咏(음
영) 시를 읊음. 風雅(풍아) 풍류. 원래는 ≪시경≫의 국풍(國風)과 대아
(大雅)·소아(小雅)를 말함.

45. 모든 것은 마음에 달려 있다

人人^{인인}이 有個大慈悲^{유개대자비}하니 維摩屠劊^{유마도회}가 無二心也^{무이심야}며, 處處^{처처}에 有^유
種眞趣味^{종진취미}하니 金屋茅簷^{금옥모첨}이 非兩地也^{비량지야}라. 只是欲蔽情封^{지시욕폐정봉}하여
當面錯過^{당면착과}하면 使咫尺千里矣^{사지척천리의}라.

文意 ▎ 사람은 누구나 큰 자비심을 지니고 있으니 유마거사와 백정, 망나니는 서로 다른 두 마음을 가진 것이 아니며, 곳곳마다 어디에나 참다운 취미가 있으니 호화로운 집과 초가집이 서로 다른 두 장소가 아니다. 다만 욕심에 덮이고 정에 가려 눈앞의 실수를 저지르면 지척이 천리가 되게 하는 것이다.

要旨 ▎ 대자대비(大慈大悲)한 마음에서 볼 때는 거룩한 유마거사나 천한 백정, 망나니도 매한가지요, 멋도 어디에나 있어 마음먹기에 달렸다. 그러나 욕정에 가려져 가까운 데 두고 먼 데서 찾는 일이 많다.

解說 ▎ 공자는 인(仁)의 사랑을 주장했고, 석가는 대자대비를 말했으며, 예수는 원수까지도 사랑하라는 고차원의 사랑을 부르짖었다. 모두가 인자한 사랑으로 만물을 사랑하라는 것이다. 모두가 성선설(性善說)에 입각한 태도이다. 그런데 이 선한 마음이 오욕(五慾) 칠정(七情)에 가려져 제멋대로 생각하다 보니 호불호(好不好)가 생기고 애증(愛憎)의 갈등이 나타나는 것이다. 그러나 불교의 대자대비의 마음에 기본하여 볼 때, 불교의 대덕(大德)인 유마거사의 마음이나 남들이 모두 미워하는 도살자, 사형수의 마음도 마찬가지라는 것이다.

멋도 마찬가지이다. 일단사 일표음(一簞食 一瓢飮, 〔도시락에 담은 밥과 표주박에 든 물이란 뜻으로〕 '청빈한 생활'을 이르는 말)으로 곡굉이침지(曲肱而枕之, 〔가난하여 베개가 없이 팔을 굽혀 베개로 삼고 잠을 잔다

는 뜻으로] 가난한 생활의 비유)하는 안회(顔回)의 멋도, 온갖 화려함을 누렸던 솔로몬의 영화도 진정한 멋이라는 입장에서 볼 때는 공통점이 있는 것이다. 멋과 행복은 각자의 마음에 달린 것이니 상대적이다. 오욕 칠정을 벗어난 진정한 사랑과 참된 멋은 바로 가까운 내 마음속에 있으니 공연히 먼 데서 찾을 것이 아니다.

字源 ▌ 大(큰 대) 어른이 양팔을 벌리고 있는 모습이 '큼'을 뜻함. 象形 / 팔과 다리를 대어 보아 '크기'를 비교하는 모습. 指事

慈(사랑 자) 心에서 뜻을, 玆에서 음을 취함. 形聲

悲(슬플 비) 心에서 뜻을, 非에서 음을 취함. 形聲

維(맬 유) 糸(실이나 끈으로 묶는다는 뜻)에서 뜻을, 隹(새 추)에서 음을 취함. 形聲

二(두 이) 작대기나 선 두 개로써 '둘'이라는 수를 가리킴. 指事

字義 ▌ 摩(마) 문지르다. 屠(도) 도살. 劊(회) 끊다. 簷(첨) 처마. 蔽(폐) 가리다. 咫(지) 짧다.

語義 ▌ 個(개) 일개(一個)의, 하나의. 大慈悲(대자비) 크게 자비로운 마음. 維摩(유마) 유마거사(維摩居士). 석가와 같은 시대 사람으로 집에 있으면서 보살의 행업(行業)을 닦았음. 屠劊(도회) 도(屠)는 가축을 도살하는 사람, 회(劊)는 죄인의 목을 자르는 사람. 곧 백정과 망나니. 種(종) 일종(一種)의, 약간의. 金屋(금옥) 호화로운 집. 茅簷(모첨) 띠로 만든 처마, 초가. 欲蔽情封(욕폐정봉) 욕심에 덮이고 정에 가려 마음이 흐려짐. 當面(당면) 눈앞. 錯過(착과) 일을 그르치다, 실수하다.

46. 수도修道는 목석木石, 정치는 운수雲水의 마음으로 행하라

진덕수도
進德修道에는 요개목석적념두 要個木石的念頭니 약일유흔선 若一有欣羨이면 변추욕경 便趨欲境

이라. 제세경방 濟世經邦에는 요단운수적취미 要段雲水的趣味니 약일유탐착 若一有貪著이면 便

타위기 墮危機니라.

文意 ▌ 덕을 진전시키고 도를 닦는 데에는 목석과 같은 냉담한 마음을 지녀야 하니, 만일 한 번이라도 부러워하는 마음이 일어나면 곧 욕망의 세계로 달리게 된다. 세상을 구제하고 나라를 다스림에 있어서는 구름과 물처럼 담백한 취향을 지녀야 하니, 만일 다소라도 탐욕과 집착을 갖는다면 곧 위험한 지경에 떨어지게 된다.

要旨 ▌ 도덕을 닦음에는 목석과 같이 냉담한 마음으로 집중할 것이요, 정치할 때에는 운수(雲水)와 같은 심경으로 행할 것이다.

解說 ▌ '행운유수(行雲流水)'의 준말이 '운수(雲水)'이다. 행운유수란 '떠가는 구름과 흐르는 물'이란 뜻으로, 일을 거침없이 처리하거나, 마음씨가 시원시원하고 씩씩하거나, 일정한 형체가 없이 늘 변하는 것의 비유로 쓰인다. 이 말은 ≪송사(宋史)≫ 소식전(蘇軾傳)에서 나온 것이다. 일찍이 소동파가 말하기를
'글을 지을 때에는 행운유수와 같이 하니 처음부터 일정한 바탕이 없다. 다만 늘 마땅히 가야 할 곳으로 가고, 불가불 멈추어야 할 곳에서는 멈추어야 한다. 그래서 비록 우스갯소리나 성내어 꾸짖는 말이라도 모두 기록하여 외워야 한다.(作文如行雲流水, 初無定質. 但常行於所當行, 止於所不可不止, 雖嬉笑怒罵之辭, 皆可書而誦之.)'

라고 하였다. 곧 글을 지을 때 자연스럽게 써내려가야 한다는 데서 생긴 말이다.

이 글에서도 마찬가지 뜻이다. 세상을 다스릴 때 자연스럽게 막힘없이 담담한 심정으로 집행해야 할 것이다. 이런 자연스러운 맛 없이 보직이나 승진에 집착한다면 도리어 위기에 처하게 되거나 그 직책을 버려야 하거나, 심지어는 패가망신의 경우에까지 이르게 되니 조심할 것이다. 곧 모든 일에 지나친 욕심을 버려야 함을 강조하고 있다.

字源 ▌ 進(나아갈 진) 辶에서 뜻을, 隹(閵, 밟을 린의 생략형)에서 음을 취함. [形聲]

修(닦을 수) 彡(머리털을 물에다 감는 모양을 뜻함)에서 뜻을, 攸(멀 유)에서 음을 취함. [形聲]

木(나무 목) 나무의 가지와 기둥, 그리고 뿌리를 본뜸. [象形]

石(돌 석) 바위[厂] 밑에 있는 돌[口]을 뜻함. [象形]

若(같을 약) ++＋右. 오른손[右]으로 채소[++]를 골라 가지런히 '같게' 골라낸다는 뜻. [會意]

字義 ▌ 欣(흔) 기뻐하다. 羨(선) 부러워하다. 趨(추) 달리다. 墮(타) 떨어지다.

語義 ▌ 欣羨(흔선) 부러워함. 欲境(욕경) 욕망의 경지. 濟世經邦(제세경방) 세상을 구제하고 나라를 다스림. 段(단) 일단(一段), 다소. 雲水的趣味(운수적취미) 떠도는 구름, 흐르는 물과 같은 담백한 취향. 貪著(탐착) 욕심내고 집착함.

47. 착한 사람은 화기和氣, 악한 사람은 살기 殺氣로 구분할 수 있다

_{길 인} _{무 론 작 용 안 상} _{즉 몽 매 신 혼} _{무 비 화 기}
吉人은 無論作用安祥이요, 卽夢寐神魂도 無非和氣라.

_{흉 인} _{무 론 행 사 랑 려} _{즉 성 음 소 어} _{혼 시 살 기}
凶人은 無論行事狼戾요, 卽聲音咲語도 渾是殺機라.

文意 ▌ 착한 사람은 몸가짐이 안락하고 상서로운 것은 물론이요, 잠자는 동안의 정신까지도 부드러운 기운을 띠지 않음이 없다.
악한 사람은 행동이 사나울 뿐만 아니라 목소리와 웃으며 하는 말에까지도 모두 살기를 띠고 있다.

要旨 ▌ 착한 사람은 화기(和氣)를 띠고 있어 행동이나 꿈속에서라도 편안하고, 악한 사람은 살기(殺氣)를 띠고 있어 모든 언동이 사납다.

解說 ▌ 선인(善人)과 악인(惡人)의 행동과 태도의 구별을 논하고 있다. 형제간에도 선인과 악인의 대조적인 실례가 있다.
중국 춘추시대에 유하혜(柳下惠)와 도척(盜跖)이 있었다. 유하혜가 형이요, 도척이 동생이다. 유하혜는 노(魯)나라 사람으로 성은 전(展), 이름은 획(獲), 자는 금(禽), 유하(柳下)는 식읍(食邑), 혜(惠)는 시호이다. 그는 유덕하고 유능한 사람으로 사사(士師, 옥관獄官)였는데 세 번이나 자리에서 물러났다. 그래서 다른 곳으로 가보라 하니, "곧은 도리로 남을 섬기자면 어디에 간들 세 번은 쫓겨나지 않겠소? 정도(正道)를 굽혀 남을 섬긴다면 무엇하러 조국을 떠나야 하오."라고 했다. 그러면서 낮은 관직도 싫어하지 않고 올바른 행정을 하다가 여러 번 쫓겨나기도 했다.
한편 동생 도척은 9천 명의 불한당을 거느리고 남의 가축을 빼앗고, 부녀를 강탈하고 제후를 침략하면서 천하를 횡행한 악한의 두목이었다. 그래서 지금도 천하의 악당을 도척이라고 부른다.

이렇게 친형제간에도 정반대의 인물이니, 이들은 언동에서부터 확연히 구분 되었을 것이다.

字源 ▌ 吉(길할 길) 士＋口. 참된 선비[士]의 말[口]은 '길하다'는 뜻. [會意]

論(말할 론) 言에서 뜻을, 侖(뭉치 륜)에서 음을 취함. [形聲]

安(편안할 안) 宀＋女. 여자[女]가 집[宀] 안에 있으니 '편안하다'는 뜻. [會意]

祥(복 상) 示(신神을 뜻함, 즉 신이 내려주는 복)에서 뜻을, 羊에서 음을 취함. [形聲]

夢(꿈 몽) 夕(저녁 석)에서 뜻을, 瞢(瞢, 눈 어두울 몽의 줄임)에서 음을 취함. [形聲]

字義 ▌ 寐(매) 잠들다. 狼(랑) 이리. 戾(려) 사납다. 唉(소) 웃다. 소(笑).

語義 ▌ 吉人(길인) 착한 사람. 作用(작용) 평소의 행위, 몸가짐. 安祥(안상) 안락하고 상서로움. 夢寐神魂(몽매신혼) 잠자는 동안의 혼백. 凶人(흉인) 악한 사람. 行事(행사) 하는 일, 행위. 狼戾(랑려) 거칠고 도리에 어긋남. 唉語(소어) 웃으며 하는 말. 渾(혼) 모두. 殺機(살기) 살벌한 기운[殺氣].

---

48. 어두운 곳이라고 죄를 짓지 말라

간 수 병
肝受病하면 　 즉 목 불 능 시
則目不能視하고, 　 신 수 병
腎受病하면 　 즉 이 불 능 청
則耳不能聽하니,

병 수 어 인 소 불 견
病受於人所不見하여 　 필 발 어 인 소 공 견
必發於人所共見이라.

故로 君子는 欲無得罪於昭昭어든 先無得罪於冥冥하라.

文意 ▌ 간에 병이 들면 눈이 시력을 발휘할 수 없고, 콩팥에 병이 들면 귀가 듣지 못하니, 병은 사람을 볼 수 없는 데서 생겨 반드시 남들이 다 볼 수 있는 데로 나타나는 것이다.
그러므로 군자는 밝은 데서 죄를 얻지 않으려면, 먼저 어두운 곳에서도 죄를 얻음이 없어야 한다.

要旨 ▌ 어두운 곳이라고 제멋대로 하다가 죄를 짓는 법이니, 대낮에 중인환시리(衆人環視裏, 뭇 사람이 둘러싸고 봄)에 행동하듯이 올바르고 떳떳하게 행동할 것이다.

解說 ▌ ≪대학(大學)≫에
'소인이 혼자 있으면 나쁜 짓을 하되 이르지 않는 곳이 없다. 그러다가 군자를 만나고서야 자기의 나쁜 짓을 감추고 착한 짓을 드러낸다. 남이 자기를 보는 것이 자기의 폐나 간 속을 들여다보는 것 같은데, 그런 짓이 무슨 소용이 있겠는가? 이를 일러 속에서 성실하면 그것이 밖으로 나타난다는 것이다. 그러므로 군자는 반드시 그 혼자 있을 때를 삼가야 한다.(小人閑居, 爲不善, 無所不至. 見君子而後厭然揜其不善而著其善, 人之視己, 如見其肺肝然, 則何益矣. 此謂誠於中, 形於外. 故君子必愼其獨也.)'
라고 한 대목이 있다. ≪중용(中庸)≫에도 이와 비슷한 말이 있다.
'군자는 남이 보지 않는 곳이라도 삼가고, 남이 듣지 않는 곳이지만 두려워해야 한다. 은밀한 곳보다 더 나타난 곳이 없고, 미세한 것보다 더 뚜렷해지는 것이 없다. 그러므로 군자는 자기 혼자 있을 때를 삼가야 한다.(君子戒愼乎其所不睹, 恐懼乎其所不聞. 莫見乎隱, 莫顯乎微. 故君子愼其獨也.)'
그렇다. 병균은 보이지 않지만 증세는 보인다. 원인은 어둠 속에 있지만 결과는 명백한 곳에 나타난다. 사람도 마찬가지로 남이 안 본다고 검은 마음을 먹어서는 안 된다. 낮말은 새가 듣고, 밤말은 쥐가 듣는 법이다.

字源 ▌ 肝(간 간) 月(肉)에서 뜻을, 干(방패 간)에서 음을 취함. 形聲
病(병들 병) 疒(병 역)에서 뜻을, 丙에서 음을 취함. 形聲
目(눈 목) 눈의 모양을 나타냄. 象形
能(능할 능) 厶(머리) 밑에 月(몸)을 받치고 比(앞뒤 발)을 어울러, 서 있
는 '곰'을 뜻하고, 또 곰은 발재주가 뛰어나다 하여 '능하다'는 뜻으로 씀.
會意
視(볼 시) 見에서 뜻을, 示에서 음을 취함. 形聲

字義 ▌ 腎(신) 신장, 콩팥. 聽(청) 듣다. 冥(명) 어둡다.

語義 ▌ 昭昭(소소) 환하게 밝은 곳. 冥冥(명명) 남이 볼 수 없는 어두운
곳.

---

49. 일은 간소해야 행복하다

<ruby>福<rt>복</rt></ruby><ruby>莫<rt>막</rt></ruby><ruby>福<rt>복</rt></ruby><ruby>於<rt>어</rt></ruby><ruby>少<rt>소</rt></ruby><ruby>事<rt>사</rt></ruby>하고 <ruby>禍<rt>화</rt></ruby><ruby>莫<rt>막</rt></ruby><ruby>禍<rt>화</rt></ruby><ruby>於<rt>어</rt></ruby><ruby>多<rt>다</rt></ruby><ruby>心<rt>심</rt></ruby>이니, <ruby>唯<rt>유</rt></ruby><ruby>苦<rt>고</rt></ruby><ruby>事<rt>사</rt></ruby><ruby>者<rt>자</rt></ruby>라야 <ruby>方<rt>방</rt></ruby><ruby>知<rt>지</rt></ruby>

<ruby>少<rt>소</rt></ruby><ruby>事<rt>사</rt></ruby><ruby>之<rt>지</rt></ruby><ruby>爲<rt>위</rt></ruby><ruby>福<rt>복</rt></ruby>이요, <ruby>唯<rt>유</rt></ruby><ruby>平<rt>평</rt></ruby><ruby>心<rt>심</rt></ruby><ruby>者<rt>자</rt></ruby>라야 <ruby>始<rt>시</rt></ruby><ruby>知<rt>지</rt></ruby><ruby>多<rt>다</rt></ruby><ruby>心<rt>심</rt></ruby><ruby>之<rt>지</rt></ruby><ruby>爲<rt>위</rt></ruby><ruby>禍<rt>화</rt></ruby>니라.

文意 ▌ 복은 일이 적은 것보다 더한 복이 없고, 재앙은 마음씀이 많은
것보다 더한 재앙이 없다. 오직 일에 시달린 사람이라야 비로소 일이
적은 것이 복됨을 알고, 오직 마음이 평안한 사람이라야 비로소 마음
씀이 많은 것이 재앙이 됨을 안다.

要旨 ▌ 일이 많아 마음씀이 많을수록 불행하고, 일이 적어 마음이 편
해야 마음씀이 많은 것이 불행인 줄을 안다.

解說 ▌ 평범하고 단순함이 좋은 것이다. 복잡할수록 신경을 많이 쓰게

되고 그렇게 되면 불행해지기 일쑤이다. 그래서 ≪명심보감≫ 존심편(存心篇)에서도

'일을 만들면 일이 자꾸 생기고, 일을 덜면 일이 점점 줄어든다.(生事事生 省事事省)'

라 했고, 또 성심편(省心篇)에서는

'하루라도 마음이 맑고 한가하면 그 하루는 신선이다.(一日淸閑 一日仙)'

라고 했다.

일은 벌일수록 복잡하고 또 마음을 여러 갈래로 써야 하기 때문에 심신이 고달플 뿐 아니라 마침내는 병마저 나서 생명까지 잃는 수가 있다. 이 얼마나 불행한가? 따라서 일이 간단하면 마음씀이 적으므로 행복하다. 신경을 너무 써 고생스러움은 경험자만이 알 수 있다.

그래서 우리는 가능한 한 일을 벌이지 말 것이다. 어느 유명한 재벌이 회사를 너무 많이 벌여놓고, 처음에 작은 회사의 전무 시절을 그리워하더란 말은 일리가 있고도 남음이 있는 이야기이다.

字源 ▌ 福(복 복) 示(신)＋畐(찰 복, 술이 가득 찬 술병 모양). 신〔示〕에게 제사 지낸 술〔畐〕을 먹고 '복'을 받는다는 뜻. 會意 / 示에서 뜻을, 畐에서 음을 취함. 形聲

莫(저물 모·없을 막) 暮의 본자. ＋＋＋㬦(햇빛 대). 해〔㬦〕가 지평선 풀〔＋＋〕 속에 가려 없어진다는 데서 '저물다' '없다'의 뜻이 됨. 會意

少(적을 소) 小＋ノ(삐침 별). 물체〔小〕의 일부분이 떨어져 나가〔ノ〕 작아짐을 나타내 '모자란다'는 뜻을 표시함. 會意

禍(재앙 화) 示＋咼(입 비뚤어질 괘). 입이 비뚤어질 정도〔咼〕로 신〔示〕의 노여움을 샀다 하여 '재앙'을 뜻함. 會意 / 示에서 뜻을, 咼에서 음을 취함. 形聲

唯(오직 유) 口에서 뜻을, 隹에서 음을 취함. 形聲

字義 ▌ 於(어) …보다 더. 始(시) 비로소.

語義 ▌ 少事(소사) 일이 적음. 多心(다심) 마음 쓰는 곳이 많음. 苦事者(고사자) 일에 시달린 사람. 平心(평심) 마음이 평안함.

50. 방정方正과 원만圓滿, 관대와 엄격을 적절히 활용하라

處治世에는 宜方하고 處亂世에는 宜圓하며 處叔季之世에는

當方圓並用이라.

待善人에는 宜寬하고 待惡人에는 宜嚴하며 待庸衆之人에는

當寬嚴互存이라.

文意 ▍ 태평한 세상에 처해서는 마땅히 몸가짐이 방정해야 하고, 어지러운 세상에 처해서는 마땅히 원만해야 하며, 평범한 세상에 처함에는 마땅히 방정함과 원만함을 함께 써야 한다.

선량한 사람을 대함에는 마땅히 관대해야 하고, 악한 사람을 대할 때는 마땅히 엄격해야 하며, 보통인 사람을 대함에는 마땅히 관대함과 엄격함을 함께 지녀야 한다.

要旨 ▍ 시대에 따라 방정과 원만을 적절히 베풀고, 사람에 따라 관대함과 엄격함을 선용(善用)하라.

解說 ▎ '천원지방(天圓地方)'이란 말이 있다. 옛사람들은 하늘은 둥글고〔天圓〕, 땅은 네모졌다〔地方〕고 생각했다. 곧 우리 머리 위의 하늘은 사방이 둥그렇게 생겼고, 땅은 사방이 네모지고 그 밖으로는 낭떠러지가 있어 거기를 넘어서면 굴러 떨어져 죽는다고 생각했다.

옛날에 중국 사신이 조선에 이인(異人), 도사(道士)가 많다는 소리를 듣고 평양에 이르러 8척 장신에 수염이 길고 하얀 노인을 만나, 기인으로 생각하고 말을 거니 중국어를 알 턱이 없었다. 수화(手話)로 물어, 두 손으로 네모를 만들어 보이니, 노인은 두 손으로 동그라미를 만들어 보였다. 중국 사신이 감탄하고 세 손가락을 뻗쳐 보이니 노인은 다섯 손가락을 모두 펴보였다. 중국 사신이 더욱 놀라, 이번에는 오른손으로 수염을 쓰다듬으니 노인은 배를 만졌다. 중국 사신은 어이가 없어 더 질문을 못했다. 나중에 노인에게 물으니 중국 사신의 질문과는 천양지판(天壤之判)의 답이었다. 즉 다음과 같다.

● 중국 사신	● 조선 노인
지방(地方)	천원(天圓)
삼강(三綱)	오륜(五倫)
염(髥, 염제炎帝)	복(腹, 복희伏犧)

字源 ▎ 治(다스릴 치) 氵(水)에서 뜻을, 台(怡, 기쁠 이의 생략)에서 음을 취함. 〔形聲〕

方(모 방) 배를 나란히 엮은 모양, 또는 농기구 중의 보습 끝을 본뜸. 〔象形〕

亂(어지러울 란) 乙(곱추, 허리가 굽어서 어지러운 모양)에서 뜻을, 𤔔(다스릴 란)에서 음을 취함. 〔形聲〕

圓(둥글 원) 囗＋員(둥글 원). 둘레〔囗〕가 둥글다〔員〕는 뜻. 〔會意〕 / 囗에서 뜻을, 員에서 음을 취함. 〔形聲〕

叔(숙부 숙) 尗(콩 숙)＋又. 콩〔尗〕을 손〔又〕으로 솎아낸다 하여 '줍다'의 뜻이 되고, 나아가 아버지보다 나이가 적은 '숙부'를 뜻함. 〔會意〕 / 又에서 뜻을, 尗에서 음을 취함. 〔形聲〕

字義 ▎ 待(대) 기다리다. 庸(용) 평범하다. 互(호) 서로.

語義 ▌ 治世(치세) 다스려지는 세상, 태평한 세상. 方(방) 행동이 방정
함. 圓(원) 원만함. 叔季之世(숙계지세) 평범한 세상, 말세(末世). 춘추
시대 노(魯)나라의 삼환(三桓, 맹손孟孫・숙손叔孫・계손季孫)이 다스리
던 태평세월도 아니고, 난세도 아닌 때. 庸衆之人(용중지인) 평범한 사
람. 互存(호존) 함께 지님.

---

51. 은혜를 베풀었거든 생각하지 말라

^{아 유 공 어 인} ^{불 가 념} ^{이 과 즉 불 가 불 념}
我有功於人은 不可念이나 而過則不可不念이오,

^{인 유 은 어 아} ^{불 가 망} ^{이 원 즉 불 가 불 망}
人有恩於我는 不可忘이나 而怨則不可不忘이라.

文意 ▌ 내가 남에게 베푼 공은 마음에 두지 말아야 하나, 잘못한 일은
마음에 두지 않으면 안 된다. 남이 나에게 베푼 은혜는 잊어서는 안
되지만, 원한은 잊어버리지 않으면 안 된다.

要旨 ▌ 남에게 베푼 공은 잊되 잘못은 잊지 말고, 원한은 잊되 남에게
받은 은혜는 잊어서는 안 된다.

解說 ▌ ≪명심보감≫ 존심편(存心篇)에도
'은혜를 베풀었거든 그 보답을 구하지 말고, 남에게 주었거든 후에 뉘우
치지 말라.(施恩勿求報, 與人勿追悔)'
라고 했다. 이미 내 손에서 떠나간 물건은 내 것이 아니다. 그러나 은혜
를 베풀었거든 베푼 사람은 잊어야 하고, 반대로 은혜를 받은 사람은 잊
지 말아야 한다. 그러나 나의 잘못은 잊지 말고 잘 반성해 보아야 하고,
남이 나에게 끼친 원한은 빨리 잊어야 한다.
'이지광 벌수발복(李趾光 伐樹發福)'이란 이야기가 있다. 조선 3대 임금

태종의 장남 양녕대군(讓寧大君)의 13대 종손 이지광은 영조 때 사람이다. 그는 가난하기가 짝이 없어 견디다 못하여 천역(賤役)에 자원하려 했다. 그러던 어느 날 중이 와서 한 끼 식사를 제공해 달라고 했다. 할 수 없이 멀건 죽을 나누어 먹고 추운 방이지만 다정하게 함께 재워 보냈다. 집은 남대문 밖이었는데, 중은 떠나기 전에 맞은편 언덕에 있는 사당 앞에 있는 큰 느티나무를 베어 버리라고 했다.

이지광은 중의 말대로 했다. 그날 영조가 헌릉(獻陵, 태종릉太宗陵)까지 갔다 오다가 남대문 밖에 쉬면서 저기 보이는 사당이 누구의 것이냐고 물었다. 양녕대군의 사당인 지덕사(至德祠)라고 신하가 말했다. 후손에 대하여 묻자 사실대로 말하니, 종손 이지광을 불러 "양녕대군의 선양(禪讓)이 없었던들 나와 그대의 위치가 바뀌었을 것이오."라고 말하고서 퇴락한 지덕사도 수리하고, 이지광에게도 벼슬을 주어 살린 일이 있다.

중에게 죽 한 그릇을 준 은혜가 이런 좋은 결과를 가져오게 한 것이다.

字源 ▍ 怨(원망 원) 心에서 뜻을, 夗(누워 뒹굴 원)에서 음을 취함. 形聲
忘(잊을 망) 心+亡. 마음〔心〕을 잃었다〔亡〕 하여 '잊었다'는 뜻. 會意 /
心에서 뜻을, 亡에서 음을 취함. 形聲

字義 ▍ 過(과) 허물. 恩(은) 은혜.

語義 ▍ 不可不(불가불) 하지 않으면 안 된다, 마땅히, 꼭.

52. 은혜를 베풀면 보답을 바라지 말라

施恩者가 內不見己하고 外不見人하면 則斗粟도 可當萬鍾
之惠라.

利物者가 計己之施하고 責人之報하면 雖百鎰이라도 難成一文之功이라.

文意 ▌ 은혜를 베푸는 데 있어서, 안으로는 자신이 남에게 은혜를 베푼다는 생각을 지니지 않고, 밖으로는 남이 나에게 은혜를 받는다는 생각을 갖지 않으면, 한 말의 곡식도 수만 섬의 은혜에 해당할 것이다. 물질로써 남에게 이로움을 줄 때, 자신이 베풀어 줌을 계산하고, 남더러 보답할 것을 재촉한다면, 비록 수천 냥을 들여도 한 푼의 공로조차 이루기 어려운 것이다.

要旨 ▌ 남에게 은혜를 베풀 때 따지지 말아야 그 은혜는 위대하고, 반대로 따지면 무가치해진다.

解說 ▌ 쇠로 만든 북이 종(鐘)이다. 금(金)과 동(童)이 합쳐 금에서 뜻을, 동에서 음을 취한 형성자(形聲字)이다. 서울 종로(鐘路)란 종로 네거리에 종을 달아놓고 시각을 알린 데서 생긴 말이다. 그러나 종(鍾)은 '술잔, 휘〔양명량명〕, 모이다' 등의 뜻이다. 금에서 뜻을, 중(重)에서 음을 취한 형성자이다. 따라서 종(鐘)과 종(鍾)은 원래 다른 글자이다. 요새는 통용해 쓰되 종(鍾)으로 많이 쓴다. 만종(萬鍾)이란 정확히는 6섬 4말이 1만 개가 있으니 굉장히 많은 양을 뜻한다.
중국 송나라 진종(眞宗)황제의 〈권학문(勸學文)〉에
'부잣집이라고 좋은 논 사지 말라. 책 속에 저절로 천종(千鍾)의 곡식이 있다.(富家不用買良田, 書中自有千鍾粟)'
라고 했다. 여기에서의 천종은 실제로 만종(萬鍾)의 10분의 1이지만 이 말도 매우 많다는 뜻이다. 독서와 공부하는 길만이 모든 영광의 지름길임을 강조한 것이 진종황제의 〈권학문〉이다.
요컨대 은혜를 베풀어 남을 이롭게 할 때는 보답을 받거나 알아주기를 바라지 말아야 한다. 보답을 바라거나 알아주기를 바랄 때는 그 시혜(施惠)가 무가치한 것으로 변해 버린다.

字源 ┃ 施(베풀 시) 㫃(깃발 언, 깃발이 '펼쳐진다'의 뜻)에서 뜻을, 也 (它, 뱀 타)에서 음을 취함. 形聲

內(안 내) 冂(빌 경)＋入. 빈[冂] 속으로 들어간다[入]는 데서 '안'의 뜻. 會意

己(몸 기) 사람의 척추 뼈가 굴곡을 이루어 연결된 모양, 또는 실을 갈라 구분해 놓은 모양을 본뜸. 象形

外(바깥 외) 夕＋卜. 점[卜]은 아침에 치는 것이 원칙인데, 저녁[夕]에 점치는[卜] 것은 원칙 '밖' 곧 예외라는 뜻. 會意

斗(말 두) 국자 모양을 본뜸. 象形

字義 ┃ 粟(속) 좁쌀, 곡식. 鍾(종) 6석(石) 4두(斗). 鎰(일) 24냥쭝.

語義 ┃ 內不見己(내불견기) 마음속으로, 남에게 은혜를 베푼다는 생각을 지니지 않음. 外不見人(외불견인) 남이 내 은혜를 받는다는 생각을 하지 않음. 斗粟(두속) 한 말의 곡식. 萬鍾(만종) 많은 양. 計己之施(계기지시) 자기가 베푼 것을 계산함. 責人之報(책인지보) 그 사람이 갚은 것을 따짐. 百鎰(백일) 많은 돈. 文(문) 옛날 화폐의 최저 단위.

---

53. 나와 남을 비교하여 균형을 맞추라

人之際遇는 有齊有不齊어늘 而能使己獨齊乎아?
（인지제우）（유제유부제）（이능사기독제호）

己之情理는 有順有不順이어늘, 而能使人皆順乎아?
（기지정리）（유순유불순）（이능사인개순호）

以此相觀對治하면 亦是一方便法門이라.
（이차상관대치）（역시일방편법문）

文意 ┃ 사람들이 처한 형편을 보면, 어떤 사람은 갖출 것을 다 갖추고

있고, 어떤 사람은 모두 다 갖추지 못하였으니, 어찌 나 홀로만 능히 모든 것을 갖출 수 있겠는가? 자기 자신의 심리상태를 보면, 순리에 맞을 때도 있고, 순리에 맞지 않을 때도 있는데, 어찌 남들만 모두 순리에 맞도록 하게 할 수 있는가?

이것을 참고로 나와 남을 비교하여 균형을 잡아 나간다면 이 또한 세상을 살아가는 데 편리한 방법이 될 것이다.

要旨 ▌ 사람이란 모든 것을 다 갖추기는 어려우니 없는 사람과 비교하여 생각하면서 조절해 나가면 좋은 세상을 살아가는 한 방편이 될 것이다.

解説 ▌ 오복(五福)이란 누구나 부러워하는 것이다. 곧 수(壽)·부(富)·강녕(康寧)·유호덕(攸好德)·고종명(考終命)의 다섯 가지 복이다. 수는 오래 사는 것이고, 부는 잘사는 것이며, 강녕은 건강하게 사는 것이고, 유호덕은 덕을 좋아함이요, 고종명은 살만큼 살다가 편하게 죽는 것을 말함이다.

이러한 오복을 비롯한 물심양면(物心兩面, 물질적인 면과 정신적인 면)의 욕심은 한이 없고, 이런 것을 갖추는 정도도 천층만층이다. 나만 갖추려는 생각은 허욕이요, 한 가지도 갖추지 못한 사람의 처지에다 내 처지를 견주어 조화를 이룬다면 속이 시원할 것이다.

이치에 순종하는 것도 그렇다. 자신은 이치를 따르지 않으면서 남만 이치를 따르라면 그것도 무리한 요구이다. 모든 것은 상대적이다. 유무상통(有無相通, 있는 것과 없는 것을 서로 융통함)이요, 무용지용(無用之用, 얼른 보아 아무 소용도 없을 것 같은 것이 도리어 크게 쓰임)이 있다. 서로서로 처지를 견주어 균형을 이룰 때 세상은 알력이나 갈등이나 투쟁 없이 평화로운 조화를 이루어 나갈 것이다.

字源 ▌ 際(가 제) 阝(阜)에서 뜻을, 祭에서 음을 취함. 形聲
遇(만날 우) 辶에서 뜻을, 禺(짐승 이름 우)에서 음을 취함. 形聲
齊(엄숙할 제) 벼나 보리 이삭이 '나란히' 팬 모양을 본뜸. 象形
使(부릴 사) 亻(人)에서 뜻을, 吏(관리 리)에서 음을 취함. 形聲
乎(어조사 호) 丷(兮, 어조사 혜)＋ノ(삐침 별, 미진함의 뜻). 말[兮]이

미진하여[/], 연장 설명을 요구하는 뜻. 會意

字義 ▌ 情(정) 감정. 理(리) 도리. 順(순) 순탄하다.

語義 ▌ 際遇(제우) 여러 가지 경우, 갖가지 사정. 齊(제) 갖추어 있음.
情理(정리) 심리, 인정과 의리. 順(순) 순리에 맞음, 도리에 맞음. 相觀
對治(상관대치) 나와 남을 견주어 보아 균형을 잡아 다스려 나감. 方便
法門(방편법문) 불교의 진실법문(眞實法門)에 상반되는 말로 편리하게
세상을 사는 방법이란 뜻.

54. 마음이 맑아야 진리를 탐구할 수 있다

心地乾淨이라야 方可讀書學古라. 不然이면 見一善行에 竊
以濟私하고 聞一善言에 假以覆短이라. 是는 又藉寇兵而齎
盜糧이라.

文意 ▌ 마음이 맑아야 비로소 책을 읽어 옛것을 배울 수 있다. 그렇지
않으면 한 가지 선행을 보면 그것을 훔쳐 사사로운 욕심을 채우게 되
고, 한마디 착한 말을 들으면 그것을 빌어 자기의 잘못을 덮으려 할
것이니, 이는 바로 적에게 무기를 빌려주고, 도둑에게 양식을 대주는
것과 같다.

要旨 ▌ 마음이 맑은 사람이라야 공부를 바르게 하여 진리를 알게 되
고, 마음이 불결한 사람은 배운 것을 악용해서 옳지 않은 행동을 합리
화시키려 든다.

解說 ▮ '자구병이재도량(藉寇兵而齎盜糧)'은 유명한 말로, 중국 진시황 (秦始皇) 때 재상 이사(李斯)의 〈간축객서(諫逐客書)〉란 글에 나온다. 진나라에 사는 진나라 사람 이외의 외국인을 추방하는 정책을 쓰려 하니, 이를 말리는 내용의 글이다. 외국인이라고 내쫓는다면 그것은 마치 적에게 무기를 빌려주고, 도적에게 양식을 대주는 것과 같아 우리들의 손해만 많다는 것이다. 그래서 그들을 내쫓지 말고 그들의 재능을 우리를 위하여 유용하게 쓰라는 주장이다.

제2차 세계대전 때 독일의 히틀러가 많은 유대인을 죽이거나 내쫓아, 아인슈타인 박사가 미국으로 망명하여 결국 발명된 원자탄이 독일은 물론 일본까지도 망하게 한 일화와도 비슷하다.

곧 마음이 맑지 않은 사람은 조그마한 선행을 악용하여 자기를 합리화시키고 한마디의 착한 말로도 자기의 잘못을 숨기면서 변명하는 데 쓰게 되니, 마음이 첫째 맑아야 진리를 닦아 유익한 업적을 남길 수 있다.

字源 ▮ 淨(조촐할 정) 氵(水)에서 뜻을, 爭(다툴 쟁)에서 음을 취함. 形聲

讀(글 읽을 독) 言에서 뜻을, 賣(賣, 팔 육의 변형)에서 음을 취함. 形聲

書(쓸 서) 聿(붓 율)+曰. 말[曰]로 전해 오는 것을 붓[聿]으로 기록한 것. 곧 '글'이나 '책'이란 뜻. 會意

古(예 고) 十+口. 많은[十] 사람의 입[口]에서 전해오는 것은 이미 '오랜' 일에 속한다는 뜻. 會意

善(착할 선) 羊+䇂(誩, 다투어 말할 경의 변형). 양처럼 착한 사람[羊]이 다투는 사이[誩]에 끼어 시비를 판단하여 결말을 내니, 과연 '착하다'는 뜻. 會意

字義 ▮ 然(연) 그러함. 竊(절) 사사로이, 훔치다. 假(가) 거짓. 覆(부) 가리우다. (복) 엎다. 藉(자) 빙자하다. 寇(구) 도둑. 齎(재) 가지다, 증여하다. 糧(량) 양식.

語義 ▮ 心地(심지) 마음의 본 바탕, 마음자리. 乾淨(간정) 깨끗하다. 濟私(제사) 사사로운 욕심을 채움. 覆短(부단) 단점을 덮음, 잘못을 가림. 藉寇兵(자구병) 원수에게 무기를 빌려줌. 齎盜糧(재도량) 도둑에게

양식을 대줌.

55. 검소하고 졸렬拙劣함이 도리어 천성天性을 보전한다

奢者는 富而不足하나니 何如儉者의 貧而有餘리오.
能者는 勞而府怨하나니 何如拙者의 逸而全眞이리오.

文意 ▌ 사치스러운 사람은 부유하면서도 만족을 모르니, 어찌 검소한 사람의 가난해도 여유 있음만 같을까.

유능한 사람은 애써 일하고도 원망을 불러들이니, 어찌 무능하고 서툰 사람의 한가하면서 천성을 온전히 지킴만 같으랴.

要旨 ▌ 사치스러운 사람은 욕심이 한이 없으니 검소한 사람의 안빈낙도(安貧樂道)를 따라갈 수 없고, 유능한 사람은 도리어 원망을 사서 졸렬하되 본성을 보전하는 사람만 못하다.

解說 ▌ ≪장자(莊子)≫ 어부편(漁夫篇)에
'진(眞, 천성)은 하늘로부터 받은 것이다. 그래서 자연스러워 바꿀 수가 없다. 그러므로 성인은 하늘을 본받고 천성을 귀하게 여겨 세속에 구애받지 않는다.(眞者, 所以受於天也. 自然不可易也. 故聖人法天貴眞, 不拘於俗.)'
고 했다. 이 전진(全眞), 곧 '천성을 보전함'은 도가(道家) 사상의 한 요체(要諦)이기도 하다. 천진(天眞)을 그대로 보전함을 신조로 삼는 도가에서는 수졸(守拙)을 한 방편으로 삼는다. 졸렬함을 지켜 겉으로 보기에는 어리석어 보이면서도 순수함을 지키기 때문에 도리어 편안하고 만족함을 느낀다. 여기에 인간의 행복이 있다. 99섬을 가진 자가 100섬을 채우려들듯, 한없는 욕망의 바다로 치닫다 보면 결국에는 자기 파멸을 가져와 남에게 원망만 사서 모든 것이 도로(徒勞, 보람 없이 애씀, 또는 헛수고)에 그치기 쉽다. 모름지기 가난하게 살면서 마음속의 여유와 행복을 찾을 것이다.

字源 ▌ 足(발 족) 口는 장딴지. 止는 발가락을 본뜸. 象形
何(어찌 하) 두 사람이 짐을 멘 모양을 본떠, 메고 있는 것이 '무엇'인가 의문을 품는다는 뜻. 象形 / 亻에서 뜻을, 可(옳을 가)에서 음을 취함. 形聲
儉(검소할 검) 亻(人)＋僉(다 첨). 사람〔人〕의 생활은 여러 방면에서〔僉〕 '검소해야' 한다는 뜻. 會意 / 亻에서 뜻을, 僉에서 음을 취함. 形聲
貧(가난할 빈) 貝＋分. 재물〔貝〕을 나누어〔分〕 가지므로 '가난해진다'는 뜻. 會意 / 貝에서 뜻을, 分에서 음을 취함. 形聲
府(마을 부) 广(돌집 엄)에서 뜻을, 付(줄 부)에서 음을 취함. 形聲

字義 ▌ 奢(사) 사치스럽다. 餘(여) 여유, 남다. 拙(졸) 못생기다, 어리석다. 逸(일) 편안하다.

語義 ▌ 何如(하여) 어떠한가? 어떻게 미칠 수 있을까? 반어형(反語形). 府怨(부원) 원망을 모아들임. 拙者(졸자) 일이 서툰 사람. 全眞(전진) 본성을 온전히 보전함. 진(眞)은 본성.

56. 매사에 맡은 바 실질實質을 다하라

讀書하되 不見聖賢하면 爲鉛槧傭이오, 居官하되 不愛子民
하면 爲衣冠盜요.

講學하되 不尙躬行이면 爲口頭禪이오, 立業하되 不思種德
하면 爲眼前花라.

文意 ▌ 글을 읽어도 성현을 보지 못한다면, 글을 베끼는 고용인이 될
뿐이고, 벼슬자리에 있으면서도 백성을 사랑하지 않는다면, 관복을 입
은 도적이 될 뿐이다.

학문을 가르치면서도 몸소 실천함을 숭상하지 않으면, 입으로만 참선
하는 사람이 될 뿐이고, 사업을 일으켜도 은덕을 베풀 생각을 않으면,
눈앞에 잠깐 피었다 지는 꽃처럼 덧없는 것이 될 뿐이다.

要旨 ▌ 독서하되 필생(筆生)으로 끝나면 안 되고, 관리가 되되 탐관오
리(貪官汚吏)가 되어서는 안 되며, 학문을 강의하되 지행합일(知行合
一)해야 하고, 사업을 하더라도 덕을 베풀어 영구한 업적을 남겨야 한
다.

解說 ▌ 얼핏 생각하기에 사업을 경영하는 데 덕을 심어야 한다는 말이
실감나지 않을지 모른다.

중국 춘추시대에 와신상담(臥薪嘗膽)으로 유명한 월왕(越王) 구천(句踐)
을 도와 패업(覇業)을 일으키게 한 모사(謀士) 범려(范蠡)가 있다. 그는
월왕 구천을 성공시키고 난 후 벼슬을 팽개치고 천하를 유람하며 돈을
벌었다. 제(齊)나라로 가서 경제적 두뇌를 써 거부가 된 다음 재상까지
되니 당시의 별명이 치이자피(鴟夷子皮, 말가죽으로 만든 술부대)였다.

그러나 벼슬을 곧 내놓고 도(陶, 산동성 도현陶縣)란 곳으로 가서 주공(朱公)이라 이름을 바꾸고 살았기 때문에 도주공(陶朱公)이라 불린다. 그는 그곳에서 19년 동안 세 번이나 천하의 갑부가 되었다. 그 중 두 번까지 모았던 재산은 가난한 사람과 궁한 일가를 구제하느라고 다 날려 버렸다. 이렇게 많은 은혜를 베푸니 결국 많은 덕을 심은 것이다. 그의 부를 도주지부(陶朱之富)라 한다.

지금도 마찬가지이다. 고용원의 고혈을 빨아 희생을 강요하는 업체는 우선 오래가지를 못하고, 덕을 심기는커녕 해독만 끼쳐 천하에 영원히 악명만 남길 것이다.

字源 ▌ 聖(성인 성) 耳(聰, 총명할 총의 뜻)에서 뜻을, 呈(드릴 정)에서 음을 취함. 形聲

賢(어진이 현) 臤(굳을 간)＋貝. 굳은 마음[臤]으로 재물[貝]을 모으니, '현명하다'는 뜻. 會意 / 貝에서 뜻을, 臤에서 음을 취함. 形聲

鉛(납 연) 金＋㕣(산속 늪 연). 늪[㕣]의 물빛처럼 푸르스름한 금속[金]인 '납'을 뜻함. 會意 / 金에서 뜻을, 㕣에서 음을 취함. 形聲

庸(쓸 용) 肀(聿) 밑에 庚(缶, 장군 부)를 받쳐 늘 쓰는 물건을 뜻함. 會意 / 庚(길 경)＋用. 계속하여 오래[庚] 행하므로[用] '우둔'하거나 또는 '떳떳함'을 뜻함. 會意 / 庚에서 뜻을, 用에서 음을 취함. 形聲

官(벼슬 관) 宀＋𠂤(많을 부, 쌓을 퇴堆의 본자). 많은 계층[𠂤] 사람들이 일하는 집[宀], 즉 '관청'과 거기서 일하는 '관리'를 뜻함. 會意

字義 ▌ 槧(참) 건목 치다. 땔감. 講(강) 익히다. 躬(궁) 몸소. 禪(선) 참선.

語義 ▌ 鉛槧庸(연참용) 종이와 필기도구가 없었을 때, 납[鉛]으로 나뭇조각[槧]에 글을 썼다. 곧 연참(鉛槧)은 종이와 붓 등의 필기도구이고, 용(庸)은 용인(傭人)의 뜻. 연참용은 글을 베끼는 고용인을 뜻함. 子民(자민) 백성. 衣冠盜(의관도) 의관을 갖춘 도둑. 곧 벼슬아치가 정장을 하고서 나라의 녹봉을 훔쳐먹음을 뜻함. 講學(강학) 학문을 가르침. 尙躬行(상궁행) 몸소 행함을 숭상함. 口頭禪(구두선) 말로만 참선함. 立業(립업) 사업을 일으킴. 種德(종덕) 덕을 베풀어 후세나 사회 전반에 고

루 미치게 함. 眼前花(안전화) 눈앞에 피었다가 곧 지는 꽃, 일시적인 것.

---

57. 사물의 노예가 되지 말고 본성本性으로 돌아가라

人心에 有一部眞文章이로되 都被殘編斷簡封錮了하며 有一部眞鼓吹로되 都被妖歌艶舞湮沒了하니 學者는 須掃除外物하고 直覓本來하여 纔有個眞受用이라.

文意 ▌ 사람의 마음속에는 누구나 한 편의 참다운 문장을 지니고 있지만, 옛사람이 남긴 낡은 책 속의 몇 마디 말 때문에 모두 굳게 갇혀 버리고, 한 곡조의 참다운 음악이 있어도 요사스러운 노래와 요염한 춤 때문에 모두 파묻혀 사라져 버린다. 모름지기 학자는 외계의 물질에 의한 유혹을 쓸어 없애고, 마땅히 본래의 마음을 찾아내야만 비로소 참 문장과 음악의 보람을 누릴 것이다.

要旨 ▌ 내 마음속에 있는 참된 문장을 읽을 것이요, 내 본성에서 나오는 음악을 들을 것이다.

解說 ▌ '책의 노예가 되지 말라'는 말이 있다. '온고이지신(溫故而知新)'은 학문의 한 방법이요, 옛것이라고 전부 옳고 가치 있는 것은 아니다. 그래서 남독(濫讀)은 오히려 해를 끼치는 경우가 많다.

공자가 강조한 교과 과목에 육예(六藝)라는 것이 있다. 예악사어서수(禮樂射御書數)가 그것이다. 예는 예의요, 악은 음악이요, 사는 활쏘기요, 어는 말달리기요, 서는 글씨 쓰기요, 수는 셈하기이다. 예와 악을 고등교과라 하면, 사어는 중등교과로 지금의 체육에 해당되며, 서수는 초등교과로 초등학교의 기본과목과 같다. 여기에서 음악은 예의도덕과 함께 고등교과의 하나로 정서 함양에 절대적인 영향을 미치는 학과로 옛사람도 인정하고 있다. 그런데 근래 우리나라에서 음악을 너무 소홀히 여겨 중고교에서는 1주일에 한두 시간으로 끝내고 대학에서는 교양과목에도 들어 있지 않다.

이렇게 사람의 수양에 없어서는 안 될 문학과 음악이 자신의 것이어야 하는데, 남의 것에 눌려 자신의 것을 잊는다면 이는 배우는 이의 참된 길이 아닌 것이다.

字源 ▌ 部(떼 부) 音(가를 부) + 阝(邑). 고을[邑]을 여러 군데로 갈라〔音〕 다스린 데서, '나누다'의 뜻이 됨. 會意 / 阝에서 뜻을, 音에서 음을 취함. 形聲

文(글 문) 사람 몸에 문신한 무늬를 본뜸. 또 무늬와 획을 이리저리 그어 쓴 '글자'를 뜻하게 됨. 象形

章(문채 장) 音+十(열 십). 음악[音]이 숫자가 다 차서[十] '일단락' 지어진다는 뜻. 나아가 글이 일단락된 '장', 또 그 '글' 자체를 뜻함. 會意

都(도읍 도) 者+阝(邑). 사람[者]이 많은 동네[邑], 곧 '도시'를 뜻함. 會意

被(이불 피) 衤(衣)에서 뜻을, 皮에서 음을 취함. 形聲

字義 ▌ 殘(잔) 잔인하다, 남다. 編(편) 책. 簡(간) 글. 封(봉) 봉하다. 錮(고) 땜질하다, 가두다. 湮(인) 없어지다. 掃(소) 쓸어내다. 覓(멱) 찾다.

語義 ▌ 殘編斷簡(잔편단간) 옛사람이 남긴 책의 쪼가리와 끊어진 간찰(簡札, 대쪽에 쓴 글), 단편적으로 남은 옛 기록. 封錮(봉고) 봉쇄되어 갇힘. 鼓吹(고취) 북 치고 피리를 분다는 것으로 음악의 뜻. 풍류(風流). 妖歌艶舞(요가염무) 요사스러운 노래와 요염한 춤. 湮沒(인몰) 파묻혀

없어짐. **外物**(외물) 외계의 유혹. **眞受用**(진수용) 참다운 문장과 음악을 얻어 보람있게 씀. 수용은 향수(享受)의 뜻.

참 고

도피잔편단간봉고료(都被殘編斷簡封錮了) 도(都)는 '모두'. 부사. 피(被)는 피동을 나타내는 조동사. 봉고(封錮)가 본동사. 료(了)는 완료를 나타내는 조사. 피(被)A+B. A에 의해서 B 된다. '피(被)…봉고(封錮)'로 이어진다. 수동형의 한 형식. 곧 '모두 잔편(殘編)과 단간(斷簡)에 의해서 봉고되었다'의 뜻.

---

58. 고생 끝에 낙이 있다

고 심 중　상 득 열 심 지 취　　득 의 시　변 생 실 의 지 비
苦心中에 **常得悅心之趣**하고 **得意時**에 **便生失意之悲**니라.

文意 ▌ 마음이 괴로울 때에는 항상 마음을 기쁘게 하는 멋을 얻고, 득의만만한 때에는 문득 실망의 비애가 생긴다.

要旨 ▌ 괴로움이 다하면 기쁨이 오고, 득의만만하면 실망의 비애가 싹튼다.

解說 ▌ '필선고기심지(必先苦其心志)'란 말이 있다. 이 말은 ≪맹자(孟子)≫ 고자장(告子章) 하 천장강대임어시인야장(天將降大任於是人也章)에서 맹자가 한 말이다.
'순(舜)임금은 역산(歷山)에서 농사를 짓다가 30세가 넘어 요(堯)임금에게 기용되었고, 부열(傅說)은 성벽을 쌓는 일을 하다가 등용되었으며, 교격(膠鬲)은 장사를 하다가 기용되었고, 관중(管仲)은 감옥에 갇혔다가

제환공(齊桓公)에게 발탁되었으며, 손숙오(孫叔敖)는 바닷가에서 가난하게 살다가 초장왕(楚莊王)에게 임용되었고, 백리해(百里奚)는 시정(市井)에 숨어살다가 진목공(秦繆公)에게 기용되었다. 그러므로 하늘에서 그런 사람들에게 큰 사명을 맡기려면 반드시 먼저 그들의 심지(心志)를 괴롭히고, 그들의 근골(筋骨)을 수고롭게 하고, 그들의 육체를 굶주리게 하고, 그들 몸에 지닌 것이 없게 한다.(…故天將降大任於是人也, 必先苦其心志, 勞其筋骨, 餓其體膚, 空乏其身)'

'젊을 때 고생은 돈 주고 사서 한다'는 속담과 같이 고생을 많이 할수록 나중에 성공은 거기에 비례해서 크다고 보는 것이다. 그래서 고생 끝에 낙이 오는 것이다. 그런데 '흥진비래(興盡悲來)요, 고진감래(苦盡甘來)'라고 했듯이 화복(禍福)은 상생하는 것이다. 그러므로 괴로울 때는 즐거울 때를 생각하고, 즐거울 때는 괴로울 때를 생각하는 태도를 지녀야 할 것이다.

字源 ▌ 悅(즐거울 열) 忄(心)에서 뜻을, 兌(기쁠 태, 날카로울 예)에서 음을 취함. 形聲

趣(뜻 취) 走+取. 그것을 가지러[取] 달려가[走]므로, '매우 좋아함' '취향'을 뜻함. 會意 / 走에서 뜻을, 取에서 음을 취함. 形聲

時(때 시) 日에서 뜻을, 寺에서 음을 취함. 形聲

失(잃을 실) 手+乙(굽을 을). 손[手]에 갖고 있던 것이 굴러[乙] 떨어져 '손실'을 봤다는 뜻. 會意 / 手에서 뜻을, 乙에서 음을 취함. 形聲

字義 ▌ 常(상) 늘.

語義 ▌ 悅心之趣(열심지취) 마음을 기쁘게 하는 멋.

59. 부귀와 명예는 얻는 방법에 따라 다르다

富貴名譽가 自道德來者는 如山林中花하여 自是舒徐繁衍하고, 自功業來者는 如盆檻中花하여 便有遷徙廢興하며, 若以權力得者는 如瓶鉢中花하여 其根을 不植이니 其萎를 可立而待矣라.

文意 ▌ 부귀와 명예가 도덕으로 인해 얻어진 것은 수풀 속의 꽃과 같아서, 저절로 무성히 퍼져 나가고, 공로와 업적으로부터 얻어진 것은 화분 속의 꽃과 같아서 곧 이리저리 옮겨져, 흥하고 쇠함이 있을 것이며, 권력으로써 얻은 것은 꽃병 속의 꽃과 같아서 그 뿌리가 심어진 것이 아니기 때문에, 그것이 시드는 것은 잠시 서서 기다리면 보게 될 것이다.

要旨 ▌ 도덕적으로 얻은 부귀명예가 산속의 꽃이라면, 공적으로 얻은 부귀명예는 화분의 꽃이며, 권력으로 얻은 부귀명예는 꽃병 속의 꽃이라 할 수 있다.

解說 ▌ 공자가 말했다.
'부와 귀는 사람들이 누구나 바라는 바이나, 그 정당한 방법으로 얻는 것이 아니라면 거기에 머물러 있지 않는다. 또 빈과 천은 모든 사람들이 싫어하는 것이나 정당한 방법으로 살다가 빈천해졌다면 거기서 벗어나려 하지 않는다.(富與貴 是人之所欲也. 不以其道得之不處也. 貧與賤, 是人之所惡也. 不以其道得之不去也.)'
부귀는 누구나 바라는 대상이요, 빈천은 누구나 싫어하는 것이다. 그러나 이것들을 부당한 방법으로 얻거나 면하려 들지 말아야 한다. 남에게 아부하거나, 남을 속이고 등쳐서 얻은 부귀는 오래가지 못하고, 비루한 방법이나 구차한 태도로 빈천을 면하려 들면 빈천에서 완전히 벗어나지 못하는 법이다.

윗글에서는 부귀나 명예를 얻는 방법에 따라서 그것을 누리는 기간이 마치 자연 속의 꽃, 화분 속의 꽃, 꽃병 속의 꽃이 그 아름다움을 나타내는 기간이 다르듯 각기 다름을 교묘하게 비유하고 있다.

字源 ▎ 譽(칭찬할 예) 與(줄 여)+言. 사람들이 입〔言〕을 모아 받들다〔與〕. 곧 '칭찬하다'의 뜻. 會意 / 言에서 뜻을, 與에서 음을 취함. 形聲
花(꽃 화) ++(艸)에서 뜻을, 化에서 음을 취함. 形聲
徐(천천할 서) 彳+余(餘의 뜻). 여유있게〔余〕 걸어간다〔彳〕에서, '천천히'의 뜻이 됨. 會意 / 彳에서 뜻을, 余에서 음을 취함. 形聲
繁(많을 번) 每(무성할 매)+系(맬 계)+攵. 본자인 緐에 攵가 덧붙어, 무성한〔每〕 말갈기를 많아〔系〕 장식한다는 데서 발전하여 '많다' '번성하다'의 뜻이 됨. 會意
遷(옮길 천) 辶+䙴(옮길 천). 옮겨〔䙴〕 간다〔辶〕는 뜻. 會意 / 辶에서 뜻을, 䙴에서 음을 취함. 形聲

字義 ▎ 舒(서) 조용하다. 衍(연) 퍼지다. 檻(함) 우리. 徙(사) 옮기다. 瓶(병) 병. 鉢(발) 그릇. 萎(위) 시들다.

語義 ▎ 舒徐(서서) 천천히 뻗어나감. 繁衍(번연) 무성히 퍼짐. 盆檻(분함) 화분이나 나무로 만든 화분. 遷徙(천사) 이리저리 옮김. 廢興(폐흥) 흥망성쇠의 뜻. 瓶鉢(병발) 병이나 바리때, 꽃병. 立而待(립이대) 선 자리에서 기다림, 즉 잠시 동안의 시간.

60. 사군자士君子는 좋은 언행을 해야 한다

春至時和하면 花尙舖一段好色하고 鳥且囀幾句好音하니 士

君子가 幸列頭角하고 復遇溫飽하여 不思立好言行好事하면

雖是在世百年이라도 恰似未生一日이라.

文意 ▌ 봄이 되어 시절이 화창해지면, 꽃들도 한층 고운 빛깔로 땅에
펼쳐지고, 새들 또한 몇 곡조의 고운 음성으로 지저귄다. 선비가 다행
히 세상에 두각을 나타내고 또 호의호식하면서도 좋은 의견을 내고,
좋은 일을 행할 생각을 않는다면, 비록 이 세상에서 백 년을 산다 해
도, 마치 하루도 살지 않은 것과 같은 것이다.

要旨 ▌ 봄이 오면 꽃 피고 새가 울듯이, 선비가 호의호식하면서 앞장
서서 좋은 언행을 하지 않는다면 어찌 선비라 하겠는가.

解說 ▌ 중국 춘추시대 노(魯)나라 숙손표(叔孫豹)는 세상에 영원히 썩지
않는 것 세 가지[삼불후三不朽]를 '입덕(立德)·입공(立功)·입언(立言)'
이라고 말했다.
공자·석가·예수·소크라테스같이 위대한 덕을 남겨 그들의 덕망은 저
해와 달같이 영원히 우리 인류를 비추어 주고 있으니 그것이 입덕이다.
입공은 나라나 인류에게 위대한 공헌을 남긴 것을 말한다. 을지문덕·이
순신 장군·세계적인 유명한 과학자·정치가 등 국가와 인류를 위하여
위대한 공로를 남겨 그 공로는 영구히 역사에 남아 있다. 그 다음 입언
은 인류의 역사와 더불어 영원히 살아남아 있는 선현(先賢)의 명언(名
言)·명문(名文)이 이에 속한다 할 것이다. 만고불변의 진리로서 우리
인류의 등불이 되고 행동의 귀감과 지표가 되어 인류의 역사와 더불어
존재할 수 있는 말이 곧 그것이다.

선비는 세상에 나와 학문을 닦을 때는 반드시 삼불후 중에 한 가지라도
반드시 성취하도록 노력해야 할 것이다.

字源 ▌ 春(봄 춘) ㅛ+屯+日. 싹[ㅛ]이 땅 위로 몰려[屯] 나오는 때
[日], 곧 '봄'을 뜻함. 會意 / ㅛ와 日에서 뜻을, 屯에서 음을 취함. 形聲
和(순할 화) 禾(벼 화)+口. 곡식[禾]을 지어 여럿이 함께 먹으니[口],
'화목'하다는 뜻. 會意 / 口에서 뜻을, 禾에서 음을 취함. 形聲
尙(일찍 상) 八+向(창문을 뜻함). 창문[向]을 열고[八] 연기를 '올려' 보
낸다는 뜻. 會意 / 八에서 뜻을, 向에서 음을 취함. 形聲
段(조각 단) 𣢪(耑, 끝 단의 줄임자)+殳(칠 수). 막대 끝[𣢪]으로 물건을
치면[殳], '조각'이 난다는 뜻. 會意 / 殳에서 뜻을, 𣢪에서 음을 취함.
形聲
色(빛 색) 〃(人)+巴(節의 옛 자). 사람[〃]의 마음에 각각[節]의 감정
이 생겨, '안색'으로 표현됨에서 '빛'을 뜻함. 會意

字義 ▌ 舖(포) 깔다. 囀(전) 새가 지저귐. 恰(흡) 비슷하다.

語義 ▌ 一段好色(일단호색) 한층 고운 빛깔. 幾句(기구) 몇 마디, 몇 구
절. 列頭角(렬두각) 두각을 나타내어 서열에 나섬. 溫飽(온포) 따뜻하
게 옷을 입고, 배불리 먹음. 立好言(립호언) 좋은 말을 함. 行好事(행호
사) 좋은 행동을 함. 未生一日(미생일일) 하루도 살지 않음.

---

61. 삼가는 마음과 말쑥함을 겸하라

_{학 자} _{요 유 단 궁 업 적 심 사} _{우 요 유 단 소 쇄 적 취 미}
學者는 要有段兢業的心思하고 又要有段瀟灑的趣味라.

_{약 일 미 렴 속 청 고} _시 _{유 추 살 무 춘 생} _{하 이 발 육 만 물}
若一味斂束淸苦하면 是는 有秋殺無春生이니 何以發育萬物

이리오?

文意 ▌ 배우는 사람은 일단은 조심하고 삼가는 마음을 지녀야 하고 또한 마땅히 일단의 탁 트인 활달한 멋을 지녀야 한다.

만약 몸단속만 엄히 하고 지나치게 청렴결백하기만 하다면, 이것은 가을의 살기(殺氣)만 있고 봄의 생기(生氣)가 없으니 무엇으로 만물을 발육시킬 수 있겠는가?

要旨 ▌ 배우는 사람은 한편으로는 조심하는 마음을 지니고 또 한편으로는 말쑥한 멋을 지녀야 한다. 이 두 가지 면이 갖추어질 때 그 배움은 꽃이 피고 열매를 맺을 것이다.

解說 ▌ '소쇄(瀟灑)'란 스마트하다는 말이다. 참으로 말쑥하고 멋이 있다는 뜻이다. 두보(杜甫)의 〈음중팔선가(飮中八仙歌)〉에

'종지(宗之)는 말쑥한 미소년,   宗之瀟灑美少年
　　　　　　　　　　　　　　　　　　종 지 소 쇄 미 소 년

잔 들어 흰 눈으로 청천을 바라볼 때,   擧觴白眼望靑天
　　　　　　　　　　　　　　　　　　거 상 백 안 망 청 천

그 모습 희기가 옥나무 바람결에 서 있는 듯.'   皎如玉樹臨風前
　　　　　　　　　　　　　　　　　　교 여 옥 수 림 풍 전

이란 시구가 있다. 당나라 때 술로 유명한 8명의 신선을 묘사한 것이 〈음중팔선가〉인데, 하지장(賀知章)·이적지(李適之)·이진(李璡)·최종지(崔宗之)·소진(蘇晋)·이백(李白)·장욱(張旭)·초수(焦遂)에 대하여, 음주하는 태도, 주량, 음주의 멋을 각기 독특하게 묘사했다.

배우는 이는 항상 조심하고, 전전긍긍(戰戰兢兢)하는 마음을 가져야 하지만, 한편 속세의 구속을 넘어 창공을 비상(飛翔)하는 듯한 탁 트인 마음도 지니고 세상을 살아가야 한다.

字源 ▌ 又(또 우) 오른손을 본뜸. 오른손을 자주 쓰므로 '또' '다시'의 뜻으로 쓰이게 됨. 象形

束(묶을 속) 口+木. 나무[木]를 다발로 둥글게[口] '묶는다'는 뜻. 會意

秋(가을 추) 禾+火. 태양열[火]을 받아 곡식[禾]이 익는 계절에서 '가을'

이라는 뜻이 됨. 會意 / 禾에서 뜻을, 火에서 음을 취함. 形聲

殺(죽일 살) 乂(풀 벨 예)+木+殳. 나무[木] 막대기로 풀을 베어[乂] 넘기듯, 산 것을 쳐[殳] '죽인다'는 뜻. 會意

發(일어날 발) 弓(활을 당겨 화살을 쏜다는 뜻)에서 뜻을, 癹(발로 돌 뭉그러뜨릴 발)에서 음을 취함. 形聲

字義 ▌ 兢(긍) 삼가다. 瀟(소) 맑다. 灑(쇄) 깨끗하다.

語義 ▌ 段(단) 일단(一段), 일편(一片). 兢業(긍업) 긍긍업업(兢兢業業)의 약칭으로 일을 조심스럽게 처리함을 말함. 瀟灑(소쇄) 도량이 커서 작은 일에 구애되지 않고 활달한 모양. 一味(일미) 맛에 변화가 없이 한결같음을 말함. 斂束(렴속) 거두어 묶음, 곧 몸단속을 엄히 함. 淸苦 (청고) 지나치게 결백함. 秋殺(추살) 만물을 시들게 하는 가을의 살기. 春生(춘생) 만물을 자라게 하는 봄의 따뜻한 기운.

---

62. 뛰어난 재주를 지닌 사람은 귀인貴人과 같다

眞廉은 無廉名이니 立名者는 正所以爲貪이오,

大巧는 無巧術이니 用術者는 乃所以爲拙이라.

文意 ▌ 진실한 청렴에는 청렴하다는 이름이 없고, 이름을 나타내어 얻고자 하는 것은 바로 탐욕스럽기 때문이다. 뛰어난 재주에는 별달리 교묘한 재주가 없으니 교묘한 재주를 부리는 사람은 바로 재주가 졸렬

하여 뛰어나지 못하기 때문이다.

要旨 ▮ 명성(名聲)을 드러내려는 사람은 청렴결백이라는 말을 쓰고, 크게 교묘한 사람은 정말로 기교의 재주를 잘 나타내지 않는다.

解說 ▮ ≪노자≫ 제4장에

'도를 말로 표현할 수 있으면 진짜 도가 아니고, 명명할 수 있는 이름은 진짜 이름이 아니다.(道可道非常道, 名可名非常名.)'

라고 했다. 곧 인간의 언어로 표현되는 도는 진정한 도가 아니고, 어딘지 불확실한 도의 개념이요, 인간이 뭐라고 붙인 이름은 진짜 절대적으로 꼭 맞는 개념이 아니다. 인간은 불완전한 존재이기 때문에 하느님이나 조물주의 입장에서 볼 때에는 거리가 먼 도요 명칭이다.

원래 빈 수레가 요란하고, 얕은 물이 더 소리를 낸다. 소문난 잔치에 먹을 것이 없고, 나중에 보자는 사람 무서울 것이 없는 법이다.

'진짜 뛰어난 재주는 졸렬한 것 같다.(大巧若拙)' - ≪노자≫ 제45장

字源 ▮ 廉(맑을 렴) 广(가옥)＋兼(겸할 겸). 가옥〔广〕이 이어져〔兼〕 하나의 '모서리'를 이룬다는 뜻. 會意 / 广에서 뜻을, 兼에서 음을 취함. 形聲

所(곳 소) 斤(도끼로 나무를 파낸 '곳'을 의미)에서 뜻을, 戸(집 호)에서 음을 취함. 形聲

貪(탐할 탐) 今＋貝. 지금 당장〔今〕 재물〔貝〕을 갖고자 하므로, '탐한다'는 뜻이 됨. 會意 / 貝에서 뜻을, 今에서 음을 취함. 形聲

巧(교묘할 교) 工＋丂(巧의 옛 자). 만든〔工〕 것이 '교묘하다〔丂〕'는 뜻. 會意 / 工에서 뜻을, 丂에서 음을 취함. 形聲

術(꾀 술) 行(나아가는 길 또는 '방법'의 의미)에서 뜻을, 朮(삽주 뿌리 출)에서 음을 취함. 形聲

字義 ▮ 乃(내) 이에, 곧.

語義 ▮ 立名(립명) 이름을 나타냄. 貪(탐) 탐함. 여기서는 명성을 탐냄. 大巧(대교) 뛰어나게 교묘한 재주.

63. 군자는 중용中庸의 길을 간다

敧器는 以滿覆하고 撲滿은 以空全이라.

故로 君子는 寧居無언정 不居有하며 寧處缺이언정 不處完이라.

文意 ▌ 기기는 가득 차므로 엎어지고 박만은 비기 때문에 온전하다. 그러므로 군자는 차라리 무(無)의 경지에 살지언정 유(有)의 경지에 거하지 않으며, 차라리 모자라는 경지에 처할지언정 완전한 곳에 처하지는 않는다.

要旨 ▌ 기기는 물이 반쯤 차야 바로 서고, 박만은 텅 비어야 완전한 상태로 남는다. 이와 같이 군자는 중용의 길을 가거나 아주 무(無)의 경지에 있어야 온전하다.

解說 ▌ 기기(敧器)를 의기(欹器)로 잘못 쓰는 수가 있다. 원래 '기울 기(敧)'·'젓가락으로 물건 집을 기(攲)'·'감탄할 의(欹)' 세 글자는 별개자였다. 그러나 모양이 비슷하여 서로 잘못 통해 쓰고 있다. 그래서 기기를 의기라고 써서 통용하고 있다. 그러나 엄격히 따지면 다르다.

기기를 유좌기(宥坐器)라고도 하는데 유(宥)는 유(有) 또는 '권한다'는 뜻으로, 유좌(宥坐)는 좌우(座右)의 뜻과 같다. 좌석 우측에다 놓아두고 중용의 길을 걸으라고 권장하는 뜻이다. 《공자가어》 삼서편(三恕篇)에 이런 이야기가 있다.

'공자가 노(魯)나라 환공(桓公)의 사당에 들어갔을 때, 기울어진 그릇〔기기敧器=유좌기〕이 있는 것을 보았다. 공자가 사당지기에게 그 명칭을 묻고, "이 그릇은 속을 비워두면 기울어지고, 반쯤 채우면 반듯해지고, 가득 채우면 자빠진다. 그래서 훌륭한 임금은 이 그릇이 지극히 정성스럽다하고 언제든지 자기가 앉아 있는 곁에 두고 경계의 자료로 삼았다."고 했

다. 그리고 곧 제자들에게 물을 붓게 하니 과연 말한 대로였다.'

또 박만(撲滿)이란 '가득 찬 것을 깨뜨린다'는 뜻으로 저금통을 말하는데 ≪서경잡기(西京雜記)≫에 '박만은 흙으로 만드는데 돈을 저축할 때 사용한다. 들어가는 구멍은 있고 나오는 구멍은 없어, 돈이 가득 차면 부수고 돈을 꺼낸다'고 했다.

따라서 기기는 물이 가득 차면 엎어지고, 박만은 속이 텅 비어 있을 때 제 몸을 그대로 유지된다. 그러므로 이를 배워 군자도 가득 참을 피해야 한다. 가득 차면 기울어지기 시작하기 때문이다.

字源 ▮ 器(그릇 기) 㗊(여러 사람의 입)+犬(개고기). 개고기[犬]를 여럿이[㗊] 나누어 먹던 '그릇'을 뜻함. 會意

滿(넘칠 만) 氵(水)+㒼(평평할 만). 그릇의 물[水]이 그릇 가장자리까지 평평히[㒼] 차 있다는 데서, '가득 차다'의 뜻. 會意 / 氵에서 뜻을, 㒼에서 음을 취함. 形聲

空(빌 공) 穴(구멍 혈)+工. 땅을 파낸[工] 굴[穴] 속이 '비다' '없다'는 뜻. 會意 / 穴에서 뜻을, 工에서 음을 취함. 形聲

全(온전 전) 入+王(玉). 옥[玉]은 귀한 물건이므로 잘 간수[入]해 두어야 '온전히' 보호할 수 있다는 뜻. 會意

故(연고 고) 古+攵. 지나간 옛일[古]을 손꼽아[攵] 따져서, 그 '까닭'을 알아본다는 뜻. 會意 / 攵에서 뜻을, 古에서 음을 취함. 形聲

字義 ▮ 攲(기) 기울다.   缺(결) 모자람.

語義 ▮ 攲器(기기) 속이 비어 있으면 기울어지고, 물을 반쯤 넣으면 바로 서고, 가득 넣으면 엎어지는 그릇으로, 옛날 군주가 항상 좌우에 두어 경계로 삼았다 함.   撲滿(박만) 흙으로 빚은 저금통으로 위에 구멍이 있어서, 돈이 가득 차면 깨뜨리고 꺼냈다고 함.

64. 명예욕과 객기客氣를 버려라

名根未拔者는 縱輕千乘甘一瓢라도 總墮塵情이요,
명 근 미 발 자　종 경 천 승 감 일 표　총 타 진 정

客氣未融者는 雖澤四海利萬世라도 終爲剩技니라.
객 기 미 융 자　수 택 사 해 리 만 세　종 위 잉 기

文意 ‖ 이름과 이익을 탐하는 근성을 완전히 뿌리 뽑지 않은 사람은 비록 제왕의 부를 가벼이 여기고 한 표주박의 음식을 달게 여기더라도 실은 속세의 욕망에 떨어진 것이고, 객기가 아직 사라지지 않은 사람은 비록 천하에 은택을 베풀고 만세에 이익을 끼칠지라도 그것은 결국 쓸데없고 값없는 재주가 될 뿐이다.

要旨 ‖ 명리에 대한 근성이 남아 있으면 결국 속세의 정에 빠지게 되고, 객기를 없애지 못하면 세상을 이롭게 했더라도 그것은 헛수고가 될 것이다.

解說 ‖ '훌륭하다, 안회(顔回)는 한 그릇의 밥, 한 쪽박의 물로 빈촌에서 살게 되면 다른 사람들은 그 근심을 견뎌내지 못하는데, 안회는 그렇게 살면서도 그의 즐거움이 변하지 않는다. 훌륭하다, 안회는.(賢哉回也! 一簞食 一瓢飮, 在陋港, 人不堪其憂, 回也不改其樂, 賢哉回也!)'
라고 공자는 ≪논어≫ 옹야편(雍也篇)에서 안회를 칭찬한 적이 있다.
'나물 먹고 물마시고 팔을 베고 누웠으니 대장부 살림살이 이만하면 족하도다'
라는 노랫가락과 같이, 행복은 마음에 달려 있는 것이다. 그렇다면 명예욕과 공명심을 버려야 한다. 뿌리째로 버려야 참된 행복을 누릴 수 있다.

字源 ‖ 根(뿌리 근) 木에서 뜻을, 艮(그칠 간)에서 음을 취함. [形聲]
拔(뺄 발) 扌(手)에서 뜻을, 犮(개 잡아둘 발)에서 음을 취함. [形聲]

縱(세로 종) 糸+從. 줄[糸]이 길게 줄줄이[從] 이어져 내려온 모양으로 '세로'를 뜻함. 會意 / 糸에서 뜻을, 從에서 음을 취함. 形聲

輕(가벼울 경) 車+巠(물줄기 경). 물줄기[巠]같이 구불구불한 길을 빨리 갈 수 있는 수레[車]는 '가볍다'는 뜻. 會意 / 車에서 뜻을, 巠에서 음을 취함. 形聲

乘(탈 승) 사람이 나무 위에 '오른' 모양을 본뜸. 象形

字義 ▌ 瓢(표) 표주박. 融(융) 녹다. 澤(택) 혜택. 剩(잉) 남다.

語義 ▌ 名根(명근) 명리(名利)를 추구하는 욕심의 근원. 拔(발) 완전히 뽑아 없앰. 縱(종) 비록. 千乘(천승) 주(周)나라 때에는 병거(兵車)의 수로 나라의 대소를 정하였는데 천자는 만승, 제후는 천승이었다. 그러므로 천승은 제왕(帝王)의 부귀를 말함. 一瓢(일표) 한 표주박. 청빈(淸貧)의 생활을 표현함. 塵情(진정) 세상을 속되다고 하여 진세(塵世)라고 하니 즉 세속의 욕심. 客氣(객기) 객쩍은 용기. 剩技(잉기) 쓸데없고 값없는 재주.

---

65. 심지心地가 확고해야 유혹을 물리친다

심체광명 암실중 유청천 념두암매 백일하
心體光明하면 暗室中에 有靑天이요, 念頭暗昧하면 白日下
생 려 귀
에 生厲鬼니라.

文意 ▌ 마음 바탕이 밝으면 어두운 방안에서도 푸른 하늘이 있고, 생각이 어두우면 대낮에도 도깨비가 나타난다.

要旨 ▌ 마음이 확고하면 매사에 공명정대하고 외부로부터 오는 어떤

유혹도 물리칠 수 있다.

解說 ▌ '심광체반(心廣體胖)'이란 말이 있다. ≪대학(大學)≫ 제7장에 '부귀는 가정을 윤택하게 하지만, 덕은 몸을 윤택하게 하여 마음이 넓어지고 몸이 부해진다. 그러므로 군자는 반드시 자기의 생각을 성실하게 가져야 한다.(富潤屋, 德潤身, 心廣體胖. 故君子必誠其意.)' 라고 하였다. 곧 마음이 넓어 공명정대(公明正大)하면 몸도 편안해져 하는 일이 모두 도리에 맞고 떳떳해서 천하에 부끄러움이 없게 된다.

따라서 마음의 바탕이 밝으면 어두운 데서나 혹은 아무도 보지 않는 곳에서도 푸른 하늘이 굽어보는 가운데 있는 것처럼 당당하게 도의에 맞게 행동하지만, 생각이 어둡고 찌들면 대낮에 중인환시리(衆人環視裏)에 있으면서도 악마가 나타나 유혹하여 잘못을 저지르게 된다. 마치 병은 더러운 데서 생기듯, 마음이 깨끗하면 잘못으로 끌고 가는 유혹이 감히 다가오지 못한다. 곧 몸은 마음의 노예이니, 먼저 마음을 착하고 깨끗하고 확고하게 지녀 나아갈 것이다.

字源 ▌ 體(몸 체) 骨(뼈 골)＋豊(두터울 풍). 뼈[骨]와 두터운 살[豊]로 이루어진 '몸'을 뜻함. 會意

光(빛 광) ⺌(火, 불 화의 변형)＋儿(人). 사람[人]이 치켜든 횃불[火]이 밝게 '빛나는' 모양. 會意

暗(어두울 암) 日＋音. 해[日]가 져서 아무것도 안 보이고 소리[音]만 들리므로, '어둡다'는 뜻. 會意 / 日에서 뜻을, 音에서 음을 취함. 形聲

室(집 실) 宀＋至. 집[宀]은 사람이 머무는[至] 곳, 곧 '방'을 뜻함. 會意 / 宀에서 뜻을, 至에서 음을 취했음. 形聲

靑(푸를 청) 主(生의 변형)＋丹(붉을 단). 불그레한[丹] 구리 표면에 생긴 '푸른' 녹청을 가리킴. 會意

字義 ▌ 厲(려) 사납다. 鬼(귀) 귀신.

語義 ▌ 心體(심체) 마음의 본체. 念頭(념두) 마음속, 생각. 厲鬼(려귀) 악귀, 악마.

66. 하나만 알고 둘은 모른다

人知名位爲樂하고 不知無名無位之樂爲最眞하며,
인지명위위락   부지무명무위지락위최진

人知饑寒爲憂하고 不知不饑不寒之憂爲更甚이라.
인지기한위우   부지불기불한지우위갱심

文意 ▌ 사람들은 명예와 지위가 있는 것이 가장 큰 즐거움인 줄 알고, 이름 없고 지위 없는 즐거움이 가장 참된 즐거움인 줄을 깨닫지 못한다. 또 사람들은 춥고 배고픔이 근심인 줄만 알고, 주리지 않고 춥지 않은 근심이 더욱더 큰 근심거리임을 모른다.

要旨 ▌ 사람들은 명예와 지위의 즐거움은 알면서도 이것들이 없기 때문에 멋대로 유유자적(悠悠自適)하는 더 큰 즐거움을 모른다. 또 가난이 근심인 줄만 알고, 잘 살기 때문에 이면에 더 큰 근심이 있는 줄은 모른다.

解說 ▌ 중국 송나라의 대정치가이며 문장가인 구양수(歐陽修)의 〈취옹정기(醉翁亭記)〉라는 글에
'새들은 산과 숲의 즐거움은 아나 사람들의 즐거움은 알지 못하고, 사람들은 태수를 따라 놀며 즐길 줄을 알면서도 태수가 백성들이 즐거워하는 것을 보고 즐거워함을 알지 못한다.(禽鳥知山林之樂, 而不知人之樂, 人知從太守而樂, 而不知太守之樂其樂也.)'
라고 했다.
위 본문과 문법이 비슷한 구조로 되어 있다. 모두 하나만 알고 둘은 모른다는 내용이다. 명예와 지위, 곧 부귀는 누구나 다 좋아하며 이를 즐긴다. 또 그것이 최고의 즐거움인 줄 안다. 그러나 이런 명예나 지위가 없어 도리어 아무 거리낌없이 멋대로 즐기는 즐거움이 최고의 즐거움인 줄 모른다. 마찬가지로 배고프고 추움이 근심인 줄만 알고, 고관대작(高官大爵)이 되어 굶주리고 배고픔은 모르지만, 그 반대로 더 큰 근심, 곧

관직이 떨어지지나 않을까 도둑이 들지나 않을까 하는 등의 근심이 몇 갑절 더 큰 근심이 되는 줄은 모르는 것이 일반적인 사람들이다.

그러니 군자는 진짜의 즐거움, 최고의 근심이 무엇인지를 알아야 할 것이다.

字源 ▌ 位(벼슬 위) 亻(人)+立. 사람[人]이 선[立] 곳, 곧 '위치'를 가리킴. 會意

最(가장 최) 冃(冒, 무릅쓸 모의 본자)+取(귀를 베다). 위험을 무릅쓰고 [冃] 적의 귀를 잘라[取] 오는 것은 '가장' 큰 모험이라는 뜻. 會意

寒(추울 한) 宀+茻(舜, 수풀 모의 변형)+人+冫(얼음 빙). 사람[人]이 움집[宀]의 언[冫] 바닥에서, 풀[舜]로 몸을 감싼 모양으로, '추위'를 뜻함. 會意

更(고칠 경·다시 갱) 원래 모양은 㪅. 丙(밝을 병)+攴(두드릴 복). 회초리로 때려[攴] 밝게[丙] 가르쳐, '고친다'의 뜻이 됨. 會意 / 攴에서 뜻을, 丙에서 음을 취함. 形聲 / '갱'으로 발음하면, '다시'의 뜻이 됨. 轉注

字義 ▌ 饑(기) 굶주리다. 憂(우) 근심. 甚(심) 심하다.

語義 ▌ 名位(명위) 명예와 지위. 最眞(최진) 가장 참됨. 饑寒(기한) 주리고 추움. 更甚(갱심) 더욱 심함.

---

67. 잘못하고 뉘우치면 그래도 양심良心이 있다

위악이외인지　　악중　유유선로　　위선이급인지　　선처
爲惡而畏人知는 惡中에 猶有善路요, 爲善而急人知는 善處

즉시악근
卽是惡根이라.

文意 ▌ 악을 행하고 나서 다른 사람이 알까 봐 두려워하는 것은 그 악 가운데 아직 선의 길 곧 선한 마음이 있기 때문이며, 선을 행하고 나서 남이 알아주기를 급히 바란다면 선함 속에 곧 악의 뿌리가 있기 때문이다.

要旨 ▌ 잘못하고 뉘우치면 한 줄기 양심은 살아 있는 것이나, 조그만 선행을 하고 자랑부터 하면 악의 뿌리가 아직도 남아 있는 것이다.

解説 ▌ '잘못했으면 고치기를 꺼리지 말라.(過則勿憚改)' 라고 공자는 ≪논어≫ 학이편(學而篇)에서 말했고, 위령공편(衛靈公篇) 에서는

'잘못하고서 그것을 고치지 않는 것을 잘못이라고 한다.(過而不改 是謂過 矣)'

라고도 했다. 잘못을 일부러 저지르면 이는 최고의 악함이요, 잘못을 저 지르고 곧 고치면 이는 군자라고 하였다. 잘못을 저지르고 그것이 잘못 인 줄 모르면 이는 바보이다.

잘못을 저지르고 그것을 남들이 알까봐 두려워하는 것은 그래도 한 조각 의 양심이 있는 것이다. 이것을 고치면 곧 착한 사람이 될 수 있다. 그 러나 어쩌다가 조그마한 착한 행동을 하고 그것을 남들에게 자랑하기에 급급한다면 거기에는 악의 뿌리가 숨어 있어 다시 악행을 할 소지가 있 다고 할 수 있다. 그 조그마한 선행을 자랑하는데 인정해주지 않으면 시 비를 일으킬 수 있고, 알아주지 않는다 하여 도리어 악행을 할 수 있는 것이 수양이 적은 경망한 사람들이다.

그러니 남이야 알아주든 말든, 천지가 알아주고 아는 사람은 알아주겠지 하며 남의 관심 여부에 관계없이 선행을 쌓아야 한다.

'선을 쌓는 집에는 반드시 경사가 있고, 악을 쌓는 집에는 반드시 재앙이 있다.(積善之家, 必有餘慶. 積惡之家, 必有餘殃.)' – ≪주역(周易)≫ 이름을 밝히지 않는 적선가(積善家)의 마음씨를 본받아야 한다.

字源 ▌ 畏(두려울 외) 田(鬼의 머리를 나타냄)+市(虎의 생략형). 귀신 (田＝鬼)과 맹수(市＝虎)는 '두렵다'는 뜻. 會意

猶(오히려 유) 犭(犬, 원숭이 등의 짐승을 나타냄)에서 뜻을, 酋(괴수

추)에서 음을 취함. 形聲

急(급할 급) 㲋(及의 변형)＋心. 뒤따르려는[㲋] 조급한 마음[心]이라 하여 '급하다'의 뜻이 됨. 會意 / 心에서 뜻을, 㲋에서 음을 취함. 形聲

字義 ▌ 卽(즉) 곧.   根(근) 뿌리.

語義 ▌ 善路(선로) 선으로 향하는 길, 곧 선을 행하려는 마음.   善處(선처) 선행(善行)이 있는 곳.

68. 자연의 이치를 따르며 대비하라

天地機緘은 不測하여 抑而伸하고 伸而抑하니 皆是播弄英雄하고 顚倒豪傑處라.

君子는 只是逆來順受하고 居安思危하니 天亦無所用其技倆矣라.

文意 ▌ 하늘의 기밀은 헤아릴 수 없어 눌렀다가 펴고 폈다가 누르니, 모두 영웅을 희롱하고 호걸을 전복시키는 것이다.

군자는 운수가 역으로 와도 순리로 받아들이고 편안한 때에도 위태로울 때를 생각하므로 하늘도 또한 그 재주를 부릴 수가 없다.

要旨 ▌ 하늘의 조화는 헤아리기 어려워 영웅호걸도 희롱당하고 전복된다. 그러나 덕을 닦은 군자는 자연의 섭리를 따르고 미리 예비하므로 하늘도 마음대로 지배하지 못한다.

解說 ▌ ≪명심보감(明心寶鑑)≫ 성심편(省心篇)에
'하늘에는 헤아리지 못하는 비바람이 있고, 사람에게는 조석으로 닥쳐오는 화와 복이 있다.(天有不測風雨, 人有朝夕禍福)'
고 하였다. 하늘의 조화를 사람의 힘으로는 완전히 알기 어려운 것이다. 현대 과학이 발달했어도 화산 폭발이나 지진을 어떻게 막을 도리가 없다. 그렇다고 모든 것을 자연에만 맡길 수도 없는 것이다. 배운 사람일수록 과학적으로 대처, 역경(逆境)이 닥쳐와도 이를 순리(順理)로 받아들여 풀어나가고 앞날의 어려움에 대비한다면 하늘의 재앙도 이겨 나갈 수 있다. '유비무환(有備無患)'이란 이를 두고 한 말이다.

字源 ▌ 機(틀 기) 木(나무로 만든 기구)에서 뜻을, 幾(몇 기)에서 음을 취함. 形聲
測(헤아릴 측) 氵(水)＋則. 물〔水〕의 넓이나 깊이를 잴 때, 법칙〔則〕에 의하여 '측량한다'는 뜻. 會意 / 氵에서 뜻을, 則에서 음을 취함. 形聲
抑(누를 억) 扌(手)＋卬(印, 도장 인의 변형). 도장〔印〕을 찍을 때는 손으로〔手〕 '누른다'는 뜻. 會意
伸(펼 신) 亻(人)＋申. 사람〔人〕이 몸을 펴서〔申〕 '기지개 켜는 모양'을 뜻함. 會意 / 亻에서 뜻을, 申에서 음을 취함. 形聲
播(심을 파) 扌(手)＋番(차례 번, 날랠 파). 손〔手〕으로 밭에서 날래게 〔番〕 씨를 '뿌린다'는 뜻. 會意 / 扌에서 뜻을, 番에서 음을 취함. 形聲

字義 ▌ 緘(함) 봉하다. 顚(전) 엎어지다. 豪(호) 호걸. 傑(걸) 호걸.

語義 ▌ 機緘(기함) 기밀(機密), 비밀. 抑而伸(억이신) 눌렀다가 폄. 伸而抑(신이억) 폈다가 누름. 播弄(파롱) 번롱(飜弄)과 같음. 희롱함. 逆來順受(역래순수) 역으로 오면 순조롭게 받음. 居安思危(거안사위) 편안함에 처해서도 위태로움을 생각함. 技倆(기량) 재주, 기술, 수완.

69. 중화中和를 지켜야 복을 받는다

燥^조性^성者^자는 火^화熾^치하여 遇^우物^물則^즉焚^분하고 寡^과恩^은者^자는 氷^빙淸^청하여 逢^봉物^물

必^필殺^살하며 凝^응滯^체固^고執^집者^자는 如^여死^사水^수腐^부木^목하여 生^생機^기已^이絶^절하니 俱^구難^난

建^건功^공業^업而^이延^연福^복祉^지니라.

文意 ▎ 성질이 조급한 사람은 불길 같아서 만나는 것마다 태워 버리고, 은덕이 적은 사람은 얼음과 같이 차서 만나는 것을 모두 죽여 버리며, 꽉 막혀 고집만 있는 사람은 죽은 물 썩은 나무와 같아 생기가이미 끊어졌으니, 이들은 모두 공적을 세우고 복을 누리기는 어렵다.

要旨 ▎ 성질이 조급한 사람, 너무 차가운 사람, 고집불통인 사람은 공적을 이루고 복을 누리지 못한다.

解說 ▎ 중국 춘추시대 송(宋)나라 사람이 자기 집 논의 벼싹이 늦게 자라는 것을 안타까이 여겨 논으로 달려가 벼이삭을 쑥쑥 전부 뽑아올리고〔알묘揠苗〕는 집으로 돌아와 "오늘은 피곤하다. 나는 오늘 우리 논의 벼이삭이 자라는 것을 도와주었기〔조장助長〕 때문이다."라고 말했다. 그의아들이 논으로 달려가 보니 벼이삭이 모두 말라 죽어 있었다.
≪맹자≫ 공손추장(公孫丑章) 상(上)에 나오는 '알묘조장(揠苗助長)'의내용이다. 성질이 조급하여 망령된 행동을 하다가 도리어 이익은커녕 손해만 나게 한 예이다. 우리나라 속담에도 '우물에 가 숭늉 찾는다' '콩밭에 가서 두부 찾는다' '싸전에 가서 밥 달란다'는 등의 말이 있다.
사람은 조급해도 안 되고, 너무 멍해도 안 되며, 또 고집쟁이도 안 된다. 중화(中和)를 찾을 것이다. 중화는 ≪중용≫에서 나온 말로,
'희로애락이 나타나지 않고 있는 것을 중(中)이라 하고, 나타나서 다 절도에 맞는 것을 화(和)라 한다.(喜怒哀樂之未發謂之中, 發而皆中節謂之

和.)'

고 했다. 그러므로 중화는 '치우침 없이 올바름'을 말한다. 그러므로 이 중화를 따라야 공적도 세우고 복도 오래 누릴 수가 있다.

字源 ▌ 燥(마를 조) 火(불에 쬐어 말림)에서 뜻을, 喿(새 떼지어 울 소)에서 음을 취함. 形聲

性(성품 성) ↑(心)＋生. 사람이 날 때부터[生] 타고난 마음[心], 곧 '성품'을 뜻함. 會意 / ↑에서 뜻을, 生에서 음을 취함. 形聲

火(불 화) 장작과 불꽃을 본뜸, 불이 타오르는 모양. 象形

物(만물 물) 牛(소 따위의 '짐승', 나아가 '물건'을 뜻함)에서 뜻을, 勿(말물)에서 음을 취함. 形聲

寡(모자랄 과) 집[宀] 안에 사람[人]과 코끼리[象]가 들어가 있는 모양, '비좁음'을 뜻함. 象形 / 宀＋頒(나눌 반). 한 집[宀]을 여러 사람이 나누어[頒] 써, 여유가 '적다'는 뜻. 會意

字義 ▌ 熾(치) 불이 활활 타다.　凝(응) 엉기다.　滯(체) 막히다.

語義 ▌ 燥性者(조성자) 성질이 조급한 사람.　火熾(화치) 불길처럼 타오름.　寡恩者(과은자) 은혜를 베풂이 적은 사람.　氷淸(빙청) 얼음처럼 차가움.　凝滯固執者(응체고집자) 꽉 막혀 고집스러운 사람.　死水(사수) 죽은 물, 흐르지 않는 물, 웅덩이의 물.　腐木(부목) 썩은 나무.　生機(생기) 생기(生氣), 생동력.

---

70. 즐거운 마음에 복이 깃든다

福不可徼니 養喜神하여 以爲召福之本而已요, 禍不可避니 去殺機하여 以爲遠禍之方而已니라.

文意 ▌ 복은 마음대로 받아들일 수 있는 것이니 즐거운 마음을 길러 복을 부르는 근본으로 삼을 따름이요, 화는 마음대로 피할 수 없는 것이니 살기를 버려 재앙을 멀리하는 방법으로 삼을 뿐이다.

要旨 ▌ 사람은 항상 마음을 즐겁게 가져 복을 구하고, 남을 미워하는 마음을 버려 화를 멀리해야 한다.

解說 ▌ 조선 중기 때 이자(李耔)는 목은(牧隱) 이색(李穡)의 후손으로 벼슬이 좌찬성(左贊成)에까지 올랐다. 일찍이 음성(陰城)에 살며 호를 음애(陰崖)라 하다가 충주(忠州) 토계(兎溪)로 가서 정자를 짓고 사니 그 정자 이름이 몽암(夢菴)이요, 이때부터 그를 몽옹(夢翁)이라 하였다. 일찍이 그는 종계변무사(宗系辯誣使)로 중국 북경에 가게 되었다. 종계변무란 태조 이성계(李成桂)가 여말(麗末)의 간신 이인임(李仁任)의 아들이라고 중국 명나라 ≪태조실록≫ 중에 잘못 기재되어 있어 그것을 바로잡아 고쳐 달라고 요청하러 가는 사신 이름이다. 그때 이자는 한충(韓忠)·남곤(南袞)과 같이 가게 되어, 함께 북경에 도착했는데 갑자기 남곤이 병이 나서 다 죽게 되었다. 한충은 잘됐다고 생각하여 "남곤이 죽지 않으면 앞으로 많은 선비들이 피를 볼 것이오."하고 남곤의 병을 구해 주려 하지 않았다. 그러나 이자는 "남곤이 죽는 것이 애석해서가 아니고, 만리타향에 같이 왔다가 어찌 가만히 앉아 죽어가는 꼴을 보고 있을 수만 있소."하며 극진히 간호하여 완쾌하여 돌아왔다.
그 뒤 기묘사화(己卯士禍) 때 이자만 죽음을 면했으니 남곤의 위급을 구해 준 덕택이었다.

字源 ▌ 喜(기쁠 희) 壴(鼓의 약자)+口. 북〔壴〕을 치고 노래〔口〕하니, '기쁘다'는 뜻. 會意
召(부를 소) 口(말로 '부른다'의 뜻)에서 뜻을, 刀(칼 도)에서 음을 취함. 形聲
本(밑 본) 나무의 '밑바탕'인 뿌리를 가리킴. 指事
巳(이미 이) 사람이 신 앞에 꿇어 앉아 있는 모양. 象形
避(피할 피) 辶+辟(편벽될 벽). 사람이 편벽된〔辟〕 장소로 간다〔辶〕는 데서 '피하다'의 뜻이 됨. 會意 / 辶에서 뜻을, 辟에서 음을 취함. 形聲

字義 ▌ 徼(요) 구하다.

語義 ▌ 喜神(희신) 기쁜 정신, 즐거운 마음. 殺機(살기) 남을 해치려는 마음, 살기(殺氣).

---

71. 차라리 입 다물고 모른 체 하라

^{십 어 구 중} ^{미 필 칭 기} ^{일 어 부 중} ^{즉 건 우 변 집}
十語九中이라도 未必稱奇나 一語不中이면 則愆尤騈集하며,

^{십 모 구 성} ^{미 필 귀 공} ^{일 모 불 성} ^{즉 자 의 총 흥}
十謀九成이라도 未必歸功이나 一謀不成이면 則訾議叢興하

^{군 자} ^{소 이 녕 묵} ^{무 조} ^{녕 졸} ^{무 교}
니, 君子는 所以寧默이언정 毋躁하고 寧拙이언정 毋巧니라.

文意 ▌ 열 마디 말 가운데 아홉 마디가 맞아도 반드시 신기하다고 칭찬하지 않으면서, 한 마디만 맞지 않으면 곧 허물하고 탓하는 말이 사방에서 모여든다. 열 가지 계획 가운데 아홉 가지가 이루어져도 반드시 그 공로를 그에게 돌리지 않으면서, 한 가지 계획만 이루어지지 않으면 곧 비난하는 말이 일시에 일어난다. 군자는 차라리 침묵할지언정 섣불리 떠들지 않고, 서툴고 무능할지언정 재주를 부리지 않는 것이 바로 이런 까닭이다.

要旨 ▌ 군자는 조급히 굴지 말고 교묘한 체 하지 말며, 과묵(寡默)하고 수졸(守拙, 시세에 빨리 적응하지 못하고 우직한 태도를 고집함)하라.

解說 ▌ 녕(寧)자는 '편안하다' '어찌' '차라리' 등 여러 가지 뜻을 가진 글자이다. '안녕(安寧)·영일(寧日)' 등에서 영·녕으로 읽으나, 앞의 발음

이 모음으로 끝날 때는 령으로 읽는다. '재령(載寧)·대령강(大寧江)' 등이 그것이다. 이는 습관적이다.

그러나 '어찌'란 뜻이 있다. 곧 '왕·제후·대장·재상이 어찌 씨[種]가 있느냐.(王侯將相寧有種乎)'의 경우이다. 또 '차라리'란 뜻으로 '차라리 닭의 주둥이가 될지언정 쇠꼬리는 되지 말라.(寧爲鷄口, 勿爲牛後)'라고 하는 경우이다.

이렇게 한자는 음 하나에 여러 가지 뜻이 있는 것이 있다.

字源 ┃ 十(열 십) 손 두 개를 교차시켜 '열 개'의 손가락 수를 나타냄. [指事]

語(말씀 어) 言에서 뜻을, 吾(나 오)에서 음을 취함. [形聲]

九(아홉 구) 十(열 십)자의 가로줄 한 편을 처지게 하여, 열에서 하나가 모자라는 '아홉'을 가리킴. [指事]

稱(일컬을 칭) 禾+爯(들 승). 곡식[禾]을 들어[爯] '저울질'하여, 그 무게를 얼마라고 '일컫는다'의 뜻. [會意] / 禾에서 뜻을, 爯에서 음을 취함. [形聲]

奇(기이할 기) 大에서 뜻을, 可에서 음을 취함. [形聲]

字義 ┃ 愆(건) 허물. 騈(변) 나란히. 謀(모) 꾀하다. 訾(자) 헐뜯다. 叢(총) 떼짓다. 다발.

語義 ┃ 稱奇(칭기) 신기하다고 칭찬함. 愆尤(건우) 허물하고 탓함. 騈集(변집) 사방에서 아울러 모여듦. 騈=幷. 歸功(귀공) 공로를 그 사람에게 돌림. 訾議(자의) 헐뜯어 말함. 叢興(총흥) 일시에 일어남, 함께 일어남. 毋躁(무조) 조급하게 앞장서 떠들지 않음.

72. 성품이 온화해야 복을 받는다

^{천지지기난즉생}天地之氣暖則生하고 ^{한즉살}寒則殺이라. ^고故로 ^{성기청랭자}性氣淸冷者는 ^{수향}受享
^{역량박}亦凉薄하니 ^{유화기열심지인}唯和氣熱心之人이라야 ^{기복역후}其福亦厚하고 ^{기택역장}其澤亦長
이라.

文意 ▌ 천지의 기후가 따뜻해지면 만물을 소생하게 하고, 추워지면 죽게 만든다. 그러므로 성품과 기질이 냉정한 사람은 복을 누리는 데도 역시 박복하다. 오직 화기애애하고 마음이 따뜻하여 인정이 많은 사람이라야 그 누리는 복도 두텁고 은택도 오래 간다.

要旨 ▌ 기후가 따뜻하면 만물이 발생하고 추우면 말라 죽는다. 사람도 성정이 차면 복을 누리지 못하고, 온화하고 열의가 있으면 복도 많이 받고 은덕도 오래 간다.

解說 ▌ 춘하추동(春夏秋冬) 사계절의 작용을 옛사람들은 '춘생(春生)·하육(夏育)·추수(秋收)·동장(冬藏)'이라고 했다. 곧 봄은 만물을 낳고, 여름은 그것들을 기르며, 가을은 거두어들이고, 겨울은 저장한다. 나무가 봄에는 싹이 트고, 여름에는 자라며, 가을에는 잎과 열매가 땅으로 떨어져 거두어지고, 겨울에는 그것들을 땅속으로 저장시킨다.
사람도 봄기운과 같이 마음이 따뜻한 사람은 남을 도와 살게 해주므로 받는 복도 후하고 또 그 혜택을 오래 누릴 수가 있다. 그러나 가을 기운은 만물을 숙살(肅殺, ①가을의 찬 기운이 초목을 시들게 함 ②매섭고 준엄함)하므로 이 가을 기운같이 마음이 차가운 사람은 자연히 냉혈동물과도 같아 남의 고난을 보고도 마음이 움직이지 않는다. 그러므로 좀처럼 남을 돕는 일이 없다. 이런 사람은 자연히 복을 받아도 조금 받고 거의 복을 누리지도 못하게 되는 것이다.
사람은 인정이 넘쳐흐르고 성의가 있어야 존경도 받고 복도 받는다.

字源 ▌ 暖(따뜻할 난) 日(햇볕이 따뜻함을 의미)에서 뜻을, 爰(느즈러질 원)에서 음을 취함. [形聲]

冷(찰 랭) 冫(얼음 빙, 차가움)에서 뜻을, 令(명령할 령)에서 음을 취함. [形聲]

享(누릴 향) 그릇(밑의 子)에 물건[口]을 담아 뚜껑[亠]을 닫아놓은 모양으로 음식을 '드리고' '즐기는 일'을 가리킴. [指事]

凉(서늘할 량) 涼의 속자. 冫(水, 물의 시원함)에서 뜻을, 京(서울 경)에서 음을 취함. [形聲]

熱(더울 열) 灬(火, 불의 뜨거움)에서 뜻을, 埶(심을 예)에서 음을 취함. [形聲]

字義 ▌ 薄(박) 얇다. 厚(후) 두텁다.

語義 ▌ 天地之氣(천지지기) 천지간의 기후. 性氣(성기) 성품과 기질. 受享(수향) 복을 받아 누림. 凉薄(량박) 쌀쌀하고 엷음. 和氣熱心之人(화기열심지인) 화기애애하고 인정이 많은 사람.

---

73. 진리의 길은 한없이 넓다

天理路上은 甚寬하여 稍游心이라도 胸中에 便覺廣大宏朗하고, 人欲路上은 甚窄하여 纔寄迹이라도 眼前에 俱是荊棘泥塗니라.

文意 ▌ 하늘의 도리에 맞는 길은 매우 넓어서 조금이라도 거기에 마음을 두면 가슴속이 문득 넓어지고 밝아짐을 깨닫게 된다. 인간의 욕망

을 따르는 길은 매우 좁아서, 잠깐 발을 들여놓기만 해도 눈앞이 모두 가시덤불과 진흙탕으로 되어 버린다.

要旨 ▌ 진리의 세계로 들어가면 마음이 탁 틔어 무한한 즐거움을 느끼나, 인욕(人慾)의 길은 좁아 거기로 접어들자마자 구렁텅이로 빠져 멸망의 길로 달리게 된다.

解說 ▌ 인간에게는 오욕(五慾)이 있다. 오욕은 불교에서 나온 말인데 두 가지 설이 있다. 곧 색욕(色慾) · 성욕(聲慾) · 향욕(香慾) · 미욕(味慾) · 촉욕(觸慾, 觸-닿을 촉. 감각하다, 범하다, 저촉하다. 위와 같이 하고자 하는 욕망)을 말하기도 하고, 재물욕(財物慾) · 색사욕(色事慾) · 음식욕(飮食慾) · 명예욕(名譽慾) · 수면욕(睡眠慾)을 말하기도 한다.

첫 번째 설은 오관(五官)의 욕망이나 즐거움을 나타낸 것으로 눈의 색욕, 귀의 성욕, 코의 향욕, 혀의 미욕, 몸의 촉욕을 말하며, 두 번째 설은 욕망의 대상인 재물을 탐하는 욕망, 이성을 찾는 욕망, 음식을 탐내는 욕망, 명예를 탐하는 욕망, 잠을 즐기는 욕망을 말한다.

사람은 누구나 이런 욕심을 가지고 있는데 여기에서 벗어날 줄 알아야 한다. 이 길에 발을 들여놓으면 지나치기가 쉬워, 이것들의 노예가 됨으로써 자칫 잘못하면 패가망신(敗家亡身)하기 쉬운 것이다.

字源 ▌ 胸(가슴 흉) 月(肉, 고기 육)에서 뜻을, 匈(胸의 고자)에서 음을 취함. 〔形聲〕

覺(느낄 각) 𦥯(學, 배울 학의 획 줄임)+見. 보고〔見〕 배워〔𦥯〕 진리를 '깨닫는다'는 뜻. 〔會意〕 / 見에서 뜻을, 𦥯에서 음을 취함. 〔形聲〕

廣(넓을 광) 广(돌집 엄)+黃. 누른빛의 땅〔黃〕같이, 큰 집〔广〕이라 하여, '넓다'의 뜻이 됨. 〔會意〕 / 广에서 뜻을, 黃에서 음을 취함. 〔形聲〕

朗(밝을 랑) 良(착할 량)+月. 착한〔良〕 사람의 마음이 달〔月〕빛같이 '밝다'는 뜻. 〔會意〕 / 月에서 뜻을, 良에서 음을 취함. 〔形聲〕

寄(부칠 기) 宀(집에 몸을 기탁한다는 뜻)에서 뜻을, 奇에서 음을 취함. 〔形聲〕

字義 ▌ 宏(굉) 크고 넓다. 窄(착) 좁다. 荊(형) 가시. 棘(극) 가시나

무.　泥(니) 진흙.　塗(도) 진흙, 길, 바르다.

語義 ▌ 天理路上(천리로상) 하늘의 도리에 맞는 길.　游心(유심) 마음을 둠. 游는 遊와 같음.　宏朗(굉랑) 넓고 밝음.　人欲路上(인욕로상) 사람의 욕심의 길.　寄迹(기적) 발을 들여놓음.　荊棘(형극) 가시덤불.　泥塗(니도) 진흙탕.

---

74. 연마練磨하여 얻은 지식만이 진실하다

_{일고일락}　　_{상마련}　　_{련극이성복자}　　_{기복}　_{시구}
一苦一樂을　相磨練하여　練極而成福者는　其福이　始久하고,

_{일의일신}　　_{상참감}　　_{감극이성지자}　　_{기지}　_{시진}
一疑一信을　相參勘하여　勘極而成知者는　其知가　是眞이라.

文意 ▌ 한때의 괴로움과 한때의 즐거움을 맛보아 단련되고, 단련된 끝에 이룬 복이라야 그 복이 비로소 오래 가고, 한 번 의심해보고 한 번 믿어보고 하면서 이들을 서로 참작하여 헤아려보고, 그 헤아림 끝에 이룬 지식이야말로 참된 지식이 된다.

要旨 ▌ 고생 끝에 얻은 복은 오래 가고, 연마하여 얻은 지식만이 진실하다.

解說 ▌ 상(相)은 목(目)부 4획에 있다. '본다'가 기본 뜻이다. 여기에서 여러 가지 뜻이 갈라져 '서로' '상·모양' '정승' 등의 의미가 생겼다. 관상(觀相)·수상(手相)·상술(相術) 등은 '상·모양'의 뜻이고, 재상(宰相)·영상(領相) 등은 '정승'의 뜻이다. 그러나 '서로'란 뜻으로 풀이할 때가 문제가 된다.
상부상조(相扶相助)라고 하면 A와 B가 다 같이 '서로' 돕는 것이다. 그

러나 중국 당(唐)나라의 유명한 하지장(賀知章)의 〈회향우서(回鄉偶書)〉
시를 보자.

'어려서 집을 떠나 늙어서 돌아오니

少小離家老大回
소 소 리 가 로 대 회

고향 말씨 변함없고 머리털만 세었네.

鄉音無改鬢毛衰
향 음 무 개 빈 모 쇠

아이들이 보나 알아보지 못하고

兒童相見不相識
아 동 상 견 불 상 식

웃으며 묻네, 손님은 어디에서 왔느냐고.'

笑問客從何處來
소 문 객 종 하 처 래

여기의 전구(轉句) '아동상견불상식(兒童相見不相識)'의 상(相)자를 '아이
들끼리 서로 보고 서로 모르고'로 번역하면 말이 안 된다. 아이들과 필
자, 곧 하지장과의 서로이다. 따라서 이럴 때는 상(相)자를 번역하지 않
는다. 번역하면 자칫 뜻이 달라지기 쉽기 때문이다. 더욱이 두시(杜詩)
의 '춘산무반독상구(春山無伴獨相求)'를 '봄산을 짝 없이 홀로 서로 찾는
다'고 하면 말이 안 된다. 상(相)은 물론 두 가지 이상의 사이를 나타내
지만 일방적으로의 활동 A→B, B→A의 관계도 나타낸다. 이 시구에서
나와 봄산과의 관계가 상(相)이다. '독(獨)'은 나 혼자이다. 따라서 춘산
(春山)을 내가 '상대해서' 나 혼자 찾아간다는 뜻으로 보아야 한다.
원문에서 상(相)은, '우리'가 '일고일락(一苦一樂)'과 '일의일신(一疑一信)'
을 일방적으로 상대하는 것이기 때문에, 번역하지 않는다.

字源 ▮ 相(서로 상) 木+目. 나무[木]에 올라 먼 곳을 보는[目] 모양에
서, '바라보다'의 뜻, 또 마주 바라본다 하여 '서로'의 뜻이 됨. 會意
磨(갈 마) 石(맷돌 또는 숫돌로 물건을 갈아내는 연장을 뜻함)에서 뜻
을, 麻(삼 마)에서 음을 취함. 形聲
練(익힐 련) 糸+柬(분별할 간). 실[糸]에서 불순물을 가려[柬]낸다는 데
서 '가리다'의 뜻이 됨. 會意 / 糸에서 뜻을, 柬에서 음을 취함. 形聲
極(지극할 극) 木+亟(빠를 극). '용마루'를 뜻하여, 용마루는 가장 높은
곳에 있다 하여 '최상' '최고'를 뜻함. 會意 / 木에서 뜻을, 亟에서 음을
취함. 形聲
始(비롯할 시) 女+台(기를 이). 여자[女]의 태내에서 아기가 '비로소' 길

러진다〔台〕는 뜻. 會意 / 女에서 뜻을, 台에서 음을 취함. 形聲

字義 ▮ 疑(의) 의심.　勘(감) 헤아리다.

語義 ▮ 磨練(마련) 갈고 닦음, 단련.　參勘(참감) 참작하여 깊이 생각함.

---

75. 마음을 진리로 채워라

^{심 불 가 불 허} ^{허 즉 의 리 래 거} ^{심 불 가 불 실} ^{실 즉 물}
心不可不虛니　虛則義理來居하고,　心不可不實이니　實則物
^{욕 불 입}
欲不入이니라.

文意 ▮ 마음은 비워 두지 않으면 안 되는 것이라, 비어 있으면 곧 정
의와 진리가 와서 살 것이고, 마음은 충실하지 않으면 안 되는 것이니,
충실하면 곧 물질에 대한 욕심이 들어오지 못한다.

要旨 ▮ 마음을 텅 비워 놓아야 진리가 와서 깃들고, 또 진리로 가득
채워져야 물욕이 침입하지 못한다.

解說 ▮ '불가불(不可不)' '부득불(不得不)'은 모두 이중부정(二重否定)으
로 도리어 강조가 된다. '~하지 않을 수 없다', '~하지 않으면 안 된다'
로 결국 꼭 해야만 한다는 뜻이다.
조선 말에 일본에 의하여 대한제국이 되었으나 결국 나라가 망하게 되어
한일합방(韓日合邦)을 하지 않을 수 없게 되었다. 일본의 강압에 굴하지
말고 끝까지 반대해야 했는데, 마지막 각료의 모인(某人)이 '한일합방불
가불가(韓日合邦不可不可)'란 구절이 있는 글을 올려 보는 이를 당황하
게 했다 한다. 이 '불가불가(不可不可)'는 띄어 읽기에 따라 의미가 달라
진다. '불가, 불가'로 하면 '안 된다'는 뜻의 강조요, '불가불 가'로 하면

'꼭 해야 한다'는 뜻이 되기 때문이다.

요컨대 진리와 물욕은 상극이다. 사람의 마음속에 진리가 차 있으면 물욕은 침입하지 못한다. 또 물욕이 차 있으면 진리가 들어갈 수 없다. 따라서 마음을 텅 비워 놓아 진리가 깃들게 하고, 진리로 채움으로써 물욕이 들어오지 못하게 해야 한다.

字源 ▌ 虛(빌 허) 虍(虎, 범 호)+业(중앙이 파인 언덕). 범[虍]을 잡으려고 파놓은 언덕[业]의 함정은 '비어' 있다는 뜻. 會意

實(열매 실) 宀+貫(꿸 관). 집[宀]에 돈꿰미[貫]가 '가득 차' 있다는 뜻에서, 씨가 알차게 여문 '열매'를 뜻하게도 되었음. 會意

字義 ▌ 居(거) 머물다, 살다.

語義 ▌ 義理(의리) 정의와 진리.

76. 아량雅量으로 남을 받아들이라

^{지 지 예 자} ^{다 생 물} ^{수 지 청 자} ^{상 무 어}
地之穢者는 多生物하고 水之淸者는 常無魚라.

^고 ^{군 자} ^{당 존 함 구 납 오 지 량} ^{불 가 지 호 결 독 행 지 조}
故로 君子는 當存含垢納汚之量하고 不可持好潔獨行之操라.

文意 ▌ 땅이 더러우면 생물이 많이 살고, 물이 맑으면 물고기가 없다. 그러므로 군자는 마땅히 때 묻고 더러운 것을 용납하는 아량을 지녀야 하고, 깨끗한 것을 좋아하여 홀로 행동하는 작은 지조는 고수하시 말아야 한다.

要旨 ▌ 땅이 걸어야 작물이 잘 되고, 물이 흐리터분해야 고기가 잘 자라듯이 사람도 너무 깔끔하지 말고 수더분해서 누구나 받아들이는 아

량을 가져야 한다.

解說 ▌ ≪공자가어(孔子家語)≫ 입관편(入官篇)에
'물이 맑으면 고기가 없고, 사람이 잘 살피면 친구가 없다.(水至淸則無
魚, 人至察則無徒)'
는 말이 있고, ≪좌전(左傳)≫ 선공(宣公) 15년조에는
'개울이나 연못이 오물을 받아들이고, 산과 숲이 독충을 저장하며, 아름
다운 옥에도 티가 있고, 임금이 수치를 참는 것도 하늘의 도다.(川澤納
汚, 山藪藏疾, 瑾瑜匿瑕, 國君含垢, 天地道也)'
라고 했으며, 이사(李斯)의 〈간축객서(諫逐客書)〉에 있는
'태산은 토양을 버리지 않았으므로 그렇게 커졌고, 하해는 개울도 가리지
않았으므로 그렇게 깊으며, 임금은 뭇 백성을 물리치지 않으므로 그의
덕을 밝힐 수 있다.(泰山不讓土壤, 故能成其大, 河海不擇細流, 故能就其
深, 王者不卻衆庶, 故能明其德.)'
는 말들은 너무도 유명하다.
사람은 모름지기 텁텁하면서 어리숙하고 어디서나 잘 어울리며 웬만한
잘못은 감싸주고 뾰족하게 잘난 체는 하지 말아야 한다. 곧 너그러움을
지녀야 무난히 인생길을 갈 것이다.

字源 ▌ 水(물 수) 물이 흘러가는 모양을 본뜬 글자. 象形
魚(물고기 어) 물고기 모양을 본뜬 글자. 象形
存(있을 존) 才(在, 있을 재의 변형)＋子. 어린 자식〔子〕이 잘 있도록
〔才〕 '보살핀다'에서 '보존하다'의 뜻이 나옴. 會意
含(머금을 함) 口(입에 넣는다, 즉 '머금다')에서 뜻을, 今(이제 금)에서
음을 취함. 形聲
納(들일 납) 糸＋內(안 내, 들일 납). 실〔糸〕이 물을 빨아들여〔內〕, '거
둬들이다'는 뜻. 會意 / 糸에서 뜻을, 內에서 음을 취함. 形聲

字義 ▌ 垢(구) 때. 汚(오) 오물, 더럽다.

語義 ▌ 含垢納汚之量(함구납오지량) 더러운 것을 받아들이는 아량. 好潔
獨行之操(호결독행지조) 깨끗함을 좋아하고 독특한 행동을 하는 지조.

77. 노력해야 진보進步가 있다

泛駕之馬도 可就驅馳하고 躍冶之金도 終歸型範하니 只一
優遊不振하면 便終身無個進步라. 白沙云하되 '爲人多病이
未足羞요 一生無病이 是吾憂라' 하니 眞確論也라.

文意┃ 수레를 뒤엎는 사나운 말도 길들이면 몰고 다닐 수 있고, 녹여
붓기 힘든 쇠도 잘 다루면 결국 틀에 부어져 모양을 이룬다. 다만 한
결같이 우유부단하게 놀기만 하고 분발하지 않는다면, 평생을 두고 조
금의 진보도 없을 것이다. 백사가 말하기를 "사람이 되어서 병이 많음
은 부끄러워할 것이 못 되나, 일생토록 마음의 걱정이 없는 것이 바로
내 근심이다." 하니 참으로 옳은 말이다.

要旨┃ 사나운 말도 길들이면 부릴 수 있고, 다루기 힘든 쇠도 녹여서
그릇을 만들 수 있듯이, 사람도 분발 노력하면 진보가 있다. 마음의
걱정이 없음이 진짜 내 근심이란 백사의 말은 참으로 훌륭한 명언이
다.

解說┃ '봉(泛)'자는 음이 셋이다. 따라서 뜻도 각기 다르다. '뜰 범' '엎
을 봉' '물소리 핍'인데 '乏'의 음이 핍이니 '물소리 핍'이 기본이 될 것이
다. '봉가지마(泛駕之馬)'란 수레를 둘러엎는 길들이지 않은 사나운 말의
뜻으로 ≪한서(漢書)≫ 무제기(武帝記)에 나온 말이다. 봉(泛)은 覂(멍
에 벗을 봉)자와 통해 쓰는 글자이다.
또 '약야지금(躍冶之金)'이란 ≪장자(莊子)≫ 대종사편(大宗師篇)에서 나
온 말인데
'지금 위대한 대장장이가 쇠를 녹이는데 쇠가 튀어오르며 "나는 바야흐로
반드시 막야(鏌鋣, 명검名劍의 이름)가 되겠다."하면 그 대장장이는 반드

시 상서롭지 못한 쇠로 여길 것이다.(今大治鑄金, 金踊躍曰 '我且必爲鎭鋣, 大治必以爲不祥之金')'

라고 하였다.

백사(白沙)는 우리나라의 이항복(李恒福)이 아니고, 중국 명나라 학자 진헌장(陳獻章, 1428-1499)을 말한다. 그는 광동(廣東) 신회(新會) 사람으로, 자가 공보(公甫), 호는 석재(石齋)로 백사리(白沙里)에 살았으므로 백사선생이라 부른다. 정(靜)에 기본해서 단좌징심(端坐澄心, 단정하게 앉음. 고요하고 맑은 마음. 단정하게 앉아 마음을 맑게 함.)으로 공부했으므로 '산 맹자(活孟子)'라고도 부른다. 시호는 문공(文恭), ≪백사집(白沙集)≫ 12권이 있다.

곧 사람은 조심하고 노력하면 나라도 일으킬 수 있고, 안일을 취하며 미적미적하면 패가망신하기 쉽다.

字源 ▌ 馬(말 마) 갈기를 나부끼며 내닫는 '말'의 모양을 본뜸. 象形

就(나아갈 취) 京(서울 경)+尤(더욱 우). 서울의 궁성[京]보다 더[尤] 높은 언덕을 쌓아 '나아가' '이룬다'는 뜻. 會意

驅(달릴 구) 馬에서 뜻을, 區에서 음을 취함. 形聲

金(쇠 금) 스(今, 이제 금의 줄임형)+土+丶(광석). 흙[土]에 덮여[스] 있는 광석[丶丶]에서 나오는 '금'의 뜻. 會意 / 𡉉에서 뜻을, 수에서 음을 취함. 形聲

終(마칠 종) 糸+冬(마지막 계절인 겨울). 실[糸]을 감을 때에 마지막[冬]까지 다 감았다는 데서, '마치다' '끝'의 뜻이 됨. 會意 / 糸에서 뜻을, 冬에서 음을 취함. 形聲

字義 ▌ 泛(봉) 덮다, 엎치다. 駕(가) 수레. 冶(야) 단련하다. 型(형) 법. 範(범) 모범. 優(우) 우수함. 羞(수) 부끄러워함. 確(확) 확실함.

語義 ▌ 泛駕之馬(봉가지마) 수레를 뒤엎는 사나운 말. 驅馳(구치) 몰아서 달리게 함. 躍冶之金(약야지금) 녹여서 틀에 부을 때 마구 튀는 쇠. 型範(형범) 형을 이루게 만드는 틀. 多病(다병) 육체적으로 많은 병. 無病(무병) 정신적으로 병이 없음.

78. 탐내지 않는 것을 보배寶貝로 삼는다

^{인 지 일 념 탐 사} 人只一念貪私면 ^{변 소 강 위 유} 便銷剛爲柔하고 ^{색 지 위 혼} 塞智爲昏하며 ^{변 은 위 참} 變恩爲慘하

고 ^{염 결 위 오} 染潔爲汚하여 ^{괴 료 일 생 인 품} 壞了一生人品이라.

^고 故로 ^{고 인} 古人은 ^{이 불 탐} 以不貪으로 ^{위 보} 爲寶하니 ^{소 이 도 월 일 세} 所以度越一世라.

文意 ▌ 사람이 단 한 번이라도 사적인 욕심을 채울 생각을 한다면 곧 굳센 기질이 녹아 나약해지고, 슬기가 폐쇄되어 어리석게 되며, 은혜를 베풀려던 마음이 변하여 가혹해지고, 깨끗한 성정이 더럽게 물들어 한평생의 인품을 파괴하고 만다.
그러므로 옛사람은 탐내지 않는 것을 보배로 여겼으니, 그리하여 한 세대를 초월했던 것이다.

要旨 ▌ 사람이 조금이라도 탐심을 가지게 되면, 굳센 의지가 약해지고 밝은 지혜가 어두워지며 인정어린 마음이 잔악해지고 청렴한 마음이 타락하여 인생을 망친다. 그러므로 탐하지 않는 마음을 보배로 삼아야 속세를 초월할 수 있다.

解說 ▌ 윗글에서 고인(古人)은 사성자한(司城子罕)을 말한다. 사성(司城)은 사공(司空)과 같은 말로 관명(官名)이고, 자한(子罕)의 성은 악(樂), 이름은 희(喜), 자한은 자(字)이다. 중국 춘추시대 송(宋)나라의 어진 대부(大夫)로 청렴하기로 유명하다.
어느 날 한 사람이 옥을 얻어 자한에게 바치자, 자한은 이를 받지 않았다. 구슬을 바치는 사람이 "이 옥을 감정사에게 감정시키니 진짜 옥이라고 했습니다. 그래서 나으리께 바치는 것입니다."라고 하였다. 자한은 "나는 탐내지 않는 것을 보배로 삼고, 그대는 옥을 보배로 삼고 있네. 만일 그대가 나에게 옥을 주면 우리 둘 모두 보배를 잃게 되네. 그러므로 각각 자기의 보배를 갖고 있는 것만 같지 못하네."라고 하면서 물리쳤다.
이 이야기는 ≪좌전≫ 양공(襄公) 15년조에 나오는 고사인데 ≪몽구(蒙求)≫란 책에서는 '자한사보(子罕辭寶)'라 제목을 붙여 서술하고 있다.
'화는 탐심보다 더 큰 것이 없다(禍莫禍於貪心).'

字源 ▮ 只(다만 지) 口+八. 입〔口〕에서 나오는 말이 밑으로 처져〔八〕,
말이 이미 끝나, '그뿐'임을 뜻함. 會意

私(사사로울 사) 禾+厶(私의 옛 자). 자신〔厶〕의 양식〔禾〕을 '사사로이'
쓴다는 뜻. 會意 / 禾에서 뜻을, 厶에서 음을 취함. 形聲

剛(굳셀 강) 岡(메 강)+刂(刀). 산〔岡〕처럼 '우직'하고, 칼〔刀〕처럼 '강
경'하다는 뜻. 會意 / 刂에서 뜻을, 岡에서 음을 취함. 形聲

柔(부드러울 유) 木(나무를 휘었다 폈다 할 수 있으므로 '유연'하다는 뜻)
에서 뜻을, 矛(창 모)에서 음을 취함. 形聲

塞(막힐 색·변방 새) 土+寒(窒, 막힐 질의 줄임). 흙〔土〕으로 빈 굴을
막는다〔寒〕는 데서, '막는다'의 뜻이 됨. 會意

字義 ▮ 銷(소) 녹이다. 慘(참) 참혹하다. 染(염) 물들이다. 壞(괴) 허
물다.

語義 ▮ 貪私(탐사) 사리사욕을 탐냄. 銷剛爲柔(소강위유) 강한 의지가
녹아 나약해짐. 變恩爲慘(변은위참) 은혜로운 마음이 변하여 혹독해짐.
染潔爲汚(염결위오) 깨끗함을 물들여 더럽게 만듦. 度越(도월) 초월하다.

79. 안팎의 도적을 물리쳐라

이목견문 위외적 정욕의식 위내적 지시주인
耳目見聞은 爲外賊이요 情欲意識은 爲內賊이니 只是主人

옹 성성불매 독좌중당 적변화위가인의
翁이 惺惺不昧하여 獨坐中堂하면 賊便化爲家人矣라.

文意 ┃ 눈과 귀로 보고 듣는 것은 밖으로부터의 도둑이 되고, 정욕에 대한 생각은 내적인 도둑이 된다. 다만 주인 되는 본심이 또렷이 깨어 어둡지 않게 하고, 홀로 중심에 자리 잡고 앉아 있으면, 곧 도둑이 변화하여 한식구가 된다.

要旨 ┃ 사람에게는 밖으로부터 침입해 들어오는 도적이 있고, 안에서 반란을 일으키는 도둑이 있다. 본심을 굳게 지키며 정신을 차리면 내외의 적이 모두 굴복하여 종이 된다.

解說 ┃ 적(賊)자와 부(賦)자는 구별해야 한다. 부(賦)는 ①구실·세금, ②두다, ③글 등의 여러 가지 뜻이 있고, 음은 '부'뿐이다. 소동파(蘇東坡)의 유명한 글에 〈적벽부(赤壁賦)〉가 있는데 전편(前篇)과 후편(後篇)이 있다.

옛날 어떤 소년이 밤에 〈적벽부〉를 읽는데, 마침 도둑이 앞문에서 엿보고 있었다. 소년은 그것도 모르고 큰 소리로 '전적벽적(前赤壁賊)'이라 했다. 중국어로는 글자 그대로 '앞쪽 붉은 벽의 도둑놈'이란 뜻이 된다. 도둑은 이 소리를 듣고 깜짝 놀라 슬슬 기어 뒷문 쪽으로 가니, 소년이 이번에는 '후적벽적(後赤壁賊)'이라 했다. 도둑은 깜짝 놀라 저 아이가 있는 한 도둑질은 하지 못하겠다 여기고 차가불용축구(此家不用畜狗), 즉 '이 집에는 강아지도 기를 필요가 없겠다'하고 삼십육계 줄행랑〔三十六策走爲上計〕을 했다 한다.

字源 ┃ 賊(도적 적) 貝+戎(병기 융). 흉기〔戎〕를 가지고 남의 재물〔貝〕을 훔치므로 '도적'이라는 뜻. 會意

識(알 식) 言에서 뜻을, 戠(識의 옛 자)에서 음을 취함. 形聲

主(주인 주) 불이 타오르는 촛대 모양으로, 촛대를 방안의 중심에 놓듯이, 가정에서 중심이 되는 어른, 곧 '주인'을 뜻함. 象形

翁(늙은이 옹) 公+羽(깃 우, 털을 뜻함). 털〔羽〕이 난 높은 사람〔公〕, 곧 '노인' '할아버지'를 뜻함. 會意 / 羽에서 뜻을, 公에서 음을 취함. 形聲

坐(앉을 좌) 从+土. 두 사람〔从〕이 땅〔土〕 위에 마주 '앉아 있음'을 뜻함. 會意

字義 ▮ 惺(성) 똑똑하다. 昧(매) 몽매하다.

語義 ▮ 耳目見聞(이목견문) 귀로 듣고, 눈으로 봄. 곧 감각기관의 작용. 情欲(정욕) 정욕(情欲)과 물욕(物欲). 意識(의식) 마음의 작용. 主人翁 (주인옹) 주인 늙은이, 곧 본심(本心). 惺惺(성성) 정신 차려 깨어 있는 모양. 中堂(중당) 대청 한가운데, 안방, 중심을 뜻함. 家人(가인) 집안 의 종, 가족.

---

80. 장래의 실패에 대비하라

^{도 미 취 지 공} ^{불 여 보 이 성 지 업} ^{회 기 왕 지 실} ^{불 여 방}
圖未就之功은 **不如保已成之業**이요, **悔旣往之失**은 **不如防**

^{장 래 지 비}
將來之非라.

文意 ▮ 아직 이루지 못한 공적을 도모하는 것은 이미 이루어 놓은 사업을 보전함만 같지 못하고, 이미 저지른 실수를 뉘우치는 것은 앞으로 다가올 잘못을 방지함만 같지 못하다.

要旨 ▮ 이미 이루어 놓은 공업(功業, 공적이 뚜렷한 큰 사업)을 단단히 지키고 후회만 하지 말고, 장래의 실패에 대비하라.

解說 ▮ '전거지복(前車之覆), 후거지계(後車之戒)'란 말이 있다. ≪한서 (漢書)≫ 가의전(賈誼傳)에 가의의 상소문에 나오는 말인데 이 말이 나오는 부분은 다음과 같다.
'속담에 말하기를 "연습 없이 관리가 된 자는 이미 이루어 놓은 일을 보라" 했고, 또 "앞 수레가 넘어진 것은 뒤 수레의 경계가 된다"고 했습니다. …진(秦)나라 세상이 갑자기 끊어졌어도 그 바퀴 자국을 볼 수 있습

니다. 그래서 이를 피하지 않으면 뒤 수레가 또 넘어지게 됩니다.'

이 말을 줄여 '전복후계(前覆後戒)'라고도 하는데, 요사이 말로 '전철(前轍)을 밟지 않는다'는 뜻이다.

字源 ▮ 圖(꾀할 도) □+啚(다라울 비). 토지의 둘레[□] 안에, 여러 형태의 구획을 그은[啚] 모양에서, '지도' 또는 '그림'의 뜻이 되고, 토지를 구획 짓는 데는 계획을 세워야 한다는 데서 '꾀하다'의 뜻도 됨. 會意

保(보전할 보) 亻(人)+呆(어리석을 매). 어른[人]이 어리석은 어린이[呆]를 돌본다 하여, '보호하다'의 뜻이 됨. 會意 / 亻에서 뜻을, 呆에서 음을 취함. 形聲

悔(뉘우칠 회) 忄(心)에서 뜻을, 每(매양 매)에서 음을 취함. 形聲

旣(이미 기) 皀(그릇에 음식이 담긴 모양)+旡(없을 무). 음식 그릇[皀]에 아무것도 없으니[旡], '이미' 먹어버렸다는 뜻. 會意 / 皀에서 뜻을, 旡에서 음을 취함. 形聲

往(갈 왕) 彳(자축거릴 척)+主(生, 날 생의 변형). 초목의 싹이 나왔다가[主] 죽어간다[彳]는 데서 '가다'의 뜻이 됨. 會意 / 彳에서 뜻을, 主에서 음을 취함. 形聲

字義 ▮ 失(실) 실패, 실수. 防(방) 막다. 將(장) 장차, 장수.

語義 ▮ 圖未就之功(도미취지공) 아직 착수하지 않은 사업에 있어서의 공로를 도모함. 非(비) 그른 것, 잘못.

---

81. 매사에 조화를 이루라

氣象은 要高曠이나 而不可疎狂하고 心思는 要縝密이나 而

不可瑣屑하며, 趣味는 要冲淡이나 而不可偏枯하고 操守는

^{요 엄 명} ^{이 불 가 격 렬}
要嚴明이나 而不可激烈이라.

文意 ▌ 사람의 기상은 높고 넓어야 하나, 너무 세상과 동떨어져 거칠고 엉성해서는 안 되고 마음씀은 꼼꼼해야 하나, 너무 조잡해서는 안 되며, 취향은 담박해야 하지만, 그것이 지나쳐 생기가 없게 되면 안 되고, 지조를 지키는 데는 엄정하고 공명정대해야 하지만, 과격해서는 안 된다.

要旨 ▌ 기상이 높고 넓은 것, 마음씀이 치밀한 것, 취향이 담박한 것, 지조를 지키는 데 엄정한 것은 모두가 좋은 성향이다. 그러나 그 성향으로 지나치게 치우치다 보면 오히려 중용을 잃고, 인간미를 상실하게 된다.

解說 ▌ 공자가 말년에 자기의 이상을 실현해 보고자 13년 동안 7개국을 두루 돌아다녔다. 그때 초(楚)나라의 광인(狂人) 접여(接輿)가 공자가 묵고 있는 집 앞을 지나가며 노래를 불렀다.
"봉황새여, 봉황새여! 그대의 덕은 어찌나 그리 쇠했소? 지나간 거야 말려도 할 수 없지만, 앞으로 닥쳐올 거야 그래도 따라갈 수 있으리니, 그만두소, 요사이 정치에 종사하는 사람들은 위태하외다."
공자가 그 소리를 듣고 대청에서 내려와 그에게 말을 걸려 하였으나 재빨리 도망가 말하지를 못했다. ≪논어≫ 미자편(微子篇)에 있는 이야기이다.
접여는 일부러 미친 척하고 세상을 피해 살던 사람이라 한다. 그의 성은 육(陸), 이름은 통(通), 접여는 자라고 한다. 일설에는 접이 성, 여가 이름이라고도 한다. ≪장자≫ 인간세편(人間世篇)에도 이 이야기가 나오는데, 접여는 기상이 높고 큰 사람이나 소광(疏狂)해서 세속과는 조화를 이루지 못했다. 그래서 세칭 광인(狂人, 미친 사람)이라고 불렸다.

字源 ▌ 象(코끼리 상) 코끼리의 옆모습을 본뜸. 象形
疎(성길 소) 疋(발 소, 걸어서 '멀리' 간다는 뜻) + 束. 疏와 같음. 會意
密(빽빽할 밀) 宀와 山에서 뜻을, 必에서 음을 취함. 形聲 / 山(나무가

'빽빽한' 산)에서 뜻을, 宓(잠잠할 밀)에서 음을 취함. 形聲

枯(마른 나무 고) 木+古. 나무[木]가 오래[古]되어, '마르다'의 뜻이 됨.
會意 / 木에서 뜻을, 古에서 음을 취함. 形聲

操(잡을 조) 扌(手)+喿(떠들썩할 소). 떠들썩한[喿] 일을 안정시키기 위
해 바로'잡는다[手]'는 뜻. 會意 / 扌에서 뜻을, 喿에서 음을 취함. 形聲

字義 ▌ 曠(광) 넓다. 縝(진) 빽빽하다. 瑣(쇄) 자질구레하다. 屑(설)
부스러기.

語義 ▌ 疎狂(소광) 세상 일에 어둡고 행동이 거침. 縝密(진밀) 찬찬하고
빈틈이 없음. 瑣屑(쇄설) 잔 부스러기처럼 잘고 좀스러움. 冲淡(충담)
담박함. 偏枯(편고) 지나치게 담박하여, 생기가 없음. 操守(조수) 지조
를 지킴. 嚴明(엄명) 엄정하고 명백함.

---

82. 군자는 명경지수明鏡止水의 마음을 가져야 한다

풍래소죽
風來疎竹에
풍과이죽불류성
風過而竹不留聲하고,
안도한담
雁度寒潭에
안거이담불
雁去而潭不

류영
留影이라.

고
故로
군자
君子는
사래이심시현
事來而心始現하고
사거이심수공
事去而心隨空이라.

文意 ▌ 바람이 성긴 대숲에 불어와도 바람이 가고 나면 대나무는 소리
를 붙들어 두지 않고, 기러기가 차가운 연못을 건너 날아도 기러기가
다 가고 나면 연못에는 그 그림자도 남지 않는다.

그러므로 군자는 일이 생겨야 비로소 마음이 나타나고, 일이 끝나면 그에 따라 마음도 다시 비워진다.

要旨 █ 바람이 지나가면 대숲은 고요하고, 기러기 떼 지나가면 연못에 그림자도 없듯이, 군자는 항상 맑은 심정으로 사물이 오면 응하고, 지나가면 자취를 남기지 않는다.

解說 █ '명경지수(明鏡止水)'는 '맑은 거울과 조용한 물'이란 뜻으로, 사람의 마음이 맑고 조용한 것을 비유한 말이다. 이 말은 불교에서 많이 쓰이지만, 원래는 ≪장자(莊子)≫ 덕충부편(德充府篇)에서 유래한 것이다.

발이 잘린 왕태(王駘)라는 불구자가 제자를 많이 교육하고 있었다. 이에 대해 공자의 제자 상계(常季)가 공자에게 까닭을 물으니, 왕태의 마음은 그쳐 있는 물처럼 조용하기 때문에 제자들이 그를 거울 삼아 모여든 까닭이라고 공자가 답했다.

또 신도가(申徒嘉)라는 사람도 발이 잘린 죄수인데 정(鄭)나라 재상 자산(子産)과 함께 백혼무인(伯昏無人)이란 스승을 모시고 있었다. 자산이 재상이므로 잘난 척하자 신도가 충고하기를 거울이 맑으면 먼지가 앉지 않는다는 말과 같이 오래도록 어진 사람과 같이 있으면 허물이 없어지는 법이라고 했다.

이 두 말에서 '명경지수'란 말이 생겨, 불교에서 많이 사용하므로, 일반적으로 불교용어로 알게 된 것이다.

字源 █ 竹(대 죽) 대나무 줄기와 그 잎을 본뜸. 象形
聲(소리 성) 声(악기를 받쳐 놓은 모양)＋殳(칠 수)＋耳. 악기[声] 치는[殳] '소리'가 귀[耳]에 들린다는 뜻. 會意 / 耳에서 뜻을, 殸(聲, 소리 성의 옛 자)에서 음을 취함. 形聲
雁(기러기 안) 厂＋亻＋隹. 기러기는 새[隹]인데, 그 나는 항렬(行列)이 사람[人]의 도에 가깝다는 뜻. 會意 / 隹에서 뜻을, 厂(언덕 엄)에서 음을 취함. 形聲
度(법도 도) 庶(庶, 무리 서의 줄임)＋又. 뭇 사람[庶]들이 손[又]으로 헤아린 물건의 양을 측량의 '법도'로 삼는다는 뜻. 會意 / 又에서 뜻을, 庶에서 음을 취함. 形聲 / '헤아리다'의 뜻일 때는 '탁'으로 발음함. 轉注

潭(물가 담) 氵(水)+覃(깊을 담). 물〔水〕이 깊이〔覃〕 담긴 '못'. 會意 /
氵에서 뜻을, 覃에서 음을 취함. 形聲

字義 ▮ 影(영) 그림자. 隨(수) 따르다.

語義 ▮ 疎竹(소죽) 성긴 대숲. 寒潭(한담) 차가운 깊은 못. 늦가을 연못
을 형용한 것. 事來(사래) 어떤 일이 눈앞에 닥침.

---

83. 너무 달지도, 너무 짜지도 말아야 한다

청 능 유 용   인 능 선 단   명 불 상 찰   직 불 과 교   시 위
清能有容하고 仁能善斷하며 明不傷察하고 直不過矯면 是謂

밀 전 불 첨   해 미 불 함   재 시 의 덕
蜜餞不甛이요 海味不鹹이니 纔是懿德이라.

文意 ▮ 청렴결백하면서도 도량이 넓고, 인자하면서도 결단을 잘 내리
고, 총명하지만 지나치게 살피지 않고, 강직하면서도 지나치게 따지지
않는다면 이를 일컬어 '꿀을 넣은 정과(正果)인데도 달지 않고, 해산물
인데도 짜지 않은 것'이라 할 것이니, 이것이야말로 아름다운 덕이다.

要旨 ▮ 청렴하면서 아량이 있고, 인자하면서 결단력이 있으며, 총명하
면서 조잡하지 않고, 강직하면서 시비를 초월함이 곧 아름다운 덕이다.

解說 ▮ 중국 춘추시대 초(楚)나라에 직궁(直躬)이란 사람이 있었다. 곧
'몸을 곧게 가진 자'라고 번역하기도 하고, 또는 '직(直)이란 곳에 사는
궁(躬)이라는 사람'으로 번역하기도 한다. ≪여씨춘추(呂氏春秋)≫에 나
오는 이야기는 다음과 같다.
직궁은 자기 아버지가 양을 훔쳤다고 임금에게 고발했다. 임금이 아버지
를 잡아다가 사형에 처하려 하자, 직궁은 이를 보고 놀라 대신 죽기를

원했다. 그리고 직궁은 형리(刑吏)에게 "아버지가 양을 훔쳤는데 그것을 고발하였으니 미쁘지 아니하오? 아버지의 사형을 대신 받으려 드니 효성스럽지 않소? 미쁘고 효성스러운데 처형하는 법이 어디 있소?"하므로 그 말을 옳게 여겨 살려주었다고 한다.

그러나 ≪한비자(韓非子)≫에서는 직궁의 행동은 곧았으나 아버지에게 억울한 짓을 했다고 직궁을 처벌한 것으로 되어 있다. 그러나 ≪논어≫ 자로편(子路篇)에서 공자는 '우리들의 직궁은 그와 다르다. 아비는 자식을 위해서 숨기고, 자식은 아비를 위해서 숨기면 곧 곧은 것이 그 안에 있다'고 했다.

곧다고 해서 양 한 마리 훔친 자기 아버지를 고발하는 것은 너무 지나친 것이다. 매사에 중용(中庸)이 필요함을 강조한 내용이다.

字源 ▌ 容(얼굴 용) 宀+谷. 골짜기〔谷〕같이 넓은 집〔宀〕에는 많은 물건을 넣을 수 있다는 데서 '용납하다'의 뜻이 되고, 나아가 너그러이 용납하는 사람의 '얼굴'의 뜻이 됨. 會意 / 宀에서 뜻을, 谷(골 곡, 옛 음 '용')에서 음을 취함. 形聲

斷(끊을 단) 㡭(이을 계)+斤(도끼 근). 이어진 것〔㡭〕을 도끼〔斤〕로 자르듯 '끊는다'는 뜻. 會意

傷(아플 상) 亻(人)+𥏻(煬, 상처 입을 상의 변형). 사람〔人〕이 몸을 다쳐, '아프다'는 뜻. 會意 / 亻에서 뜻을, 𥏻에서 음을 취함. 形聲

察(살필 찰) 宀+祭. 집〔宀〕에서 제사〔祭〕 지낼 때는 정성껏 '살펴야' 한다는 뜻. 會意 / 宀에서 뜻을, 祭에서 음을 취함. 形聲

直(곧을 직) 十(열 십)+目+乚(隱, 숨을 은의 옛 자). 여럿〔十〕이 보면〔目〕 숨김〔乚〕없이 '바르게' 본다는 뜻. 會意

字義 ▌ 矯(교) 바로잡다. 蜜(밀) 꿀. 餞(전) 정과(正果). 甜(첨) 달다. 鹹(함) 짜다.

語義 ▌ 淸(청) 청렴결백함. 有容(유용) 포용력이 있음. 善斷(선단) 결단을 잘 내림. 傷察(상찰) 지나치게 남의 잘못을 살핌. 蜜餞(밀전) 꿀을 넣어 만든 정과. 海味(해미) 해산물. 懿德(의덕) 아름다운 덕.

84. 군자는 곤궁해도 수양修養에 근면하라

貧家도 淨拂地하고 貧女도 淨梳頭하면 景色이 雖不艶麗나 氣度는 自是風雅니 士君子가 一當窮愁寥落이나 奈何輒自 廢弛哉리오?

文意 ▌ 가난한 집안도 깨끗이 청소하고 가난한 여자도 정결히 머리를 빗으면, 그 모습이 비록 화려하고 아름답지는 못하더라도 그 기품은 절로 풍류와 아취를 풍긴다. 선비가 한때 곤궁하여 근심에 싸이고 실의에 빠져 적막함을 당한다 하기로서니, 어찌 곧바로 자포자기하여 자기 일을 게을리할 수 있겠는가?

要旨 ▌ 가난한 집이나 가난한 여자라도 가꾸면 멋이 있듯이, 선비는 궁해도 실의에 빠지지 말고 잠시라도 수양에 게을리하지 말라.

解說 ▌ '자포자기(自暴自棄)'란 말이 있다. 이 말은 절망상태에 빠져서 스스로 자신을 버려 돌아보지 아니함을 뜻하는데, ≪맹자≫ 이루장(離婁 章) 상(上)에서 나온 것이다. 스스로 자기를 해치는[자포自暴] 사람과는 함께 이야기할 게 못되고, 스스로 자기를 버리는[자기自棄] 사람과는 함께 일을 하지 못한다. 말로 예의를 비난하는 것을 스스로 자기를 해친다고 하는 것이요, 내 몸이 인자한 곳에 살거나 의에 따르지 못한다고 하는 것은 스스로 자기를 버리는 것이다.

'인은 사람의 편안한 집이요, 의는 사람의 올바른 길이다. 편안한 집을 버리고 살지 않고, 올바른 길을 버리고 따라가지 않으니 슬프다.'
고 맹자는 말했다.

맹자의 말대로라면 말을 함부로 하는 것이 자포요, 행동을 되는 대로 하는 것이 자기이다. 군자는 한때 곤궁에 빠질지라도 절대로 자포자기해서는 안 된다.

字源 ▌ 拂(떨칠 불) 扌(手)＋弗(버릴 불). 손[手]으로 먼지 따위를 '떨어 버린다[弗]'는 뜻. 會意 / 扌에서 뜻을, 弗에서 음을 취함. 形聲

女(계집 녀) 여자가 꿇어 앉아 있는 모양을 본뜸. 象形

景(볕 경) 日(햇빛)에서 뜻을, 京(서울 경)에서 음을 취함. 形聲

雖(비록 수) 虫(雖는 원래 도마뱀을 닮은 무늬 있는 '벌레 이름')에서 뜻을, 唯(오직 유)에서 음을 취함. 形聲

麗(고울 려) 丽(붙을 려)＋鹿(사슴 록). 사슴[鹿]이 나란히 붙어[丽] 다니는 것이 '아름답다'는 뜻. 會意 / 鹿에서 뜻을, 丽에서 음을 취함. 形聲

字義 ▌ 梳(소) 머리 빗다. 雅(아) 우아하다. 愁(수) 근심. 寥(요) 쓸쓸함. 輒(첩＝輙) 문득. 弛(이) 늦추다, 이완되다.

語義 ▌ 拂地(불지) 땅을 쓸다. 梳頭(소두) 머리를 빗다. 景色(경색) 경치, 모습. 艷麗(염려) 화려하게 아름다움. 氣度(기도) 기품, 품격. 風雅(풍아) 풍류와 아취가 있음. 窮愁(궁수) 곤궁하여 근심스러움. 寥落(요락) 실의에 빠져 쓸쓸히 지냄. 廢弛(폐이) 자포자기하여, 선비의 도리를 게을리함.

---

85. 미리 대처하면 후환後患이 없다

閑中에 不放過하면 忙處에 有受用하고, 靜中에 不落空하면 動處에 有受用하며, 暗中에 不欺隱하면 明處에 有受用이라.

文意 ▌ 한가한 때에 헛되이 시간을 보내지 않으면 바쁠 때에 유용하게

도움을 얻게 되고, 고요한 때에 마음을 산만하게 하지 않는다면 활동할 때에 쓸모가 있으며, 어둠 속에서 속이거나 은폐하지 않으면 밝은 데에서 도움이 될 것이다.

要旨 ▌ 한가할 때는 바쁠 때를 대비하고, 조용히 쉴 때는 앞으로 활동할 때를 대처하고, 어둠 속에서도 수양해야 중인환시리(衆人環視裏)에 효용을 나타낼 수 있다.

解說 ▌ '유비무환(有備無患)'이란 말이 있다. '준비가 되어 있으면 뒷걱정이 없다'는 뜻이다. 이 말은 ≪서경(書經)≫ 열명(說命) 중(中)에 나오는 말이다. 열명은 중국 은(殷)나라 고종(高宗)이 부열(傅說)이란 어진 재상을 얻게 되는 경위와 그에게 어진 정사에 대하여 말하게 하고, 이를 실천하게 하는 내용이다. 부열이 고종에게 올리는 말 가운데 '유비무환'이 들어 있다.

'생각이 옳으면 이를 행동으로 옮기시되, 그 옮기는 것을 시기에 맞게 하십시오. 스스로 그것이 옳다는 생각을 가지고 있으면 그 옳은 것을 잃게 되고, 스스로 그 능한 것을 자랑하면 그 공을 잃게 됩니다. 오직 모든 일은 그 일마다 갖출 것이 있는 법이니 "갖춘 것이 있어야 근심이 없게 됩니다.(有備無患)"'

곧 모든 일에는 그것이 갖추어야 할 여러 가지 조건이 있다. 이것들을 미리미리 갖추어 놓아야 후일에 유용하게 이용할 수가 있다.

字源 ▌ 忙(바쁠 망) 忄(心)＋亡. 정신〔心〕없이〔亡〕'바쁘다'는 뜻. 會意 / 忄에서 뜻을, 亡에서 음을 취함. 形聲

欺(속일 기) 其(그 기)＋欠(하품 흠). 헛된 말〔欠〕로 남에게 딴 것을 그것〔其〕이라고 가리키므로, '속인다'는 뜻. 會意 / 欠에서 뜻을, 其에서 음을 취함. 形聲

隱(숨을 은) 阝(阜)에서 뜻을, 㥯(삼갈 은)에서 음을 취함. 形聲

字義 ▌ 靜(정) 고요함.　動(동) 움직임.

語義 ▌ 放過(방과) 헛되이 보냄.　受用(수용) 쓸모, 수익(受益), 효용(效用).　落空(락공) 마음의 활동을 쉬어 아무런 생각도 없음.　欺隱(기은)

속이고 은폐함.

86. 진리의 길만을 생각하라

念頭起處에 纔覺向欲路上去면 便挽從理路上來하라. 一起
便覺하고 一覺便轉이니 此是轉禍爲福하고 起死回生的關頭
니 切莫輕易放過하라.

文意 ▌ 생각이 일어난 때에 조금이라도 사욕의 길로 향해 가고 있음을
깨닫거든 곧 도리에 맞는 길을 따르도록 하라. 어떤 생각이 일어나면
곧 깨닫고 깨달은 즉시 방향을 돌리는 것은, 이것이 바로 재앙을 돌려
복을 만들고 죽음에서 돌이켜 삶으로 돌아오게 하는 중요한 고비이니,
진실로 가벼이 지나쳐서는 안 되는 것이다.

要旨 ▌ 생각이 사욕으로 흐를 때는 재빨리 진리의 길로 끌어당겨라.
그래야 전화위복이 되고 기사회생이 된다.

解說 ▌ '전화위복(轉禍爲福)'이란 말은 새옹지마(塞翁之馬, 인간의 길흉
화복吉凶禍福은 늘 바뀌어 변화가 많음을 일컫는 말)란 고사(故事)에서
나온 말이다. 새옹지마는 새옹실마(塞翁失馬), 새옹마(塞翁馬)라고도 한
다. 일반적으로 '인간만사 새옹지마(人間萬事 塞翁之馬)'라고 많이 쓴다.
중국 전한(前漢) 때, 유안(劉安)이 쓴 ≪회남자(淮南子)≫ 인간훈편(人
間訓篇)에 나온다.
국경지대 근방에 한 노인이 있었는데, 노인은 점을 잘 쳤다. 하루는 그

의 집 말 한 마리가 도망가자 동네 사람들이 와서 위로했다. 노인은 복이 닥칠 징조라 했다. 이윽고 도망간 말이 말 한 마리를 데리고 왔다. 동네 사람들이 축하하자 이것이 화의 징조라 했다. 얼마 안 있어 노인의 아들이 그 말을 타다가 떨어져 다리가 부러졌다. 동네 사람들이 위로하니 이번에는 행복의 징조라 했다. 1년쯤 지나 오랑캐가 침략하자 근방의 청장년이 모두 전쟁에 나가 열에 아홉은 죽었으나, 노인의 아들은 다리 부상 때문에 전쟁에 나가지 않아 살 수 있었다.

이렇게 화에서 복이 생기고, 복에서 화가 생김이 무상하여 그 변화는 예측할 수가 없고 그 심각함을 알 수가 없다.

요컨대 사욕을 버리고 진리의 길로 가야만 화를 벗어나 복의 세계로 들어갈 수 있다.

字源 ▮ 起(일어날 기) 走(달릴 주, 달리려고 '일어남')에서 뜻을, 己(몸 기)에서 음을 취함. 形聲

從(따를 종) 辵(쉬엄쉬엄 갈 착)+从(從의 본자). 사람들이 나란히〔从〕 뒤따라간다〔辵〕는 데서 '좇다' '따르다'의 뜻이 됨. 會意 / 辵은 彳(行)+止(止)로, 가다가 멈추었다 하며 쉬엄쉬엄 간다는 뜻.

轉(구를 전) 車(수레바퀴가 '굴러간다'는 의미)에서 뜻을, 專(오로지 전)에서 음을 취함. 形聲

回(돌아올 회) 물건이 빙빙 '돌아가는' 모양을 본뜸. 象形

關(닫을 관) 門+絲(북에 실 꿸 관). 문〔門〕을 사슬로 걸어 맨다〔絲〕는 데서 '닫다'의 뜻이 됨. 會意 / 門에서 뜻을, 絲에서 음을 취함. 形聲

字義 ▮ 挽(만) 붙잡다, 이끌다. 禍(화) 재앙.

語義 ▮ 欲路(욕로) 사욕(私慾)으로 향한 길. 理路(리로) 도리에 맞는 길. 轉禍爲福(전화위복) 재앙이 변하여 복이 됨. 起死回生(기사회생) 죽음에서 일어나 삶으로 돌아옴. 關頭(관두) 가장 중요한 시기와 장소. 관건(關鍵). 輕易(경이) 가볍고 쉬움, 가볍게 여김.

87. 마음을 보고 도를 깨달음에는 세 가지 요건이 있다

靜中에 念慮가 澄徹하면 見心之眞體하고, 閒中에 氣象이 從容하면 識心之眞機하며, 淡中에 意趣가 沖夷하면 得心之眞味하니, 觀心證道는 無如此三者라.

文意 ▌ 고요한 때에 생각이 맑고 깨끗하면 마음의 참모습을 볼 것이고, 한가한 때에 기상이 조용하면 마음의 참 기능을 알게 될 것이며, 담박한 가운데 취향이 평온하고 안정되면 마음의 진정한 맛을 얻을 수 있으니, 마음을 성찰하고, 도를 밝혀 체득하는 데는 이 세 가지보다 더 좋은 것이 없다.

要旨 ▌ 생각이 맑고, 기상이 조용하고, 취미가 깨끗하면 마음의 본체를 알고 도를 체득할 수 있다.

解說 ▌ '관심증도(觀心證道)'란 원래 불교용어이다. '관심'이란 마음을 관찰하는 일로, 자기 마음의 본성을 밝게 관조하는 일이다. 또 '관심'을 '관법(觀法)'이라고도 한다. 불교에서는 실천 수행(修行)을 중시해서 교의(敎義) 사상적 면을 교문(敎門)이라고 하는 데 대하여, 자기의 마음을 관조하는 것을 관법이라 한다. 천태종(天台宗)에서는 특히 관념(觀念)이라는 용어를 써서 일심삼관(一心三觀)을 닦아, 자신의 일념(一念)의 생각 위에 유(有)·중(中)·공(空)의 세 가지 관찰법을 행한다. 삼관은 삼제(三諦)라고도 한다. 유관(有觀 - 有諦), 공관(空觀 - 空諦), 중관(中觀 - 中諦)으로 나누어 말한다.

이 일심삼관법은 특히 천태종의 관상법(觀想法)의 하나로, 각자의 마음속에 삼관을 동시에 실현시키는 것이다. 삼관이란 일체를 공(空)으로 보고, 가(假)로 보고, 또 '공'도 '가'도 하나로 보는 것이다. 곧 형상세계를 부정적으로 보는 공관(空觀), 형상세계를 긍정적으로 보는 가관(假觀)이 두 가지를 함께 갖추어야 비로소 진리를 체득할 수 있다는 중관(中觀) 등의 삼관을 함께 단번에 관념해야 한다. 천태종에서는 이 삼관 중 어떤 관(觀)에도 다른 두 개의 관이 갖추어 있는 점을 강조하고 있다. 증도(證道)란 현실에 증(證)을 얻는 교(敎) 또는 증득(證得)된 도리를 말한다. 곧 진리를 증명하거나 증명된 도를 나타낸다. 하여간 자기 속마음을 관조하여 거기에서 진리를 깨달음에는 생각이 맑아야 하고 기상이 조용해야 하며 의취가 담박해야 한다는 것이다.

字源 ▍ 慮(생각할 려) 虍(호랑이 무늬)+思. 생각〔思〕을 호랑이무늬〔虍〕처럼 질서정연하게 하여 '깊이 숙고'한다는 뜻. 會意 / 思에서 뜻을, 虍에서 음을 취함. 形聲

徹(통할 철) 彳+育+攵(칠 복). 어려서 자축거릴 때〔彳〕부터, 회초리로 때려〔攵〕 교육〔育〕시키면, 널리 사리에 '통달하며' 막힘이 없다는 데서, '뚫는다'의 뜻이 됨. 會意

夷(오랑캐 이) 大+弓. 큰〔大〕 활〔弓〕을 가진 '동방의 부족'을 뜻함. 會意

觀(볼 관) 見(볼 견)에서 뜻을, 雚(황새 관)에서 음을 취함. 形聲

證(증거할 증) 言+登. 사람들이 잘 볼 수 있는 곳에 올라〔登〕, 말한다〔言〕는 뜻에서 '증언' '증거'의 뜻이 됨. 會意 / 言에서 뜻을, 登에서 음을 취함. 形聲

字義 ▍ 澄(징) 맑다. 冲(충) 비어 있다. 夷(이) 평탄하다.

語義 ▍ 澄徹(징철) 매우 맑아서 밑까지 환히 보임. 眞體(진체) 참모습. 眞機(진기) 참다운 기능. 冲夷(충이) 평온하고 안정됨. 證道(증도) 도를 증험하여 체득함.

88. 동중정動中靜, 고중락苦中樂이 진짜 정靜이며 낙樂이다

靜中靜은 非眞靜이니 動處에 靜得來라야 纔是性天之眞境이요, 樂中樂은 非眞樂이니 苦中에 樂得來라야 纔見心體之眞機니라.

文意 ▌ 고요한 가운데 고요히 있는 것은 진정한 고요함이 아니다. 소란스러운 데에서 고요함을 얻을 수 있어야 비로소 이것이 천성적인 참된 경지라고 할 수 있다. 즐거운 가운데에서 즐거움을 느끼는 것은 참된 즐거움이 아니다. 괴로운 가운데에도 즐거움을 느낄 수 있어야 비로소 심성의 참 기능을 볼 수 있는 것이다.

要旨 ▌ 소란 속에서 마음의 평정을 얻고, 괴로움 속에서 즐거움을 느껴야 심신의 참된 움직임을 알 수 있다.

解說 ▌ ≪명심보감≫ 성심편(省心篇)에,
'목이 마를 때 한 방울의 물은 감로수와 같고, 술이 취한 뒤에 술을 더 따르는 것은 없는 것만 못하다.(渴時一滴如甘露, 醉後添杯不如無.)'
라고 했다. 감로수(甘露水)는 설탕을 달게 타서 끓인 뒤에 식힌 물이다. 여기에서의 감로는 원래 단 이슬이란 뜻으로 불교에서 도리천(忉利天)에 있는 단 영액(靈液)을 말한다. 한 방울만 먹어도 온갖 괴로움이 사라지고 살아 있는 사람은 오래 살 수 있고 죽은 이는 부활한다고 한다. 부처의 교법(敎法)을 비유한 말이다.
원래부터 고요한 가운데 고요함을 맛봄은 그리 심각하지 않다. 시끄러움 속에서도 고요함을 느낄 줄 알아야 마음의 진정한 경지에 들어간 것이다. 마찬가지로 즐거운 속에서 즐거움을 느낌은 진짜 즐거움이 아니다. 고생 속에서도 즐거움을 느낄 줄 알아야 심신의 참된 기미를 엿볼 수 있다.

字源 ▍ 境(지경 경) 土+竟. 국토[土]의 끝[竟]이 되는 가장자리라 하여 '경계' '국경'의 뜻이 됨. [會意] / 土에서 뜻을, 竟에서 음을 취함. [形聲]

語義 ▍ 靜得來(정득래) 마음의 고요함을 얻음.　性天(성천) 마음, 천성, 성품.　心體(심체) 마음과 몸, 심신(心身).　眞機(진기) 참된 기틀, 참된 활동.

---

89. 은혜를 베풀었거든 보답을 바라지 말라

舍己^{사기}어든 毋處其疑^{무처기의}하라. 處其疑^{처기의}하면 卽所舍之志^{즉소사지지}에 多愧矣^{다괴의}리라. 施人^{시인}커든 毋責其報^{무책기보}하라. 責其報^{책기보}하면 倂所施之心^{병소시지심}이 俱非矣^{구비의}니라.

文意 ▍ 자기 몸을 버려 일을 할 바에는 그 일에 의심을 두지 말라. 만약 의심을 둔다면, 애초에 몸을 버려 일하려던 본래 뜻에 많은 부끄러움을 느낄 것이다. 남에게 베풀었거든 그 보답을 따지지 말라. 만일 그 보답을 따진다면, 베풀고자 했던 그 마음도 아울러 모두 잘못이 될 것이다.

要旨 ▍ 자기를 희생하면서 어떤 일을 하려거든 그 일에 의심을 두지 말 것이며, 남에게 은혜를 베풀었거든 보답을 바라지 말라.

解說 ≪명심보감≫ 존심편(存心篇)에

'은혜를 베풀었거든 갚기를 바라지 말고, 남에게 주었거든 뒤에 후회하지 말라.(施恩 勿求報, 與人 勿追悔.)'

고 했다. 위 글의 바깥 짝과 비슷하다. 또 ≪노자≫ 제77장에

'거룩한 사람은 훌륭한 일을 하고도 자랑하지 않고, 공을 이루어 놓고도 그것을 차지하지 않으며, 자기의 어짊을 나타내려 하지 않는다.(聖人爲 而不恃, 功成而不處, 其不欲見賢.)'

고 했다.

희생적으로 헌신할 때 그 일에 의심을 품으면 그 본래의 뜻부터 부끄러 워지고, 은혜를 베푼 다음 보답을 바란다면 그 처음의 생각부터도 잘못 된 것이 되어 버린다.

字源 舍(집 사) 집 모양을 본뜸. 또 집은 사람이 잠자는 곳이라 하여 '쉬다'의 뜻으로도 쓰임. 象形

疑(의심 의) 匕(숟가락 비)＋矢(화살 시)＋子＋止. 어린아이〔子〕의 발걸 음〔止〕이 화살대〔矢〕같이 휘청거려 구불구불〔匕〕 쓰러질 듯함. 또는 꼬 부랑〔匕〕 노인이 지팡이〔矢〕를 짚고, 비틀거리며 어디로 갈지 몰라 망설 이는 모양을 본떠, '의심스럽다'는 뜻이 됨. 會意

志(뜻 지) 士(之, 갈 지의 변형)＋心. 마음〔心〕이 가는〔之〕 바, 곧 '뜻'을 나타냄. 會意 / 心에서 뜻을, 士에서 음을 취함. 形聲

愧(부끄러울 괴) 忄(心)에서 뜻을, 鬼(귀신 귀)에서 음을 취함. 形聲

矣(어조사 의) 厶(目, 以의 옛 자)＋矢. 말이 여기 이르면〔目〕, 화살이 날 다가 떨어져 멈추듯이〔矢〕 말을 맺는다는 데서 '말 맺음(어조사)'을 뜻 함. 會意 / 矢에서 뜻을, 厶에서 음을 취함. 形聲

字義 施(시) 베풀다. 報(보) 보답. 倂(병) 나란히. 俱(구) 함께.

語義 舍己(사기) 자기를 버림, 자기를 희생함. 舍＝사(捨). 所舍之志 (소사지지) 몸을 버려서 남을 위해 일하려던 본래의 뜻. 責其報(책기보) 그 보답을 재촉하거나 또는 바람.

90. 최선을 다하면 하늘도 감동한다

天^천이 薄我以福^{박아이복}이어든 吾^오는 厚吾德以迓之^{후오덕이아지}하고 天^천이 勞我以^{로아이}

形^형이어든 吾^오는 逸吾心以補之^{일오심이보지}하며 天^천이 阨我以遇^{액아이우}어든 吾^오는

亨吾道以通之^{형오도이통지}하면 天且我^{천차아}에 奈何哉^{내하재}리오?

文意 ▌ 하늘이 나에게 복을 적게 준다면 나는 내 덕을 두터이 하여 이를 맞아들일 것이고, 하늘이 나에게 육체적인 피로를 준다면 나는 내 마음을 편히 가짐으로써 이를 보충할 것이며, 하늘이 나로 하여금 액운을 만나게 한다면 나는 내 도리를 달통하게 하여 그것을 뚫고 나갈 것이니, 하늘인들 나를 어찌 하랴?

要旨 ▌ 박복(薄福)하면 덕을 쌓고, 육신이 괴로우면 마음을 편히 가지며, 액운을 만나도 도리를 다하면 운명도 이겨 나갈 수 있다.

解說 ▌ 공자가 천하를 철환(轍環)할 때 일이다. 57세 때 제자 일행을 데리고 조(曹)나라를 지나 선조의 고국인 송(宋)나라에 들어섰을 때 뜻밖에도 환난을 당하게 되었다. 공자가 길가 큰 나무 밑에서 제자들을 데리고 쉬며 예법을 강의하고 있을 때였다. 송나라의 사마(司馬, 국방장관격) 환퇴(桓魋)가 공자를 죽이려고 그 나무를 뽑아버렸다. 그리하여 공자 일행이 그곳을 떠나는데 제자들이 빨리 피하라고 하니 공자는
"하늘이 나에게 덕을 부여했으니 환퇴가 나를 어찌 하겠느냐?(天生德於予, 桓魋其如予何)" - 《논어》 술이편(述而篇)
라고 했다.
이 말은 곧 나는 덕을 쌓고 있는데 환퇴쯤이 나를 어떻게 하겠느냐는 확고한 신념을 피력한 것이다. 환퇴는 사치스러워 돌관을 만들어 죽을 때 사용하려 했으므로 공자는 그 소리를 듣고 "그처럼 낭비하다니, 죽으면

빨리 썩는 게 낫지."라고 말했다고 해서 공자를 죽이려 했다는 것이다.
사람은 덕을 쌓아야 한다. 덕이 높으면 원수도 없고 복도 부귀도 자연히
따라오게 되어 있다. 이 덕을 쌓는 기초는 진리를 탐구하는 것이다. 도
를 닦아 덕을 쌓으면 하늘도 운명을 좌지우지하지 못할 것이다.

字源 ▌ 吾(나 오) 口(입 구)에서 뜻을, 五에서 음을 취함. 形聲

形(형상 형) 幵(평평할 견)＋彡(터럭 삼). 평평한〔幵〕 물체에 털〔彡〕로
만든 붓으로 '형상'을 그린 '모양'을 뜻함. 會意 / 彡에서 뜻을, 幵에서 음
을 취함. 形聲

逸(편안할 일) 辶＋兔(토끼 토). 토끼〔兔〕가 도망쳐〔辶〕 '숨는다'는 뜻.
會意

補(도울 보) 衤(衣)＋甫(클 보). 뚫어진 옷〔衣〕을 기워 잘 되게〔甫〕 한다
하여 '깁다' '돕다'의 뜻이 됨. 會意 / 衤에서 뜻을, 甫에서 음을 취함.
形聲

亨(형통할 형) 근원은 享(드릴 향)과 마찬가지로, 그릇에 음식을 담아
'헌납한다'는 뜻이었음. 指事

字義 ▌ 迓(아) 맞아들이다. 逸(일) 편안하다, 숨다, 놓다. 阨(액) 막히
다, 거리끼다.

語義 ▌ 薄我以福(박아이복) 나에게 복을 적게 줌. 勞我以形(로아이형) 내
몸을 수고롭게 함. 阨我以遇(액아이우) 나로 하여금 액운을 만나게 함.

91. 하늘의 의지는 헤아릴 수 없다

貞士는 無心徼福이라 天卽就無心處하여 牖其衷하고, 憸人
은 著意避禍라 天卽就著意中하여 奪其魄하니, 可見天之機

權이 最神이라 人之智巧가 何益이리오?

권 최신 인지지교 하익

文意 ▌ 정절을 지키는 선비는 복을 바라는 마음이 없으니, 하늘이 곧 그 바라는 마음이 없는 곳에 나아가 그 충실한 마음을 열어서 복을 내려준다. 간사한 사람은 재앙을 피하려는 데 마음을 쓰니, 하늘이 곧 그 마음 쓰는 데로 나아가 재앙을 내려 넋을 빼앗는다. 이로써 하늘의 권능이 가장 신묘함을 볼 수 있으니, 인간의 잔꾀가 무슨 쓸모가 있으랴?

要旨 ▌ 하늘은 욕심 없이 절의를 지키는 곧은 사람에게는 복을 내리고, 화를 피하려는 간사한 사람에게는 화를 내리니 인간의 지혜와 기교로는 이를 막을 수 없다.

解說 ▌ '천망회회 소이불루(天網恢恢 疏而不漏)'란 말이 있다. ≪노자≫ 73장에 나오는 말인데 원문에는 '소이불루'가 '소이불실(疏而不失)'로 되어 있다. 뜻은 마찬가지이다. 하늘이 친 그물은 하도 커서 얼른 보기에는 엉성해 보이지만 이 그물에서 빠져 나가지 못한다는 뜻이다. 곧 악인이 악행을 저질렀을 때 금방 벌을 받거나 화를 당하지 않더라도 마침내는 죄를 지은 만큼 벌을 받게 된다는 말이다. ≪주역(周易)≫에서는 '선을 쌓은 집안에서는 반드시 풍부한 경사가 있고, 악을 쌓은 집안에는 반드시 많은 재앙이 있다.(積善之家 必有餘慶, 積惡之家 必有餘殃.)' 라고 했다.

字源 ▌ 貞(곧을 정) 卜+貝. 본래 뜻은 점을 치고[卜], 돈[貝]을 낸다는 뜻. [會意]

士(선비 사) 十(열 십)+一(한 일). 하나[一]를 들으면, 열[十]을 아는 재능을 가진 선비를 뜻함. [會意]

著(붙을 착·지을 저) ++(원래 竹)에서 뜻을, 者(놈 자)에서 음을 취함. [形聲] / 현대에 와서 '붙을 착'의 뜻으로는 着자가 쓰이는 경향임.

奪(빼앗을 탈) 雀(날개칠 순)+寸(마디 촌). 손[寸]에 있던 새가 날개치며[雀] 날아가 버린다는 데서 '잃다' '빼앗다'의 뜻이 됨. [會意]

字義 ▌字義 ▌ 牖(유) 깨우치다, 밝히다. 衷(충) 정성. 憸(섬) 간사하다. (험)
간사하게 하다. 避(피) 피하다. 魄(백) 혼백. 智(지) 지혜. 益(익) 이
익이 되다.

語義 ▌ 徼福(요복) 복을 구함. 牖其衷(유기충) 그 충실한 마음을 열어
줌. 유(牖)는 창(窓). 여기서는 열다[開]의 뜻. 憸人(험인) 간사한 사
람. 著意避禍(착의피화) 재앙을 피하는 데 마음을 둠. 奪其魄(탈기백)
그의 넋을 빼앗음, 재앙을 내려 혼내줌. 機權(기권) 기변권능(機變權
能), 권능. 最神(최신) 가장 신묘함. 智巧(지교) 지혜와 기교.

92. 유종有終의 미美를 거두라

聲妓도 晚景從良하면 一世之胭花無碍하고 貞婦도 白頭失
守하면 半生之清苦俱非라. 語云하되 '看人에는 只看後半截
하라'하니 眞名言也로다.

文意 ▌ 소리하던 기생이라도 늘그막에 결혼하여 남편을 따르면 지난날
의 허물은 사라져 버리고, 수절하던 부인이라도 머리가 희어 정조를
잃으면 반평생의 괴롭게 지켜온 절개도 모두 허사가 된다. 옛말에 이
르기를 '사람을 보려거든 늘그막을 보라' 했으니, 참으로 명언이로다.

要旨 ▌ 기생도 늦게나마 시집을 가 남편을 따르면 과거의 허물이 묻히
고, 열녀도 마지막에 한 번 정조를 잃으면 반평생의 수절이 수포로 돌
아간다. 그래서 사람은 늦팔자가 좋아야 한다는 것이다.

解説 ▮ '개관사시정(蓋棺事始定)'이란 말이 있다. '관 뚜껑을 닫아야 일이 비로소 결정된다'는 뜻이다. 곧 '관 뚜껑을 덮기 전에는 모른다'는 의미이다. 당나라 시성(詩聖) 두보(杜甫, 712-770)의 〈군불견(君不見)〉이란 제목의 시에서 생긴 말이다.

두보가 지금의 사천성(四川省) 동쪽 기주(夔州)의 깊은 산골로 들어가 가난하게 살고 있을 때, 이곳에 와서 실의의 생활을 하고 있는 친구의 아들 소혜(蘇徯)에게 편지 대신으로 위로하는 내용을 담은 시이다. 그 시의 한 구절에,

'장부는 관을 덮어야 일이 비로소 결정된다.　　丈夫蓋棺事始定
　　　　　　　　　　　　　　　　　　　　　　장 부 개 관 사 시 정

그대는 아직 다행히 늙지 않았으니,　　　　　君今幸未成老翁
　　　　　　　　　　　　　　　　　　　　　　군 금 행 미 성 로 옹

어찌 초췌하게 산속에 있으면서 한탄만 하나?　何恨憔悴在山中
　　　　　　　　　　　　　　　　　　　　　　하 한 초 췌 재 산 중

심산궁곡은 살 곳이 못되느니라.'　　　　　　深山窮谷不可處
　　　　　　　　　　　　　　　　　　　　　　심 산 궁 곡 불 가 처

라고 하여 청년을 격려하여 그는 산속을 떠나 호남(湖南)으로 가서 막객(幕客)이 되었다.

字源 ▮ 晩(늦을 만) 日+免(면할 면). 해[日]가 져서[免] '저녁'이 되었다는 뜻. 會意 / 日에서 뜻을, 免에서 음을 취함. 形聲

良(어질 량) 곡식을 위에서 아래로 흘러내리며 골라내는 기계를 본떠, 골라낸 후의 곡식은 '좋다'는 뜻이 됨. 象形

婦(아내 부) 女+帚(비 추). 집안에서 청소[帚] 등의 일을 하는 여자[女], 곧 '아내' '며느리'를 뜻함. 會意

白(흰 백) 태양[日]이 구름 등에 가려[丿]졌을 때, 빛이 '희다'는 것을 가리킴. 指事 / 엄지손가락을 나타내어, 백(伯)과 함께 '으뜸'의 뜻을 지님. 象形

半(반 반) 八+牛(物). 물건[牛]을 양쪽이 같게 나눈다[八]는 뜻에서 '절반'의 뜻이 됨. 會意

字義 ▮ 妓(기) 기생. 胭(연) 연지. 碍(애) 방해. 截(절) 끊다.

語義 ▌ 聲妓(성기) 소리하는 기생. 晩景(만경) 늘그막. 從良(종량) 남편을 따름. 양(良)은 양인(良人). 胭花(연화) 분, 화류계 생활. 無碍(무애) 거리낌이 없음. 淸苦(청고) 괴롭게 지켜온 절개. 後半截(후반절) 후반생(後半生).

---

93. 공덕功德을 쌓고 권위를 탐하지 말라

^{평 민} ^{긍 종 덕 시 혜} ^{변 시 무 위 적 공 상}
平民도 肯種德施惠하면 便是無位的公相이오,

^{사 부} ^{도 탐 권 시 총} ^{경 성 유 작 적 걸 인}
士夫도 徒貪權市寵하면 竟成有爵的乞人이라.

文意 ▌ 평범한 백성이라도 기꺼이 덕을 쌓고 혜택 베풀기를 즐기면 곧 지위 없는 재상이고, 사대부라도 한갓 권력을 탐내고 은총을 팔기만 일삼는다면 결국 벼슬 있는 거지이다.

要旨 ▌ 덕을 닦고 은혜를 베풀면 평민도 재상이 될 수 있고, 권력을 탐하고 아첨이나 일삼으면 고관도 거지가 된다.

解說 ▌ '무관제왕(無冠帝王)'이란 임금의 상징인 금관을 쓰지 않은 제왕이란 말이다. 곧 왕권을 잡아보지 않았으나 왕의 위력을 지녔다는 뜻이리라. 원래 춘추필법(春秋筆法)으로 정의의 붓을 휘두름이 왕의 지위만큼 높다는 뜻에서 생긴 말이었으나 요새는 언론인을 지칭하고 있다.
공자는 작은 노(魯)나라의 장관 정도의 벼슬밖에 한 적이 없지만, 워낙 유명한 분이라 사마천(司馬遷)은 ≪사기(史記)≫를 지을 때, 공자의 전기를 세가(世家)에다 편집했다. 본기(本紀)는 정통 황제의 약전(略傳)이고, 세가는 제후, 곧 각 국왕의 약전인데 공자를 여기에다 편입시킴은 공자를 적어도 왕(제후)으로 대접한 것이다. 그러니 무관제왕이었다. 그 후 당나라 현종(玄宗) 때 조정에서 공자에게 문선왕(文宣王)이란 시호를 올렸다. 그래서 오늘날 공자를 왕으로 대접하고 제향도 왕과 같은 급으로 모시게 된 것이다.

평민이라도 덕을 심고 은혜를 베풀면 작위는 없지만 재상과 같고, 사대부라도 권력이나 탐하고 아부나 한다면 허울 좋은 작위만 가진 거지와 같다. 참으로 음미해 볼 만한 명언이다.

字源 ▌ 平(평평할 평) 물에 뜬 부평초를 본떠, 수면이 '평평함'을 뜻함. [象形] / 于(탄식 우)＋八. 막혔던 한숨[于]이 터져 나와[八] 마음이 '평정'된다는 뜻. [會意]

民(백성 민) 초목의 싹을 본떠, 풀처럼 무수한 '민중'을 나타냄. [象形]

肯(즐길 긍) 止(골)＋月(肉). 뼈[骨]에 붙은 살[肉]을 뜻함. [會意]

種(씨 종) 禾(벼 화)에서 뜻을, 重(무거울 중)에서 음을 취함. [形聲]

惠(은혜 혜) 叀(삼갈 전)＋心. 언행을 삼가고[叀], 어진 마음[心]을 베푼다는 데서 '은혜'의 뜻이 됨. [會意]

字義 ▌ 徒(도) 헛되이, 무리. 市(시) 매매하다, 저자. 爵(작) 벼슬. 乞(걸) 구걸하다.

語義 ▌ 種德(종덕) 덕을 심음. 公相(공상) 삼공(三公), 재상(宰相). 士夫(사부) 사대부(士大夫), 벼슬아치. 市寵(시총) 은총을 팔아 보답을 바람. 아랫사람을 사랑하고 보답을 바람.

94. 조상의 은덕을 생각하라

問祖宗之德澤하면 吾身所享者가 是니 當念其積累之難하고,

問子孫之福祉하면 吾身所貽者가 是니 要思其傾覆之易니라.

文意 ▌ 조상의 덕택이 무엇인가 묻는다면, 내 몸이 누리는 것이 이것이라 할 것이니, 마땅히 그 쌓아 올리기 어려웠던 점을 명심할 것이요, 자손의 복이 무엇인가 묻는다면, 내가 남겨주는 것이 이것이라 할 것이니, 그 기울어지고 뒤엎어지기 쉬움을 생각해야 한다.

要旨 ▌ 조상의 덕을 현재 우리가 누리니 그 쌓아 올리기 어려웠던 것을 생각해야 하고, 우리가 남겨주어야 할 것은 자손들에게 복을 누리게 하는 것인데, 그것이 기울어지기 쉬움을 생각해서 굳게 다져 두어야 한다.

解說 ▌ '황금을 바구니에 가득 담은 것이 자손에게 한 권의 경서를 가르치는 것만 같지 못하다.(黃金滿簾不如敎子一經)'
'자손에게 천금을 주는 것이 자손에게 한 가지 재주를 가르치는 것만 같지 못하다.(賜子千金不如敎子一藝)'
는 말이 있다. 앞의 말은 ≪한서(漢書)≫ 위현전(韋賢傳)에 나오는 말이다.
위현은 자가 장유(長儒)로, 노(魯)나라 추현(鄒縣) 사람이다. 사람됨이 질박하고 욕심이 적었으며 학문에 뜻이 커서 통례상서(通禮尙書)와 시교수(詩敎授)를 겸하니 당시 사람들이 추로대유(鄒魯大儒)라고 했다. 선제(宣帝) 때 승상(丞相)이 되었다가 82세로 죽으니 시호를 절(節)이라 내리고 황금 1백 근을 퇴직금으로 주었다. 그의 막내아들 위현성(韋玄成)이 학문을 좋아하여 승상까지 되었으므로 위현이 추로(鄒魯) 지방의 속담이라면서 이 말을 인용했다.
그렇다. 자손에게 남겨줄 것은 복이니, 이는 돈이나 재물이 아니라, 글이나 재주이다. 현대에도 마찬가지이다. 재산을 아무리 준다 해도 실력이 없으면 하루아침에 날려 버린다. 그러나 공부를 가르치거나 기술을 익히게 하면 오래 복을 누릴 수 있을 것이다. 따라서 후손에게는 확고한 복지의 바탕을 남겨주어야 할 것이다.

字源 ▌ 問(물을 문) 門+口. 문간[門]에서 말한다[口] 하여, 안부를 '묻는다', 모르는 것을 '묻는다'의 뜻이 됨. 〔會意〕 / 口에서 뜻을, 門에서 음을 취함. 〔形聲〕

祖(할아비 조) 示+且(또 차, 많을 저). 제단[示]에 제물을 많이 쌓아[且] 제사를 지내는 대상인 '조상'의 뜻. 〔會意〕 / 示에서 뜻을, 且에서 음을 취함. 〔形聲〕

宗(마루 종) 宀+示. 제사 지내는[示] 집[宀], 곧 '종묘'나 '종갓집'을 뜻하며 나아가 '으뜸'을 뜻함. 〔會意〕

澤(못 택) 氵(水)에서 뜻을, 睪(엿볼 역)에서 음을 취함. 〔形聲〕

積(쌓을 적) 禾에서 뜻을, 責(맡을 책)에서 음을 취함. 〔形聲〕

字義 ▌ 難(난) 어려움. 祉(지) 복. 貽(이) 끼치다, 남기다. 傾(경) 기울다.

語義 ▌ 積累(적루) 쌓아 올림. 所貽者(소이자) 남겨주는 것. 傾覆(경복) 기울어져 엎어짐.

---

95. 군자는 위선僞善을 행해서는 안 된다

_{군 자 이 사 선}　　_{무 이 소 인 지 사 악}
君子而詐善은 無異小人之肆惡이요,

_{군 자 이 개 절}　　_{불 급 소 인 지 자 신}
君子而改節은 不及小人之自新이라.

文意 ▌ 군자로서 선한 척 꾸미는 것은 소인배가 함부로 악을 저지르는 것과 다름이 없고, 군자로서 절개를 고치는 것은 소인배가 스스로 잘

못을 고침만도 못하다.

要旨 ▌ 군자의 위선과 변절은 소인배의 개과천선만도 못하다.

解説 ▌ 군자와 소인은 여러 가지 면에서 대조적이다. 공자도 ≪논어≫에서 이 군자와 소인과의 차이를 여러 가지로 설명하고 있다. 그 중에 대표적인 문구 몇 가지만 들어 본다.

'군자는 덕을 생각하고 소인은 땅을 생각하며, 군자는 법을 생각하고 소인은 은혜를 생각한다.(君子懷德 小人懷土, 君子懷刑 小人懷恩.)' - 이인편(里仁篇)

'군자는 마음이 평탄하며 넓고, 소인은 항상 근심에 차 있다.(君子坦蕩蕩, 小人長戚戚.)' - 술이편(述而篇)

'군자는 의리에 밝고, 소인은 이해에 밝다.(君子喩於義, 小人喩於利.)' - 이인편

'군자는 태연하고 교만하지 않으며, 소인은 교만하고 태연하지 못하다.(君子泰而不驕, 小人驕而不泰.)' - 자로편(子路篇)

'군자는 자기에게서 잘못을 찾고, 소인은 잘못을 남에게서 찾는다.(君子求諸己, 小人求諸人.)' - 위령공편(衛靈公篇)

≪중용(中庸)≫에는

'군자는 안이한 데 처하여 명을 기다리고, 소인은 위험한 행동을 하면서 요행을 바란다.(君子居易以俟命, 小人行險徼幸.)'

고 했다. 이외에도 여러 면을 대조시켜 군자와 소인을 구별 짓고 있다.

字源 ▌ 詐(거짓 사) 言＋乍(잠깐 사). 잠깐[乍] 사이에 폭로되는 헛된 말[言]로 남을 '속인다'는 뜻. 會意 / 言에서 뜻을, 乍에서 음을 취함. 形聲

異(다를 이) 탈 쓴 사람이 두 손을 들고 춤추는 모양. 탈을 써서 얼굴이 '다르게' 보임을 나타냄. 象形 / 畀(줄 비)＋廾(손 맞잡을 공). 주려고[畀] 물건을 나누니[廾] 그 모양이 '달라진다'는 뜻. 會意

改(고칠 개) 己＋攵(칠 복). 스스로[己]의 몸을 회초리로 쳐서[攵] '바로잡는다'는 뜻. 會意 / 攵에서 뜻을, 己에서 음을 취함. 形聲

及(미칠 급) 人＋又. 뒤따라가는 사람[人]의 오른손[又]이 앞사람에게 간

신히 이른다는 데서 '미치다'의 뜻이 됨. 會意

新(새 신) 辛(매울 신)+木+斤(도끼 근). 도끼[斤]로 나무[木]를 자른 후, 그 잘라진[辛] 자리에서 돋아난 싹이 새롭다는 뜻. 會意 / 木과 斤에서 뜻을, 辛에서 음을 취함. 形聲

字義 ▌ 肆(사) 함부로 하다.

語義 ▌ 詐善(사선) 선(善)을 속임, 위선, 선한 척 꾸밈. 肆惡(사악) 악을 마음대로 행함. 改節(개절) 절개를 고침, 변절함. 自新(자신) 전의 잘못을 뉘우쳐 행실을 새롭게 함.

---

96. 가족의 잘못은 온화하게 타이르라

家人有過어든 不宜暴怒하고 不宜輕棄라. 此事難言이어든 借他事隱諷之하되 今日不悟어든 俟來日再警하고 如春風解凍하며 如和氣消氷하면 纔是家庭的型範이라.

文意 ▌ 가족에게 잘못이 있거든 사납게 성을 내어도 안 되고, 가볍게 버려두어도 안 된다. 바로 그 일을 말하기가 어렵거든 다른 일을 빌어 은근히 비유로 타일러보고, 오늘 깨닫지 못하거든 내일을 기다려 다시 깨우쳐 주되, 마치 봄비람이 얼어붙은 것을 녹이듯이, 온화한 기운이 얼음을 녹이듯이 하라. 이것이 바로 가정의 전형적 규범이다.

要旨 ▌ 가족의 잘못은 부드러운 방법으로 고치되, 마치 봄바람에 얼음이 녹듯 온화한 기운으로 타이름이 곧 가정의 본이 된다.

解説 ▌ 우리 조상들은 가족간의 사랑을 이렇게 표현해 왔다.

'어버이는 인자하고 자식은 효도하며[부자자효父慈子孝], 형은 우애하고 동생은 공손하며[형우제공兄友弟恭], 남편은 의리가 있고 아내는 순종한다[부의부순夫義婦順].'

그러나 모든 것이 이렇게 이상적으로만 되는 것은 아니다. 때로는 잘못을 저지르는 수가 있다. 이때 너무 냉혹하게 꾸짖거나 또 소홀히 여겨 그 잘못을 덮어두어서도 안 된다. 직접 잘못을 꾸짖기 어려우면 풍자로써 타일러야 한다. 특히 어른의 잘못은 대체로 비유로써 이해시켜 고치도록 해야 한다. 한 번에 안 되면 시일을 기다려 기회를 만들어 여러 번 충고함으로써 끝내 고치게 하되, 그 방법은 봄바람이 추위를 녹이고 온화한 기온이 얼음을 녹이듯이 부드러운 기운으로 잘못을 고치게 하여야 가정의 평화가 이루어진다.

字源 ▌ 暴(사나울 폭) 日＋龷(出, 낼 추)＋八(두 손의 모양)＋米. 쌀[米]을 햇볕[日]에 쬐려고 손[八]으로 낸다[龷]는 데서, '드러내다'의 뜻. 會意

棄(버릴 기) 㐃(子, 아들 자의 거꾸로 놓은 모양)＋丗(삼태기)＋八(두 손). 아이[子]를 삼태기[丗]에 넣어 두 손[八]으로 던져 '버린다'는 뜻. 會意

言(말씀 언) 䇂(辛, 매울 신의 변형)＋口. 생각을 입[口]으로 곧바로[辛] '말한다'는 뜻. 會意 / 口에서 뜻을, 䇂에서 음을 취함. 形聲

借(빌 차) 亻(人)＋昔(오랠 석). 오래[昔] 사귄 사람[人]끼리 힘을 '빌며' 서로 돕는다는 뜻. 會意 / 亻에서 뜻을, 昔에서 음을 취함. 形聲

他(다를 타) 亻(人)＋也(어조사 야, 뱀 모양을 본뜸). 뱀처럼[也] 싸늘한 사람[人], 곧 '남'이라는 뜻. 會意 / 亻에서 뜻을, 也에서 음을 취함. 形聲

字義 ▌ 隱(은) 숨기다. 諷(풍) 풍자하다. 俟(사) 기다리다. 警(경) 경고하다. 解(해) 풀리다. 凍(동) 얼다.

語義 ▌ 暴怒(폭노) 사납게 성냄. 輕棄(경기) 가볍게 보아 그대로 버려 둠. 隱諷(은풍) 은근히 비유로 깨우쳐 줌. 型範(형범) 법도, 전형적인

규범.

97. 원만하고 관대한 마음으로 세상을 보라

^{차 심} ^{상 간 득 원 만} ^{천 하} ^{자 무 결 함 지 세 계}
此心이 常看得圓滿하면 天下에 自無缺陷之世界요,

^{차 심} ^{상 방 득 관 평} ^{천 하} ^{자 무 험 측 지 인 정}
此心이 常放得寬平하면 天下에 自無險側之人情이라.

文意 ▍ 자기 마음이 보는 것이 항상 원만하면 천하는 저절로 결함 없는 세계가 될 것이요, 자기 마음이 항상 너그럽게 개방되어 있으면 천하에는 저절로 험악한 인정이 없어질 것이다.

要旨 ▍ 내 마음이 원만하면 세상사가 다 원만하고, 내 마음이 항상 관대하면 천하에 험악한 인정은 없을 것이다.

解說 ▍ ≪명심보감≫ 존심편(存心篇)에

'마음이 편안하면 초가집도 안온하고,　　心安茅屋安
　　　　　　　　　　　　　　　　　　　심 안 모 옥 안

성품이 안정되면 나물국도 향기롭다.　　性定菜羹香
　　　　　　　　　　　　　　　　　　　성 정 채 갱 향

세상일은 고요해야 바야흐로 나타나고,　世事靜方見
　　　　　　　　　　　　　　　　　　　세 사 정 방 견

사람의 정은 담담해야 비로소 자란다.'　人情淡始長
　　　　　　　　　　　　　　　　　　　인 정 담 시 장

고 했다. 모든 것은 마음먹기에 달려 있다. 내 마음이 원만하면 이런 마음속에 비치는 세상은 모두 원만해 보이고, 내 마음을 개방하여 관대하게 가지면 세상의 험악한 인정은 자취를 감출 것이다.

字源 ▍ 看(볼 간) 手＋目. 손〔手〕을 눈〔目〕 위에 얹고, 햇빛을 가리며 앞

을 '본다'는 뜻. 會意

缺(이지러질 결) 缶(장군 부)＋夬(나누어 정할 쾌). 질그릇〔缶〕이 흠이 나고 갈라진다〔夬〕는 데서 '헐다' '깨지다'의 뜻이 됨. 會意 / 缶에서 뜻을, 夬에서 음을 취함. 形聲

陷(빠질 함) 阝(阜, 언덕 부)＋"(虎)＋臼(함정의 뜻). 호랑이〔"〕가 언덕〔阝〕의 함정〔臼〕에 '빠지다'의 뜻. 會意 / 阝에서 뜻을, 臽(구덩이 함)에서 음을 취함. 形聲

界(지경 계) 田＋介(끼일 개). 밭〔田〕과 밭 사이〔介〕의 '경계'를 가리킴. 會意 / 田에서 뜻을, 介에서 음을 취함. 形聲

險(험할 험) 阝＋亼(集, 모을 집)＋吅＋从. 여러 사람〔从〕의 입〔吅〕이 모여〔亼〕 산〔阝〕같이 '거칠고' '험하다'의 뜻. 會意 / 阝에서 뜻을, 僉(다 첨)에서 음을 취함. 形聲

字義 ▌ 圓(원) 둥글다.　側(측) 기울어짐.

語義 ▌ 常看得圓滿(상간득원만) 항상 원만할 수 있음을 봄.　寬平(관평) 너그럽고 평온함.　險側(험측) 험하고 흉측함.

---

98. 변절變節하지도, 너무 통제統制하지도 말라

澹泊之士는 必爲濃艶者所疑요　檢飭之人은 多爲放肆者所忌니 君子處此에 固不可少變其操履하고 亦不可太露其鋒芒이라.

文意 ▌ 담박한 것을 좋아하는 선비는 필시 화려한 것을 좋아하는 사람

에게 의심을 받으며, 조심성 있고 엄격한 사람은 방종한 사람에게 기피당할 때가 많다. 군자는 이런 때에 처하여, 진실로 그 지조를 지키고 행함에 조금이라도 변동이 있어서는 안 되며, 또한 그 주장을 날카롭게 내세움이 지나쳐도 안 된다.

要旨▐ 검소한 사람은 사치한 사람에게, 엄격한 사람은 방종한 사람에게 시기를 당한다. 그럴 때일수록 군자는 변절해서도 안 되고 또 지나치게 자기주장을 고집해서도 안 된다.

解說▐ 공자는 ≪논어≫ 자로편(子路篇)에서 말했다.
'군자는 화합하기는 하나 뇌동하지 않고, 소인은 뇌동하기는 하나 화합하지 않는다.(君子和而不同, 小人同而不和.)'
군자는 남과 상대할 때 소신이 다르다고 남의 기분을 상하게 하지 않으나 그렇다고 소신을 굽히고 명리를 위하여 뇌동(雷同)하지 않는다. 그러나 소인은 이와 정반대이다.
또 ≪노자≫ 56장에서
'빛을 조화시켜 티끌을 같이한다.(和光同塵)'
라고 했다. 자기가 가지고 있는 지혜 같은 것을 자랑하는 일 없이 오로지 그것을 보이지 않게 하여 세상 속에 묻어 버린다는 의미이다.
군자는 물욕에 변절해서도 안 되고, 또 너무 자기주장을 내세워 모가 나서도 안 된다. 중용의 길을 걸어야 한다.

字源▐ 泊(배 머무를 박) 氵(水)에서 뜻을, 白에서 음을 취함. 形聲
檢(점검할 검) 木+僉(다 첨). 나무[木] 상자 속에 물건을 넣고 남들이 다[僉] 볼 수 없게 '봉하고' 또 그 봉인을 '검사한다'는 뜻. 會意 / 木에서 뜻을, 僉에서 음을 취함. 形聲
忌(미워할 기) 心에서 뜻을, 己에서 음을 취함. 形聲
履(신 리) 원자는 履. 尸+彳+舟+夂. 사람[尸]이 신[舟]을 신고 걷는다[彳·夂]는 뜻에서 '신' '밟다'의 뜻이 됨. 會意

字義▐ 飭(칙) 삼가다.　操(조) 지조.　鋒(봉) 칼날.　芒(망) 가시, 칼날.

語義▐ 爲(위)A 所(소)B A에게 B당했다. 수동형.　濃艶者(농염자) 화려

한 것을 좋아하는 사람. 檢飭之人(검칙지인) 매사에 조심성 있고, 몸가짐을 삼가는 사람. 放肆者(방사자) 제멋대로 행동하는 방종한 사람. 操履(조리) 지조를 지켜 이행함. 鋒芒(봉망) 창날의 끝, 주견이나 주장.

99. 역경逆境에서 사람은 완성된다

居逆境中이면 周身이 皆鍼砭藥石이라 砥節礪行而不覺하고,

處順境內면 眼前이 盡兵刃戈矛라 銷膏靡骨而不知니라.

文意 ▌ 역경에 처했을 때는 몸의 주위가 모두 침과 약이니, 절개를 갈고 행실을 단련함을 깨닫지 못하고, 순경(順境)에 처했을 때는 눈앞이 모두 칼과 창이라 기름을 녹이고 뼈를 깎음을 알지 못한다.

要旨 ▌ 역경은 괴롭지만 마음의 병을 고치는 좋은 약이 되고, 순탄한 환경은 달콤하지만 몸을 망치는 독약이 된다.

解説 ▌ '좋은 약은 입에는 쓰나 병에는 이롭고, 충성된 말은 귀에는 거슬리나 행동에는 이롭다.(良藥苦於口而利於病, 忠言逆於耳而利於行)' 라는 말은 ≪공자가어(孔子家語)≫ 육본편(六本篇)에 나오는 말이다. 공자는 이 말 가운데
'그러므로 옛날 탕왕(湯王)과 무왕(武王)은 곧은 말로 간하는 것을 들어서 나라가 창성하게 되었고, 걸왕(桀王)과 주왕(紂王)은 그른 말이라도 옳다고 여기다가 나라를 망쳤다. 임금으로서 간하는 신하가 없고, 아비로서 간하는 아들이 없고, 형으로서 간하는 아우가 없고, 선비로서 간하는 친구가 없으면 그 행동에 허물이 없는 자가 없다.'

라고 계속하고 있다. 사람은 모름지기 역경을 거치면서 온갖 시련을 다 겪어야 참된 사람이 되는데 고생길을 걷다 보니 어느 겨를에 수양이 되었는지를 모르는 법이다.

字源 ▮ 周(두루 주) 用＋口. 말[口]할 때, 마음씀[用]이 빈틈없다 하여 '두루'의 뜻이 됨. [會意] / 用에서 뜻을, 口에서 음을 취함. [形聲]

藥(약 약) ＋＋＋樂. 병을 낫게 하여, 기쁘게[樂] 해주는 풀[＋＋], 곧 '약초'를 뜻함. [會意] / ＋＋(약초를 뜻함)에서 뜻을, 樂(즐거울 락)에서 음을 취함. [形聲]

順(순할 순) 川(내 천)＋頁. 물[川]이 흐르듯 생각이 잘 떠올라 얼굴[頁]빛이 '순하다', 또는 물 흐르듯 순리에 따른다 하여 '좇다' '차례'의 뜻이 됨. [會意] / 頁에서 뜻을, 川에서 음을 취함. [形聲]

眼(눈 안) 目(눈 목)에서 뜻을, 艮(그칠 간)에서 음을 취함. [形聲]

兵(군사 병) 斤(도끼 근)＋six(廾, 손 맞잡을 공의 변형). 두 손[廾]으로 도끼[斤]를 든 사람, 곧 '무기'를 든 '군사'를 뜻함. [會意]

字義 ▮ 鍼(침) 침. 砭(폄) 돌침. 礪(려) 숫돌, 갈다. 刃(인) 칼날. 戈(과) 창. 矛(모) 창. 膏(고) 기름, 명치 끝. 靡(미) 썩다.

語義 ▮ 周身(주신) 몸의 주변. 鍼砭(침폄) 쇠로 만든 침과 돌로 만든 침. 藥石(약석) 약과 침. 砥節礪行(지절려행) 절개를 갈고 행실을 단련함. 銷膏靡骨(소고미골) 기름을 녹이고 뼈를 깎음.

100. 부귀富貴하되 방자放恣하면 몸을 망친다

生長富貴叢中的은 嗜欲이 如猛火하고 權勢가 似烈焰하니

若不帶些淸冷氣味하면 其火焰이 不至焚人이나 必將自爍矣

리라.

文意▌ 부귀한 환경 속에서 성장한 사람은 물질적인 욕심이 맹렬한 불같고, 권세가 사나운 불꽃같아서 만일 조금이라도 맑고 서늘한 기미를 띠지 않으면 그 불꽃이 남을 태우기에는 미치지 못하지만, 반드시 장차 자신을 태워 녹여 버릴 것이다.

要旨▌ 부귀한 환경에서 성장한 사람은 대체로 욕심이 많아, 초탈한 기품이 없다면 자신을 망치기가 쉽다.

解說▌ '요원지화(燎原之火)'라는 말이 있다. '벌판을 태우는 불길'이란 뜻으로 무서운 기세로 확대되어가는 모양을 형용한 말이다. ≪서경≫ 반경편(盤庚篇)에서 나온 것으로 그 대목은 다음과 같다.
'너희들이 어찌 내게 알리지도 않고 서로 어울려 뜬소문을 퍼뜨려 민중을 공포 속으로 몰아넣고 있는가? 불이 벌판을 태우게 되면 접근할 수도 없으니 어떻게 그것을 끄겠는가?'
욕설이나 소문 등이 불길같이 일어나 퍼질 때, '요원의 불길' 같다 할 수 있다.
사람이 좋은 환경에서 태어나 자라 훌륭한 사람이 된 예보다는 역경을 헤치고 온갖 고생 끝에 성공한 사람이 더 많다. 윗글에는 부귀한 환경에서 자란 사람들의 병폐가 되기 쉬운 점을 경계하고 있다.

字源▌ 長(길 장) 수염과 머리카락이 '길게' 늘어진 '노인'이 지팡이를 짚고 있는 모양을 본떠 '어른'을 뜻함. 象形
猛(사나울 맹) 犭(犬)에서 뜻을, 孟에서 음을 취함. 形聲
權(권세 권) 木('저울' 만드는 나무)에서 뜻을, 雚(황새 관)에서 음을 취함. 形聲 / 저울질함은 그 무게를 지배하는 것이라 하여 '권세' '권위'의 뜻이 됨. 假借
似(닮을 사) 亻(人)＋以(써 이, 사람이 밭을 가는 모양). 밭 가는[以] 사람[人]들의 모습은 '비슷하다'는 뜻. 會意 / 亻에서 뜻을, 以에서 음을 취함. 形聲

烈(매울 렬) 列(벌일 렬)＋灬(火). 불[火]이 줄지어[列] 붙어 나가는 세차고 '사나운' 기세를 뜻함. [會意] / 灬에서 뜻을, 列에서 음을 취함. [形聲]

字義 ▌ 焰(염) 불꽃. 焚(분) 불사르다. 爍(삭) 녹이다, 태우다.

語義 ▌ 叢中(총중) 다발 속, 모여 있는 환경 속. 嗜欲(기욕) 물질적인 욕심. 烈焰(렬염) 사나운 불꽃. 淸冷氣味(청랭기미) 맑고도 서늘한 기미, 세속을 초월하는 멋. 焚人(분인) 남을 불사름. 自爍(자삭) 자신을 불태워 죽임.

참 고

생장부귀총중적(生長富貴叢中的) 생장부귀총중적인(生長富貴叢中的人) 의 준말로 현대 중국어, 즉 백화(白話)이다. 생장은 동사, 부귀총중 은 보어(부사구), 적은 지(之)와 같이 소유격조사, '의'의 뜻이다. 곧 부귀의 무리 속에서 생장한 사람에서 '사람'이 빠진 것이다. 중국 백 화에는 이런 문법이 많다. '나의 붓'은 '아적필(我的筆, 고문에서는 아지필我之筆)'인데 줄여서 '아적(我的)'이라고 할 수 있다.

---

101. 지성至誠이면 하늘도 움직인다

人心一眞_{인심일진}하면 便霜可飛_{변상가비}하고 城可隕_{성가운}하며 金石可貫_{금석가관}이나, 若_약 僞妄之人_{위망지인}은 形骸徒具_{형해도구}나 眞宰已亡_{진재이망}이라. 對人_{대인}하면 則面目_{즉면목}이 可憎_{가증}하고 獨居_{독거}하면 則形影自媿_{즉형영자괴}니라.

文意 ▋ 사람의 마음이 한결같이 진실되면 곧 서리를 내릴 수도 있고, 성을 무너뜨릴 수도 있으며, 쇠와 돌도 뚫을 수 있다. 그러나 허위에 찬 사람이라면 형태만 헛되이 갖추었을 뿐, 참다운 주체, 곧 자신의 주재자는 이미 망해 버렸으니, 남을 대하면 그 얼굴이 가증스럽고, 홀로 있으면 제 모습과 그림자도 스스로 부끄러워진다.

要旨 ▋ 지성이면 5월에 서리가 내리고, 성도 무너지며, 쇠와 돌도 뚫는다. 그러나 거짓된 사람은, 모습은 사람이나 밉살스럽고 자기 자신도 부끄러워한다.

解說 ▋ 윗글에는 고사(故事)가 많이 들어 있다.

추연강상(鄒衍降霜) : 중국 춘추시대 연(燕)나라 추연이 혜왕(惠王)을 섬겼는데, 왕의 좌우에 있는 사람들이 추연을 모함하여 추연은 옥에 갇혔다. 추연이 억울함을 하늘을 우러러 고하자 무더운 여름에 하늘에서 서리가 내렸다. - ≪회남자(淮南子)≫·≪몽구(蒙求)≫·≪태평어람(太平御覽)≫

기량처(杞梁妻) : 춘추시대 제(齊)나라 기량이 전사(戰死)하자 그의 아내가 탄식하면서 "위로 어버이가 없고 중간에 남편이 없으며, 아래로 자식이 없으니 사람의 지극한 곤경에 이르렀다."하고 그 남편의 시체를 베고 방성대곡하니 하늘도 감동하여 10여일 만에 성벽이 무너졌다. - ≪열녀전(烈女傳)≫·≪고금주(古今注)≫·≪논형(論衡)≫

금석가관(金石可貫) : '양기가 나타나는 곳에는 쇠와 돌도 뚫으니, 정신을 한 번 집중하면 어느 일인들 이루지 못하리오.(陽氣登處 金石可透, 精神一到 何事不成)' - 주자(朱子)의 시

이런 고사를 알고 윗글을 감상해야 본래 뜻을 더 분명히 알 수 있다.

字源 ▋ 霜(서리 상) 雨에서 뜻을, 相에서 음을 취함. [形聲]

飛(날 비) 새가 두 날개를 펴고 하늘 '높이 나는' 모양을 본뜸. [象形]

城(재 성) 土+成. 흙〔土〕으로 이룬〔成〕 것, '성곽' 등을 뜻함. [會意] / 土에서 뜻을, 成에서 음을 취함. [形聲]

貫(뚫을 관) 毋(꿸 관)+貝. 돈〔貝〕을 꿰어〔毋〕, '돈꿰미'를 만든다는 뜻. 또 돈의 무게가 일정하므로 무게 단위인 '관'으로 쓰임. [會意] / 貝에서

뜻을, 丗에서 음을 취함. 形聲

僞(거짓 위) 亻(人)＋爲. 위(僞)라는 원숭이는 사람〔人〕의 거동〔爲〕을 잘 따라하지만, 진짜 사람은 아니라는 데서, '가짜' '거짓'이라는 뜻이 됨. 會意 / 亻에서 뜻을, 爲에서 음을 취함. 形聲

字義 ▮ 隕(운) 떨어지다. 宰(재) 지배자, 재상. 憎(증) 미워하다. 媿 (괴) 부끄럽다. 괴(愧)와 같다.

語義 ▮ 一眞(일진) 한결 같은 진심. 霜可飛(상가비) 서리를 내릴 수 있음. 城可隕(성가운) 성을 무너뜨릴 수 있음. 金石可貫(금석가관) 쇠와 돌도 뚫음. 僞妄(위망) 거짓됨. 徒具(도구) 헛되이 갖춤. 眞宰(진재) 참된 주인. 形影(형영) 형체와 그림자.

102. 문장의 극치는 기교技巧가 없는 것이다

文章이 做到極處하면 無有他奇요 只是恰好며,

人品이 做到極處하면 無有他異요 只是本然이라.

文意 ▮ 문장이 극치에 이르면 별다른 기묘함이 있는 것이 아니라, 다만 꼭 알맞을 따름이다. 인품이 극진한 경지에 이르면 별다른 기이함이 있는 것이 아니라 다만 본래 모습 그대로일 뿐이다.

要旨 ▮ 최고의 문장은 꼭 맞을 뿐이며, 최고의 인품은 본연 그대로이다.

解說 ▮ '도는 천성을 잠시라도 떠날 수 없다. 떠나면 도가 아니다.(道也

者, 不可須臾離也. 可離非道也.)'- ≪중용(中庸)≫

문장이나 사람이나 자연적인 도리를 따라야 한다는 것이다. 문장은 서투른 사람일수록 미사여구(美辭麗句)를 많이 쓰며, 사람도 지각이 없을수록 남에게 나타내 보이려 애를 쓴다.

字源 ▌ 到(이를 도) 至(이를 지)에서 뜻을, 刂(刀, 칼 도)에서 음을 취함. 形聲

品(품수 품) 口(입 구) 셋을 모아 여러 사람이 '품평'하다의 뜻이 됨. 會意 / 물건을 쌓아 놓은 모양을 본뜸. 象形

字義 ▌ 章(장) 글. 做(주) 짓다.

語義 ▌ 做到(주도) 도달함, 주(做)는 작(作)의 뜻. 恰好(흡호) 꼭 맞음, 어울림. 本然(본연) 타고난 본래 모습.

---

103. 현상現象과 실재實在를 구분할 줄 알아 야 한다

이 환 적 언
以幻迹言하면 無論功名富貴하고 卽肢體도 亦屬委形이요,

以眞境言하면 無論父母兄弟하고 卽萬物이 皆吾一體니, 人

能看得破하고 認得眞하면 纔可任天下之負擔하고 亦可脫世

間之韁鎖니라.

文意 ▌ 이 세상의 모든 것을 환상적인 현상으로 본다면 부귀영화는 말할 것도 없고, 자신의 몸뚱이조차 역시 빌려 가진 형체가 되며, 이 세상 모든 것을 참된 경지로 본다면 부모형제는 물론이요, 만물이 모두 나와 한몸이 된다. 사람이 능히 이런 것을 간파하고 진상을 인식할 수 있다면, 비로소 천하의 막대한 짐을 맡을 수 있고, 또한 세속에 의한 속박에서도 벗어날 수 있는 것이다.

要旨 ▌ 세상의 만물을 환상적으로 본다면 부귀공명과 자기 몸까지도 모두 찰나적인 존재이다. 반대로 만물을 실제적인 것으로 본다면 모두 물아일치(物我一致)가 되니, 이 구별을 알아야 천하의 중임(重任)을 맡을 수도 있고 또 초탈할 수도 있다.

解說 ▌ 소동파(蘇東坡)의 〈적벽부(赤壁賦)〉에 '변화하는 입장[現象]에서 본다면 천지는 한순간도 완전하지 아니하고, 변하지 않는다는 입장[實在]에서 본다면 만물과 내가 모두 영원하다.(蓋將自其變者而觀之, 則天地曾不能以一瞬, 自其不變者而觀之, 則物與我皆無盡也.)'
라는 구절이 있는데 윗글과 논리가 비슷하다.
현상계에서 보면 만물은 모두 변하고 실재면[本質面]에서 보면 만물은 영생하는 것이다.

字源 ▌ 屬(붙일 속) 尸(尾, 꼬리 미의 변형) + 蜀(벌레 촉). 짐승 또는 벌레[蜀]의 꼬리[尸]가 등뼈에 이어져 '붙어' 있다는 뜻. 會意 / 尸에서 뜻을, 蜀에서 음을 취함. 形聲
委(맡길 위) ①禾 + 女(威, 위엄 위의 생략). 곡식[禾]을 많이 가진 위엄[女] 있는 자에게 중요한 일을 '맡긴다'는 뜻. 會意 / ②禾 + 女. 여자[女]는 벼[禾]가 고개 숙이듯이, 모든 일을 남자에게 '맡긴다'는 뜻. 會意
父(아비 부) 손에 회초리를 들고 있는 '아버지' 모양을 본뜸. 象形
母(어미 모) 毋(女, 계집 녀) + :. 아이에게 젖[:]을 먹이는 여인[女]이라 하여 '어머니'를 뜻함. 象形 指事
兄(맏 형) 口 + 儿. 말[口]이 남달리 진보된 사람[儿], 곧 '형' 또는 '어른'

의 뜻. 會意

字義 ▌ 幻(환) 허깨비. 迹(적) 자취. 肢(지) 사지(四肢). 擔(담) 짊어
지다. 韁(강) 고삐. 鎖(쇄) 쇠사슬.

語義 ▌ 幻迹(환적) 환상적인 자취, 현상계(現象界). 委形(위형) 자연으
로부터 위탁된 형체. 眞境(진경) 참된 경지, 실재계(實在界). 看得破
(간득파) 보아서 파악함. 認得眞(인득진) 진상을 인식함. 韁鎖(강쇄) 고
삐와 사슬, 속박.

> ### 참 고
>
> 간득파(看得破), 인득진(認得眞) 득(得)자는 후치(後置)조동사로 '능
> (能)'의 뜻이다. '가능'을 나타낸다. 곧 '능간파(能看破, 간파할 수 있
> 다)' '능인진(能認眞, 진실임을 알 수 있다)'에서 '능'을 '득'으로 바꾸
> 어 본동사 뒤에 놓은 것이다. 백화(白話)에서 많이 쓰인다.

---

104. 자제自制하며 분수를 넘지 말라

爽口之味는 皆爛腸腐骨之藥이니 五分이면 便無殃이요,

快心之事는 悉敗身喪德之媒니 五分이면 便無悔니라.

文意 ▌ 입에 맛있는 음식은 모두 창자를 곯게 하고 뼈를 썩게 하는 약
이니 반쯤 먹고 그치면 곧 재앙은 없을 것이며, 마음에 유쾌한 일은
모두가 몸을 망치고 덕을 잃게 하는 매개물이니, 반쯤에서 그치면 곧
후회가 없을 것이다.

要旨 ▮ 좋은 음식은 과식하여 몸을 다치기 쉽고, 유쾌한 일은 빠지면 패가망신하기 쉽다.

解說 ▮ 주색잡기(酒色雜技)는 상구지미(爽口之味)와 쾌심지사(快心之事)를 겸했다고 할 수 있다. 주(酒)는 술, 색(色)은 남녀간의 욕정(欲情), 잡기(雜技)는 투전·골패 등 여러 가지 노름을 말하는데 이 세 가지를 묶어 숙어를 만들 때 왜 술을 맨 앞에 놓았는가를 생각해 보자. 술을 많이 마셔 패가망신하는 것보다는 이성을 잘못 사귀고 노름을 하여 패가망신하는 것이 더 심할 것 같다.

그러나 그렇지가 않다. 색과 잡기는 그 하는 시기가 짧다. 잡기로 말하면 며칠씩 새우기가 어렵고, 나이가 들면 눈이 보이지 않고 수족이 아파 단념하게 된다. 색도 젊었을 때 하는 것이요 늙어 기운이 없으면 하지 못한다. 그러나 술은 시기가 없고 나이가 많음도 관계없고 이가 없어도, 눈이 멀어도, 심지어는 자기가 곧 들어가야 할 관을 옆에 놓고도 끝까지 술을 마시다가 죽는 이도 있다. 이같이 시간적으로나 양적으로나 많이 마시고 취하면 색을 찾고 술값을 내기하여 노름을 하니, 술이 원수가 된다. 그래서 술을 맨 앞에 놓았을 것이다. 옛날 사람들의 조어(造語) 능력도 꽤 과학적인 것 같다.

字源 ▮ 爛(밝을 란) 火에서 뜻을, 闌(난간 란)에서 음을 취함. 形聲
腐(썩을 부) 府(곳집 부)+肉. 곳간〔府〕에 오래 둔 고기〔肉〕는 '썩는다'는 뜻. 會意 / 肉에서 뜻을, 府에서 음을 취함. 形聲
骨(뼈 골) 冎(살 발라낼 과)+月(肉). 살〔肉〕을 발라낸〔冎〕후의 '뼈'를 뜻함. 會意 / 月에서 뜻을, 冎에서 음을 취함. 形聲
五(다섯 오) 가로 3획〔三〕에 세로 2획〔刂〕을 그어 '다섯'을 나타냄. 指事

字義 ▮ 爽(상) 시원하다. 殃(앙) 재앙. 悉(실) 모두. 媒(매) 중매자.

語義 ▮ 爽口之味(상구지미) 입에 상쾌한 맛, 곧 맛있는 음식. 爛腸腐骨(란장부골) 창자를 곯게 하고, 뼈를 썩게 함. 五分(오분) 반(半), 10분의 5. 快心之事(쾌심지사) 마음에 상쾌한 일. 敗身喪德(패신상덕) 몸을 망치고 덕을 상실함.

105. 성실과 용서로 남을 대하라

_{불 책 인 소 과}
不責人小過하고　_{불 발 인 음 사}
不發人陰私하며　_{불 념 인 구 악}
不念人舊惡하라.　_{삼 자}
三者는
_{가 이 양 덕}
可以養德하고　_{역 가 이 원 해}
亦可以遠害니라.

文意 ▮ 남의 작은 허물을 꾸짖지 말고, 남의 개인적인 비밀을 들추어
내지 말고, 남의 지난날의 잘못을 생각하지 말라. 이 세 가지는 가히
덕을 기르고, 또한 해를 멀리할 수 있다.

要旨 ▮ 남을 꾸짖지 말고, 남의 비밀을 보장하고, 과거의 잘못을 염두
에 두지 않는 것, 이 세 가지는 덕을 쌓고 화를 물리치는 지름길이다.

解說 ▮ ≪논어≫ 공야장편(公冶長篇)에서 공자가 말하기를
'백이와 숙제는 지난날의 나빴던 일을 생각하지 않았고, 원망하는 일이
드물었다.(伯夷叔齊不念舊惡, 怨是用希)'
라고 한 데서 불념인구악(不念人舊惡)이란 말이 생겼다. 또 ≪명심보감≫
정기편(正己篇)에도
'귀로 남의 그릇됨을 듣지 아니하고, 눈으로 남의 단점을 보지 않으며,
입으로 남의 잘못을 말하지 않아야 거의 군자라 하리라.(耳不聞人之非,
目不視人之短, 口不言人之過, 庶幾君子.)'
라고 하였다. 남의 사소한 잘못이나 비밀, 지난날의 악을 들추지 않는
인내력부터 기를 것이요, 이 세 가지에 힘쓰면 덕은 저절로 쌓아지고,
화는 영원히 면할 것이다.

字源 ▮ 責(꾸짖을 책) 朿(束, 가시랭이 치)＋貝. 빌린 돈[貝]을 갚으라고
재촉[朿]한다 하여 '조르다' '꾸짖다'의 뜻이 됨. 會意 / 貝에서 뜻을, 朿
에서 음을 취함. 形聲
陰(그늘 음) 阝(阜, 언덕 부)＋侌(陰의 옛 자). 언덕[阜]이 가려 햇빛이

들지 않는 '그늘'을 뜻함. [會意] / 阝에서 뜻을, 侌에서 음을 취함. [形聲]

舊(옛 구) 萑(풀 우거질 추, 머리에 털이 난 올빼미를 가리킴. 올빼미는 '오래' 머문다는 뜻)에서 뜻을, 臼(절구 구)에서 음을 취함. [形聲]

字義 ▋ 遠(원) 멀리하다, 멀다. 害(해) 해로움, 해치다.

語義 ▋ 陰私(음사) 개인적인 비밀. 不念人舊惡(불념인구악) 남의 지난날 잘못을 생각하지 말라.

106. 처신處身과 용심用心을 조절하라

士君子는 持身을 不可輕이니 輕則物能撓我하여 而無悠閒 鎭定之趣요, 用意를 不可重이니 重則我爲物泥하여 而無瀟 洒活潑之機라.

文意 ▋ 선비는 몸가짐을 가벼이 해서는 안 되는 것이니, 가벼이 하면 곧 사물이 나를 움직여 여유 있고 침착한 맛이 없게 한다. 마음씀에 있어서는 무겁게 해서는 안 되는 것이니, 무겁게 하면 곧 내가 사물에 얽매이게 되어 산뜻하고 활발한 기상이 없어지게 된다.

要旨 ▋ 선비는 몸가짐을 가볍게 하지 말고, 마음씀을 너무 무겁게 하지 말라. 몸가짐이 가벼우면 진중한 면이 없어지고, 욕심이 무거우면 말쑥하고 활발한 생기가 없어진다.

解說 ▋ 윗글에서 '아위물니(我爲物泥)'의 '위(爲)'는 피동을 나타낸다. 곧

'아위물소니(我爲物所泥)'의 준말로 본다. '나는 사물에게 구속당한다'는 뜻이다. 여기의 '니(泥)'는 ≪논어≫ 자장편(子張篇)에 나온 것과 같다. 곧

'자하가 말하였다. "작은 도라 할지라도 거기에는 반드시 볼 만한 것이 있을 것이나, 그것을 멀리까지 따라간다면 집착[구니拘泥]될까 두려워서, 군자는 그런 것에 종사하지 않는 것이다."(子夏曰, 雖小道 必有可觀者焉. 致遠恐泥, 是以君子不爲也.)'

라고 했다. 여기서 작은 도는 인륜의 대도(大道) 이외의 농업, 의술, 점술(占術) 등의 여러 기술을 말한다.

군자의 처신은 경망되어서는 안 되고, 욕심은 너무 둔중(鈍重)해서도 안 됨을 강조하고 있다.

字源 ▌ 持(가질 지) 扌(手)에서 뜻을, 寺(관청 시)에서 음을 취함. 形聲
悠(멀 유) 心에서 뜻을, 攸(곳 유)에서 음을 취함. 形聲
鎭(진정할 진) 金＋眞. 쇠붙이[金]같이 참으로[眞] 무거운 것을 올려놓고 '누른다'는 뜻. 會意 / 金에서 뜻을, 眞에서 음을 취함. 形聲
定(정할 정) 宀＋疋(正, 바를 정의 변형). 집[宀]에서 바른[疋] 자세로 앉는다 하여 어떤 자리를 '정한다'는 뜻이 됨. 會意 / 宀에서 뜻을, 疋에서 음을 취함. 形聲
重(무거울 중) 사람이 '무거운' 짐을 지고 선 모양을 본뜸. 象形 / 壬(싹나올 정, 싹이 '포개어' 나온다는 뜻)에서 뜻을, 東에서 음을 취했다고도 함. 形聲

字義 ▌ 撓(요) 어지럽히다, 구부리다.   悠(유) 한가하다.   鎭(진) 편안하게 하다, 진압하다.

語義 ▌ 撓我(요아) 나를 휘둘러 어지럽힘.   悠閒(유한) 마음이 너그러워 여유 있음.   泥(니) 얽매임, 구니(拘泥).   機(기) 생기(生氣).

107. 인생은 무상하니 세월을 헛되이 보내지 말라

天地는 有萬古나 此身은 不再得이오 人生은 只百年이나 此日이 最易過라. 幸生其間者는 不可不知有生之樂하고 亦不可不懷虛生之憂라.

文意┃ 하늘과 땅은 영원히 있지만, 이 몸은 두 번 다시 태어날 수 없는 것이고, 인생은 다만 백 년에 불과하지만, 오늘 하루가 가장 쉽게 지나가 버린다. 다행히 그 사이에 태어난 사람인 바에야 삶의 즐거움을 알지 못해서도 안 될 것이며, 또한 헛된 삶에 대한 근심을 품지 않아서도 안 된다.

要旨┃ 천지에 비하여 인생은 짧고, 세월은 쏜살같이 지나간다. 백 년도 못 되는 인생, 삶의 즐거움을 찾고 또 헛되이 사는 근심도 품어야 한다.

解說┃ '백구과극(白駒過隙)'이란 말이 있다. ≪장자≫ 지북유편(知北遊篇)에
'사람이 천지간에 태어난 것은 마치 흰 망아지가 문틈을 지나가는 것과 같이 빠를 뿐이다.(人生天地間, 若白駒之過隙, 忽然而已.)'
라고 한 데서 나온 말로, 인생이 덧없이 짧음을 일컫는다.
또 초로인생(草露人生) 또는 조로인생(朝露人生)이란 말이 있다. 인생은 풀 위의 이슬 또는 아침이슬과 같아 잠깐 살고 가는 것이다. 이 짧은 동안에 즐거움을 누려야 하고, 또 후회 없는 삶을 살기 위하여 절제해야 한다.

字源 ▌ 再(두 재) 一＋冉(冓, 재목 어긋매껴 쌓을 구의 획 줄임). 쌓아 놓은 재목[冉] 위에 한 번[一] 더 쌓는다는 데서, '거듭' '다시' '두 번'의 뜻이 됨. 會意

百(일백 백) 一(숫자)에서 뜻을, 白에서 음을 취함. 形聲

年(해 년) 본자는 秊. 禾＋千. 모든[千] 곡식[禾]들이 한 번 익는 기간을 가리켜 '한 해'의 뜻. 會意 / 禾에서 뜻을, 千에서 음을 취함. 形聲

易(쉬울 이·바꿀 역) 도마뱀을 본뜸. 도마뱀의 빛깔이 햇빛[日]에 의해 잘 변한다 해서 '바꾸다' '바뀌다'의 뜻이 됨. 象形

幸(다행 행) 본자는 㚔. 夭(일찍 죽을 요)＋屰(거스릴 역). 일찍 죽지[夭] 않는 것[屰]은 '다행'이라는 뜻. 會意

字義 ▌ 懷(회) 품다. 虛(허) 허무하다, 비다.

語義 ▌ 萬古(만고) 영원함. 最易過(최이과) 가장 쉽게 지나감. 有生之樂 (유생지락) 세상에 태어나 살아 있는 즐거움. 虛生(허생) 아무 보람 없이 보내는 헛된 삶.

---

108. 은덕과 원한을 모두 잊게 하라

怨因德彰이라 故로 使人德我로는 不若德怨之兩忘이오, 仇 因恩立이라 故로 使人知恩으로 不若恩仇之俱泯이라.

文意 ▌ 원한은 은덕으로 인하여 나타난다. 그러므로 남들로 하여금 나에게서 은덕을 느끼게 하는 것은 은덕과 원망을 모두 잊게 하는 것만 같지 못하다. 원수는 은혜로 인하여 생기는 것이니, 남들로 하여금 나

의 은혜를 알게 하는 것은 은혜와 원수를 함께 없애 버림만 같지 못하다.

要旨 ▮ 원한은 일방적인 은덕 때문에 생기니 원한과 은덕을 함께 잊게 함이 좋고, 원수는 일방적인 은혜 때문에 생기니 원수와 은혜를 함께 없앰이 낫다.

解說 ▮ '은혜를 베풀었거든 갚기를 바라지 말고, 남에게 주었거든 후회하지 말라.(施恩勿求報, 與人勿追悔)'
는 말이 ≪명심보감≫에 있고, 또
'남에게 베풀었거든 삼가 생각하지 말고, 남의 은혜를 입었거든 삼가 잊지 말라.(施人愼勿念, 受施愼勿忘)'
고도 했다.
한 사람에게 덕이나 은혜를 베풀면 다른 쪽에서는 원망하는 경우가 허다하고, 또 덕이나 은혜를 베푼 다음, 갚기를 바라면 도리어 원수가 되는 경우를 종종 본다. 그래서 덕이나 은혜를 베풀어도 원망이나 원수가 생기지 않도록 내세우지 말 것이다.

字源 ▮ 因(인할 인) 口+大. 네모진 요[口] 위에 사람[大]이 누워 있는 모양에서 '의지하다'의 뜻이 됨. 會意
兩(두 량) 두 마리의 동물이 각각 우리에 있는 모양에서 '둘'이라는 뜻이 됨. 象形 / 저울 모양을 본뜸. 象形
俱(다 구) 亻(人)+具(갖출 구). 사람[人]을 골고루 갖추어[具] 쓰면 '함께' 도와 일이 '다' 잘된다는 뜻. 會意 / 亻에서 뜻을, 具에서 음을 취함. 形聲

字義 ▮ 彰(창) 드러내다. 仇(구) 미워하다, 원수. 泯(민) 사라지다.

語義 ▮ 使人德我(사인덕아) 사람들로 하여금 은덕을 느끼게 함. 사(使)는 사역조동사, 덕(德)이 동사. 俱泯(구민) 모두 함께 없앰.

109. 가득 차면 기울어지니 더욱 조심하라

老來疾病은 都是壯時招的이오 衰後罪孽은 都是盛時作的이
라. 故로 持盈履滿을 君子尤兢兢焉이라.

文意 늘그막에 생기는 병은 모두 젊었을 때에 불러들인 것이고, 운
수가 쇠퇴한 뒤에 생기는 재앙은 모두가 한창 번성했을 때 만들어 놓
은 것이다. 그러므로 부귀를 가득히 누리고 있을 때에 군자는 더욱 삼
가고 조심해야 한다.

要旨 사람은 젊었을 때에 양생(養生)에 힘쓰고, 한창 번성했을 때
덕을 쌓아야 한다.

解說 '긍긍(兢兢)'은 '전전긍긍(戰戰兢兢)'의 준말이다. '전전'은 무서워
떠는 모양이요, '긍긍'은 조심해 몸을 움츠리는 모양이다. 합해서 두려워
하고 조심하는 것을 말한다. 이 말은 ≪시경(詩經)≫ 소아(小雅) 소민장
(小旻章)에서 나왔다.

'감히 범을 맨손으로 잡지 않고	不敢暴虎 불 감 포 호
감히 배 없이 황하를 건너지 않네.	不敢馮河 불 감 풍 하
사람은 그 하나만 알고	人知其一 인 지 기 일
그 밖의 것은 알지 못하네.	莫知其他 막 지 기 타
두려워 조심조심하며	戰戰兢兢 전 전 긍 긍
깊은 못가에 다다른 듯	如臨深淵 여 림 심 연
엷은 얼음을 밟듯 하네.'	如履薄氷 여 리 박 빙

군자는 깊은 못가에 이른 듯, 엷은 얼음을 밟듯 매사에 조심하고 경계해야 한다.

字源 ▌ 老(늙을 로) 허리 굽은 늙은이가 지팡이를 짚고 있는 모습. 象形

壯(장할 장) 爿(조각널 장, 무기)＋士(선비 사). 무기[爿]를 들고, 싸울 수 있는 남자[士]라는 데서 '씩씩하다' '굳세다'의 뜻이 됨. 會意 / 士에서 뜻을, 爿에서 음을 취함. 形聲

招(부를 초) 扌[手]＋召(부를 소). 손짓[手]하여 부른다[召]는 뜻. 會意 / 扌에서 뜻을, 召에서 음을 취함. 形聲

衰(쇠할 쇠) '도롱이(풀로 엮은 비옷)'나 '상복' 입은 상주(喪主)의 모습이 파리하고, '쇠약하다'는 것을 나타냄. 象形

罪(허물 죄) 罒(网, 그물 망)＋非(아닐 비). 그물[罒]로 물고기를 잡듯이, 그릇된[非] 사람을 잡는다는 데서, '죄' 또는 '죄받다'의 뜻이 됨. 會意 / 罒에서 뜻을, 非에서 음을 취함. 形聲

字義 ▌ 孼(얼) 재앙. 履(리) 신다, 밟다. 兢(긍) 조심하다.

語義 ▌ 老來(로래) 늘그막. 都是(도시) 모두 …이다. 壯時(장시) 장년시대, 젊었을 때. 招的(초적) 부른 것. 적(的)은 지(之)의 뜻으로 '것'에 해당함. 백화(白話)에서 씀. 衰後(쇠후) 운수가 쇠퇴한 뒤. 罪孼(죄얼) 죄의 대가인 재앙. 盛時(성시) 한창 때. 持盈履滿(지영리만) 가득 찬 것을 지니고 가득함을 밟는다. 곧 부귀가 절정에 이름. 兢兢(긍긍) 삼가 두려워함. 전전긍긍(戰戰兢兢).

110. 사적私的인 은혜를 버리고 공론公論을 따르라

市私恩은 不如扶公議요 結新知는 不如敦舊好며, 立榮名은
不如種隱德이요 尙奇節은 不如謹庸行이라.

文意┃ 사사로이 은혜를 베푸는 것은 여론을 잡는 것만 같지 못하고, 새로운 친구를 사귀는 것은 옛 친구와의 우정을 돈독히 하는 것만 같지 못하며, 영광된 명성을 세우는 것은 숨은 덕행을 베푸는 것만 같지 못하고, 특이한 절개를 숭상하는 것은, 평소의 행실을 삼가느니만 같지 못하다.

要旨┃ 공론을 따르고 옛 벗을 더 사랑하며 은덕(隱德, 숨은 덕행. 남이 모르게 베푸는 은덕恩德)을 베풀고 평소의 행실을 삼가라.

解說┃ '오래도록 사귀어 온 친구는 큰 잘못이 없으면 버리지 않는다.(故舊無大故 則不棄也)'
라고 주공(周公)이 아들인 백금(伯禽)에게 말했다. ≪논어≫ 미자편(微子篇)에 나온 말이다. 또
'옷은 새 옷이 좋고, 사람은 옛사람이 좋다.(衣以新爲好, 人以舊爲好)'
라는 속담이 있다. 이 말은
'그릇은 옛것을 구하지 아니하고, 사람은 오직 옛사람을 찾는다.(器非求舊 人惟求舊)'
라고도 쓴다.
중국 춘추시대의 안자(晏子)는 제(齊)나라 대부(大夫)였다. 그는 사람들과 교제를 잘했는데 오래 사귈수록 더욱 공경했다. 그래서 공자도 ≪논어≫ 공야장편(公冶長篇)에서

'안평중〔안자〕은 사람과 더불어 잘 사귀었다. 오랫동안 사귀면서도 그를 공경하였다.(晏平仲 善與人交 久而敬之)'

라고 했다. 사사로이 은혜를 베풀어 당파를 만드는 것보다는 공론을 잡고 나아감이 낫고, 새 친구보다 옛 친구와의 우정을 돈독히 함이 나으며, 공연히 명성만 바라지 말고 음덕을 베풀고, 기이한 절개를 세울 것이 아니라 일상생활에서 모범을 보여야 할 것이다.

字源▮ 市(저자 시) 亠(之, 갈 지의 변형)+了(마칠 료, 及의 뜻)+冂(빌 경). 사람들이 어떤 장소〔冂〕로 가서〔亠〕, 모여들면〔了〕, '매매(買賣)'가 이루어지고, '시장'이 된다는 뜻. 會意

扶(도울 부) 扌(手)에서 뜻을, 夫(지아비 부)에서 음을 취함. 形聲

公(귀 공) 八+厶. 사사로운 것〔厶〕을 남들과 나누어〔八〕 숨김없이 '공평'하게 한다는 뜻. 會意

議(의논할 의) 言+義. 옳은〔義〕 일에 대하여 의견을 말한다〔言〕는 데서, '상의하다'는 뜻이 됨. 會意 / 言에서 뜻을, 義에서 음을 취함. 形聲

結(맺을 결) 糸(실은 '맺는다'는 뜻)에서 뜻을, 吉(길할 길)에서 음을 취함. 形聲

字義▮ 敦(돈) 도탑다, 돈독히 하다.

語義▮ 市私恩(시사은) 사사로운 은혜를 팖. 公議(공의) 공정한 여론, 공론(公論). 結新知(결신지) 새로운 친구를 사귐. 舊好(구호) 옛 친구. 榮名(영명) 영예로운 명성. 隱德(은덕) 남 몰래 베푸는 덕행. 奇節(기절) 특이한 절개. 庸行(용행) 평소의 행실.

111. 공론公論을 범하거나 권문權門에 아첨하지 말라

公^공平^평正^정論^론은 不^불可^가犯^범手^수니 一^일犯^범하면 則^즉貽^이羞^수萬^만世^세하고, 權^권門^문私^사竇^두는 不^불可^가著^착脚^각이니 一^일著^착하면 則^즉點^점汚^오終^종身^신이라.

文意 ▮ 공평하고 올바른 의견에는 손을 대지 말라. 한 번 손을 대어 범하면 수치가 만세에 남을 것이다. 권세 있는 집안과 사리사욕을 도모하는 소굴에는 발을 들여놓지 말라. 한 번 발을 들여놓으면 평생토록 더러운 낙인이 찍히게 된다.

要旨 ▮ 사정(私情)에 이끌리어 정론(正論)을 반대하다가는 영원히 부끄러움을 남기고, 사리사욕을 꾀하여 권문세가를 쫓아다니다가는 평생토록 오점(汚點)을 남긴다.

解說 ▮ '부귀여부운(富貴如浮雲)'은 '부귀는 뜬 구름같이 허무하다'는 말로 ≪논어≫ 술이편(述而篇)에서 공자가 한 말이다.
'거친 밥을 먹고 물을 마시고 팔을 베고 누웠어도 즐거움은 그 가운데 있으니, 옳지 않으면서 부귀한 것은 나에게는 뜬 구름 같다.(飯疏食飲水, 曲肱而枕之, 樂亦在其中, 不義而富且貴, 於我如浮雲.)'
우리나라 노랫가락 중에도 이런 의미가 들어 있는 것이 있다.
'나물 먹고 물 마시고 팔을 베고 누웠으니
대장부 살림살이 이만하면 족하도다.'
그러나 공자의 이 말에는 전제가 있다. 불의(不義)가 그것이다. 의롭지 않은, 곧 부정한 부귀는 나에게 뜬 구름 같다고 했다. 그래서 유가(儒家)사상에 속한다.
사리사욕에 눈이 어두워 공론을 곡해하여 반대를 위한 반대를 하거나,

아첨의 소굴인 권문세가에 발을 붙이는 것은 수양에 힘쓰는 선비로서는 본받을 것이 못된다.

字源 ▌ 犯(범할 범) 犭(犬)＋㔾(節, 마디 절의 옛 글자). 개〔犬〕가 사람의 몸〔㔾〕을 물려고 하는 모양. 會意 / 犭에서 뜻을, 㔾에서 음을 취함. 形聲

手(손 수) 손가락을 편 모양을 본뜸. 象形

門(문 문) 두 문짝의 모양을 본뜸. 象形

脚(다리 각) 원자는 腳. 月(肉)＋卻(뒤로 물릴 각). 사람이 앉을 때 뒤로 놓는〔卻〕 몸〔月〕의 부분, 곧 다리를 뜻함. 會意 / 月에서 뜻을, 卻에서 음을 취함. 形聲

汚(더러울 오) 氵(水)에서 뜻을, 亐(于, 이에 우)에서 음을 취함. 形聲

字義 ▌ 竇(두) 구멍, 소굴. 點(점) 점찍다.

語義 ▌ 正論(정론) 올바른 의견. 犯手(범수) 손을 대어 범함. 사적(私的)인 일을 위해 반대하는 행위. 貽羞(이수) 부끄러움을 남김. 私竇(사두) 사적인 이익을 도모하는 사람들의 소굴(巢窟). 著脚(착각) 발을 들여놓음. 點汚(점오) 더러운 낙인이 찍히다.

---

112. 신념으로 일관—貫하라

<ruby>曲<rt>곡</rt></ruby><ruby>意<rt>의</rt></ruby><ruby>而<rt>이</rt></ruby><ruby>使<rt>사</rt></ruby><ruby>人<rt>인</rt></ruby><ruby>喜<rt>희</rt></ruby>는 <ruby>不<rt>불</rt></ruby><ruby>若<rt>약</rt></ruby><ruby>直<rt>직</rt></ruby><ruby>躬<rt>궁</rt></ruby><ruby>而<rt>이</rt></ruby><ruby>使<rt>사</rt></ruby><ruby>人<rt>인</rt></ruby><ruby>忌<rt>기</rt></ruby>하고,

<ruby>無<rt>무</rt></ruby><ruby>善<rt>선</rt></ruby><ruby>而<rt>이</rt></ruby><ruby>致<rt>치</rt></ruby><ruby>人<rt>인</rt></ruby><ruby>譽<rt>예</rt></ruby>는 <ruby>不<rt>불</rt></ruby><ruby>若<rt>약</rt></ruby><ruby>無<rt>무</rt></ruby><ruby>惡<rt>악</rt></ruby><ruby>而<rt>이</rt></ruby><ruby>致<rt>치</rt></ruby><ruby>人<rt>인</rt></ruby><ruby>毁<rt>훼</rt></ruby>니라.

文意 ▌ 자기 뜻을 굽혀 남을 기쁘게 하는 것은 자신의 행실을 곧게 하여 남들로 하여금 미워하게 하느니만 못하고, 좋은 일을 한 일도 없이

남에게 칭찬 받는 것은, 나쁜 일도 하지 않고 남에게 비방을 받느니만 못하다.

풋늬 ▌ 남의 환심을 사기 위하여 일부러 굽히는 것보다는 곧아서 미움을 사는 게 낫고, 선행도 없이 칭찬 받는 것보다는 악행도 없이 억울하게 비방 받는 것이 낫다.

解說 ▌ '향원(鄕原)'이란 단어가 있다. 시골 사람 모양으로 매우 삼가는 것을 말한다. 원(原)은 삼갈 원(愿)자와 통한다. 공자는 ≪논어≫ 양화편(陽貨篇)에서 말했다.
'시골에서 후하면서 틀림없는 듯이 구는 것은 덕을 해치는 것이다.(鄕原, 德之賊也)'
맹자는 이 내용을 더 자세히 설명하고 있다. ≪맹자≫ 진심장(盡心章) 하(下)에 보이는데, 맹자의 제자 만장(萬章)이 맹자에게 공자의 말에 대한 내용을 물으니 맹자는 이렇게 설명했다.
'그런 사람은 속세와 동화하고 더러운 세상과 합류하며, 가만히 있으면 충실하고 미더운 것 같고, 행동함은 결백한 것 같아서 모두 그를 좋아한다. 자기도 그것이 옳다고 여기는데, 요순(堯舜)의 도와는 맞지 않는다. 그래서 공자는 덕을 해친다고 하였다.'
사람은 주관이 있고, 맺고 끊는 것이 있어 술에 술 탄 듯, 물에 물 탄 듯, 엄벙덤벙 우물거리는 것은 신사답지 못하다. 모름지기 신념을 가지고 외곬로 매진할 따름이다.

字源 ▌ 曲(굽을 곡) 물건을 넣는 그릇의 '굴곡'을 본떠, '굽다'의 뜻이 됨. 象形
致(이룰 치) 至+夂(夊, 천천히 걸을 쇠의 변형). 어떤 것을 천천히 뒤따라[夂] 다다른다[至]는 데서 '이르다' '이루다'의 뜻이 됨. 會意 / 夂에서 뜻을, 至에서 음을 취함. 形聲
毀(헐 훼) 毇(毇, 쌀 정미할 훼)+土. 쌀을 정미하여[毇] 질그릇[土]에 담으면, 처음보다 모자란다는 데서 '줄어든다'는 뜻이 되고, 또 쌀을 담는 그릇은 잘 깨진다는 데서 '훼손'의 뜻이 됨. 會意 / 土에서 뜻을, 毇에서 음을 취함. 形聲

語義 ▌ 曲意(곡의) 자기 의견을 굽힘. 直躬(직궁) 자기 행실을 곧게 함.
致人譽(치인예) 남의 칭찬을 받음.

113. 골육骨肉 사이의 일에는 침착하라

처부형골육지변
處父兄骨肉之變하면 宜從容하고 不宜激烈하며,
의종용   불의격렬

우봉우교유지실
遇朋友交遊之失하면 宜剴切하고 不宜優游니라.
의개절   불의우유

文意 ▌ 부모형제 사이에 변이 생기면 마땅히 침착해야 할 것이요, 격해지면 안 된다. 친구 사이에 허물을 보았거든 마땅히 적절하게 충고해야 할 것이요, 주저해서는 안 된다.

要旨 ▌ 부모형제 등 골육의 변을 당해서는 침착하게 대처하고, 친구의 잘못을 보았을 때는 주저 말고 간절히 충고하라.

解說 ▌ 중국 춘추시대 오패(五覇) 중에서도 제환공이 가장 뛰어났다. 그는 관중(管仲)과 포숙아(鮑叔牙)의 도움으로 천하의 패왕(覇王)이 되어 천하를 호령했다. 그러나 그도 사람인지라 재위 43년에 73세의 나이로 세상을 떠났다. 제환공은 왕비가 3명 있었으나 혈육이 없었고, 후궁이 6명이었는데 각기 아들 하나씩을 낳아 모두 6명의 아들이 있었다. 제환공이 죽자 태자 소(昭)는 신변의 위험을 느껴 송(宋)나라로 도망가고, 장자 무휴(無虧) 등 5형제가 왕위 쟁탈전으로 부왕의 장례를 치를 계제가 되지 못했다. 간신히 노대신들의 중재로 임시로 장남이 왕위를 계승, 상주가 되어 제환공을 2개월 만에 장사 지냈는데 시체에서 개미떼같이 벌

레가 나올 정도로 부패해 있었다.

부모나 형제, 또는 처자가 사망했을 때, 곧 골육지변을 당했을 때는 침착하게 일을 치러야지 왕위쟁탈전 때문에 장례도 제대로 치르지 못하는 일이 있어서는 안 될 것이다.

字源 ▌ 肉(고기 육) 고기를 저며 놓은 모양을 본뜸. 象形

激(심할 격) 氵(水, 물이 암석에 충돌하여 '부딪친다'는 뜻)에서 뜻을, 敫(노래할 교)에서 음을 취함. 形聲

朋(벗 붕) ①봉황의 두 날갯깃을 본뜸. 봉황이 날 때는 뭇새들이 '벗'하여 난다는 것을 뜻함. 象形 ②조개[貝]나 옥(玉)을 나란히 엮어 만든 장식을 본뜸. 象形

遊(놀 유) 辶+斿(깃발 유). 아이들이 깃발[斿]을 들고 다니며[辶] '논다'는 뜻. 會意 / 辶에서 뜻을, 斿에서 음을 취함. 形聲

切(끊을 절) 七+刀. 칼[刀]로 여러 번[七] '온통' '잘라낸다'는 뜻. 會意 / 刀에서 뜻을, 七에서 음을 취함. 形聲

字義 ▌ 剴(개) 간절하다, 낫. 游(유) 헤엄치다, 놀다.

語義 ▌ 骨肉(골육) 매우 가까운 혈연관계. 從容(종용) 침착함. 剴切(개절) 적절하게 충고함. 優游(우유) 우유부단하고 우물쭈물 주저함.

---

114. 매사에 치밀하고 끝까지 꿋꿋하라

小處^{소처}에 不滲漏^{불삼루}하고 暗中^{암중}에 不欺隱^{불기은}하며 末路^{말로}에 不怠荒^{불태황}하면

纔是個眞正英雄^{재시개진정영웅}이라.

文意 ▌ 작은 일에도 물샐 틈이 없고, 어둠 속에서도 속이거나 숨기지 않으며, 일에 실패했을 때도 나태하거나 포기하지 않는다면, 이런 사람이야말로 진정한 영웅이다.

要旨 ▌ 매사에 치밀하고 속임이 없으며 자포자기(自暴自棄)하지 않으면 진정한 영웅이다.

解說 ▌ '근심은 소홀한 데서 생기고, 화는 미세한 데서 일어난다.(害生於疏忽, 禍起於微細.)' − ≪설원(說苑)≫
방죽도 개미구멍으로 무너지는 법, 눈에 보이지 않는 병균 때문에 사람은 죽기도 한다. 작다고 무시했다가는 큰코다치기 마련이다.
'사람의 사사로운 말도 하늘이 듣는 것은 우레와 같고, 어두운 방에서 마음을 속여도 귀신의 눈은 번개와 같다.(人間私語 天聽若雷, 暗室欺心 神目如電)' − ≪명심보감≫ 천명편(天命篇)
낮말은 새가 듣고 밤말은 쥐가 듣는 법, 아무도 없는 곳에서라도 떳떳하게 행동할 것이다.
'권토중래(捲土重來)'란 말이 있다. 이 말은 '땅을 휘말아 다시 온다'는 뜻으로 한 번 실패했다가 힘을 돌이켜 다시 쳐들어옴, 어떤 일에 실패한 뒤에 힘을 쌓아 다시 그 일에 착수함의 뜻이다.
이 말은 중국 만당(晚唐)의 시인 두목(杜牧)의 〈오강정시(烏江亭詩)〉에서 나왔다.

'승패는 병가도 기약할 수 없으니	勝敗兵家不可期 승 패 병 가 불 가 기
부끄러움 안고 치욕을 참음이 사나이라네.	包羞忍恥是男兒 포 수 인 치 시 남 아
강동의 자제들에 호걸이 많으나	江東子弟多才俊 강 동 자 제 다 재 준
권토중래는 아직 없느니.'	捲土重來未可知 권 토 중 래 미 가 지

작은 일이라고 소홀히 여기지 말고, 남이 안 본다고 양심을 속이지 말며, 실패했어도 끝내 권토중래할 줄 알아야 참된 영웅이다.

字源 ▌ 漏(샐 루) 氵(水)＋尸(屋, 집 옥의 일부)＋雨. 비[雨]가 와서 집

〔尸〕에 물〔水〕이 샌다는 뜻. 會意

末(끝 말) 나무의 가지 꼭대기를 가리켜, '끝'을 나타냄. 指事

怠(게으를 태) 心＋台(늙을 태). 늙은이〔台〕처럼 마음〔心〕이 느릿느릿 '게으르다'는 뜻. 會意 / 心에서 뜻을, 台에서 음을 취함. 形聲

荒(거칠 황) ⺾(艸)＋巟(물 넓을 황). 넓은〔巟〕 땅에 잡초〔艸〕가 '무성하여' '황폐하다'는 뜻. 會意 / ⺾에서 뜻을, 巟에서 음을 취함. 形聲

英(꽃부리 영) ⺾(艸)＋央(가운데 앙). 초목〔艸〕의 꽃의 중심〔央〕인 '꽃부리'를 뜻함. 會意 / ⺾에서 뜻을, 央에서 음을 취함. 形聲

字義 ▌ 渗(삼) 새다.

語義 ▌ 小處(소처) 작은 일, 소사(小事). 渗漏(삼루) 물이 스며들거나 새어나옴. 곧 허술함. 末路(말로) 일이 실패했을 때, 또는 만년(晩年). 怠荒(태황) 나태하고 방종함, 자포자기함.

---

115. 사랑이 지나치면 원망을 산다

_{천금} _{난 결 일 시 지 환} _{일 반} _{경 치 종 신 감} _{개 애 중}
千金도 難結一時之歡이요 一飯도 竟致終身感이니 蓋愛重

_{반 위 구} _{박 극 번 성 희 야}
反爲仇요 薄極翻成喜也라.

文意 ▌ 천금의 막대한 돈으로 한때의 환심을 사기 어려우나, 한 그릇의 밥이 마침내 평생을 두고 감사하게 한다. 대개 사랑이 지나치면 오히려 원수가 되고, 박한 대우가 극함이 오히려 기쁨을 이루게 한다.

要旨 ▌ 거금(巨金)으로도 되지 않는 것이 있고, 약간의 도움으로 일생동안 감사하는 일도 있다. 사랑이 지나치면 원수가 되고, 박대를 너무

한 것이 도리어 기쁨이 될 수도 있다.

解說 ▌ 중국 삼국시대에 관우(關羽)가 조조(曹操)에게 투항한 일이 있다. 조조는 너무나도 기뻐 3일 만에 작은 잔치를 열어 주고 5일에 한 번씩 큰 잔치를 열고 벼슬을 주고 상금을 많이 주며 협력을 요구했다. 그러나 관우는 유비(劉備)의 소식을 듣자마자 벼슬을 내놓고 떠나갔다. 이런 경우가 바로 천금으로도 한때의 기쁨을 사지 못한 것이다.

또 한(漢)나라 장군 한신(韓信)은 어려서 성밖 개울에서 빨래하는 노파에게 얻어먹고, 나중에 성공해서 그 노파를 찾아가니 없어, 천금을 물속에 넣고 노파의 넋을 위로하기도 했다.

고생함이 크면 성공도 크다. 모름지기 재물은 적소(適所, 알맞은 자리. 적당한 곳)에 써야 하고, 효과 있게 쓸 줄 알아야 한다.

字源 ▌ 歡(기쁠 환) 欠(하품 흠, 기뻐하여 떠들어대는 모양)에서 뜻을, 雚(황새 관)에서 음을 취함. 形聲

飯(밥 반) 食(밥 식)에서 뜻을, 反(돌아올 반)에서 음을 취함. 形聲

竟(마칠 경) ①경계 표시를 보고 있는 모양으로, 한 지역의 '끝'을 가리킴. 指事 ②音＋儿(人). 사람〔儿〕이 음악〔音〕을 연주하고 '마친다'는 뜻. 會意

感(느낄 감) ①戌(병장기 융)＋口＋心. 말〔口〕이 사람의 가슴〔心〕을 찌르는〔戌〕 듯하다는 데서, '감동'의 뜻이 됨. 會意 ②咸(다 함)＋心. 다〔咸〕 같이 마음〔心〕으로 '느낀다'는 뜻. 會意 / 心에서 뜻을, 咸에서 음을 취함. 形聲

愛(사랑 애) 본자는 㤅. 旡(목멜 기)＋心＋夂(천천히 걸을 쇠). 가슴〔心〕에 맺힌〔旡〕 '사랑'이 상대방에게 천천히〔夂〕 전달된다는 뜻. 會意

字義 ▌ 翻(번) 뒤집다, 반대로.

語義 ▌ 終身感(종신감) 평생을 두고 감사함. 愛重(애중) 사랑이 과중함, 곧 사랑이 지나침. 薄極(박극) 박하기가 지극함.

116. 교묘巧妙와 졸렬拙劣, 청렴과 혼탁混濁을 조화하라

藏巧於拙하고 用晦而明하며 寓淸于濁하고 以屈爲伸하면 眞
涉世之一壺요 藏身之三窟也라.

文意 ▌ 교묘한 재주를 졸렬함에 감추고, 어둠을 이용하여 밝음을 나타나게 하며, 청렴결백을 혼탁한 곳에 기탁하고, 굽힘으로써 뜻을 펴는 방도로 삼는 것은, 참으로 세상을 살아가는 데 있어서 위급을 모면하게 해주는 구급책이 되고, 몸을 보호하는 안신처가 된다.

要旨 ▌ 교졸(巧拙) · 회명(晦明) · 청탁(淸濁) · 굴신(屈伸)을 잘 조화시키는 것이 최선의 길이다.

解說 ▌ '크게 교묘한 재주는 서투른 솜씨 같다.(大巧若拙)' - ≪노자老子≫ 45장
'군자가 대중 앞에 나서서 자기의 재능을 숨겨 저절로 나타나게 한다.(君子以莅衆用晦而明)' - ≪역경(易經)≫ 명이괘(明夷卦) 대상(大象)
'벌레가 구부리는 것은 펴기 위해서다.(尺蠖之屈 以求信[伸])' - ≪역경≫ 계사(繫辭) 하(下)
'강 한복판에서 배가 뒤집히면 구명대 대신으로 쓸 수 있는 빈 병 하나가 천금의 가치가 있다.(中洛失舟, 一壺千金.)' - ≪갈관자(鶡冠子)≫ 학문편(學問篇)
'영리한 토끼는 세 개의 굴을 가져야 겨우 죽음을 면할 수 있다.(技兎有三窟, 僅得免其死耳.)' - ≪전국책(戰國策)≫ 제책(齊策)
이상의 전거(典據, [말·문장 따위의] 근거로 삼는 문헌상의 출처)가 윗글에는 들어 있다. 요컨대 재주가 뛰어나도 겉으로는 서툰 체, 지혜를

숨기면서 저절로 나타나도록 하는 것, 깨끗한 지조를 가졌으면서 속세에 파묻히고, 굽실거리면서 자기 뜻을 펴는 것은 몸을 안전하게 하며 세상을 살아가는 길이다.

字源 ▌ 藏(감출 장) 艹+臧(숨길 장). 풀[艹]로 곡식 따위를 숨겨[臧] '감추어 둔다'는 뜻. 會意 / 艹에서 뜻을, 臧에서 음을 취함. 形聲

拙(못날 졸) 扌(手)에서 뜻을, 出(날 출)에서 음을 취함. 形聲

于(갈 우) 一+丂(교묘할 교). 숨이 나오려다가 막힌 상태[丂]에서, 숨이 평탄히 나오는 상태[一]가 될 때, '아!'하고 숨이 터져 나온다는 뜻. 指事 會意

濁(흐릴 탁) 氵(水)+蜀(해바라기에 섞여 사는 벌레 촉). 물[水]속에 이물질이 섞여[蜀] '흐려'진 것을 뜻함. 會意 / 氵에서 뜻을, 蜀에서 음을 취함. 形聲

屈(굽을 굴) 尸(尾의 생략형, 꼬리가 없는 곤충)+出. 나방 애벌레[尸]가 기어 나갈[出] 때는 몸을 '움추리'면서 긴다는 뜻. 會意 / 尸에서 뜻을, 出에서 음을 취함. 形聲

字義 ▌ 寓(우) 살다, 부치다.　壺(호) 단지, 항아리.　窟(굴) 동굴.

語義 ▌ 藏巧於拙(장교어졸) 교묘한 재주를 서툰 솜씨 속에 감춤.　用晦而明(용회이명) 어둠을 이용하여 밝게 나타냄.　寓淸于濁(우청우탁) 청렴결백한 지조를 가지고도 혼탁한 속세에 기탁하여 삶.　以屈爲伸(이굴위신) 남에게 굽힘으로써 내 뜻을 펴는 방편으로 삼음.　一壺(일호) 위급을 면하는 연모.　三窟(삼굴) 세 굴, 안전한 은신처.

117. 고진감래苦盡甘來, 흥진비래興盡悲來

衰颯的景象은 就在盛滿中하고 發生的機緘은 卽在零落內라. 故로 君子는 居安에는 宜操一心以慮患하고 處變에는 當堅百忍以圖成이라.

文意 ▌쓸쓸한 모습은 곧 번성한 가운데 있고, 자라나는 움직임은 곧 영락한 가운데 있다. 그러므로 군자는 안락할 때에 마음을 한결같이 바르게 지킴으로써 우환을 미리 염려해야 하며, 이변을 당했을 때는 마땅히 굳게 백 번을 참고 견디어서 성공을 도모해야 한다.

要旨 ▌괴로움은 즐거움 속에 싹트고, 흥함은 영락 속에 깃드니, 편안할 때 불행을 대비하라.

解說 ▌'기함(機緘)'이란 ≪장자(莊子)≫ 천운편(天運篇)에서 나온 말이다. '움직임·작용'을 뜻하는데 이 말이 들어 있는 대목은 다음과 같다. '하늘은 움직인다. 땅은 그대로 있다. 해와 달은 그 자리를 다투어 교체한다. 누가 이렇게 하라고 주장했나? 누가 이렇게 질서를 지키라고 했는가? 누가 가만히 있으면서 이렇게 운행을 추진시키는가? 생각건대 거기에는 작용이 있어 마지 못해 그런가?(其有機緘而不得已邪)'
'백인(百忍)'이란 '아무리 어려운 일이 있어도 참고 견디어 낸다'는 뜻인데, 고사(故事)가 있다. ≪구당서(舊唐書)≫ 효우전(孝友傳)에 보인다.
단주(鄲州) 수장(壽張) 사람 장공예(張公藝)는 9대가 한집에 살았다. 장공예를 중심으로 위로 고조까지, 또 아래로 고손(高孫=玄孫)까지 9대가 사니, 그 방계(傍系) 친척까지는 수십, 수백 명이 될 것이다. 그러나 별 다툼도 없이 화목하게 잘 살아 그 소문이 전국에 퍼졌다. 그래서 고종(高宗)이 태산(泰山)에 갔다가 그 집에 들러 화목한 까닭을 물었다. 이

에 장공예는 백지에다 '인(忍)'자 100개를 써서 바쳤다. 고종은 그에게
비단을 하사했다.

字源 ▌ 在(있을 재) 土(흙 토, 만물이 발붙이고 있는 곳)에서 뜻을, 才
(才,재주 재)에서 음을 취함. 形聲

盛(성할 성) 成(이룰 성)+皿(그릇 명). 그릇[皿]에 곡식을 가득 채워
[成] '담는다'의 뜻. 또한 그릇의 곡식이 '풍성하다' '많다'는 뜻도 됨.
會意 / 皿에서 뜻을, 成에서 음을 취함. 形聲

零(떨어질 령) 雨(비나 눈 따위가 내려 떨어짐)에서 뜻을, 令(명령 령)에
서 음을 취함. 形聲

患(근심 환) 串(꼬챙이 관)+心. 마음[心]이 꼬챙이[串]에 찔리듯 고통스
럽다는 데서 '근심'의 뜻이 됨. 會意 / 心에서 뜻을, 串에서 음을 취함.
形聲

堅(굳을 견) 土에서 뜻을, 臤(굳을 간)에서 음을 취함. 形聲

字義 ▌ 颯(삽) 바람소리. 圖(도) 계획, 도모하다, 그림.

語義 ▌ 衰颯(쇠삽) 쇠잔하여 쓸쓸함. 景象(경상) 모습, 경치, 조짐. 機
緘(기함) 움직임. 操一心(조일심) 마음을 한결같이 바르게 지킴. 慮患
(려환) 환난을 미리 염려함. 處變(처변) 이변(異變)을 당함, 어려운 처
지에 놓임. 堅百忍(견백인) 굳게 백 번 참음. 圖成(도성) 성공을 꾀함.

118. 유별난 것은 영원한 것이 못 된다

驚奇喜異者는 無遠大之識하고 苦節獨行者는 非恒久操니라.

文意 ▌ 신기한 것에 경탄하고 이상한 것을 좋아함은 원대한 식견이 없

는 것이고, 괴롭게 절개를 지키고 남달리 홀로 행동하는 것은 영원불멸의 지조는 아니다.

譯旨 ▌ 평범을 벗어나 유별나게 기이한 것을 좋아함은 식견이 얕은 까닭이요, 세상을 등진 고절(苦節)과 독행(獨行)은 영구불변의 지조가 아니다.

解說 ▌ 기이함을 유별나게 좋아함은 일반적인 성격이 아니고, 고절독행은 어느 사회에나 있는 것이 아니다. 성격이 편벽되어 기이함을 좋아하고, 고절독행을 행할 때는 어떤 특수한 조건이 있는 사회에서만 인정을 받는다. 기이함만 찾고 고절만 지킨다면 그런 사람은 일반 대중과 동떨어지게 된다. 평범하고 대중적인 입장에서 중용(中庸)을 지키라는 말이다.

'입향순속(入鄕循俗)'이란 말이 있다. '그 고장에 가서는 그 고장 풍속에 따른다'는 뜻이다.

'그 나라에 들어가는 사람은 그 고장의 풍속을 따른다.(入其國者 從其俗)' – ≪회남자(淮南子)≫ 제속훈(齊俗訓)

'그 풍속에 들어가서는 그 풍속에 따른다.(入其俗 從其俗)' – ≪장자(莊子)≫ 산목(山木)

위와 같은 말에서 '입향순속'이란 말이 생겼다. 세상을 둥글게 살아가려는 사람이나, 세상을 올바르게 이끌어 나가겠다는 지도자는 모두 이 '입향순속'의 교훈을 필요로 한다. 모든 것을 대중과 함께 행하자는 뜻이 들어 있다. 그래서 우리 속담에는 '성인도 시속을 따른다(聖人從時俗)'고 했다.

이런 입장에서 볼 때 본문은 참다운 평범한 진리를 잘 나타낸 명언이라 할 것이다.

字源 ▌ 驚(놀랄 경) 馬에서 뜻을, 敬에서 음을 취함. 形聲

恒(항상 항) 忄(心)＋亙(뻗칠 긍). 마음[心]이 변함없이 뻗친다[亙]는 데서 '항상'의 뜻이 됨. 會意 / 忄에서 뜻을, 亙에서 음을 취함. 形聲

久(오랠 구) 사람[夂]의 뒤가 무엇에 당겨져[乀] 앞으로 나가지 못하고, 오래 머물러 있는 것을 가리킴. 指事

---

119. 사악한 마음을 참마음으로 변화시켜라

當怒火欲水가 正騰沸處하여 明明知得하고 又明明犯著하니
知的是誰며 犯的又是誰오? 此處에 能猛然轉念하면 邪魔
便爲眞君矣니라.

文意 ▌ 분노의 불길과 욕망의 물결이 막 끓어오를 때를 당하여, 분명히 이를 알면서, 또 분명하게 이를 범하니, 알아차리는 것은 누구이며, 범하는 것은 또 누구인가? 여기서 급히 생각을 돌리면, 악마가 문득 참마음이 되리라.

要旨 ▌ 분노의 불길과 욕망의 물결은 우리를 유혹하는 사악한 악마이다. 이것이 나타날 때 급히 생각을 돌리면 악마는 참마음으로 변한다.

解說 ▌ '심원의마(心猿意馬)'라는 말이 있다. '마음은 원숭이 같고 성격은 말 같다'는 뜻이다. 원숭이는 잠시도 가만히 있지를 않는다. 말은 달리는 성질을 가지고 있다. 곧 사람이 번뇌로 인해 잠시도 마음과 생각을 가라앉히지 못함을 가리킨다. 이 말은 불교에서 나온 것이다.
중국 당나라 석두대사(石頭大師)는 〈참동계(參同契)〉에 주석을 달았는데, 거기에서
'마음의 원숭이는 가만히 있지 않고, 생각의 말은 사방으로 달리며 신기

는 밖으로 어지러이 흩어진다.(心猿不定, 意馬四馳, 神氣散亂於外)'
라고 했다.

'노화욕수(怒火欲水)'가 심원의마로 치달을 때는 빨리 막아 참마음으로
침잠(沈潛)시켜야 할 것이다.

字源 ▌ 誰(누구 수) 言에서 뜻을, 隹(새 추)에서 음을 취함. [形聲]
邪(간사할 사) 阝(邑, 고을 읍)에서 뜻을, 牙(버금 아)에서 음을 취함.
[形聲] / 원래는 땅 이름이었는데, 나중에 '간사하다'의 뜻으로 전용됨.
[假借]

字義 ▌ 騰(등) 오르다. 沸(비) 끓다.

語義 ▌ 怒火欲水(노화욕수) 분노의 불길과 욕망의 물결. 騰沸(등비) 끓
어오름. 知得(지득) 알아차림. 犯著(범착) 범하다. 착(著)은 조동사.
猛然(맹연) 세력이 왕성한 모양, 급히. 轉念(전념) 생각을 돌려 반성함.
邪魔(사마) 악마. 여기서는 노화욕수를 말함. 眞君(진군) 진정한 주인,
인간 본연의 마음.

---

120. 자신自信만 믿고 객기客氣를 부리지 말라

무편신이위간소기 무자임이위기소사 무이기지장
毋偏信而爲奸所欺하고 毋自任而爲氣所使하며 毋以己之長
이형인지단 무인기지졸이기인지능
而形人之短하고 毋因己之拙而忌人之能하라.

文意 ▌ 한쪽 말만 믿어서 간사한 사람에게 속지 말고, 자기 힘을 과신
하여 객기를 부리지 말며, 자신의 장점을 나타내려고 남의 단점을 드
러내지 말고, 자신이 못한다고 남의 유능함을 시기하지 말라.

要旨 ▎ 한쪽 말만 듣지 말고 객기를 부리지 말며, 남의 단점을 들추지 말고 남을 시기하지 말라.

解説 ▎ 모(母)와 무(毋)의 구별은 앞에서 언급한 바 있다. 무(毋)는 없을 무(無)와 같은 글자이다. 독립문에서 홍제동으로 넘어가는 고개 이름이 무악재[毋岳峴]이다. 이 고개의 다른 이름은 길마재[鞍峴], 무학재[無學峴], 모래재[沙峴], 추모재[追慕峴] 등이 있다.

전설에 의하면 옛날 어떤 도사가 소를 타고 북쪽에서 오다가 삼각산을 구경하려고 소 고삐를 백운대에다 매어 두었는데, 그 소가 놓여 도망쳐 오다가 이 고개에다 길마를 벗어던지고 달려 지금의 서강 뒤쪽에 가서 누워 소가 되니 그 산이 와우산(臥牛山)이 되었다는 데서 생긴 이름이다. 그래서 길마재란 이름이 생기고, 와우산은 소가 누워 있는 모양 같다 한다.

무학재는 조선 개국 때 도읍지를 물색할 때 무학대사(無學大師)가 이곳에 와 보았다 하여 생긴 이름인데, 무악재는 바로 무학재가 변한 것이리라.

모래재는 홍제동에 있는 모래내[沙川]의 근원이 되는 산이라 하여 생긴 것이다.

추모재의 근원은 영조가 1769년 부왕 숙종의 능인 명릉(明陵)을 역사하고 몸소 이 고개에 올라와 명릉 쪽을 바라보며 부왕을 추모한 데서 생긴 이름이다.

字源 ▎ 信(믿을 신) 亻(人)＋言. 사람[人]의 말[言]은 믿어야 한다는 뜻. 會意 / 亻에서 뜻을, 言에서 음을 취함. 形聲

任(맡길 임) 亻(人)＋壬(짊어질 임). 사람[人]이 짐을 지듯[壬] '책임을 지다' 직책을 '맡다'의 뜻. 會意 / 亻에서 뜻을, 壬에서 음을 취함. 形聲

短(짧을 단) 矢(화살 시)＋豆(제기 두). 가로로 쓰는 것 중에 화살이 제일 '짧고', 세워서 쓰는 것 중에 제기가 가장 '짧다'는 뜻. 會意 / 矢(옛날에 긴 것은 활로 재고, 짧은 것은 화살로 쟀음)에서 뜻을, 豆에서 음을 취함. 形聲

字義 ▎ 偏(편) 치우치다. 奸(간) 간사하다.

---

121. 단점은 덮어두고, 완고頑固함은 타일러라

^{인 지 단 처} ^{요 곡 위 미 봉} ^{여 폭 이 양 지} ^시 ^{이 단 공}
人之短處는 要曲爲彌縫이니 如暴而揚之하면 是는 以短攻
^단 ^{인 유 완 적} ^{요 선 위 화 회} ^{여 분 이 질 지} ^시 ^이
短이요, 人有頑的이면 要善爲化誨니 如忿而疾之면 是는 以
^{완 제 완}
頑濟頑이라.

文意 ▌ 남의 단점은 간곡하게 감싸주어야 하니, 만약 그것을 폭로하여 남들에게 드러내 보인다면, 이것은 자기의 단점으로 남의 단점을 공격하는 것이다. 남이 완고하거든 잘 타일러 깨우쳐야 하니, 만약 화를 내고 그를 미워한다면, 이것은 완고함으로써 완고함을 도와주는 것이다.

要旨 ▌ 남의 단점은 가능한 한 덮어주고, 완고함은 잘 깨우쳐 고치게 해야 한다.

解說 ▌ '자기 자신을 후하게 꾸짖고 남을 적게 꾸짖으면 원한을 사는 일을 멀리할 수 있다.(躬自厚而薄責於人, 則遠怨矣)' - ≪논어≫ 위령공편(衛靈公篇)
'남의 단점을 말하지 말고, 자신의 장점을 말하지 말라.(勿言人之短, 勿說己之長)' - 최원(崔瑗) 〈좌우명(座右銘)〉
'인지찰즉무도(人至察則無徒)'의 '살핀다〔察〕'는 목적어가 대체로 남의 단점이다. 남의 단점을 살펴 거기에 집착하면 그 친구는 멀어져 떠나가 버리므로 본인에게는 무리[徒]라고는 없다. 사람은 사회적 동물인데 혼자 살 수 있겠는가?

남의 단점을 덮어주는 관용과, 남의 완고함을 완곡하게 타일러 고쳐 주는 인내력이 있어야 사회생활을 원만하게 유지해 갈 것이다.

字源 ▌ 揚(나타낼 양) 扌(手)＋昜(밝을 양). 물건을 손[手]으로 들어 밝게 [昜] 드러나도록 들어 '올린다'는 뜻. 會意 / 扌에서 뜻을, 昜에서 음을 취함. 形聲

化(될 화) 亻(人)에서 뜻을, 匕(化, 교화할 화의 옛 자)에서 음을 취함. 形聲 / 亻＋匕. 바로 선 사람[人]과 거꾸로 선 사람[匕]을 나타내 '변화'를 뜻함. 會意

濟(건널 제) 氵(水)에서 뜻을, 齊(가지런할 제)에서 음을 취함. 形聲

字義 ▌ 縫(봉) 꿰매다. 誨(회) 가르치다. 疾(질) 미워하다. 병(病).

語義 ▌ 曲爲彌縫(곡위미봉) 간곡하게 감싸줌. 暴而揚之(폭이양지) 드러내어 알림. 頑的(완적) 완고함. 化誨(화회) 교화시켜 깨우침. 忿而疾之(분이질지) 성내고 미워함. 疾＝嫉.

---

122. 함부로 상대하지 말라

遇沈沈不語之士어든 且莫輸心하고,

見悻悻自好之人이어든 應須防口하라.

文意 ▌ 음흉스럽게 말을 하지 않고 있는 사람을 만나거든 미리 마음을 털어놓지 말고, 발끈 성을 내며 잘난 체하는 사람을 만나거든 응당 입

을 닫고 상대하지 말아야 한다.

要旨 ▌ 음험한 사람에게는 속을 털어놓지 말고, 잘난 체하는 사람을 만나거든 입을 다물라.

解説 ▌ 《명심보감》 교우편(交友篇)에서 혜강(嵆康)이 말했다.
'음흉한 사람은 경원하라.(凶險之人 敬而遠之)'
또 《명심보감》 언어편(言語篇)에서는
'악한 사람과는 말하기 어려우니 공손하게 피함으로써 스스로 악에 물들지 않도록 힘쓸 것이다.(惡人難與言 遜避以自勉)'
라고 했다. 모든 음흉한 사람, 악한 사람과는 상대하지 말라는 내용이다. 말하지 않는 사람의 속에 무슨 뜻을 품었는지 알지 못하니 함부로 하지 못할 것이요, 잘난 체하는 간사한 사람과는 잘못 말하다가는 그의 비위를 건드려 불상사가 나기 쉬우니 아예 입을 다물어야 한다.

字源 ▌ 沈(빠질 침) 氵(水)＋尤(갈 유, 옛 음 '음'). 비가 내려 물[水]이 갈수록[尤] 땅을 '잠기게' 한다는 뜻. 會意 / 氵에서 뜻을, 尤에서 음을 취함. 形聲
且(또 차) 제물을 쌓아 놓은 모양을 본뜸. 쌓고 '또' 쌓는다는 뜻. 象形
輸(보낼 수) 車＋亼(集, 모을 집)＋月(舟)＋巜(水). 물건을 모아[亼] 배[月]에 실어 물길[巜]로 운송[車]한다는 데서, '보낸다'의 뜻이 됨. 會意 / 車에서 뜻을, 俞(대답 유)에서 음을 취함. 形聲
應(응할 응) 䧹(매 응)＋心. 매[䧹]가 동물을 사냥해, 주인의 마음[心]에 '응한다'는 뜻. 會意 / 心에서 뜻을, 䧹에서 음을 취함. 形聲
防(막을 방) 阝(阜, 언덕 부)에서 뜻을, 方에서 음을 취함. 形聲

字義 ▌ 悻(행) 발끈 성내다.

語義 ▌ 沈沈(침침) 음흉스럽게 가만히 있는 모양. 輸心(수심) 마음을 털어놓음. 悻悻(행행) 간사한 모양, 발끈 성내는 모양. 自好(자호) 스스로 잘난 체함. 防口(방구) 입을 막음, 상대하지 않음.

123. 마음의 균형을 잡아라

念頭昏散處^{념두혼산처}에는 要知提醒^{요지제성}하고 念頭喫緊時^{념두끽긴시}에는 要知放下^{요지방하}라.

不然^{불연}이면 恐去昏昏之病^{공거혼혼지병}이라도 又來憧憧之擾矣^{우래동동지요의}라.

文意 ▌ 마음이 어둡고 산란할 때에는 정신을 차릴 줄 알아야 하며, 마음이 긴장될 때에는 풀어놓을 줄도 알아야 한다. 그렇지 않으면 마음이 어두운 우울증을 고칠지라도 또 다시 조바심하는 동요가 일어날까 두렵다.

要旨 ▌ 마음이 혼미한 때는 정신을 차리고, 마음이 긴장될 때에는 누그러뜨려야 우울증도 고치고 조바심이 없어진다.

解說 ▌ 끽(喫)은 '먹을 끽, 마실 끽'자이다. 끽차(喫茶), 만끽(滿喫), 끽연(喫煙)으로 끽이란 발음은 이 글자밖에 없다. 흔히 쓰이는 한 음밖에 없는 한자는 다음과 같은 것이 있다.

틈입(闖入) - 기회를 타서 느닷없이 함부로 들어감.

촬영(撮影) - 형상을 사진이나 영화로 찍음.

괴팍(乖愎) - 성미가 괴상하고 비꼬여 붙임성이 없음.

쌍방(雙方) - 양쪽 편. 양쪽.

홍어(薨御) - 임금이 죽음.

이외에도 또 있을 듯하나, 일반적으로 흔히 쓰이는 것은 이상의 것들이니 반드시 외워 두어야 할 것이다.

字源 ▌ 昏(어두울 혼) 氐(氏, 낮을 저)＋日. 해〔日〕기 낮은 곳〔氐〕으로 떨어져 '어두운' 때를 뜻함. 會意 / 日에서 뜻을, 氏에서 음을 취함. 形聲 散(흩어질 산) 月(肉)＋㪔(깰 산). 나무 숲〔林〕을 쳐서〔攵〕 잎과 가지를 떨어뜨리듯이, 동물의 살〔肉〕을 '분리'시킨다는 뜻. 會意 / 月에서 뜻을,

楸에서 음을 취함. [形聲]

提(들 제) 扌(手)+是(이 시). 물건을 손[手]에 들어 이것[是]이라고 내보인다 하여 '드러내다' '끌다'의 뜻이 됨. [會意] / 扌에서 뜻을, 是에서 음을 취함. [形聲]

緊(긴할 긴) 臤(굳을 간)+糸. 밧줄[糸]로 사람을 굳게[臤] 얽어매어 '급박한' 상태를 뜻함. [會意] / 糸에서 뜻을, 臤에서 음을 취함. [形聲]

恐(두려울 공) 巩(안을 공)+心. 겁이 날 때 손으로 가슴[心]을 안는다[巩]는 데서 '두렵다'의 뜻이 됨. [會意] / 心에서 뜻을, 巩에서 음을 취함. [形聲]

字義 ▌ 醒(성) 깨닫다. 憧(동) 그리워하다. 擾(요) 어지럽다, 고민(苦悶).

語義 ▌ 昏散(혼산) 혼미하고 산란함. 提醒(제성) 흔들어 일깨움, 각성시킴. 喫緊(끽긴) 긴장함. 放下(방하) 풀어 놓음. 昏昏之病(혼혼지병) 우울증. 憧憧(동동) 마음이 흔들려 가라앉지 않는 모양.

---

124. 변화의 자취를 남기지 말라

霽日靑天^{제일청천}도 倏變爲迅雷震電^{숙변위신뢰진전}하고 疾風怒雨^{질풍노우}도 倏變爲朗月^{숙변위랑월}

晴空^{청공}하니 氣機何常^{기기하상}이리오? 一毫凝滯^{일호응체}니, 太虛何常^{태허하상}이리오?

一毫障塞^{일호장색}이라, 人心之體^{인심지체}도 亦當如是^{역당여시}라.

文意 ▌ 맑게 갠 날 푸른 하늘도 갑자기 천둥번개로 변하고, 사나운 바람과 억수 같은 비도 순식간에 밝은 달 맑은 하늘로 변한다. 그러니

楸에서 음을 취함. [形聲]

提(들 제) 扌(手)+是(이 시). 물건을 손[手]에 들어 이것[是]이라고 내보인다 하여 '드러내다' '끌다'의 뜻이 됨. [會意] / 扌에서 뜻을, 是에서 음을 취함. [形聲]

緊(긴할 긴) 臤(굳을 간)+糸. 밧줄[糸]로 사람을 굳게[臤] 얽어매어 '급박한' 상태를 뜻함. [會意] / 糸에서 뜻을, 臤에서 음을 취함. [形聲]

恐(두려울 공) 巩(안을 공)+心. 겁이 날 때 손으로 가슴[心]을 안는다[巩]는 데서 '두렵다'의 뜻이 됨. [會意] / 心에서 뜻을, 巩에서 음을 취함. [形聲]

字義 ▌ 醒(성) 깨닫다. 憧(동) 그리워하다. 擾(요) 어지럽다, 고민(苦悶).

語義 ▌ 昏散(혼산) 혼미하고 산란함. 提醒(제성) 흔들어 일깨움, 각성시킴. 喫緊(끽긴) 긴장함. 放下(방하) 풀어 놓음. 昏昏之病(혼혼지병) 우울증. 憧憧(동동) 마음이 흔들려 가라앉지 않는 모양.

---

124. 변화의 자취를 남기지 말라

제일청천 霽日靑天도 숙변위신뢰진전 倏變爲迅雷震電하고 질풍노우 疾風怒雨도 숙변위랑월 倏變爲朗月

청공 晴空하니 기기하상 氣機何常이리오? 일호응체 一毫凝滯니, 태허하상 太虛何常이리오?

일호장색 一毫障塞이라, 인심지체 人心之體도 역당여시 亦當如是라.

文意 ▌ 맑게 갠 날 푸른 하늘도 갑자기 천둥번개로 변하고, 사나운 바람과 억수 같은 비도 순식간에 밝은 달 맑은 하늘로 변한다. 그러니

천지의 작용이 어찌 한결같으랴? 털끝만 한 것이 엉기어 막힘으로써 변화가 생기는 것이니 하늘의 상태가 어찌 한결같으랴? 털끝만 한 막힘으로 변화가 생기는 것이니 사람의 마음 바탕도 역시 마땅히 이와 같다.

要旨 ▌ 일기의 변화가 무상(無常)함은 천리의 작용이 무상하기 때문이다. 이는 조화가 깨진 것인데, 사람의 마음 바탕도 이와 같다.

解說 ▌ ≪명심보감≫ 성심편(省心篇)에,
'하늘에는 예측할 수 없는 비바람이 있고, 사람에게는 아침저녁으로 화와 복이 있다.(天有不測風雨, 人有朝夕禍福.)'
고 했다. 또 ≪노자≫ 제23장에
'회오리바람은 아침나절 내내 부는 법이 없고, 소나기는 하루 종일 오지 않는다.(飄風不終朝, 驟雨不終日.)'
라고 했다. 날씨의 변화를 예측할 수 없듯이 사람 마음도 시시각각 변하니 명경지수(明鏡止水)의 심정으로 사물을 대할 것을 강조하고 있다.

字源 ▌ 雷(천둥 뢰) 雨+田(畾, 밭 갈피 뢰의 축약). 비[雨] 올 때 구름 상태가 빙글빙글 회전[畾]하면서 천둥소리가 울림을 나타냄. 指事 會意 / 雨에서 뜻을, 畾에서 음을 취함. 形聲
電(번개 전) 雨+电(申, 펼 신의 원형. 번개의 불빛 모양). 비[雨] 올 때 뻗치는 빛[电], 곧 '번개'를 뜻함. 會意 / 雨에서 뜻을, 电에서 음을 취함. 形聲
月(달 월) 초승달의 모양을 본뜸. 象形
晴(개일 청) 日+靑. 해[日]가 뜬 하늘이 푸르니[靑] 날씨가 '맑다', 또는 '개다'의 뜻. 會意 / 日에서 뜻을, 靑에서 음을 취함. 形聲
毫(긴 털끝 호) 高(高, 높을 고의 약자)+毛(털 모). 길고 가는[高] 털[毛]을 뜻함. 會意 / 毛에서 뜻을, 高에서 음을 취함. 形聲

字義 ▌ 倏(숙) 잠깐, 홀연. 迅(신) 빠르다. 塞(색) 막히다. (새) 변방.

語義 ▌ 霽日(제일) 맑게 갠 날. 迅雷震電(신뢰진전) 빠른 우레와 심한 번개. 朗月晴空(랑월청공) 밝은 달, 개인 하늘. 氣機(기기) 천지의 작

용. **凝滯**(응체) 엉기어 막힘. **太虛**(태허) 하늘. **障塞**(장색) 막혀서 통하지 않음. **人心之體**(인심지체) 사람의 마음 바탕.

---

125. 사욕私慾을 다스리는 능력을 길러라

勝私制欲之功은 有曰 '識不早면 力不易者라' 하고 有曰 '識得破라도 忍不過者'라 하니 蓋識은 是一顆照魔的明珠요 力은 是一把斬魔的慧劍이니 兩不可少也라.

文意 ▮ 사적인 정을 이겨내고, 욕심을 억제하는 수양에 대하여, 어떤 사람은 '그것이 무엇임을 일찍 알아차리지 못하면 억제하는 힘을 기르기가 쉽지 않다'고 하고, 어떤 사람은 '이를 알아차려 파악할지라도, 참는 힘이 모자란다'라고 한다. 대개 인식은 악마를 비추어 밝혀내는 한 알의 밝은 구슬이요, 힘은 악마를 베는 한 자루의 예리한 칼이니, 두 가지가 모두 없어서는 안 되는 것이다.

要旨 ▮ 인식과 힘의 적절한 조화가 이루어져야 한다. 인식하더라도 참는 힘을 조절하지 않으면 안 된다.

解說 ▮ 본문에서 명주(明珠)는 명월주(明月珠)의 준말로 '밝은 달 같은 구슬'이란 말이다.
옛날에 '수후지주(隋侯之珠)'란 것이 있었다. 줄여 '수주(隋珠)'라고도 한다. 옛 중국에 한수(漢水) 동쪽에 희성(姬姓)을 가진 수(隋)라는 제후국이 있었다. 그 수나라 임금이 큰 뱀이 다친 것을 보고 약을 발라 주었더니 후에 그 뱀이 강에서 큰 구슬을 물어다가 그 신세를 갚았다.

또 '혜검(慧劍)'이란 '지혜의 칼'이란 것이다. 원래 불교용어로 번뇌의 속박을 끊어 버릴 수 있는 칼이 바로 이 혜검이다. ≪유마힐경(維摩詰經)≫에 '이 지혜의 칼로 번뇌의 적을 깨뜨린다'고 했다.

요컨대 사리사욕을 가려낼 줄 알아야 한다. 곧 사욕이 무엇인지를 빨리 알아차리고 그것을 눌러 없애야 하는데, 그것을 앎은 곧 명월주에 비유되고, 그것을 억누르는 힘은 곧 지혜의 칼에 비유된다 함이다.

字源 勝(이길 승) 朕(나 짐)＋力(힘 력). 나 스스로[朕] 힘쓰면[力] '이길 수 있다'는 뜻. 會意 ／ 力에서 뜻을, 朕에서 음을 취함. 形聲

制(마름 제) 牛(未→味)＋刂(刀). 과일이 익어 맛[味]이 들면 칼[刀]로 '자른다'는 데서 '마름질하다' '절제하다'의 뜻이 됨. 會意

曰(가로되 왈) 입[口] 가운데 입김[一]을 뿜으며 '말함'을 가리킴. 指事

早(이를 조) 日＋十(甲, 동쪽 갑의 변형). 동쪽[十]에서 해[日]가 뜰 무렵은 '이른 아침'이라는 뜻. 會意

力(힘 력) 물건을 들어올릴 때 팔에 생기는 '힘살' 모양을 본뜸. 象形

字義 顆(과) 알. 斬(참) 베다. 慧(혜) 지혜.

語義 勝私制欲之功(승사제욕지공) 사사로운 정을 이겨내고, 욕심을 억제하는 공부 또는 수양. 力不易(력불이) 억제하는 힘을 기르기가 쉽지 않음. 識得破(식득파) 인식하여 파악하다. 忍不過(인불과) 참는 힘이 모자람. 一顆(일과) 한 알. 一把(일파) 한 자루. 慧劍(혜검) 잘 드는 예리한 칼. 不可少(불가소) 빠뜨려서는 안 됨. 소(少)는 결(缺).

---

126. 너그럽게 받아들이며 나타내지 않는다

각 인 지 사　　불 형 어 언　　수 인 지 모　　부 동 어 색　　차
覺人之詐라도 不形於言하고 受人之侮라도 不動於色하면 此

^중中에 ^{유 무 궁 의 미}有無窮意味하며 ^{역 유 무 궁 수 용}亦有無窮受用이라.

文意 ▮ 남이 속이는 것을 알아도 말로 나타내지 않고, 남에게 모욕을 당해도 낯빛이 변하지 않는다면, 이 속에 무궁무진한 뜻이 있으며, 또한 무궁무진한 효능이 있다.

要旨 ▮ 남이 속이거나 모욕을 주어도 탓하지 않는다면 그의 수양의 힘은 여러 면에서 의미와 효력을 나타낼 것이다.

解說 ▮ 중국 송(宋)나라 때 대학자 소옹(邵雍, 시호 강절康節)이 말했다. '남의 비방을 들을지라도 성내지 말고, 남의 칭찬을 들을지라도 기뻐하지 말며, 남이 남의 악을 말함을 들을지라도 부화(附和)하지 말고, 남이 남의 선을 말함을 들으면 곧 이에 나아가 화동(和同)하고 또 따르면서 기뻐하라.(聞人之謗未嘗怒, 聞人之譽未嘗喜, 聞人言人之惡未嘗和, 聞人言人之善, 則就而和之, 又從而喜之)'
이 말은 《명심보감》 정기편(正己篇)에 보인다. 남의 비방을 들어도, 남의 칭찬을 들어도, 남이 제삼자의 악을 말해도 움직이지 말고, 오직 남이 선행을 했다는 소리를 들을 때만 기뻐하라는 것이다. 더 나아가 남의 속임수나 모욕을 당해도 표현하지 않는 것이 재래 우리 동양인의 수양의 요건으로 여겨져 왔다. 가능한 한 무표정함이 동양사회의 기본 예법이었던 것 같다. 그래서 오늘날 서양인에게 솔직하지 못하다는 오해를 받는 것이리라.
속임을 당하고도 참고, 모욕을 받고도 참으면, 은연중에 상대방이 스스로 부끄러움을 느껴 개과천선(改過遷善, 잘못을 고치어 착하게 됨)할 것이므로 무언(無言)의 교육이 될 수도 있을 것이다.

字義 ▮ 詐(사) 속이다.　侮(모) 업신여기다.

語義 ▮ 覺人之詐(각인지사) 남의 속임수를 깨달음.　不形於言(불형어언) 말로 나타내지 않음.　受人之侮(수인지모) 남에게서 모욕을 받음.　動於色(동어색) 안색이 변함.　受用(수용) 활용(活用), 효능.

127. 단련鍛鍊을 받아야 참다운 인간이 된다

橫逆困窮은 是煅煉豪傑的一副鑪錘니 能受其煅煉하면 則
身心交益하고 不受其煅煉하면 則身心交損이라.

文意 ▌ 역경에 처하고 곤궁에 몰리는 것은 호걸을 단련시키는 한 벌의
용광로와 망치이니, 능히 그 단련을 받으면 몸과 마음이 모두 이로울
것이고, 그 단련을 받지 않으면 몸과 마음이 모두 손해를 볼 것이다.

要旨 ▌ 역경과 곤궁은 인간을 만드는 용광로이며 망치로, 이것들에게
단련을 받아야 진실한 인간이 될 수 있다.

解說 ▌ '횡역(橫逆)'이란 맹자(孟子)가 한 말이다.
'여기에 어떤 사람이 있어 나에게 횡포하게 대한다면 군자는 반드시 스
스로 반성한다.(有人於此, 其待我以橫逆, 則君子必自反也.)' - ≪맹자≫
이루장(離婁章) 하(下)
곧 '횡역'이란 '마땅한 이치에서 벗어나 어그러진다'는 뜻인데, 이치에 어
그러지니 '역경'으로도 풀이할 수 있다.
사람은 역경을 이겨낼 수 있어야 하고, 그래야만 그 역경을 헤쳐 나가다
가 참된 사람이 된다. 그래서 우리말에 '소년 고생 돈 주고 사서 한다'는
것이다.

字源 ▌ 困(곤할 곤) 囗+木. 사방이 막힌 곳[囗]에서는 나무[木]가 자라
기 '곤란하다'는 뜻. 會意
豪(호걸 호) 豕(돼지 시)에서 산돼지의 '굳셈'의 뜻을, 高(高, 높을 고의
축약)에서 음을 취함. 形聲
傑(준걸 걸) 亻(人)+桀(뛰어날 걸). 재주가 뛰어난[桀] 사람[人]이라는
뜻. 會意 / 亻에서 뜻을, 桀에서 음을 취함. 形聲

副(다음 부) 畐(찰 복, 술독 모양)＋刂(刀). 임금 곁에서 술[畐]을 따르고, 과일을 깎으며[刀] 시중드는 벼슬아치는 임금에 '버금'간다는 뜻. 會意 / 刂에서 뜻을, 畐에서 음을 취함. 形聲

益(더할 익) 仌(水를 가로 눕힌 모양)＋皿(그릇 명). 물[仌]이 그릇[皿] 위로 넘치는 모양으로, 물을 '더하면' '넘친다'는 뜻이 됨. 會意

字義 ▌ 煅[鍛](단) 쇠를 불리다. 煉(련) 쇠를 불리다. 鑪(로) 화로. 錘(추) 저울, 망치.

語義 ▌ 橫逆(횡역) 일이 어긋나 역경에 처함. 煅煉(단련) 단련(鍛鍊)과 같은 뜻. 쇠붙이를 불에 달구어 두드리듯 몸과 마음을 갈고 닦음. 一副(일부) 한 벌. 鑪錘(로추) 용광로와 망치. 交益(교익) 함께 유익함.

---

128. 이 몸은 소천지小天地요, 천지는 대부모 大父母이다

吾身은 一小天地也라, 使喜怒不愆하고 好惡有則이면 便是 變理的功夫요,

天地는 一大父母也라, 使民無怨咨하고 物無氛疹이면 亦是 敦睦的氣象이라.

文意 ▌ 내 몸은 하나의 작은 천지라, 기쁨과 성냄으로 하여금 그르침이 없게 하고, 좋아함과 싫어함에 법도가 있게 한다면, 이것이 곧 몸을 조화롭게 다스리는 공부가 된다.

천지는 하나의 위대한 어버이라, 백성으로 하여금 원망의 탄식이 없게 하고, 만물로 하여금 병이 없게 한다면, 이것 역시 화목을 돈독히 하는 기상이 된다.

要旨 ▌ 우리 몸은 하나의 작은 우주이다. 우주가 질서에 따라 운행하듯 우리의 감정도 절도를 따라 움직이면 조화를 이룬다. 천지는 우리를 포용하는 위대한 부모이다. 그래서 인간과 만물을 잘 포용하여 원망이 없으면 천하는 태평해진다.

解說 ▌ 중국 북송(北宋)의 학자 장횡거(張橫渠, 1020-1077)의 〈서명(西銘)〉이란 글에 이런 구절이 있다.

'하늘을 아버지라 하고 땅을 어머니로 한다. 나는 여기에 자그마히 그 중간에 산다. 그러므로 천지의 채움〔氣〕이 내 몸이 되고, 천지의 거느림〔理〕이 나의 성질이 되었다. 백성들은 나의 동포, 만물은 나의 동아리이다. …생존해서는 나는 순조로이 섬기고, 죽어서는 나는 편안하다.(乾稱父 坤稱母, 予玆藐焉 乃混然中處. 故天地之塞 吾其體, 天地之帥 吾其性, 民吾同胞 物吾與也. …存吾順事 沒吾寧也.)'

재래로 인간은 우주의 축소물이라고 했다. 따라서 우리 개체 안에는 소우주가 들어 있다고 보는 것이다. 따라서 우리도 자연의 섭리대로 살아가야 한다고 보는 것이다.

字源 ▌ 也(어조사 야) 뱀의 꼬리를 본뜸. 나중에 어조사로 쓰임. 象形
夫(남편 부) 머리에 상투를 튼 사람을 본뜸. 象形
敦(도타울 돈) 원래는 곡식을 담는 제기(祭器)를 본뜸. 象形 / 享(享, 익을 순의 변형)＋攵. 자극을 준다는 뜻. 會意
睦(친목할 목) 目＋坴(넓은 땅 륙). 눈빛〔目〕이 널리〔坴〕 온화하게 미쳐, '화목'을 이룬다는 뜻. 會意 / 坴에서 뜻을, 目에서 음을 취함. 形聲

字義 ▌ 愆(건) 허물. 燮(섭) 조화, 불꽃. 咨(자) 탄식. 氛(분) 나쁜 기분. 疹(진) 두드러기 병.

語義 ▌ 好惡(호오) 좋아함과 싫어함. 燮理(섭리) 조화롭게 다스림. 功夫(공부) 공부(工夫). 怨咨(원자) 원망의 탄식. 氛疹(분진) 나쁜 기분과

두드러기, 곧 나쁜 병. **敦睦**(돈목) 정이 두터워 화목함.

---

129. 생각은 깊게, 덕성은 원만하게 키워라

'^{해인지심}害人之心은 ^{불가유}不可有요, ^{방인지심}防人之心은 ^{불가무}不可無라'하니 ^차此는 ^계戒 ^{소어려야}疎於慮也라. '^{녕수인지기}寧受人之欺언정 ^{무역인지사}毋逆人之詐라'하니 ^차此는 ^경警 ^{상어찰야}傷於察也라.

^{이어병존}二語竝存하면 ^{정명이혼후의}精明而渾厚矣라.

文意 ▌ '남을 해치려는 마음을 가져서도 안 되지만, 남의 해를 막으려는 마음이 없어서도 안 된다'고 하니, 이것은 생각이 소홀함을 경계하는 말이다. '차라리 남에게 속을지언정 남이 속일 것을 미리 생각지 말라'고 하니 이것은 살피는 정도가 지나쳐 덕을 해칠까 경계하는 것이다.

이 두 가지 말을 모두 마음에 간직하면 생각이 깊어지고, 덕성이 두터워질 것이다.

要旨 ▌ 남을 해치는 생각을 가져도 안 되고, 남이 속일까 미리 예측하는 마음을 가져도 안 된다. 따라서 남의 해침을 막는 마음과 남의 속임을 당하는 마음이 공존해야 현명하다.

解說 ▌ '역(逆)'자는 '거슬리다, 맞이하다, 배반하다, 어지럽히다, 역적(逆賊), 헤아리다' 등의 뜻이 있다. '반역(反逆), 역적' 등으로 쓰일 때는 '거슬리다'는 뜻이요, '역려(逆旅)'라고 할 때는 '맞이하다'의 뜻으로 여관

(旅館)이란 뜻이다. 그러나 여기에서는 '헤아리다'의 뜻으로 '예료(豫料)', 곧 '미리 헤아린다'는 의미이다. ≪논어≫ 헌문편(憲問篇)에 '자기를 속일 것이라고 미리 추측하지 말고, 신용을 지키지 않을 것이라고 미리 억측도 하지 않을 것이나, (만일 그런 일이 생긴다면) 먼저 깨닫는 편이 나을 것이다.(不逆詐 不億不信 抑亦先覺者是賢乎)' 라고 공자가 한 말이 있다.

字源 ▌ 戒(경계 계) 廾(손 맞잡을 공)＋戈. 두 손〔廾〕으로 창〔戈〕을 들고, '조심하여' 적을 '경계한다'는 뜻. 會意

竝(견줄 병) 立(설 립) 두 개를 놓아 사람 둘이 함께 서 있는 모양을 나타냄. 象形 會意

語義 ▌ 防人之心(방인지심) 남에 대해 방어하는 마음. 疎於慮(소어려) 생각이 소홀함. 寧(녕)～毋(무) 차라리 ～할지언정 ～하지 말라. 逆人之詐(역인지사) 남이 속일 것을 미리 헤아림. 傷於察(상어찰) 지나치게 살펴 자기의 덕을 해침. 精明而渾厚(정명이혼후) 생각이 정밀하고 밝으며 덕성이 원만하고 두터움.

130. 시비是非를 분별하고 전체를 인식하라

무 인 군 의 이 저 독 견
毋因群疑而阻獨見하고　무 임 기 의 이 폐 인 언
毋任己意而廢人言하며,

무 사 소 혜 이 상 대 체
毋私小惠而傷大體하고　무 차 공 론 이 쾌 사 정
毋借公論以快私情하라.

文意 ▌ 많은 사람이 의심한다 하여 자신의 의견을 굽히지 말고, 자기 의견만 고집해 남의 말을 물리치지 말며, 작은 은혜에 사사로이 얽매여 전체를 손상시키지 말고, 여론을 빌어 사사로운 감정을 만족시키지

말라.

要旨 ▌ 여러 사람 앞이라도 정당한 자신의 의견은 토론하고, 그렇다고 공연한 고집을 부려서는 안 되며, 사정(私情)을 베풀어 전체를 망치거나 공론을 이용하여 개인의 욕구를 채우지 말라.

解說 ▌ '대아(大我)를 위해서 소아(小我)를 버리라.'
'공(公)을 위하여 사(私)를 버리라.'
모두 '자잘한 사정(私情)을 두지 말고 전체를 생각하라'는 뜻이다.
중국 삼국시대에 '읍참마속(泣斬馬謖)'이란 실화가 있다. 제갈량(諸葛亮)이 눈물을 흘리며 마속을 사형에 처했다는 기록에서 생겨난 말이다. 공을 위해서는 사를 버려야 한다는 뜻이 들어 있다.
촉(蜀)나라 건흥(建興) 5년(227) 3월, 제갈공명은 위(魏)를 토벌하고자 삼군(三軍)을 이끌고 성도(成都)를 출발, 북진해서 한중(漢中) 땅으로 나가, 각지의 위군을 격파하고, 같은 해 겨울에 장안(長安)을 공격할 군대를 기산(祁山)으로 출동시켰다. 당시 촉군의 군량미 수송로인 가정(街亭)이란 땅을 지키고 있었는데, 만일 이 가정을 위군에게 빼앗기면 일선에 있는 촉군은 꼼짝도 못하게 될 형편에 있었다.
그런데 이곳 수비를 자진 장담했던 마속은 제갈량의 작전 지시를 듣지 않고 제멋대로 싸우다가 그곳을 빼앗김으로써 촉군은 대패하여 한중 땅으로 후퇴했다. 제갈량은 건흥 6년 5월, 간신히 철수한 뒤 가정을 빼앗긴 마속의 죄를 물어 그를 사형에 처했다. 그때 제갈량은 말했다. "마속은 아껴야 할 장수이다. 그러나 그런 사정(私情)은 대의(大義)를 바로잡기 위해서 베풀 수 없다. 마속을 처형하는 것은 국가적인 손실일지 모르나 그를 살려둠으로써 법이 문란해지면 국가를 위하여 더 큰 손실이 된다." 그래서 마속을 처형하고 제갈량은 부하를 붙들고 대성통곡했다. 제갈량이 눈물을 뿌리면서 동생처럼 사랑했던 마속을 죽이는 심정, 이는 분명히 대아(大我)를 위하여, 공(公)을 위하여 사(私)를 버린 것이다.

字源 ▌ 快(쾌할 쾌) ↑(心)＋夬(결단할 쾌). 마음[心]을 결정[夬]하고 나니 '상쾌하다'는 뜻. 會意 / ↑에서 뜻을, 夬에서 음을 취함. 形聲

字義 ▌ 群(군) 군중, 무리. 阻(저) 막다. 廢(폐) 버리다.

語義 ▌ 阻獨見(저독견) 자기 생각을 굽힘. 私小惠(사소혜) 작은 은혜에 사사로이 구애됨.

---

131. 칭찬하지도, 발설發說하지도 말라

^{선 인}善人을 ^{미 능 급 친}未能急親이어든 ^{불 의 예 양}不宜預揚이니 ^{공 래 참 참 지 간}恐來讒譖之奸이요,

^{악 인}惡人을 ^{미 능 경 거}未能輕去어든 ^{불 의 선 발}不宜先發이니 ^{공 초 매 얼 지 화}恐招媒蘖之禍니라.

文意 ▌ 착한 사람을 아직 빨리 친할 수 없거든 미리 칭찬해서는 안 되는 것이니 간악한 사람들의 중상이 올까 두려워함이며, 나쁜 사람을 가벼이 내칠 수 없거든 먼저 발설치 말 것이니 재앙을 빚는 화를 초래할까 두려워함이니라.

要旨 ▌ 착한 사람과 완전히 친숙해지기 전에는 칭찬하지 말 것이니 둘 사이를 이간하는 사람이 있을 것이며, 나쁜 사람을 아직 끊지 못했는데 끊겠다고 발설하면 해를 입기 쉽다.

解說 ▌ '매얼(媒蘖)'이란 말은 ≪한서(漢書)≫ 이릉전(李陵傳)에서 나왔다. 거기에서 '수이매얼기단(隨而媒蘖其短)'이라 했는데, 그 주(注)에 '매(媒)는 술밑이요, 얼(蘖)은 누룩이다. 그 죄를 빚어냄을 말한다'고 했다. 술밑이란 고두밥을 지어 식혀서 누룩과 섞어 버무린 지에밥으로 주모(酒母)라고도 한다. 또 ≪한서≫ 사마천전(司馬遷傳)에도 같은 말이 있는데, 그 주에는 '매(媒)는 매개(媒介)한다는 뜻이요, 얼(蘖)은 누룩의 뜻'이라 했다. 그러므로 '매얼'은 곧 '얽어 모함한다'는 뜻이다. 蘖이 맞는 글

자이고 孼[蘖]은 '서자 얼'자이다. 원래 두 자는 별개의 글자인데 지금은 통용해 쓰기도 한다.

字源 ▌ 親(친할 친) 亲(榛, 가시나무 진의 옛 자)＋見. 가시나무[榛]가 빽빽이 모여 서로를 보호하듯이, 눈으로 볼 수 있는[見] 거리에서 '가까이' 지내는 사람을 뜻함. 會意

先(먼저 선) 屮(之)＋儿(人). 사람[人]이 앞을 향해 가고[之] 있는 모양에서 '먼저'나 '앞'을 뜻함. 會意

媒(중매 매) 女에서 뜻을, 某(살구 매)에서 음을 취함. 形聲

字義 ▌ 讒(참) 참소하다. 譖(참) 참소하다. 蘖(얼) 싹.

語義 ▌ 預揚(예양) 미리 칭찬함. 讒譖(참참) 참소, 이간(離間). 媒蘖(매얼) 매는 술밑, 얼은 누룩. 술밑과 누룩이 어울려 술을 빚는다는 말로, 재앙을 빚어냄을 뜻함.

---

132. 절의節義와 경륜經綸도 수양에서 얻어진다

청천백일적절의
靑天白日的節義는
자암실옥루중배래
自暗室屋漏中培來하고,
선건전곤적경
旋乾轉坤的經
륜
綸은
자림심리박처조출
自臨深履薄處操出이라.

文意 ▌ 청천백일 같은 절개도 어두운 방 한구석에서 길러진 것이며, 천하를 마음대로 움직이는 경륜도 깊은 연못가에 서서 살얼음을 밟는 듯이 조심하는 데서 얻어진 것이다.

要旨 ▌ 해나 달 같은 절개도 남몰래 수양한 결과 배양된 것이고, 천하

를 뒤흔드는 경륜도 남달리 신중을 기한 결과 이루어진 것이다.

解説 ▌ '경륜(經綸)'이란 '일정한 포부 아래 어떤 일을 조직하거나 또는 그런 계획, 천하를 다스림' 등의 뜻이 있다. 곧 천하를 다스릴 계획이라고 할 수 있다.

'여리박빙(如履薄氷)'을 줄인 '이빙(履氷)'이란 말이 있다. '얇은 얼음을 밟는 것 같다'는 뜻으로 매우 조심함을 나타낸다. 이 말은 ≪시경≫ 소아(小雅) 소민편(小旻篇)의

'전전긍긍하기는 마치 깊은 연못가에 선 듯, 얇은 얼음을 밟는 듯(戰戰兢兢 如臨深淵 如履薄氷)'

에서 나왔다. 우리나라 속담에 '독장사 경륜'이란 말이 있다. 허황된 생각을 하다가 도리어 손해만 본다는 뜻이다. 항상 조심해야 할 일이다.

字源 ▌ 屋(집 옥) 尸＋至. 사람이 눕고〔尸〕 머물러〔至〕 살 수 있는 곳, 곧 '집'을 뜻함. 會意

培(북돋을 배) 土에서 뜻을, 咅(가를 부)에서 음을 취함. 形聲

旋(돌 선) 㫃(깃발 언)＋疋(발 소). 깃발〔㫃〕의 지휘에 따라 사람들의 발〔疋〕이 따라서 '돌아다닌다'는 뜻. 會意

乾(하늘 건) 倝(해 돋을 간)＋乙(새 을). 해가 솟으면〔倝〕 초목이〔乙〕 '하늘'을 향해 돋는다는 뜻. 會意 / 乙에서 뜻을, 倝에서 음을 취함. 形聲

坤(땅 곤) 土에서 뜻을, 申(펼 신)에서 음을 취함. 形聲

字義 ▌ 漏(루) 방의 서북쪽 모퉁이, 새다. 綸(륜) 다스리다.

語義 ▌ 屋漏(옥루) 방의 서북쪽 모퉁이, 컴컴한 방구석. 旋乾轉坤(선건전곤) 하늘을 돌리고 땅을 굴림, 곧 천하를 마음대로 움직임을 뜻함. 經綸(경륜) 천하를 다스리는 정책. 臨深履薄(림심리박) 깊은 연못가에 서서 살얼음을 밟듯 조심함. 操出(조출) 얻어냄, 만들어 냄.

133. 육친의 정애情愛는 당연한 것이다

父慈子孝하고 兄友弟恭하여 縱做到極處라도 俱是合當如此
니, 著不得一毫感激的念頭라.

如施者任德하고 受者懷恩하면 便是路人이니 便成市道니라.

文意 ▌ 어버이는 자애롭고 자식은 효도하며, 형은 우애 있고 동생이
공경하여 비록 그것이 극진한 경지에 이르렀다 할지라도 모두 이와 같
이 하여야 마땅한 것이니, 털끝만큼도 감격하는 마음을 염두에 두어서
는 안 된다.

만약 베푸는 사람이 덕으로 자처하고, 받는 사람이 은혜로 생각한다면,
이는 곧 길에서 만난 사람의 관계이니 곧 장사꾼의 길을 이루는 것이
다.

要旨 ▌ 육친의 정은 극치에 이르렀다 하더라도 당연한 것이다. 그러므
로 베푼다고 의식하고, 은혜를 입었다고 반드시 생각해야만 한다면,
이는 시정배(市政輩)의 행위이다.

解說 ▌ '삼친(三親)'이란 '부부(夫婦), 부자(父子), 형제(兄弟)'를 말한다.
이 삼친의 도리를 ≪안씨가훈(顔氏家訓)≫에서는
'어버이는 인자하고 자식은 효도하며, 형은 어질고 아우는 공손하며, 남
편은 의롭고 아내는 덕성스러워야 한다.(父慈子孝, 兄友弟恭, 夫義婦德)'
고 했다.

따라서 친족 사이의 이러한 사랑은 마땅한 것으로 칭찬할 것도 칭찬받을
여지도 없이 당연히 해야 하는 사랑이다. 그러나 친족끼리, 더 나아가
일반인끼리라도 덕을 베풀고 자랑하거나, 은혜를 베풀고 보답을 구한다
면 이는 물건을 팔고 사는 상인의 행위와 다를 바가 없다.

곧 인륜은 천성(天性)에서 나오는 것이니, 은덕을 자랑해서는 안 된다.

字源 ▌ 孝(효도할 효) 耂(老, 늙을 로의 획 줄임)+子. 아들[子]이 노인 [耂]을 업고 있는 모양에서 '효도'의 뜻이 됨. 會意

合(합할 합) 亼(集, 모을 집의 본자)+口. 사람들의 의견[口]이 잘 모였 다[亼]는 데서, '합하다' '맞다'의 뜻이 됨. 會意

懷(품을 회) 忄(心)+褱(물건을 몸에 감출 회, 懷의 옛 자). 마음[心]을 드러내지 않게 감춘다[褱] 하여, 생각을 '품는다'는 뜻이 됨. 會意 / 忄에 서 뜻을, 褱에서 음을 취함. 形聲

語義 ▌ 做到(주도) 도달함, 이룸. 주(做)는 작(作)의 뜻. 極處(극처) 극 진한 경지. 著不得(착부득) 둘 수 없음. 부득착(不得著)과 같음. 路人 (로인) 길에서 만난 사람. 市道(시도) 장사꾼의 도리, 이해관계에 얽매 인 도리.

---

134. 미추美醜와 청탁淸濁을 초월하라

有妍이면 必有醜하여 爲之對니 我不誇妍이면 誰能醜我리오?

有潔이면 必有汚하여 爲之仇니 我不好潔이면 誰能汚我리오?

文意 ▌ 고움이 있으면 반드시 추함이 있어 대가 되니, 내가 나의 고움 을 자랑하지 않으면 누가 나를 추하다 할 수 있으랴?

깨끗함이 있으면 반드시 더러움이 있어 대가 되니, 내가 스스로 깨끗 함을 좋아하지 않으면 누가 나를 더럽다 할 수 있으랴?

要旨 ▌ 고움과 추함, 깨끗함과 더러움은 서로 대가 되니, 고움과 깨끗함

을 자랑하면, 반대로 추함과 더러움을 들추어내어 비방함이 뒤따른다.

解說 ▌ ≪노자(老子)≫ 제2장에 이런 말이 있다.

'천하에 모두가 미(美)를 아름답다고 여기므로 추악(醜惡)의 관념이 생겨나고, 선(善)을 착실한 것으로 알기 때문에 불선(不善)의 관념이 나타난다. 그러므로 유와 무가 상대적으로 생겨나고 어려움과 쉬움도 상대적으로 나타나며, 길고 짧음도 상대적으로 형성되고, 높고 낮음도 상대적으로 대비되며, 음과 소리도 상대적으로 어울리고, 앞과 뒤도 상대적으로 있게 된다.(天下皆知美之爲美 斯惡已. 皆知善之爲善 斯不善已. 故有無相生 難易相成 長短相形 高下相傾 音聲相和 前後相隨)'

만물의 상대성을 말한 대목이다. 이렇게 상대가 있으므로 상대가 성립되고, 상대가 돋보이고 존재가치가 있게 되는 것이다. 따라서 사람이 자기 자랑을 하면 남의 비방이 따르는 법이고, 깨끗한 척하면 더럽힘을 당하게 된다.

字源 ▌ 醜(추할 추) 酉(닭 유)+鬼. 사람이 술[酉]을 마시면 귀신[鬼]처럼 '추하게' 된다는 뜻. 會意 / 鬼에서 뜻을, 酉에서 음을 취함. 形聲

對(대할 대) 丵(무성할 착)+士(일 사)+寸. 어떤 사실[士]을 여러 사람[丵]이 모여, 절도 있게[寸] 토론하며, '답하고' '상대한다'는 뜻. 會意

誇(자랑 과) 言+夸(큰 체할 과). 말[言]로 큰 체[夸] 한다 하여, 헛된 '자랑'을 뜻함. 會意 / 言에서 뜻을, 夸에서 음을 취함. 形聲

潔(맑을 결) 氵(水)+絜(삼 한 오리 결). 물[水]에 삼실[絜]을 빨아 '깨끗이' 한다는 뜻. 會意 / 氵에서 뜻을, 絜에서 음을 취함. 形聲

字義 ▌ 姸(연) 곱다. 아름답다. 仇(구) 짝.

語義 ▌ 誇姸(과연) 고움을 자랑함. 醜我(추아) 나를 추하다 함. 汚我(오아) 나를 더럽다 함.

135. 매사에 냉정히 대처對處하라

炎凉之態는 富貴가 更甚於貧賤하고, 妬忌之心은 骨肉이 尤

狠於外人이니, 此處에 若不當以冷腸하며 御以平氣하면 鮮

不日坐煩惱障中矣라.

文意 ▌ 인정이 후했다 박했다 하는 태도는 부귀한 사람이 빈천한 사람
보다 더욱 심하고, 질투하고 시기하는 마음은 집안이 이웃보다 더 사
납다. 이러한 가운데서 만약 냉철한 마음으로 대하지 않고, 평정한 기
운으로 제어하지 않으면 번뇌의 장애 속에 있지 않는 날이 드물 것이
다.

要旨 ▌ 인정의 변화는 부귀한 사람이 더 심하고 질투심은 골육(骨肉)
간에 더하다. 따라서 냉정과 공평으로 대처하여야 번민이 없게 된다.

解說 ▌ '염량(炎凉)'이란 말뜻에는 더위와 추위, 선악과 시비를 분별하는
능력, 사리를 분별하는 슬기, 세력의 성함과 쇠함 등이 있다. 따라서 '염
량세태(炎凉世態)'라고 하면 '세력이 있을 때에는 아첨하여 붙고, 세력이
없어지면 푸대접하는 세속의 형편'을 나타내는 말이다.

'번뇌(煩惱)'란 불교용어로 '번요뇌란(煩擾惱亂)'의 뜻이다. '마음이 시달
려 괴로움, 마음이나 몸을 괴롭히는 모든 망령된 생각·욕망·노여움·
어리석음 따위'. 또 '번뇌장(煩惱障)'이란 '번뇌의 장애', '장애물이 되는
번뇌'라는 뜻이다. 곧 중생의 몸과 마음을 번거롭게 하여 열반에 들어감
을 방해함을 뜻한다.

요컨대 염량세태는 부귀한 족속에서 더 심하고, 투기지심은 골육 사이에
서 더 사납다. 따라서 냉철, 평정해야만 번뇌하지 않게 된다는 요지이
다.

字源 ▌ 炎(더울 염) 火(불 화)를 겹쳐 '뜨겁다'는 뜻을 강조. 會意

態(태도 태) 能(능할 능, 기능)+心. 마음[心]이 외모에 미치는 기능[能]이 '태도'에 나타난다는 뜻. 會意

賤(천할 천) 貝+戔(상할 잔). 상한[戔] 물품[貝]은 '가치가 낮다' 곧 '천하다'는 뜻. 會意 / 貝에서 뜻을, 戔에서 음을 취함. 形聲

尤(더욱 우) 乙(새 을)+又(手). 손[又]으로 특이한 물건을 뽑아[乙]낸다는 데서, '특이'하다는 뜻을 가짐. 會意

御(다스릴 어) 彳(行)+卸(마차 쉴 사). 마차를 몰고[彳], 쉬는[卸] 일에서 '마부' '다스리다'의 뜻이 됨. 會意

字義 ▌ 妬(투) 시기하다. 狠(한) 사납다. 煩(번) 번거롭다. 惱(뇌) 괴로워하다. 障(장) 막다.

語義 ▌ 炎凉(염량) 더위와 추위, 인정의 변화. 甚於(심어) …보다 심하다. 어(於)는 어조사로 '…보다'의 뜻. 骨肉(골육) 부모형제 사이, 가까운 친족. 尤狠(우한) 더욱 사나움. 冷腸(랭장) 냉철한 마음, 냉정함. 平氣(평기) 평정(平靜)한 기운. 鮮不(선불) …하지 않음이 드물다.

---

136. 공로와 잘못은 구별하고, 은혜와 원한은 덮어 두라

功過는 不容少混이니 混則人懷惰墮之心하고,
恩仇는 不可大明이니 明則人起携貳之志니라.

文意 ▌ 공로와 잘못은 조금도 혼동치 말 것이니 혼동하면 사람들이 게

으른 마음을 품게 되며, 은혜와 원한은 크게 밝히지 말 것이니 밝히면 사람들이 의심을 품고 떠나려는 마음을 일으킨다.

要旨 ▌ 공로와 잘못은 분명히 밝히고, 은혜와 원한은 너무 밝히지 말라.

解說 ▌ '신상필벌(信賞必罰)'이란 말이 있다. ≪한서(漢書)≫ 선제기(宣帝紀) 찬(贊)에서

'효제와 선제 때의 정치는 신상필벌했다.(孝宣之治 信賞必罰)'

라고 한 데서 유래했다. 곧 상을 줄 만한 공로가 있는 사람에게는 반드시 상을 주고, 벌을 줄 만한 죄가 있는 사람에게는 벌을 주는 일로, 상과 벌을 규정대로 공정하고 엄정하게 행한다는 뜻이다. 이것이 분명치 않으면 상을 타려고 공을 세우지 않고, 벌을 면하려고 힘쓰지도 않아 자연히 모두가 게을러질 것이다. 그러나 반대로 은혜를 꼭 갚으려 하고 원한을 꼭 갚으려 든다면 사람들은 서로 사이가 멀어져 떨어져 나가거나 이반(離叛)할 것이다.

字源 ▌ 混(섞일 혼) 氵(水)＋昆(같을 곤). 여러 갈래의 물〔水〕이 같은〔昆〕 곳으로 흘러 '뒤섞인다'는 뜻. 會意 / 氵에서 뜻을, 昆에서 음을 취함. 形聲

墮(떨어질 타) 隋(떨어질 타)＋土. 땅〔土〕에 떨어짐〔隋〕. 會意 / 土에서 뜻을, 隋에서 음을 취함. 形聲

携(이끌 휴) 원자는 攜. 扌(手)에서 '끌다'의 뜻을, 雟(두견새 휴)에서 음을 취함. 形聲

貳(두 이) 弍(二의 옛 자)＋貝. 물건〔貝〕이 둘〔弍〕이라는 뜻. 會意 / 貝에서 뜻을, 弍에서 음을 취함. 形聲

字義 ▌ 惰(타) 게으르다. 仇(구) 원수.

語義 ▌ 功過(공과) 공로와 과실. 不容少混(불용소혼) 조금의 혼동도 용납하지 않음. 惰墮之心(타타지심) 게으른 마음. 恩仇(은구) 은혜와 원한. 携貳之志(휴이지지) 의심을 품고 떠나려는 마음. 휴(携)는 리(離), 이(貳)는 이반(離叛).

137. 너무 지나치면 도리어 손해를 본다

^{작 위} ^{불 의 태 성} ^{태 성 즉 위} ^{능 사} ^{불 의 진 필}
爵位는 不宜太盛이니 太盛則危하고 能事는 不宜盡畢이니

^{진 필 즉 쇠} ^{행 의} ^{불 의 과 고} ^{과 고 즉 방 흥 이 훼 래}
盡畢則衰하며, 行誼는 不宜過高니 過高則謗興而毀來니라.

文意 ▌ 벼슬의 지위는 너무 성하지 말아야 하니 너무 성하면 곧 위태
로우며, 능한 일은 있는 힘을 다하여 끝마치지 말아야 하니, 있는 힘
을 다하면 곧 쇠할 것이며, 행실은 지나치게 고결하여서는 안 되니,
지나치게 고결하면 곧 비방이 일어나고 방해가 닥치게 된다.

要旨 ▌ 벼슬이 너무 높으면 위험하고 능력을 마지막까지 발휘하면 바
닥이 나며, 행실도 너무 고고하면 비방이 뒤따른다.

解說 ▌ '항룡유회(亢龍有悔)'란 말이 있다. 적당한 곳에서 만족할 줄 모
르고 무작정 밀고 나가다가 도리어 실패하는 경우를 비유한 말이다. '항
룡'은 하늘 끝까지 올라간 용이란 뜻이다. 용이 자꾸 올라가 하늘 끝에
이르면 어떻게 되겠는가? ≪주역≫ 건괘(乾卦)에서 나온 말이다.
곧 '항룡유회'는 너무 전진하지 말고 겸손 자중하라는 뜻이다. 화무십일
홍(花無十日紅)이요, 세무십년(勢無十年)이며, 월만즉측(月滿則仄, 달이
차서 둥글게 되면 곧 기울어지게 된다. 사물이 성한 뒤에는 반드시 쇠
함), 흥진비래(興盡悲來) 등이 이로 말미암는다 하겠다.

字源 ▌ 畢(마칠 필) ①사냥 그물을 친 모양을 본뜸. [象形] ②田+華(키
필). 밭[田]에 그물[華]을 쳐, 새를 막는다는 데서, 농사를 '끝냈다'는
뜻. [會意] / 田에서 뜻을, 華에서 음을 취함. [形聲]
興(일어날 흥) 舁(마주 들 여)+同. 여러 사람이 한결같이[同] 손을 맞잡
아[舁] 하는 일은 잘 되어 '흥한다' 또는 '일어난다'의 뜻. [會意]

字義 ▌ 盛(성) 왕성하다. 誼(의) 옳고 도타움. 謗(방) 비방. 毀(훼) 방

해, 헐다.

語義 ▮ 爵位(작위) 벼슬의 지위. 盡畢(진필) 있는 힘을 다함. 行誼(행의) 행동, 행실. 過高(과고) 지나치게 높음. 謗興(방흥) 비방이 일어남. 毀來(훼래) 헐뜯음이 옴.

138. 악惡은 드러내고 선善은 숨겨라

惡忌陰하고 善忌陽이라. 故로 惡之顯者는 禍淺하고 而隱者는 禍深하며 善之顯者는 功小하고 而隱者는 功大니라.

文意 ▮ 악은 그늘에 숨기를 꺼리고 선은 볕에 나타나기를 싫어한다. 그러므로 악이 밖으로 드러난 것은 재앙이 얕고 숨겨져 있는 것은 재앙이 깊으며, 선이 밖으로 드러난 것은 공이 작고 숨겨져 있는 것은 공이 크다.

要旨 ▮ 악은 드러날수록 화가 작고, 선은 숨을수록 공이 크다.

解說 ▮ '좋은 일은 문 밖을 나가지 못하는데, 악한 일은 천리를 달린다. (好事不出門, 惡事傳千里)'
라는 말이 있다. 나쁜 일은 소문이 빠르게 멀리 퍼지지만 착한 일은 그리 두드러지게 나타나지 않는다는 뜻이다. 그러니 악한 짓을 해서는 안 된다. 혹시 모르고 악을 저실렀나면 바로 드러내고 고쳐야 화가 덜 미친다. 반대로 선행은 숨기는 것이 미덕이니, 만일 자랑하면 그 선행은 가치가 없어진다.
≪노자≫ 27장에도

'선행은 자취가 없고, 선언은 티가 없다.(善行無轍迹, 善言無瑕讁)'
라고 했다. 남모르게 베푸는 선이 진짜 최고의 선행이다. 또 ≪국어(國語)≫ 〈주어(周語)〉에는
'선을 행함은 산을 오르는 것 같고, 악을 행함은 들을 달리는 것 같다.(從善如登, 從惡如奔)'
고 했다. 선은 행하기가 어렵고 악은 물들기가 쉬움을 뜻한 것이다. 요컨대 악을 숨기면 화가 크고, 선을 드러내면 공이 적어진다는 뜻이다.

字源 ▌ 陽(볕 양) 阝(阜, 언덕 부)＋昜(볕 양). 볕[昜]이 드는 언덕[阜], 곧 '양지'를 뜻함. 會意 / 阝에서 뜻을, 昜에서 음을 취함. 形聲

顯(나타날 현) 日＋絲＋頁. 햇빛[日]에 실[絲]을 비추어 보듯이 밝게 머리[頁]를 장식한다는 데서, '머리 장식' 또는 '나타내다'의 뜻이 됨. 會意 / 頁에서 뜻을, 㬎(빛날 현)에서 음을 취함. 形聲

淺(얕을 천) 氵(水)에서 뜻을, 戔(상할 잔)에서 음을 취함. 形聲

語義 ▌ 忌陰(기음) 그늘을 꺼림. 곧 그늘에 숨기를 싫어함. 나타나기를 좋아함. 惡之顯者(악지현자) 악 중에 밖으로 드러난 것.

---

139. 덕德은 주인이요, 재능은 종이다

德_덕者_자는 才_재之_지主_주요 才_재者_자는 德_덕之_지奴_노니 有_유才_재無_무德_덕은 如_여家_가無_무主_주而_이
奴_노用_용事_사矣_의라. 幾_기何_하不_불魍_망魎_량而_이猖_창狂_광이리오?

文意 ▌ 덕이라는 것은 재능의 주인이요, 재능이란 것은 덕의 종이니, 재능이 있으되 덕이 없으면, 마치 집에 주인 없이 종이 살림살이를 하는 것과 같다. 어찌 도깨비가 날뛰지 않겠는가?

要旨 ▮ 덕과 재(才)가 겸비하면 이상적이지만, 그렇지 못할 바에는 덕이 재보다 나아야 한다.

解說 ▮ '재승박덕(才勝薄德)'이란 말이 있다. '재주는 많으나 덕이 적다'는 뜻이다. '재승덕박(才勝德薄)'이라고도 한다. ≪사기(史記)≫ 손자오기열전(孫子吳起列傳)에 '재덕부재험(在德不在險)'이란 말이 있는데, '덕에 있지 험한 데 있지 않다'는 말이다.

오기(吳起)가 위문후(魏文侯)와 서하(西河)에서 선유(船遊)할 때였다. 배를 타고 내려가다가 산천의 경치가 매우 좋은 곳을 보고 위문후가, "참 아름답다. 산천이 이렇게 천험(天險)의 요새(要塞)를 이루고 있으니 이는 우리 위나라의 보배로다."하자 오기가 대답했다. "임금님의 덕에 있지, 산천의 천험에 있는 것이 아닙니다. 역사적으로 나라가 망한 것은 지세(地勢)에 있는 것이 아니고, 임금이 정치를 잘못하여 망한 것입니다. 그러니 임금님께서도 덕을 닦으시지 않으신다면 이 배 안에 탄 저희들도 모두 적이 될 수 있습니다." 위문후는 오기의 말에 크게 감동하여 더욱 사랑했다 한다.

덕(德)이 주인이요 재(才)가 종인데, 덕이 없으면 재가 멋대로 날뛴다. 주인이 없으니 종이 멋대로 살림살이를 하다 보면 무질서하고 게을러 지저분하므로 도깨비도 나올 것 같다.

字源 ▮ 才(재주 재) 새싹이 땅에 돋아나는 모양을 본떠, 장차의 '바탕'을 가리킨 글자. 指事

奴(종 노) 女+又(手). 손[又]을 놀려 일하는 여자[女], 곧 '노예'를 뜻함. 會意

幾(몇 기) 丝(幽, 어두울 유의 생략)+戍(수자리 수). 어두운[丝] 곳을 창을 들고 지킨다[戍]는 데서, 위험의 '기미'가 '약간' 있음을 뜻함. 會意

字義 ▮ 魍(망) 도깨비. 魎(량) 도깨비. 猖(창) 미쳐 날뛰다.

語義 ▮ 用事(용사) 일을 처리함, 살림살이. 幾何(기하) 얼마, 여기서는 어찌의 뜻. 魍魎(망량) 도깨비. 猖狂(창광) 미쳐 날뜀, 마구 날뜀.

140. 도망갈 길을 열어 주라

鋤奸杜倖_{에는} 要放他一條去路_라. 若使之一無所容_{이면} 譬
如塞鼠穴者_{하여} 一切去路都塞盡_{하면} 則一切好物俱咬破矣
라.

文意 ▌ 간교한 무리를 물리치고 아첨하는 사람을 막는 데는 한 가닥
도망갈 길을 열어 주어야 한다. 만약 그들로 하여금 한 군데도 몸 둘
곳을 없게 한다면 마치 쥐구멍을 막는 것과 같아서 일체의 도주로를
막는다면 모든 소중한 기물을 물어뜯어 못쓰게 할 것이다.

要旨 ▌ 간사하고 아첨하는 사람을 제거할 때는 물러갈 길을 터주어야
한다. 그렇지 않으면 오히려 해를 입게 될 수 있다.

解說 ▌ 우리 속담에 '궁한 쥐가 고양이를 문다'고 했다. 뜻이 같은 한자
숙어에 '궁구막추(窮寇莫追)'라는 말이 있다. ≪손자(孫子)≫ 구변편(九
變篇)에
'고향으로 돌아가는 군대는 막지 말고, 군대를 포위하되 반드시 퇴주로를
틔워 놓으며, 궁지에 몰린 적을 추격하지 말고, 고립된 지점에 머물지
말라.(歸師勿遏, 圍師必闕, 窮寇莫追, 絶地勿留)'
고 했다. 막다른 골목에 다다르면 사람은 살기 위하여 생명을 걸고 반항
한다. 간사하거나 아첨하는 사람도 궁하면 덤빈다. 이들을 물리칠 때는
퇴로(退路)를 열어 주어야 한다. 곧 물러갈 구실을 주어야 한다.

字源 ▌ 條(가지 조) 木에서 뜻을, 攸(멀 유)에서 음을 취함. 形聲
穴(구멍 혈) 宀+八. 땅을 파서〔八〕만든 방〔宀〕. 會意 / 宀에서 뜻을,
八에서 음을 취함. 形聲 / 원시인들이 살던 굴이 빈 모양을 나타냄. 象形
破(깨질 파) 石에서 뜻을, 皮에서 음을 취함. 形聲

141. 공로와 안락安樂은 남에게 양보하라

^{당 여 인 동 과} ^{부 당 여 인 동 공} ^{동 공 즉 상 기}
當與人同過나 不當與人同功이니 同功則相忌하고,

^{가 여 인 공 환 난} ^{불 가 여 인 공 안 락} ^{안 락 즉 상 구}
可與人共患難이나 不可與人共安樂이니 安樂則相仇니라.

文意 ▮ 마땅히 허물은 남과 같이 책임질 것이나 공로는 함께 누리지는 말 것이니, 공로를 함께 누리면 곧 서로 시기하게 된다. 사람들과 더불어 환난은 같이할 수 있으되, 안락은 같이할 수 없는 것이니, 안락을 같이하면 곧 서로 원수가 되고 말 것이다.

要旨 ▮ 잘못의 책임은 내가 더 지려 하고, 공로는 상대방에게 더 차지하도록 양보해야 한다. 또 고난의 짐도 내가 더 지고, 안락은 상대방이 더 누리게 하라.

解說 ▮ 중국 춘추시대 오(吳)와 월(越)은 앙숙의 나라였다. 이웃에 있으면서 서로 치고받는 전쟁이 몇 대를 두고 계속되었다. 월나라가 오나라에게 망하여 월왕 구천(句踐)이 오왕 부차(夫差)의 마부가 되고, 구천의 아내는 부차의 첩이 되는 조건으로 목숨만은 부지하였다. 이에 구천은 부차의 부하가 되어 갖은 고초를 겪으면서도 와신상담(臥薪嘗膽)하여 마

침내 미인계(美人計)를 써서 복수한다. 곧 구천은 그의 심복 범려(范蠡)의 계책을 써 절세미인 서시(西施)를 부차에게 바쳐 부차로 하여금 방탕하게 하여 나라를 망치게 했다.

마침내 월나라는 오나라를 멸해 원수를 갚았는데, 범려는 구천의 상(相)을 보고, "월왕의 사람됨이 목이 길고 새의 주둥이 형상이라 고난은 같이 겪을 수 있되, 낙은 함께 누릴 수 없다.(越王爲人長頸鳥喙, 可與共患難, 不可與共樂)"라고 하고 떠나 제(齊)나라로 가서 도주공(陶朱公)이라 성명을 바꾸고 세 번이나 억만장자가 되었다.

범려의 말대로 공로와 낙은 독차지하려들고, 허물과 고난은 남에게 미는 것이 일반적인 섭리이다. 따라서 공과 낙을 내가 더 차지하려들다가는 서로 시기하여 원수가 되니 공과 낙일수록 남에게 양보해야 무난히 살아갈 수 있다.

字源 ▌ 同(같을 동) 冃(겹쳐 덮을 모)＋口. 사람들의 의견[口]이 겹치니 [冃], 뜻이 '같다'는 뜻. 會意

共(함께 공) 廾(스물 입)＋六(廾, 손 맞잡을 공의 변형). 여러[廾] 사람이 손을 맞잡아[六], 뜻을 '함께' 한다는 뜻이 됨. 會意 / 廾에서 뜻을, 六에서 음을 취함. 形聲

語義 ▌ 同過(동과) 허물을 함께 맡음.　同功(동공) 공로를 함께 누림.　相忌(상기) 서로 시기하다.　共患難(공환난) 환난을 같이함.　相仇(상구) 서로 원수가 됨, 서로 원망함.

---

142. 정신적인 도움도 큰 공덕功德이 된다

士君子로 貧不能濟物者는 遇人痴迷處에 出一言提醒之하고
遇人急難處에 出一言解救之면 亦是無量功德이라.

文意 ▍ 선비로서 가난하여 물질로써 남을 구제하지 못하는 사람은, 사람들이 어리석어 방황할 때 한마디 말로써 그를 이끌어 깨우치고, 남이 급하고 어려운 때를 당하여는 한마디 말로써 어려움을 해결해주면 역시 무한한 공덕이 된다.

要旨 ▍ 말로써 남의 어리석음을 일깨워주고, 또 어려움을 풀어주면 그것만으로도 무한한 공덕을 베푸는 결과가 된다.

解說 ▍ 공자가 노자를 찾아가 얼마 동안 있다가 하직할 때 노자가 공자에게 한 말 중에,
"내 듣건대 부귀한 사람은 남을 보낼 때 재물을 주고, 어진 사람은 기념이 될 만한 말 한마디를 선사한다.(富貴者 送人以財, 仁人者 送人以言)"
고 했다. 여기의 인인(仁人)은 곧 사군자(士君子), 즉 선비이다. 선비는 원래부터 부귀와는 거리가 멀고, 또 멀어야 한다는 것이다. 그래서 박연암(朴燕巖)의 〈양반전(兩班傳)〉에서도 선비는
'손으로 돈을 만지지 않고, 쌀값을 묻지 않는다.(手無執錢 不問米價)'
라고 했다. 이런 선비가 물질적으로 남을 도울 수가 없으니 정신적으로라도 남의 어리석음과 위급을 구해주면 이것도 곧 물질적인 원조 못지않게 큰 공덕이 되는 것이다.

字源 ▍ 迷(어지러울 미) 辶+米. 사방팔방[米]으로 뚫린 길을 갈[辶] 때면 정신이 '어지러워진다'는 뜻. 〔會意〕 / 辶에서 뜻을, 米에서 음을 취함. 〔形聲〕
出(나갈 출) 싹이 흙을 뚫고, 땅 위로 나온 모양을 본뜸. 〔象形〕
解(풀 해) 角(뿔 각)+刀+牛. 칼[刀]로 소[牛]의 뿔[角] 사이를 '가른다' 또는 '나눈다'의 뜻이 됨. 〔會意〕
救(구제할 구) 攵(攴, 칠 복)에서 나쁜 길로 든 사람을 꾸짖어 '구제해준다', 또는 '방지한다'의 뜻을, 求(구할 구)에서 음을 취함. 〔形聲〕
量(양 량) 曰(되를 뜻함)+重(重, 무게 중). 물건의 부피[曰]와 무게[重]를 '헤아린다'는 뜻. 〔會意〕

字義 ▍ 痴(치) 어리석다. 醒(성) 깨다, 깨우치다.

語義 ▌ 士君子(사군자) 선비. 濟物(제물) 물질로 구제함. 痴迷(치미) 어리석어 미혹(迷惑)에 빠짐. 提醒(제성) 이끌어서 깨우침. 解救(해구) 풀어서 구해 줌. 功德(공덕) 남을 위한 선행(善行).

---

143. 인정人情은 유리한 쪽으로 향한다

饑則附하고 飽則颺하며 煥則趨하고 寒則棄는 人情通患也라.

文意 ▌ 굶주리면 달라붙고, 배부르면 떠나가며, 따뜻하면 따르고, 추우면 버리는 것은 인정의 공통된 병폐이다.

要旨 ▌ 춥고 배고프면 염치불구하고 아첨하며 달라붙고, 배부르고 따뜻하면 언제 신세졌냐는 식으로 외면하고 떠나는 것이 인정의 통폐(通弊)이다.

解説 ▌ 중국 한(漢)나라 때 적공(翟公)은 정위(廷尉)란 높은 벼슬에 있었다. 그의 집 대문에는 면회를 요청하는 자가 가득했다. 그런데 그가 벼슬을 그만두니 찾는 사람이라곤 없어 대문에 새그물을 쳐 새를 잡을 정도로 한가했다. 이윽고 그가 다시 정위에 복직되자 사람들이 다시 몰려들었다. 그래서 적공은 대문에다 이렇게 써 붙였다.
'한 번 죽었다가 한 번 태어나서 사귀는 정을 알겠고, 한 번 가난했다가 한 번 부자가 되니 사귀는 태도를 알겠으며, 한 번 귀해졌다가 한 번 천해지니 사귀는 정이 곧 나타나도다.(一死一生, 乃知交情; 一貧一富, 乃知交態; 一貴一賤, 交情乃見.)' - ≪사기≫ 급정열전(汲鄭列傳) 찬(贊)
생사(生死), 빈부(貧富), 귀천(貴賤)에 따라 사람을 대하는 태도가 다르니, 이는 고금에 변함이 없는 인정의 모습이다.

字源 ▌ 附(붙일 부) 阝(阜, 언덕)에 초목이 '붙어' 산다는 뜻. 會意 / 阝에서 뜻을, 付에서 음을 취함. 形聲

通(통할 통) 辶+甬(골목길 용). 골목〔甬〕으로 빠져 나간다〔辶〕는 데서, '통하다'의 뜻. 會意 / 辶에서 뜻을, 甬에서 음을 취함. 形聲

字義 ▌ 颺(양) 날아가다.　燠(욱) 따뜻하다.　趨(추) 따르다.

---

144. 군자는 냉철한 눈으로 사물을 보라

_{군 자}　_{의 정 식 랭 안}　　_{신 물 경 동 강 장}
君子는 宜淨拭冷眼이요 愼勿輕動剛腸이라.

文意 ▌ 군자는 의당 냉철한 안목을 깨끗이 닦을 것이요, 삼가 굳건한 신념을 가볍게 움직이지 말라.

要旨 ▌ 군자는 냉철한 안목으로 사물을 보고, 굳건한 신념을 가지고 함부로 경거망동(輕擧妄動)하지 말라.

解說 ▌ '군자자중(君子自重)'이란 말이 있다. 군자는 스스로 진중(鎭重)해서 경거망동하지 말라는 뜻이다. 소인과 같이 쓸개도 없이 이리저리 아부를 잘하거나 말이 앞서 언행일치(言行一致)를 못한다면, 이는 군자의 범주에 들지 못한다.

위의 '군자자중'은 중국의 뒷골목 으슥한 곳에 써 놓았던 표어이다. 곧 함부로 행동하지 말라는 뜻으로, 우리나라의 '소변 금지'에 해당하는 말이다.

字源 ▌ 愼(삼갈 신) 忄(心)+眞. 참된 마음〔心〕으로 언행을 '삼간다'는 뜻. 會意 / 忄에서 뜻을, 眞에서 음을 취함. 形聲

勿(말 물) 옛날에 '금지'나 '위급'의 신호로 쓰였던 세 가지 빛깔의 깃발을 본뜸. 象形

字義 ▌ 拭(식) 닦다. 剛(강) 굳세다.

語義 ▌ 淨拭(정식) 깨끗이 닦다. 泠眼(랭안) 냉철한 안목. 剛腸(강장) 굳건한 마음, 확고한 신념.

---

145. 먼저 식견識見을 쌓아라

德隨量進하고 量由識長이라. 故로 欲厚其德이면 不可不弘
其量이요, 欲弘其量이면 不可不大其識이라.

文意 ▌ 덕은 도량을 따라 나아가고, 도량은 식견으로 말미암아 커진다. 따라서 그 덕을 두터이 하려면 불가불 그 도량을 넓히고, 그 도량을 넓히려면 불가불 그 식견을 크게 하여야 한다.

要旨 ▌ 식견이 넓어야 도량이 크고, 도량이 넓어야 덕도 크다.

解說 ▌ '불가불(不可不)' '부득불(不得不)'은 같은 말이다. '하지 않으면 안 된다' '하지 않을 수 없다'는 뜻으로 이중의 부정(否定)이 되어 도리어 긍정의 강조가 된다. 그러나 '불가불가(不可不可)'는 띄어 읽기에 따라 뜻이 달라진다. '불가 불가'로 떼어서 읽으면 뜻이 달라진다. '안 된다 안 된다'라는 뜻이다.
조선 말에 어느 대신이 '한일합방불가불가(韓日合邦不可不可)'라고 상소를 올렸다 한다. 그러나 구두점이 없으니 해석하기에 달렸다. '한일합방은 불가불 가하다'로 읽을 수도 있고, '한일합방은 안 된다 안 된다'로 읽을 수 있어, 그 사람의 진실을 헤아리기 어려웠다 한다. 그래서 한문 해석은 구두점을 찍을 줄 알면, 이미 반은 해석할 수 있는 힘이 있는 것이다.

字源 ▮ 隨(따를 수) 辶(辵, 쉬엄쉬엄 갈 착)에서 뜻을, 隋(수나라 수)에서 음을 취함. 形聲

弘(클 홍) 弓+厶(肱, 팔 굉의 옛 자). 활[弓]에서 화살이 나갈 때 나는 굉[肱] 소리는 '크게' 들린다는 뜻. 會意 / 弓에서 뜻을, 厶에서 음을 취함. 形聲

字義 ▮ 量(량) 도량(度量).　識(식) 식견(識見), 교양.

---

146. 고요 속에 본심本心으로 반성하라

<ruby>一燈螢然<rt>일 등 형 연</rt></ruby>에 <ruby>萬籟無聲<rt>만 뢰 무 성</rt></ruby>은 <ruby>此吾人初入宴寂時也<rt>차 오 인 초 입 연 적 시 야</rt></ruby>요, <ruby>曉夢初醒<rt>효 몽 초 성</rt></ruby>에 <ruby>群動未起<rt>군 동 미 기</rt></ruby>는 <ruby>此吾人初出混沌處也<rt>차 오 인 초 출 혼 돈 처 야</rt></ruby>라. <ruby>乘此而一念廻光<rt>승 차 이 일 념 회 광</rt></ruby>하여 <ruby>烱然返照<rt>경 연 반 조</rt></ruby>하면 <ruby>始知耳目口鼻<rt>시 지 이 목 구 비</rt></ruby>는 <ruby>皆桎梏<rt>개 질 곡</rt></ruby>이요 <ruby>而情欲嗜好<rt>이 정 욕 기 호</rt></ruby>는 <ruby>悉機械矣<rt>실 기 계 의</rt></ruby>리라.

文意 ▮ 등잔불이 희미하게 깜박이고 삼라만상이 소리 없이 고요한 밤, 이때는 우리가 처음으로 편안히 잠이 들 때다. 새벽 꿈에서 비로소 깨어나고, 모든 움직임이 일어나기 직전, 이때는 우리가 비로소 혼돈에서 벗어나는 때이다. 이때를 타서 우리의 본심이 빛을 돌려 환히 돌이켜 비춰보면 비로소 이목구비가 모두 우리를 얽어 묶는 질곡이요, 또한 정

욕과 기호는 모두 우리의 마음을 타락시키는 기계임을 알게 된다.

要旨 ▌ 만뢰구적(萬籟俱寂)한 밤중과 새벽에 우리는 본심으로 자신을 반성해 볼 때, 모든 감정과 욕심은 우리의 심신을 구속하는 장애물임을 깨닫게 된다.

解說 ▌ '만뢰(萬籟)'란 '모든 음향'을 말하는 것으로 ≪장자(莊子)≫에 나오는 '인뢰(人籟)·지뢰(地籟)·천뢰(天籟)'를 합쳐 말하는 것이지만, 당나라 상건(常建)의 시구에

'모든 소리 이것들이 함께 고요하다.(萬籟此俱寂)'

고 한 것이 있다. 그래서 가장 조용한 때를 표현하는 말로 '만뢰구적'이란 말이 생겨난 것이다.

'혼돈(混沌)'이란 영어의 '카오스(Chaos)'에 해당한다. 천지개벽이 아직 이루어지지 않았을 때 모든 것이 뒤섞여 있어 갈피를 잡지 못한 상태를 말한다. 이 카오스의 반대가 '코스모스(Cosmos)'이다. 곧 한자로는 '우주(宇宙)'이다. 따라서 '혼돈'과 '우주'는 반대어이다. '혼돈'은 '개벽(開闢)'을 거쳐 '우주'가 되었다. 혼돈에서 천지 만물이 열리고 생겨나, 질서 있게 정렬된 이 세상을 우주라 한다.

요컨대 사람은 욕망의 세계에서 벗어나 때때로 자연의 본심으로 돌아가 조용히 반성해 볼 때, 비로소 인간의 오욕(五慾)·칠정(七情)은 부질없음을 알게 된다.

字源 ▌ 螢(반딧불이 형) 炏(熒, 반짝일 형)＋虫. 반짝이는[炏] 벌레[虫], 곧 '반딧불이'를 뜻함. 會意 / 虫에서 뜻을, 炏에서 음을 취함. 形聲
宴(잔치 연) 宀＋妟(安, 편안할 안). 집[宀]에서 편안히[妟] '잔치'를 즐긴다는 뜻. 會意 / 宀에서 뜻을, 妟에서 음을 취함. 形聲
返(돌이킬 반) 辶＋反. 길을 가다가 방향을 반대로 하여[反] 간다[辶]는 뜻. 會意 / 辶에서 뜻을, 反에서 음을 취함. 形聲
照(비출 조) 昭(밝을 소)＋灬(火). 불빛[火]이 밝다[昭]는 데서 '비치다'의 뜻이 됨. 會意 / 灬에서 뜻을, 昭에서 음을 취함. 形聲
鼻(코 비) 코와 콧구멍으로 숨이 드나드는 모양을 본뜸. 象形 / 自(스스로 자, 원뜻 코)에서 뜻을, 畀(줄 비)에서 음을 취함. 形聲

족쇄. 梏(곡) 수갑. 悉(실) 다.

語義 ▌ 螢然(형연) 반딧불처럼 희미하게 깜박거림. 萬籟(만뢰) 삼라만상
일체의 소리. 宴寂(연적) 편안히 잠들다. 연(宴)은 안(安)의 뜻. 混沌
(혼돈) 천지 만물이 아직 구분되어 있지 않은 몽롱한 상태. 一念(일념)
한 생각, 자기의 본심(本心). 迴光(회광) 빛을 안으로 돌림, 반성함.
焵然(경연) 환하게 빛남.

---

147. 자신을 반성하라

反己者는 觸事가 皆成藥石이요, 尤人者는 動念이 卽是戈矛
라. 一以闢衆善之路하고 一以濬諸惡之源하니 相去霄壤矣라.

文意 ▌ 자기를 반성하는 사람은 부딪치는 일마다 모두 수양의 약이 되
고, 남을 탓하는 사람은 생각하는 것마다 자신을 해치는 무기가 된다.
하나는 모든 선의 길을 열고, 다른 하나는 모든 악의 근원을 이루는
것이니 서로의 거리는 하늘과 땅이다.

要旨 ▌ 자신을 반성하면 모든 것이 반성의 자료가 되고, 남을 탓하면
모든 생각이 자기를 해친다. 반성은 선으로 나아가는 길이요, 남을 탓
함은 모든 악으로 나아가는 길이다.

解說 ▌ '타산지석(他山之石)'이란 말이 있다. 다른 산에서 나는 엉성한
돌도 그것을 사용하여 나의 옥을 갈 수 있다는 뜻으로, 남의 하찮은 언
행을 거울 삼아 자기 품성을 높이는 반성의 재료로 삼을 수 있다는 말이

다. ≪시경≫ 학명편(鶴鳴篇)의

'다른 산의 돌로도 옥을 다듬을 수 있다.(他山之石 可以攻玉)'

란 구절에서 나온 것이다.

'잘 되면 제 탓, 안 되면 남의 탓' '잘 되면 제 탓, 안 되면 조상 탓'이라고 자기 잘못을 자기가 책임지지 않고 남에게 미루는 것이 일반적인 심리이다. 이는 소인의 행위이다. 남을 탓하는 사람은 생각하는 것이 모두 남을 탓하는 일이 되고, 그러다 보면 남에게 도리어 원망의 대상이 되어 점점 악의 길로 내딛게 된다.

字源 ▌觸(찌를 촉) 角(뿔 각, 짐승의 뿔이나 벌레의 더듬이)에서 물건에 '닿는다'는 뜻을, 蜀(촉나라 촉)에서 음을 취함. 形聲

戈(창 과) 창의 모양을 본뜸. 象形

矛(창 모) 끝이 세 갈래로 갈린 창을 본뜸. 象形

衆(무리 중) 血+乑(㐺, 무리 중. '人'을 세 개 겹친 자). 핏줄〔血〕이 같은 사람들〔乑〕의 '무리'를 뜻함. 會意 / 血에서 뜻을, 乑에서 음을 취함. 形聲

諸(모두 제) 言+者. 사람〔者〕들의 말〔言〕에는 '여러' 가지가 '다' 있다는 뜻. 會意 / 言에서 뜻을, 者에서 음을 취함. 形聲

字義 ▌闢(벽) 열다. 濬(준) 깊이 파내다. 霄(소) 하늘. 壤(양) 땅.

語義 ▌反己(반기) 자기를 반성함. 藥石(약석) 약물(藥物)과 침석(鍼石), 곧 약의 총칭. 尤人(우인) 남을 원망함. 戈矛(과모) 창. 霄壤(소양) 하늘과 땅, 천양(天壤), 천지(天地).

148. 공명功名은 한때나 절개節槪는 천년 간다

事業文章은 隨身銷毀하되 而精神은 萬古如新하고 功名富
貴는 逐世轉移하되 而氣節은 千載一日하니 君子는 信不當
以彼易此也니라.

文意┃ 사업과 문장은 몸을 따라 사라지지만 정신은 만고에 새로운 것
이며, 공명과 부귀는 시대를 따라 옮겨가지만 기개와 절조는 천 년이
하루 같으니, 군자는 실로 저것으로써 이것을 바꾸어서는 안 된다.

要旨┃ 사업과 학문, 부귀와 공명은 그 사람, 그 시대와 함께 사라지지
만, 훌륭한 정신과 굳은 절개는 영원하다. 군자는 정신적이고 영구적
인 것을 취하라.

解說┃ 사육신(死六臣) 중 한 사람인 성삼문(成三問)의 〈곡이제묘(哭夷
齊廟)〉란 시가 있다.

'그 당년에 말고삐를 붙들며 감히 틀린 것을 말했으니,　當年叩馬敢言非
당년고마감언비

위대한 의리는 당당히 해나 달과 같이 빛나네.　大義堂堂日月輝
대의당당일월휘

초목도 또한 주나라 비와 이슬에 젖거늘,　草木亦霑周雨露
초목역점주우로

임금께 부끄럽구나, 오히려 수양산의 고사리를 캐어 먹다니.'　愧君猶食首陽薇
괴군유식수양미

이 시의 시조는 다음과 같다.
'수양산(首陽山) 바라보며 이제(夷齊)를 한하노라.
주려 죽을지언정 채미(採薇)도 하는 것가?
아무리 푸새의 것인들 긔 뉘 땅에 났더니.'

절개, 더욱이 충절(忠節)은 만고상청(萬古常靑)한다.

字源 ▌ 逐(쫓을 축) 辶+豕(돼지 시). 도망간〔辶〕 돼지〔豕〕를 '뒤쫓는다'
는 뜻. 會意

移(옮길 이) 禾+多. 많은〔多〕 모〔禾〕를 논에 '옮겨' 심는다는 뜻. 會意

載(실을 재) 車에서 뜻을, 𢦏(손상할 재)에서 음을 취함. 形聲

語義 ▌ 銷毁(소훼) 녹아서 사라짐.   逐世(축세) 세상을 좇음, 시대에 따
름.   氣節(기절) 기개(氣槪)와 절조(節操).   彼(피) 사업 문장과 공명부
귀.   此(차) 정신과 기질.

---

149. 인간의 지혜는 한限이 있다

_{어 망 지 설} _{홍 즉 리 기 중} _{당 랑 지 탐} _{작 우 승 기 후}
魚網之設에 鴻則罹其中하고 螳螂之貪에 雀又乘其後하여

_{기 리 장 기} _{변 외 생 변} _{지 교} _{하 족 시 재}
機裡藏機하고 變外生變하니 智巧를 何足恃哉리오?

文意 ▌ 고기잡이 그물을 쳐 놓으니 기러기가 곧 그 중에 걸리고, 사마
귀가 먹이를 노리니 참새가 그 뒤를 노린다. 계략 속에 계략이 숨겨져
있고 이변(異變) 밖에 또 이변이 있으니 지혜와 계교를 어찌 족히 믿
으랴?

要旨 ▌ 고기잡이 그물에 기러기가 걸리고, 사마귀가 매미를 탐내는데
뒤에 새가 있음을 모른다. 기는 놈 위에 나는 놈이 있고, 뜻밖에 이변
이 생기니 인간의 지혜로는 알기 어렵다.

解說 ▌ 첫 구절은 ≪시경≫ 패풍(邶風) 신대편(新臺篇)에 나오는 말이
다.

'고기 그물 쳐놓으니 기러기가 걸렸네.(魚網之設 鴻則離之)'

리(離)는 리(罹)와 통자(通字)로, 이변(異變)이 생겼음을 뜻한다.

둘째 구절은 ≪장자≫ 산목편(山木篇)과 ≪설원(說苑)≫ 정간편(正諫篇)에서 인용한 것이다.

'동산 안에 나무가 있고 그 위에 매미가 있어 높은 나뭇가지에서 슬피 울다가 이슬을 마시는데, 사마귀가 뒤에서 노리고 있는 것을 알지 못한다. 사마귀는 몸을 구부리고 매미를 잡으려 하는데 참새(또는 까치)가 자기 곁에 있는 것을 알지 못한다.'

이익을 추구하느라고 재앙이 자기 몸에 닥침을 알지 못한다는 뜻이다.

사람이 만물의 영장(靈長)이라 하지만 자연의 신비와 변화를 예측할 수 없다. 그러므로 경거망동하지 말고 천성을 다하여 충실하라는 내용이다.

字源 ▌ 網(그물 망) 糸(그물에 단 '벼리'를 뜻함)에서 뜻을, 罔(없을 망)에서 음을 취함. 形聲

設(베풀 설) 言＋殳(칠 수). 작업[殳]을 하도록 말[言]로 뒷받침해 준다는 데서 '베풀다'의 뜻이 됨. 會意

鴻(기러기 홍) 江＋鳥. 강[江]에서 사는 큰 새[鳥], 곧 큰 '기러기' '백조'를 뜻함. 會意 / 鳥에서 뜻을, 江에서 음을 취함. 形聲

智(지혜 지) 知＋日. 사리를 밝게[日] 안다[知]는 데서, '슬기롭다'의 뜻이 됨. 會意 / 日에서 뜻을, 知에서 음을 취함. 形聲

哉(어조사 재) 口에서 감탄의 뜻을 취하고, 戋(상할 재)에서 음을 취함. 形聲

字義 ▌ 罹(리) 걸리다. 螳(당) 사마귀. 螂(랑) 사마귀. 雀(작) 참새. 恃(시) 믿다.

語義 ▌ 螳螂(당랑) 사마귀, 미얀마재비. 機(기) 계략(計略). 智巧(지교) 지혜와 계교.

150. 성실하고 원만하게 살아가라

作^작人^인에 無^무點^점眞^진懇^간念^념頭^두면 便^변成^성個^개花^화子^자이니 事^사事^사皆^개虛^허하고,

涉^섭世^세에 無^무段^단圓^원活^활機^기趣^취면 便^변是^시個^개木^목人^인이니 處^처處^처有^유碍^애라.

文意 ▌ 사람이 되어 한 점의 참다운 마음이 없다면 곧 하나의 거지가 되어 일마다 모두 헛짓이고, 세상을 살아나감에 있어 한 조각 원활한 활동이 없으면 곧 하나의 장승이니 도처에서 장애가 된다.

要旨 ▌ 진실한 생각과 원만한 활동으로 세상을 살아가라. 그렇지 못하면 빌어먹는 거지와 같고 감각이 없는 장승과 같다.

解說 ▌ '화자(花子)'는 화자(化子)라고도 쓰는데, 현대 중국어[白話]이다. '꽃'이란 뜻도 있지만 '거지'로 많이 쓴다. 이 말의 출처는 ≪오잡조(五雜俎)≫에

'서울에서 걸식하는 자를 화자라고 하는데, 어디에서 뜻을 취했는지 알지 못한다.(京師謂乞食爲花子, 不知何所取義)'

라고 했다.

'목인(木人)'은 '목우(木偶, 木禹)' '목우인(木偶人)' '목상(木像)'이라고도 하여, '토우(土偶)' 또는 '토우인(土偶人)'과 병칭한다. 흙으로 만든 인형을 토우라 하고, 나무로 만든 인형을 목우라 한다. 이 말의 출처는 ≪사기≫ 소진전(蘇秦傳)에

'송나라 왕이 무도하여 목인을 만들어 과인이라 써 놓고 그 얼굴에 활을 쏘았다.(宋王無道, 爲木人以寫寡人, 射其面)'

라고 한 데서 나왔다.

우리나라 옛날 인형 중에 장승(長丞)이란 것이 있다. 옛날 이수(里數)를 나타내거나, 마을의 수호신으로 동네 어귀나 길가에 세운 사람 모양의 형상이다. 지금도 더러 볼 수 있는데, 남녀 한 쌍으로 만들어 남자 장승

에는 '천하대장군(天下大將軍)', 여자 장승에는 '지하여장군(地下女將軍)'이라고 글씨를 새겨 놓는 것이 일반적이다. 요사이는 키가 큰 사람의 비유로 많이 쓴다.

거지는 빌어먹으니 성실성이 없고, 장승은 융통성 없이 한 곳에 서 있어 방해만 될 뿐이다.

字源 ▌ 懇(정성 간) 狠(씹을 간, 돼지가 음식을 먹기에 여념이 없음)＋心. 마음[心]에 딴 생각 없이[狠], 한 군데에만 '성실하게' '정성'을 쏟음을 뜻함. [會意] / 心에서 뜻을, 狠에서 음을 취함. [形聲]

活(살 활) 氵(水)＋舌(昏, 입 막을 괄의 변형). 물[水]이 막힌 곳[昏]을 뚫고 흐를 때 나는 괄괄 소리에서 '생기' '활기'를 뜻하게 됨. [會意] / 氵에서 뜻을, 舌에서 음을 취함. [形聲]

語義 ▌ 作人(작인) 사람이 됨.　點(점) 일점(一點), 한 점.　眞懇(진간) 진실하고 간절함, 성실.　花子(화자) 거지.　涉世(섭세) 세상을 살아 나감.　段(단) 일단(一段), 한 조각.　機趣(기취) 기전(機轉), 활동.　木人(목인) 나무 인형, 장승.　碍(애) 막힘.

---

151. 원인을 없애면 결과는 분명하다

_{수 불 파 즉 자 정} _{감 불 예 즉 자 명} _고 _{심 무 가 청}
水不波則自定하고　鑑不翳則自明이라.　故로　心無可淸이니

_{거 기 혼 지 자} _{이 청 자 현} _{락 불 필 심} _{거 기 고 지 자}
去其混之者면　而淸自現하고　樂不必尋이니　去其苦之者면

_{이 락 자 존}
而樂自存이라.

文意 ▌ 물은 파도가 일지 않으면 곧 절로 고요하고, 거울은 가리지 않

으면 곧 절로 밝다. 그러므로 마음은 굳이 맑게 할 것이 없으니 그 마음을 흐리는 것을 없애면 맑음이 절로 나타나고, 즐거움은 반드시 찾을 것이 없으니, 그 괴롭히는 것을 없애면 즐거움은 절로 있게 된다.

要旨 ▌ 파도가 일지 않는 물은 고요하고, 때가 끼지 않은 거울은 절로 맑다. 마찬가지로 마음도 흐리게 하는 요소를 제거하면 스스로 맑고, 괴롭히는 요인을 없애면 저절로 즐겁게 된다.

解說 ▌ 우리나라에 '쟁경설화(爭鏡說話, 송경설화訟鏡說話)'가 있다. 거울에 얽힌 소화(笑話)이다.
옛날 두메산골에 농부 부부가 어머니를 모시고 살고 있었다. 아내는 남편이 서울 가는 길에 거울을 사 달라고 하였다. 초승에 집을 떠난 농부는 서울에 도착하여 '거울'이란 명칭을 잊어버려 밤에 하늘에 떠 있는 보름달 같은 거울을 사 갔다. 다시 초승경에 고향에 도착하여 거울을 아내에게 주니, 아내는 받아 보고 첩을 데려왔다고 질투하였다. 자기 얼굴을 처음 본 남편도 아내더러 간부를 데려왔다고 야단하고, 노모는 거울을 보고 아들더러 양모를 데려왔다고 호통한다. 고부와 남편 사이의 송사가 벌어져 마침내 원님에게 판결해 달라고 갔는데, 자기 얼굴을 처음 보는 사또 또한 후임자가 벌써 도착했다고 재판도 중지하고 줄행랑쳤다는 이야기이다.

字源 ▌ 波(물결 파) 氵(水)＋皮. 물〔水〕의 표면〔皮〕에 생기는 '물결'을 뜻함. 〔會意〕 / 氵에서 뜻을, 皮에서 음을 취함. 〔形聲〕
鑑(거울 감) 金에서 뜻을, 監(살필 감)에서 음을 취함. 〔形聲〕
現(드러날 현) 王(玉)＋見. 옥돌〔玉〕의 빛이 밝게 보인다〔見〕는 데서, '나타나다'의 뜻이 됨. 〔會意〕 / 王에서 뜻을, 見에서 음을 취함. 〔形聲〕
尋(찾을 심) ヨ(又, 手)＋工＋口＋寸. 재간 있는〔工〕 언사〔口〕를 법도〔寸〕에 비추어 분석〔ヨ〕한다는 데서, '분석하다' '탐구하다', 진리를 '찾다' 등의 뜻이 됨. 〔會意〕

字義 ▌ 翳(예) 가리다, 숨다.

語義 ▌ 去其混之者(거기혼지자) 그 흐리게 하는 것을 없앰.　去其苦之者

(거기고지자) 그 괴롭히는 것을 제거함.

152. 생각·말·행동을 늘 조심하라

有一念而犯鬼神之禁하고 一言而傷天地之和하며 一事而釀

子孫之禍者니 最宜切戒라.

文意 ▌ 한 번의 생각으로 귀신의 금계(禁戒)를 범하고, 한마디 말로
천지의 조화를 깨뜨리며, 한 가지 일로 자손의 화를 빚으니, 마땅히
가장 간절히 경계할 것이다.

要旨 ▌ 한 번의 사념(邪念, 사악한 생각), 한마디 말, 한 가지 일 때문
에 패가망신(敗家亡身)하는 경우가 있으니 항상 조심해야 한다.

解說 ▌ '귀신(鬼神)'은 여러 가지 뜻으로 쓰이는 말로, 인간의 힘을 초월
한 존재이다. 그러나 이 말은 '귀(鬼)'나 '신(神)'의 합작으로 이루어진
말이다. 기록을 살펴보면 귀(鬼)는
'사람이 죽은 것이 귀다.(人死曰鬼)' - ≪예기(禮記)≫ 제법(祭法)

'사람의 신이 귀다.(人神曰鬼)' - ≪논어집해(論語集解)≫

'사람이 돌아가 귀가 된다.(人所歸爲鬼)' - ≪설문(說文)≫

라 하여 사람이 죽어 그 혼령이 귀가 되었다 하였다. 그런데 신(神)은

'신은 천지의 근본이면서 만물의 시초가 된다.(神者 天地之本 而爲萬物之始也)' - ≪설원(說苑)≫ 수문(修文)

'천신은 만물을 끌어내온 자이다.(天神引出萬物者也)' - ≪설문≫

'천지는 만물을 만들고, 만물에는 그것을 주관하는 것이 있으니 이를 신이라 한다.(天地生萬物 物有主之者曰神)' - ≪설문필(說文筆)≫

라고 하여 만물을 창조하는 조물주를 말하거나, 범신론적(汎神論的)으로 각 물체마다 주관자로 있는 것을 신이라고 보았다. 심지어는 이를 절충하여

'양혼은 신이 되고 음혼은 귀가 된다. 기가 펴진 것이 신이요, 굽혀진 것이 귀다.(陽魂爲神 陰魂爲鬼, 氣伸之者爲神 屈者爲鬼)' - ≪정자통(正字通)≫

라는 등 설이 구구하다. 결국 천지만물의 혼령을 구분한 것인데 일반적으로 하늘의 정령을 천신(天神)이라 하고, 땅의 것을 지기(地祇), 사람의 것은 인귀(人鬼)라 한다.

이런 천지신명(天地神明)을 거슬리거나 천지 조화를 깨면 재앙만 만날 것은 뻔한 일이다.

字源 ▌鬼(귀신 귀) 머리가 특별히 큰 꿇어앉은 사람 모양을 본뜸. [象形] / 甶(머리는 귀신, 몸은 사람인 모양)에서 뜻을, 厶에서 음을 취함. [形聲]

禁(금할 금) 林(수풀 림)+示. 신[示]을 모신 숲[林]에는 함부로 들어갈 수 없다는 데서 '금지'의 뜻이 됨. [會意] / 示에서 뜻을, 林에서 음을 취함. [形聲]

孫(자손 손) 子+系. 아들[子] 다음 대를 잇는[系] '손자'를 뜻함. [會意]

字義 ▌釀(양) 빚다, 만들다. 戒(계) 경계하다.

153. 급히 굴면 손해 본다

事有急之不白者로되 寬之或自明하니 毋躁急以速其忿하고,

人有操之不從者로되 縱之或自化하니 毋操切以益其頑하라.

文意 ▍ 일은 급히 서둘러서 밝혀지지 않다가도 너그럽게 하면 혹 저절로 밝혀지는 수가 있으니, 조급히 굴어 그 분함을 부르지 말라. 사람은 부려도 순종하지 않던 사람이 놓아두면 혹 스스로 감화하여 따르는 수가 있으니, 심하게 부려서 그 완고함을 더하지 말라.

要旨 ▍ 매사에 서두르면 도리어 일은 이루지 못하고 남의 분통만 건드리는 수가 있고, 사람을 부려도 너무 조급하게 재촉하면 도리어 고집을 부려 능률이 떨어진다.

解說 ▍ '욕속부달(欲速不達)' '욕교반졸(欲巧反拙)' 등의 말이 위의 내용을 함축한 말이라 하겠다. '너무 서두르면 도리어 일이 진척되지 않는다'는 것이 '욕속부달'이요, '너무 잘 만들려다 도리어 더 나빠지는' 경우를 '욕교반졸'이라 한다.

'욕속부달'은 《논어》 자로편(子路篇)에서 나온 말이다. 공자의 제자 자하(子夏)가 거보(莒父)라는 노(魯)나라 땅의 군수가 되었을 때, 스승인 공자에게 정치에 관하여 물으니 공자는 이렇게 대답했다.

"일을 속히 하려 들지 말고 작은 이익을 보지 말라. 빨리 하려 하면 일이 잘 되지 않고, 작은 이익을 보면 큰 일이 이루어지지 않는다.(無欲速, 無見小利. 欲速則不達, 見小利則大事不成.)"

내용조차 파악하지 못하던 사건이 진행을 늦추어 도리어 내용이 환히 드러나고, 시켜서 안 되는 일이 내버려두니 도리어 되는 일이 있다. 그러므로 너무 조급하게 굴어 상대방의 분노까지 사게 하지 말고, 다그쳐서 도리어 상대방의 고집을 강화시키는 역효과를 내지 말 것이다.

字源 ▎ 或(혹 혹) 囗+一+戈. 사방[囗]의 영토[一]를 지킨다[戈]는 데서, 적의 침입이 '혹시' 있을까 방비한다는 뜻. 會意

速(빠를 속) 辶에서 뜻을, 束에서 음을 취함. 形聲

字義 ▎ 躁(조) 조급하다.　速(속) 부르다, 빠르다.　忿(분) 성내다.　操(조) 잡다, 움켜쥐다.　縱(종) 놓아주다, 풀어주다.　頑(완) 모질다.

語義 ▎ 不白(불백) 명백하지 않음, 밝혀지지 않음.　速其忿(속기분) 그 분노를 초래함.　自化(자화) 스스로 감화함.　操切(조절) 심하게 부림.

154. 절의節義와 학문도 인격에서 나와야 한다

節^{절 의}義가 傲^{오 청 운}靑雲하고 文^{문 장}章이 高^{고 백 설}白雪이라도 若^{약 불 이 덕 성}不以德性으로

陶^{도 용 지}鎔之하면 終^{종 위 혈 기 지 사}爲血氣之私와 技^{기 능 지 말}能之末이라.

文意 ▎ 절의가 청운을 내려다보고 문장이 백설보다 높을지라도 만약 덕성으로써 그것을 단련하고 수양하지 않으면, 마침내 혈기의 사사로운 행동이 되고 재주의 말단이 되고 말 것이다.

要旨 ▎ 고관대작을 무시하는 절의나 천하에 따를 자 없는 문장도, 그 것이 그의 덕성(인격)에서 빚어진 것이어야 한다. 그렇지 않으면 한갓 혈기의 만용이며 재간의 장난에 불과하다.

解說 ▎ 본문에서 '백설(白雪)'은 '양춘백설(陽春白雪)'의 준말로 중국의 옛 가곡(歌曲) 이름이다. ≪문선(文選)≫에 보면 송옥(宋玉)의 〈대초왕문(對楚王問)〉이란 글에서

'그가 양춘백설을 지었는데 나라 안에서 이를 이어 화답할 자는 수십 명

에 불과합니다.'

라고 한 데서 나온 말이다. 그 후로는 줄여 '백설'이라고 주로 불렀는데, ≪문선≫ 육기(陸機)의 〈문부(文賦)〉에는 '백설에다 하리(下里, 속된 노래)를 이어 붙였다'고 했는데, 그 주에 ≪회남자(淮南子)≫를 인용하여 '사광(師曠)이 백설을 연주하니 신금(神禽)이 내려와 앉았다'고 하고, '백설'은 50줄로 된 비파의 악곡이라 하였다.

하여간 백설곡은 천하의 문장이었던 것 같다. 이런 문장이나, 고관을 비웃는 절의도 그 바탕이 덕으로 이루어져야 값이 있는 것이고, 그렇지 않은 때는 절의란 사사로운 혈기의 장난이요, 문장이란 재주나 뽐내는 말단의 기교를 의미하는 것이다.

字源 ▌ 雪(눈 설) 雨+彐(彗, 비 혜의 획 줄임). 하늘에서 내리는 비〔雨〕나, 비〔彗〕로 쓸 수 있는 '눈'을 뜻함. 會意

陶(질그릇 도) 阝(阜)+匋(기와 구울 도). 산의 구릉〔阝〕같은 도요지〔匋〕에서 '질그릇'을 굽는다는 뜻. 會意 / 阝에서 뜻을, 匋에서 음을 취함. 形聲

血(피 혈) 그릇에 희생물의 '피'를 담았음을 나타냄. 象形 指事

技(재주 기) 扌(手)에서 뜻을, 支(지탱할 지)에서 음을 취함. 形聲

字義 ▌ 傲(오) 거만하다. 鎔(용) 녹이다.

語義 ▌ 靑雲(청운) 높은 벼슬자리. 白雪(백설) 백설곡(白雪曲)의 준말. 악곡(樂曲) 이름으로 매우 뛰어나 보통사람은 화답할 수가 없는 곡. 陶鎔(도용) 도야(陶冶). 흙으로 그릇을 만드는 것이 도(陶), 쇠로 만드는 것이 용(鎔). 私(사) 사행(私行).

155. 제 때에 물러날 줄 알라

謝事는 當謝於正盛之時하고 居身은 宜居於獨後之地라.

文意 ▌ 일을 사양하고 물러남에는 마땅히 전성(全盛)할 때에 물러나고, 몸을 둠에는 의당히 홀로 뒤떨어진 자리에 두어야 한다.

要旨 ▌ 사직할 때는 전성 시기에 물러나고, 보직을 맡을 때는 남만 못한 자리를 차지하라.

解說 ▌ '급류용퇴(急流勇退)'란 말이 있다. 물이 급히 흐르는 개울에 이르렀을 때는 용감히 후퇴해야 한다. 우물쭈물 건너보려는 미련을 가졌다가는 빠져 죽기 알맞다. 마찬가지로 벼슬자리에서 기회를 보아 제 때에 용기있게 물러나는 것을 바로 '급류용퇴'라 한다.

옛 중국의 범려(范蠡)나 장량(張良)의 물러남이 바로 그런 것이다. 춘추 시대 범려는 월(越)나라 구천(句踐)을 도와 서시(西施)를 이용한 미인계(美人計)를 써서 오(吳)나라 부차(夫差)를 복수해서 소원을 이룬 다음에는 미련없이 높은 벼슬자리를 버리고 제(齊)나라 등지로 가서 세 번이나 억만장자가 된 일이 있다. 장량도 마찬가지로 유방(劉邦)을 도와 한(漢)나라가 천하를 통일하게 만들고 아낌없이 자리를 내놓고 적송자(赤松子)를 따라서 도를 배워 신선이 되었다.

사람은 제 때에 물러설 줄 알고, 남이 싫어하는 자리를 차지할 줄 알아야 안전하다.

語義 ▌ 謝事(사사) 세상사를 사퇴하고 물러남. 居身(거신) 몸을 둠, 자리를 차지함. 後之地(후지지) 뒤떨어진 자리.

156. 작은 일부터 삼가 행하라

謹德은 須謹於至微之事하고 施恩은 務施於不報之人하라.

文意 ▌ 덕을 삼감에는 모름지기 매우 작은 일에 삼가고, 은혜를 베풂에는 갚지 못할 사람에게 힘써 베풀라.

要旨 ▌ 지극히 작은 일부터 삼가 행할 줄 알고, 갚지 못할 사람에게 더 은혜를 베풀라.

解說 ▌ '큰 방죽도 개미구멍으로 무너진다'는 속담이 있다. ≪한비자(韓非子)≫ 유로편(喩老篇)에

'천하의 어려운 일은 반드시 쉬운 데서 시작하고, 천하의 큰 일도 반드시 작은 일에서 이루어진다. …천 길이나 되는 둑도 개미구멍으로 무너지고, 백 길이나 되는 집도 굴뚝 틈 불로 불탄다.(天下之難事 必作於易, 天下之大事 必作於細. …千里之隄 螻蟻之穴潰, 百尋之室 以突隙之烟焚.)'

고 했고, ≪회남자(淮南子)≫ 인간훈(人間訓)에는

'천 리나 되는 방죽도 개미구멍으로 무너지고, 백 길이나 되는 집도 굴뚝 틈의 연기 때문에 불탄다.(千里之隄 以螻蟻之穴漏, 百尋之屋 以突隙之烟焚.)'

고 했다. 그러므로 조그마한 일이라도 삼가지 않으면 장차 큰 해를 본다. 특히 덕행에는 작은 일이라고 소홀히 해서는 안 된다. 은혜를 베풀 때는 보답을 못 받는다고 베풀지 않는다면 이는 소인이나 생각하는 일이니, 군자는 마땅히 갖지 못한 사람에게 은혜를 베풀도록 힘써야 한다.

字源 ▌ 謹(삼갈 근) 言+菫(진흙 근). 진흙〔菫〕 길을 가듯이 언행을 '삼간다'는 뜻. 會意 / 言에서 뜻을, 菫에서 음을 취함. 形聲

微(작을 미) 彳(行)+散(미묘할 미). 미묘한〔散〕 행동〔行〕, 곧 '눈에 잘 띄지 않음'을 뜻함. 會意 / 彳에서 뜻을, 散에서 음을 취함. 形聲

務(힘쓸 무) 敄(군셀 무)＋力. 군세게〔敄〕힘〔力〕을 들여 일한다는 뜻.
會意 / 力에서 뜻을, 敄에서 음을 취함. 形聲

報(알릴 보) 幸(㚔, 도적 섭)＋𠬝 (다스릴 복). 도적〔㚔〕을 다스려〔𠬝〕그
죄를 '갚게' 한다는 뜻. 會意

語義 ▌謹德(근덕) 덕행을 삼감. 至微之事(지미지사) 아주 작은 일. 施
恩(시은) 은혜를 베풂. 不報之人(불보지인) 갚지 못할 사람.

157. 순정純情을 사귀고 진실을 담론談論하라

交市人은 不如友山翁하고 謁朱門은 不如親白屋하며, 聽街
談巷語는 不如聞樵歌牧詠하고 談今人失德過擧는 不如述
古人嘉言懿行이라.

文意 ▌시장의 장사꾼을 사귐은 산중의 늙은이를 사귐만 같지 못하고,
권문세가를 드나드는 것은 가난한 사람의 초가집을 친함만 못하며, 거
리에 떠도는 말을 듣는 것은 나무꾼과 목동의 노래를 듣는 것만 못하
고, 지금 사람의 부덕한 일과 그릇된 행실을 말하는 것은 옛사람의 좋
은 말씀과 아름다운 행동을 말하는 것만 같지 못하다.

要旨 ▌이익 추구에 혈안이 된 시정배(市政輩)나 거드름을 한껏 피우
는 권세가를 사귀기보다는 소박한 산중의 노인이나 시골 사람을 사귈
것이요, 뜬소문이나 현대인의 부정을 말하기보다는 순박한 나무꾼과
목동의 소리나 옛사람의 가언선행을 감상하는 편이 낫다.

解說 ▍ '주문(朱門)'은 '붉은 문'이란 뜻으로 '부잣집'을 말한다. 권세가 있고 부귀한 사람은 자기 집 대문에 붉은 칠을 했기 때문에 생긴 말이다. 당나라 두보(杜甫)의 〈영회시(詠懷詩)〉에

'붉은 문에 술과 고기가 썩고,　　　　　朱門酒肉臭
　　　　　　　　　　　　　　　　　　　　주 문 주 육 취

길에는 얼어 죽은 사람의 뼈가 뒹구네.'　路有凍死骨
　　　　　　　　　　　　　　　　　　　　로 유 동 사 골

라고 했다. 당나라의 빈부 차이를 말하는 대조적인 명구(名句)이다.

'가담항어(街談巷語)'는 '길거리의 이야기와 골목의 말'이란 뜻으로 '도청도설(道聽塗說)'과 같은 뜻의 말이다. ≪한서(漢書)≫ 예문지(藝文志)에 '소설가라는 사람들은 대개 패관으로부터 나왔다. 거리의 이야기와 골목에 떠도는 이야기를 듣고 꾸며낸 것들이다.(小說家者流, 蓋出於稗官, 街談巷語, 道聽塗說者之所造也.)'

라고 한 데서 나온 말이다.

산속에 사는 노인, 나무꾼, 소치는 목동은 얼마나 소박한가? 이에 비하여 시정배나 권세가는 이익과 권력밖에는 관심이 없는 사람들이다. 이들에게 붙좇아 사소한 이익, 말단 관직을 얻으려 든다면 이야말로 소인배의 테두리에서 벗어나지 못할 것이다.

字源 ▍ 謁(뵐 알) 言에서 뜻을, 曷(어찌 갈)에서 음을 취함. 形聲

朱(붉을 주) 나무[木] 중에서 특별한[一] 종류의 줄기 또는 고갱이[丿]는 '붉다'는 뜻. 指事

街(거리 가) 行+圭(서옥 규, 여러 갈래를 표시). 사람이 다니는[行] 여러 갈래[圭]의 길, 곧 '네거리'를 뜻함. 會意 / 行에서 뜻을, 圭에서 음을 취함. 形聲

談(말씀 담) 言에서 뜻을, 炎에서 음을 취함. 形聲

巷(거리 항) 共(함께 공)+巳(邑, 고을 읍의 변형). 마을[邑]에서 남들과 함께[共] 지나다니는 길, 곧 '서리' '골목' 등을 뜻함. 會意 / 巳에서 뜻을, 共에서 음을 취함. 形聲

字義 ▍ 翁(옹) 할아버지, 늙은이. 謁(알) 뵙다. 巷(항) 골목. 樵(초) 나무꾼, 땔나무하다. 牧(목) 목동, 치다. 詠(영) 노래, 읊다. 懿(의)

아름답다.

市人(시인) 시정의 상인.　朱門(주문) 권문세가(權門勢家). 옛날 고관의 집 대문은 붉은 칠을 하였음.　白屋(백옥) 가난한 사람의 초가집. 옛날 가난한 사람은 흰 띠[茅]로 지붕을 하였음.　街談巷語(가담항어) 거리에 떠도는 소문.　樵歌牧詠(초가목영) 나무꾼과 목동의 노래.　過擧(과거) 그릇된 행실.　嘉言懿行(가언의행) 아름다운 말과 착한 행실.

158. 기초가 견고해야 오래 간다

^{덕 자}　^{사 업 지 기}　^{미 유 기 불 고 이 동 우 견 구 자}
德者는 事業之基니 未有基不固而棟宇堅久者니라.

文意 ▌ 덕이란 사업의 기초이니, 기초가 단단하지 못하면서 그 집이 견고하게 오래 간 일은 없다.

要旨 ▌ 덕은 모든 일의 터전이다. 마치 기초가 약하면 그 집은 오래 갈 수 없는 것과 같다.

解說 ▌ '덕숭업광(德崇業廣)'이란 말이 있다. 덕이 높으면 사업도 널리 번창한다는 말이다. 이와 비슷한 말에
'덕을 가진 사람은 번창한다.(有德者多)' - ≪사기(史記)≫
고 한다. 큰 덕이 있는 사람은 언뜻 보기에는 외로워 보이나 그렇지 않다. 그래서 공자는
'덕은 외롭지 않다. 반드시 이웃이 있다.(德不孤 必有隣)' - ≪논어≫ 〈이인편(里仁篇)〉
라고 했다. 증국번(曾國藩)은
'덕은 물의 근원과 같고 재주는 물결과 같으며, 덕은 나무의 뿌리와 같고

재주는 나무의 가지나 잎과 같다.(德若水之源 才卽其波瀾, 德若木之根 才卽其枝葉)'
고 했다. 곧 덕은 매사의 기초가 되고 근본이 되니 우리는 먼저 덕부터 닦아야 하는 것이다.

字源 ▌ 基(터 기) 土에서 뜻을, 其(그 기)에서 음을 취함. 形聲 / 土＋其 (箕, 삼태기 기). 삼태기[其]로 흙[土]을 날라 '터'를 닦음을 뜻함. 會意 宇(집 우) 宀(家)에서 뜻을, 于(어조사 우)에서 음을 취함. 形聲

語義 ▌ 基(기) 기초, 토대(土臺). 棟宇(동우) 도리와 처마, 곧 집을 뜻 함. 堅久(견구) 견고하여 오래 감.

---

159. 마음이 착해야 후손이 잘 된다

_{심 자} _{후 예 지 근} _{미 유 근 불 식 이 지 엽 영 무 자}
心者는 後裔之根이니 未有根不植而枝葉榮茂者니라.

文意 ▌ 마음이란 자손을 위한 뿌리이니, 뿌리를 심지 않고서 가지와 잎이 무성한 것은 없다.

要旨 ▌ 우리의 마음은 후손을 위한 뿌리이다. 마치 뿌리 없는 나무가 없듯이, 마음이 곧아야 후손이 길이 번영할 것이다.

解說 ▌ '뿌리 깊은 나무는 바람에 아니 움직일새, 꽃 좋고 열매 많나니. (根深之木 風亦不扤, 有灼其華 有蕡其實.)'
〈용비어천가(龍飛御天歌)〉 제2장에 나오는 말이다. 뿌리가 실해야 줄기 가 성하고, 잎이 무성해야 꽃도 많이 피고 열매도 잘 맺는다. 우리의 마 음을 나무의 뿌리에다 비유한 것이 윗글이다.
사람이 심덕이 바르지 못하면 악을 저지르게 되고, 악행한 집안의 자손이 잘될 리 만무하다. 속담에 '착한 끝은 있어도 악한 끝은 없다'고 하였다. 올바른 마음을 지니고 이 세상을 살아가도록 교육하면 그 자손은 영원히 번성하여 남의 존경과 아낌을 받아 영구히 번창할 것은 명약관화(明若觀火)하다.

字源▌植(심을 식) 木+直(곧을 직). 나무〔木〕를 곧게〔直〕 세워, '심는다'는 뜻. 會意 / 木에서 뜻을, 直에서 음을 취함. 形聲

枝(가지 지) 木+支(갈려날 지). 나무〔木〕 줄기에서 갈려 나간〔支〕 '가지'를 뜻함. 會意 / 木에서 뜻을, 支에서 음을 취함. 形聲

葉(잎 엽) ++(艸)에서 뜻을, 枼(엷을 엽)에서 음을 취함. 形聲

榮(영화 영) 燚(熒, 빛날 형의 획 줄임)+木. 오동나무〔木〕가 크게 자라서 꽃피는〔燚〕 '화려하고' '영화로운' 모양. 會意 / 木에서 뜻을, 燚에서 음을 취함. 形聲

茂(우거질 무) ++(艸)에서 뜻을, 戊에서 음을 취함. 形聲

字義▌裔(예) 옷 뒷자락, 후손.

語義▌後裔(후예) 자손, 후손. 榮茂(영무) 번영하고 무성함.

> **참고**
>
> 158장과 159장을 한데 묶어 풀이하기도 한다.

---

160. 과욕過慾을 삼가고 있음을 자랑 말라

前人이 云하되 '抛却自家無盡藏하고 沿門持鉢效貧兒라'하고,

又云하되 '暴富貧兒休說夢하라! 誰家竈裡火無烟고?'하니,

一箴自昧所有요　一箴自誇所有라　可爲學問切戒니라.

(일 잠 자 매 소 유)　(일 잠 자 과 소 유)　(가 위 학 문 절 계)

文意 ▌ 옛사람이 이르되 '자기 집의 무진장한 재산은 버려두고 남의 집 문전에서 밥그릇을 들고 거지노릇 한다'라고 하고, 또한 이르되 '벼락부자 된 가난뱅이야, 꿈같은 소릴랑 말라. 뉘 집엔들 아궁이에 불 때면 연기 없으랴?'라고 하였으니, 하나는 스스로 가진 것에 어두운 것을 경계함이요, 하나는 스스로 가진 것을 자랑함을 경계한 것이다. 가히 학문의 간절한 훈계로 삼아야 한다.

要旨 ▌ 자기 것을 버려두고 남의 것을 탐내지 말고, 자기만 가졌다고 자랑하지 말라.

解說 ▌ 첫 번째로 인용한 시구는 중국 명나라 왕양명(王陽明, 1472-1528)의 〈양지를 읊어 학생들에게 보임(詠良知示諸生)〉이란 제목의 시이다. 칠언절구 4수 중 맨 끝시의 전구(轉句)와 결구(結句)를 인용한 것으로, 기구(起句)와 승구(承句)는 다음과 같다.

'소리도 없이 냄새도 없이 홀로 때를 아니,　　無聲無臭獨知時
　　　　　　　　　　　　　　　　　　　　　　　무 성 무 취 독 지 시

이야말로 천지 만물의 기초로다.'　　　　　　　此是乾坤萬有基
　　　　　　　　　　　　　　　　　　　　　　　차 시 건 곤 만 유 기

'무진장(無盡藏)'은 양지(良知)를 가리킨 것인데, 원래는 불교용어이다.
①덕이 광대하여 다함이 없이 저장되어 있다는 뜻으로 부처의 가르침의 비유.
②서민의 금융기구로서 절에 설치되었던 전당포. 중국에서는 남북조시대부터 설치되었다고 함.
그러나 나중에는 '다함이 없이 무한히 많다'는 뜻으로 쓰여 '화수분'과 같다 하겠다. 화수분은 보배의 그릇으로 그 안에 물건을 넣어두면 새끼를 쳐서 한없이 나온다고 한다. 그래서 재물이 계속 생겨 아무리 써도 줄지 아니함을 뜻한다.
소동파(蘇東坡)의 〈적벽부(赤壁賦)〉에도
'오직 강 위의 맑은 바람과 산 사이의 밝은 달은 귀로 들으면 소리가 되

고 눈으로 보면 경치를 이루니, 이는 조물주의 무진장이다.(惟江上之淸
風 與山間之明月, 耳得之而爲聲 目遇之而成色, 是造物者之無盡藏也.)'
라고 하였다.

字源 ▌ 云(이를 운) 입김이 나오는 모양을 본뜸. 象形

却(물리칠 각) 卩(병부 절, 뼈마디 사이의 틈을 뜻함)에서 뜻을, 谷(골
곡)에서 음을 취함. 形聲

沿(좇을 연) 氵(水)+㕣(산속 늪 연). 물[水]이 늪[㕣]과 언덕을 '따라
흘러간다'는 뜻. 會意 / 氵에서 뜻을, 㕣에서 음을 취함. 形聲

效(효험 효) 交+攵(攴). 남과 사귀면서[交] 장점을 힘써[攵] '본받는다'
는 뜻. 會意 / 攵에서 뜻을, 交에서 음을 취함. 形聲

兒(아기 아) 정수리의 숨구멍이 아직 굳지 않고 머리통만 크게 보이는
어린 '아이'의 모양을 본뜸. 象形

字義 ▌ 抛(포) 버리다. 鉢(발) 바리때, 그릇. 暴(폭) 갑자기. 竈(조)
부뚜막, 부엌. 箴(잠) 경계하다.

語義 ▌ 抛却(포각) 내버림. 無盡藏(무진장) 아무리 써도 다함이 없는 많
은 재화, 화수분. 沿門(연문) 남의 집 문을 찾아다님. 貧兒(빈아) 거지.
暴富(폭부) 갑자기 된 부자. 竈裡(조리) 부엌 안, 부엌. 切戒(절계) 간
절한 훈계.

---

161. 도덕과 학문은 게을리 말라

道는 是一重公衆物事니 當隨人而接引하고,

學은 是一個尋常家飯이니 當隨事而警惕하라.

文意 ▌ 도덕은 일종의 공중의 것이니 마땅히 사람마다 이끌어 행하게 하고, 배움은 하나의 늘 먹는 밥이니 마땅히 일마다 깨우쳐 삼가야 한다.

要旨 ▌ 도덕은 사유물이 아니고 여러 사람이 지켜 나갈 길이니 모든 사람들을 이리로 이끌어 실천하게 하라. 학문은 한때도 쉬어서는 안 되니 일상생활에서 늘 응용하며 조심스럽게 닦아 나가라.

解説 ▌ 공자는 ≪논어≫ 학이편(學而篇)에서

'배우고 때때로 익히면 즐겁지 아니한가?(學而時習之 不亦說乎)'

라고 학문의 희열을 강조하고, 공야장편(公冶長篇)에서는

'민첩하고 배우기를 좋아하며 아랫사람에게 묻기를 부끄러워하지 아니했다.(敏而好學 不恥下問)'

라고 말했다. 이렇게 기쁨을 느끼며 부끄러움도 가리지 않고 배워야 할 대상은 도(道)였다. 그래서 이인편(里仁篇)에

'아침에 도를 깨달으면 저녁에 죽어도 좋다.(朝聞道 夕死可矣)'

라고도 했다.

이 도는 만고의 진리로 공유물이라, 누구나 이 도로 끌어들여야 한다. 그 방법의 학문은 꾸준해야 하니, 매일 끼니를 이어가듯 학문도 중지함 없이 계속해야 할 것이다.

字源 ▌ 接(이을 접) 扌(手)에서 뜻을, 妾(첩 첩)에서 음을 취함. [形聲]

引(끌 인) 弓+丨(셈대 세울 곤). 활[弓] 시위에 화살[丨]을 얹어 '이끌어' '당긴다'는 뜻. [會意] / 弓에서 뜻을, 丨에서 음을 취함. [形聲]

警(경계할 경) 敬(공경할 경)+言. 공경하는[敬] 마음으로 말[言]로 '깨우쳐 준다'는 뜻. [會意] / 言에서 뜻을, 敬에서 음을 취함. [形聲]

字義 ▌ 飯(반) 밥, 끼니, 먹다. 惕(척) 두려워하다, 삼가다.

語義 ▌ 一重(일중) '일종(一種)'과 같음. 接引(접인) 이끌어서 인도함. 尋常家飯(심상가반) 날마다 집에서 먹는 보통의 끼니. 警惕(경척) 깨우치고 삼감.

162. 마음이 성실한 사람은 남을 신임信任한다

신인자   인미필진성   기즉독성의
信人者는 人未必盡誠이나 己則獨誠矣요,

의인자   인미필개사   기즉선사의
疑人者는 人未必皆詐나 己則先詐矣라.

文意 ┃ 남을 믿는 것은 남이 다 반드시 성실하지는 않을지라도 자기는 곧 홀로 성실하기 때문이요, 남을 의심하는 것은 남이 다 반드시 속이지는 않더라도 자기가 곧 먼저 속이기 때문이다.

要旨 ┃ 남을 믿음은 자기의 성실함을 나타냄이요, 남을 의심함은 자기가 속인다는 것을 나타냄이다.

解說 ┃ '신(信)'은 '亻(人)＋言'으로 이루어졌다. 곧 사람〔人〕의 말〔言〕은 신용이 있어야 한다는 뜻에서 생긴 회의자(會意字)이다. 신용은 인간 행위의 기본 요소이다. 그래서 오륜(五倫)에도 '붕우유신(朋友有信)'이 들어 있다.

남을 모두 믿는다는 것은 매우 어려운 일이다. 남을 믿는 것은 내 마음이 성실하므로 그것으로 미루어 남을 믿는 것이다. 반대로 남을 의심하는 것은 내가 먼저 내 마음을 속이기 때문에 남도 마음을 속이는 것으로 여기는 것이다.

요컨대 내 마음이 성실한 자는 남을 믿고, 자기 마음이 성실하지 않으면 남을 의심할 것이다.

字源 ┃ 誠(정성 성) 言＋成. 말〔言〕한 바를 이루도록〔成〕'정성'을 다한다는 뜻. [會意] / 言에서 뜻을, 成에서 음을 취함. [形聲]

163. 봄바람은 만물을 생육하고, 차가운 눈은 생물을 죽인다

念頭寬厚的은 如春風煦育하여 萬物이 遭之而生하고,

念頭忌刻的은 如朔雪陰凝하여 萬物이 遭之而死니라.

文意 ▮ 마음이 너그럽고 후한 사람은 마치 봄바람이 품어서 기르는 것과 같아서 만물이 그를 만나면 살아나고, 마음이 시기심이 많고 각박한 사람은 마치 차가운 눈이 음산하여 엉기는 것과 같아서 만물이 그를 만나면 죽는다.

要旨 ▮ 마음이 관후한 사람은 봄바람과 같아 만물을 자라게 하고, 마음이 각박한 사람은 북풍한설과 같아 만물을 죽인다.

解說 ▮ 삭설(朔雪)은 '북쪽 땅의 눈'을 말한다. '삭(朔)'은 '초하루, 북쪽' 등의 뜻이 있다. 초하루를 '삭일(朔日)'이라 하고 다달이 방세를 내는 것을 '삭월세(朔月貰)'라 한다. 삭월은 '월삭(月朔)'과 같다. '매달 초하루'란 뜻이다.

단 '삭방(朔方)'은 '북방'을 뜻하고, '삭풍(朔風)'은 북쪽 바람을 말한다.

또 '관후(寬厚)'는 '인후(仁厚)' '관용(寬容)'과 통한다. 마음이 관후한 사람은 덕도 또한 크다. 그래서 ≪서경(書經)≫ 군진(君陳)에

'관용이 있으면 덕도 크다.(有容德乃大)'

고 했다. 우리는 모름지기 너그러운 마음을 키워 만물을 포용하여 살리는 참다운 인간이 되어야겠다.

字源 ▮ 育(기를 육) 去(돌아나올 돌, 아이가 거꾸로 있는 모양)＋月(肉).
아이가 모체[月]에서 거꾸로 나오는[去] 모양에서, 어버이가 아이를 낳고 '기름'을 뜻함. 會意 / 去에서 뜻을, 月에서 음을 취함. 形聲

刻(새길 각) 刂(刀)에서 뜻을, 亥(돼지 해)에서 음을 취함. 形聲

朔(초하루 삭) 月에서 뜻을, 屰(거스릴 역)에서 음을 취함. 形聲

字義 ▌ 煦(후) 따뜻하게 하다, 품다. 遭(조) 만나다. 忌(기) 시기하다, 꺼리다.

語義 ▌ 念頭(념두) 마음, 생각. 煦育(후육) 품어서 기르다. 忌刻(기각) 시기하여 각박하게 하다. 朔雪(삭설) 북녘 땅의 눈. 陰凝(음응) 음산하여 엉김.

---

164. 인과응보因果應報는 틀림없다

爲善^{위선}에 不見其益^{불견기익}은 如草裡東瓜^{여초리동과}하여 自應暗長^{자응암장}하고,

爲惡^{위악}에 不見其損^{불견기손}은 如庭前春雪^{여정전춘설}하여 當必潛消^{당필잠소}니라.

文意 ▌ 선을 행했어도 그 이익됨이 보이지 않는 것은 마치 풀 속의 동아와 같아서 스스로 모르는 사이에 자라는 것이고, 악을 행했어도 그 손해가 보이지 않는 것은 마치 뜰 앞의 봄눈과 같아서 반드시 모르는 사이에 스러져 버린다.

要旨 ▌ 착한 일을 했다고 당장 이익이 오는 것은 아니지만 은연중에 복을 받게 되고, 악한 행동을 했다고 금방 화가 오지 않는 것 같지만 결국에는 화를 당하게 된다.

解說 ▌ 우리 속담에도 '착한 끝은 있어도 악한 끝은 없다'고 했다. ≪명심보감(明心寶鑑)≫ 계선편(繼善篇)에도
'착한 행실에는 좋은 보답이 있고 악한 행동에는 나쁜 보답이 있으니, 만

약에 아직 보답이 없다면 때가 일러 보답이 오지 않은 것이다.(善有善報惡有惡報. 若還不報 時還不到.)'
라고 했다.

흔히 '악한 사람이 더 잘 산다'고 하는데, 이는 순간적인 사실일 수는 있으나 영원한 것은 아니다. 자기 대가 아니면 후대에 가서라도 반드시 보답은 받게 마련이다.

字源 ▌ 草(풀 초) ++(艸)에서 뜻을, 早(이를 조)에서 음을 취함. 形聲

東(동녘 동) 日+木. 아침 해[日]가 나무[木] 저쪽에서 떠오르는 모양에서 그곳이 '동쪽'임을 뜻함. 會意

瓜(오이 과) 박과 식물인 오이나 참외 등의 열매가 덩굴에 매달린 모양을 본뜸. 象形

損(잃을 손) 扌(手)+員(둥글 원). 손[手]으로 물건[員]을 집어가면, 숫자가 '줄어든다'는 뜻. 會意 / 扌에서 뜻을, 員에서 음을 취함. 形聲

潛(잠길 잠) 氵(水)에서 뜻을, 朁(일찍 참)에서 음을 취함. 形聲

語義 ▌ 東瓜(동과) 동아[冬瓜]. 박과에 딸린 한해살이 덩굴 풀. 暗長(암장) 모르는 사이에 자람. 潛消(잠소) 모르는 사이에 스러짐.

---

165. 옛 친구일수록 더욱 의리가 있어야 한다

遇故舊之交어든 意氣要愈新하고 處隱微之事어든 心迹宜愈
顯하며 待衰朽之人이어든 恩禮當愈隆이라.

文意 ▌ 옛 친구를 만나면 정리를 더욱 새로이 하여야 하고, 비밀스러운 일에 처하면 마음가짐은 마땅히 더욱 뚜렷하게 해야 하며, 불운한

사람을 대할 때에는 은혜와 예우를 마땅히 더욱 융숭히 해야 한다.

要旨 ▮ 친한 친구일수록 더욱 정의(情宜)를 나타내야 하고, 은밀한 일일수록 더욱 공명정대하게 하며, 불우한 사람에게는 더욱 융숭하게 대접해야 한다.

解說 ▮ ≪순자(荀子)≫ 권학편(勸學篇)에
'군자는 친구를 융숭하게 대한다.(君子隆而親友)'
라고 했다. 또 공자는 ≪논어≫ 공야장편(公冶長篇)에서 제(齊)나라 대부(大夫) 안자(晏子)의 우애(友愛)를 평하되,
'안평중[안자]은 남들과 사귀었다. 오래될수록 변함없이 공경했다.(晏平仲善與友交, 久而敬之)'
라고 했다.
교제가 오래된 친구 사이일수록 서로 공경하며 예우해야 한다. 그런 사람은 또 은밀한 일에 부딪쳐도 분명히 공명정대하게 처리할 것이며 불행한 사람을 더욱 돌볼 것이다.

字源 ▮ 愈(병 나을 유) 俞(온화할 유)+心. 마음[心]이 온화[俞]하면 '더욱 좋다'는 뜻. 會意 / 心에서 뜻을, 俞에서 음을 취함. 形聲
禮(예도 례) 示+豊(豐, 풍부할 풍). 신[示]에게 많은[豊] 음식을 차려 제사 지낼 때는 '예의'가 있어야 한다는 뜻. 會意 / 示에서 뜻을, 豊(禮의 옛 자)에서 음을 취함. 形聲

字義 ▮ 愈(유) 더욱. 朽(후) 썩다. 隆(륭) 높다, 융성하다.

語義 ▮ 故舊之交(고구지교) 옛 친구. 意氣(의기) 의기(義氣), 정리(情理). 隱微(은미) 숨겨져 나타나지 않음. 心迹(심적) 마음의 자취, 곧 마음가짐. 愈顯(유현) 더욱 드러내다. 衰朽之人(쇠후지인) 불운한 사람. 恩禮(은례) 은혜와 예우.

166. 덕의德義에 민첩하고, 재물과 이익에 담담 하라

勤者는 敏於德義어늘 而世人은 借勤以濟其貧하고,

儉者는 淡於貨利어늘 而世人은 假儉以飾其吝하니,

君子持身之符가 反爲小人營私之具矣라, 惜哉로다!

文意 ▮ 부지런함은 덕과 의에 민첩함이거늘, 세상 사람들은 부지런함을 빌어서 자기의 가난함을 구제하고, 검소함이란 재물과 이익에 집착하지 않는 것이거늘, 세상 사람들은 검소함을 빌어 자기의 인색함을 꾸미니, 군자의 몸가짐을 지키는 방법이 도리어 소인배가 사욕을 도모하는 도구로 되어 애석하다.

要旨 ▮ 부지런함이란 덕의를 실천하는 데 민첩함을 말함이요, 검소함이란 재물과 이익에 담담함을 말하는 것이다. 그러나 세상 사람들은 가난에서 벗어나기 위하여 근면하고, 인색함을 합리화시키기 위하여 검약한다. 이에 군자의 수양 방법이 소인배의 영리의 방도가 되어 버렸다.

解說 ▮ '빈천은 근검을 낳고, 근검은 부귀를 낳는다.(貧賤生勤儉, 勤儉生富貴)' - 진홍모(陳弘謀)〈오종유규(五種遺規)〉

'부지런함은 값으로 살 수 없는 보배(勤爲無價之寶)' - 《명심보감》순명편(順命篇)

'금옥이 보배가 아니라 절검이 보배이다.(金玉非寶 節儉是寶)' - 명(明) 태조(太祖)

'일생의 계획은 부지런함에 달렸다.(一生之計在於勤)' - 《월령(月令)》

광의(廣義)

그런데 이 근검을 군자는 덕의를 닦는 데 소비하고, 소인은 재물을 벌어 가난을 벗는 데 활용함이 다를 뿐이다.

字源 ▌ 敏(민첩할 민) 攵(攴, 칠 복)에서 뜻을, 每에서 음을 취함. 形聲
貨(재물 화) 貝에서 뜻을, 化에서 음을 취함. 形聲
假(거짓 가) 亻(人)＋叚(거짓 가). 거짓[叚]은 인위적인 것[人]에서 비롯된다는 뜻. 會意 / 亻에서 뜻을, 叚에서 음을 취함. 形聲
飾(꾸밀 식) 食＋人＋巾. 사람[人]이 수건[巾]으로 물건을 닦아 깨끗하게 '꾸민다'는 데서 뜻을, 食에서 음을 취함. 形聲
符(증거 부) 竹＋付. 대나무[竹]를 둘로 쪼개, 두 사람 사이의 약속으로 하나씩 갖고 있다가 약속을 지킬 때 그 대나무쪽을 붙여[付] 보아 '들어맞는가' 살펴서 '증거'로 삼는 옛 풍습에서 뜻을 취함. 會意 / 竹에서 뜻을, 付에서 음을 취함. 形聲

字義 ▌ 吝(린) 인색하다. 營(영) 경영하다. 惜(석) 아깝다.

語義 ▌ 德義(덕의) 도덕과 의리. 借勤(차근) 부지런함을 빌리다, 근면을 악용함. 貨利(화리) 재물과 이익. 假儉(가검) 검소함을 빌리다, 검소함을 악용함. 飾其吝(식기린) 그 인색함을 꾸밈, 인색을 합리화시킴. 營私之具(영사지구) 사리를 도모하는 도구.

167. 즉흥적인 행위를 삼가라

憑意興作爲者는 隨作則隨止하니 豈是不退之輪이며,
빙 의 흥 작 위 자   수 작 즉 수 지   기 시 불 퇴 지 륜

從情識解悟者는 有悟則有迷하니 終非常明之燈이라.
종 정 식 해 오 자   유 오 즉 유 미   종 비 상 명 지 등

文意 ▌ 즉흥적인 생각에 의해서 행동하는 일은 하자마자 곧 멈추나니, 어찌 물러나지 않는 바퀴일 수가 있겠는가? 감정적인 인식을 좇아 깨달은 것은 깨닫자마자 곧 혼미하게 되나니 마침내 항상 밝은 등불은 되지 못한다.

要旨 ▌ 즉흥적인 생각에서 착수하는 일은 오래 가지 못하고, 감정적인 인식에 의한 깨달음은 영원한 것이 못 된다.

解說 ▌ 이 대목에는 불교용어가 많다.

'불퇴지륜(不退之輪)'이란 ≪법화경(法華經)≫의 '불퇴전법륜(不退轉法輪)'에서 나온 말이다. 보살이 법륜을 얻으면 점점 증진해서 물러섬이 없다는 뜻이다. 그런데 '법륜'이란 전륜성왕(轉輪聖王)의 금륜(金輪)이 산악지대의 암석을 부수는 것처럼 중생의 악을 잘 부순다는 뜻에서 부처의 교법(敎法)을 뜻한다. 따라서 부처 또는 불교를 상징한다.

해오(解悟)도 '도리를 깨달아 안다'는 불교용어이다. 또 등(燈)은 부처의 법(法)으로 불가(佛家)에서 '영원히 밝히는 법'을 등불에 비유하고 있다. ≪법화경≫에서 나온 말이다. 그래서 여기에서 '상명지등(常明之燈)'은 '영원히 밝히는 법', 곧 영원한 지혜를 의미하고 있다.

사람은 매사를 주도면밀(周到綿密)한 계획하에 진행해야 일취월장(日就月將)할 수 있다. 또 이성(理性)에 입각하여 꾸준한 수양 끝에 깨달아야 영원히 밝히는 등불 같은 지혜를 얻는다.

字源 ▌ 止(그칠 지) 발목 아랫부분을 본떠, 발걸음을 '멈추다' '머무르다' '그치다'의 뜻으로 씀. 象形

豈(어찌 기) 豆(제기 두)＋山(微, 작을 미의 생략). 원 뜻은 '개선한 군사들을 즐겁게 해주는 음식과 음악'이며, 山(微)에서 음을 취한 것임. 현재는 다른 뜻이 됨. 形聲 假借

輪(바퀴 륜) 車에서 뜻을, 侖(뭉치 륜)에서 음을 취함. 形聲

悟(깨달을 오) 忄(心)＋吾. 자기 스스로[吾] 생각해 낸다[心]는 데서 '깨닫다'의 뜻이 됨. / 忄에서 뜻을, 吾에서 음을 취함. 形聲

字義 ▌ 憑(빙) 의거하다.

意興(의흥) 뜻이 일어남, 즉흥(卽興), 일시적인 생각. 作爲(작위) 행위. 不退之輪(불퇴지륜) 물러남이 없이 쉬지 않고 굴러가는 수레바퀴. 情識(정식) 감정적인 지식. 解悟(해오) 깨달음. 常明之燈(상명지등) 항상 밝은 등, 영원히 빛나는 밝은 지혜.

---

168. 자신에게 냉엄冷嚴하라

人^인之^지過^과誤^오는 宜^의恕^서나 而在己則不可恕^{이재기즉불가서}요,

己^기之^지困^곤辱^욕은 當^당忍^인이나 而在人則不可忍^{이재인즉불가인}이라.

文意 ▮ 남의 과오는 마땅히 용서하나 나의 잘못은 용서하지 말 것이요, 자기의 곤욕은 마땅히 참아야 하나 남의 곤욕은 참지 말 것이다.

要旨 ▮ 남의 잘못을 용서해주고, 남의 곤욕을 구제해주어야 한다.

解說 ▮ 공자도 ≪논어≫ 위령공편(衛靈公篇)에서
'군자는 자기에게 책임을 추궁하고, 소인은 남에게 책임을 추궁한다.(君子求諸己, 小人求諸人.)'
고 했다. 또 공자의 제자 자하(子夏)가 말하기를
'소인이 허물을 저지르면 반드시 그럴싸하게 꾸며댄다.(小人之過也, 必文.)' - ≪논어≫ 자장편(子張篇)
고 했다.
이것은 소인들이 하는 짓이다. 군자는 모든 책임을 자기가 질 줄 알아야 한다. 남의 잘못을 용서하면서 나의 잘못을 용서하지 않고 고쳐 나가며, 남의 괴로움을 솔선해서 도와주지만 자신의 괴로움은 참을 줄 알아야 한다. 여기에 소인과 군자의 구분이 있는 것이다.

字源 ▌ 誤(그릇될 오) 言+吳(큰소리칠 오). 큰소리〔吳〕로 장담하는 말〔言〕은 대체로 사실과 '다르다'는 데서 '그릇되다'의 뜻이 됨. 會意 / 言에서 뜻을, 吳에서 음을 취함. 形聲

恕(용서할 서) 如+心. 남의 잘못을 자기 잘못같이〔如〕 너그러운 마음〔心〕으로 '용서한다'는 뜻. 會意 / 心에서 뜻을, 如에서 음을 취함. 形聲

辱(욕될 욕) 辰(농사 때를 알리는 별 진)+寸(법도 촌). 농사 때〔辰〕를 놓쳐, 법〔寸〕에 의해 처벌당하면 '부끄럽다' '욕되다'는 뜻. 會意

忍(참을 인) 刃+心. 마음〔心〕에 칼날〔刃〕을 품고 '참는다'는 뜻. 會意 / 心에서 뜻을, 刃에서 음을 취함. 形聲

169. 너무 기이奇異하거나 과격하지 말라

能脫俗하면 便是奇니 作意尙奇者는 不爲奇而爲異하고,

不合汚하면 便是淸이니 絶俗求淸者는 不爲淸而爲激이라.

文意 ▌ 세속을 벗어날 수 있으면 이것이 바로 기인(奇人)이니, 고의로 기이한 짓을 숭상하는 사람은 기인이 되지 못하고 괴이한 사람이 되며, 더러움에 섞이지 않으면 이는 곧 청렴결백이니, 세속을 끊고 청렴결백을 구하는 사람은 청렴결백한 사람이 되지 못하고 과격한 사람이 된다.

要旨 ▌ 탈속하여 이인(異人)이 되되 괴짜는 되지 말고, 더러움을 벗어나 깨끗한 사람이 되되 과격하여 미치광이는 되지 말라.

解說 ▌ '이인(異人)'이란 보통사람을 넘어선 이상한 행동을 하는 사람이란 뜻이다. 기인(奇人)이라고도 한다. 우리나라 역사상에 이인이 많지만

대표적인 사람이 강감찬(姜邯贊), 서경덕(徐敬德), 이지함(李之函), 박지화(朴枝華) 등 여러 사람이 있다. 이들은 보통사람들이 상상할 수 없는 초인적인 행동을 많이 했다. 마치 마술사 같은 기적을 행한 이야기가 기록에 종종 보인다.

서경덕은 어느 날 물가를 지나다가 종이를 한 치쯤 찢어 무어라고 몇 자 써서 물속으로 던지니 물고기 한 쌍이 바위 위로 뛰어올랐다. 그는 그것을 보고 아이처럼 좋아했다.

기타 이들의 도술에 대한 이야기는 너무나 많이 전한다. 그러나 진짜 이인 또는 기인이 되지 못하고 얼치기 괴짜가 되는 수가 많다. 그럴 바에는 속세를 초월하여 명예와 이익에 눈이 어두운 속인의 경지를 면하는 것이 상책이다. 이것도 차라리 이인이라 할 것이다.

字源 ▌ 俗(풍속 속) 亻(人)＋谷. 사람〔人〕들이 모여 사는 골짜기〔谷〕에서는 사는 방식이 같다는 데서 '풍습'이란 뜻이 됨. 會意 / 亻에서 뜻을, 谷에서 음을 취함. 形聲

絶(끊을 절) 糸＋刀＋巴(卩, 병부 절). 손〔巴〕에 칼〔刀〕을 들고 실〔糸〕을 '끊는다'는 뜻. 會意 / 糸에서 뜻을, 巴에서 음을 취함. 形聲

求(구할 구) 가죽으로 만든 덧옷을 본뜸. 가죽옷은 누구나 입고 싶어 한다는 데서 '구하다'의 뜻이 됨. 象形

語義 ▌ 脫俗(탈속) 세속을 벗어남. 作意(작의) 일부러, 고의(故意).

170. 인정人情의 기미機微를 알라

은 의 자 담 이 농
恩宜自淡而濃이니 선 농 후 담 자 **先濃後淡者**는 인 망 기 혜 **人忘其惠**하고,

위 의 자 엄 이 관
威宜自嚴而寬이니 선 관 후 엄 자 **先寬後嚴者**는 인 원 기 혹 **人怨其酷**이라.

文意 ▌ 은혜는 마땅히 엷음에서 짙어져야 하니, 먼저는 짙고 나중에 엷으면 사람들이 그 은혜를 잊게 되며, 위엄은 마땅히 엄격함으로부터 너그러워야 하니, 먼저는 너그럽다가 나중에 엄격하면 사람들은 그 가혹함을 원망하게 된다.

要旨 ▌ 은혜는 조금씩 베풀다가 후하게 베풀고, 위엄은 엄하다가 너그러워야 한다.

解說 ▌ 중국 고사에 '조삼모사(朝三暮四)'가 있다. ≪열자(列子)≫ 황제편(黃帝篇)과 ≪장자(莊子)≫ 제물론(齊物論)에 나온다.

송(宋)나라에 원숭이를 대대적으로 길러 가족보다도 원숭이를 더 사랑하는 노인이 있었다. 그는 원숭이들과 마음이 통하여 원숭이의 뜻을 이해하고 원숭이들도 그 주인의 마음을 알 정도였다. 그래서 그 노인을 저공(狙公), 곧 원숭이 할아버지라 불렀다.

이 저공이 어느 날 원숭이들의 양식이 모자라 절약하는 의미에서 원숭이들에게 "오늘부터는 너희들에게 도토리를 아침에 3개, 저녁에 4개씩 주겠다."고 했다. 그랬더니 원숭이들이 화를 내며 불평했다. 그래서 당장 말을 바꾸어 "그러면 아침에 4개, 저녁에 3개씩 주겠다."고 하니 원숭이들은 환호했다. 하루에 7개는 마찬가지인데 아침에 4개라는 말에 더 많이 얻어먹는 줄로 원숭이들은 안 것이다. 당장 많기만 하면 좋은 것은 사람이나 짐승이나 마찬가지이다.

사람도 은혜를 많이 받기를 좋아하고, 너그럽게 대해 주기를 바란다. 그러나 항상 많이 줄 수는 없어 많이 주다가 적게 주면 준 보람도 없이 나중에는 그 은혜를 잊을 뿐 아니라 심지어는 원수가 되는 경우를 종종 본다. 위엄도 마찬가지로 처음에는 엄격하다가 나중에 관대해져야지, 반대로 베풀면 버릇이 나빠져 나중에는 권위가 서지 않아 멸시를 당하거나 도리어 원망의 대상이 되기도 한다.

字源 ▌ 威(위엄 위) 女+戌(개 술). 무기로 사람을 찌르는 모양[戌]을 보고, 여자[女]가 '두려워한다'는 데서 '위력'을 뜻함. [會意] / 女에서 뜻을, 戌에서 음을 취함. [形聲]

先濃後淡(선농후담) 먼저 짙고 나중에 엷음. 先寬後嚴(선관후엄)
먼저는 너그럽고 나중에는 엄격함.

---

171. 잡념을 버려라

<ruby>心虛則性現<rt>심 허 즉 성 현</rt></ruby>하나니 <ruby>不息心而求見性<rt>불 식 심 이 구 견 성</rt></ruby>은 <ruby>如撥波覓月<rt>여 발 파 멱 월</rt></ruby>이요,

<ruby>意淨則心淸<rt>의 정 즉 심 청</rt></ruby>하나니 <ruby>不了意而求明心<rt>불 료 의 이 구 명 심</rt></ruby>은 <ruby>如索鏡增塵<rt>여 색 경 증 진</rt></ruby>이라.

文意 ▌ 마음이 비면 본성이 나타나니 마음을 쉬게 하지 않고서 본성
보기를 구하는 것은 물결을 헤치며 달을 찾음과 같다. 뜻이 맑으면 마
음이 맑아지니 뜻을 밝게 하지 않고서 밝은 마음을 구함은 거울을 찾
아 먼지를 더함과 같다.

要旨 ▌ 마음이 비어야 본성이 나타나고, 뜻이 맑아야 마음도 맑아진다.

解說 ▌ 유교에서는 성선설(性善說)에 입각하여 선천적으로 착한 성질을
길러야 한다고 하여 양성(養性)이라 하고, 불교에서는 마음이 고요하면
본성을 볼 수 있다고 하여 견성성불(見性成佛)이라 한다.
그런데 이 성(性)은 천부(天賦)의 것으로
'하늘이 명한 것을 성이라 한다.(天命之謂性)' - ≪중용(中庸)≫
고 했고, 성악설(性惡說)을 주장한 순자(荀子)도
'무릇 성은 하늘이 이루어 놓은 것이다. …배울 수도 없고 섬길 수도 없
으면서 사람에게 있는 것을 성이라 한다.(凡性者 天之就也. …不可學不可
事而在者 謂之性)' - ≪순자≫ 성악편(性惡篇)
고 했다.

요컨대 이 천성은 욕심으로 가려져 제대로 나타나기가 어렵다. 우리는 마음속에 있는 욕심의 장막을 거둠으로써 본성(本性), 본심을 제대로 밝혀야 한다.

字源 ▌ 息(쉴 식) 自(鼻, 코 비의 변형)＋心. 심장[心]이 뛸 때마다 천천히 코[自]로 숨을 '쉰다'는 데서 발전하여 활동을 하지 않을 때는 숨결이 느리다는 의미로 '쉰다'의 뜻이 됨. 會意

了(똑똑할 료) 아이[子]의 두 팔을 묶어 팔이 안 보이는 모양에서 '묶다' '맺다'의 의미를 갖게 됨. 指事

索(찾을 색·줄 삭) ＋＋(艸)＋糸. 풀[艹]의 줄기로 꼰 줄[糸], 곧 '새끼줄'을 뜻하다가 후에 '찾는다'의 뜻이 되고, 음도 '삭'에서 '색'으로 파생됨. 會意 轉注

鏡(거울 경) 金＋竟(다할 경). 옛날에는 금속[金]을 힘껏[竟] 닦아 광채를 내어 '거울'을 만들었음. 會意 / 金에서 뜻을, 竟에서 음을 취함. 形聲

增(더할 증) 土＋曾(거듭 증). 흙[土]을 거듭[曾] 쌓으니, 점점 '더해진다'는 뜻. 會意 / 土에서 뜻을, 曾에서 음을 취함. 形聲

字義 ▌ 撥(발) 퉁기다, 헤치다. 覓(멱) 구하다, 찾다. 了(료) 밝히다, 료(瞭)와 같음.

語義 ▌ 息心(식심) 생각을 멈춤, 마음을 쉬게 함. 撥波(발파) 물결을 헤침. 覓月(멱월) 달을 찾음. 了意(료의) 뜻을 밝게 함. 索鏡(색경) 거울의 밝은 빛을 구함.

---

172. 인격과 덕망을 쌓아라

我^아貴^귀而^이人^인奉^봉之^지는 奉^봉此^차峨^아冠^관大^대帶^대也^야요, 我^아賤^천而^이人^인侮^모之^지는 侮^모此^차

<ruby>布<rt>포</rt>衣<rt>의</rt>草<rt>초</rt>履<rt>리</rt>也<rt>야</rt></ruby>라. <ruby>然<rt>연</rt>則<rt>즉</rt>原<rt>원</rt>非<rt>비</rt>奉<rt>봉</rt>我<rt>아</rt></ruby>니 <ruby>我<rt>아</rt>胡<rt>호</rt>爲<rt>위</rt>喜<rt>희</rt></ruby>하며, <ruby>原<rt>원</rt>非<rt>비</rt>侮<rt>모</rt>我<rt>아</rt></ruby>니

<ruby>我<rt>아</rt>胡<rt>호</rt>爲<rt>위</rt>怒<rt>노</rt></ruby>리요?

文意▮ 내가 귀해져 남이 받드는 것은 이 높은 관과 큰 띠를 받드는 것이요, 내가 천해서 남이 업신여기는 것은 이 베옷과 미투리를 업신여기는 것이다. 그러니 원래 나를 받드는 것이 아니니 내가 어찌 기뻐할 것이며, 원래 나를 업신여기는 것이 아니니 내가 어찌 노여워할 것인가?

要旨▮ 남들이 나의 권력과 지위를 존경하고, 나의 가난과 비천을 멸시하는 것이니, 나 자신의 인격과 덕망에는 아무런 관계가 없는 것이다.

解說▮ 세상 인심은 간사하여 사람들의 외형이나 부속물을 가지고 평가한다. 남이 어떻게 평가하든 나는 인격을 닦고 덕망을 쌓으면 되는 것이다. 그래서 공자도 ≪논어≫ 학이편(學而篇)에서

'남이 나를 알아주지 않아도 성을 내지 않으면 군자가 아니겠는가?(人不知而不慍, 不亦君子乎?)'

라고 했다. 또 불시(佛詩)에도 이런 시가 있다.

'내 몸은 보리수요,　　　　身是菩提樹
　　　　　　　　　　　　신 시 보 리 수

마음은 명경대라.　　　　　心如明鏡臺
　　　　　　　　　　　　심 여 명 경 대

매일 아침 부지런히 털고 닦아,　朝朝勤拂拭
　　　　　　　　　　　　조 조 근 불 식

먼지가 묻지 않게 할 걸세.'　莫使惹塵埃
　　　　　　　　　　　　막 사 야 진 애

字源▮ 奉(받들 봉) 丰(무성할 봉)＋廾(맞잡을 공)＋手. 물건[丰]을 두 손[手]으로 맞잡아[廾] '받든다'는 뜻. 會意

冠(갓 관) 冖(덮을 멱)＋元＋寸. 법도[寸]에 따라 머리[元]에 쓰는[冖]

'관' 또는 '갓'을 뜻함. 會意

布(베 포) 원래 글자는 𢁕. 父+巾. 옛날에 주로〔父〕 입던 옷감〔巾〕은
'베'라는 뜻. 會意 / 巾에서 뜻을, 父(아비 부)에서 음을 취함. 形聲

胡(오랑캐 호) 月(肉)에서 뜻을, 古에서 음을 취함. 形聲

字義 ▌ 峨(아) 높다. 侮(모) 업신여기다. 胡(호) 어찌, 오랑캐.

語義 ▌ 峨冠大帶(아관대대) 높은 관과 큰 띠. 곧 높은 벼슬아치의 복장을
뜻함. 布衣草履(포의초리) 베옷과 미투리, 곧 천한 사람의 복장.

173. 자비지심慈悲之心을 가져라

'爲鼠常留飯하고 憐蛾不點燈이라' 하니 古人此等念頭는 是
吾人一點生生之機라. 無此면 便所謂土木形骸而已니라.

文意 ▌ '쥐를 위해 늘 밥을 남겨두고 부나비를 가엾게 여겨 등불을 켜
지 않는다'고 했으니, 옛사람의 이러한 생각이야말로 우리 인간의 나고
자라는 기틀이다. 이것이 없으면 곧 이른바 나무나 흙 같은 형체일 따
름이다.

要旨 ▌ 쥐를 위하여 밥을 남기고 나방을 위하여 불을 켜지 않는 자비
심이 있기 때문에 인간은 목석(木石)의 존재를 면할 수 있다.

解說 ▌ 소동파(蘇東坡)의 〈정혜사 흠장로가 보내온 시에 차운함(次韻定
慧欽長老見寄) 8수(首)〉 시의 첫 수는 다음과 같다.
'왼쪽 뿔 위에서 초나라를 격파함을 보고,　　　　　　　左角看破楚
　　　　　　　　　　　　　　　　　　　　　　　　　　좌 각 간 파 초

남쪽으로 뻗은 가지 위에서 등나라를 우두머리로 삼았다 하네.

南柯聞長滕
남 가 문 장 등

발을 갈고랑이에 걸어 어린 제비를 돌려보내고,

鉤簾歸乳燕
구 렴 귀 유 연

창호지에 구멍을 뚫어 어리석은 파리를 내보내네.

穴紙出癡蠅
혈 지 출 치 승

쥐를 위하여 항상 밥을 남겨 놓고,

爲鼠常留飯
위 서 상 류 반

나방을 불쌍히 여겨 불을 켜지 않네.

憐蛾不點燈
련 아 부 점 등

기구함이 진실로 가소롭구나,

崎嶇眞可笑
기 구 진 가 소

나는 소승불교의 중이로세.'

我是小乘僧
아 시 소 승 승

이 시에는 와각지쟁(蝸角之爭)과 남가일몽(南柯一夢), 등설쟁장(滕薛爭
長) 등의 고사가 들어 있다. 부질없는 속세의 조그마한 아귀다툼을 풍자
하는 뜻이 들어 있는 말들이다.

사람은 자비심이 있어 만물을 자라게 한다. 이런 마음이 없다면 감정이
없는 목석과 같은 시체일 뿐이다. 애정을 가져야 한다.

字源 ▌ 憐(불쌍히 여길 련) 忄(心)＋粦(燐, 도깨비불 린의 약자). 들판에
버려진 시체에서 생기는 도깨비불〔粦〕을 보면, 마음〔心〕속이 애달프다
하여 '가엾이' 여김을 뜻함. 會意 / 忄에서 뜻을, 粦에서 음을 취함. 形聲
等(기다릴 등) 竹＋寺(관청 시). 관청〔寺〕에서 대쪽〔竹〕에 쓴 서류를 '가
지런히' 분류하여 '등급'을 매김을 뜻함. 會意
謂(이를 위) 言에서 뜻을, 胃(위장 위)에서 음을 취함. 形聲
土(흙 토) 싹이 땅 위로 터 나오는 모양에서, 만물을 탄생시키는 '흙'을
뜻함. 指事

字義 ▌ 鼠(서) 쥐. 蛾(아) 나방. 骸(해) 뼈.

語義 ▌ 憐蛾(련아) 나방을 가엾게 여김. 點燈(점등) 등불을 켬. 生生之
機(생생지기) 나고 자라게 하는 작용. 形骸(형해) 형체.

174. 욕정에 매이지 말고 천체天體와 부합하라

심 체　　　변 시 천 체　　　일 념 지 희　　　경 성 경 운　　　　일 념 지 노
心體는 便是天體라. 一念之喜는 景星慶雲이요, 一念之怒는

진 뢰 폭 우　　　　일 념 지 자　　　화 풍 감 로　　　　일 념 지 엄　　　렬 일 추
震雷暴雨요, 一念之慈는 和風甘露요, 一念之嚴은 烈日秋

상　　　　하 자 소 득　　　　　지 요 수 기 수 멸　　　　확 연 무 애
霜이니, 何者少得이리오? 只要隨起隨滅하여, 廓然無碍면

변 여 태 허 동 체
便與太虛同體니라.

文意 ▌ 마음의 본체는 곧 하늘의 본체이다. 잠깐 동안의 기쁨은 빛나는 별이나 상서로운 구름이요, 잠깐 동안의 노여움은 진동하는 우레나 쏟아지는 비이며, 잠깐 동안의 자비로움은 화창한 바람이나 단 이슬이고, 잠깐 동안의 엄격함은 따가운 햇볕이나 가을의 서리이니, 어느 것인들 없을 수 있으리오? 다만 때에 따라 일어나고 사라져서 가없이 넓어 막히는 일이 없으면 곧 광대무변한 우주와 더불어 한몸이 되리라.

要旨 ▌ 사람은 소우주이다. 하늘의 기상이 수시로 변하듯, 사람의 감정도 순간적으로 변한다. 따라서 사람도 하늘의 이치를 따라 감정을 쌓아 두지 말고 차례로 발산시켜야 우주와 일체가 되어 영원무궁할 수 있다.

解說 ▌ ≪서경(書經)≫ 태서(泰誓) 상(上)에
'대저 천지는 만물의 부모요, 오직 사람은 만물의 영이다.(夫天地萬物父母 惟人萬物靈)'
라고 했다. 사람은 만물 중의 영장(靈長)이란 뜻이다. 이런 개념은 ≪동몽선습(童蒙先習)≫에서도
'천지 사이의 만물 중에서 오직 사람이 가장 귀하다.(天地之間 萬物之衆 惟人最貴)'
라고 했다. 또 ≪노자(老子)≫ 12장에도

'사람은 땅을 본받고, 땅은 하늘을 본받고, 하늘은 도를 본받고, 도는 자연을 본받는다.(人法地 地法天 天法道 道法自然)'

고 했다. 그래서 하늘과 땅과 사람을 삼재(三才)라 하고, 사람은 천지자연 곧 우주의 축소라고 본다.

의학에서 사람의 사지(四肢)는 춘하추동 사계절의 상징이요, 12월은 사람의 뼈 중 중요한 12마디를 상징한 것이며, 대체로 사람의 골절 360개는 360일을 본땄다는 등의 설은 바로 사람을 우주의 축소판으로 본 데서 나온 것이다. 따라서 심체(心體)는 천체이니 천지의 작용은 사람의 작용과 같다 할 것이다.

字源 ▌ 星(별 성) 日(晶, 밝을 정)＋生. 원래는 나무〔生〕 위로 별〔晶〕이 반짝이는 모양을 본뜸. 象形 會意 / 日에서 뜻을, 生에서 음을 취함. 形聲

慶(경사 경) 严(鹿, 사슴 록의 변형)＋心＋夊(뒤에 올 치). '경사'에 사슴〔严〕을 가지고 가서〔夊〕 진심〔心〕으로 '축하'한다는 뜻. 會意

滅(멸할 멸) 氵(水)＋烕(불 꺼질 멸). 물〔水〕에 불이 꺼지듯〔烕〕 '망해' '없어진다'는 뜻. 會意 / 氵에서 뜻을, 烕에서 음을 취함. 形聲

字義 ▌ 震(진) 떨리다, 진동, 천둥. 廓(확) 넓고 거리낌이 없음. (곽) 윤곽, 비다.

語義 ▌ 心體(심체) 마음의 본체. 天體(천체) 우주. 景星(경성) 빛나는 별, 상서로운 별. 慶雲(경운) 상서로운 구름. 震雷(진뢰) 진동하는 우레. 烈日(렬일) 따가운 햇볕. 廓然無碍(확연무애) 가없이 넓어 거리끼는 것이 없음. 太虛(태허) 큰 하늘, 광대무변한 우주.

175. 마음을 고요히 가져라

無事時^{무사시}에는 心易昏冥^{심이혼명}하니 宜寂寂而照以惺惺^{의적적이조이성성}하고,

有事時^{유사시}에는 心易奔逸^{심이분일}하니 宜惺惺而主以寂寂^{의성성이주이적적}이라.

文意 ▌ 일이 없을 때에는 마음이 쉽사리 어두워지니, 마땅히 고요히 밝은 지혜로써 비추어야 하고, 일이 있을 때에는 마음이 쉽사리 멋대로 하기 쉬우니 마땅히 마음을 밝게 하여 고요함에 주로 힘써야 한다.

要旨 ▌ 사람이 한가하면 마음이 어두워지기 쉽고, 반대로 바쁘면 흩어지기 쉽다. 그럴 때일수록 마음을 밝고 고요하게 가져야 한다.

解說 ▌ ≪대학(大學)≫에
'소인이 한가히 있으면 나쁜 짓을 하는데 이르지 않는 곳이 없다.(小人閑居 爲不善 無所不至)'
라고 했다. 소인일수록, 즉 수양이 적은 사람일수록 아무도 보지 않는 가운데 홀로 한가히 있으면 못하는 짓이 없다. 아무도 보는 사람이 없다고 생각하면 나쁜 마음을 가지기 쉽다. 그럴 때일수록 마음을 밝게 고요히 가져야 한다.
또 사람이 바쁘다 보면 제 정신이 아니어서 마음이 흩어지기 쉽다. 이럴 때일수록 마음을 밝고 고요하게 가져 침착해야 할 것이다.

字源 ▌ 冥(어두울 명) 冖＋日＋六(入). 해[日]가 어둠의 덮개[冖] 속에 들어가면[入] '어두워진다'는 뜻. 會意
奔(달아날 분) 大(사람이 두 팔다리를 벌리고 뛰는 모양)＋卉(풀 훼). 풀밭[卉] 위로 달리는[大] 모양. 會意 / 大에서 뜻을, 卉(賁, 날랠 분의 변형)에서 음을 취함. 形聲

字義 ▌ 昏(혼) 어둡다, 혼미하다.   惺(성) 깨닫다.   逸(일) 달아나다.

語義 ▌ 昏冥(혼명) 어두움, 혼미함.　寂寂(적적) 고요함.　惺惺(성성) 마음의 밝은 상태.　奔逸(분일) 달아나 흩어짐.

---

176. 의논은 객관적으로, 실행은 이해利害를 초월하라

議事者는 身在事外하여 宜悉利害之情하고,

任事者는 身居事中하여 當忘利害之慮니라.

文意 ▌ 일을 의논하는 사람은 몸이 그 일 밖에 있으면서 마땅히 이해의 실정을 모두 알아야 하고, 일을 맡은 사람은 몸이 그 일 안에 있으면서 마땅히 이해의 생각을 잊어야 한다.

要旨 ▌ 일을 논할 때는 반드시 객관적으로 처리해야 하고, 일을 담당했을 때는 반드시 최선을 다해야 한다.

解說 ▌ 중국의 송나라 대학자 주자(朱子)는 일찍이
'천하의 일은 게으르고 사사로운 데서 실패한다.(天下事 壞於懶而私)'
고 했고, 중국의 국부 손문(孫文)은
'성패와 이해를 묻지 말고 다만 양심이 하고자 하는 바대로 곧 뜻을 세워 분투해야 한다.(不問成敗利鈍 祇問良心要做 便立志去奮鬪)'
라고 했다.
일을 계획할 때는 객관적인 입장에 서서 그 일의 사정을 충분히 연구 검토하여 안을 짜야 할 것이다. 그리고 그 일을 실천할 때는 자신이 그 일에 뛰어들어 이해상관을 초월하여 오로지 그 일의 성공에 열중할 것이다.

語義 ┃ 身在事外(신재사외) 몸이 일의 밖에 있다. 곧 객관적으로 일을 본다는 뜻. 身居事中(신거사중) 몸이 일 안에 있다. 곧 전심전력으로 일을 한다는 뜻.

---

177. 지조志操는 엄정 공명하고, 심기心氣는 화평해야 한다

士君子가 處權門要路면 操履要嚴明하고 心氣要和易하여, 毋少隨而近腥羶之黨하고 亦毋過激而犯蜂蠆之毒이라.

文意 ┃ 선비가 권세 있는 요직에 있으면 그 지조와 행실이 엄정 공명해야 하고 마음가짐은 온화 평이해야 한다. 조금이라도 멋대로 사리사욕에 눈이 어두운 무리를 가까이하지 말고, 또한 과격하여 벌이나 전갈과 같은 독을 가진 무리를 건드리지 말 것이다.

要旨 ┃ 선비가 고위 관직에 있을 때는 행실은 공명하고 마음은 온화하게 가져 조금도 아부하는 무리를 가까이하지 말고, 그렇다고 너무 과격해서 소인배의 중상모략을 받지 않도록 해야 한다.

解說 ┃ 상진(尙震, 1493-1564)은 조선 명종 때 재상으로 영의정을 15년간이나 지낸 사람이다. 어려서 고아가 되어 매부 성몽정(成夢井) 밑에서 자랐는데, 처음에는 공부를 게을리했으나 후에 분발하여 문과에 급제

한 후 승승장구 영의정까지 올라갔다. 외모는 우둔한 듯했으나 마음은 꿋꿋했고 항상 덕성과 도량을 넓혀서 불편부당(不偏不黨)했다. 남대문 바로 안쪽에 살았기 때문에 그가 살던 곳의 이름이 상동(尙洞)이었고, 이 동네 이름에서 상동교회가 생겨 오랜 역사를 가지고 일제시대에는 특히 독립운동가를 많이 배출했던 교회라 한다. 지금의 새로나백화점 건물이 바로 그 교회터요, 이 건물 안에 상동교회가 있다.

상진 대감처럼 행동이 엄정공명하고 심기가 화평안이하면서 간교한 자들을 멀리하고 지나치게 과격함이 없으면 중상을 받을 일도 없다. 그래서 15년간이나 영의정 자리를 지켰을 것이다.

字源 ▌ 近(가까울 근) 辶+斤(무게 근). 물건을 달 때〔斤〕 저울추를 조금씩 옮겨가는〔辶〕 데서 '가깝다'의 뜻이 됨. 會意 / 辶에서 뜻을, 斤에서 음을 취함. 形聲

黨(무리 당) 尙+黑. 어두운〔黑〕 장래를 개척하려는 높은〔尙〕 뜻을 품고 모인 '무리'라는 뜻. 會意 / 黑에서 뜻을, 尙에서 음을 취함. 形聲

蜂(벌 봉) 虫+夆(逢, 만날 봉의 뜻). 모여 다니며 사람과 만나면〔夆〕 쏘는 벌레〔虫〕라는 뜻. 會意 / 虫에서 뜻을, 夆에서 음을 취함. 形聲

毒(독할 독) 屮(풀 초)+毐(음란할 애). 사람을 해치는〔毐〕 풀〔屮〕, 곧 '독이 있는 풀'이나 '독'을 뜻함. 會意

字義 ▌ 腥(성) 비린내. 羶(전) 노린내. 蠆(채) 전갈.

語義 ▌ 權門要路(권문요로) 권세 있는 요직. 操履(조리) 지조와 행실. 心氣(심기) 마음가짐. 隨(수) 멋대로, 기분대로. 腥羶之黨(성전지당) 비린내, 노린내 나는 무리, 곧 사리사욕을 일삼는 자들. 蜂蠆之毒(봉채지독) 벌과 전갈의 독, 악랄한 소인배의 해독.

178. 혼연渾然한 화기和氣만이 영생의 길이다

標^표節^절義^의者^자는 必^필以^이節^절義^의受^수謗^방하고 榜^방道^도學^학者^자는 常^상因^인道^도學^학招^초尤^우라.
故^고로 君^군子^자는 不^불近^근惡^악事^사하고 亦^역不^불立^립善^선名^명하니 只^지渾^혼然^연和^화氣^기가 纔^재
是^시居^거身^신之^지珍^진이라.

文意 ▌ 절의를 표방하는 사람은 반드시 절의 때문에 비방을 받고, 도학을 표방하는 사람은 늘 도학으로 인하여 허물을 불러들인다. 그러므로 군자는 나쁜 일을 가까이하지 않고 또한 좋은 이름도 세우지 않으니 다만 원만한 화기만이 몸을 보전하는 보배가 된다.

要旨 ▌ 절의와 도학을 표방하는 사람은 그것들 때문에 비방과 허물을 불러들인다. 그러므로 군자는 나쁜 일이나 명예를 탐내지 않고 원만한 온화로운 기운으로 몸을 보전한다.

解說 ▌ 절개와 의리, 도덕과 학문을 내세우는 사람에게는 반대 입장의 비방을 면치 못한다. 백이(伯夷), 숙제(叔齊)의 주장과 강태공(姜太公)의 생각은 다른 것이고, 도가(道家)와 유가(儒家)의 주장은 서로 다르다. 극단적인 것은 서로 대립되기 때문이다. 그래서 시비(是非)가 생기고 격론(激論)이 벌어져, 마침내는 중상모략과 살육까지 자행하게 된다. 그러므로 군자는 나쁜 일을 하지도 않고 명예를 탐하지도 않으며, 다만 원만한 온화한 기운으로 세상을 살아가니 그의 몸을 보전하는 길은 오직 중용의 도일 따름이다.

字源 ▌ 標(표할 표) 木+票(표지 표). 나무[木]에 표지[票]를 달아 '표시한다'는 뜻. 會意 / 木에서 뜻을, 票에서 음을 취함. 形聲
珍(보배 진) 玉에서 뜻을, 㐱(鬒, 머리숱 많을 진)에서 음을 취함. 形聲

語義 ▌ 招尤(초우) 허물을 초래하다.   渾然(혼연) 원만하여 모나지 않음.
居身(거신) 몸을 보전하다.

---

179. 정성스러운 마음으로 감화시켜라

遇欺詐的人이어든 以誠心感動之하고, 遇暴戾的人이어든 以
和氣薰蒸之하며, 遇傾邪私曲的人이어든 以名義氣節激礪之
하면, 天下에 無不入我陶冶中矣니라.

文意 ▌ 속이는 사람을 만나거든 정성스러운 마음으로 그를 감동시키
고, 난폭하고 사나운 사람을 만나거든 온화한 기운으로 그를 감화시키
며, 사악하고 사리사욕에 어두운 사람을 만나거든 대의명분과 기개(氣
槪) 절조(節操)로 격려하라. 그러면 천하에 나의 교화에 들어오지 않
는 사람이 없으리라.

要旨 ▌ 속이는 사람은 정성스러운 마음으로 감동시키고, 사나운 사람
은 온화한 기운으로 교화시키며, 사악한 사람은 명분과 절조로 격려하
라. 그러면 모두 나의 감화를 받을 것이다.

解說 ▌ '도야(陶冶)'는 '타고난 성품이나 재능을 온전한 것으로 만들기
위하여 잘 가르치거나 단련함'을 뜻한다. 그런데 원래 도(陶, 질그릇)는
흙으로 질그릇을 구워 만듦이요, 야(冶, 풀무)는 쇠를 녹여 그릇을 만드
는 것이다. 흙이나 쇠로 그릇을 만드는 일이 인격이나 학문을 닦아 기르

는 일의 비유로 쓰이다가 뜻이 굳어진 것이다.

또 '훈도(薰陶)'란 말도 있다. '덕으로써 남을 가르쳐 감화시키는 일'인데, 여기의 훈(薰, 향기)자는 '향을 피워 악취를 몰아낸다'는 뜻이다. 곧 좋게 가르쳐 나쁜 점을 고쳐 나가게 하는 것이다. 그래서 도(陶)와 합쳐 '훈도'란 말이 생겨난 것이다.

또 '마려(磨礪)'란 말도 있는데, '쇠붙이 등을 숫돌에 간다'는 뜻이다. 이와 비슷한 말에 '탁마(琢磨)' '연마(鍊磨)'란 단어가 있다. 이 모두가 인격이나 학문을 닦아 나감의 뜻으로 쓰인다.

字源 ▮ 蒸(찔 증) 艹+烝. 원 뜻은 삼[艹]의 줄기를 쪄서[烝] 만든 '삼실'이었음. 會意 / 艹에서 뜻을, 烝에서 음을 취함. 形聲
傾(기울어질 경) 亻(人)+頃(머리 갸우뚱할 경). 사람[人]이 머리를 갸우뚱한다[頃]는 데서 '기울다'의 뜻이 됨. 會意 / 亻에서 뜻을, 頃에서 음을 취함. 形聲

字義 ▮ 欺(기) 속이다. 詐(사) 거짓. 戾(려) 사납다. 어그러지다. 薰(훈) 향기. 邪(사) 간사하다. 礪(려) 갈다, 연마하다, 숫돌.

語義 ▮ 欺詐(기사) 속이다, 사기(詐欺)와 같음. 暴戾(폭려) 난폭하고 사나움. 薰蒸(훈증) 향을 쏘여서 악취를 없앰. 傾邪私曲(경사사곡) 사악함에 기울어져 사리사욕을 탐냄. 激礪(격려) 격려하고 닦게 함.

---

180. 자선慈善은 화기和氣를 낳고, 결백은 청명清名을 남긴다

<ruby>一<rt>일</rt></ruby><ruby>念<rt>념</rt></ruby><ruby>慈<rt>자</rt></ruby><ruby>祥<rt>상</rt></ruby>은 <ruby>可<rt>가</rt></ruby><ruby>以<rt>이</rt></ruby><ruby>醞<rt>온</rt></ruby><ruby>釀<rt>양</rt></ruby><ruby>兩<rt>량</rt></ruby><ruby>間<rt>간</rt></ruby><ruby>和<rt>화</rt></ruby><ruby>氣<rt>기</rt></ruby>요,

촌 심 결 백　　가 이 소 수 백 대 청 분
寸心潔白은 可以昭垂百代淸芬이라.

文意 ▌ 한 생각 자비심은 천지간의 온화한 기운을 빚어내며, 한 치 마음의 결백은 향기로운 이름을 영원히 밝게 드리울 수 있다.

要旨 ▌ 자비심은 천지간의 화기를 빚어내고, 결백함은 영원히 맑은 이름을 남긴다.

解說 ▌ '사지(四知)'란 고사가 있다. 중국 후한(後漢)의 양진(楊震)이 동래태수(東萊太守)로 부임할 때 도중에 창읍(昌邑)에서 묵게 되었다. 이때 창읍현령 왕밀(王密)이 그를 찾아왔다. 그는 양진이 형주자사(荊州刺史)로 있을 때 추천을 받아 벼슬길에 나간 사람이다. 밤이 되자 왕밀은 황금 10근을 주었다. 양진은 이를 거절하며 좋게 타일렀다. 그러자 왕밀은 "밤중이라 아무도 보는 사람이 없습니다."라고 하니, 양진은 말했다. "하늘이 알고 땅이 알고 자네가 알고 내가 알고 있다.(天知 地知 子知 我知)"
그래서 '사지'란 말이 생기고, 이 양진의 결백은 오늘날까지 전해져 모든 사람의 귀감(龜鑑)이 되고 있다.

字源 ▌ 間(사이 간) 門+日. 햇빛[日]이 들어오는 문[門]의 틈을 가리켜 '사이'의 뜻이 됨. 〔會意〕
寸(마디 촌) 又(손)+丶(맥박이 뛰는 곳). 손목[又]에서 맥이 뛰는 데〔丶〕까지의 거리가 '한 치'이며, 이 한 치는 길이를 헤아리는 기준이 된다는 데서 '규칙' '법도'의 뜻으로 쓰임. 〔指事〕
昭(빛날 소) 日에서 뜻을, 召(부를 소)에서 음을 취함. 〔形聲〕
代(대신할 대) 亻(人)+弋(취할 익). 다른 사람[人]을 시켜[弋] 나를 '대신'하게 한다는 뜻. 〔會意〕 / 亻에서 뜻을, 弋에서 음을 취함. 〔形聲〕

字義 ▌ 祥(상) 상서롭다, 착하다. 醞(온) 빚다. 釀(양) 술을 빚다. 垂(수) 드리우다. 芬(분) 향기.

語義 ▌ 慈祥(자상) 자선(慈善), 자비심(慈悲心). 醞釀(온양) 빚다, 술을

빚음. 兩間(양간) 하늘과 땅 사이. 昭垂(소수) 밝게 드리움. 淸芬(청분) 밝은 향기, 향기로운 이름.

181. 평범한 덕행만이 화평和平의 기초가 된다

_{음모괴습} _{이행기능} _{구시섭세적화태} _{지일개용덕용}
陰謀怪習과 異行奇能은 俱是涉世的禍胎니 只一個庸德庸

_행 _{변가이완혼돈이소화평}
行이 便可以完混沌而召和平이라.

文意┃ 음흉한 모략과 괴이한 습관, 이상한 행동과 기이한 능력은 모두 세상을 살아가는 데 있어서 화근이 된다. 다만 하나의 평범한 덕행만이 곧 사람의 본성을 완전히 하고 화평을 부를 수 있다.

要旨┃ 음모·괴습·이행·기능은 세상을 살아가는 데 있어 불행의 씨일 따름이다. 평범한 덕행만이 본성과 화평을 누리는 길이다.

解說┃ '혼돈(混沌)'이란 음양(陰陽)이 아직 나뉘기 전의 상태로 이것이 개벽(開闢)을 거쳐 질서의 이 우주가 되었다. 여기에서의 혼돈은 인간이 본래부터 가지고 있던 덕을 뜻한다. ≪장자(莊子)≫ 응제왕편(應帝王篇)에 나온다.

'남해의 임금을 숙(儵)이라 하고, 북해의 임금을 홀(忽)이라 하며, 중앙의 임금을 혼돈이라 하였다. 숙과 홀이 어느 날 혼돈의 땅에서 만났을 때 혼돈이 그들을 잘 대접했다. 그래서 그들은 혼돈의 덕을 갚으려 했다. 그리하여 "사람들은 누구나 일곱 구멍이 있어 그것으로 보고 듣고 먹고 숨쉬는데, 이분만 홀로 없으니 우리가 뚫어 주자."하고서 하루에 한 구멍씩 뚫어 7일이 되니 혼돈은 죽고 말았다.'

이 이야기는 지교(知巧)가 몸을 다치고, 천성을 잃게 한다는 비유를 우화로 나타낸 것이다. 숙과 홀은 빠르다는 뜻으로 약삭빠른 인위적 지배를 상징한 것이고, 혼돈은 인간의 지혜를 넘어 자연을 상징한다. 요컨대 이런 혼돈, 곧 자연스런 덕행만이 인생을 살아가는 유일한 길이다.

字源 ▌ 謀(꾀할 모) 言+某(아무 모). 아무도 모르게[某] 말[言]한다는 데서 '꾀한다'의 뜻이 됨. 會意 / 言에서 뜻을, 某에서 음을 취함. 形聲
怪(이상할 괴) ↑(心)+又+土. 손[又]이 흙[土]으로부터 작물을 길러내는 것을 생각하면[心] 신통하고 '괴이하다'는 뜻. 會意 / ↑에서 뜻을, 圣(힘쓸 골)에서 음을 취함. 形聲
習(익힐 습) 羽+白(日 또는 自의 변형). 새가 날마다[日] 날갯짓함이[羽] '연습'이라는 뜻. 또는 새가 날 때 코(自→白)로 숨 쉰다는 뜻. 會意 / 羽(깃 우)에서 뜻을, 白에서 음을 취함. 形聲

字義 ▌ 胎(태) 모태, 시초. 庸(용) 평범하다.

語義 ▌ 涉世(섭세) 세상을 살아감. 禍胎(화태) 재앙의 씨. 庸德庸行(용덕용행) 평범한 덕행. 混沌(혼돈) 천지개벽 이전의 상태. 여기서는 사람이 타고난 덕성이라는 뜻.

---

182. 매사에 인내가 최선의 길이다

語에 云하되 '登山耐側路하고 踏雪耐危橋라' 하니 一耐字는 極有意味라.

如傾險之人情과 坎坷之世道에 若不得一耐字하여 撑持過

^거 去면 ^{기 하 불 타 입 진 망 갱 참 재} 幾何不墮入榛莽坑塹哉리오?

文意 ▌ 옛말에 이르되 '산에 오르면 경사진 비탈길을 참아내고, 눈을 밟으면 위험한 다리를 견뎌낸다'고 하였으니, 이 '견딜 내(耐)'자 한 글자에는 매우 큰 뜻이 있는 것이다.

만일 비뚤어진 험한 인정과 험난한 세상길에서 이 '내(耐)'자 한 글자를 지탱하여 나가지 않는다면, 가시덤불이나 구덩이에 떨어져 들어가지 않을 사람이 그 몇이나 되겠는가?

要旨 ▌ 등산할 때의 비탈길과 눈 속에 다리 건너는 것은 위험천만이나 참고 견뎌야 한다. 인생 행로도 마찬가지이다. 오직 '내(耐)'자 한 자만 부둥켜안고 가면 구렁에 빠지지 않을 것이다.

解說 ▌ '기하불(幾何不)…재(哉)?'는 '얼마나 …하지 않음이 있겠는가?'의 뜻으로 반어형(反語形)의 문장에 쓴다. 여기의 '기하'는 '얼마'의 뜻이다. 그런데 수학 과목에 기하학(幾何學)이 있다. 이때의 '기하'는 영어의 Geometry의 번역이다. geo는 '땅', metry는 '측량'의 뜻이다. 그런데 중국 명나라 때 이탈리아의 신부 마테오 리치가 중국에 와서 천주교를 전파할 때 중국인 제자 서광계(徐光啓)에게 《기하학원본(幾何學原本)》을 강의했다 한다. 그때 '기하'의 어원을 설명하는데 geo는 중국어로 '지하(地下)' 곧 땅이라 말했는데, 서광계는 '지하'와 '기하'는 중국 음이 같으므로 '기하'로 표기한 뒤부터 오늘날의 '기하'가 되었다는 일화가 전한다. 정말이라면 우스운 이야기이다.

안중근(安重根) 의사가 여순(旅順) 감옥에 투옥되었을 때, '인내(忍耐)' 두 글자를 쓴 것도 유명하다.

字源 ▌ 耐(견딜 내) 而(말 이을 이, 수염을 뜻함)+寸. 죄를 지어 법〔寸〕에 걸렸으나, 수염〔而〕을 깎이지 않을 정도의 죄라는 뜻에서 '지탱하다' '보존하다' '견디다'의 뜻이 됨. [會意] / 寸에서 뜻을, 而에서 음을 취함. [形聲]

側(곁 측) 亻(人)+則. 사람〔人〕을 기준으로 하여 사물을 규칙〔則〕대로,

그 '곁'에 늘어놓는다는 뜻. 會意 / 亻에서 뜻을, 則에서 음을 취함. 形聲

踏(밟을 답) 足+沓(합할 답). 발[足]을 땅에 댄다[沓], 곧 '밟는다'는 뜻. 會意 / 足에서 뜻을, 沓에서 음을 취함. 形聲

橋(다리 교) 木+喬(높을 교). 나무[木]로 높이[喬] 세운 '다리'를 뜻함. 會意 / 木에서 뜻을, 喬에서 음을 취함. 形聲

字(글자 자) 宀+子. ①집[宀]에서 아이[子]를 낳는다는 뜻. ②아이[子]가 집안[宀]의 계통을 이어가듯, 글자도 기본 바탕으로부터 체계적으로 생긴다는 뜻. 會意 / 宀에서 뜻을, 子에서 음을 취함. 形聲

字義 ▌ 坎(감) 험하다. 坷(가) 험하다. 撐(탱) 지탱하다. 墮(타) 떨어지다. 榛(진) 덤불. 莽(망) 초목이 우거짐. 坑(갱) 구덩이. 塹(참) 구덩이, 성벽 둘레에 판 도랑[해자垓子].

語義 ▌ 側路(측로) 경사진 비탈길. 傾險(경험) 성질이 한쪽으로 기울어 음험함. 坎坷(감가) 험함, 역경(逆境). 撐持(탱지) 붙잡아 지탱함. 榛莽(진망) 가시덤불. 坑塹(갱참) 구덩이.

183. 공업功業과 문장文章은 겉치레이다

<small>과 령 공 업</small>
誇逞功業과　<small>현 요 문 장</small>炫耀文章은　<small>개 시 고 외 물 주 인</small>皆是靠外物做人이니　<small>부 지 심 체 형</small>不知心體瑩

<small>연</small>然하여　<small>본 래 불 실</small>本來不失이면　<small>즉 무 촌 공 척 자</small>卽無寸功隻字라도　<small>역 자 유 당 당 정 정 주</small>亦自有堂堂正正做

<small>인 처</small>人處라.

文意 ▌ 공덕과 업적을 자랑하고 문장을 과시함은 모두 겉보기의 외물에 의하여 된 사람들로서, 마음의 본체가 밝게 빛나서 본래의 모습을

잃지 않으면 곧 한 치의 공적과 보잘것없는 문장이 없다고 하더라도, 역시 정정당당하게 사람이 되는 바가 있음을 그들은 알지 못한다.

要旨 ▮ 공덕이나 문장은 겉치레요, 마음의 바탕을 제대로 간직하는 것이 가장 중요하다. 마음의 참모습만 굳게 지켜 나간다면 공적이나 지식이 변변치 못하다 하더라도 그 사람됨이 훌륭한 것이다.

解説 ▮ 공자도 ≪논어≫ 학이편(學而篇)에서

'젊은이들이 들어와서는 효도하고 나가서는 우애하며 근신하여 신용이 있고, 모든 사람을 널리 사랑하면서 어진이를 친애하고, 그런 행동을 하고 남은 힘이 있거든 학문을 하라.(弟子入則孝, 出則弟, 謹而信, 汎愛衆而親仁, 行有餘力, 則以學文.)'

고 했다. 또 공자의 제자 자하(子夏)는 말하기를

'현인을 어질게 대우하되 미녀를 대하는 듯하고, 부모를 섬기는 데 그 힘을 다하며, 임금을 섬기는 데 그 몸을 다하고, 친구와 사귀되 말에 신용이 있으면, 비록 배우지 않았다 하더라도 나는 반드시 그가 배운 사람이라고 말하겠다.(賢賢易色, 事父母能竭其力, 事君能致其身, 與朋友交, 言而有信, 雖曰未學, 吾必謂之學矣.)' - ≪논어≫ 학이편

고 했다. 이렇게 성현들도 사람이란 자기 천성을 다하여 도리에 힘쓰면 그것이 최상이요, 기타 배움은 그 다음의 문제라고 본 것이다.

일반적으로 사람들은 한 치의 공로, 한 글자의 문장을 자랑하기 쉽다. 그러나 마음 바탕이 기본적인 문제가 됨을 알아야 할 것이다.

字源 ▮ 堂(집 당) 尙(높일 상)＋土. 흙〔土〕을 돋우고, 높이〔尙〕 지은 '집'을 뜻함. 會意 / 土에서 뜻을, 尙에서 음을 취함. 形聲

字義 ▮ 誇(과) 과장하다. 逞(령) 마음대로 하다. 靠(고) 의지하다. 做(주) 짓다, 되다. 瑩(형) 밝은 옥빛. 隻(척) 외짝.

語義 ▮ 誇逞(과령) 자랑함. 炫耀(현요) 과시하다. 做人(주인) 사람이 됨, 위인(爲人)과 같음. 瑩然(형연) 밝게 빛나는 모양. 寸功隻字(촌공척자) 한 치의 공적과 한 자의 글자, 곧 보잘것없는 공적과 문장.

184. 망중한忙中閑, 동중정動中靜에 힘써라

忙裡^{망리}에 要偸閑^{요투한}이면 須先向閒時討個欛柄^{수선향한시토개병}하고

閒中^{한중}에 要取靜^{요취정}이면 須先從靜處立個主宰^{수선종정처립개주재}하라.

不然^{불연}이면 未有不因境而遷^{미유불인경이천}하고 隨事而靡者^{수사이미자}니라.

文意 ▌ 바쁜 가운데 한가함을 얻으려면 모름지기 우선 한가한 때에 마음의 자루를 찾아 놓아야 하고, 시끄러운 속에서 고요함을 취하려면 반드시 먼저 조용한 곳에 있을 때 마음의 주재를 세우라. 그렇지 않으면 마음이 환경으로 인하여 움직이고, 일에 따라 흔들리지 않을 수 없다.

要旨 ▌ 바쁘고 시끄러운 환경에서는 마음을 돌볼 겨를이 없으니, 한가한 때에 미리 마음의 자루를 잡아두고, 고요한 때에 마음의 주인을 세워두어야 한다.

解說 ▌ '망리투한(忙裡偸閑)'이란 말이 있다. '망중한(忙中閑)'과 같은 말로 바쁜 중에 한가한 짬을 얻어 마음을 즐김을 뜻한다. 중국 송(宋)나라 진조(陳造)의 ≪강호장옹집(江湖長翁集)≫에서 나온 말이다.
'진재(陳宰)·황부(黃簿)와 함께 영산(靈山)에서 놀 때, 진재가 말하기를 "우리들은 바쁜 가운데에서도 틈을 내어 괴로운 속에서도 즐길 줄 안다고 하겠다.(忙裡偸閑 苦中作樂)"라고 하고서 위 8자로써 제목을 삼아 8수의 시를 지었다.'
사람이 항상 바쁘다 보면 좀처럼 한가할 때가 없다. 그럴 때일수록 한가한 마음의 심정을 잡아두고 한가함을 느낄 줄 알아야 한다. 마찬가지로 시끄러운 속에서 고요한 마음을 지니려면, 먼저 마음을 고요하게 주재(主宰)해야 한다. 마음을 한가하고 고요하게 가지면, 주위의 바쁨이나 시끄러움을 잊을 수가 있다.

字源 ▋ 討(칠 토) 言+寸. 죄인을 법에 따라 잡아서[寸] 말[言]로 '다스린다'는 뜻. 나아가 적을 '친다'는 뜻으로도 쓰임. 會意

取(가질 취) 耳+又. 옛날 전쟁에서 죽인 적의 귀[耳]를 손[又]으로 잘라 왔다는 데서, '거두다' '가지다'의 뜻이 됨. 會意

字義 ▋ 偸(투) 훔쳐내다. 欛(파) 칼자루. 柄(병) 자루. 鬧(뇨=鬧) 시끄럽다. 靡(미) 흐트러지다, 흔들리다.

語義 ▋ 偸閒(투한) 한가함을 얻음. 欛柄(파병) 마음의 자루. 主宰(주재) 주인.

---

185. 맑은 마음과 인정으로 물질을 아껴라

불 매 기 심   부 진 인 정   불 갈 물 력
不昧己心하고 不盡人情하며 不竭物力하라.

삼 자 가 이 위 천 지 립 심   위 생 민 립 명   위 자 손 조 복
三者可以爲天地立心하고 爲生民立命하며 爲子孫造福이라.

文意 ▋ 자기의 마음을 어둡게 하지 말고, 인정을 완전히 없애 버리지 말며, 재물의 힘을 다 써 버리지 말라. 이 세 가지는 천지를 위하여 마음을 세우고, 백성을 위하여 목숨을 세우며, 자손을 위하여 복을 만들 수 있다.

要旨 ▋ 깨끗한 마음과 다정한 정리와 여유 있는 물질은 천지를 위하는 마음이요, 백성을 위하는 길이며, 자손에게 복을 선달하는 수단이 된다.

解說 ▋ 물욕에 가려 자기의 착한 마음이 어두워지지 말아야 내 마음은 천지를 본받아 착한 마음을 확립시킬 수가 있고, 인정을 완전히 소진하지 말아야, 곧 인정을 쓸 줄 알아야 백성의 삶을 안락하게 해줄 수 있으며,

재력을 함부로 낭비하지 말아야 자손들에게 복을 남겨 줄 수 있다.

현재를 사는 우리는 조상을 이어받아 후손에게 넘겨주는 승조계손(承祖繼孫)의 역할을 한다. 따라서 자손들에게 여러 모로 많은 유산을 남겨주려는 것이 일반적인 심리이다. 그러기 위하여 우리는 지금 허리띠를 조여 매고 최대의 노력을 한다. 따라서 후손들이 잘 되기를 빈다. 물력(物力)을 다 쓰지 말고 남겨주어야 후손들이 복을 받게 됨은 너무나도 당연한 말이다.

字源 ▌命(목숨 명) 令+口. 윗사람이 말[口]로써 내린 명령[令], 곧 '사명'을 뜻하며, 그 사명을 위해 '목숨'을 바친다는 뜻도 됨. [會意]

造(만들 조) 辶+告. 일의 진행[辶]을 알린다[告] 하여, '만들다' '짓다'의 뜻이 됨. [會意] / 辶에서 뜻을, 告에서 음을 취함. [形聲]

字義 ▌昧(매) 어둡다. 竭(갈) 다하다.

語義 ▌不昧己心(불매기심) 자기의 마음을 어둡게 하지 않음. 不盡人情(부진인정) 인정을 다 써 버리지 않음. 不竭物力(불갈물력) 재물을 다 써 버리지 않음. 生民(생민) 만백성. 立命(립명) 살길을 도모함.

---

186. 관직에 있을 때에는 공렴公廉이요, 집에 있을 때에는 서검恕儉이라

居官에 有二語하니 曰 '惟公則生明하고 惟廉則生威요',

居家에 有二語하니 曰 '惟恕則情平하고 惟儉則用足이라'.

文意 ▌관직에 있음에 두 마디 말이 있으니 이르기를 '오직 공평무사하

면 곧 밝음이 생기고 청렴결백하면 위엄이 생긴다'는 것이요, 집에 있음에 또한 두 마디 말이 있으니 '오직 용서하면 불평이 없고, 오직 검소하면 살림이 넉넉해진다'는 것이다.

要旨 ▌ 관직에 있을 때에는 공평하고 청렴해야 하며, 가정을 다스림에는 용서하고 검소함이 가장 긴요하다.

解說 ▌ 공자의 제자 자공(子貢)이 공자에게 물었다.
"한마디로 평생 동안 해야 할 일이 무엇입니까?"
공자는 이렇게 대답했다.
"용서함[恕]일 것이다. 자기가 하고자 않는 바를 남에게 시키지 말라.(己所不欲 勿施於人)"
이 '용서 서(恕)'자는 心과 如가 합해 이루어진 글자이다. 내 마음과 상대방의 마음이 같아지는 것이 용서이다. 어떤 사람의 죄를 미워하여 그를 벌주려 하다가 용서하면 그의 마음과 나의 마음은 같아지는 것이다.

字源 ▌ 惟(생각할 유) ↑(心)에서 뜻을, 隹(새 추)에서 음을 취함. 形聲

字義 ▌ 廉(렴) 청렴, 염치.

語義 ▌ 居官(거관) 관직에 있음. 居家(거가) 집에 있음, 집을 다스림. 情平(정평) 정실이 공평함, 불평이 없음. 用足(용족) 비용이 풍족함, 살림이 풍족함.

---

187. 부자일 때 가난을 생각하고, 편할 때 고통을 생각하라

處富貴之地에는 要知貧賤的痛癢하고,

당 소 장 지 시   수 념 쇠 로 적 신 산

當小壯之時에는 須念衰老的辛酸하라.

文意 ▌ 부귀한 처지에 있을 때는 빈천함의 고통을 알아야 하고, 젊은 시절에는 모름지기 늙었을 때의 고통을 생각해야 한다.

要旨 ▌ 부귀하게 살 때 빈천한 사람의 괴로움을 알아야 하고, 젊었을 때 늙고 병들어 괴로워할 것을 생각하라.

解說 ▌ '양(癢)'은 '가려울 양'자이다. '격화소양(隔靴搔癢)'이란 숙어가 있다. '신을 신고 가려운 곳을 긁는다'는 뜻이다. 곧 '남의 다리 긁기'이다. 중국 명나라 왕양명(王陽明)의 ≪전습록(傳習錄)≫에
'만일 귀와 눈이 보고 들을 줄 알고, 손과 발이 아프거나 가려운 줄을 알면 이는 깨달음이 곧 마음이라는 것을 알 것이다.(如耳目之知視聽, 手足之知痛癢, 此知覺便是心也.)'
라고 한 데서도 양(癢)자를 사용하고 있다. 그러나 위 본문에서는 '아프다'의 뜻으로 쓰였다. 또 ≪논어≫ 위령공편(衛靈公篇)에
'사람에게는 먼 근심이 없으면 반드시 가까운 근심이 있다.(人無遠慮 必有近憂)'
라는 말이 있다. 사람은 누구나 미리미리 대비해 놓음이 좋다. 곧 ≪서경≫ 열명(說命)에 나오는 '유비무환(有備無患)'이다.

字源 ▌ 痛(아플 통) 疒(병들 녁)에서 뜻을, 甬(물 솟아오를 용)에서 음을 취함. 形聲
酸(신맛 산) 酉+夋(갈 준). 술[酉]맛이 가서[夋] '시다'는 뜻. 會意 / 酉에서 뜻을, 夋에서 음을 취함. 形聲

字義 ▌ 癢(양) 가려움. 辛(신) 괴로움, 맵다.

語義 ▌ 痛癢(통양) 고통. 辛酸(신산) 고통, 괴로움.

188. 청탁淸濁을 모두 포용하라

持身에는 不可太皎潔이니 一切汚辱垢穢를 要茹納得이요,

與人에는 不可太分明이니 一切善惡賢愚를 要包容得이라.

文意 ▌몸가짐에는 너무 결백하면 안 되므로 일체의 더러움과 때묻음을 받아들여야 하며, 남과 사귐에는 지나치게 분명해서는 안 되므로 모든 선악과 현우를 포용하여야 한다.

要旨 ▌처신에는 너무 결백하면 안 된다. 모든 굴욕과 더러움을 받아들이는 아량을 가져야 한다. 교제할 때는 너무 분명해서도 안 된다. 모든 사람을 다 포용할 줄 알아야 한다.

解說 ▌'물이 너무 맑으면 고기가 살지 못하고, 사람이 너무 분명하면 친구가 따르지 않는다.(水至淸則無魚, 人至察則無徒.)' - ≪공자가어(孔子家語)≫

'태산은 그 흙덩이를 양보하지 않았기 때문에 그 크기를 이루었고, 황하와 바다는 작은 개울물을 가리지 않았기 때문에 그런 깊이를 이루었다.(泰山不讓土壤 故能成其大, 河海不擇細流 故能就其深)' - 이사(李斯) 〈간축객서(諫逐客書)〉

사람도 마찬가지로 너그러워야 한다. 어떤 사람이라도 받아들일 수 있는 아량과 포용력이 있어야 한다.

字源 ▌分(나눌 분) 八+刀. 칼[刀]로 쪼갠다[八]는 뜻. [會意]

愚(어리석을 우) 禺(원숭이 우)+心. 원숭이[禺]처럼 생각[心]이 '미련함'을 뜻함. [會意] / 心에서 뜻을, 禺에서 음을 취함. [形聲]

包(쌀 포) 어머니 태중에 아기가 '싸여' 있는 모양을 본뜸. [象形]

字義 ▌皎(교) 희다. 茹(여) 받다, 띠 뿌리. 納(납) 받아들이다.

語義 ▌ 持身(지신) 몸가짐, 처신(處身)과 같음. 皎潔(교결) 희고 깨끗함. 汚辱(오욕) 더러움과 욕됨. 垢穢(구예) 때와 더러움. 茹納(여납)받아들임. 與人(여인) 남과 사귐.

189. 원수怨讐를 맺지도, 아첨阿諂하지도 말라

休與小人仇讐하라. 小人은 自有對頭니라.

休向君子諂媚하라. 君子는 原無私惠니라.

文意 ▌ 소인배와 원수를 맺지 말라. 소인은 스스로 상대가 있느니라. 군자에게 아첨하지 말라. 군자는 원래 사사로운 은혜가 없느니라.

要旨 ▌ 소인은 소인끼리 모이는 법, 소인과 원수를 맺지 말라. 군자는 사사로운 은혜를 베풀지 않으니 공연히 아첨하지 말라.

解說 ▌ '유유상종(類類相從)'이란 말이 있다. '같은 무리끼리 서로 내왕하며 사귄다'는 뜻이다. 이 말은 ≪역경(易經)≫ 계사전(繫辭傳)에 있는 말로 '무리끼리 모인다(以類聚)'는 말이 변한 것이다.

같은 말로 '동류상집(同類相集)' '동기상구(同氣相求)' 등이 있고, 더 나아가 '이류탁류(以類度類)'라는 말도 있다. '같은 무리로써 같은 무리를 헤아린다'는 뜻인데, '끼리끼리 더 잘 이해하고 더 잘 협조한다'는 뜻이다. ≪순자(荀子)≫ 비상편(非相篇)에서 나온 말이다.

字源 ▌ 休(쉴 휴) 亻(人)+木. 사람(人)이 나무(木)에 기대어 '쉬고' 있음을 뜻함. 會意

字義 ▌ 讐(수) 원수. 諂(첨) 아첨. 媚(미) 아첨하다.

語義 ▌ 仇讐(구수) 원수.　對頭(대두) 상대.　諂媚(첨미) 아첨함.　私惠
(사혜) 사사로운 은혜.

---

190. 아집我執의 병은 고치기 어렵다

^종^욕^지^병　　^가^의　　^이^집^리^지^병　　^난^의
縱欲之病은 可醫나 而執理之病은 難醫요,

^사^물^지^장　　^가^제　　^이^의^리^지^장　　^난^제
事物之障은 可除나 而義理之障은 難除라.

文意 ▌ 욕심을 함부로 부리는 병은 고칠 수가 있으나, 자기의 이론만
을 고집하는 병은 고치기 어려운 것이요, 사물의 장애는 없앨 수 있으
나 의리에 얽매인 장애는 없애기 어렵다.

要旨 ▌ 욕심으로 생기는 병통은 고칠 수 있으나 자기 견해를 고집하는
이론의 병은 고치기 어렵다. 마찬가지로 사물로 인한 장애는 제거할
수 있으나 의리상의 장애는 배제하기 어렵다.

解說 ▌ '산속의 도적은 깨뜨리기 쉬워도, 마음속의 도적은 격파하기 어
렵다.(破山中賊易, 破心中賊難)'
라고 왕양명(王陽明)이 말했다.
물질적인 원인으로 생긴 병은 고치기 쉽지만, 이론을 내세우면서 고집
세우는 병은 좀처럼 없애기 어렵다. 또 물질에 얽매인 장애물은 제거하
기 쉬워도, 정신적인 의리에 얽매인 장애는 없애기가 어려운 것이다.

字源 ▌ 醫(의원 의) 医(활집 예)＋殳(창 수)＋酉. 화살[医]이나 창[殳]
에 다친 사람을 술[酉]로 소독하고, 치료해주는 '의사'를 뜻함. 會意 / 酉

에서 뜻을, 殴(소리 마주칠 예)에서 음을 취함. 形聲

執(잡을 집) 幸(幸, 놀랄 녑의 변형)+丸(丮, 잡을 극의 변형). 세상이 깜짝 놀랄(幸) 큰 죄를 지은 사람을 잡는다(丸)는 데서 '잡다' '지키다' '집행하다'의 뜻이 됨. 會意

障(막힐 장) 阝(阜)에서 뜻을, 章에서 음을 취함. 形聲

除(제할 제) 阝(阜)+余(徐, 천천히 서의 생략형). 언덕(阜)을 천천히(余) 오를 수 있도록 '섬돌'을 만들어, 힘을 '덜어준다'는 뜻. 會意 / 阝에서 뜻을, 余에서 음을 취함. 形聲

字義 ▌ 縱(종) 방종, 세로, 비록, 풀어놓다.

語義 ▌ 縱欲(종욕) 욕심을 풀어놓음, 욕심을 부림. 執理(집리) 자기의 이론을 고집함.

---

191. 매사를 급히 서두르지 말라

磨礪는 當如百鍊之金이니 急就者는 非邃養이요,

施爲는 宜似千鈞之弩니 輕發者는 無宏功이라.

文意 ▌ 마음을 갈고 닦는 것은 마땅히 백 번 단련한 쇠와 같으니 급히 이룬 것은 깊은 수양이 아니요, 일을 실천하는 것은 의당 3천 근이나 나가는 활과 같이 해야 하나니, 가벼이 쏜 것은 큰 공이 없다.

要旨 ▌ 훌륭한 쇠는 여러 번 달구어 이루어지듯이 모든 일에 신중을 기해야 성공할 수 있다.

解說 ▌ 공자의 제자 자하(子夏)가 거보(莒父)란 땅의 읍재(邑宰)로 있을 때 스승인 공자에게 정치에 관하여 물었다. 공자가 말했다.

"일을 속히 하려 하지 말고 작은 이익을 돌보지 말라. 속히 하고자 하면 철저해지지 않고, 작은 이익을 보면 큰 일이 이루어지지 않는다.(無欲速, 無見小利. 欲速則不達, 見小利則大事不成)" - ≪논어≫ 자로편(子路篇)

여기서 '욕속부달(欲速不達)'이란 말이 생겼다. '일을 너무 급히 하려고 하면 도리어 이루지 못한다'는 뜻이다. 열 달이 차야 아기도 낳는 법이다. 급히 먹는 밥이 체하게 마련이다. 매사에 조급해하지 말 것이다.

字源 ▌ 鍊(쇠 불릴 련) 金에서 뜻을, 柬(가릴 간)에서 음을 취함. 形聲

字義 ▌ 邃(수) 깊숙하다. 鈞(균) 30근의 물게. 弩(노) 쇠뇌, 돌로 만든 활. 宏(굉) 크다, 넓다, 넓히다.

語義 ▌ 磨礪(마려) 갈고 닦음, 마음을 수양함. 百鍊之金(백련지금) 백 번 단련한 쇠. 急就(급취) 급히 이룸. 邃養(수양) 깊은 수양. 施爲(시위) 베풀어 행함, 일을 실천함. 千鈞之弩(천균지노) 3천 근이나 나가는 돌로 만든 활. 輕發(경발) 가벼이 쏨. 宏功(굉공) 큰 공로.

---

192. 미움과 꾸지람은 받는 편이 낫다

녕 위 소 인 소 기 훼 　　　 무 위 소 인 소 미 열
寧爲小人所忌毁언정 **毋爲小人所媚悅**하고,

녕 위 군 자 소 책 수 　　　 무 위 군 자 소 포 용
寧爲君子所責修언정 **毋爲君子所包容**하라.

文意 ▌ 차라리 소인에게 미움과 헐뜯음을 당할지언정, 소인들이 아첨

하고 좋아하는 대상이 되지 말 것이며, 차라리 군자에게 꾸짖음을 당하여 바로잡혀질지언정, 군자들이 감싸서 용서하는 대상이 되지 말라.

要旨 ▌ 소인들에게 시기와 비평을 당하더라도 당당하게 행하고, 군자들이 눈감아 봐주는 대상은 되지 말라.

解說 ▌ 윗글에는 문법적으로 두 가지 중요한 문형이 있다.

①녕(寧)A 무(毋)B : 차라리 A할지언정 B하지 말라. - 선택형(選擇形)

'차라리 닭의 주둥이가 될지언정 쇠꼬리가 되지 말라.(寧爲鷄口, 無〔毋〕爲牛後)'

또 선택형에는 다음과 같은 것들도 있다.

'예는 그 사치하기보다는 차라리 검소해야 한다.(禮與其奢也, 寧儉.)'

②위(爲)A 소(所)B : A에게 B당했다. - 수동형(受動形)

A는 작용을 미치게 하는 객체로, …에게, …에게서, …으로부터의 뜻으로 해석되며, B는 그 동작을 나타낸다. 곧 주체(내)가 …에게 …당한다는 뜻이다.

'나는 그 도둑에게 많은 돈을 빼앗겼다.(我爲其盜所奪巨金.)'

다음과 같은 경우도 수동형이다.

'믿음직스러운데도 의심을 받고, 충실한데도 비방을 받는다.(信而見疑, 忠而被謗.)'

'마음을 수고롭게 하는 자는 남을 다스리고, 힘을 수고롭게 하는 자는 남에게 다스려진다. 곧 정신 노동자는 남을 지배하고, 육체 노동자는 남의 지배를 받는다.(勞心者治人, 勞力者治於〔于・乎〕人.)'

語義 ▌ 忌毁(기훼) 미워하고 헐뜯음.   媚悅(미열) 아첨하고 좋아함.   責修(책수) 꾸짖어 바로잡음.

193. 눈에 띠지 않는 해害가 더 크다

好利者는 逸出於道義之外하여 其害顯而淺이나,

好名者는 竄入於道義之中하여 其害隱而深이라.

文意 이익을 좋아하는 사람은 도의 밖에 벗어나 그 해가 드러나 얕지만, 명예를 좋아하는 사람은 도의 속에 숨어 들어있으므로 그 해가 보이지 않으나 깊다.

要旨 이익 추구는 도덕 밖의 일이라 그 해가 분명하나 대단치 않지만, 명예를 탐내는 것은 도덕 안의 일이라 그 정신적인 해독이 보이지 않으면서 크다.

解說 ≪오대사(五代史)≫ 왕언장전(王彦章傳)에
'호랑이는 죽으면 가죽을 남기고, 사람은 죽으면 이름을 남긴다.(虎死留皮, 人死留名.)'
고 했다. 원문에는 호(虎)가 표(彪)로 되어 있는데 표(彪)는 '표범'이다. 곧 호랑이 중에 몸에 반점 무늬가 있는 것이다. 여하간 호랑이이니 아무 글자라도 상관은 없겠다.
그런데 사람은 이 명예욕 때문에 항상 문제가 된다. 그래서 과거 유교에서도 명리(名利)나 이익을 얻기 위한 수단으로 공부하는 선비를 소인유(小人儒)라 했고, 인격과 덕성을 기르는 수단으로 학문하는 진짜 선비를 군자유(君子儒)라고 하여 구분했다.

字義 竄(찬) 달아나 숨다.

語義 逸出(일출) 벗어남. 竄入(찬입) 숨어서 들어감.

194. 은혜는 갚고 원한怨恨은 잊어라

受人之恩^{수 인 지 은}에는 雖深^{수 심}이나 不報^{불 보}하고 怨則淺^{원 즉 천}이나 亦報之^{역 보 지}하며,

聞人之惡^{문 인 지 악}에는 雖隱^{수 은}이나 不疑^{불 의}하고 善則顯^{선 즉 현}이나 亦疑之^{역 의 지}하니,

此^차는 刻之極^{각 지 극}이요 薄之尤也^{박 지 우 야}라. 宜切戒之^{의 절 계 지}니라.

文意 ▐ 남의 은혜를 입음에는 비록 그것이 커도 갚지 않고, 원망은 얕아도 갚으며, 남의 악함을 들음에는 비록 그것이 나타나지 않아도 의심하지 않고, 착함은 분명히 드러나도 의심하니, 이는 각박의 극치요 야박함의 극점이다. 절실히 경계할 것이다.

要旨 ▐ 은혜는 갚지 않지만 원수는 갚으며, 남의 악행은 무조건 믿으며 선행은 의심한다. 이것은 너무나 각박한 일이니 마땅히 경계할 것이다.

解說 ▐ ≪오등회원(五燈會元)≫이란 책에
'은혜를 아는 자는 적고, 은혜를 잊는 자는 많다.(知恩者少, 負恩者多.)'
고 했다. 그런데 ≪노자(老子)≫ 63장에는
'덕으로써 원한을 갚는다.(報怨以德)'
라고 했는데, 공자는 ≪논어≫ 헌문편(憲問篇)에서 말했다.
'곧음으로써 원수를 갚고, 덕으로써 덕을 갚는다.(以直報怨, 以德報德.)'
사람은 은혜를 잊지 말아야 하고 원한마저도 은혜로써 갚을 줄 알아야 한다. 그런데 은혜는 잊고 원한은 꼭 보복하려는 것이 대다수이다. 또 남의 악은 한번 생각해봄도 없이 그것을 믿고, 남의 선행은 의심을 하고 도리어 깎아내리려는 경향이 많으니 이는 마땅히 고쳐야 한다.

語義 ▐ 刻之極(각지극) 각박함의 극치.　薄之尤(박지우) 야박함의 극점.

195. 아양 떨고 아첨하는 사람을 조심하라

참부훼사　　여촌운폐일　　불구자명
讒夫毁士는 如寸雲蔽日하여 不久自明이요,

미자아인　　사극풍침기　　불각기손
媚子阿人은 似隙風侵肌하여 不覺其損이라.

文意 ▌ 참소하는 사람과 헐뜯는 사람은 조각구름이 해를 가린 것 같아 오래지 않아 스스로 밝아지고, 아양 떠는 사람과 아첨하는 사람은 틈으로 들어오는 바람이 살갗을 스미는 것 같아 그 손해를 깨닫지 못한다.

要旨 ▌ 참소하거나 헐뜯는 사람은 그다지 걱정할 것이 못되지만, 아양 떨고 아첨하는 사람은 조심해야 한다. 그 감언이설에 속아 큰 손해를 보기 쉽기 때문이다.

解說 ▌ ≪순자(荀子)≫ 수신편(修身篇)에
'나를 잘못한다고 꾸짖으면서 대하는 사람은 나의 스승이요, 나를 바르게 바로잡으면서 대하는 사람은 나의 벗이며, 나에게 아첨하는 사람은 나의 적이다.(非我而當者 吾師也, 是我而當者 吾友也, 諂諛我者 吾賊也.)'
라고 했다. 남이 나를 참소·훼방하더라도 나에게 잘못이 없다면 그런 중상모략은 일시적이라 곧 없어지게 된다. 그러니 큰 신경을 쓸 것이 못된다.
그러나 내 앞에서 아첨하거나 아양 떠는 사람은 그 감언이설이 문틈으로 들어오는 바람이 천천히 피부 속으로 스며들듯이 나도 모르는 사이에 잘못을 서시르기 쉽다. 그러니 크게 경계할 일이다.

字源 ▌ 蔽(가릴 폐) ++(艸)에서 풀숲에 '가려진다'는 뜻을, 敝(무너질 폐)에서 음을 취함. [形聲]
阿(언덕 아) 阝(阜, 언덕 부)에서 뜻을, 可(옳을 가)에서 음을 취함. [形聲]

侵(침노할 침) 亻(人)+彐(帚, 비 추의 획 줄임)+又. 사람〔人〕이 손〔又〕에 비〔彐〕를 들고 쓸어 나간다는 데서 발전하여 '침범하다'의 뜻이 됨.
〔會意〕

字義 ▌ 讒(참) 헐뜯다. 隙(극) 틈. 肌(기) 피부, 살갗.

語義 ▌ 讒夫(참부) 참소하는 사람. 毁士(훼사) 헐뜯는 사람. 寸雲(촌운) 작은 구름. 媚子(미자) 아양 떠는 사람. 阿人(아인) 아첨하는 사람. 隙風(극풍) 틈으로 들어오는 바람. 侵肌(침기) 살갗에 스밈.

---

196. 고고孤高한 행동과 과격한 마음을 버려라

^{산 지 고 준 처} ^{무 목} ^{이 계 곡 회 환} ^{즉 초 목} ^{총 생}
山之高峻處에는 無木이나 而谿谷廻環에는 則草木이 叢生하

고, ^{수 지 단 급} ^{무 어} ^{이 연 담 정 축} ^{즉 어 별} ^{취 집}
水之湍急에는 無魚나 而淵潭停蓄에는 則魚鼈이 聚集하

니, ^{차 고 절 지 행} ^{편 급 지 충} ^{군 자} ^{중 유 계 언}
此高絶之行과 褊急之衷을 君子는 重有戒焉이라.

文意 ▌ 산이 높고 험준한 곳에는 나무가 없으나 골짜기가 굽이굽이 감돌면 곧 초목이 무성하게 자라고, 여울이 급한 곳에는 물고기가 없으나 연못이 고요하고 깊으면 곧 물고기와 자라가 모여드니, 너무 고고한 행동과 좁고 급한 마음을 군자는 깊이 경계해야 한다.

要旨 ▌ 나무가 없는 높은 산, 고기가 없는 급한 여울에 비유되는 고고한 행동과 조급한 마음씨를 군자는 경계해야 한다.

解說 ▌ ≪국어(國語)≫ 진어편(晉語篇)에
'높은 산 험준한 언덕에는 초목이 자라지 않고, 소나무·잣나무가 있는

땅은 기름지지 않다.(高山峻原, 不生草木, 松柏之地, 其土不肥.)'
라 했고, 《설원(說苑)》 설총편(說叢篇)에는
'높은 산마루에는 아름다운 나무가 없고, 큰 나무 밑에는 아름다운 풀이
없다.(高山之嶺無美木, 大樹之下無美草.)'
고 했다. 또 《여씨춘추(呂氏春秋)》 음초편(音初篇)에도
'흙이 메마르면 초목이 자라지 않고, 물이 더우면 고기와 자라가 크지 못
한다.(土敝則草木不長, 水煩則魚鼈不大.)'
라는 글이 있다. 표현은 비슷하나 비유가 다르다. 부분적으로 일치한다.
너무 고고하게 보이려는 행동과 조급한 마음에는 뭇 사람이 붙좇지 않는
다. 독불장군(獨不將軍)의 경지를 벗어나지 못한다.

字源 ▨ 谿(계곡 계) 谷(골짜기 곡)에서 뜻을, 奚(어찌 해)에서 음을 취
함. 形聲

谷(골짜기 곡) 𠔿(水, 물 수의 가운데 획 줄임)+口. 물〔𠔿〕이 흘러가는
통로〔口〕, 곧 '계곡'을 뜻함. 會意

環(두를 환) 王(玉)+睘(반복할 선). 끊임없이 반복되게〔睘〕 둥글려진 옥
〔玉〕, 곧 '옥고리' 나아가 '둘레'를 뜻함. 會意 / 王에서 뜻을, 睘에서 음
을 취함. 形聲

停(멈출 정) 亻(人)+亭. 사람〔人〕이 정자〔亭〕에 머문다는 데서 '멈추다'
의 뜻이 됨. 會意 / 亻에서 뜻을, 亭에서 음을 취함. 形聲

蓄(쌓을 축) 艹(艸)+畜. 곡식을 쌓아〔畜〕놓고, 그 위를 풀〔艹〕로 덮는다
는 데서 '모으다' '비축하다'의 뜻이 됨. 會意 / 艹에서 뜻을, 畜에서 음을
취함. 形聲

字義 ▨ 峻(준) 험하다. 湍(단) 여울. 淵(연) 연못. 潭(담) 연못. 鼈
(별) 자라. 褊(편) 좁다. 焉(언) 어조사.

語義 ▨ 洄環(회환) 굽이굽이 감돌다. 叢生(총생) 무성하게 자람, 무더기
로 자람. 湍急(단급) 여울이 급함. 停蓄(정축) 머물러 쌓임, 곧 고요하
고 깊음을 뜻함. 褊急之衷(편급지충) 좁고 급한 마음, 과격한 마음.

197. 겸허謙虛하고 원만해야 성공한다

전 공 립 명 자   다 허 원 지 사
建功立名者는 **多虛圓之士**요,

분 사 실 기 자   필 집 요 지 인
債事失機者는 **必執拗之人**이라.

文意 ▌ 공을 세우고 사업을 이룬 사람은 대개 허심탄회하고 원만한 사람이요, 일을 그르치고 기회를 놓친 사람은 반드시 집착하고 고집이 센 사람이다.

要旨 ▌ 허심탄회하고 원만한 사람은 공명을 세우고, 너무 집착하고 고집이 센 사람은 기회를 잃어 실패한다.

解說 ▌ '공명수죽백(功名垂竹帛)'이란 말이 있다. 공적과 명성을 역사에 길이 남긴다는 말이다. 죽(竹)은 죽간(竹簡)을 뜻하고, 백(帛)은 비단을 가리킨다. 옛날 중국에서 종이가 없었을 때 글씨를 대쪽[竹簡]이나 비단에다 썼다. 오늘날 '책(冊)'자는 바로 죽간을 늘어 세워 엮어 놓은 상형자이다.

이 말은 후한(後漢)을 세운 광무제(光武帝, 유수劉秀)의 심복으로 후한 건설의 일등공신인 등우(鄧禹)가 한 말이다. 등우는 광무제와 어릴 때부터 친구로서 광무제의 창업(創業)을 도울 때 "다만 현명한 공의 위력이 사해에 더해지면, 저는 조그마한 힘이나마 바쳐 공명을 죽백에 드리우기를 바랄 뿐입니다.(但願明公威德加於四海, 禹得効其尺寸, 垂功名於竹帛耳.)"라고 했다.

이런 공명은 허심탄회하고 원만한 사람만이 이룰 수 있는 것이다. 조급하고 융통성 없는 사람이 이러한 공명을 이루었다는 소리를 듣지 못했다. 사업도 마찬가지이다.

字源 ▌ 建(세울 건) 廴(길게 걸을 인)＋聿(律, 법률 률의 생략형). 전국

에 길이[久] 선포될 법[聿]을 '세운다'는 뜻. 會意

字義 ▌ 僨(분) 그르치다. 拗(요) 고집스럽다. 꺾다.

語義 ▌ 虛圓(허원) 허심탄회하고 원만함. 僨事(분사) 일을 그르침, 일에 실패함. 執拗(집요) 집착하고 고집이 셈.

---

198. 처세에는 중용지도中庸之道를 걸어라

처세
處世에는 불의여속동 **不宜與俗同**하고 역불의여속이 **亦不宜與俗異**하며,

작사
作事에는 불의령인염 **不宜令人厭**하고 역불의령인희 **亦不宜令人喜**하라.

文意 ▌ 세상에 처함에는 마땅히 세속과 같게 하지도 말 것이고, 또 세속과 다르게 하지도 말 것이며, 일을 함에는 남으로 하여금 싫어하게 하지도 말 것이요, 또한 좋아하게도 하지 말 것이다.

要旨 ▌ 세상을 살아나감에는 너무 속되어도 안 되고, 너무 고상해도 안 된다. 마찬가지로 사업도 남에게 미움을 받아도 안 되고, 남에게 지나친 호감을 사게 해서도 안 된다.

解說 ▌ '성인종시속(聖人從時俗)'이란 말이 있다. '성인도 시속을 따른다'는 뜻으로 사람은 누구나 세상일에 임기응변을 하며 산다는 의미이다. 또 《양자법언(揚子法言)》 문명편(問明篇)에 '성덕이용행(聖德而庸行)'이란 말이 있다. '성현이 써 놓은 책을 읽으면서 평범한 행동을 한다'는 뜻이다. 성인도 시속을 따르랬다고 아주 속세에 썩으라는 뜻은 아니다. 너무 고고한 체하지 말라는 의미이다.

중국 전국시대 초나라의 굴원(屈原)처럼 지나치게 고고하면 세상에 어울

리지 못하여 세인들과 동떨어지게 마련이다. 그래서 불편부당(不偏不黨)
한 중용(中庸)의 길을 가면 무난하다는 뜻이다.

字源 ▮ 令(하여금 령) 스(集, 모을 집) + 卩(병부 절). 사람들이 모여[스]
무릎[卩]을 꿇고 앉아 '명령'을 받음을 뜻함. 會意

語義 ▮ 作事(작사) 일을 함.   令人厭(령인염) 남으로 하여금 싫어하게 함.

---

199. 노익장老益壯하고 대기만성大器晚成하라

日旣暮而猶烟霞絢爛하고 歲將晚而更橙橘芳馨이라.

故로 末路晚年을 君子는 更宜精神百倍하라.

文意 ▮ 날이 이미 저물었으되 오히려 노을이 아름답고, 한 해가 장차
저물어 가는데 귤은 더욱 향기롭다. 그러므로 인생의 만년을 군자는
백 배 정신을 가다듬어 더욱 정진해야 한다.

要旨 ▮ 저녁 나절에 노을이 찬란하고, 세모에 귤이 익어 향기를 풍기
듯이 사람도 말년을 잘 장식해야 한다.

解說 ▮ '대기만성(大器晚成)'은 '큰 그릇은 늦게 이루어진다'는 뜻으로
≪노자≫ 제41장에 나온다. 훌륭한 인물은 많은 시간과 노력 끝에 이루
어지는 것이다. 마라톤은 골인이 중요하고, 골인 지점에 임박해 힘을 몇
배로 낼 수 있는 저력이 있는 사람만이 성공한다.

字源 ▮ 暮(저물 모) 원자는 莫(잡풀 우거질 망) + 日. 풀밭[茻]으
로 해[日]가 들어가 '날이 저문다'는 뜻. 會意 / 막(莫)이 '아니다'의 뜻으
로 쓰이자, 日을 덧붙여 모(暮)자가 되었다. 形聲

烟(연기 연) 원자는 연(煙). 火에서 뜻을, 垔(막을 인)에서 음을 취함.
形聲

歲(해 세) 步+戌(悉, 다 실의 뜻). 별이 다[戌] 한 차례 운행한[步] 기
간. 곧 '한 해'를 뜻함. 會意 / 步에서 뜻을, 戌에서 음을 취함. 形聲

將(장차 장) 爿(牆, 웅장할 장)+寸. 웅장[爿]하고 절도 있는[寸] '장수'
를 뜻함. 會意 / 寸에서 뜻을, 爿에서 음을 취함. 形聲

芳(향기로울 방) ++(艸)에서 뜻을, 方에서 음을 취함. 形聲

字義 ▌ 霞(하) 노을. 絢(현) 곱다. 爛(란) 빛나다. 橙(등) 등자. 橘
(귤) 귤. 馨(형) 향기롭다.

語義 ▌ 烟霞(연하) 연기와 노을. 絢爛(현란) 찬란함. 芳馨(방형) 꽃다운
향기.

---

200. 재주와 지혜를 숨겨야 큰 일을 맡을 수 있다

^{응 립 여 수}
鷹立如睡하고 ^{호 행 사 병}虎行似病하니 ^{정 시 타 확 인 서 인 수 단 처}正是他攫人噬人手段處라.

^고故로 ^{군 자}君子는 ^{요 총 명 불 로}要聰明不露하고 ^{재 화 불 령}才華不逞하니 ^{재 유 견 홍 임 거}纔有肩鴻任鉅
^{적 력 량}的力量이라.

文意 ▌ 매는 조는 듯이 서고 범은 마치 병든 것처럼 걸으니 이는 바로
그들이 사람을 움키고 무는 수단이다.
그러므로 군자는 총명함을 나타내지 않고 재주를 드러내지 않으니 그

래야만 비로소 큰 임무를 어깨에 짊어질 수 있는 역량이 있다.

要旨 ▋ 매가 조는 것 같고 호랑이가 병든 것같이 느리지만 한 번 움직이면 사람도 움켜잡고 물어 죽인다. 사람은 총명과 재주를 비장해 두어야만 한 번 약동하면 큰 일을 완수해 낼 수 있다.

解說 ▋ ≪손자(孫子)≫ 쟁편(爭篇)에
'그 빠르기가 바람과 같고, 그 느리기가 숲과 같으며, 그 침략함이 불길 같고, 움직이지 않음이 산과 같으며, 알 수 없음이 음양의 변화 같고, 움직임이 벼락과 같다.(其疾如風, 其徐如林, 侵掠如火, 不動如山, 難知如陰陽, 動如雷霆.)'
라고 했고, ≪회남자(淮南子)≫ 병략훈(兵略訓)에도 이와 비슷한 말이 있다.
이와 같이 사람도 총명과 재주를 함부로 쓰지 않고 수양을 쌓고 있다가 기회가 와 있는 힘을 다하면 훌륭한 업적을 남길 수 있는 것이다.

字源 ▋ 睡(잠들 수) 目＋垂(드리울 수). 눈꺼풀[目]이 드리워져[垂], 눈 감고 잔다는 뜻. 會意 / 目에서 뜻을, 垂에서 음을 취함. 形聲
虎(범 호) 입을 크게 벌리고, 몸에 무늬가 있는 '호랑이'의 모양을 본뜸. 象形
肩(어깨 견) 사람의 몸통 위로 어깨와 팔이 드리워진 모양을 본뜸. 象形

字義 ▋ 鷹(응) 매. 攫(확) 움켜잡다. 噬(서) 씹다. 鴻(홍) 큰 기러기, 크다. 鉅(거) 강한 쇠, 크다.

語義 ▋ 他(타) 그들. 매와 범을 가리킴. 대명사. 才華(재화) 재주. 不逞(불령) 나타내지 아니함. 肩鴻任鉅(견홍임거) 홍(鴻)과 거(鉅)는 크다[大]의 뜻. 곧 어깨에 큰 임무를 짊.

201. 지나친 검약儉約과 사양辭讓은 인색과 비굴이 된다

^검 ^{미 덕 야} ^{과 즉 위 간 린} ^{위 비 색} ^{반 상 아 도}
儉은 美德也나 過則爲慳吝하고 爲鄙嗇하여 反傷雅道라.

^양 ^{의 행 야} ^{과 즉 위 주 공} ^{위 곡 근} ^{다 출 기 심}
讓은 懿行也나 過則爲足恭하고 爲曲謹하여 多出機心이라.

文意 ▌검약은 미덕이나 지나치면 인색하고 비루해서 도리어 정도를 해치고, 겸양은 아름다운 행동이나 과하면 지나친 공손이 되고 비굴함이 되어 꾀를 내는 마음이 많아진다.

要旨 ▌검약은 미덕이나 지나치면 인색해지고, 사양은 미행(美行)이나 지나치면 아첨이 되니, 본 마음에 이기심이 있기 때문이다.

解說 ▌'주공(足恭)'은 '과공(過恭)'과 같은 말로 지나치게 공손함을 말한다.
'공손이 지나치면 예가 아니다.(過恭非禮)'
이 말은 ≪논어≫ 공야장편(公冶長篇)의
'약빠른 말, 좋은 듯이 꾸미는 얼굴, 지나친 공손을 좌구명이 부끄러워했는데 나도 그것을 부끄러워한다.(巧言·令色·足恭, 左丘明恥之, 丘亦恥之.)'
라고 한 데서 나온 말이다.
'기심(機心)'이란 '꾀를 피우려는 마음'을 뜻한다. ≪장자(莊子)≫ 천지편(天地篇)에 이런 일화가 있다.
'공자의 제자 자공(子貢)이 한수(漢水) 남쪽을 지나다가 동이로 물을 퍼다 붓는 노인을 만났다. 이에 자공이 용두레라는 물 푸는 기계를 소개했다. 노인이 설명을 듣고, 그 기계를 몰라서 사용하지 않는 것이 아니고, 기계란 것이 있으면 반드시 꾀를 부리는 일이 있게 되고, 꾀를 부리는 일이 있으면 반드시 꾀를 내는 마음이 생기며, 꾀를 내는 마음이 가슴속에 있으면 순박한 마음이 갖추어지지 않으며, 순박한 마음이 갖추어지지 않으면 신묘한 천성이 안정되지 않으며, 신묘한 천성이 안정되지 않으면 도가 깃들어지지 않는다(有機械者必有機事. 有機事者必有機心. 機心存於 胸中, 則純白不備. 純白不備, 則神生不定. 神生不定者, 道之所不載也.)고 하니, 자공은 부끄러워 줄행랑을 쳤다 한다.'

검약은 미덕이라는 구실을 내세워 지나치게 인색하거나, 양보는 아름다운 행동이라고 하여 지나치게 공손함은, 도리어 교활한 마음만 늘게 하는 결과를 가져온다. 따라서 도를 상하게 하는 것이다.

字源 ▌ 雅(맑을 아) 隹＋牙. 새〔隹〕의 입속 깊숙이〔牙〕에서 나는 소리가 '맑다'는 뜻. 會意 / 隹에서 뜻을, 牙에서 음을 취함. 形聲

字義 ▌ 慳(간) 아끼다, 인색하다. 吝(린) 아끼다. 鄙(비) 인색, 궁벽하다. 嗇(색) 인색하다, 탐내다. 懿(의) 아름답다.

語義 ▌ 慳吝(간린) 지나치게 인색함. 鄙嗇(비색) 천박하고 인색함. 雅道(아도) 정도(正道). 懿行(의행) 아름다운 행실. 足恭(주공) 지나친 공손. 曲謹(곡근) 지나치게 삼감. 機心(기심) 꾀를 내는 마음, 자기를 이롭게 하려는 마음.

202. 희우喜憂와 안위安危를 개의치 말라

_{무 우 불 의} _{무 희 쾌 심} _{무 시 구 안} _{무 탄 초 난}
毋憂拂意하고 毋喜快心하며 毋恃久安하고 毋憚初難하라.

文意 ▌ 뜻대로 안 된다고 걱정하지 말고, 마음에 흡족하다고 기뻐하지 말며, 오래 편안함을 믿지 말고, 처음의 어려움을 꺼리지 말라.

要旨 ▌ 사람 일이란 예측을 불허하니 의기소침하지도 말고, 또 너무

기뻐하거나 안일해서도 안 된다. 늘 조심하고 미리 대비해야 한다.

解説 ▌ ≪노자≫ 제23장에

'폭풍은 아침나절 내내 불지 아니하고, 소나기는 하루 종일 계속 오지 않는다.(飄風不終朝, 驟雨不終日.)'

라고 했다. 자연 현상도 그러하니 사람 일이야 말해 무엇 할 것인가? 사람 일이란 늘 변하는 것이니 만일의 경우에 대비해야 할 것이다.

語義 ▌ 拂意(불의) 뜻에 거슬림. 곧 뜻대로 안 됨. 快心(쾌심) 마음에 흡족함. 初難(초난) 처음 맞는 어려움.

203. 연락宴樂・명성名聲・고위高位를 탐하지 말라

飮宴之樂多는 不是個好人家요 聲華之習勝은 不是個好士子며 名位之念重은 不是個好臣士라.

文意 ▌ 술잔치의 즐거움이 많으면 훌륭한 집안이 아니요, 명성을 좋아하는 습관이 승하면 훌륭한 선비가 아니며, 벼슬자리에의 생각이 많으면 훌륭한 신하가 아니다.

要旨 ▌ 연락(宴樂, ①주연으로 즐김 ②놀기를 좋아하여 소인小人들과 가까이 지냄)과 명예와 고관(高官)을 탐하면 훌륭한 선비도 신하도 아닙니다.

解說 ▌ '즐거움이 다하면 반드시 슬픔이 생긴다.(樂極則必哀生)' ― 한

(漢) 무제(武帝) 〈추풍사(秋風辭)〉

'즐거움이 다하면 슬픔이 온다.(樂盡悲來)' - 진홍(陳鴻) 〈장한가전(長恨
歌傳)〉

라는 말이 있듯이 즐거움도 다하면 슬퍼진다. 그래서 ≪주역≫ 건괘(乾
卦)에서는

'하늘 끝까지 올라간 용은 후회하게 되는 것(亢龍後悔)'

이라 했다.

字源 ▌ 臣(신하 신) 임금 앞에 몸을 굽히고 있는 신하의 모양을 본뜸.
象形

語義 ▌ 飮宴(음연) 술잔치. 주연(酒宴)과 같음. 聲華(성화) 명성, 평판.
士子(사자) 선비. 名位(명위) 명예와 지위. 臣士(신사) 신하.

204. 즐거움이 다하면 슬픔이 오고, 괴로움 끝에 즐거움이 온다

世人은 以心肯處爲樂이라 却被樂心引在苦處하고,

達士는 以心拂處爲樂이라 終爲苦心換得樂來라.

文意 ▌ 세상 사람들은 마음에 만족하는 것을 즐거움으로 삼는지라, 오
히려 즐거운 마음에 이끌려 괴로운 곳에 있게 되고, 통달한 선비는 마
음에 거슬리는 것을 즐거움으로 삼는지라, 마침내 괴로운 마음이 바뀌
어 즐거움이 온다.

세상 사람들은 즐거움을 찾다가 그 즐거움에 이르러서 괴로움을 당하고, 통달한 사람은 욕망을 억제함을 즐거워하다가 마침내는 즐거움을 얻는다.

解說 ▌ '흥함이 다하면 슬픔이 오고, 괴로움이 다하면 즐거움이 온다.(興盡悲來, 苦盡甘來)'
란 말이 있다. 세상 사람들은 부귀공명의 즐거움을 찾다가 도리어 괴로움에 빠지는 수가 있다. 그러나 인생을 달관한 선비는 반대로 욕망을 억제함을 즐기다 보면 마침내는 빈천 속의 괴로움이 즐거움으로 변한다.

字源 ▌ 達(도달할 달) 辶에서 뜻을, 幸(奎, 새끼 양 달)에서 음을 취함.
⌊形聲⌋

換(바꿀 환) 扌(手)+奐(클 환). 작은 것을 주고 큰 것〔奐〕으로 '바꿔' 잡는다〔手〕는 뜻. ⌊會意⌋ / 扌에서 뜻을, 奐에서 음을 취함. ⌊形聲⌋

語義 ▌ 心肯處(심긍처) 마음에 만족한 곳.   被樂心引(피락심인) 즐거운 마음에 이끌림. 피(被)는 피동형을 나타냄.   心拂處(심불처) 마음에 어긋나는 곳.

---

205. 가득 차면 넘치고, 강하면 부러진다

居盈滿者는 如水之將溢未溢하여 切忌再加一滴이요,
_{거 영 만 자} _{여 수 지 장 일 미 일} _{절 기 재 가 일 적}

處危急者는 如木之將折未折하여 切忌再加一搦이라.
_{처 위 급 자} _{여 목 지 장 절 미 절} _{절 기 재 가 일 닉}

文意 ▌ 가득 찬 데 있는 사람은 마치 물이 장차 넘치려다가 아직 넘치지 않는 것과 같아서 다시 한 방울을 더하는 것도 간절히 꺼리는 것이

요, 위급함에 처해 있는 사람은 나무가 장차 꺾이려다가 아직 채 꺾이지 않은 것과 같아서 다시 조금이라도 더 건드리는 것을 간절히 꺼린다.

要旨 ▮ 물이 가득한데 조금만 더하면 넘치고, 나뭇가지가 꺾여 있는데 살짝 건드리면 끊어진다. 이렇게 너무 가득한 상태나 지극히 위험한 곳에 군자는 처하지 않는다.

解說 ▮ ≪전국책(戰國策)≫ 진책(秦策) 하(下)에
'해가 중천에 오면 옮겨가고 달이 가득 차면 기울어지니, 만물이 무성하면 기울어지는 것은 하늘의 상수다. 나아가고 물러나며, 가득 차고 줄어들며 또 변화함은 성인의 상도이다.(日中則移, 月滿則虧, 物盛則衰, 天之常數. 進退・盈縮・變化, 聖人之常道.)'
라고 했다. 물도 가득 차면 넘치고, 만물이 무성하면 쇠한다. 이런 양극(兩極)은 막다른 골목이다. 사람은, 특히 군자는 이런 극단을 피하여 중용(中庸)의 도를 가야 한다.

字源 ▮ 加(더할 가) 力+口. 힘〔力〕들여 일할 때 말〔口〕로 돕는다는 데서 '더하다'의 뜻이 됨. 會意
滴(물방울 적) 氵(水)에서 뜻을, 商(나무뿌리 적)에서 음을 취함. 形聲
折(끊을 절) 扌(手)+斤. 손〔手〕이 도끼〔斤〕를 들고 나무를 '자른다'는 뜻. 會意

字義 ▮ 溢(일) 넘치다. 搦(닉) 잡다, 건드리다.

語義 ▮ 盈滿(영만) 가득 참. 將溢未溢(장일미일) 장차 넘칠 듯하나 아직 넘치지 않음. 一搦(일닉) 한 번 건드림. 조금 누름.

206. 매사를 냉정하게 판단·처리하라

冷眼觀人하고 冷耳聽語하며 冷情當感하고 冷心思理하라.

文意 ▌ 냉철한 눈으로 사람을 보고, 냉철한 귀로 말을 들으며, 냉철한 정으로 느낌을 대하고, 냉철한 마음으로 도리를 생각하라.

要旨 ▌ 남의 행위를 냉정하게 보고 들으며, 냉정한 자세로 도리를 생각하면서 일을 처리하라.

解說 ▌ '냉면한철(冷面寒鐵)'이란 고사가 있다. 이 말은 공평하고 정직해서 권세를 두려워하지 않는 사람을 뜻한다.

중국 명나라 때 주신(周新)은 아무리 권력이 있고 지위가 높은 사람에게라도 잘못이 있으면 주저없이 탄핵했다. 그래서 권세가들이 '냉정한 얼굴이 차고 쇠같이 굳세다'는 뜻에서 그의 별명을 이렇게 부른 것이다. 따라서 아이들도 이 주신의 이름만 들으면 두려워서 도망갔다고 한다.

語義 ▌ 冷眼(랭안) 냉철한 눈. 當感(당감) 느낌을 담당함. 일에 대함.

207. 도량이 넓어야 복록福祿도 후하다

仁人은 心地寬舒하니 便福厚而慶長하여 事事成個寬舒氣象하고, 鄙夫는 念頭迫促하니 便祿薄而澤短하여 事事得個迫

促規模니라.

文意 어진 사람은 마음씨가 너그럽고 느릿하니 곧 복이 두텁고 경사가 길어 일마다 너그럽고 느릿한 기상을 이루고, 마음이 천한 사람은 생각이 좁고 급하니 복록이 박하고 은택이 짧아 일마다 좁고 급한 규모를 이룬다.

要旨 덕을 쌓은 어진 사람은 마음이 관후해서 복도 많이 받고 자손들의 경사도 오래 가나, 마음이 비루한 사람은 반대로 마음이 촉급하여 복록도 박하고 하는 일이 모두 옹졸하다.

解説 ≪논어≫ 양화편(陽貨篇)에서 공자는 비부(鄙夫)의 행동을 다음과 같이 표현했다.

'비루한 사나이와 함께 임금을 섬길 수 있겠는가? 벼슬을 얻지 못했을 때는 그것을 얻으려고 근심하고, 그것을 얻고 나서는 그것을 잃게 될까 근심한다. 진실로 그것을 잃게 될까 근심한다면 못하는 일이 없게 되는 것이다.(鄙夫可與事君也哉? 其未得之也, 患得之. 旣得之, 患失之. 苟患失之, 無所不至矣.)'

비부는 이렇게 조그마한 관직에도 급급하니 그의 복록이 후하거나 자손에게 미치는 혜택도 오래 갈 수 없다. 따라서 그들이 행하는 모든 일은 촉급한 규모를 벗어나지 못할 것이다.

字源 迫(핍박할 박) ⻌+白. 명백히〔白〕 눈앞에 '닥쳐' 왔다〔⻌〕는 뜻. 會意 / ⻌에서 뜻을, 白에서 음을 취함. 形聲

促(재촉할 촉) 亻(人)+足. 사람〔人〕이 발〔足〕을 동동 구르며 일을 '재촉한다'는 뜻. 會意 / 亻에서 뜻을, 足에서 음을 취함. 形聲

祿(녹 록) 示(神, 귀신 신의 뜻)에서 신이 내려준 '봉록'이란 뜻을, 彔(나무 깎을 록)에서 음을 취함. 形聲

規(그림쇠 규) 夫+見. 훌륭한 사나이〔夫〕는 사물을 바르게 본다〔見〕는 데서 '규칙' '바르다'의 뜻이 됨. 會意

模(모양 모) 木+莫(꾀할 막). 일정한 물건을 여러 개 만들기를 꾀하여

〔莫〕 나무〔木〕로 깎은 '본' '모양'을 뜻함. 會意 / 木에서 뜻을, 莫에서 음을 취함. 形聲

語義 ▌ 寬舒(관서) 너그럽고 느릿함. 鄙夫(비부) 비루한 사람, 마음이 천한 사람. 迫促(박촉) 생각이 좁고 급함.

208. 선악善惡을 들으면 이성으로 판단하라

聞惡이라도 不可就惡니 恐爲讒夫洩怒요,

聞善이라도 不可急親이니 恐引奸人進身이라.

文意 ▌ 악을 듣더라도 곧 미워하지 말 것이니 참소하는 사람의 분풀이가 될까 두렵고, 선을 듣더라도 급히 친하지 말 것이니, 간사한 사람의 출세를 끌어 줄까 두렵다.

要旨 ▌ 남의 악을 말함은 말하는 사람의 분풀이인 경우가 있고, 남을 칭찬함은 간사한 사람을 출세시키기 위한 방편으로 칭찬하는 경우가 있다.

解說 ▌ 중국 은(殷)나라 말년에 악래(惡來)라는 사람이 힘이 세었고, 그의 아버지 비렴(飛廉)은 달리기를 잘했다. 이 부자는 튼튼한 체력으로 은나라 폭군 주왕(紂王)을 잘 섬겼다. 그런데 악래는 제후들을 잘 참소하고 훼방했다. 주(周)나라 무왕(武王)이 주왕을 칠 때 악래도 함께 죽였다. 이때 비렴은 주왕의 돌관을 만드느라고 북방에 있어서 죽음을 면했다. 악래는 손으로 범이나 들소를 찢어 죽이는 힘이 있었다고 한다. 이런 악인을 조심해야 한다.

字義 ▌ 洩(설) 새다, 풀다, (예) 퍼지다.

語義 ▌ 就惡(취오) 곧 미워함. 洩怒(설노) 노여움을 풀다. 進身(진신) 입신출세.

---

209. 성질이 조급한 사람은 모든 일이 이루어지지 않는다

<ruby>性<rt>성</rt></ruby><ruby>燥<rt>조</rt></ruby><ruby>心<rt>심</rt></ruby><ruby>粗<rt>조</rt></ruby><ruby>者<rt>자</rt></ruby>는 <ruby>一<rt>일</rt></ruby><ruby>事<rt>사</rt></ruby><ruby>無<rt>무</rt></ruby><ruby>成<rt>성</rt></ruby>이요, <ruby>心<rt>심</rt></ruby><ruby>和<rt>화</rt></ruby><ruby>氣<rt>기</rt></ruby><ruby>平<rt>평</rt></ruby><ruby>者<rt>자</rt></ruby>는 <ruby>百<rt>백</rt></ruby><ruby>福<rt>복</rt></ruby><ruby>自<rt>자</rt></ruby><ruby>集<rt>집</rt></ruby>이라.

文意 ▌ 성질이 급하고 마음이 거친 사람은 한 가지 일도 이룸이 없고, 마음이 화평하고 기질이 평온한 사람은 백 가지 복이 절로 모인다.

要旨 ▌ 성질이 조급한 사람은 실패하고, 심기가 화평한 사람은 온갖 복을 누린다.

解說 ▌ '포호빙하(暴虎馮河)'라는 말이 있다. '포호'는 '맨주먹으로 범을 잡는 것'을 말하고, '빙하'는 '헤엄쳐 강을 건넘'을 말한다. ≪논어≫ 술이편(述而篇)에 이런 이야기가 있다.
'공자가 안자(顔子)에게 말하기를 "등용되면 나아가고, 버려지면 들어앉는다(用之則行, 舍之則藏)고 한 말은 오직 나와 너만이 실천할 수 있을 게다."라고 하자, 자로(子路)가 묻기를 "선생님께서 삼군(三軍)을 통솔하신다면 누구와 함께하시겠습니까?" 하였다. 공자가 말했다. "맨손으로 범에게 달려들고 황하를 맨발로 건너며, 죽어도 뉘우침이 없는 사람과는 나는 함께하지 않을 것이다. 나는 반드시 어려운 일에 임해서 두려워하고, 미리 꾀해서 이루기를 좋아하는 사람과 함께 갈 것이다.(暴虎馮河,

死而無悔者, 吾不與也. 必也臨事而懼, 好謀而成者也.)"'

맨주먹으로 호랑이에게 달려들고 황하를 헤엄쳐 건너려는 것은 만용(蠻勇)인 동시에 조급함이다. 성질이 조급하니 행동이 경박하다. 이런 사람이 무슨 일을 이루겠는가? 한 가지 일도 이루지 못할 것이다.

字源 ▌ 集(모을 집) 木+隹. 나무〔木〕 위에 새〔隹〕들이 '모여 있다'는 뜻. 會意

字義 ▌ 燥(조) 거칠다, 조잡하다.

語義 ▌ 性燥(성조) 성격이 조급함.   心粗(심조) 마음이 거칠.

210. 각박하게 사람을 부리지 말고, 함부로 친구를 사귀지 말라

用人에는 不宜刻이니 刻則思效者去하고,

交友에는 不宜濫이니 濫則貢諛者來니라.

文意 ▌ 사람을 부림에는 마땅히 각박하지 말아야 하니 각박하면 곧 일의 효과를 올리려는 사람도 떠나가고, 친구를 사귐에는 마땅히 함부로 하여서는 안 되니 함부로 하면 곧 아첨하는 사람이 온다.

要旨 ▌ 각박하게 사람을 부리면 의욕 있는 사람도 떠나가고, 함부로 친구를 사귀면 아첨하는 무리가 끼어든다.

解說 ▌ '사람을 의심하면 부리지 말고, 사람을 부리면 의심하지 말라.(疑人勿使, 使人勿疑.)' - ≪금사(金史)≫ 희종기(熙宗紀)

'사람을 의심하거든 쓰지 말고, 사람을 썼거든 의심하지 말라.(疑人莫用, 用人莫疑.)' - ≪명심보감≫ 성심편(省心篇)

사람을 썼으면 믿고, 또 그 일을 수행할 만큼 대우해야 한다. 대체로 대우가 부실하면 더 나은 대우를 찾아 전전하는 예를 더러 본다. 공자도 ≪논어≫ 학이편(學而篇)에서

'자기만 못한 사람을 친구로 사귀지 말라.(無友不如己者.)'

고 했다. 자기보다 못한 사람의 범주에는 각종의 인간이 속할 것이다. 그 중에도 아첨하는 사람을 조심할 것이다. 그 아첨이 사기, 중상, 파멸의 요소가 될 수도 있다.

字源▌ 濫(넘칠 람) 氵(水)에서 뜻을, 監(살필 감)에서 음을 취함. 形聲
貢(바칠 공) 工+貝. 공들인〔工〕 재물〔貝〕을 '바친다'는 뜻. 會意 / 貝에서 뜻을, 工에서 음을 취함. 形聲

字義▌ 諛(유) 아첨하다.

語義▌ 思效者(사효자) 효과를 올리려고 생각하는 사람. 貢諛者(공유자) 아첨을 바치는 사람, 곧 아첨하는 사람.

---

211. 상황을 재빨리 판단하여 대처하라

風斜雨急處에는 要立得脚定하고, 花濃柳艶處에는 要著得 眼高하며, 路危徑險處에는 要回得頭早니라.

文意▌ 비바람이 심한 곳에서는 다리를 꿋꿋이 세워야 하고, 꽃이 무르녹고 버들이 고운 곳에서는 눈을 높이 두어야 하며, 길이 위태롭고

험한 곳에서는 일찌감치 머리를 돌려야 한다.

要旨 ▌ 험난한 인생 행로일수록 확고부동해야 하고, 유혹의 세계가 닥쳐올 때에는 시야를 높이 보며, 위험한 역경에서는 급히 방향을 돌려야 한다.

解説 ▌ 속담에 '노류장화 인개가절(路柳墻花 人皆可折)'이란 말이 있다. '길가의 버들, 담장 위의 꽃은 사람들이 모두 꺾을 수 있다'는 말에서 '기생은 누구나 건드려 볼 수 있다'는 의미이다.

본문의 '화농유염처(花濃柳艷處)'도 바로 '노류장화'의 유혹을 뜻한다고 하겠다. 주색(酒色), 오락(娛樂) 따위의 유혹을 받을 때는 좀더 거시적(巨視的)으로 눈길을 돌리라는 뜻이다. 인생행로는 순탄하지만은 않다. 순경(順境)과 역경(逆境)이 갈마들게 마련이다. 험난한 인생길일수록 확고하게, 주색의 유혹에는 거시적으로, 불가능의 전정(前程)에는 방향 전환을 빨리 할 것이다.

字源 ▌ 斜(비낄 사) 斗(말 두)에서 말로써 될 때는 됫박을 '기울여' 된다는 뜻을, 余(나 여)에서 음을 취함. [形聲]

柳(버들 류) 木+卯(무성할 묘). 잎과 가지가 무성한[卯] 나무[木], 곧 '버드나무'를 뜻함. [會意] / 木에서 뜻을, 卯에서 음을 취함. [形聲]

語義 ▌ 風斜雨急(풍사우급) 바람이 비끼고 비가 심함. 곧 인생길의 험난함을 뜻함. 立得脚定(립득각정) 다리를 안정하여 세움. 花濃柳艷(화농류염) 꽃향기가 짙고 버들이 아름다움, 곧 미색(美色)의 비유. 著得眼高(착득안고) 눈을 높은 곳에 두다. 시야를 높이 봄. 착(著)은 착(着)의 원자. 路危徑險(로위경험) 길이 위태롭고 험함. 곧 역경(逆境)을 뜻함. 回得頭早(회득두조) 머리를 일찍 돌림, 곧 일찍 생각을 고쳐 돌아섬.

212. 절의節義는 온화한 마음으로, 공명은 겸
덕謙德으로 보완하라

節義之人은 濟以和衷하면 纔不啓忿爭之路하고,

功名之士는 承以謙德하면 方不開嫉妬之門이라.

文意 절의가 높은 사람은 온화한 마음을 길러야 비로소 분쟁의 길을
열지 않고, 공명이 높은 사람은 겸양의 덕을 쌓아야 바야흐로 질투의
문을 열지 않는다.

要旨 절의가 있는 사람은 온화한 마음을 지녀야 남과 충돌하지 않
고, 공명이 있는 사람은 겸양의 덕을 쌓아야 질투의 대상이 되지 않는
다.

解説 ≪삼략(三略)≫ 하략(下略)에
'청백한 선비는 작록으로써 얻을 수 없고, 절의가 있는 선비는 형벌이나
위엄으로 위협할 수 없다.(淸白之士不可以爵祿得, 節義之士不可以刑威
脅.)'
고 했다. 이렇게 절의를 지키는 선비는 형벌이나 위압으로도 굽히지 않
는 것이 통례이다. 그만큼 고집도 세고 주관이 확고하여 융통성이 없으
므로 남과 절충이 되지 않는다. 이런 결점을 보충하기 위해서는 온화한
마음을 길러야 분쟁의 길을 걷지 않게 된다.

字源 啓(열 계) 启(열 계) + 攵(攴). 회초리로 때려[攴] 가르쳐 우매함
을 열어[启] '깨우친다'는 뜻. 會意 / 攵에서 뜻을, 启에서 음을 취함.
形聲
爭(다툴 쟁) 爪(손톱 조) + ヨ(又) + 亅. 한 개의 물건[亅]을 위와 아래의
손으로[爪·ヨ] 서로 당기며 '다툰다'는 뜻. 會意

承(이을 승) ①手+丞(丞, 이을 승의 생략). 손[手]으로 받아 잇는다[丞]는 뜻. 會意 / 手에서 뜻을, 丞에서 음을 취함. 形聲 ②手+卩+廾(손 맞잡을 공). 두 손[手]을 맞잡아[廾] 공손히 신표[卩]를 받아 모심. 會意

謙(겸손할 겸) 言+兼. 두 사람이 서로[兼] 양보의 말[言]로 사양한다는 데서 '겸손하다'의 뜻이 됨. 會意 / 言에서 뜻을, 兼에서 음을 취함. 形聲

開(열 개) 門+幵(평평할 견, 빗장) 빗장[幵]을 빼고 문[門]을 '연다'는 뜻. 會意 / 門에서 뜻을, 幵에서 음을 취함. 形聲

語義 ▌ 濟(제) 구제함, 단점을 보충함. 和衷(화충) 온화한 마음. 忿爭(분쟁) 성내어 다툼. 承(승) 받듦, 쌓음. 체득함. 謙德(겸덕) 겸양의 덕.

---

213. 관직에 있을 때에는 절도가 있고, 고향에서는 친목親睦에 힘써야 한다

士大夫는 居官에 不可竿牘無節이니 要使人難見하여 以杜倖端이요, 居鄕에는 不可崖岸太高니 要使人易見하여 以敦舊好니라.

文意 ▌ 사대부가 벼슬에 있으면 편지 한 장이라도 절도가 있어야 하니, 사람들로 하여금 본심을 보기 어렵게 하여 요행을 바라는 실마리를 막아야 하고, 향리에 머물면 지나치게 높이 굴지 말아야 하니 사람들로 하여금 그 본심을 쉽사리 보게 하여 옛 정을 두텁게 해야 한다.

要旨 ▌ 사대부가 관직에 있을 때는 편지 한 장이라도 함부로 써서는 안 된다. 소인이 모여들기 쉽기 때문이다. 그러나 관직에서 물러나 고향에 가 살 때는 사람을 두루 만나 친교를 도모해야 한다.

解說 ▌ '공생명(公生明)'이란 말이 있다. '공정한 마음이 있어야 밝은 지혜가 생긴다'는 뜻이다. ≪순자(荀子)≫ 불구편(不苟篇)에 나온 말로, 옛날 중국에서는 부(府)·주(州)·현(縣)의 관청 복판에 남쪽을 향하게끔 돌에다 새겨놓고, 관리들의 감계(鑑戒)의 말로 쓰기도 했던 숙어이다.

사대부가 벼슬아치가 되어 공정한 처사를 하기 위하여는 추천서 같은 서찰을 되도록 쓰지 말아야 한다. 함부로 써주면 소인배가 길을 트게 된다. 그러나 일단 벼슬에서 물러나 고향에 가 있을 때는 너무 으스대지 말고 누구나 만나고 함께 생활하면서 옛 정을 되살려야 한다.

字源 ▌ 端(끝 단) 立+耑(끝 단). 곧게 서서〔立〕돋아나는 싹의 끝〔耑〕이라는 데서 일의 '시초' '실마리'의 뜻이 됨. 會意 / 立에서 뜻을, 耑에서 음을 취함. 形聲

鄕(시골 향) 가운데에 음식을 놓고 좌우로 사람들이 마주 보는 모양을 본뜸. 象形 / 𨞵(巷, 거리 항의 옛 자)+皀(밥 고소할 흡). 음식〔皀〕을 동네〔𨞵〕사람들이 둘러앉아 먹는다는 데서 '시골'의 뜻이 됨. 會意

岸(언덕 안) 山+厂+干. 산〔山〕과 언덕〔厂〕이 방패〔干〕처럼 물을 막고 서 있는 '물가의 언덕'을 뜻함. 會意 / 山과 厂에서 뜻을, 干에서 음을 취함. 形聲

字義 ▌ 竿(간) 낚싯대. 牘(독) 편지. 杜(두) 막다. 敦(돈) 도탑다, 돈독하다.

語義 ▌ 竿牘(간독) 편지. 간(竿)은 대쪽 간(簡)의 뜻. 倖端(행단) 요행을 틈타려는 실마리. 崖岸(애안) 절벽과 언덕, 위엄(威嚴)의 뜻.

214. 누구에게나 경외심敬畏心으로 대하라

大人은 不可不畏니 畏大人하면 則無放逸之心하고,

小人도 亦不可不畏니 畏小人하면 則無豪橫之名이라.

文意 ▎ 대인은 가히 두려워하지 않으면 안 되니, 대인을 두려워하면 곧 방종한 마음이 없어질 것이요, 하찮은 서민도 역시 두려워하지 않으면 안 되니 서민을 두려워하면 곧 횡포하다는 평판이 없어질 것이다.

要旨 ▎ 대인을 경외하면 방종한 마음이 없어지고, 소인을 경외하면 횡포한 마음이 사라진다.

解說 ▎ '대인(大人)'이란 ①키가 큰 사람 또는 어른, ②언행이 바르고 덕이 있는 사람, ③아버지의 존칭, ④남의 존칭 등으로 쓰인다. ②의 뜻으로 쓰일 때는 군자(君子)와 같은 뜻이고 일반적으로 대인군자(大人君子)라고 한다.

그러나 주로 남의 아버지를 대인, 할아버지를 왕대인(王大人), 남의 어머니를 대부인(大夫人), 남의 할머니를 왕대부인(王大夫人)이라고 부른다. 또 ①과 ②의 반대어는 소인(小人)으로 키가 작은 사람, 도량이 좁은 사람, 겸칭 등으로 쓰인다.

대인도 두려워하고 소인도 두려워해야 한다. 누구를 막론하고 상대방을 경외할 때 나 자신의 행동은 바르게 될 것이다.

字義 ▎ 畏(외) 두려워하다.

語義 ▎ 放逸(방일) 방종(放縱)함. 豪橫(호횡) 호기(豪氣)를 믿고 횡포(橫暴)함.

215. 괴로울 때는 나만 못한 사람과 비교하라

^{사 초 불 역} ^{변 사 불 여 아 적 인} ^{즉 원 우 자 소}
事稍拂逆에 便思不如我的人이면 則怨尤自消하고,

^{심 초 태 황} ^{변 사 승 사 아 적 인} ^{즉 정 신 자 분}
心稍怠荒에 便思勝似我的人하면 則精神自奮이라.

文意 일이 뜻대로 안 될 때는 곧 나보다 못한 사람을 생각하면 원망과 탓하는 마음이 절로 스러질 것이요, 마음이 게으르고 거칠어졌을 때는 나보다 나은 사람을 생각하면 곧 정신이 절로 분발할 것이다.

풋 들 역경에 처했을 때 나보다 못한 사람을 생각하라. 위안이 되고 용기가 솟을 것이다. 마음이 게을러졌을 때는 나보다 나은 사람을 생각하라. 마음에 자극을 받아 분발할 수 있다.

解說 ≪논어≫ 헌문편(憲問篇)에
'하늘을 원망하지 않고, 남을 허물하지 않는다.(不怨天 不尤人)'
는 말이 있다.
내 잘못은 나에게 원인이 있는 것이다. 이 원망을 없애기 위하여 일이 여의치 않을 때, 나만 못한 사람의 처지와 비교해 보라. 그러면 위안을 받으리라. 또 마음이 나태해졌을 때 나보다 나은 사람을 생각하여 새롭게 분발해야 할 것이다.

字源 消(꺼질 소) 氵(水)＋肖(작을 초). 물[水]이 점점 줄어들어[肖] 없어진다는 데서 '사라지다'의 뜻이 됨. 會意 / 氵에서 뜻을, 肖에서 음을 취함. 形聲

奮(떨칠 분) 奞(날개칠 순)＋田. 새가 날개치며[奞] 밭[田]에서 날아오르려는 모양에서 '떨치다' '분발하다'의 뜻이 됨. 會意 / 田에서 뜻을, 奞에서 음을 취함. 形聲

字義 稍(초) 조금, 약간. 怠(태) 게으르다. 荒(황) 거칠다.

---

216. 후회할 일은 아예 하지 말라

不可乘喜而輕諾하고 不可因醉而生嗔하며,

不可乘快而多事하고 不可因倦而鮮終이라.

文意 ┃ 기쁨에 들떠 가벼이 허락하지 말고, 취기로 인하여 성내지 말며, 유쾌함에 들떠 많은 일을 벌이지 말고, 싫증난다고 끝맺음을 잘못하지 말라.

要旨 ┃ 기쁘다고 가볍게 생각하거나, 취한 김에 화를 내거나, 유쾌하다고 일을 마구 벌이거나, 고달프다고 팽개쳐 끝맺음이 없게 하지 말라.

解說 ┃ '선종(鮮終)'이란 '끝냄이 없다'는 뜻인데, ≪시경(詩經)≫ 탕편(蕩篇)의 다음 구절에서 나온 말이다.

'처음이 있지 아니함이 없으나(처음은 있으나), 잘 끝맺음이 있음은 드물다.(끝맺음이 없다)(靡不有初 鮮克有終.)'

시작은 있으나 끝이 없다는 뜻이다. 시작하기는 쉽지만 끝까지 밀고 나가 완성하기는 그리 쉽지 않다는 의미이다. 한 번 시작했으면 유종지미(有終之美)를 거두어야 할 것인데, 그렇지가 못한 경우가 허다하다.

승낙을 잘하는 사람은 경솔하고, 술 취하여 고이 새기는 사람은 드물며, 기분 좋을 때 떠벌이는 사람이 많고, 고단하다고 중도에 팽개치는 사람이 많음을 자주 본다. 마땅히 경계할 것이다.

字源 ▌ 諾(허락할 낙) 言＋若(같을 약). 남이 요구하는 대로[若] 응답의 말[言]을 해준다는 데서 '허락'의 뜻이 됨. 會意 / 言에서 뜻을, 若에서 음을 취함. 形聲

醉(술 취할 취) 酉(酒)＋卒(다할 졸). 자신의 주량이 다할[卒] 정도로 술[酉]을 마시면 '취한다'는 뜻. 會意 / 酉에서 뜻을, 卒에서 음을 취함. 形聲

鮮(고울 선) ①魚＋羊. 물고기[魚]와 양[羊]은 맛이 좋다는 데서 '좋다' '아름답다'의 뜻이 됨. 會意 ②魚＋羊(美). 맛이 좋은[美] 생선[魚]은 '신선하다'는 뜻. 會意

字義 ▌ 嗔(진) 성내다.

語義 ▌ 乘喜(승희) 기쁨을 탐, 곧 기쁨에 들뜸. 輕諾(경낙) 가벼이 허락함. 生嗔(생진) 성을 냄. 鮮終(선종) 끝맺음이 드묾. 일을 끝내지 못함.

217. 진수眞髓를 알고 본질에 이른다

善讀書者는 要讀到手舞足蹈處라야 方不落筌蹄하고,
善觀物者는 要觀到心融神洽時라야 方不泥迹象이라.

文意 ▌ 독서를 잘하는 사람은 마땅히 책을 읽되 기뻐서 춤이 추어지는 경지에까지 이르러야 비로소 형식에 구애받지 아니하고, 사물을 잘 보는 사람은 당연히 심신이 융합하여 물아일체의 경지에까지 이르러야 비로소 사물의 외형에 얽매이지 않는다.

要旨 ▌ 책 내용을 모두 알아 절로 어깨춤이 나와야 형식에 얽매이지

않고, 사물을 관찰할 때 물아일체경에 이르러야 외형에 구애받지 않는다.

解説 ▌ '수무족도(手舞足蹈)'란 말은 ≪시경≫ 주남(周南) 관저(關雎) 서(序)에

'길게 노래해도 부족하여 손으로 춤추고 발로 무용함을 알지 못한다.(永歌之不足, 不知手之舞之, 足之蹈之也.)'

라고 했고, ≪예기(禮記)≫ 악기편(樂記篇)의

'그러므로 노래라는 것은 말하는 것으로 길게 말하는 것이다. 기뻐하기 때문에 말하게 되고, 말로도 부족하기 때문에 길게 말하게 된다. 길게 말해도 부족하기 때문에 차탄하게 된다. 차탄해서도 부족하기 때문에 손과 발을 춤추어서 어찌할 줄 모른다.(故歌之爲言也, 長言之也. 說之, 故言之. 言之不足, 故長言之. 長言之不足, 故嗟嘆之. 嗟嘆之不足, 故不知手之舞之, 足之蹈之也.)'

라고 한 데서 나온 말이다. 또 '전제(筌蹄)'는

'통발은 고기 잡는 것으로 고기를 잡으면 그 발을 잊어버리고, 토끼올무는 토끼 잡는 것으로 토끼만 잡으면 잊고 마는 것이다.(筌者所以在魚, 得魚而忘筌. 蹄者所以在兎, 得兎而忘蹄.)'

라고 ≪장자(莊子)≫ 외물편(外物篇)에 나오는데, '통발'과 '토끼올무'는 후에 형식·도구의 뜻으로 쓰이게 되었다.

字源 ▌ 舞(춤출 무) 無(無의 획 줄임)＋舛(어그러질 천). 발을 엇갈리며[舛] 두 팔로 토시를 휘두르며[無] 춤추는 모양. 象形 會意 / 舛에서 뜻을, 無에서 음을 취함. 形聲

字義 ▌ 蹈(도) 밟다, 춤추다. 筌(전) 고기 잡는 통발. 蹄(제) 토끼 잡는 덫. 洽(흡) 젖다, 흡족하다. 泥(니) 얽매이다.

語義 ▌ 手舞足蹈(수무족도) 손으로 춤추고 발로 밟음. 너무 기뻐서 절로 춤이 추어지는 상태. 筌蹄(전제) 물고기 잡는 통발과 토끼 잡는 올무. 연모나 도구. 여기서는 문자와 문장의 자구에 얽매임을 뜻함. 心融神洽(심융신흡) 마음과 정신이 보는 물건과 융합함. 곧 물아일체(物我一體)

의 경지를 가리킴. 迹象(적상) 사물의 외형.

---

218. 자신의 장점을 드러내어 남의 단점을 들 추지 말라

^{천 현 일 인}
天賢一人하여 ^{이 회 중 인 지 우}以誨衆人之愚어늘 ^{이 세 반 령 소 장}而世反逞所長하여 ^{이 형 인}以形人
^{지 단}之短하며, ^{천 부 일 인}天富一人하여 ^{이 제 중 인 지 곤}以濟衆人之困이어늘 ^{이 세 반 협 소 유}而世反挾所有
하여 ^{이 릉 인 지 빈}以凌人之貧하니, ^{진 천 지 륙 민 재}眞天之戮民哉로다.

文意 ▍ 하늘은 한 사람을 현명하게 하여 뭇 사람의 어리석음을 일깨우
거늘 세상은 도리어 자기의 장점을 뽐내어 남의 모자람을 들춰내며,
하늘은 한 사람을 부유하게 하여 뭇 사람의 가난함을 구제하거늘 세상
은 도리어 자기가 가지고 있음을 믿고 뽐내어 남의 가난함을 업신여기
니, 참으로 천벌을 받을 사람들이다.

要旨 ▍ 자기의 장점을 내세워 남의 단점을 들추지 말고, 내가 넉넉하
게 가졌다고 남의 가난을 능멸하지 말라.

解說 ▍ ≪맹자≫ 만장장구(萬章章句) 하(下) 감문우장(敢問友章)에서 맹
자의 제자 만장(萬章)이 맹자에게 벗을 사귀는 도에 대하여 물었다. 맹
자는 이렇게 대답했다.
"나이가 많음을 의지하지(개재시키지) 말고, 귀한 것을 의지하지 말며,
형제의 힘을 의지하지 않고서 벗을 사귀어야 한다.(不挾長, 不挾貴, 不
挾兄弟而友.)"

여기의 '협(挾)'은 본문에 쓰인 '협(挾)'자의 경우와 같다. 따라서 낄 협(挾)자이지만 '의지한다, 개재시킨다, 개입시킨다' 등의 뜻으로 해석함이 좋을 듯하다.

'천지육민(天之戮民)'이란 말은 ≪장자(莊子)≫ 천운편(天運篇)에 나온다.

'(부귀·영달·권세 등) 이런 것들을 쥐면 잃을까 두려워하고, 이런 것들을 잃으면 슬퍼한다. 그러면서 한 번의 반성도 없이 그 멈추지 않는 정욕의 세계를 엿보는 자는 하늘의 벌을 받을 사람이다.(操之則慄, 舍之則悲, 而一無所鑑, 以闚其所不休者, 是天之戮民.)'

이른바 엘리트를 하늘이 만들어 낸 것은 만민을 교화시켜 엘리트로 만들라는 사명을 내린 것이며, 하늘이 부자를 만들어 낸 것은 그 부자로 하여금 모든 사람을 구제하라는 사명을 내린 것인데, 이를 망각하고 자기 욕심만 차리니 이들은 천벌을 받아 마땅하다. 공자도 ≪논어≫ 위정편(爲政篇)에서

'50세에 천명을 알았다.(五十知天命)'

고 했고, 요왈편(堯曰篇)에서는

'천명을 알지 못하면 군자라고 할 수 없다.(不知命, 無以爲君子.)'

고 갈파한 바 있다.

字義▮ 誨(회) 일깨우다, 가르치다. 挾(협) 끼다, 품다. 凌(릉) 업신여기다. 戮(륙) 죽이다.

語義▮ 逞所長(령소장) 자기의 장점을 드러냄. 挾所有(협소유) 자기가 가진 바를 의지함. 天之戮民(천지륙민) 하늘의 벌을 받을 백성.

219. 어중간한 사람과는 일을 도모하기 어렵다

至人은 何思何慮리오? 愚人은 不識不知라, 可與論學하고
亦可與建功이라. 唯中才的人은 多一番思慮知識하니, 便多
一番億度猜疑하여 事事에 難與下手라.

文意 ▌ 도덕이 높은 경지에 이른 사람은 무엇을 생각하고 무엇을 걱정하랴마는 어리석은 사람은 아무것도 모르므로, 가히 더불어 학문을 논할 만하며, 또한 함께 공을 이룩할 수 있다. 다만 재주가 어중간한 사람은 제 딴에는 생각도 있고 지식도 가지고 있으므로 곧 억측과 시기와 의심 또한 많은지라 매사에 함께 일하기가 어렵다.

要旨 ▌ 지인(至人, 덕을 닦아 지극한 경지에 이른 사람)과 우인(愚人, 어리석은 사람)은 지혜나 덕은 양극을 이루지만 허심탄회한 점에서는 같아서 함께 학문도 할 수 있고, 공을 세울 수도 있다. 그러나 어중간한 사람은 생각과 지식도 많고 억측과 시기도 많아 이들과는 옳은 일을 함께하기 어렵다.

解說 ▌ '지인(至人)'은 ≪장자(莊子)≫ 천하편(天下篇)에 나온 말로, '도의 순진으로부터 떠나지 않는 사람을 지인이라 한다.(不離於眞, 謂之至人.)'
고 했고, 소요유편(逍遙遊篇)에
'지인은 물아의 구별이 없고, 신인은 공을 의식하지 않으며, 성인은 명예를 무시한다.(至人無己, 神人無功, 聖人無名.)'
라고 하여 지인의 개념을 나타내고 있다. 공자도 ≪논어≫ 양화편(陽貨

篇)에서

'오직 가장 지혜로운 사람과 가장 어리석은 사람만이 (본성을) 바꾸지 않는다.(唯上知與下愚不移)'

라고 했다.

字源 ▌ 番(번수 번) 동물의 발자국을 본떠, 발자국이 '순서'대로 나 있음을 나타냄. 象形

億(억 억) 亻(人)＋意. 사람〔人〕이 뜻하는 바〔意〕는 한없이 크다는 데서, 큰 수인 '억'의 뜻으로 쓰이고, 또한 사람의 일이 뜻대로 잘 되면 '편안하다'는 뜻도 됨. 會意 / 亻에서 뜻을, 意에서 음을 취함. 形聲

字義 ▌ 度(탁) 헤아리다, 재다. (도) 법도. 猜(시) 의심하다, 시기하다.

語義 ▌ 至人(지인) 도덕이 지극히 높은 사람. 中才的人(중재적인) 지인(至人)과 우인(愚人)의 중간으로 재주가 어중간한 사람. 一番(일번) 한 번, 한편. 億度(억탁) '억(億)'은 '억(臆)'의 뜻. 억측(臆測). 猜疑(시의) 시기하고 의심함. 下手(하수) 손을 댐. 일을 함. '착수(着手)'와 같은 뜻.

---

220. 입조심하고 뜻을 바르게 가져라

구내심지문   수구불밀   설진진기
口乃心之門이니 守口不密하면 洩盡眞機하고,

의내심지족   방의불엄   주진사혜
意乃心之足이니 防意不嚴하면 走盡邪蹊니라.

文意 ▌ 입은 곧 마음의 문이니 입을 지키되 엄밀히 하지 않으면 진정

한 기밀이 모두 새어나가고, 뜻은 곧 마음의 발이니 뜻을 막되 엄격히 하지 않으면 옳지 못한 길로 달리게 된다.

要旨 ▌ 말을 조심하여 기밀을 새지 않도록 해야 하며, 뜻을 바르게 가져 사악한 길로 내닫지 않도록 하라.

解說 ▌ '병은 입으로 들어가고, 화는 입으로부터 나온다.(病從口入, 禍從口出.)' – 부현(傅玄) 〈구명(口銘)〉

'입을 지키기를 병같이 하고, 뜻을 막기를 성같이 하라.(守口如甁, 防意如城.)' – 주자(朱子) 〈경재잠(敬齋箴)〉

'입은 화의 문, 혀는 화의 뿌리.(口是禍之門, 舌是禍之根.)' – 풍도(馮道) 〈설시(舌詩)〉

모두가 입을 조심하고 뜻을 바로 가지라는 내용의 명언이다.

字源 ▌ 走(달릴 주) 夭(굽을 요)+止(그칠 지, 발). 사람이 몸을 굽히고 〔夭〕 발〔止〕을 내딛으며 '달린다'는 뜻. 會意

字義 ▌ 蹊(혜) 좁은 길. 소로(小路).

語義 ▌ 洩盡(설진) 모두 새어 나감.　眞機(진기) 진정한 기밀(機密).　邪蹊(사혜) 옆길, 샛길. 옳지 못한 길.

---

221. 남을 꾸짖음에는 관대하고, 자신을 꾸짖음에는 가혹苛酷하라

責人者는 原無過於有過之中하면 則情平하고,

責己者는 求有過於無過之內하면 則德進이라.

文意 ▌ 남을 꾸짖는 사람은 허물이 있는 가운데서도 허물이 없는 부분을 찾으면 곧 불평이 사라지고, 자신을 꾸짖는 사람은 허물이 없는 데에서 허물이 있음을 찾으면 곧 덕이 나아간다.

要旨 ▌ 남을 충고할 때는 잘못 중에서도 잘한 점을 들추어 꾸짖고, 자기 자신을 꾸짖을 때는 냉혹하게 잘못이 없는 가운데서도 잘못을 찾아야 한다.

解說 ▌ ≪송명신언행록(宋名臣言行錄)≫ 후집(後集) 범순인조(范純仁條)에 '범순인이 자제들에게 경계하였다. "사람은 비록 지극히 어리석으나 남을 꾸짖는 데는 밝고, 비록 지극히 총명하지만 자기를 용서하는 데는 어둡다. 너희들은 다만 항상 남을 꾸짖는 마음으로 자신을 꾸짖고, 자신을 용서하는 마음으로 남을 용서하면 성현의 지위에 이르지 못할까 걱정할 것이 없다."(戒子弟曰 人雖至愚, 責人則明, 雖有聰明, 恕己則昏. 爾曹, 但常以責人之心責己, 恕己之心恕人, 不患不到聖賢地位也.)'
라고 한 대목이 있다.
남을 꾸짖을 때는 관대하게, 자신을 꾸짖을 때는 가혹하게 해야 덕망이 쌓인다.

字義 ▌ 責(책) 꾸짖다. 原(원) 찾다.

語義 ▌ 情平(정평) 감정이 평온해짐. 곧 불평이 사라짐을 뜻함.

---

222. 어려서 잘 가르쳐야 훌륭한 인물이 된다

子弟者는 大人之胚胎요, 秀才者는 士夫之胚胎니, 此時에

若火力不到하여 陶鑄不純하면, 他日에 涉世立朝하여 終難

^{약 화 력 부 도} ^{도 주 불 순} ^{타 일} ^{섭 세 립 조} ^{종 난}

成個令器니라.

^{성 개 령 기}

文意 ▌ 어린이는 어른의 싹이요, 수재는 사대부의 씨앗이니, 이때 만약 화력이 모자라서 단련이 완전치 못하면, 훗날 세상에 나아가 조정에 설 때 마침내 훌륭한 그릇을 이루기 힘들다.

要旨 ▌ 아이들이 어른이 되고, 수재가 등용되어 훌륭한 관원이 된다. 따라서 어렸을 때 이들을 잘 교육시켜야 나중에 훌륭한 인물이 된다.

解說 ▌ ≪예기≫ 학기편(學記篇)에
'구슬을 다듬지 않으면 장신기구(裝身器具)가 될 수 없고, 사람은 배우지 않으면 진리를 모른다.(玉不琢不成器, 人不學不知道.)'
는 말이 있듯이 사람은 배워야 한다. 어릴 때 잘 배워야 훗날 큰 그릇이 될 수 있다.

字源 ▌ 秀(빼어날 수) 곡식의 이삭이 고개 숙인 것을 본뜸. 象形 / 禾+乃(扔, 당길 잉). 곡식[禾]에서 자라 길게 나온[乃] '이삭'을 뜻하고, 나아가 '뛰어남'을 뜻함. 會意

純(순전할 순) 糸+屯(둔칠 둔, 새싹이 돋아난 모양). 실[糸]같이 가늘게 돋아나는 새싹[屯]이 '깨끗하다'는 데서 '순수하다'의 뜻이 됨. 會意 / 糸에서 뜻을, 屯에서 음을 취함. 形聲

朝(아침 조) 倝(軋, 해돋을 간의 약자)에서 뜻을, 月(舟, 배 주의 변형)에서 음을 취함. 形聲

字義 ▌ 胚(배) 애 배다. 胎(태) 애 배다. 처음, 시작.

語義 ▌ 胚胎(배태) 싹. 秀才(수재) 과거에 급제한 사람. 士夫(사부) 사대부(士大夫)의 약칭. 벼슬아치. 涉世立朝(섭세립조) 세상에 나아가 조정에 섬. 令器(령기) 훌륭한 그릇. 훌륭한 인물.

223. 군자는 환난을 근심하지 않고, 권호權豪를 두려워하지 않는다

君子는 處患難而不憂하고 當宴遊而惕慮하며, 遇權豪而不懼하고 對惸獨而驚心이라.

文意 ▌ 군자는 환난에 처해서는 근심하지 않고, 즐거운 놀이를 당해서는 두려워하고 삼가며, 권세 있는 사람이나 부호를 만나서는 두려워하지 않고, 의지할 곳 없는 사람을 대하면 안타까워한다.

要旨 ▌ 군자는 어려울 때 근심하지 않고 즐거울 때 조심하며, 권력가를 두려워하지 않고 가련한 사람을 불쌍히 여긴다.

解說 ▌ 군자는 안빈낙도(安貧樂道)하니, 어려움을 당해도 근심하지 아니하고, 도리어 안일과 방탕 속에서는 해이해지고 방탕해질까 근심한다. 또 군자는 명리를 부러워하지 않으니 권세가나 부자를 만나도 두려울 것이 없고 다만 환과고애(鰥寡孤哀) 등 외로운 자를 만나면 측은지심(惻隱之心)이 생겨 동정하는 마음이 크게 움직인다.

字源 ▌ 懼(두려울 구) ↑(心)＋瞿(눈 휘둥거릴 구). 놀랐을 때 눈을 휘둥그렇게 뜨고〔瞿〕 마음〔心〕속으로 '두려워함'을 뜻함. 會意 / ↑에서 뜻을, 瞿에서 음을 취함. 形聲

字義 ▌ 惕(척) 두려워하다, 삼가다. 惸(경) 홀로, 고독하다.

語義 ▌ 惕慮(척려) 두려워하고 근심함. 權豪(권호) 권세 있는 사람과 부호(富豪). 惸獨(경독) '경(惸)'은 형제가 없는 사람, '독(獨)'은 아들이 없는 사람. 따라서 '경독'은 몸을 의지할 곳 없는 사람을 가리킴. 驚心(경심) 놀라는 마음, 곧 연민의 정을 느낌.

224. 대기만성大器晚成이 진실하다

桃李雖艶_{도 리 수 염}이나 何如松蒼柏翠之堅貞_{하 여 송 창 백 취 지 견 정}하며,

梨杏雖甘_{리 행 수 감}이나 何如橙黃橘綠之馨冽_{하 여 등 황 귤 록 지 형 렬}이리요?

信乎_{신 호}라! 濃夭不及淡久_{농 요 불 급 담 구}하며 早秀不如晚成也_{조 수 불 여 만 성 야}로다.

文意 ▮ 복숭아꽃·오얏꽃이 비록 고우나 어찌 푸른 소나무·잣나무의 굳은 절개만 할 것이며, 배와 살구가 비록 달다 해도 어찌 노란 등자·푸른 귤의 높은 향기만 할 수 있으랴?
진실로 알겠다! 고우면서 빨리 시드는 것이 담박하면서 오래 가는 것에 미치지 못하며, 일찍 익는 것이 늦게 이룸만 같지 못하다는 것을.

要旨 ▮ 복숭아꽃·오얏꽃이 아름답지만 소나무·잣나무의 푸르름만 못하고, 배와 살구의 맛이 달지만 등자·귤의 향기만 못하다. 마찬가지로 사람도 큰 그릇은 늦게 이루어진다.

解說 ▮ 《노자》 41장에
'큰 그릇은 늦게 이루어진다.(大器晚成)'
고 했고, 《사기(史記)》 진섭세가(陳涉世家)에
'제비와 참새가 어찌 기러기와 고니의 뜻을 알랴?(燕雀安知鴻鵠之志哉)'
라고 했으며, 《논어》 자한편(子罕篇)에
'날씨가 추운 연후에야 소나무·잣나무가 뒤늦게 시듦을 안다.(歲寒然後知松柏之後凋也)'
라고 한 것들이 이 글과 관련된 명구들이라 하겠다.

字源 ▮ 桃(복숭아 도) 木+兆(조짐 조). 귀신을 쫓는 역할을 하는〔兆〕 나무〔木〕 곧 '복숭아나무'를 뜻함. [會意] / 木에서 뜻을, 兆에서 음을 취함.

李(오얏 리) 木+子. 열매[子]가 많은 나무[木], '오얏(자두)나무'를 뜻함. 會意 / 木에서 뜻을, 子('지'라는 옛 음이 있음)에서 음을 취함. 形聲

松(소나무 송) 木+公. 사사로움 없이 공정한[公] 기품을 지닌 나무[木], 곧 '소나무'를 뜻함. 會意 / 木에서 뜻을, 公에서 음을 취함. 形聲

蒼(푸를 창) ++(艸)에서 뜻을, 倉(창고 창)에서 음을 취함. 形聲

柏(측백나무 백) 木+白. 지조가 명백한[白] 나무[木], '잣나무' '측백'을 뜻함. 會意 / 木에서 뜻을, 白에서 음을 취함. 形聲

字義 ▌ 翠(취) 비취빛, 푸른색. 杏(행) 살구. 冽(렬) 맵고 차다.

語義 ▌ 松蒼柏翠(송창백취) 소나무의 푸르름과 잣나무의 푸르름. 곧 푸른 소나무와 잣나무. 堅貞(견정) 굳은 정절. 橙黃橘綠(등황귤록) 등자(橙子)의 누른빛과 귤의 푸른빛, 곧 노란 등자와 푸른 귤. 馨冽(형렬) 높은 향기. 濃夭(농요) 짙고 일찍 죽음. 早秀(조수) 조숙(早熟).

---

225. 고요 속에서 참된 경지境地를 안다

風恬浪靜中에 見人生之眞境하고, 味淡聲希處에 識心體之本然이라.

文意 ▌ 바람 자고 물결 고요한 가운데에서 인생의 참된 경지를 보고, 맛이 담백하고 소리 드문 곳에서 마음의 본 모습을 안다.

要旨 ▌ 고요한 가운데 인생의 참모습을 보고, 담담한 경지에서 마음의

본 뜻을 안다.

解說 ▌ ≪노자≫ 14장에

'눈으로 보아도 보이지 않으므로 이(夷)라 하고, 귀로 들어도 들을 수가 없으므로 희(希)라 하며, 손으로 잡아도 잡히지 않으므로 미(微)라 한다.(視之不見, 名曰夷. 聽之不聞, 名曰希. 搏之不得, 名曰微.)'

고 했다. '이(夷)'는 무색(無色)으로 형체와 색채가 없음이요, '희(希)'는 소리가 없음이며, '미(微)'는 형체가 없다는 뜻이다. 곧 도(道)는 눈으로 볼 수도 없고, 귀로 들을 수도 없으며, 손으로 잡을 수도 없다는 것이다. 노자의 도의 개념을 나타낸 중요한 구절인데 여기에 쓰인 '희(希)'자는 본문 '희처(希處)'의 '희'와 같다.

字源 ▌ 浪(물결 랑) 氵(水)에서 뜻을, 良(착할 량)에서 음을 취함. 形聲
希(바랄 희) 爻+巾. 옛날 여자들이 눈을 가리던 망사[爻] 모양의 천[巾]을 뜻하는데, 그 재료인 칡이 '드물어' 그것을 얻기를 '희망했다'는 것을 가리킴. 會意 指事

字義 ▌ 恬(념) 고요하다.

語義 ▌ 風恬(풍념) 바람이 고요함.　眞境(진경) 참 경지.　希(희) 드묾. '희(稀)'와 같음.　本然(본연) 본 모습.

후집後集

1. 산림山林의 낙樂은 표현을 초월한다

談山林之樂者는 未必眞得山林之趣요,

厭名利之談者는 未必盡忘名利之情이라.

文意 ▍ 산림의 즐거움을 이야기하는 사람은 반드시 진정으로 산림의 맛을 얻은 것이 아니요, 명리(名利)의 이야기를 싫어하는 사람은 반드시 명리의 정을 다 잊은 것이 아니다.

要旨 ▍ 참다운 산림의 맛은 말로 표현할 수 없고, 명리의 정을 잊은 사람은 명리에 대한 생각조차 하지 않는다.

解說 ▍ 중국 진(晉)나라 때 자연시인 도연명(陶淵明, 365-427)은 자연의 즐거움을 깨달아 명리를 버린 유명한 시인이다. 그는 41세 때 팽택령(彭澤令)이란 지방관으로 나갔다가 80여 일 만에 젊은 상관에게 한 달 월급 쌀 5말 때문에 허리 굽히는 것[오두미절요五斗米折腰]을 안하겠다고 사표를 내던지고 고향으로 돌아왔다. 그때 돌아오는 심정을 읊은 것이 유명한 〈귀거래사(歸去來辭)〉이다.
자연에 파묻혀 자연의 참된 모습과 즐거움을 누리며 명리의 정을 잊었지만, 위 원문의 경지에까지 이르지는 못했을 것이다. 산림의 즐거움을 넘어 자연과의 물아일치(物我一致)의 경지와, 완전히 명리의 정을 떠난 상태의 탈속(脫俗) 생활은 범인으로서는 참으로 어려운 것이리라.

2. 천진天眞을 온전히 하라

조수 　　일사야 　　상지생살지병 　　　혁기 　　청희야 　　차동
釣水는 逸事也나 尙持生殺之柄하고 奕棋는 淸戲也나 且動

전쟁지심 　　　가견희사 　　불여생사지위적 　　다능 　　불
戰爭之心하니 可見喜事는 不如省事之爲適하고 多能은 不

약무능지전진
若無能之全眞이라.

文意 ▌ 낚시는 한가한 일이나 오히려 살리고 죽이는 권리를 쥐고 있고, 바둑은 깨끗한 놀이이기는 하나 또한 전쟁의 마음을 일으킨다. 일을 좋아하는 것은 일을 덜어 한적해짐만 못하고, 재능이 많은 것은 재능이 없어 참된 마음을 온전히 하는 것만 못함을 알 수 있다.

要旨 ▌ 낚시와 바둑이 고상한 것 같지만, 한가히 유유자적(悠悠自適, 어디에도 구속되지 않고 여유롭고 한가로운 모습)하면서 천진(天眞, ①타고난 그대로의 성품 ②순진함, 꾸밈이 없음)을 보전함만 같지 못하다.

解說 ▌ '재주가 있는 자는 어리석은 자의 종이다.(巧者, 拙之奴)'
라는 말이 있다. 재능이 있는 사람은 재능이 없는 사람의 몫까지 수고해야 하기 때문이다. 그래서 송나라 대학자 염계(濂溪) 주돈이(周敦頤)는, '재주 있는 자는 말이 많고 재주 없는 자는 침묵을 지키며, 재주 있는 자는 수고롭고 재주 없는 자는 한가하며, 재주 있는 자는 도둑질을 하고 재주 없는 자는 덕이 있으며, 재주 있는 자는 흉하고 재주 없는 자는 길하다.(巧者言, 拙者默. 巧者勞, 拙者逸. 巧者賊, 拙者德. 巧者凶, 拙者吉.)'
라고 했다. 따라서 졸자(拙者)는 천진을 기르지만, 교자(巧者)는 천진을 깎게 된다.

字源 ▌ 戱(희롱할 희) 戈(창 과, 옛날에는 무기를 가지고 춤을 추고 놀았

다 함)에서 뜻을, 虛(옛날 그릇 희)에서 음을 취함. 形聲

戰(싸움 전) 戈에서 뜻을, 單(홀 단)에서 음을 취함. 形聲

省(덜 생·살필 성) 少(屮, 싹틀 철의 변형)＋目. 초목의 싹〔屮〕은 보기
에〔目〕매우 작아 잘 '살펴보아야' 한다는 뜻. 會意

字義 ▌ 釣(조) 낚시하다.　奕(혁) 바둑.　棋(기) 바둑.

語義 ▌ 逸事(일사) 세속을 초월한 일.　生殺之柄(생살지병) 살리고 죽이
는 권리.　奕棋(혁기) 바둑과 장기.　淸戱(청희) 깨끗한 놀이.　省事(생
사) 일을 줄임.

---

3. 꾸밈을 버리고 진면목眞面目을 찾아라

앵 화 무 이 산 농 곡 염　　총 시 건 곤 지 환 경
鶯花茂而山濃谷艶은　總是乾坤之幻境이요,

수 목 락 이 석 수 애 고　　재 견 천 지 진 오
水木落而石瘦崖枯는　纔見天地眞吾니라.

文意 ▌ 꾀꼬리가 울고 꽃이 만발하며 산이 풍성하고 계곡이 아름다운
것은 이 모두가 천지의 거짓된 모습이요, 물이 마르고 나뭇잎이 떨어
져 돌이 앙상하게 드러나고 벼랑이 메마른 모습이 비로소 천지의 참된
모습이다.

要旨 ▌ 봄·여름의 천지의 화려함은 겉모습이요, 가을·겨울의 앙상함
이 천지의 참모양이다. 마찬가지로 인생의 부귀와 영화도 겉꾸밈이요,
이 허식을 버릴 때 인간의 참모습은 나타난다.

解說 ▌ 본문의 끝 두 구절은 주자(朱子)의 시 〈독서락(讀書樂) 4수
(首)〉란 시에서 유래한 것이다. 사시(四時)의 독서의 즐거움을 읊은 시

인데 그 동시(冬詩)의 첫 연을 인용했다.

'나뭇잎 떨어지고 물 말라 천 길의 낭떠러지 메마르니,　木落水盡千崖枯
　　　　　　　　　　　　　　　　　　　　　　　　목 락 수 진 천 애 고

우두커니 또한 참된 내 모습을 보네.'　　　　　　　　嗒然我亦見眞吾
　　　　　　　　　　　　　　　　　　　　　　　　탑 연 아 역 견 진 오

이 두 시구를 변형 축소하여 본문의 후단을 이루게 했다.

요컨대 겉모습을 보고 평가하지 말고 속 내용을 충실하게 가질 것이다.

字源 ▌ 總(다 총) 糸+悤(바쁠 총). 번잡한〔悤〕 것을 한데 묶는다〔糸〕
하여 '모두' '합하다'의 뜻이 됨. 會意 / 糸에서 뜻을, 悤에서 음을 취함.
形聲

字義 ▌ 鶯(앵) 꾀꼬리. 瘦(수) 여위다. 崖(애) 낭떠러지, 언덕.

語義 ▌ 鶯花茂(앵화무) 꾀꼬리소리와 꽃이 무성함. 山濃谷艷(산농곡염)
산이 짙고 골짜기가 아름다움. 乾坤(건곤) 하늘과 땅, 천지. 幻境(환
경) 거짓된 모습. 水木落(수목락) 물이 마르고 나뭇잎이 떨어짐. 石瘦
崖枯(석수애고) 돌이 앙상하고 벼랑이 메마름. 眞吾(진오) 진정한 자기
모습.

4. 사람들은 자기 나름대로 생각한다

　세 월　　　본 장　　　이 망 자 자 촉　　　천 지　　　본 관　　　이 비 자
歲月은 本長이나 而忙者自促하고, 天地는 本寬이나 而鄙者

　자 애　　　풍 화 설 월　　　본 한　　　이 로 양 자 자 용
自隘하며, 風花雪月은 本閑이나 而勞攘者自冗이라.

文意 ▌ 세월은 본래 길지만 바쁜 사람들은 스스로 촉박하다 하고, 천
지는 본래 넓지만 비천한 사람들은 스스로 좁다 하며, 바람·꽃·눈·

달은 본래 한가하지만 일에 애쓰는 사람들은 스스로 번거롭다고 한다.

要旨 ▌ 세월은 길지만 바쁜 사람에게는 짧고, 천지는 넓지만 비천한 사람은 좁다 하며, 풍화설월(風花雪月, 사철의 뛰어난 경치)은 한가하지만 악착같은 사람은 부질없다 여긴다. 곧 사람은 자기 본위로 생각하기 쉽다.

解說 ▌ 《명심보감》 성심편(省心篇)에도,

'봄비는 기름과 같으나 길 가는 사람은 그 질퍽질퍽하는 진창을 싫어하고, 가을달은 밝게 비추나 도둑은 그 밝게 비추는 것을 싫어한다.(春雨如膏, 行人惡其泥濘, 秋月揚輝, 盜者憎其照鑑.)'

라고 했다.

이렇게 사람들은 누구나 자기 본위로 생각하는 이기적인 것이 있다. 속세 일에 악착같은 자는 자연의 아름다움도 눈에 보이지 않고, 욕심이 많아 넓은 땅도 좁게 보이며, 긴 세월도 짧다고 한다.

字源 ▌ 閑(한가할 한) 門+木. 문[門]에 나무 빗장[木]을 걸고, 드나듦 없이 '한가히' '쉰다'는 뜻. 〔會意〕

字義 ▌ 攘(양) 움켜쥐다. 冗(용) 번거롭다, 쓸데없다.

語義 ▌ 鄙者(비자) 비천한 사람, 속된 사람. 勞攘者(로양자) 일에 악착같이 애쓰는 사람.

---

5. 정취情趣와 경치景致는 마음먹기에 달렸다

득 취 부 재 다
得趣不在多하니 盆池拳石間에 煙霞具足하며,
분 지 권 석 간   연 하 구 족

회 경 부 재 원
會景不在遠하니 蓬窓竹屋下에 風月自賖니라.
봉 창 죽 옥 하   풍 월 자 사

文意 ▌ 정취(情趣)를 얻는 것은 많은 것에 있지 않으니 작은 못과 작은 돌 사이에도 산수의 경치는 갖추어진다. 경치를 느끼는 것은 먼 곳에 있지 않고 쑥으로 만든 창, 오두막집 아래에도 바람과 달은 스스로 한가롭다.

要旨 ▌ 수석(水石)이나 분재(盆栽)에서도 자연의 멋을 느끼고, 초가집 봉창 아래에서도 풍월을 만끽할 수 있다.

解說 ▌ 중국 송나라 대익(戴益)의 〈탐춘(探春)〉이란 제목의 시에,

'하루 종일 봄을 찾아도 봄을 만나지 못하여	終日尋春不見春 종 일 심 춘 불 견 춘
지팡이 짚고 몇 겹의 구름 속을 헤매었지만	杖藜踏破幾重雲 장 려 답 파 기 중 운
돌아와 매화나무 꽃을 보니	歸來試把梅梢看 귀 래 시 파 매 초 간
봄은 나무 끝에 충분히 와 있네.'	春在枝頭已十分 춘 재 지 두 이 십 분

라고 했다. '업은 아기 삼 년 찾는다'는 식으로 가까이에 두고 멀리 찾는 것이 일반적이다. 조그마한 자연의 경치 속에서도, 보잘것없는 가까운 농촌 풍경에서도 멋은 찾을 수 있는 것이다.

字源 ▌ 池(못 지) 氵(水)에서 뜻을, 也(匜, 대야 이의 변형)에서 음을 취함. 形聲

拳(주먹 권) 手+夬(龹, 움켜쥘 권). 손[手]을 움켜쥐어[夬] '주먹질'을 함. 會意 / 手에서 뜻을, 夬에서 음을 취함. 形聲

具(갖출 구) 目(具에서 八이 줄음)+八(두 손을 나타냄). 두 손으로 화폐를 쥐고 있다 하여 '갖추다'는 뜻이 됨. 會意

會(모을 회) 亼(集, 모을 집의 본자)+曾(增, 더할 증의 획 줄임). 이것저것 더하여[曾] 한 곳으로 모으다[亼]는 데서, '모으다'의 뜻이 됨. 會意

窓(창 창) 집에 '창문'이 뚫린 모양을 본뜸. 象形

字義 ▌ 賖(사) 한가하다, 멀다.

語義 ▌ 盆池(분지) 동이만 한 작은 못. 拳石(권석) 주먹만 한 작은 돌.

會景(회경) 회심(會心)의 좋은 경치. 蓬窓(봉창) 쑥으로 만든 창. 竹屋(죽옥) 대나무로 엮은 지붕, 곧 오두막집.

---

6. 꿈속의 꿈을 깨고, 몸 밖의 몸을 깨달아라

聽靜夜之鐘聲에 喚醒夢中之夢하고,

觀澄潭之月影에 窺見身外之身이라.

文意 조용한 밤의 종소리를 듣고서 꿈속의 꿈을 불러 깨우며, 맑은 못에 비친 달그림자를 보고 몸 밖의 몸을 엿본다.

要旨 고요한 밤 종소리에 허황한 꿈을 깨고, 맑은 연못 속 달을 보고 나의 본체를 깨달아야 한다.

解説 ≪장자(莊子)≫ 제물론(齊物論)에
'한창 꿈을 꿀 때에 그것이 꿈인 줄을 알지 못하고, 꿈속에서 그 꿈을 점치다가 깬 뒤에야 그것이 꿈인 줄을 안다. 또한 크게 깨달은 뒤에라야 이것이 큰 꿈인 줄을 안다.(方其夢也, 不知其夢也, 夢之中又占其夢焉. 覺而後知其夢也. 且有大覺而後知此其大夢也.)'
라고 한 대목이 있다. 인생이란 한바탕의 꿈인데 그 꿈을 깨지 못하고 있다. 그래서 이태백(李太白, 701-762)도 그의 유명한 글 〈춘야연도리원서(春夜宴桃李園序)〉에서
'뜬 구름 같은 인생은 꿈과 같으니 그 즐김이 얼마나 되나?(浮生若夢, 爲歡幾何)'
라고 한 바 있다. 우리도 하루 빨리 미몽(迷夢)에서 깨어나야겠다.

字源 ▌ 鐘(종 종) 金＋童(아이 동, 시종의 뜻). 시종〔童〕을 때리듯이, 때려서 소리를 내는 쇠〔金〕로 만든 악기라는 뜻. 會意 / 金에서 뜻을, 童에서 음을 취함. 形聲

影(그림자 영) 景(볕 경)＋彡(털 그릴 삼). 햇빛〔景〕 아래 비껴 그려진〔彡〕 그늘, 곧 '그림자'를 뜻함. 會意 / 彡에서 뜻을, 景에서 음을 취함. 形聲

字義 ▌ 喚(환) 부르다. 窺(규) 엿보다.

語義 ▌ 喚醒(환성) 불러 깨움. 夢中之夢(몽중지몽) 꿈속 같은 인간 세상을 살아가면서 또 허망한 생각을 가지는 꿈. 身外之身(신외지신) 우주의 본체와 동일체인 몸.

---

7. 맑은 마음으로 자연의 이치를 깨달아야 한다

鳥語蟲聲이 總是傳心之訣이요 花英草色이 無非見道之文이니, 學者는 要天機清徹하여 胸次玲瓏하면 觸物에 皆有會心處니라.

文意 ▌ 새의 노래와 벌레 울음소리는 이 모두가 마음을 전하는 비결이요, 꽃잎과 풀빛은 도(道)를 나타내는 문장이 아닌 것이 없다. 그러므로 배우는 사람은 반드시 본마음을 맑게 하여 가슴을 영롱하게 하면 사물에 부딪칠 때마다 모두 마음에 느끼는 바가 있을 것이다.

要旨 ┃ 조충(鳥蟲)과 화초(花草)의 소리와 빛도 자연의 진리를 전해 주니, 배우는 사람은 마땅히 맑은 마음으로 이를 깨달아야 한다.

解說 ┃ 참된 진리는 말로 표현할 수 없다. 그래서 선종(禪宗)에서는 '염화미소(拈華微笑, 꽃을 따니 빙그레 웃음. 문자나 말에 의하지 않고 마음에서 마음으로 전함)' '이심전심(以心傳心)' '불립문자(不立文字)' '교외별전(敎外別傳, 선종禪宗에서 말이나 문자를 쓰지 않고 부처의 가르침을 마음에서 마음으로 전하는 일)' 등의 불교용어로써 우리 마음속에 깨닫는 진리를 대변하고 있다.

字源 ┃ 鳥(새 조) 새의 모양을 본뜸. 象形
傳(전할 전) 亻(人)에서 뜻을, 專(오로지 전)에서 음을 취함. 形聲
次(버금 차) 二(둘째라는 뜻)에서 뜻을, 欠(吹, 불 취의 생략형)에서 음을 취함. 形聲 / 二+欠. 하품[欠]을 하고, 열심히 하지 않으면, 첫째가 못 된다[二]는 뜻. 會意

字義 ┃ 訣(결) 비결. 玲(령) 찬란하다. 瓏(롱) 환하다. 觸(촉) 접촉하다.

語義 ┃ 傳心(전심) 이심전심(以心傳心). 곧 천지자연의 마음을 전함. 見道之文(견도지문) 천지자연의 도를 나타내는 글. 天機(천기) 본연적인 마음. 淸徹(청철) 맑고 밝음. 胸次(흉차) 가슴속. 玲瓏(령롱) 찬란히 빛남.

8. 문자 밖의 글과 악기 밖의 소리를 알라

人이 解讀有字書하고 不解讀無字書하며 知彈有絃琴하고,
^인 ^{해 독 유 자 서} ^{불 해 독 무 자 서} ^{지 탄 유 현 금}

不知彈無絃琴하며 以跡用하고 不以神用하니 何以得琴書之趣리오?

文意┃ 사람들은 글자가 있는 책을 읽을 줄은 아나 글자 없는 책은 읽을 줄을 모르고, 줄 있는 거문고를 탈 줄은 아나 줄 없는 거문고는 탈 줄 몰라서, 형체 있는 것만 사용할 줄 알고 정신을 사용할 줄 모르니, 어찌 거문고와 책의 참맛을 얻을 수 있으리오?

要旨┃ 불립문자(不立文字)의 자연의 진리를 깨닫고, 인공(人工)을 넘어선 음향을 알아야 참된 금서(琴書)의 맛을 아는 것이다.

解說┃ 중국 진(晋)나라의 자연시인 도연명(陶淵明)은 음률(音律)은 모르면서도 줄 없는 거문고를 갖추어 놓고 술이 거나할 때 그것을 어루만지며 놀았다. 친구가 그 까닭을 물으니 대답하되 "거문고의 맛만 알면 되지, 꼭 거문고 줄을 울려야 하는가?" 하였다 한다. 속을 알아야 하고 속에 숨겨진 뜻을 앎이 참된 진리를 안다는 뜻이리라.

字源┃ 彈(탄알 탄) 弓+單. 활〔弓〕을 쏠 때, 홀로〔單〕 '튕겨' 나가는 '탄알'을 뜻함. 會意 / 弓에서 뜻을, 單에서 음을 취함. 形聲
絃(줄 현) 糸에서 뜻을, 玄(검을 현)에서 음을 취함. 形聲
琴(거문고 금) 거문고의 현과 틀을 본뜸. 象形 / 珏에서 뜻을, 今에서 음을 취함. 形聲
跡(자취 적) 足에서 뜻을, 亦(또 역)에서 음을 취함. 形聲

語義┃ 無字書(무자서) 글자가 없는 책, 곧 우주의 삼라만상을 가리킴. 無絃琴(무현금) 줄 없는 거문고. 곧 세상의 모든 소리를 가리킴. 跡用(적용) 형체를 사용함. 곧 도구나 형식에 얽매임. 神用(신용) 정신을 사용함.

9. 물욕物慾을 없애고 금서琴書를 벗하라

心無物欲이면 卽是秋空霽海요 坐有琴書면 便成石室丹丘니
라.
심무물욕 즉시추공제해 좌유금서 변성석실단구

文意 ▌마음에 물욕이 없으면 곧 이는 가을하늘과 맑게 갠 바다요, 자
리에 거문고와 책이 있으면 곧 신선의 경지를 이룬다.

要旨 ▌물욕이 없으면 번뇌도 없어 마음은 명경지수(明鏡止水, 맑은
거울과 고요한 물. 잡념과 가식과 허욕이 없는 아주 맑고 깨끗한 마
음)와 같고, 거문고와 책의 즐거움을 누리면 그것이 바로 신선이다.

解說 ▌'단구(丹丘)'란 말은 〈초사(楚辭)〉 원유편(遠遊篇)에 보인다.
'단구(丹丘)로 우인(羽人, 선인仙人)을 방문하고,   仍羽人於丹丘兮
잉 우 인 어 단 구 혜

죽음이 없는 옛 마을[선향仙鄕]에 머문다.'   留不死之舊鄕
류 불 사 지 구 향

그 주(注)에 단구는 곧 '밤낮으로 항상 밝은 곳'으로 신선세계를 말한다
고 했다. ≪명심보감≫ 성심편(省心篇)에서도
'하루라도 마음이 깨끗하면 그 하루는 신선이다.(一日淸閑 一日仙)'
라고 했다. 마음이 가을하늘이나 맑게 갠 바다와 같고, 거기에 탄금(彈
琴)과 독서의 즐거움마저 곁들이면 그야말로 신선의 생활이다. 우리는
이런 경지를 맛볼 수 있도록 노력해야 할 것이다.

字源 ▌海(바다 해) 氵(水)＋每(매양 매). 물[水]이 매양[每] 모여드는
곳. 會意 / 氵에서 뜻을, 每에서 음을 취함. 形聲
丹(붉을 단) 우물 속에 들어 있는 '붉은 돌[단사丹砂]' 모양을 나타냄.
象形
丘(언덕 구) 땅 위에 중간이 움푹 들어간 구릉이 서 있음을 나타냄. 象形

語義 ▌ 霽海(제해) 맑게 갠 잔잔한 바다. 石室(석실) 석굴(石窟). 곧 신선이 사는 곳. 丹丘(단구) 항상 환히 밝은 언덕. 곧 선경(仙境).

---

10. 즐거움이 다한 뒤에는 슬픔이 온다

<ruby>賓<rt>빈</rt></ruby><ruby>朋<rt>붕</rt></ruby>이 <ruby>雲<rt>운</rt></ruby><ruby>集<rt>집</rt></ruby>하여 <ruby>劇<rt>극</rt></ruby><ruby>飲<rt>음</rt></ruby><ruby>淋<rt>림</rt></ruby><ruby>漓<rt>리</rt></ruby><ruby>樂<rt>락</rt></ruby><ruby>矣<rt>의</rt></ruby>라가 <ruby>俄<rt>아</rt></ruby><ruby>而<rt>이</rt></ruby><ruby>漏<rt>루</rt></ruby><ruby>盡<rt>진</rt></ruby><ruby>燭<rt>촉</rt></ruby><ruby>殘<rt>잔</rt></ruby>하고 <ruby>香<rt>향</rt></ruby><ruby>銷<rt>소</rt></ruby><ruby>茗<rt>명</rt></ruby><ruby>冷<rt>랭</rt></ruby>하면 <ruby>不<rt>불</rt></ruby><ruby>覺<rt>각</rt></ruby><ruby>反<rt>반</rt></ruby><ruby>成<rt>성</rt></ruby><ruby>嘔<rt>구</rt></ruby><ruby>咽<rt>열</rt></ruby>하며 <ruby>令<rt>령</rt></ruby><ruby>人<rt>인</rt></ruby><ruby>索<rt>삭</rt></ruby><ruby>然<rt>연</rt></ruby><ruby>無<rt>무</rt></ruby><ruby>味<rt>미</rt></ruby>라. <ruby>天<rt>천</rt></ruby><ruby>下<rt>하</rt></ruby><ruby>事<rt>사</rt></ruby><ruby>率<rt>솔</rt></ruby><ruby>類<rt>류</rt></ruby><ruby>此<rt>차</rt></ruby>어늘 <ruby>人<rt>인</rt></ruby><ruby>奈<rt>내</rt></ruby><ruby>何<rt>하</rt></ruby><ruby>不<rt>부</rt></ruby><ruby>早<rt>조</rt></ruby><ruby>回<rt>회</rt></ruby><ruby>頭<rt>두</rt></ruby><ruby>也<rt>야</rt></ruby>오?

文意 ▌ 손님과 친구들이 구름처럼 모여들어 실컷 마시고 즐겁게 놀다가, 이윽고 시간이 다하여 촛불도 가물거리며, 향불이 꺼지고 차도 식어버리면, 모르는 사이에 도리어 흐느낌으로 변하여 사람으로 하여금 쓸쓸하고 무미하게 만든다. 천하의 일이 다 이와 같거늘 어찌 빨리 고개를 돌리지 않는가?

要旨 ▌ 실컷 마시어 즐거움이 다하면 도리어 슬픔이 오는 것처럼, 천하의 일은 모두 이렇게 변화한다. 재빨리 이런 이치들을 알아 방향을 돌려야 한다.

解說 ▌ 중국 한(漢)나라 무제(武帝)의 〈추풍사(秋風辭)〉에도
'환락이 극진하면 슬픈 정이 많으리라.   <ruby>歡<rt>환</rt></ruby><ruby>樂<rt>락</rt></ruby><ruby>極<rt>극</rt></ruby><ruby>兮<rt>혜</rt></ruby><ruby>哀<rt>애</rt></ruby><ruby>情<rt>정</rt></ruby><ruby>多<rt>다</rt></ruby>
젊음이 얼마나 되나, 늙어짐을 어이하리?'   <ruby>少<rt>소</rt></ruby><ruby>時<rt>시</rt></ruby><ruby>幾<rt>기</rt></ruby><ruby>時<rt>시</rt></ruby><ruby>兮<rt>혜</rt></ruby><ruby>奈<rt>내</rt></ruby><ruby>老<rt>로</rt></ruby><ruby>何<rt>하</rt></ruby>
라고 했다. 지극히 기쁘면 슬픔이 오는 법이다.

'화무십일홍(花無十日紅)'이요, '세무십년(勢無十年)'을 빨리 깨달아야 한다.

字源 ▌ 賓(손 빈) 宀+一+人+貝. 주인[人]이 집안[宀]의 병풍[一] 앞에 앉아, 선물[貝]을 가져온 '손님'을 맞는 모양. 會意 / 貝에서 뜻을, 歺(맞을 면)에서 음을 취했다 함. 形聲

劇(심할 극) 虍+豕+刂(刀). 범[虍]과 멧돼지[豕]가 물고 뜯는[刂] 모양이 극적이라 하여 '연극'의 뜻이 됨. 會意 / 刂에서 뜻을, 豦(원숭이 거)에서 음을 취함. 形聲

燭(촛불 촉) 火에서 뜻을, 蜀(촉나라 촉)에서 음을 취함. 形聲

殘(남을 잔) 歹(뼈 알)+戔(상할 잔). 무기에 의해 다쳐[戔] 뼈[歹]만 '남은' '잔인한' 모양을 뜻함. 會意 / 歹에서 뜻을, 戔에서 음을 취함. 形聲

香(향기 향) 禾+曰(甘, 달 감의 변형). 쌀[禾]로 밥을 지을 때 나는 맛을 돋구는[曰] 냄새, 곧 '향기'를 뜻함. 會意

字義 ▌ 淋(림) 물이 흐르다. 漓(리) 물이 스미다. 俄(아) 갑자기. 茗(명) 차(茶). 嘔(구) 토하다. 咽(열) 목이 메이다. (인) 목구멍.

語義 ▌ 劇飲(극음) 몹시 많이 마심. 淋漓(림리) 물이 흘러 질펀한 모양. 술을 질탕하게 마시고 노는 모양. 俄而(아이) 이윽고. 漏盡(루진) 시간이 다함. 루(漏)는 물시계. 燭殘(촉잔) 촛불이 가물가물 꺼져감. 嘔咽(구열) 흐느낌. 索然(삭연) 흥이 깨져 쓸쓸한 모양. 類此(류차) 이와 같음.

---

11. 참된 멋과 기틀을 알라

^{회 득 개 중 취} ^{오 호 지 연 월} ^{진 입 촌 리}
會得個中趣면 五湖之煙月이 盡入寸裡하고,

^{파 득 안 전 기} ^{천 고 지 영 웅} ^{진 귀 장 악}
破得眼前機면 千古之英雄이 盡歸掌握이라.

文意 ▎ 사물 속에 깃든 참맛을 깨달으면 오호의 풍경이 다 마음속에 들어오며, 눈앞에 펼쳐지는 기밀을 깨달으면 천고의 영웅이 다 손아귀에 들어온다.

要旨 ▎ 자연의 참된 정취를 깨닫는다면 천하의 명승을 가보지 않아도 다 알고, 눈앞에 전개되는 현상을 간파한다면 천고의 영웅도 다 부릴 수가 있다.

解說 ▎ '오호(五湖)'는 중국에 있는 다섯 개의 호수 이름인데 그 설이 하도 많아 이루 열거할 수가 없다. 일반적으로 효주(驍州)의 파양호(鄱陽湖), 윤주(潤州)의 단양호(丹陽湖), 구주(丘州)의 청초호(靑草湖), 악주(鄂州)의 동정호(洞庭湖), 소주(蘇州)의 태호(太湖)를 말한다.
중국 전국시대에 월(越)나라 재상 범려(范蠡)가 왕 구천(句踐)을 도와 오왕(吳王) 부차(夫差)에게 원수를 갚게 한 뒤, 벼슬길을 버리고 이 오호 지방을 돌면서 세상을 보낸 일로 유명하다. 이때의 이야기를 희곡으로 만든 작품이 명나라 왕도곤(汪道昆)의 〈오호유(五湖遊)〉이다.

字源 ▎ 湖(호수 호) 氵(水)에서 뜻을, 胡(오랑캐 호)에서 음을 취함.
[形聲]
雄(수컷 웅) 厷(팔 굉)+隹. 새[隹] 중에 힘이 센[厷] 것, 곧 '수컷'을 뜻함. [會意] / 隹에서 뜻을, 厷에서 음을 취함. [形聲]
歸(돌아올 귀) 自(쌓을 퇴)+止+帚(비 추, 아내 부婦의 획 줄임). 친정에 여러 날[自] 머물러[止] 있던 여자[帚]가 시집으로 '돌아간다'는 뜻. [會意] / 止와 帚에서 뜻을, 自에서 음을 취함. [形聲]
掌(손바닥 장) 手에서 뜻을, 尙(오히려 상)에서 음을 취함. [形聲]

字義 ▎ 握(악) 손아귀에 쥐다.

語義 ▎ 會得(회득) 깨달음. 앎. 個中趣(개중취) 사물 속에 깃든 정취(情趣). 五湖(오호) 중국에 있는 경치가 아름다운 다섯 호수. 煙月(연월)

경치. 연하풍월(煙霞風月). 寸裡(촌리) 마음속. 眼前機(안전기) 눈앞에
일어나는 여러 가지 묘한 작용.

12. 사물에 집착하지 않는 밝은 마음을 가져라

산 하 대 지　　이 속 미 진　　　이 황 진 중 지 진　　혈 육 신
山河大地도 已屬微塵이어늘 而況塵中之塵이리오? 血肉身

구　　차 귀 포 영　　　이 황 영 외 지 영　　　비 상 상 지 　무
軀도 且歸泡影이어늘 而況影外之影이리오? 非上上智면 無

료 료 심
了了心이라.

文意 ▌ 산하가 있는 대지도 이미 작은 티끌에 속하거늘, 하물며 티끌
속의 티끌에 있어서랴! 피와 살이 있는 몸뚱이도 이미 물거품과 그림
자에 속하거늘 하물며 그림자 밖의 그림자에 있어서랴! 최상의 지혜가
아니면 밝은 마음도 없다.

要듬 ▌ 천지자연도 언젠가는 변하여 티끌이 되고, 우리의 육신도 이윽
고 물거품이 되어 버린다. 그러므로 부귀공명이나 명리 따위에 초연하
는 밝은 지혜를 가져야 한다.

解説 ▌ 불교에서는 이 세상의 시작과 끝을 사겁(四劫)으로 본다. 곧 성
겁(成劫) · 주겁(住劫) · 괴겁(壞劫) · 공겁(空劫)으로 나눈다.
이 세상이 아직 탄생하지 않았을 때가 혼돈(混沌)인 데서 이것이 개벽
(開闢)되어 우주 만물이 이루어지니 이것이 성겁이요, 이 만물이 이 세
상에 머물러 있음이 주겁이며, 이것들이 언젠가는, 기독교의 말세(末世)
가 되듯이, 큰물 · 불 · 바람 등의 발생으로 이 세계가 파괴되면 그때 모
든 것이 미진(微塵)으로 변하니, 그때가 괴겁이요, 이 괴겁 후에는 모든

것이 공(空)으로 돌아가니 이것이 공겁이다. 이 공겁에서 또 성겁→주겁
→괴겁→공겁으로 또 순행한다는 것이다.

우리 몸도 장차 물거품이나 그림자와 같다가 없어질 것인데, 하물며 그
림자의 그림자 같은 부귀공명이 무슨 가치가 있겠는가? 그러니 빨리 깨
달아야 한다는 것이다.

字源 ▌河(물 하) 氵(水)에서 뜻을, 可(옳을 가)에서 음을 취함. 形聲
況(하물며 황) 氵(水)＋兄(맏 형, 불어날 황). 물〔氵〕이 불어나고〔兄〕 줄
어드는 '상황'을 알아본다는 데서 '형편'의 뜻이 됨. 원자는 況. 會意 / 氵
에서 뜻을, 兄에서 음을 취함. 形聲

字義 ▌軀(구) 몸.

語義 ▌塵中之塵(진중지진) 티끌 속의 티끌. 곧 세상의 모든 생물을 가리
킴. 泡影(포영) 물거품과 그림자. 影外之影(영외지영) 그림자 밖의 그림
자. 곧 명리(名利)를 가리킴. 上上智(상상지) 최상의 지혜. 了了心(료료
심) 확연히 깨닫는 밝은 마음.

---

13. 시야를 넓게 가져라

_{석 화 광 중} _{쟁 장 경 단} _{기 하 광 음}
石火光中에 爭長競短하니 幾何光陰이리오?

_{와 우 각 상} _{교 자 론 웅} _{허 대 세 계}
蝸牛角上에 較雌論雄하니 許大世界리오?

文意 ▌부싯돌의 불빛 속에서 길고 짧음을 다툰들 그 세월이 얼마나
길며, 달팽이 뿔 위에서 자웅을 겨뤄 본들 그 세계가 얼마나 크랴?

要旨 ▌인생은 짧고 세상은 좁은데, 장단을 다투고 자웅을 겨룬다. 모

름지기 생각과 시야를 크게 가지고 웅비(雄飛, 힘차고 씩씩하게 낢. 용기 있고 기운차게 행동함)를 꾀하라.

解説 ▌ 중국 당나라 시인 백낙천(白樂天)의 〈대주(對酒)〉란 시에

'달팽이 뿔 위에서 무슨 일을 다투나?	蝸牛角上爭何事 와 우 각 상 쟁 하 사
돌 부딪는 불빛 속에 이 몸 부쳐 있네.	石火光中寄此身 석 화 광 중 기 차 신
부귀한 대로 가난한 대로 또한 즐겨라.	隨富隨貧且歡樂 수 부 수 빈 차 환 락
입을 벌려 웃지 않는 자는 천치 바보로세.'	不開口笑是痴人 불 개 구 소 시 치 인

라고 했고, ≪장자(莊子)≫ 칙양편(則陽篇)에는
'달팽이 왼쪽 뿔 위에 나라가 있는데 촉씨(觸氏)라 하고, 그 달팽이 오른쪽 뿔 위에도 나라가 있는데 만씨(蠻氏)라고 한다. 때때로 이 두 나라가 땅을 다투어 싸우는데, 전사자가 수만 명이나 되고, 패잔병을 쫓아 15일이나 걸렸다 돌아온다.'
고 했다. 윗글에도 이 두 전거(典據)가 깔려 있다.

字源 ▌ 競(다툴 경) 誩(誩, 다투어 말할 경과 같음)＋儿(人＋人). 두 사람[儿]이 떠들며[誩] '다툰다'는 뜻. [會意] / 儿에서 뜻을, 誩에서 음을 취함. [形聲]

牛(소 우) 소를 정면에서 본 모양을 본뜸. [象形]

角(뿔 각) 짐승의 뿔을 본뜬 모양. [象形]

較(비교할 교) 車＋交(爻, 사귈 효의 변형). 수레[車]의 양옆에 묶어[爻] 추락을 방지하던 기구 이름에서 '양쪽을 비교하다'는 뜻이 됨. [會意] / 車에서 뜻을, 交에서 음을 취함. [形聲]

雌(암컷 자) 此(이 차)＋隹(새 추). 둥우리에 머물러[此] 있는 새[隹], 곧 '어미' 새를 뜻함. [會意] / 隹에서 뜻을, 此에서 음을 취함. [形聲]

字義 ▌ 蝸(와) 달팽이.

語義 ▌ 石火(석화) 부싯돌의 불. 곧 인간의 짧은 생애를 비유함. 蝸牛角上(와우각상) 달팽이의 뿔 위, 곧 사람 사는 세상이 좁은 것을 비유함.

許大(허대) 얼마나 크랴?

14. 정상正常을 넘으면 도리어 무익無益하다

<ruby>寒燈<rt>한 등</rt></ruby><ruby>無焰<rt>무 염</rt></ruby>하고 <ruby>敝裘<rt>폐 구</rt></ruby><ruby>無溫<rt>무 온</rt></ruby>은 <ruby>總是<rt>총 시</rt></ruby><ruby>播弄<rt>파 롱</rt></ruby><ruby>光景<rt>광 경</rt></ruby>이요,

<ruby>身如<rt>신 여</rt></ruby><ruby>槁木<rt>고 목</rt></ruby>하고 <ruby>心似<rt>심 사</rt></ruby><ruby>死灰<rt>사 회</rt></ruby>는 <ruby>不免<rt>불 면</rt></ruby><ruby>墮在<rt>타 재</rt></ruby><ruby>頑空<rt>완 공</rt></ruby>이라.

文意 ▋ 꺼져 가는 등잔에 불꽃이 없고 해진 갖옷에 온기가 없음은 이 모두가 삭막한 광경이요, 몸이 마치 마른 나무 같고 마음이 식은 재 같음은 적막에 떨어짐을 면치 못하는 것이다.

要旨 ▋ 불꽃 없는 등잔, 차갑기만 한 가죽옷은 검소를 넘어 살풍경한 경지이고, 죽은 나무, 식은 재 같은 몸은 도를 넘어 죽음에 이른 상태이다.

解說 ▋ '고목(槁木)' '사회(死灰)'란 말은 ≪장자(莊子)≫ 제물론(齊物論)에서 나왔다. 남곽자기(南郭子綦)란 스승이 책상에 기대 앉아 하늘을 우러러 길게 숨을 쉬니, 그 멍청한 모습이 마치 짝을 잃은 것 같았다. 안성자유(顏成子游)란 제자가 그 앞에서 모시고 서 있다가
"무엇을 하고 계십니까? 형체는 진실로 마른 나무같이 하시고, 마음은 진실로 식은 재와 같이 하시니 말입니다.(何居乎? 形固可使如槁木, 而心固可使如死灰乎?)"
라고 물은 데서 나왔다.
완전히 물아일치경(物我一致境)에 들어가 자신의 존재와 감각까지 잃은 상태를 표현한 말이다. 그러나 위 본문에서는 무감각의 존재이면서도 지나친 무정물(無情物)의 상징으로 표현되고 있다.

또 '완공(頑空)'이란 '공(空)에 대한 잘못된 견해를 고집하는 일'을 뜻한다. '편공(偏空)'이라고도 한다. 진공(眞空)에 대한 상대적인 말이다. '진공'이란 소승불교에서 말하는 '열반(涅槃)'을 가리키기도 한다. 허위가 아니고 진실이기 때문에, 일체의 상(相, 특성)을 떠나 있어, 곧 무특성(無特性)이므로 공(空)이라 부르는 것이다. 진실한 공(空)의 견해를 말하는데 대하여 '완공'은 잘못된 공의 견해라는 뜻이다.

곧 검소함도 너무 지나치면 살풍경(殺風景)하고, 이성(理性)도 너무 차면 공적(空寂)할 뿐이다.

字源 ▌ 溫(따뜻할 온) 氵(水)＋昷(어질 온). 물〔氵〕이 온화〔昷〕하다, 곧 '따뜻하다'는 뜻. 會意 / 氵에서 뜻을, 昷에서 음을 취함. 形聲

弄(희롱할 롱) 王(玉)＋廾(손 맞잡을 공). 손〔廾〕 위에 구슬〔玉〕을 올려놓고 '희롱한다'는 뜻. 會意 / 玉에서 뜻을, 廾에서 음을 취함. 形聲

免(면할 면) 토끼〔兔〕가 덫에 걸렸을 때, 꼬리〔丶〕를 떼어 놓고 도망가 죽음을 '면했다'는 뜻. 會意

字義 ▌ 裘(구) 가죽옷.

語義 ▌ 寒燈(한등) 불이 꺼져 가는 등잔. 敝裘(폐구) 해진 가죽옷. 播弄(파롱) 마구 농락함. 번롱(飜弄)과 같음. 槁木(고목) 마른 나무. 死灰(사회) 식은 재. 頑空(완공) 적막하고 공허함. 곧 사람의 몸과 마음은 모두 공적(空寂)이라는 소승불교(小乘佛敎) 용어.

---

15. 주저躊躇하지 말고 용감하게 멈추어라

人肯當下休면 便當下了나 若要尋個歇處면 則婚嫁雖完이라도 事亦不少하니 僧道雖好나 心亦不了라. 前人이 云하되

'如今休去^{여금휴거}면 便休去^{변휴거}하라. 若覓了時^{약멱료시}면 無了時^{무료시}라'하니 見之^{견지}卓矣^{탁의}로다.

文意 ▌ 사람이 당장에 그 자리에 쉬면 당장 그 자리에서 깨달을 수 있으나 만일 쉴 곳을 찾으면 아들딸을 장가·시집보내는 일이 비록 끝난다 하더라도 일은 역시 많은 법이니, 중과 도사가 비록 좋다 하나 마음에는 속세의 마음이 또한 끝나지 아니하리라. 옛사람이 이르기를 "지금 당장 쉬려면 곧 쉴 수 있으나 만일 끝날 때를 찾는다면 끝날 때가 없으리라"고 했으니 참으로 탁견(卓見, 뛰어난 식견識見이나 의견)이다.

要旨 ▌ 쉬려고 생각했을 때 주저 없이 쉴 것이니, 이 핑계 저 핑계로 차일피일(此日彼日, 오늘 내일 하며 자꾸 기한을 미룸)하다가는 영원히 끝내지 못한다. 옛사람도 그런 말을 했으니 참으로 탁견이라 할 것이다.

解說 ▌ '벼르는 제사에 물도 못 떠 놓는다'는 속담이 있다. 벼르다가 일생을 보내는 수가 있다. 주저하다가 다 놓치고 만다. 오늘 일은 오늘 마치고, 다른 날로 미루지 말 것이다. 주자(朱子)의 〈권학문(勸學文)〉에
'오늘 배우지 않아도 내일이 있다고 말하지 말라. 勿謂今日不學而有來日^{물위금일불학이유래일}
올해 배우지 않아도 내년이 있다고 말하지 말라. 勿謂今年不學而有來年^{물위금년불학이유래년}
날과 달은 가고 나를 위해 늦추지 않는다. 日月逝矣 歲不我延^{일월서의 세불아연}
아아! 늙었구나! 이 누구의 허물인가?' 嗚呼老矣 是誰之愆^{오호로의 시수지건}
라고 했다. 모든 일을 다른 날이나 남에게 미루지 말라.

字源 ▌ 婚(혼인할 혼) 女+昏(저물 혼). 옛날에 신부[女]가 신랑집에 저물녘[昏]에 들어갔던 데서 '혼인하다'의 뜻이 됨. [會意] / 女에서 뜻을, 昏에서 음을 취함. [形聲]
僧(중 승) 亻(人)에서 뜻을, 曾(일찍 증)에서 음을 취함. [形聲]

字義 ▐ 歇(헐) 쉬다. 嫁(가) 시집가다. 卓(탁) 뛰어나다.

語義 ▐ 當下(당하) 당장. 歇處(헐처) 쉴 곳. 婚嫁(혼가) 아들을 장가들이고, 딸을 시집보냄. 僧道(승도) 중과 도사. 了時(료시) 끝마칠 때.

16. 열광熱狂과 번잡煩雜은 빨리 벗어나야 한다

종 랭 시 열 연 후　　지 열 처 지 분 주 무 익
從冷視熱然後에 知熱處之奔走無益하고,

종 용 입 한 연 후　　각 한 중 지 자 미 최 장
從冗入閑然後에 覺閑中之滋味最長이라.

文意 ▐ 냉정한 눈으로 열광한 때를 바라본 뒤에야 열광했을 때의 분주함이 무익함을 알고, 번잡한 데서부터 한가함으로 들어간 뒤에야 한가한 가운데의 맛이 제일 긴 것임을 느끼게 된다.

要旨 ▐ 열광 상태에서 벗어나 냉정해져야 열광이 무익함을 알고, 번잡함을 체험한 뒤에 한가함을 맛보아야 그 한가함의 참맛을 안다.

解說 ▐ 박지원(朴趾源, 1737-1805)의 ≪양반전(兩班傳)≫에 양반이 신분을 파는 이야기가 나온다. 빚에 쪼들린 양반이 그 빚을 갚을 길이 없어, 이웃 상인(常人) 중에 재산이 있지만 신분이 낮아 양반이 되고 싶어 하는 사람에게 빚을 갚아주고, 대신 양반의 신분을 넘겨주기로 했다.
빚을 갚아준 상인은 양반의 직첩을 받아 들고, 양반이 지켜야 할 규칙을 익히다가 하도 까다로워 양반 되기를 포기하고, 빚도 되돌려 받지 않고 양반 직첩을 반환하고 만다. 양반의 허위성을 풍자한 소설이지만, 그렇게도 양반을 부러워하던 상인은 상인들의 구속 없는 생활에서 참된 희열을 느낀다. 지나 놓고 봐야 그 참모습, 참맛을 아는 것이다.

字義 ▎ 冗(용) 민감하다, 바쁘다. 원자는 宂. 冗은 속자(俗字).

語義 ▎ 從冷視熱(종랭시열) 냉정한 입장에서 열광을 바라봄.

17. 부귀를 부러워하지 말고 시詩를 즐겨라

유 부 운 부 귀 지 풍
有浮雲富貴之風이라도 이 불 필 암 서 혈 처
而不必巖棲穴處하고,

무 고 황 천 석 지 벽
無膏肓泉石之癖이라도 이 자 상 취 주 탐 시
而自常醉酒耽詩니라.

文意 ▎ 부귀영화를 뜬구름처럼 여기는 기풍이 있다 할지라도 반드시 암혈(巖穴)에 살 것은 아니고, 자연을 좋아하는 버릇이 없다 하더라도 늘 스스로 술에 취하고 시를 즐기는 풍류를 알면 된다.

要旨 ▎ 부귀를 뜬구름같이 여긴다고 하여 반드시 속세를 등질 필요는 없고, 비록 천석고황의 버릇은 없더라도 늘 시주(詩酒, 술을 마시고 시를 지음)를 즐기는 풍류생활이 좋다.

解說 ▎ 《논어》 술이편(述而篇)에
'엉성한 밥을 먹고 물을 마시고 팔을 베고 누웠어도 즐거움은 그 안에 있다. 의롭지 않으면서 부하고 귀함은 나에게는 뜬구름과 같다.(飯疏食飮水, 曲肱而枕之 樂亦在其中矣. 不然而富且貴, 於我如浮雲也.)'
고 공자는 말했다.
'고황천석(膏肓泉石)'이란 '천석고황(泉石膏肓)'을 뒤집어 놓은 말이다. 산수를 사랑하는 병이 깊음을 뜻한다. '고(膏)'는 가슴 밑의 적은 비계, '황(肓)'은 가슴 위의 얇은 막(膜)으로 심장과 횡경막 사이에 있는데, 병

이 그곳에 생기면 낫기 어려운 부분이다. 샘과 돌 등 자연의 산수 때문에 이런 병이 들었다는 뜻이다. '연하고질(煙霞痼疾)' '연하지벽(煙霞之癖)'과 같은 뜻의 말이다.

중국 당나라의 전유암(田游巖)이 벼슬로 불러도 나오지 않자, 고종(高宗)이 숭산(崇山)에 행차했을 때, 전유암의 집에 들렀다. 전유암이 촌부의 옷으로 나와 말하는데 그 거동이 근엄하고 소탈했다. 고종이 근래의 안부를 물으니 전유암은 자기는 '천석의 고황'과 '연하의 고질'이 든 병자라고 했다.

예부터 부귀는 부운같이 여기고 천석고황의 경지를 사랑하지만, 반드시 속세를 떠나야 그런 경지를 맛보는 것은 아니다. 비록 속세에 살면서도 풍류를 즐기면 그런 경지에 접근할 수 있을 것이다.

字源 ▌浮(뜰 부) 氵(水)에서 뜻을, 孚(믿을 부)에서 음을 취함. 形聲
巖(바위 암) 山＋嚴(굳셀 엄). 산[山]에 굳세게[嚴] 버텨 서 있는 것, 곧 '바위'를 뜻함. 會意 / 山에서 뜻을, 嚴에서 음을 취함. 形聲
酒(술 주) 氵(水)＋酉(닭 유, 술병을 뜻함). 술병[酉]에 든 액체[氵], 곧 술을 뜻함. 會意 / 氵에서 뜻을, 酉에서 음을 취함. 形聲
詩(귀글 시) 言에서 뜻을, 寺(관청 시)에서 음을 취함. 形聲

字義 ▌肓(황) 명치 끝, 흉격(胸膈). 癖(벽) 버릇. 耽(탐) 즐기다.

語義 ▌浮雲富貴(부운부귀) 부귀영화를 뜬구름처럼 여김. 巖棲穴處(암서혈처) 바위에 살고 굴에 거처함, 곧 속세를 떠나 깊은 산속에서 생활함. 膏肓(고황) 고치기 어려운 고질병. 泉石(천석) 자연을 나타냄. 고황천석(膏肓泉石)은 자연을 사랑하는 고질병의 뜻.

18. 염담恬淡하되 자랑하지 말라

競逐은 聽人하여 而不嫌盡醉하고 恬淡은 適己하여 而不誇
獨醒이라. 此釋氏所謂不爲法纏하고 不爲空纏하여 身心이
兩自在者니라.

文意 ▐ 명리(名利)를 다투는 것은 남들에게 맡겨 그들이 모두 취하여
도 미워하지 말고, 고요하고 담박함은 나에게 알맞게 하되 홀로 깨어
있는 것을 자랑하지 말라. 이것은 불가에서 말하는 '법에도 얽매이지
않고 공(空)에도 얽매이지 않는 것'으로 몸과 마음이 둘 다 자유로운
자이다.

要旨 ▐ 남들은 명리에 취하여도, 나만은 염담하면서 자랑조차 하지 않
으면, 이는 몸과 마음이 모두 자유로운 사람이다.

解說 ▐ 불교에서 '법(法)'은 '일체의 만물'을 말하고, '공(空)'은 모든 만물
의 공(空)의 상태, 곧 '공적(空寂)'을 말하니, 이런 '법'에 매이는 것을
'법전(法纏)'이라 하고, 또 '공'에 매이는 것을 '공전(空纏)'이라 한다. 이
런 '법전'이나 '공전'에 말려들지 말아야 진정으로 자유롭다는 뜻이다.
곧 명리에 구애받지도 말고 다만 염담한 생활을 하되 자랑하지 말 것이
다. 그래야 불교에서 말하는 '법전'에도 '공전'에도 사로잡히지 않아 진실
로 자유로운 존재가 되는 경우와 같을 것이다.

字源 ▐ 釋(풀 석) 釆(분별할 변)＋睪(엿볼 역). 사물을 분별하여〔釆〕알
아보기〔睪〕쉽게 '분석' '설명'한다는 뜻. 會意 / 釆에서 뜻을, 睪에서 음
을 취함. 形聲
氏(성 씨) 나무 그루터기 밑의 굽은 뿌리를 본떠, 뿌리처럼 갈린 '씨족'을
나타냄. 象形

字義 ▌ 聽(청) 듣다. 맡기다.　嫌(혐) 싫어하다.　纏(전) 얽어 감다.

語義 ▌ 競逐(경축) 다툼, 곧 명리(名利)를 다툼.　聽人(청인) 남에게 맡김.　恬淡(염담) 고요하고 담박함.　適己(적기) 자기를 즐겁게 함. 내가 즐김.　獨醒(독성) 혼자 깨어 있음.　釋氏(석씨) 석가(釋迦). 불가(佛家)를 뜻함.　法纏(법전) 법에 얽매임.　自在(자재) 자유로움, 자유자재(自由自在).

---

19. 모든 것은 생각하기에 달렸다

_{연촉} _{유어일념} _{관착} _{계지촌심} _고 _{기한자}
延促은 由於一念하고 寬窄은 係之寸心이라. 故로 機閑者는
_{일일} _{요어천고} _{의광자} _{두실} _{관약량간}
一日도 遙於千古하고, 意廣者는 斗室도 寬若兩間이라.

文意 ▌ 길고 짧음은 한 생각으로 말미암으며, 넓고 좁음은 한 치 마음에 달려 있다. 그러므로 마음이 한가한 사람은 하루가 천고보다 아득하고, 뜻이 넓은 사람은 좁은 방도 넓기가 하늘과 땅 사이 같다.

要旨 ▌ 길고 짧음, 넓고 좁음은 생각하기에 달렸다. 생각하기에 따라 긴 것이 짧아지고, 좁은 것이 넓게도 보인다.

解說 ▌ 소동파도 〈적벽부(赤壁賦)〉에서
'변하는 입장[現像]에서 본다면 천지도 늘 변하고 있어 항상 그대로가 아니며, 변하지 않는 입장[本質]에서 본다면 만물이 모두 다함이 없는 것 같다.'
고 했다. 《명심보감》 성심편(省心篇)에도
'봄비가 기름 같으나 행인은 그 질퍽거림을 싫어하고, 가을달이 밝게 비

치나 도둑은 그 비침을 싫어한다.(春雨如膏, 行人惡其泥濘. 秋月揚輝, 盜者憎其照鑑.)'
라고 했다. 비오는 날 우산 장수는 좋지만 모자 장수는 울더라는 이야기와 같이 매사는 생각하기에 달린 것이다.

字源 ▌ 延(뻗을 연) ノ(삐침 별)＋延(걸을 천). 발을 끌며〔ノ〕 걷는〔延〕 모습에서 '늘이다'의 뜻이 됨. 會意 / ノ에서 뜻을, 延에서 음을 취함. 形聲

係(이을 계) 亻(人)＋系(이을 계). 사람〔人〕과 사람이 이어져〔系〕 '관계를 맺는다'는 뜻. 會意 / 亻에서 뜻을, 系에서 음을 취함. 形聲

遙(멀 요) 辶에서 뜻을, 䍃(질그릇 요)에서 음을 취함. 形聲

語義 ▌ 延促(연촉) 길고 짧음, 장단(長短). 寬窄(관착) 넓고 좁음. 機閑(기한) 마음이 한가함. 斗室(두실) 작은 방. 兩間(량간) 하늘과 땅 사이, 천지간.

---

20. 물욕物慾과 시비是非를 버리고 자연에 동화同化하라

^{손 지 우 손} ^{재 화 종 죽} ^{진 교 환 오 유 선 생}
損之又損하며 栽花種竹하니 儘交還烏有先生이요,

^{망 무 가 망} ^{분 향 자 명} ^{총 불 문 백 의 동 자}
忘無可忘하며 焚香煮茗하니 總不問白衣童子라.

文意 ▌ 욕심을 줄이고 또 줄이며 꽃 가꾸고 대 심으니 오유선생이 되어 가고, 세상사를 잊고 또 잊으며 향 피우고 차 끓이니 도무지 백의동자를 묻지 않는다.

要旨 ▌ 물욕을 버리고 자연을 즐기니 이 몸이 무(無)의 상태로 돌아가고, 시비를 다 잊고 풍류를 즐기니 무아의 경지에 이른다.

解說 ▌ '오유(烏有)'란 '어찌 있으리오?' 곧 '없다'는 뜻이다. 따라서 오유선생은 '없는 선생'이란 의미이다. 중국 한(漢)나라 문인 사마상여(司馬相如, 기원전 ?-118)의 〈자허부(子虛賦)〉란 글에서 가탁(假託)한 우화적(寓話的)인 인물이다.

'백의동자(白衣童子)'는 《속진양추(續晉陽秋)》란 책의 도연명(陶淵明) 고사(故事)에서 나온 인물이다. 도연명이 어느 해 9월 9일 중양절(重陽節)에 술이 없어 집 근처 동쪽 울타리에서 국화를 한움큼 꺾어 가지고 앉아 있었다. 이윽고 흰 옷을 입은 왕홍(王弘)이 술을 가지고 와서 대접하고 돌아갔다는 이야기가 있다.

백의동자는 오유선생과 대로 쓴 문구이다. 오유선생은 어른, 백의동자는 아이를 대로 이루게 한 것이다.

욕심을 줄여 세상사를 잊고 자연을 즐기면 무아의 경지로 들어가 오유선생이니, 백의동자이니 하는 존재마저 무가치하다는 의미이다.

字源 ▌ 栽(심을 재) 木에서 뜻을, 戈(손상할 재)에서 음을 취함. 形聲
烏(까마귀 오) 색이 '검어서' '까마귀' 새의 눈이 안 보임을 뜻함. 象形
童(아이 동) 立(辛, 매울 신의 획 줄임)＋里(重, 무거울 중의 획 줄임). 고생스럽게[辛] 중노동[里]하는 남자 종을 어린애 취급했다는 데서, '아이'의 뜻이 됨. 會意 / 立에서 뜻을, 里(重)에서 음을 취함. 形聲

字義 ▌ 儘(진) 진(盡), 다하다.

語義 ▌ 損之又損(손지우손) 욕심을 줄이고 또 줄임. 交還(교환) 반환(返還)과 같은 말. 돌려보냄. 烏有(오유) '어찌 있으랴'의 뜻. 곧 무(無). 忘無可忘(망무가망) 잊어버릴 것이 없을 때까지 잊음. 잊을 가능성이 있는 것은 모두 잊음. 煮茗(자명) 차를 달임. 白衣童子(백의동사) 도연명이 9월 9일에 술이 없어 국화를 따고 있자 술을 보낸 사람.

21. 만족할 줄 알면 속세俗世도 선경仙境이다

^{도 래 안 전 사} ^{지 족 자 선 경} ^{부 지 족 자 범 경}
都來眼前事는 知足者仙境이요 不知足者凡境이며,

^{총 출 세 상 인} ^{선 용 자 생 기} ^{불 선 용 자 살 기}
總出世上因은 善用者生機요 不善用者殺機니라.

文意┃ 눈앞에 나타나는 모든 일은 족한 줄 알면 선경이요, 족한 줄 모르면 속경이며, 세상에 나타나는 모든 인연은 잘 사용하면 살리는 작용이요, 잘못 사용하면 죽이는 작용이 된다.

要旨┃ 만족할 줄 아는 사람에게는 눈에 들어오는 모든 것이 선경이요, 세상의 인연을 잘 선용하면 만물을 살리는 계기가 된다.

解説┃ ≪노자≫ 제46장에
'만족할 줄 모르는 것보다 더 큰 불행이 없고, 얻고자 하는 것보다 더 큰 허물이 없다. 그러므로 만족할 줄 아는 만족이 영원한 만족이다.(禍莫大於不知足, 咎莫大於欲得. 故知足之足, 常足矣)'
라고 했다. 지족(知足)의 경지에 만족할 줄 앎이 최고의 만족이 되는 것이다.
조선 중기에 송도(松都, 개성)의 이름난 기생 황진이(黃眞伊)는 지족선사(知足禪師)의 도를 깨서 유명했고, 그 뒤부터 파계승(破戒僧)을 풍자하는 '망석(妄釋) 중놀이'가 생겼다고 들었다. 이 지족선사의 지족도 도가적(道家的)인 용어이다.

語義┃ 知足(지족) 자기의 분수를 알고 만족하게 여김. 凡境(범경) 평범한 사람의 경지. 속경(俗境). 生機(생기) 살리는 작용. 殺機(살기) 사람이나 사물을 해롭게 하는 작용.

22. 권세에 붙좇는 화禍는 참담慘憺하며 빠르다

추염부세지화　심참역심속
趨炎附勢之禍는　甚慘亦甚速하고,

서염수일지미　최담역최장
棲恬守逸之味는　最淡亦最長이라.

文意 ▌ 권력을 좇고 권세에 붙는 재앙은 몹시 참혹하고 또 몹시 빠르며, 고요함에 살고 안일함을 지키는 맛은 가장 담박하고 또 가장 오래 간다.

要旨 ▌ 권문세가(權門勢家, 권세權勢가 있는 집안)에 붙좇아 생기는 화는 참혹하고도 빠르며, 염담안일(恬淡安逸, 사물에 집착하지 않고 욕심 없이 마음이 편하고 한가로움)에 깃들이는 맛은 담백하고 길다.

解説 ▌ ≪논어≫ 자로편(子路篇)에서 공자도
'작은 이익을 돌보면 큰 일이 이루어지지 않는다.(見小利則大事不成)'
라 했고, 맹자(孟子)도 ≪맹자≫ 진심장(盡心章) 하(下)에서
'마음을 기르는 데는 욕심을 적게 갖는 것보다 더 훌륭함이 없다.(養心莫善於寡慾)'
라고 했다. 또 청나라 말기의 정치가 증국번(曾國藩, 1811-1872)도
'흉금은 마땅히 담담하고 원대하여야 하며, 텅 비고 조용한 구역에다 마음을 두어, 만물 밖에 우뚝 서야 한다.(胸襟宜淡遠, 遊心虛靜之域, 獨立萬物之表)'
고 했다. 곧 권문세가를 멀리하고 염담(恬淡) 청정(淸淨)한 경지에서 인생을 관조(觀照)해야 할 것이다.

字源 ▌ 慘(혹독할 참) ㅏ(心)에서 뜻을, 參(참여할 참)에서 음을 취함.
〔形聲〕

語義 ▌ 趨炎(추염) 불꽃을 좇음. 곧 강력한 권력을 좇음. '염(炎)'은 센

권력의 뜻. 附勢(부세) 권세에 붙어서 좇음.   棲恬守逸(서염수일) 고요함
에 살고 안일함을 지킴. '염(恬)'은 욕심 없이 마음이 편안함.

---

23. 풍월風月을 벗으로 삼을 줄 알라

^{송 간 변}　　^{휴 장 독 행}　　　^{립 처}　　^{운 생 파 남}
松澗邊에 携杖獨行하면 立處에 雲生破衲하고,

^{죽 창 하}　　^{침 서 고 와}　　　^{각 시}　　^{월 침 한 전}
竹窓下에 枕書高臥하면 覺時에 月侵寒氈이라.

文意 ▌ 소나무가 울창한 시냇가에 지팡이를 짚고 홀로 가노라면 서는
곳마다 구름이 해진 누더기 옷에서 일어나고, 대나무 창 아래에서 책
을 베개 삼고 높이 누우면 문득 깨어날 때 달빛이 낡은 담요 위를 비
추고 있다.

要旨 ▌ 자연 속을 배회하니 자연과 일체가 되고, 달빛 아래 누워서 물
아일치(物我一致)의 희열을 맛본다.

解說 ▌ 도연명(陶淵明)의 〈귀거래사(歸去來辭)〉에

'지팡이로 늙은 몸을 의지하고 아무데서나 마음대로 쉬고,　策扶老以流憩
　　　　　　　　　　　　　　　　　　　　　　　　　　　　책 부 로 이 류 게

때로 머리를 높이 들어 멋대로 멀리 바라본다.'　　　　　時矯首而遐觀
　　　　　　　　　　　　　　　　　　　　　　　　　　　시 교 수 이 하 관

고 한 대목이 있다. 또 김립(金笠)은 금강산 도승(道僧)과의 시구 문답
에서

'아침에 입석봉에 오르니 구름이 발 밑에서 피어오르고,　朝登立石雲起足
　　　　　　　　　　　　　　　　　　　　　　　　　　　조 등 립 석 운 기 족

저녁에 황천담 못물을 마시니 달이 입술에 걸리더라.'　　　暮飮黃泉月掛脣
모음황천월괘순

라고 했다.

송백이 우거진 골짜기를 구름 속으로 다니고 죽창 달빛 아래 누워 자연을 감상하는 멋은 흡사 신선과 같다.

字源 ▐ 邊(가 변) 辶+自+旁. 자신〔自〕이 갈 수〔辶〕 있는 곳〔旁〕의 '한계' '한쪽'을 뜻함. 會意 / 辶에서 뜻을, 臱(뵈지 않을 면)에서 음을 취함. 形聲

枕(베개 침) 木+尤(沈, 잠길 침의 생략형). 잠들 때〔尤〕 쓰는 나무토막〔木〕, 곧 '베개'를 뜻함. 會意 / 木에서 뜻을, 尤에서 음을 취함. 形聲

臥(누울 와) 臣+人. 사람〔人〕이 신하〔臣〕처럼 몸을 굽히고 엎드려 쉰다는 뜻. 會意

字義 ▐ 澗(간) 산골 물. 携(휴) 끌다. 衲(납) 장삼. 氈(전) 담요.

語義 ▐ 松澗邊(송간변) 소나무가 울창한 시냇가. 携杖獨行(휴장독행) 지팡이를 짚고 혼자서 감. 破衲(파납) 해진 누더기 옷. 高臥(고와) 세상일을 잊고 편안히 누워 있음. 寒氈(한전) 낡은 담요.

24. 색욕이나 명리욕名利欲을 버리고 도심道心을 기르라

색욕 　 화치 　 　 이일념급병시 　 변흥사한회
色慾이 **火熾**라도 **而一念及病時**면 **便興似寒灰**하고,

명리이감 　 　 이일상도사지 　 변미여작랍
名利飴甘이라도 **而一想到死地**면 **便味如嚼蠟**이라.

고 　 인상우사려병 　 　 역가소환업이장도심
故로 **人常憂死慮病**이면 **亦可消幻業而長道心**이라.

文意 ▌ 색욕이 불처럼 치솟을지라도 한 번 생각이 병든 때에 미치게 되면 곧 흥이 식은 재처럼 줄어들고, 명리가 엿같이 달게 여겨지다가도 한 번 생각이 죽는 처지에 이르게 되면 곧 그 맛이 납을 씹는 것 같아진다. 그러므로 사람이 항상 죽음을 근심하고 병을 우려한다면 가히 헛된 생각을 버리고 도심(道心)을 기를 수 있을 것이다.

要旨 ▌ 색욕이 불같이 일 때는 그 색욕을 채우다가 병이 들었을 때를 생각하고, 명리를 탐하는 마음이 치솟을 때는 그 명리 때문에 죽음을 당하는 경우를 상상해 보라. 그러면 그런 욕심은 사라지고 반대로 도심이 나타날 것이다.

解說 ▌ '후회서제(後悔噬臍)'란 말이 있다. '일이 벌어진 다음 후회해도 소용이 없다'는 뜻이다. 사향(麝香)노루가 유명한 한약재인 사향을 얻으려는 포수에게 붙잡히게 되었을 때 그 사향 때문에 자신이 죽게 되는 것을 후회하여 사향낭(麝香囊) 바깥쪽의 배꼽을 물어뜯은들 때는 이미 늦었다. 사향만 없었더라면 자신이 죽지는 않을 텐데 숙명적인 일이다.
사람은 욕심을 눌러, 사고를 낸 뒤에 후회가 없도록 해야 한다. 그래서 ≪예기(禮記)≫ 악기편(樂記篇)에는
'바른 도리를 가지고 욕심을 제어한다면 즐거워하되 어지럽지 않고, 욕심으로써 바른 도리를 잊는다면 의혹해서 즐겁지 않다.(以道制欲, 則樂而不亂. 以欲忘道, 則惑而不樂)'
고 했다. 욕심을 누르고 도심을 길러야 한다.

字源 ▌ 慾(욕심 욕) 心에서 뜻을, 欲(탐낼 욕)에서 음을 취함. 形聲
想(생각할 상) 心에서 뜻을, 相(서로 상)에서 음을 취함. 形聲

字義 ▌ 飴(이) 엿, 달다. 嚼(작) 씹다. 蠟(랍) 밀랍, 초.

語義 ▌ 火熾(화치) 불처럼 치솟음. 寒灰(한회) 불 꺼진 재. 飴甘(이감) 엿같이 닮. 死地(사지) 죽는 처지. 嚼蠟(작랍) 납을 씹음. 幻業(환업) 헛된 죄업, 곧 현세의 색욕과 명리(名利). 道心(도심) 참마음, 진리의 마음, 사람의 도리의 마음.

25. 다투는 길은 좁고 짙은맛은 잠깐이다

爭先的徑路는 窄하니 退後一步하면 自寬平一步하고,

濃艶的滋味는 短하니 清淡一分하면 自悠長一分이라.

文意 ▌ 다투는 길은 좁으니 한 걸음 뒤로 물러나면 저절로 한 걸음만큼 넓고 평평해지며, 짙고 좋은 맛은 짧으니 일분을 맑고 담박하게 하면 저절로 일분만큼 길어질 것이다.

要旨 ▌ 명리(名利)를 추구하는 길은 좁으니 한 걸음 뒤져야 안전하고, 농염한 재미를 버리고 청담한 재미를 취해야 오래간다.

解説 ▌ '경(徑)'은 '지름길'을 말한다. ≪논어≫ 옹야편(雍也篇)에 보면 이런 이야기가 있다.

공자의 제자 자유(子游)가 노(魯)나라 무성(武城) 땅의 책임자가 되었다. 공자가 자유에게 묻기를 "너는 부릴 만한 사람을 구했느냐?"하니 대답하되 "예, 담대멸명(澹臺滅明)이라는 사람이 있사온대, 이 사람은 '길을 가도 지름길로 가지 않고(行不由徑)', 공무가 아니면 제 방에 오지도 않습니다." 했다.

이렇게 담대멸명은 강직하고 곧아 '지름길을 가는 법이 없었다.' '군자대로행(君子大路行)'과 같은 말이다.

또 '삼경(三徑〔逕〕)'이란 말이 있다. 뜰 안에 있는 '작은 세 길'이란 뜻으로 은사(隱士)의 거처를 뜻한다.

옛날 중국 한(漢)나라 장후(蔣詡)가 자기 집 뜰 안에 세 개의 길을 만들어 놓고 솔·대·국화를 심어, 송경(松徑)·죽경(竹徑)·국경(菊徑)이라고 부른 데서 유래한다.

앞다투는 벼슬의 지름길에서 한 발짝 물러날 줄 알아야 하고, 너무 진한 맛만 찾지 말고 좀 더 담백한 맛을 찾을 줄 알아야 한다.

26. 바쁠 때일수록 본성을 잃지 말라

_{망 처}　_{불 란 성}　　_{수 한 처}　_{심 신}　_{양 득 청}
忙處에 不亂性이면 須閑處에 心神을 養得淸하고,

_{사 시}　_{부 동 심}　　_{수 생 시}　_{사 물}　_{간 득 파}
死時에 不動心이면 須生時에 事物을 看得破니라.

文意 ‖ 바쁜 때에 본성을 어지럽히지 않으려면 모름지기 한가할 때 정신을 맑게 길러야 하고, 죽을 때에 마음을 움직이지 않으려면 모름지기 살아 있을 때 사물의 참모습을 간파해야 한다.

要旨 ‖ 한가한 때 마음을 수양해야 바쁠 때 본성을 잃지 않고, 살았을 때 사물을 간파해야 죽을 때 흔들리지 않는다.

解說 ‖ ≪좌전(左傳)≫ 양공(襄公) 13년조에
'〈일서(逸書)〉에서도 말하기를 "편안히 거처할 때 위험한 때를 생각하라"고 했습니다. 그러므로 생각하는 것은 즉 대비하는 것이고, 대비하면 근심이 없으니, 감히 이것으로써 규범을 삼으십시오.(書曰 居安思危. 思則有備, 有備無患, 敢以此規.)'
라고 했다. 편안히 거처할 때 위험한 때를 생각하라 했다. 그래서 예비해야 하고, 그래야만 유비무환(有備無患)하다.

語義 ‖ 忙處(망처) 바쁜 때. 不亂性(불란성) 본성을 어지럽히지 않음. 閑處(한처) 한가한 때. 心神(심신) 정신, 마음. 看得破(간득파) 꿰뚫어

앎. 간파(看破)의 뜻.

27. 은일隱逸에는 영욕榮辱이 없고, 도의道義 에는 변화가 없다

隱逸林中에는 無榮辱이요 道義路上에는 無炎凉이라.

文意 ‖ 숨어사는 숲속에는 영예나 굴욕이 없고, 도의가 있는 길에는 인정의 변화가 없다.

要旨 ‖ 속세를 등진 은둔생활에는 영욕이 없고, 도의가 행하여지는 길에는 속세의 변덕이 없다.

解說 ‖ ≪한서(漢書)≫ 식화지(食貨志)에
'입고 먹는 것이 족하면 영예와 굴욕을 알고, 염치와 양보가 생겨나면 다툼과 소송이 멈춘다.(衣食足而知榮辱, 廉讓生而爭訟息.)'
라고 했다. 속세에서는 의식이 족해야 영욕을 알아 체면도 세우고 예의도 지킨다. 그러나 속세를 떠난 은둔세계에서는 아예 영욕이 있을 리 없다.
또 '염량세태(炎凉世態)'란 말이 있다. '염량'은 원래 더위와 추위라는 뜻인데, 권력을 잡았을 때를 염(炎), 권력을 놓았을 때를 량(凉)으로 대변하여, '염량세태'란 권세가 있을 때는 아첨하며 좇고, 권세가 떨어지면 푸대접하는 세속의 형편을 이르게 된 것이다.
이와 뜻이 같은 글에 '염이부, 한이기(炎而附, 寒而棄)'란 말이 있다. 당나라 유종원(柳宗元)의 〈송청전(宋淸傳)〉에서 나온 말로 '따뜻하면 붙들고, 추우면 버린다'는 뜻이다. 도의의 길에는 '염량세태'가 없는 법이다.

字義 ▌ 炎(염) 불꽃, 뜨겁다. 凉(량) 서늘하다.

語義 ▌ 隱逸(은일) 은둔하여 숨어삶. 炎凉(염량) 더위와 추위. 곧 속세 인정의 변화.

---

28. 더위나 가난을 잊는 마음을 기르면 심신이 편안하다

熱不必除나 而除此熱惱하면 身常在淸凉臺上하고,

窮不可遣이나 而遣此窮愁하면 心常居安樂窩中이라.

文意 ▌ 더위를 제거할 수는 없으나 이 더위를 괴로워하는 마음을 제거하면 몸은 항상 시원한 누대 위에 있게 되고, 가난을 쫓을 수 없으나 이 가난을 근심하는 마음을 쫓으면 항상 편안한 집 속에서 살게 된다.

要旨 ▌ 더위나 가난을 실제로 없앨 수는 없으나, 그 더위나 가난을 괴로워하고 근심하는 마음을 없애면 심신이 항상 안락하다.

解說 ▌ '안락와(安樂窩)'란 '편안히 즐기는 집'이란 뜻인데 중국 북송(北宋)의 소옹(邵雍, 1011-1077)이 살던 집을 이렇게 부른 데서 유래한다. ≪송사(宋史)≫ 소옹전(邵雍傳)에는 다음과 같은 기록이 있다.
'부필(富弼)·사마광(司馬光)·여공저(呂公著) 등 여러 어진 이들이 낙양(洛陽)에 물러가 살면서 항상 소옹을 존경하면서 따라서 놀며 집을 훌륭하게 지었다. 그러나 소옹은 몸소 농사를 지어 겨우 호구지책(糊口之策)을 할 뿐이었다. 그러면서 자신의 거소를 "안락와"라 하고 자신을 안

락선생(安樂先生)이라 불렀다. 호사자(好事者)가 따로 집 한 채를 짓되 소옹의 집처럼 만들고 소옹이 오기를 기다려 그 집의 이름을 "행와(行 窩)"라고 했다.'

소옹은 일반적으로 소강절(邵康節)이라 부르며 수리철학자(數理哲學者)로 유명하다.

字源 ▮ 惱(한할 뇌) 忄(心)+𱐦(腦, 두뇌 뇌의 생략형). 머릿속에〔𱐦〕 괴로운 마음〔心〕을 품는다는 데서 '고달프다' '번뇌하다'의 뜻이 됨. [會意] / 忄에서 뜻을, 𱐦에서 음을 취함. [形聲]

臺(돈대 대) 土+高+至. 높은〔高〕 곳에 이르러〔至〕 흙〔土〕으로 쌓아 만든 건물. '누각'을 뜻함. [會意]

遣(보낼 견) 제왕이 죽었을 때, 산 사람을 무덤 속에 '보내' 순장시키는 모양을 본뜸. [象形] / 辶+𠁥(작은 조각 견). 작은 조각〔𠁥〕은 쓸데없으니, 내버린다〔辶〕는 뜻. [會意] / 辶에서 뜻을, 𠁥에서 음을 취함. [形聲]

愁(근심 수) 心에서 뜻을, 秋(가을 추)에서 음을 취함. [形聲]

字義 ▮ 窩(와) 굴.

語義 ▮ 熱惱(열뇌) 더위의 고뇌. 더위를 괴로워하는 마음. 窮愁(궁수) 궁함의 근심, 가난을 근심하는 마음.

---

29. 전진할 때는 후퇴할 때를 예상하라

進步處^{진보처}에 便思退步^{변사퇴보}하면 庶免觸藩之禍^{서면촉번지화}하고,

著手時^{착수시}에 先圖放手^{선도방수}하면 纔脫騎虎之危^{재탈기호지위}니라.

文意 ▌ 앞으로 나아갈 때에 문득 물러설 생각을 하면 울타리에 걸리는 재앙을 거의 면할 수 있고, 손을 댈 때에 먼저 손을 놓을 일을 꾀한다면 곧 호랑이를 타는 위험을 벗어나게 된다.

要旨 ▌ 앞으로 나아갈 때는 물러설 때를 예상하고, 어떤 일에 착수할 때는 그 일에서 손을 뗄 때를 예상하면 화를 면할 수 있다.

解說 ▌ '촉번(觸藩)'이란 '울타리에 걸린다'는 뜻인데 ≪역경(易經)≫ 대장괘(大壯卦) 상륙(上六)에
'숫양이 뿔을 울타리에 박아 걸려서 물러설 수도 없고 나아갈 수도 없다.(羝羊觸藩, 不能退, 不能遂)'
라고 한 데서 생긴 말이다. 원말은 '저양촉번(羝羊觸藩)'이다.
'기호(騎虎)'란 '호랑이를 탄다'는 뜻이다. 호랑이 등을 탔으나 매달려 따라갈 수도 없고 그렇다고 내릴 수도 없는 난처한 형편이다. 이 말은 ≪수서(隋書)≫ 독고황후전(獨孤皇后傳)에서
'북주(北周)의 선제(宣帝)가 붕어할 때 고조(高祖, 수隋나라 양견楊堅)가 궁중에 있으면서 백관을 통솔했다. 그때 독고황후가 사람을 시켜 고조에게 "큰 일이 이미 그러하여 호랑이를 탄 형세라 내릴 수 없으니 힘쓰시오" 하였다.'
라고 독고황후가 말한 '호랑이를 탄 형세(기호지세騎虎之勢)'에서 나왔다. 곧 '촉번지화(觸藩之禍)' '기호지위(騎虎之危)'는 '진퇴유곡(進退維谷)'과 상통하는 말이다. '진퇴유곡'은 ≪시경(詩經)≫ 대아(大雅) 상유편(桑柔篇)에서 나온 말이다. 곡(谷)은 궁(窮)의 뜻이다.

字源 ▌ 庶(거의 서) 广 + 廿(스물 입) + 灬(火). 여러 사람[廿]이 집안[广]에서 불을 피워[灬] 밥 짓는 모양에서 '뭇 사람' '평민'의 뜻이 됨. 會意
騎(말탈 기) 馬에서 뜻을, 奇(기이할 기)에서 음을 취함. 形聲

語義 ▌ 觸藩之禍(촉번지화) 양이 울타리에 뿔이 걸려 오도가도 못하는 불행. 騎虎之危(기호지위) 호랑이를 탄 사람의 위기. 곧 내릴 수도, 타고 있을 수도 없는 위험.

30. 족한 줄 알면 왕공王公도 부럽지 않다

貪得者는 分金에 恨不得玉하고 封公에 怨不受侯하니 權豪
自甘乞丐하며, 知足者는 藜羹도 旨於膏粱하고 布袍도 煖於
狐貉하니 編民도 不讓王公이라.

文意 ▌ 이득을 탐내는 사람은 금을 나누어 주면 옥을 얻지 못함을 한하고, 공작에 봉해지면 제후 벼슬을 받지 못함을 원망하니, 부귀하면서도 거지 노릇을 달게 여기며, 족할 줄 아는 사람은 명아주국도 고기와 쌀밥보다 맛있게 여기고, 베로 만든 두루마기도 털옷보다 따뜻하게 여기니, 평민이면서도 왕공을 부러워하지 않는다.

要旨 ▌ 욕심은 한이 없어 가질수록 더 요구하고, 족한 줄 알면 청빈(淸貧)을 사랑하며 왕공도 부러워하지 않는다.

解說 ▌ 중국 고대 주(周)나라 때 오작(五爵, 오등작五等爵)제도가 있었다. 천자(天子)가 근친(近親)들에게 5등급의 작위를 내리던 제도이다. 곧 공작(公爵)·후작(侯爵)·백작(伯爵)·자작(子爵)·남작(男爵)이다. 이 오작제도는 고려시대에 우리나라에서도 한때 이용한 적이 있었고 일본(日本)이 잘 활용했다.

사람의 욕심은 한이 없어 금을 주면 옥까지 달라 하고, 공작에 봉하면 후작까지 겸하려든다. 곧 욕심의 거지가 되기 쉽다. 오직 안빈낙도(安貧樂道)할 줄 아는 사람이라야 당당하여 왕도 부러워하지 않는다.

공자는 청빈한 제자 안회(顔回)를 《논어》 옹야편(雍也篇)에서 이렇게 칭찬했다.

'훌륭하다, 안회는. 한 그릇의 밥, 한 쪽박의 물로 빈촌에서 살게 되면 다른 사람은 그 근심을 견뎌내지 못하는데, 안회는 그렇게 살면서도 그

즐거움을 변치 않는구나. 훌륭하다, 안회는.(賢哉回也! 一簞食一瓢飮, 在
陋巷, 人不堪其憂. 回也不改其樂, 賢哉回也!)'

字源 ▐ 恨(한스러울 한) ↑(心)에서 뜻을, 艮(그칠 간)에서 음을 취함.
⌜形聲⌟

玉(구슬 옥) 구슬 셋을 끈에 꿴 모양. ⌜象形⌟

封(봉할 봉) 屮(之, 갈 지의 본자)＋土＋寸. 제후에게 영토[土]를 주어
그곳에 가서[屮] 다스리게[寸] 한 데서 '봉하다'의 뜻이 됨. ⌜會意⌟

侯(제후 후) 亻(人)＋矦(봄제사 때의 과녁). 활로 과녁[矦]을 잘 맞추는
사람[人]에게 주었던 작위. ⌜會意⌟ / 亻에서 뜻을, 矦(과녁 후)에서 음을
취함. ⌜形聲⌟

字義 ▐ 丐(개) 빌다. 羹(갱) 국. 粱(량) 기장. 貉(학=貈) 담비.

語義 ▐ 貪得者(탐득자) 얻기를 탐내는 사람. 封公(봉공) 공작(公爵)에
봉함. 乞丐(걸개) 거지. 藜羹(려갱) 명아주국. 膏粱(고량) 살진 고기와
기름진 곡식, 맛좋은 음식. 布袍(포포) 베 두루마기. 狐貉(호학) 여우
와 담비 가죽으로 만든 옷. 좋은 옷. 編民(편민) 호적에 편입된 백성,
곧 평민.

---

31. 명예를 자랑하지 말고, 일은 가능한 한
줄여라

矜名은 不若逃名趣요 練事는 何如省事閑이리오?

文意 ▐ 이름을 자랑하는 것은 이름을 숨기는 취미만 같지 못하며, 일

에 익숙한 것은 어찌 일을 덜어 한가함만 같으랴?

要旨 ▎ 이름은 자랑하지 말고 숨겨야 하며, 일은 자꾸 벌이지 말고 줄여 한가롭게 하라.

解說 ▎ ≪명심보감(明心寶鑑)≫ 존심편(存心篇)에서도
'일을 생기게 하면 일이 생기고, 일을 줄이면 일이 적어진다.(生事事生, 省事事省.)'
라고 했다. 또 ≪벽암록(碧巖錄)≫에서도
'일을 좋아하는 것은 일이 없는 것만 같지 못하다.(好事不如無)'
라고 했다. 이름은 감추고 일은 줄여야 한다.

字源 ▎ 逃(달아날 도) 辶에서 뜻을, 兆(백성 조)에서 음을 취함. 形聲

語義 ▎ 矜名(긍명) 이름을 자랑함. 逃名(도명) 이름을 숨김. 練事(련사) 일에 익숙함. 省事(생사) 일을 덜음.

---

32. 자득自得한 선비라야 유유자적한다

嗜寂者는 觀白雲幽石而通玄하고, 趨榮者는 見淸歌妙舞而 忘倦하니 唯自得之士라야 無喧寂하고 無榮枯하여 無往非自 適之天이라.

文意 ▎ 적막함을 즐기는 사람은 흰 구름과 그윽한 바위를 보고 현묘한 도리를 깨달으며, 영화를 좇는 사람은 맑은 노래와 묘한 춤을 보고 권

태로움을 잊으니, 오직 진리를 깨달은 선비만이 시끄러움과 적막이 없고, 번영과 쇠퇴함이 없어, 가는 곳마다 자기 마음에 맞지 않는 곳이 없다.

要旨 ▌ 정적을 즐기는 사람은 자연을 즐기고, 영화를 좇는 사람은 가무를 좋아한다. 그러나 자득(自得)한 선비는 이런 속정(俗情)이 없어 언제 어디에서나 유유자적한다.

解說 ▌ '백운유석(白雲幽石)'은 중국 진(晋)나라의 산수시인 사영운(謝靈運, 385-433)의 〈과시녕서(過始寧墅)〉라는 시에서 나온 말이다.

'흰 구름은 그윽한 돌을 안고,　　　白雲抱幽石
　　　　　　　　　　　　　　　　백 운 포 유 석

푸른 가는 대는 맑은 물결에 아첨하니.'　綠篠媚淸漣
　　　　　　　　　　　　　　　　　　록 소 미 청 련

또 '청가묘무(淸歌妙舞)'는 당나라 시인 유정지(劉廷芝)의 〈대비백두옹(代悲白頭翁)〉이란 시에 나온다.

'공자 왕손은 꽃다운 나무 아래에서,　　　公子王孫芳樹下
　　　　　　　　　　　　　　　　　　공 자 왕 손 방 수 하

꽃이 떨어지는데 맑게 노래부르고 절묘하게 춤추네.'　淸歌妙舞落花前
　　　　　　　　　　　　　　　　　　　　　　청 가 묘 무 락 화 전

'통현(通玄)'은 '현묘(玄妙)한 데 통한다'는 뜻인데 ≪노자≫ 제1장에
'무와 유는 한 근원에서 나온 것이고 오직 이름만이 다르다. 이들은 유현하고 또 유현하여 모든 도리나 일체의 변화의 근본이 된다.(此兩者, 同出而異名, 同謂之玄. 玄之又玄, 衆妙之門.)'
라고 했다. '현(玄)'은 '유미심원(幽微深遠)'하다는 뜻으로 도의 모양을 나타낸 말이다.

字源 ▌ 幽(그윽할 유) 山＋幺 (작을 유). 산[山]속에 작은 것[幺]이 들어가면, 눈에 띄지 않는다는 데서, '아득하다' '어둡다' '깊숙하다'의 뜻이 됨. [會意] / 山에서 뜻을, 幺에서 음을 취함. [形聲]
玄(검을 현) 亠(갓머리 두)＋幺(작을 요). 작은 것[幺]에 덮개[亠]를 씌워 놓아 '현묘하다'의 뜻이 되고, 찾기 힘들고, 잘 보이지 않는 '어둡고, 검은 것'을 뜻하게 됨. [會意]

歌(노래 가) 欠(하품 흠)에서 입을 벌려 노래한다는 뜻을, 哥(형 가)에서 음을 취함. 形聲

妙(묘할 묘) 女+少. 젊은[少] 여자[女]는 '예쁘고' '묘하다'는 뜻. 會意

字義 ▌ 喧(훤) 시끄럽게 떠들다.

語義 ▌ 嗜寂者(기적자) 쓸쓸함을 즐기는 사람. 通玄(통현) 현묘(玄妙)한 도리에 통함. 趨榮者(추영자) 영화로움을 좇는 사람. 自得(자득) 스스로 마음의 진리를 깨달음. 喧寂(훤적) 시끄러움과 적막함. 榮枯(영고) 번영과 쇠함. 自適(자적) 자기 마음에 맞음.

---

33. 도를 체득한 사람은 아무런 구속을 받지 않는다

고운   출수   거류   일무소계
孤雲은 出岫하여 去留에 一無所係하고,

랑경   현공   정조   량불상간
朗鏡은 懸空하여 靜躁에 兩不相干이라.

文意 ▌ 외로운 구름은 산골짝에서 피어오르는데 가고 머무르는 것이 하나도 구애받음이 없고, 밝은 달은 하늘에 걸려 있는데 고요하고 시끄러움을 둘 다 상관하지 않는다.

要旨 ▌ 외로운 구름은 산골짝에 피어올라 제멋대로 행동하고, 밝은 달은 공중에 떠서 시끄러운 속세나 고요한 자연을 상관없이 비춘다.

解說 ▌ 도연명(陶淵明, 365-427)의 〈귀거래사(歸去來辭)〉에

'구름은 무심히 산골짝에서 피어오르고, 새들은 날다가 지쳐 돌아올 줄 안다.(雲無心以出岫, 鳥倦飛而知還.)'
라고 하는 구절이 있다.

구름은 산속에서 나와 아무런 구속없이 멋대로 이동한다. 마찬가지로 공중의 밝은 달은 속세의 알력(軋轢)에는 하등의 상관도 없이 공평하게 비춰 준다. 사람도 저 구름이나 달과 같이 달관(達觀)해서 속세의 잡념을 초월할 때 그 사람의 진면목(眞面目)이 나타난다.

字源 ▌ 孤(고독할 고) 子+瓜(오이 과). 덩굴에 매달린 오이[瓜]처럼, 덩그러니 남아 있는 아이[子]는 '외롭다'는 뜻. 會意 / 子에서 뜻을, 瓜에서 음을 취함. 形聲

懸(달 현) 縣(매달 현)+心. 모든 일은 마음[心]에 달린[縣] 것이란 뜻. 會意 / 心에서 뜻을, 縣에서 음을 취함. 形聲

干(방패 간) 방패의 모양을 본뜸. 象形

字義 ▌ 岫(수) 바위 구멍, 산골짝.

語義 ▌ 孤雲(고운) 외로운 구름. 朗鏡(랑경) 밝은 거울, 여기에서는 밝은 달. 靜躁(정조) 고요함과 시끄러움. 不相干(불상간) 서로 관계하지 않음.

---

34. 짙은맛은 짧고 담담한 맛은 길다

悠長之趣는 不得於醲釅하고 而得於啜菽飮水하며, 惆悵之懷는 不生於枯寂하고 而生於品竹調絲하니, 固知濃處에 味常短하고 淡中에 趣獨眞也라.

文意 ▮ 길고 오랜 취미는 맛있는 술에서 얻는 것이 아니라 콩을 씹고 물을 마시는 데서 생기며, 그리운 회포는 메마르고 적막한 속에서 생기는 것이 아니라 피리 불고 거문고 뜯는 데서 생겨나니, 짙은맛은 항상 짧고, 담박함 속의 취미야말로 홀로 참된 것임을 진실로 알아야 한다.

要旨 ▮ 유유자적(悠悠自適, 속세를 떠나 아무것에도 매이지 않고 자유롭게 마음 편히 삶)한 취미는 소탈한 생활 속에 있고, 정다운 생각은 음악적인 분위기 속에 있다.

解說 ▮ '숙맥(菽麥)'이란 말이 있다. '콩과 보리'란 뜻이다. 옛날에 어떤 사람이 콩과 보리를 구별할 줄 몰라서, 그 뒤로부터 '숙맥'이라고 하면 콩과 보리도 구별 못하는 '바보'라는 뜻이 되었다. 또 '어로불변(魚魯不辨)'이란 말도 있다. 고기 어(魚)자와 노나라 노(魯)자를 구분하지 못한다는 뜻에서 이 말도 '바보'라는 의미이다.
우리는 이런 '숙맥'이 되어서는 안 되겠다. 맛좋은 음식에 빠져 유유자적하는 취미를 잊어서도 안 되고, 너무 메말라서 음악적인 생활을 잊고 '그리움'도 모른다면 너무 삭막하지 아니한가? 좀 더 속세를 초월한 담담한 맛을 찾을 것이다.

字源 ▮ 調(고를 조) 言＋周. 말[言]이 두루[周] 잘 어울려 '고르다'는 뜻. 會意 / 言에서 뜻을, 周에서 음을 취함. 形聲
絲(실 사) 실오라기가 여럿 겹쳐진 것을 본뜸. 象形

字義 ▮ 醲(농) 텁텁한 술. 釅(엄) 텁텁한 술맛. 啜(철) 맛보다, 먹다. 菽(숙) 콩. 惆(추) 슬픔, 탄식. 悵(창) 슬퍼하다, 탄식하다. 品(품) 평하다, 붙다.

語義 ▮ 醲釅(농엄) 진하고 맛좋은 술. 啜菽(철숙) 콩을 씹음. 惆悵之懷(추창지회) 슬픈 생각, 그리운 생각. 枯寂(고적) 메마르고 적막함. 品竹調絲(품죽조사) '죽(竹)'은 피리. '사(絲)'는 거문고 줄. 피리를 불고 거문고를 뜯음.

35. 진리는 먼 데 있는 것이 아니다

禪宗에 曰 '餓來면 喫飯하고 倦來眠'이라 하고 詩旨에 曰 '眼
前景致口頭語'라 하니 蓋極高는 寓於極平하고 至難은 出於
至易하여 有意者는 反遠하고 無心者는 自近也라.

文意 ▮ 선종에 이르기를 '배고프면 밥 먹고 피곤하면 잠잔다'라고 하고,
시지에 이르기를 '눈앞의 경치요, 평범한 말이다'라고 하였다. 대개 지
극히 높은 것은 지극히 낮음에 들어 있고, 지극히 어려움은 지극히 쉬
운 데서 나오니, 뜻이 있는 사람은 오히려 멀고, 마음이 없는 사람은
절로 가까워진다.

要旨 ▮ 선종 게(偈, 가타伽陀 부처의 공덕을 찬미하거나 교리를 나타낸
운문韻文. 보통 4구句가 1게偈이다)의 '배고프면 먹고 졸리면 잔다'는
말과, 시지의 '눈앞의 경치를 평범한 말로 표현한다'는 말과 같이, 진리
는 평범하고 쉬운 데 있으니 의식적인 사람에게는 멀고 무심한 사람에
게는 가깝다.

解說 ▮ '배고프면 밥 먹고 피곤하면 잠잔다'는 시구는 선종 사상을 담은
말이지만 명나라 왕양명(王陽明)의 시에서 따온 말이다. 그의 〈답인문도
(答人問道)〉란 시는 다음과 같다.

'주림이 오면 밥 먹고 노곤하면 잠자니   饑來喫飯倦來眠
                                              기 래 끽 반 권 래 면

다만 이 수행은 유현하고 또 유현하네.   只此修行玄更玄
                                              지 차 수 행 현 갱 현

세상 사람에게 말해도 믿지 않고,   說與世人渾不信
                                              설 여 세 인 혼 불 신

도리어 몸 밖에서 신선을 찾네.'　　　　　　却從身外覓神仙
　　　　　　　　　　　　　　　　　　각종신외멱신선

진리는 평범한 가운데 있는 것이다. 곧 지극히 높은 진리는 지극히 평범
한 속에 있고, 매우 어려운 일은 매우 쉬운 데서 나온다. 따라서 고의성
(故意性)은 진리에서 멀어지고, 무심하면 진리에 가까운 것이다. 그런데
대부분의 세상 사람들은 진리를 가까운 데서 찾지 않고 먼 데서 헤맨다.
≪맹자(孟子)≫ 이루장구(離婁章句) 상(上) 도재이장(道在邇章)에서 맹
자는 말했다.
'도는 가까운 데 있는 데 그것을 먼 데서 찾는다. 할 일은 쉬운 데 있는
데 그것을 어려운 데서 찾는다.(道在邇而求諸遠, 事在易而求諸難.)'

字源 ▌ 禪(중 선) 示에서 뜻을, 單(홑 단)에서 음을 취함. 形聲
餓(배고플 아) 食에서 뜻을, 我에서 음을 취함. 形聲
眠(잠잘 면) 目에서 뜻을, 民에서 음을 취함. 形聲

語義 ▌ 禪宗(선종) 불교의 한 종파(宗派). 불경도 읽지 않고 참선에 의
하여 불도를 닦는 종파. 詩旨(시지) 시의 묘한 뜻을 풀이한 말. 口頭語
(구두어) 보통 말할 때 쓰는 말. 곧 보통 말.

---

36. 유有에서 나와 무無로 들어갈 줄 알라

수 류 이 경 무 성　　　　　득 처 훤 견 적 지 취
水流而境無聲하니 **得處喧見寂之趣**요,

산 고 이 운 불 애　　　　　오 출 유 입 무 지 기
山高而雲不碍하니 **悟出有入無之機**라.

文意 ▌ 물은 흘러가도 그 자체에는 소리가 없으니, 시끄러운 데 있으면
서도 적막함을 보는 취미를 얻어야 하고, 산은 높아도 구름은 거리끼지

않으니, 유(有)에서 나와 무(無)로 들어가는 기틀을 깨달아야 한다.

要旨 ▌ 물이 흐를 때 물 자체는 소리가 없듯이 시끄러운 분위기에서도 고요할 줄 알아야 하고, 산이 높아도 구름이 걸치지 않듯이 유(有)에서 나와 무(無)로 들어갈 줄 알아야 한다.

解說 ▌ 중국 당나라 태상은자(太上隱者)의 〈답인(答人)〉이란 시가 전한다.

'우연히 소나무 밑으로 와서,	偶來松樹下 우 래 송 수 하
베개를 높이 베고 돌 위에 자네.	高枕石頭眠 고 침 석 두 면
산속에는 달력이라곤 없어,	山中無曆日 산 중 무 력 일
추위가 지나도 어느 해인지 모르네.'	寒盡不知年 한 진 부 지 년

오언절구인데 태상은자에 대한 약력은 알 수 없다. 은사(隱士)임에는 틀림없다. 산속에 숨어사는 멋을 잘 나타냈다. 속세에서는 필요한 달력도 없어 지금이 어느 해인지도 모른다.

이런 고요한 세계, 속세의 알력과 앙버팀도 없는 무(無)의 세계의 경지도 깨달아야 될 것이다.

字源 ▌ 流(흐를 류) 氵(水)＋㐬(거꾸로 흘러내릴 류). 물의 흐름을 뜻함.
[會意] / 氵에서 뜻을, 㐬에서 음을 취함. [形聲]

語義 ▌ 處喧(처훤) 시끄러운 데 있음.　見寂(견적) 적막함을 봄.　出有入無(출유입무) 유(有)에서 나와 무(無)로 들어감.

37. 집착執着은 고해苦海요, 해탈解脫은 선경仙境이다

山林은 是勝地나 一營戀하면 便成市朝하고, 書畫는 是雅事나 一貪癡하면 便成商賈하니, 蓋心無染著이면 欲界是仙都요, 心有係戀이면 樂境도 成苦海矣라.

文意 ▮ 산림은 아름다운 곳이나 한 번 시설을 하여 애착을 가지면 곧 시장바닥이 되고, 글과 그림은 고상한 일이나 한 번 탐내어 정신이 빠지면 곧 장사치가 되나니, 대체로 마음에 물들어 집착함이 없으면 속세도 선경(仙境)이요, 마음에 집착함이 있으면 선경도 고해(苦海)가 되느니라.

要旨 ▮ 산림은 명승지나 놀이터가 되면 시장바닥이요, 서화 감상은 고상한 취미지만 도를 지나치면 골동품 상인으로 변한다. 마찬가지로 마음의 집착이 없으면 욕계도 선경이요, 마음에 미련이 있으면 선경도 고해가 된다.

解說 ▮ '호고파산(好古破産)'이란 제목의 소화(笑話)가 있다.

어떤 골동품에 미친 부자가 있었다. 하루는 골동품상이 새까맣게 때묻은 쪽박을 가지고 와서 옛날 기산(箕山) 영수(潁水)에서 요(堯)임금의 선위(禪位)를 거절하고 속된 말을 들었다고 허유(許由)가 귀를 씻을 때 물을 떴던 바가지라 했다. 그래서 재산의 반을 주고 샀다.

한참 후에 다른 골동품상이 다 해진 방석을 가지고 와서 옛날 공자가 곡부(曲阜)의 행단(杏壇)에서 제자들을 교육할 때 깔고 앉았던 것이라 하여, 또 나머지 재산의 반을 주고 샀다.

얼마 후 또 다른 골동품상이 이번에는 긴 지팡이를 가지고 와서 후한(後漢)의 도사 비장방(費長房)이 은사 호공(壺公)에게서 받아 병을 고치려 축지법(縮地法)을 쓸 때 타고 다니던 것이라 하므로 나머지 재산을 몽땅 주고 샀다. 그래서 집을 넘겨주고, 쪽박을 차고, 방석을 지고, 지팡이를 짚고 길을 걸어가니 영락없는 거지였다.

모든 일이 절도를 넘어 지나치면 비뚤어지는 법이다.

字源 ▍ 營(영문 영) 炏(熒, 빛날 형의 획 줄임)＋呂(宮, 집 궁의 획 줄임). 화려하게 집[呂]을 '짓고' '경영'한다는 뜻. 會意 / 呂[宮]에서 뜻을, 炏에서 음을 취함. 形聲

戀(생각할 련) 䜌(말 잇닿을 련)＋心. 마음[心]속으로 계속[䜌] 생각한다는 뜻. 會意 / 心에서 뜻을, 䜌에서 음을 취함. 形聲

畫(그림 화) 聿(붓 율)＋田＋一. 손에 붓[聿]을 들고, 땅[一]에 밭[田] 경계를 그림. 會意

商(장사 상) 六(章, 글 장의 획 줄임)＋冏(밝힐 경). 구별 짓고[六], 밝혀[冏] '장사' 속을 '따진다'는 뜻. 會意 / 冏에서 뜻을. 六에서 음을 취함. 形聲

字義 ▍ 賈(고) 장사. (가) 성, 값.

語義 ▍ 勝地(승지) 경치 좋은 곳. 營戀(영련) 인위적인 시설을 하여 애착을 가짐. 市朝(시조) 시장과 조정(朝廷). 곧 사람들의 속세를 뜻함. 雅事(아사) 고상한 일. 貪癡(탐치) 탐내어 정신이 빠짐. 染著(염착) 세속에 물들어 집착함. 欲界(욕계) 탐욕하는 인간의 세계. 仙都(선도) 신선의 세계. 係戀(계련) 욕정에 집착하여 그리워함.

38. 시끄러움을 버리고 고요함을 취하라

時當喧雜하면 則平日所記憶者도 皆漫然忘去하고, 境在淸
寧하면 則夙昔所遺忘者도 又恍爾現前하니, 可見靜躁稍分
이라도 昏明頓異也라.

文意 ▮ 시끄럽고 복잡한 때를 당하면 평상시에 기억하던 것도 모두 멍하니 잊어버리고, 맑고 고요한 경지에 있으면 지난날 잊어버렸던 것도 다시 뚜렷하게 나타나니, 고요함과 시끄러움이 조금만 나뉘어져도 어둠과 밝음이 판이하게 달라지는 것을 가히 알 수 있다.

要旨 ▮ 시끄럽고 복잡하면 알던 것도 잊어버리고, 맑고 고요하면 잊었던 것도 생각난다. 이렇게 시끄러움과 고요함은 백지의 차가 나지만 결과는 강과 산만큼의 차이가 된다.

解說 ▮ '맑은 거울은 형체를 비추는 것이요, 옛일은 지금을 알리는 바다.(明鏡所以照形, 古事所以知今.)' – 《설원(說苑)》 존현(尊賢)
거울이 맑아야 사물을 제대로 비춘다. 우리도 맑은 거울 같은 두뇌를 가지고 있어야 잊었던 옛일도 되살아난다. 주위가 복잡하고 시끄러우면 도리어 기억나지도 않고 기억했던 것도 금방 잊어버린다. 그래서 옛사람도 조용한 산속을 찾아 공부를 하고, 도를 닦았다. 특히 속세의 계견성(鷄犬聲)마저 들리지 않는 곳을 찾아 수도하려 했던 까닭을 알 것이다.
곧 사람의 마음은 시끄러우면 어두워지고, 고요하면 밝아진다. 그러므로 고요한 가운데 인생을 관조할 것이다.

字源 ▮ 雜(두루 잡) 본자는 襍. 衤(衣)＋集. 여러 가지 색의 옷감〔衣〕이 모여〔集〕 '섞였음'을 뜻함. 會意 / 衤에서 뜻을, 集에서 음을 취함. 形聲
記(기록할 기) 言에서 뜻을, 己에서 음을 취함. 形聲

憶(기억할 억) ↑(心)에서 뜻을, 意(뜻 의)에서 음을 취함. 形聲

漫(부질없을 만) 氵(水)에서 뜻을, 曼(멀 만)에서 음을 취함. 形聲

昔(옛 석) 龷(고기를 저민 모양)＋日. 오래 전에 먹다 남은 고기[龷]를 볕[日]에 말린다는 데서, '예전'의 뜻이 됨. 會意

字義 ▌ 夙(숙) 이미, 일찍. 恍(황) 황홀하다. 爾(이) 너, 어조사. 頓 (돈) 갑자기.

語義 ▌ 喧雜(훤잡) 시끄럽고 복잡함. 漫然(만연) 멍청히. 淸寧(청녕) 맑고 고요함. 夙昔(숙석) 지난날, 옛날. 遺忘(유망) 잊어버림. 恍爾(황이) 뚜렷한 모양. 稍分(초분) 조금 나눠짐. 頓異(돈이) 완전히 다름.

---

39. 가난한 대로 자연을 즐긴다

로 화 피 하　　와 설 면 운　　　보 전 득 일 와 야 기
蘆花被下에 臥雪眠雲하면 保全得一窩夜氣하고,

죽 엽 배 중　　음 풍 롱 월　　　타 리 료 만 장 홍 진
竹葉杯中에 吟風弄月하면 躱離了萬丈紅塵이라.

文意 ▌ 갈대꽃 이불 덮고 눈 위에 누워 구름 속에 잠들면 한 방의 밤의 맑은 기운을 보전할 수 있고, 술잔 속에 바람을 읊조리고 달을 희롱하면 만장의 붉은 티끌에서 벗어날 수가 있다.

要旨 ▌ 갈대꽃 이불로 초가집에 누워 자고, 술 한잔으로 음풍농월하면 속세를 완전히 벗어날 수 있다.

解說 ▌ '야기(夜氣)'는 일반적으로 '밤의 차고 눅눅한 기운'을 말하지만, 맹자는 조금 독특하게 사용하고 있다. ≪맹자≫ 고자장(告子章) 상(上) 우산지목장(牛山之木章)에서 '더럽혀지지 않은 고요한 마음'을 '야기'라고

부르고 있다. 곧 정기(精氣)가 회복되었을 때의 정신상태를 뜻한다. 밤에 만뢰구적(萬籟俱寂)한 때에는, 낮 동안의 사념이나 망상이 자취를 감추고 정신이 저절로 맑아져서 화평을 이루게 된다. 이를 맹자는 야기라고 부르고 이를 존속 보양함을 수양법의 하나로 여겼다.

또 '죽엽(竹葉)'이란 '대잎'이란 뜻이지만 술의 별칭이기도 하다. 당나라의 자연시인 맹호연(孟浩然, 688-740)의 〈제야유회(除夜有懷)〉란 시 후반에

'봄이 부용꽃 무늬 베개에 스며듦을 차차로 보고　　　漸看春逼芙蓉枕
　　　　　　　　　　　　　　　　　　　　　　　점 간 춘 핍 부 용 침

추위는 죽엽(竹葉)의 술잔에 사라짐을 문득 깨닫네.　　頓覺寒消竹葉杯
　　　　　　　　　　　　　　　　　　　　　　　돈 각 한 소 죽 엽 배

그믐밤 새느라고 집집마다 잠을 자지 않으니　　　　　守歲家家應未臥
　　　　　　　　　　　　　　　　　　　　　　　수 세 가 가 응 미 와

상사를 어찌하면 꿈속에서나 얻을 것인가?'　　　　　相思那得夢魂來
　　　　　　　　　　　　　　　　　　　　　　　상 사 나 득 몽 혼 래

라고 한 대목에서 나온다.

字源 ▌ 杯(술잔 배) 木에서 뜻을, 不에서 음을 취함. 形聲
吟(탄식할 음) 口에서 뜻을, 今에서 음을 취함. 形聲
離(떨어질 리) 离(헤어질 리)＋隹. 봄에 왔다 가을에 떠나는〔离〕 새〔隹〕에서 '떠나다'의 뜻이 됨. 會意 / 隹에서 뜻을, 离에서 음을 취함. 形聲
丈(길 장) 지팡이를 본뜸. 象形 / 十＋又(손). 손〔又〕을 한 번 편 것이 한 자〔尺〕이고, 이의 열 배〔十〕가 한 '길'이라는 뜻. 會意
紅(붉을 홍) 糸＋工. 실〔糸〕을 가공〔工〕하여 '붉게' 물들인다는 뜻. 會意 / 糸에서 뜻을, 工에서 음을 취함. 形聲

字義 ▌ 蘆(로) 갈대. 躱(타) 피하다.

語義 ▌ 蘆花被(로화피) 갈대꽃을 솜 대신 넣어 만든 이불. 臥雪眠雲(와설면운) 눈 위에 눕고 구름 속에서 잠듦. 산골짜기에시의 오두막집 생활을 의미함. 一窩(일와) 한 방(房). 夜氣(야기) 밤의 맑은 기운. 竹葉杯(죽엽배) 술잔. 죽엽은 술. 吟風弄月(음풍롱월) 맑은 바람을 읊고 달을 희롱함. 곧 시를 지음. 躱離(타리) 피하여 떠남. 萬丈紅塵(만장홍진) 붉은 먼지가 끝없이 일어나는 세상. 곧 속세.

40. 매사에 고아高雅하고 담박淡泊하라

곤면행중
衰冕行中에 著一藜杖的山人이면 便增一段高風하고, 漁樵

로상
路上에 著一衰衣的朝士면 轉添許多俗氣하니, 固知濃不勝

담
淡하고 俗不如雅也라.

文意 높은 벼슬아치의 일행 중에 명아주 지팡이를 짚은 한 산인이 섞여 있으면 문득 일단의 높은 풍취를 더하고, 어부와 나무꾼이 다니는 길 위에 한 사람의 관복 입은 벼슬아치가 섞이면 도리어 많은 속기를 더하나니, 짙은 것은 담박함을 이기지 못하고 속된 것은 고상한 것만 같지 못함을 진실로 알 수 있다.

要旨 고관의 행렬 속에 한 은사가 섞이면 한층 고상해 보이고, 어부와 촌부들이 가는 길에 벼슬아치가 하나 섞이면 도리어 훨씬 속되어 보인다. 따라서 담담함이 짙음보다 낮고 고아함이 속됨보다 낮다.

解說 '여장(藜杖)'은 '청려장(青藜杖)'의 준말로 '명아주 지팡이'를 말한다. 명아주 지팡이는 가볍고 단단하여 옛날 노인들이 즐겨 짚었고, 옛 신선이나 도사들과 관련 깊게 이야기 된다.
옛 시조에
'청려장(青藜杖) 들던지며 석경(石逕)으로 돌아드니,
양삼(兩三) 선장(仙庄)이 구름 속에 잠겼어라.
오늘은 진연(塵緣)을 다 떨치고 적송자(赤松子)를 좇으리라.'
라고 한 것이 있다. 여기에서도 구름 속을 헤쳐가는 도사의 모습을 연상할 수 있다. 담박하고 고상한 풍경이다.

字源 漁(어부 어) 氵(水)＋魚. 물가〔水〕에서 물고기〔魚〕를 잡는다는

뜻. 會意 / 氵에서 뜻을, 魚에서 음을 취함. 形聲

添(더할 첨) 氵(水)에서 물이 '증가함'의 뜻을, 忝(욕될 첨)에서 음을 취함. 形聲

許(허락할 허) 言에서 뜻을, 午(낮 오)에서 음을 취함. 形聲

語義 ▌ 袞冕(곤면) '곤(袞)'은 '곤의(袞衣)'이며, '면(冕)'은 '면관(冕冠)'. 곧 높은 벼슬아치의 예복이므로, 여기에서는 높은 벼슬아치를 뜻함. 藜杖(려장) 명아주대로 만든 지팡이. 漁樵(어초) 어옹(漁翁)과 초부(樵夫). 朝士(조사) 조정의 벼슬아치.

---

41. 출세지도出世之道는 세상일을 겪으며 지내오는 가운데 있다

出世之道는 卽在涉世中이니 不必絶人以逃世하고,

了心之功은 卽在盡心內니 不必絶欲以灰心이라.

文意 ▌ 속세를 벗어나는 길은 곧 세상을 건너는 가운데 있으니 반드시 인연을 끊어서 도피할 필요는 없으며, 마음을 깨닫는 공부는 곧 마음을 다하는 속에 있으니 반드시 욕심을 끊어서 마음을 식은 재처럼 할 필요는 없다.

要旨 ▌ 속세에 살면서 세속을 떠나야 하고, 마음을 다하여 참마음을 깨달아야 한다.

解說 ▌ 도연명의 〈음주(飮酒)〉 시에

'집을 사람들이 사는 마을에 지었으나,　　　　結廬在人境
　　　　　　　　　　　　　　　　　　　　결려재인경

나를 찾아오는 수레나 말 소리가 없네.　　　而無車馬喧
　　　　　　　　　　　　　　　　　　　　이무거마훤

그대는 어째서 이렇게 사느냐고 물으면,　　問君何能爾
　　　　　　　　　　　　　　　　　　　　문군하능이

마음이 명리에서 머니 자연 사는 곳도 궁벽지다고.'　心遠地自偏
　　　　　　　　　　　　　　　　　　　　심원지자편

라는 구절이 있다.

또 백낙천의 〈중은시(中隱詩)〉 앞부분에

'위대한 은자는 조정이나 시장에 살고　　　大隱住朝市
　　　　　　　　　　　　　　　　　　　　대은주조시

잗달은 은자는 언덕과 울타리(촌)로 들어가네.　小隱入丘樊
　　　　　　　　　　　　　　　　　　　　소은입구번

촌은 너무 영락해 있고,　　　　　　　　　丘樊太冷落
　　　　　　　　　　　　　　　　　　　　구번태랭락

조정과 시장은 너무 시끄럽네.　　　　　　朝市太囂誼
　　　　　　　　　　　　　　　　　　　　조시태효훤

그저 중간치 은자가 되어　　　　　　　　不如作中隱
　　　　　　　　　　　　　　　　　　　　불여작중은

관직에 묻혀 먹고 사네.'　　　　　　　　隱在留司官
　　　　　　　　　　　　　　　　　　　　은재류사관

라고 했다. 속세에 살면서도 속심을 버리면 초탈할 수 있고, 마음을 다하는 가운데 심성을 깨달을 수 있다.

語義 出世(출세) 속세를 벗어남.　了心(료심) 마음을 깨달음.　灰心(회심) 마음을 재처럼 식힘.

42. 몸은 한가하게, 마음은 고요하게 가져라

此身을 常放在閑處하면 榮辱得失로 誰能差遣我하며,
此心을 常安在靜中하면 是非利害로 誰能瞞昧我리오?

文意 ▌ 이 몸을 항시 한가한 곳에 두면 영욕과 득실로 누가 나를 몰아보낼 수 있으랴? 이 마음을 항시 고요한 속에 두면 시비와 이해로 누가 나를 속여 어둡게 할 수 있으랴!

要旨 ▌ 몸과 마음을 항상 한가하고 고요한 데 두면 영욕 · 득실과 시비 · 이해가 접근하지 못한다.

解說 ▌ 이태백(李太白)의 〈산중문답(山中問答)〉이란 시가 있다.

'나에게 묻기를, 어째서 산속에 사느냐고?　余何事棲碧山
　　　　　　　　　　　　　　　　　　　여 하 사 서 벽 산

웃으면서 대답 않으니 마음 스스로 한가롭네.　笑而不答心自閑
　　　　　　　　　　　　　　　　　　　소 이 부 답 심 자 한

복숭아꽃 물에 흘러 아득히 가 버리니,　桃花流水杳然去
　　　　　　　　　　　　　　　　　도 화 류 수 묘 연 거

따로 천지가 있어 인간 세계가 아니라네.'　別有天地非人間
　　　　　　　　　　　　　　　　　별 유 천 지 비 인 간

이 시에서 '소이부답심자한(笑而不答心自閑)'이 가장 애송되는 구절이다. 마음을 고요히 한가하게 하면 영욕이나 득실, 시비와 이해로 괴롭힐 수가 없다. 심신을 한가하고 고요하게 가지도록 노력해야 할 것이다.

字源 ▌ 差(다를 차) 垂(垂, 늘어질 수)＋左. 초목의 잎이 늘어진[垂] 모양이 한쪽[左]으로 치우쳐 '차이'가 있고, '어긋났다'는 뜻. 會意 / 垂에서 뜻을, 左에서 음을 취함. 形聲

字義 ▌ 遣(견) 보내다, 시키다. 瞞(만) 속이다.

---

43. 있는 곳에 따라 풍정風情이 다르다

竹籬下에 忽聞犬吠鷄鳴하면 怳似雲中世界요,

芸窓中에 雅聽蟬吟鴉躁하면 方知靜裡乾坤이라.

文意 ▌ 대나무 울타리 아래에서 홀연히 개 짖고 닭 우는 소리를 들으면 마치 구름 속의 세계인 양 황홀해지고, 서창 안에서 바로 매미 우는 소리와 까마귀 우짖는 소리를 들으면, 바야흐로 고요함 속의 천지임을 알게 된다.

要旨 ▌ 대울타리 속 초가집에서 닭 울고 개 짖는 소리를 들으면 선경(仙境)같이 황홀하고, 서재에서 매미와 까마귀 소리를 들으면 적막 속의 별천지 같다.

解說 ▌ '운(芸)'자와 '예(藝)→芸'자는 다르다. '芸'은 '향풀 운'자요, '藝'는 '재주 예'자인데, '藝'의 약자를 '芸'으로 쓰기도 한다. 그러나 엄격히 구별할 필요가 있다. 조선 때 도서 출판을 담당했던 교서관(校書館)의 별칭이 운관(芸館)·운각(芸閣)인데, 이를 잘못 '예관'·'예각'으로 읽기 쉽다. 따라서 '운창(芸窓)'은 '서창(書窓)' '서재(書齋)의 창'과 동의어이다. '서재'라는 뜻이다.

'운(芸)'은 원래 향초(香草)로 이를 책 사이에 끼워 두면 종이에 좀이 생기지 않는다고 한다. ≪몽계필담(夢溪筆談)≫ 변증편(辯證篇)에
'옛사람들은 도서를 모아 둘 때 좀을 막기 위하여 운초를 사용했다. 지금 사람들이 칠리향(七里香)이라 하니 그것이 바로 운초이다.'

라고 했고, ≪예기(禮記)≫ 월령편(月令篇) 주(注)에서도
'서재에서는 매양 운초로써 좀벌레를 없앤다.(書房每以芸香草避蠹魚)'
라고 했다.

한가한 시골집에서 닭 우는 소리, 개 짖는 소리를 들으면 그곳이 선경이
요, 조용한 서재에서 밖의 곤충 우는 소리를 들으면 그곳이 별천지임을
알아야 한다.

字源 ▌ 忽(문득 홀) 勿(말 물)+心. 깜빡 정신[心]을 잃음[勿]을 뜻함.
會意 / 心에서 뜻을, 勿에서 음을 취함. 形聲

犬(개 견) 개의 모양을 본뜸. 象形

鷄(닭 계) 鳥에서 뜻을, 奚(어찌 해)에서 음을 취함. 形聲

鳴(울 명) 口+鳥. 새[鳥]가 지저귐[口]을 '운다' '소리낸다'고 함. 會意

字義 ▌ 吠(폐) 짖다.　芸(운) 향풀.　鴉(아) 갈까마귀.

語義 ▌ 竹籬(죽리) 대나무 울타리.　芸窓(운창) 서창(書窓)과 같은 말,
곧 서재의 창.　雅(아) 바로, 정말로.　蟬吟(선음) 매미의 울음.　鴉躁(아
조) 갈까마귀의 우짖음.　靜裡乾坤(정리건곤) 고요 속의 세상.

---

44. 영달榮達을 바라지 않으면 권세도 두렵지 않다

아 불 희 영　　　하 우 호 리 록 지 향 이
我不希榮이면 何憂乎利祿之香餌하며,

아 불 경 진　　　하 외 호 사 관 지 위 기
我不競進이면 何畏乎仕官之危機리요?

文意 ▌ 나는 영화로움을 바라지 않으니 어찌 이득과 봉록의 향기로운

미끼를 근심하며, 나는 승진을 다투지 않으니 어찌 벼슬살이의 위기를
두려워하리오?

要旨 ▌ 영달을 바라지 않으니 이록(利祿)의 유혹을 받지 않으며, 승진
을 다투지 않으니 벼슬길의 위험을 느끼지 않는다.

解說 ▌ '이(餌)'자는 '미끼·흰떡·먹이다·먹이' 등의 뜻이 있다. '식이요
법(食餌療法)' 할 때도 이 자를 쓴다. 《회남자(淮南子)》 설림훈(說林
訓)에

'눈 하나의 그물은 새를 잡을 수 없고, 미끼 없는 낚시는 고기를 잡을 수
없으며, 예로써 선비를 대우하지 않으면 어진이를 얻을 수 없다.(一目之
羅, 不可以得鳥. 無餌之釣, 不可以得魚. 遇士無禮, 不可以得賢.)'
라고 했다. 밑천 없이 장사 할 수 없고, 올가미 없이 개장사를 못하며,
소도 언덕이 있어야 비빈다는 속담도 같은 내용이다.

명예를 바라지 않으니 출세의 유혹을 걱정하지 않고, 진급을 다투지 않
으니 위기의식도 없다. 속세의 악착을 벗어나 어느 정도 달관의 경지에
들어갔다 할 것이다.

字源 ▌ 仕(벼슬 사) 亻(人)＋士. 재능 있는[士] 사람[人]이 얻는 '관직'
'벼슬'을 뜻함. 會意 / 亻에서 뜻을, 士에서 음을 취함. 形聲

語義 ▌ 希榮(희영) 영화로움을 바람. 利祿(리록) 이득과 봉록. 香餌(향
이) 향기로운 미끼, 유혹. 競進(경진) 승진을 다툼. 仕官(사관) 벼슬살
이.

45. 아담雅淡한 경지境地를 보면서 마음을 길러라

徜徉^{상양}於山林泉石之間^{어산림천석지간}하면 而塵心漸息^{이진심점식}하고, 夷猶於詩書圖^{이유어시서도}畫之內^{화지내}하면 而俗氣漸消^{이속기점소}라. 故^고로 君子雖不玩物喪志^{군자수불완물상지}나 亦常^{역상}借境調心^{차경조심}이라.

文意┃ 산과 숲, 샘과 바위 사이를 거닐면 속세의 더러운 마음이 점점 사라지고, 시·서와 그림 속에서 노닐면 속된 기운이 차차 사라진다. 그러므로 군자는 비록 기물을 완상하다가 본뜻을 잃지 말아야 하나 또한 풍아한 경지를 빌어서 마음을 조화시켜야 한다.

要旨┃ 아름다운 산천을 보니 속세의 마음이 없어지며, 글이나 그림을 즐기면 속된 기운이 없어진다. 그러므로 군자는 때때로 아름다운 경지를 보고 마음을 길러야 한다.

解說┃ '상양(徜徉)'은 '배회(徘徊)' '방양(彷徉)' '지회(遲徊)' '소요(逍遙)'와 비슷한 말이다. 목적 없이 어슬렁거리며 이리저리 걷는다는 뜻이다. 그러나 '방황(彷徨)'은 좀 다르다. 목적이나 방향 없이 다니는 뜻은 같으나 조금 갈팡질팡, 당황하는 모습이 곁들여져 있다.
또 '완물상지(玩物喪志)'란 말은 ≪서경(書經)≫ 여오편(旅獒篇)에서 나왔다.
'사람을 장난하면(백성을 농락하는 따위) 덕을 잃고, 물건을 애완(愛玩)하면 뜻을 잃는다.(玩人喪德, 玩物喪志)'
어떤 물질을 지나치게 좋아하면 군자의 본심을 잃는다는 뜻이다. 본문은 곧 성스러운 경지에서 마음을 조화하고 정신을 기르라는 의미이다.

字義 ▌ 徜(상) 어정거리다. 徉(양) 노닐다. 夷(이) 평평하다. 오랑캐.

語義 ▌ 徜徉(상양) 어정거림. 배회함. 塵心(진심) 속세의 더러운 마음.
夷猶(이유) 마음을 머물게 함. 유유자적(悠悠自適)함. 詩書(시서) ≪시
경(詩經)≫과 ≪서경(書經)≫. 글이란 뜻. 玩物喪志(완물상지) 진기한
물건을 너무 좋아해 본심을 잃음. 借境調心(차경조심) 풍아(風雅)한 경
지를 빌어서 마음을 고름.

---

46. 가을의 맑음은 심신을 가장 맑게 한다

春日은 氣象이 繁華하여 令人心神駘蕩이나 不若秋日의 雲
白風淸하고 蘭芳桂馥하며 水天一色으로 上下空明하여 使人
神骨俱淸也라.

文意 ▌ 봄날은 기상이 번화하여 사람의 마음을 넓고 크게 만들지만,
가을날의 흰 구름, 맑은 바람 속에 난초가 아름답고 계수나무가 향기
로우며, 물과 하늘이 한 가지 색이 되어 천지에 달이 비쳐서 사람의
정신과 육체를 모두 맑게 함만 같지 못하다.

要旨 ▌ 봄날은 일기가 화창하여 우리의 심신을 넓고 크게 하지만, 가을날의 맑고 상쾌함이 우리의 심신을 맑게 함만 같지 못하다.

解説 ▌ 초당사걸(初唐四傑)의 한 사람인 왕발(王勃, 649-676)은 〈등왕각서(滕王閣序)〉란 글로 세상에 문명(文名)을 날렸다.

당나라 고조 이연(李淵)의 22남 이원영(李元嬰)이 등왕(滕王)으로 봉해지고 홍주도독(洪州都督)이 되어, 지금의 강서성(江西省) 남창부(南昌府) 장강문(章江門) 밖에 유명한 누각을 짓고 등왕각이라 했다. 그 뒤 고종(高宗) 때 염백서(閻伯嶼)가 이 누각을 중수(重修)하고 중구절(重九節)에 기념하는 연회를 열었다. 염백서는 사위인 오자장(吳子章)의 문명을 과시하고자 미리 서문을 써놓게 하고, 연회에서 모든 손님들에게 중수 기념문을 짓게 하였다. 그러나 아무도 응하는 사람이 없었는데, 때마침 이곳을 지나던 왕발이 나서서 혼자 짓게 되었다. 처음에 염백서는 왕발을 우습게보았으나 왕발의 글 중간쯤에

'서산에 지는 저녁놀은 외로운 따오기와 함께 가지런히 날고, 가을물은 긴 하늘과 함께 한빛이네.(落霞與孤鶩齊飛, 秋水共長天一色)'

라는 대목에 이르러서 감탄 차탄하고, 완성되자 마침내 크게 연회를 열어 왕발의 천재를 드날리게 했다.

원문의 '수천일색(水天一色)'은 바로 이 대목에서 연유한 것이다.

字源 ▌ 蘭(난초 란) ++(艸)+闌(드물 란). 귀하고 드문[闌] 화초[++]인 '난초를 뜻함. 會意 / ++에서 뜻을, 闌에서 음을 취함. 形聲
桂(계수나무 계) 木+圭(서옥 규). 옥 같은[圭] 꽃이 피는 나무[木] '월계수'를 뜻함. 會意 / 木에서 뜻을, 圭에서 음을 취함. 形聲

字義 ▌ 駘(태) 넓다. 蕩(탕) 넓고 크다. 馥(복) 향기.

語義 ▌ 駘蕩(태탕) 마음이 넓고 큼. 水天一色(수천일색) 물과 하늘이 한 색깔임. 上下(상하) 천지(天地). 空明(공명) 달이 물속에 떠 있는 것. 神骨(신골) 정신과 뼈. 곧 마음과 육체.

47. 시詩는 마음에 있고, 게偈는 깨달음에 있다

一字不識이라도 而有詩意者는 得詩家眞趣요,

一偈不參이라도 而有禪味者는 悟禪敎玄機니라.

文意 ▌ 글자를 한 자도 모를지라도 시의 마음을 지닌 사람은 시가의 참된 흥취를 얻을 수 있고, 하나의 게(偈)를 참고하지 않았을지라도 선의 풍미를 아는 사람은 선종의 현묘한 작용을 깨달을 수 있다.

要旨 ▌ 글자를 모를지라도 시적 감흥을 느끼면 시인의 멋이 있고, 게송(偈頌) 한 구절을 읽지 않았어도 좌선(坐禪)의 맛을 느끼면 훌륭한 불리(佛理)를 깨달은 것이다.

解說 ▌ 불교의 종파 중에 선종(禪宗)과 교종(敎宗)이 있다. 선종은 교종에 대하여, '좌선을 닦는 종지(宗旨)라는 뜻'이다. 어려운 불경에 의하지 않고 이심전심의 묘법으로 좌선에 의하여 자기를 밝히고 본성을 깨달으려는 종파이다. 520년 달마대사(達磨大師)에 의하여 중국 양(梁)나라 무제 때 전해졌는데, 후에 남종(南宗)과 북종(北宗)으로 갈라졌다. 우리 나라에는 신라 선덕왕 때 들어왔다.

한편 교종은 좌선보다 교리를 더 중요시하여 이를 중심으로 하여 세운 종파이다. 신라 때 들어와 고려 때 의천(義天) 등이 발전시켰는데, 조선 선조 때 서산대사(西山大師) 휴정(休靜)이 교(敎)를 선(禪)의 예비적 단계로 해석, 교종과 선종을 통합, 조계종(曹溪宗)으로 일원화(一元化)시켜 내려오고 있다.

字源 ▌ 參(참고할 참) 厽(晶, 맑을 정)＋㐱(머리 검을 진). 사람 머리 위의〔㐱〕 빛나는 세 개의 별(厽, 晶)이 이루는 '별자리'와 거기에서 인간의 운명이 '참고 된다'는 뜻. 會意 / 厽에서 뜻을, 㐱에서 음을 취함. 形聲

字義 ▌ 偈(게) 글귀, 게송(偈頌). 게송은 불가(佛家)의 시사(詩詞) 혹은 선(禪)의 묘지(妙旨)를 기술한 운문(韻文). 원음은 게.

語義 ▌ 詩意(시의) 시적인 정서. 禪味(선미) 선(禪)의 풍미. 禪敎(선교) 선종(禪宗)의 가르침. 玄機(현기) 현묘한 작용.

48. 만상萬象이 마음에 따라 달라진다

_{기 동 적} _{궁 영} _{의 위 사 갈} _{침 석} _{시 위 복 호} _{차 중}
機動的은 弓影도 疑爲蛇蝎하고 寢石도 視爲伏虎하니 此中

_{혼 시 살 기} _{념 식 적} _{석 호} _{가 작 해 구} _{와 성} _가
에 渾是殺氣요, 念息的은 石虎도 可作海鷗하고 蛙聲도 可

_{당 고 취} _{촉 처} _{구 견 진 기}
當鼓吹하니 觸處에 俱見眞機니라.

文意 ▌ 마음이 흔들리면 활 그림자도 뱀으로 의심하고, 누운 바위도 엎드린 호랑이로 보이니 이 중에서는 모두 다 살기(殺氣)요, 마음이 고요하면 석호도 바다의 갈매기로 만들고, 개구리 울음소리도 음악으로 들리니 사람에 접하는 곳마다 모두 참된 기틀을 알게 된다.

要旨 ▌ 마음이 들뜨면 모든 것이 의심스러워 살기를 띠게 되고, 마음이 가라앉으면 만물이 온순하게 보여 어디를 가나 진리를 느끼게 된다.

解說 ▌ 활을 뱀으로 본 이야기는 ≪신서(晉書)≫ 악광전(樂廣傳)에 보이는 고사이다. 벽에 걸린 활이 술잔 속에 비치자 그것을 마시고 병을 앓았다고 한다.
쓰러진 돌을 범으로 본 고사는 ≪사기(史記)≫ 이광전(李廣傳)에 나오는

데, 이광이 풀밭에 누워 있는 돌을 호랑이로 알고 활로 쏘았더니 화살이 푹 박혔으나, 돌이라고 생각하고 쏘니 화살이 들어가지 않았다는 이야기이다.

석호(石虎)는 진(晉)나라 사람으로 자는 계룡(季龍)인데, 고덕(高德, 고승高僧)에게 감화되어 잘 길들여진 갈매기마냥 유순해졌다고 한다. ─ ≪진서(晉書)≫ 불도징전(佛圖澄傳)

개구리소리를 음악으로 들었다는 이야기는 ≪남사(南史)≫ 공규전(孔珪傳)에 보이는데, 공규가 그러했다고 한다.

마음이 촛불처럼 흔들리면 온갖 유령과 유혹에 넘어가기 쉽다. 마음을 명경지수(明鏡止水)같이 가져야 한다.

字源 ▍ 弓(활 궁) 활의 모양을 본뜸. 象形

蛇(뱀 사) 원자는 它. 뱀이 도사리고 있는 모양을 본뜸. 象形 / 후에 虫을 덧붙여 虫에서 뜻을, 它(뱀 타)에서 음을 취함. 形聲

寢(잘 침) 宀+爿(牀, 평상 상과 같음)+㸒(잘 침). 집[宀]에서 침대[爿]에 누워[㸒] '잔다'는 뜻. 會意 / 宀와 爿에서 뜻을, 㸒에서 음을 취함. 形聲

鷗(갈매기 구) 鳥+區(漚, 물거품 구의 생략형). 바다에 거품[漚]처럼 떠다니는 새[鳥], 곧 '갈매기'를 뜻함. 會意 / 鳥에서 뜻을, 區에서 음을 취함. 形聲

鼓(북 두드릴 고) 壴(북의 모양)+支(나뭇가지 지). 북과 북채, 곧 '북을 친다'는 뜻. 會意

字義 ▍ 蝎(갈) 전갈.

語義 ▍ 機動(기동) 마음[심기心機]이 동요되어 흔들림. 蛇蝎(사갈) 뱀. 寢石(침석) 쓰러져 누워 있는 돌. 念息(념식) 마음이 가라앉음. 石虎(석호) 진대(晉代) 사람으로 몹시 사나웠다고 함. 鼓吹(고취) 북 치고 피리를 붊. 음악. 觸處(촉처) 사물에 접하는 곳. 眞機(진기) 참다운 묘기(妙機).

49. 일체를 자연에 맡겨라

^{신 여 불 계 지 주}　^{일 임 류 행 감 지}
身如不繫之舟니 一任流行坎止하고,

^{심 사 기 회 지 목}　^{하 방 도 할 향 도}
心似旣灰之木이니 何妨刀割香塗리오?

文意 ▌ 몸은 매어 놓지 않은 배와 같으니 흘러가고 멈춤에 맡기며, 마음은 마른 나무와 같으니 칼로 쪼개건, 향을 칠하건 무슨 상관을 하리오?

要旨 ▌ 매어 놓지 않은 배처럼 물결 따라 흘러가면서, 장작으로 쪼개지든, 향을 바르든, 자연에 맡기며 살겠다.

解說 ▌ ≪장자(莊子)≫ 열어구편(列禦寇篇)에
'대체로 재주가 있는 사람은 수고롭고 지혜로운 자는 걱정이 많다. 반대로 무능(無能, 무위無爲)한 성인은 아무것도 구할 것이 없이 배불리 먹고 즐거이 놀고 있다. 그는 매어 있지 않은 배가 물 위에 있듯이 무심히 소요하고 있다.(巧者勞, 而知者憂, 無能者無所求, 飽食而遨遊. 汎若不繫之舟, 虛而遨遊者也.)'
라고 한 데서 '불계지주(不繫之舟)'란 말이 나왔다.
자연의 섭리대로, 자연의 법칙대로 순종하면서 살아나가는 방법이 오히려 현명할 것이다.

字源 ▌ 舟(배 주) 쪽배의 모양을 본뜸. 象形
妨(해로울 방) 女에서 뜻을, 方(모 방)에서 음을 취함. 形聲
刀(칼 도) 칼의 모양을 본뜸. 象形
割(자를 할) 害(해할 해)＋刂(刀). 칼[刀]로 해친다[害]는 데서 '베다'의 뜻이 됨. 會意 / 刂에서 뜻을, 害에서 음을 취함. 形聲

字義 ▌ 繫(계) 묶다, 매다. 坎(감) 구덩이. 割(할) 쪼개다. 塗(도) 바

르다. 길.

語義 ▌ 不繫之舟(불계지주) 매어 놓지 않은 배. 流行(류행) 흘러감. 坎止(감지) 멈춤. 旣灰之木(기회지목) 마른 나무. 刀割(도할) 칼로 쪼개어 땔감을 만듦. 香塗(향도) 그릇을 만들어 놓고 겉에 향을 바름.

---

50. 인정人情은 사물을 형기形氣로써 구분하기 쉽다

人情은 聽鶯啼則喜하고 聞蛙鳴則厭하며, 見花則思培之하고 遇草則欲去之하니, 但是以形氣用事라. 以性天視之하면 何者非自鳴天機며 非自暢其生意也리오?

文意 ▌ 인정은 꾀꼬리소리를 들으면 기뻐하고 개구리 울음소리를 들으면 싫어하며, 꽃을 보면 가꾸고 싶어 하고, 풀을 보면 베고자 하니, 이는 단지 형체와 기질로써 사물을 구분하기 때문이다. 그러나 본성으로 그것들을 보면 어느 것이 스스로 하늘의 작용을 울리는 것이 아니며, 스스로 자라나는 뜻을 펼치는 것이 아닌가?

要旨 ▌ 사람의 정은 꾀꼬리소리와 꽃을 좋아하고, 개구리소리와 잡초를 싫어한다. 그러나 천지 자연의 원리로 볼 때는 모든 것이 존재 이유가 있고 각기 작용이 있다.

解說 ▌ 옛말에 이렇게 말했다.

'하늘은 녹이 없는 자를 태어나게 하지 않고, 땅은 명색이 없는 풀을 자라게 하지 않는다.(天不生無祿之人, 地不長無名之草.)'

참으로 명언이다. 사람은 누구나 먹을 것을 가지고 태어나고, 만물은 다 그 나름대로의 존재 이유가 있는 것이다. 모기나 파리는 우리 사람이나 짐승에게는 귀찮지만 조물주는 이유가 있어 만들어 낸 것이며, 독초는 잘못 먹으면 죽지만, 잘만 먹으면 약이 된다.

모든 것을 자연의 섭리로 보고 자연에 순행해야 제 구실을 할 것이다.

字源 ▌ 但(다만 단) 亻(人)＋旦(아침 단). 땅〔一〕 위로 떠오르는 해〔日〕처럼 알몸인 사람〔人〕이라는 뜻에서 '오로지' '다만'의 뜻이 됨. 會意 / 亻에서 뜻을, 旦에서 음을 취함. 形聲

暢(통할 창) 申에서 뜻을, 昜(볕 양)에서 음을 취함. 形聲

語義 ▌ 形氣(형기) 형체와 기질.   用事(용사) 일을 삼음. 여기서는 사물을 구분한다는 뜻.   性天(성천) 본래의 바탕, 천성(天性).   天機(천기) 하늘의 작용.   生意(생의) 생생발육(生生發育)의 뜻.

51. 겉모습은 헛된 것, 본연의 진리를 깨달아라

髮落齒疎는 任幻形之彫謝하고, 鳥吟花笑는 識自性之眞如니라.

文意 ▌ 머리털이 빠지고 이가 빠져 성기어짐은 허깨비 형태의 변화에 맡기고, 새 노래와 꽃이 웃음은, 자연의 본성의 변함없는 진리임을 알

것이다.

要旨 ▎ 늙어 머리와 이가 빠지는 것은 자연의 법칙이니 고민할 것이 없다. 아름다운 자연 속에서 자연의 본성의 진리를 깨달아야 한다.

解說 ▎ ≪장자(莊子)≫ 제물론(齊物論)에
'삶에 대립하여 죽음이 있고 죽음에 대립하여 삶이 있으며, 가능에 대립하여 불가능이 있고 불가능에 대립하여 가능이 있으며, 옳음에 기인하여 틀림이 있고 틀림에 기인하여 옳음이 있다. 그러므로 성인은 이런 상대적 입장에 서지 않고 하늘〔自然〕의 입장에서 바라본다. 이것이야말로 옳음〔天〕에 기인한 것이다.(方生方死, 方死方生, 方可方不可, 方不可方可, 因是因非, 因非因是. 是以聖人不由, 而照之於天.)'
라고 했다.
시비(是非)·생사(生死)·가불가(可不可)가 본질적으로 구별이 없는 것이다. 죽음도 생각하기에 달린 것이다. 자연의 본성으로 볼 때는 한 진행 코스에 불과한 것이다.

字源 ▎ 髮(터럭 발) 髟(머리 늘일 표)에서 뜻을, 犮(개 달아날 발)에서 음을 취함. 形聲
齒(이 치) 止+㘥. 입 안에 나란히〔㘥〕서 있는〔止〕'이'를 뜻함. 會意 / 㘥에서 뜻을, 止에서 음을 취함. 形聲
笑(웃을 소) 竹+夭(굽을 요). 대나무〔竹〕가 바람에 스쳐 구부러짐〔夭〕이 사람의 웃는 모양 같고, 그때 댓잎에서 나는 소리가 웃음소리 같아서 '웃는다'의 뜻이 됨. 會意 / 竹에서 뜻을, 夭에서 음을 취함. 形聲

字義 ▎ 彫(조) 새기다. 여기서는 시들 조(凋)와 같음. 謝(사) 떨어지다.

語義 ▎ 齒疎(치소) 이가 빠져 성김. 幻形(환형) 허깨비 같은 형세. 거짓 형상. (병이 들거나 늙어서) 얼굴 모양이 달라짐. 彫謝(조사) 시들어 변함. 自性(자성) 자연의 본성. 眞如(진여) 절대적이고 변함없이 평등한 진리.

52. 욕심은 차가운 연못에 뜨거운 물결을 일으 킨다

^{욕 기 중 자}欲其中者는 ^{파 비 한 담}波沸寒潭하여 ^{산 림}山林도 ^{불 견 기 적}不見其寂하고,

^{허 기 중 자}虛其中者는 ^{량 생 혹 서}凉生酷暑하여 ^{조 시}朝市에 ^{부 지 기 훤}不知其喧이라.

文意 ▌ 마음이 탐욕으로 차 있는 사람은 차가운 연못에 물결이 끓어오르듯 하여 산림 속에서도 그 정적을 느끼지 못하고, 마음이 비어 있는 사람은 무더위 속에서도 서늘한 기운이 생기는 듯하여, 시끄러운 시장 가운데에서도 그 시끄러움을 모른다.

要旨 ▌ 욕심이 가득 차면 고요 속에 처해도 정적을 느끼지 못하고, 욕심이 없는 사람은 늘 고요하여 시장에서도 그 시끄러움을 느끼지 못한다.

解說 ▌ ≪열자(列子)≫ 설부편(說符篇)에 이런 이야기가 있다.

'제(齊)나라 사람 중에 금을 욕심내는 사람이 있어 아침 일찍이 의관(衣冠)을 정제(整齊)하고 시장으로 가서 금방에 들어가 금덩이를 움켜 잡았다. 경찰이 그를 체포하고 묻기를 "사람들이 많이 있는데, 어째서 너는 남의 금덩이를 움켜 들었느냐?"하니 그 사람이 대답하기를 "금덩이를 집을 때는 사람은 보이지 않고 금덩이만 보였습니다.(攫金者不見人)"라고 했다.'

욕심이 가득 차면 그 욕심내는 물건 외에는 보이지 않는 법이다. ≪허당록(虛堂錄)≫에도

'돈을 움키는 사람은 사람을 보지 못한다.(攫金者不見人)'

라고 했다.

마음이 고요하면 산림의 고요함을 만끽하고, 시끄러움 속에서도 그 시끄

러움을 느끼지 못한다.

字源 ┃ 暑(더울 서) 日에서 뜻을, 者(놈 자)에서 음을 취함. 形聲

語義 ┃ 欲其中(욕기중) 욕심이 마음속에 참, 욕(欲)은 욕(慾)과 같음. 波沸(파비) 물결이 끓어오름. 마음이 동요됨의 비유. 寒潭(한담) 차가운 연못, 깊은 못. 凉生酷暑(량생혹서) 한여름의 혹심한 더위에도 서늘한 맛이 생김, 마음이 고요함의 비유. 朝市(조시) 조정과 시장, 사람이 많은 곳.

53. 많이 가진 사람은 많이 잃는다

多^다藏^장者^자는 厚^후亡^망이라. 故^고로 知^지富^부不^불如^여貧^빈之^지無^무慮^려요,

高^고步^보者^자는 疾^질顚^전이라. 故^고로 知^지貴^귀不^불如^여賤^천之^지常^상安^안이라.

文意 ┃ 많이 가진 사람은 많이 잃는다. 그러므로 부유함이 가난하면서 근심 없음만 못함을 알아야 한다.
높은 지위에서 거드름 피우는 사람은 실패하기가 쉽다. 그러므로 귀한 신분이 천한 신분의 항상 편안함만 못하다는 것을 알아야 한다.

要旨 ┃ 부자가 되어 근심하는 것보다는 가난하면서 근심 없이 사는 것이 낫고, 지위가 높아 미끄러질까 걱정하느니보다 천하면서 항상 편안히 사는 것만 같지 못하다.

解說 ┃ ≪노자≫ 44장에
'재물을 지나치게 아끼면 반드시 크게 소비하게 되고, 재물을 많이 지니

면 반드시 많이 잃게 된다. 만족할 줄 알면 욕됨이 없고, 그칠 줄 알면 위태롭지 않아 장구할 수가 있다.(甚愛必大費, 多藏必厚亡. 知足不辱, 知止不殆, 可以長久.)'

라고 했다.

재산이 많은 사람은 그것을 잃게 될 때 왕창 잃게 된다. 그래서 그것을 잃지 않을까 걱정하니 그런 걱정이 없는 가난뱅이가 낫다. 지위가 높은 사람은 파직될까 안달한다. 그렇게 귀하게 살기보다는 천하면서도 늘 편안한 편이 낫다.

字源▐ 亡(죽을 망) 𠃊.(人)+𠃊(隱, 숨을 은의 옛 자). 사람〔人〕이 숨는다〔𠃊〕는 뜻에서, '없어지다' '도망하다'의 뜻이 됨. 會意

語義▐ 多藏者(다장자) 재산을 많이 지닌 사람. 厚亡(후망) 많이 잃음. 高步者(고보자) 높이 걷는 사람, 신분이 높다고 거드름 피우는 사람. 疾顚(질전) 급히 넘어짐, 실수하기 쉽다.

54. 솔숲에서 주역周易을 읽고, 대숲에서 불경佛經을 논한다

_{독 역 효 창} _{단 사} _{연 송 간 지 로}
讀易曉窓에 丹砂를 硏松間之露하고,

_{담 경 오 안} _{보 경} _{선 죽 하 지 풍}
談經午案에 寶磬을 宣竹下之風이라.

文意▐ 새벽 창가에서 ≪주역≫을 읽다가 솔숲의 이슬로 붉은 먹을 갈고, 한낮 책상 앞에 앉아 불경을 담론하노라면 아름다운 풍경 소리는 대숲 속에서 불어온 바람에 울려 퍼진다.

要旨▎ 새벽 창 앞에서 독서하고 붓글씨를 연습하며 낮에는 책상 위에서 불경을 토론하노라면, 추녀 끝의 풍경 소리는 은은히 퍼져 마치 신선 생활 같다.

解說▎ '위편삼절(韋編三絶)'이란 말이 있다. 공자가 ≪주역≫을 애독하여 '가죽으로 맨 책끈이 세 번이나 끊어졌다'는 고사에서 독서에 힘씀을 일컫는 말이다. ≪사기(史記)≫ 공자세가(孔子世家)에서 나온 말이다.

중국 한(漢)나라 채윤(蔡倫)이 종이를 발명하기 전에는 죽간(竹簡)을 엮어서 책 대신 사용했다. 오늘날 '冊'자는 상형자로서 冂은 대쪽〔죽간〕의 모양을 나타낸 것이고, 一은 가죽끈을 나타낸 것이다. 곧 冊은 죽간을 나란히 늘어놓고 가죽끈으로 가로 질러 매놓은 모양이다.

또 단사(丹砂)는 붉은 먹〔朱墨〕으로, 옛날 한문의 구두(句讀)를 찍거나 ○(圈點)을 찍어 비평 또는 요주의(要注意)를 표시할 때, 붉은 빛깔의 먹물을 썼다. 오늘날도 더러 쓰는 경우가 있다. 그래서

'먹을 가까이하는 자는 검어지고, 주묵을 가까이하는 자는 붉어진다.(近墨者黑, 近朱者赤)'

란 말도 생기게 되었다. 이 말은 부현(傅玄)의 잠(箴)에서 나온 말이다.

字源▎ 曉(새벽 효) 日에서 뜻을, 堯(멀 요)에서 음을 취함. 〔形聲〕
研(갈 연) 石＋幵(평평할 견). 돌〔石〕로 평평하게〔幵〕 '간다'는 데서 '연구' '연마'의 뜻이 됨. 〔會意〕 / 石에서 뜻을, 幵에서 음을 취함. 〔形聲〕
經(날실 경) 糸에서 뜻을, 巠(물줄기 경)에서 음을 취함. 〔形聲〕
午(낮 오) 음기와 양기가 서로 엇갈리는〔十〕 모양으로 음·양기가 가장 많이 엇갈리는 때인 '한낮'을 뜻함. 〔指事〕
案(책상 안) 安＋木. 편히〔安〕 앉아 책을 볼 수 있게 만든, 나무〔木〕로 만든 '책상'이란 뜻. 〔會意〕 / 木에서 뜻을, 安에서 음을 취함. 〔形聲〕

字義▎ 磬(경) 경석. 처마 밑에 다는 풍경 등의 소리 나는 경쇠.

語義▎ 易(역) ≪주역(周易)≫. ≪역경(易經)≫.　丹砂(단사) 주묵(朱墨). 붉은 빛을 내는 먹.　經(경) 불경(佛經).　午案(오안) 한낮의 책상.

寶磬(보경) 아름다운 풍경(風磬, 절의 처마 끝에 다는 종과 비슷한 것).
宣(선) 친다. 울린다.

---

55. 인위人爲를 가하면 자연의 맛을 잃는다

花居盆內하면 終乏生機하고 鳥入籠中하면 便減天趣하니,
不若山間花鳥가 錯集成文하고 翱翔自若하여 自是悠然會心
이라.

文意 ▮ 꽃이 화분 안에 심어져 있으면 결국은 생기를 잃게 되고, 새가
새장 속에 갇혀 있으면 곧 천연의 운치가 감소된다. 이는 산속에 꽃과
새가 서로 뒤섞여 아름다운 무늬를 이루고, 자유롭게 날아 돌아다니며,
스스로 한가히 유쾌함을 즐기는 것만 못한 것이다.

要旨 ▮ 꽃과 새도 산속에 있어야 천연의 운치를 이루듯이, 사람도 명
리의 속박에서 벗어나야 회심(會心)의 멋을 알 수 있다.

解説 ▮ 도연명의 〈귀원전거시(歸園田居詩)〉에
'새장 안의 새는 옛숲을 그리워하고, 　羈鳥戀舊林
　　　　　　　　　　　　　　　　　기 조 련 구 림
연못의 물고기는 옛물을 생각한다.' 　池魚思故淵
　　　　　　　　　　　　　　　　　지 어 사 고 연
고 했고, 중국 〈고시십구수(古詩十九首)〉 제1수에서도
'오랑캐 땅(胡, 북방)에서 온 말은 북풍에 의지하고, 　胡馬依北風
　　　　　　　　　　　　　　　　　　　　　　　　　호 마 의 북 풍
월(越, 남방)에서 온 새는 남쪽 가지에 깃들인다.' 　越鳥巢南枝
　　　　　　　　　　　　　　　　　　　　　　　　월 조 소 남 지

라고 했다.

새장에 갇힌 새는 구속을 벗어나 산속에 살아야 생기를 얻어 자연의 멋을 느끼고, 화분 속의 꽃은 산속에 옮겨다 심어야 싱싱하게 잘 자라 아름다운 모습을 이룬다. 사람도 마찬가지로 명리 등 인위(人爲, 사람의 힘으로 이루어지는 일)의 속박에서 벗어나야 참된 자유로움의 멋을 느낄 수 있다.

字源 ▌ 減(감할 감) 氵(水)에서 씻겨 내려가 '줄어든다'는 뜻을, 咸(다함)에서 음을 취함. 形聲

錯(섞일 착) 金에서 뜻을, 昔(옛날 석)에서 음을 취함. 形聲

字義 ▌ 乏(핍) 다하다, 모자라다. 翱(고) 노닐며 날다. 翔(상) 빙 돌아 날다.

語義 ▌ 生機(생기) 생기(生氣). 天趣(천취) 천연의 맛. 錯集成文(착집성문) 여럿이 뒤섞여 모여 아름다운 무늬를 이룸. 문(文)은 문(紋). 翱翔(고상) 빙빙 날아 돌아다님. 會心(회심) 마음에 맞아 유쾌함.

56. 기호嗜好와 번뇌煩惱는 나 때문에 생긴다

世人이 只緣認得我字太眞이라. 故로 多種種嗜好하고 種種煩惱라. 前人이 云하되 '不復知有我면 何知物爲貴오?'하고, 又云하되 '知身不是我면 煩惱更何侵인가?'하니 眞破的之言也로다.

文意 | 세상 사람들이 오직 '나'라는 글자를 지나치게 참된 것으로만 여기기 때문에, 갖가지 기호와 번뇌가 쌓인다. 옛사람이 이르기를 '나 있음을 또한 알지 못하면, 어찌 사물의 귀함을 알리오?'하고, 또 '이 몸이 나 아님을 안다면, 번뇌가 어찌 다시 침노하랴?'라고 했으니, 참으로 맞는 말이다.

要旨 | 나만이 참되다고 알기 때문에 기호나 번뇌가 생긴다. 그래서 옛사람도 나 자신을 의식하지 말아야 사물의 귀함을 알고, 아집(我執, 자신의 의견만 고집함)을 버려야 번뇌가 없다 했으니, 참으로 명언이다.

解説 | '적(的)'자는 ①밝을 적, ②꼭 그러할 적·적실할 적, ③표할 적·표준 적, ④목표 적, ⑤과녁 적, ⑥의 적·것 적 등의 뜻이 있어 여러 의미로 쓰인다. '적연(的然)' '적확(的確)' '적실(的實)' '목적(目的)' '적중(的中)' 등은 일상생활 용어나 한문에서 흔히 쓰인다.
그러나 ⑥의 뜻의 '의' '것'의 뜻은 매우 드문 경우에 쓰인다. 현대 중국어인 백화(白話)에서 많이 쓰이는데 한문의 '之'와 마찬가지로 쓰임은 전술한 바이다. 왕양명(王陽明)의 ≪전습록(傳習錄)≫에
'지혜는 행동의 주체요, 행동은 지혜의 공부(작용)다.(知是行的主意, 行是知的功夫)'
라는 글에서 '的'을 '之'로 대체(代替)해 보면 더 잘 알 수가 있다. 또 '의'란 소유의 뜻에서 '것'이란 형식적 '명사'로 쓰이는 경우가 있으니, '아적(我的) - 나의 것' '타적(他的) - 그의 것' 등으로 쓰여, '之'로 대신할 수가 있다.

字源 | 緣(인연 연) 糸+彖(끊을 단). 옷감의 잘라진〔彖〕천 끝을 실〔糸〕로 감친다는 데서 '맺는다' '인연되다'의 뜻이 생김. 會意 / 糸에서 뜻을, 彖에서 음을 취함. 形聲
認(알 인) 言+忍(참을 인). 말〔言〕을 참고〔忍〕, 남의 말을 '인정한다'는 뜻. 會意 / 言에서 뜻을, 忍에서 음을 취함. 形聲
煩(번거로울 번) 火+頁(머리 혈). 머리〔頁〕에 열〔火〕이 난다는 데서 '복

잡하고 '괴로움'을 뜻함. 會意

語義 ┃ 緣(연) ~로 인하다. ~로 말미암다.   破的(파적) 과녁을 뚫음,
적중함, 곧 진리에 맞음.

---

57. 실의失意의 생각으로 득의得意하는 마음
을 눌러라

^{자 로 시 소}
自老視少하면 ^{가 이 소 분 치 각 축 지 심}可以消奔馳角逐之心이요,

^{자 췌 시 영}
自瘁視榮하면 ^{가 이 절 분 화 미 려 지 념}可以絶紛華靡麗之念이라.

文意 ┃ 늙은이의 입장에서 젊음을 보면, 바삐 달리고 서로 다투는 마
음을 없앨 수 있고, 쇠퇴한 처지에서 부귀영화를 보면, 사치하고 화려
해지고자 하는 생각을 끊어 버릴 수 있다.

要旨 ┃ 사람은 혈기왕성할 때 늙은 뒤를 생각하고, 순탄한 환경에 있
을 때 역경을 생각하며 마음을 수양해야 한다.

解說 ┃ '각축(角逐)'이란 '승부를 다툰다'는 뜻이다. 각(角)은 '겨루다', 축
(逐)은 '쫓는다'는 뜻. 서로 이기려고 밀고치고 하면서 승부를 겨루는 것
이다. 같은 뜻의 말에 '축록(逐鹿)'이란 단어가 있다. '사냥꾼이 사슴을
쫓는다'는 뜻으로, ①영웅이 서로 다투어 천하를 얻고자 하는 일, ②정권
이나 지위를 얻으려고 서로 다투는 일 등을 나타낸다. 사슴은 짐승 중에
가장 고상한 동물이므로 왕위나 지위·권세 등을 상징한다.
'사슴을 쫓는 자는 토끼를 돌아보지 않는다.(逐鹿者不顧兎)'
는 ≪회남자(淮南子)≫ 설림훈(說林訓)의 말과 ≪허당록(虛堂錄)≫의

'사슴을 쫓는 자는 산을 보지 않는다.(逐鹿者不見山)'
에서 나왔다.

이욕에 눈이 어두우면 진리를 보지 못하는 법이다. 늙으면 용기와 희망이 줄어든다. 또 쇠퇴해지면 사치와 허영의 마음은 없어진다. 젊어 치솟는 욕망을 늙은이의 입장에서 돌아보면 그 욕망은 봄눈 사라지듯 녹아버리고, 잘 살 때 사치와 화려함으로 달리는 마음을, 쇠잔했을 때의 마음으로 돌아보면 그런 욕망이 없어지니, 상대적인 입장에서 바라보고 처신할 필요가 있다.

字義 ▌ 瘁(췌) 병들다, 파리해지다.

語義 ▌ 奔馳(분치) 명리(名利)를 좇아 바삐 달림. 角逐(각축) 서로 경쟁하여 다툼. 紛華靡麗(분화미려) 요란스럽고 화려하고 사치스러움.

---

58. 인정세태는 변화가 끝이 없다

人情世態는 倏忽萬端이니 不宜認得太眞이라. 堯夫云하되, '昔日所云我도 而今却是伊라. 不知今日我인들 又屬後來誰오?'하니, 人常作是觀하면 便可解却胸中罥矣리라.

文意 ▌ 인정과 세태는 잠깐 사이에 만 가지로 변하는 것이니, 너무 진실된 것이라고 생각해서는 안 된다. 요부가 이르기를 '지난날 내 것이라던 것이 지금은 오히려 저 사람의 것이 되었네. 어찌 알겠는가? 오늘의 내 것이 또 뒷날 누구의 것이 될 것인지를.'라고 하였으니, 사람이 항상 이 같은 관점으로 사물을 본다면, 곧 가슴속에 얽매어진 바를

가히 풀어 버릴 수 있을 것이다.

要旨 ▎ 세상과 인정은 수시로 변하니 너무 집착하지 말라. 어제까지 나의 것이 오늘은 남의 것, 오늘의 내 것이 내일은 또 누구의 것이 될지 모르는 판이니, 물질에 초연해야 고뇌를 씻어 버릴 수 있다.

解說 ▎ '지난날 내 것이라던 것이   昔日所云我
석 일 소 운 아

지금은 오히려 저 사람의 것이 되었네.   而今却是伊
이 금 각 시 이

어찌 알겠는가? 오늘의 내 것이   不知今日我
부 지 금 일 아

또 뒷날 누구의 것이 될 것인지를.'   又屬後來誰
우 속 후 래 수

일종의 오언시(五言詩)로 ≪이천격양집(伊川擊壤集)≫에 실려 있다. ≪이천격양집≫은 20권으로 송나라 소옹(邵雍, 1011-1077. 자字 요부堯夫)이 저작했다. 이 시의 근원은 백낙천(白樂天)에게서 나왔는데, 생각을 멋대로 읊되 시의 격식을 너무 따지지 않고, 논리를 근본으로, 수사를 말단으로 하였으므로, 조탁에 힘쓰지 않았다. 그렇다고 비속한 내용이나 표현도 아닌 것이 특징이다.

字源 ▎ 今(이제 금) 亼(集)+フ(及, 다다를 급). 모든 것이 함께(亼) 다다른(フ) 이때, 곧 '지금'을 뜻함. [會意]

字義 ▎ 罥(견) 얽히다. 걸리다.

語義 ▎ 世態(세태) 세상의 모습.   倏忽(숙홀) 갑자기, 문득.   萬端(만단) 여러 가지 모양.   堯夫(요부) 송(宋)나라 학자 소강절(邵康節)의 자(字). 이름은 옹(雍). 강절은 시호.   昔日(석일) 지난날.   我(아) 나의 것, 아적(我的).   伊(이) 저 사람의 것. 타적(他的).   作是觀(작시관) 이런 견해를 지음.   解却(해각) 풀어버리다.   罥(견) 속박.

59. 복잡한 때일수록 냉철히 생각하라

熱鬧中에 著一冷眼하면 便省許多苦心思하고,

冷落處에 存一熱心하면 便得許多眞趣味라.

文意 ▌ 복잡하고 바쁜 중에서도 한번 냉철한 눈으로 보게 되면, 곧 많은 괴로운 생각을 덜게 되고, 몰락한 형편에서도 한번 뜨거운 마음을 가지게 되면, 곧 많은 참된 취미를 얻게 된다.

要旨 ▌ 복잡하고 바쁠 때일수록 냉철하게 생각해 처리하고, 뜻대로 안될 때일수록 열성을 다하여 최선을 다하면 참된 취미를 느끼게 된다.

解說 ▌ '부도옹(不倒翁)'은 '오뚝이'를 말한다. 중국 청나라 학자 조익(趙翼)이 지은 ≪해여총고(陔餘叢考)≫에 보면,
'부도옹은 아이들 장난감인데, 종이를 풀칠하여 술 취한 사람 모양을 만들고, 그 속은 비게 하고 밑쪽은 무겁게 하여 이리 굴리고 저리 굴려도 넘어지지 않는 것이라.'
했다. 그런데 이것은 아마도 옛날 술자리에서 술을 권할 때 쓰던 놀이기구일 것이라고 했다. ≪주보(酒譜)≫란 책을 보면, 일명 포취선(捕醉仙)이라고도 했다.
'나무로 인형을 깎아 만드는데 아래쪽을 뾰족하게 만든다. 술자리에서 쟁반 위에다 띄워 놓고 이리저리 움직인다. 그러면 춤을 추듯 하다가 기진하면 쓰러질 때 그 오뚝이가 가리키는 사람은 잔을 받게 되어 있다.'
곧 권주(勸酒)의 오락기구였다. 그러나 오늘날에는 아이의 장난감으로만 쓰인다. 이 부도옹처럼 사람도 역경에 부딪치면 기어코 뚫고 나아가 성공의 희열을 맛보아야 할 것이다.

語義 ▌ 熱鬧(열뇨) 번잡하고 시끄러움. 冷眼(랭안) 냉정한 눈으로 관찰

함. 冷落(랭락) 몰락해서 형편이 보잘것없이 된 경우. 영락(零落), 역경(逆境).

---

60. 세상일은 모두 상대적相對的이다

有一樂境界하면 就有一不樂的相對待하고 有一好光景하면 就有一不好的相乘除하니, 只是尋常家飯과 素位風光이라야 纔是個安樂的窩巢니라.

文意 ▌ 하나의 즐거운 경지가 있으면, 곧 하나의 즐겁지 못한 경지가 있어 서로 대립되고, 하나의 좋은 경치가 있으면, 하나의 좋지 못한 경치가 있어 서로 맞비기게 된다. 다만 늘 먹는 밥과 벼슬 없는 생활이 비로소 안락한 거처가 되는 것이다.

要旨 ▌ 즐거운 경지가 있으면 즐겁지 않은 경지가 있고, 멋진 경치가 있으면 멋없는 경치가 있어 서로 상대적이다. 그러므로 늘 먹는 밥, 직위 없는 생활이야말로 진정한 안락한 생활이다.

解說 ▌ ≪노자≫ 제2장에

'있는 것과 없는 것이 서로 생겨나고, 어려운 것과 쉬운 것이 서로 성립되며, 긴 것과 짧은 것이 서로 비교되고, 높은 것과 낮은 것이 서로 층이 되며, 소리와 울림은 서로 조화를 이루고, 앞과 뒤는 서로 따른다. 그러므로 성인은 작위함 없이 일을 처리하고, 말하지 않는 가르침을 행한다.(有無相生, 難易相成, 長短相較, 高下相傾, 音聲相和, 前後相隨. 是以聖人處無爲之事, 行不言之敎)'

라고 했다.

이렇게 세상 만사는 상대적으로 이루어진다. 기쁨이 있으면 슬픔이 있고, 아름다움이 있으면 추함이 있는 것이다. 그 중에서도 제일 안전하고 안락한 것은 평범한 생활, 벼슬 없는 경지가 가장 행복하다고 할 수 있다.

字源 ▌ 素(흴 소) 𡳩(빨아 널어 늘어진 모양)＋糸. 실〔糸〕을 빨아〔𡳩〕 '흰색'이 되었다는 뜻. 會意

語義 ▌ 相對待(상대대) 서로 대립함. 相乘除(상승제) 서로 곱하고 나눔. 엇비김. 尋常家飯(심상가반) 늘 먹는 식사. 素位(소위) 관직이 없는 신분. 風光(풍광) 경지(境地). 생활. 窩巢(와소) 와(窩)는 굴. 소(巢)는 새 둥우리. 곧 거처.

---

61. 자연自然 풍광風光에 접하면 물아일치경物我一致境에 들어야 한다

簾櫳^{렴롱}高敞^{고창}하고 看靑山綠水呑吐雲煙^{간청산록수탄토운연}하면 識乾坤之自在^{식건곤지자재}하며, 竹樹扶疎^{죽수부소}에 任乳燕鳴鳩送迎時序^{임유연명구송영시서}하면 知物我之兩亡^{지물아지량망}이라.

文意 ▌ 발 친 문을 높이 열고, 푸른 산과 맑은 물이 구름과 안개를 삼켰다 뱉었다 하는 광경을 보면, 천지의 자유자재함을 알게 되고, 대와 나무 우거진 곳에서 새끼 치는 제비와 우는 비둘기가 계절이 차례로 바뀜에 몸을 맡김을 보면, 사물과 나를 다 잊음을 알게 된다.

要旨 ▌ 청산녹수 속에서 구름과 안개가 기몰(起沒)함을 보면 천지의

자재로움을 알고, 죽림녹음 속에서 새들이 왕래함을 보면 물아일치경
(物我一致境)을 맛볼 수 있다.

解說 ▌ 우암(尤庵) 송시열(宋時烈)의 시조에
'청산도 절로절로 녹수도 절로절로,
산 절로절로 수 절로절로 산수간에 나도 절로절로,
그 중에 절로절로 자란 몸이 늙기도 절로절로.'
라고 한 것이 있다. '절로절로'를 여러 번 되풀이하여 반복효과를 올리고
있다.
자연 속의 이 한 몸이 자연의 흐름을 따라가면 자연과 일체가 되어 물아
(物我)가 일치(一致)할 수 있을 것이다.

字源 ▌ 綠(푸를 록) 糸+彔(나무 깎을 록). 나무 깎은〔彔〕 자리에서 드
러나는 결〔糸〕에서 '푸른색'을 뜻함. 會意 / 糸에서 뜻을, 彔에서 음을 취
함. 形聲

吐(토할 토) 口에서 뜻을, 土(흙 토)에서 음을 취함. 形聲 / 口+土. 입
〔口〕에서 뱉어 땅〔土〕에 떨어지므로, '뱉다'의 뜻이 됨. 會意

樹(심을 수) 木+尌(세울 주). 서〔尌〕 있는 나무〔木〕, 또는 나무를 세워
〔尌〕 '심는다'는 뜻. 會意 / 木에서 뜻을, 尌에서 음을 취함. 形聲

乳(젖 유) 爪(손톱 조)+子+乚(乙, 새 을). 새〔乚〕가 알이나 새끼〔子〕를
발 밑〔爪〕에 깔고 품는다는 데서, '새끼를 기르다'의 뜻이 되고, 포유동
물에 있어서는 '젖먹이다'의 뜻이 됨. 會意

燕(제비 연) 제비의 부리·몸통·날개·꼬리를 본뜸. 象形

字義 ▌ 簾(렴) 발. 櫳(롱) 창, 난간. 敞(창) 열다. 넓다. 呑(탄) 삼키
다.

語義 ▌ 簾櫳(렴롱) 발을 친 난간. 高敞(고창) 높이 엶. 전망이 좋게 함.
呑吐雲煙(탄토운연) 구름과 안개를 삼켰다 토했다 함. 扶疏(부소) 가지
와 잎이 우거짐. 乳燕(유연) 새끼 치는 제비. 鳴鳩(명구) 우는 비둘기.
가을이면 비둘기가 운다. 送迎時序(송영시서) 계절을 차례대로 보내고
맞음.

62. 성공 후에 실패가 있고, 삶 후에 죽음이 있음을 알라

^{지성지필패}
知成之必敗면 則求成之心이 不必太堅하고,

^{지생지필사}
知生之必死면 則保生之道에 不必過勞니라.

文意 ▌ 이루어진 것은 반드시 망가지게 된다는 사실을 알면, 이루기를 바라는 마음이 반드시 지나치게 굳지 않을 것이고, 삶이란 반드시 죽어야 한다는 것을 안다면, 삶을 보전하는 길에, 반드시 지나치게 애쓰지는 않을 것이다.

要旨 ▌ 성공 다음에 실패가 오는 사실을 안다면 성공하려고 안달하지 않을 것이고, 삶 다음에는 반드시 죽는다는 사실을 알면 오래 살려고 과로하지도 않을 것이다.

解說 ▌ '죽음 보기를 돌아가는 것과 같이 한다.(視死若歸)' - 《대대례(大戴禮)》 증자제언(曾子制言)

'죽음 보기를 삶과 같이 여긴다.(視死若生)' - 《장자(莊子)》 추수(秋水)

죽음은 삶의 연장으로, 죽음을 자기의 가정으로 돌아가듯이 편안히 여긴다는 뜻의 말들이다. 사생일여(死生一如)와 같은 뜻이다.

성공과 실패도 마찬가지이다. 실패한 후에 노력하면 성공이 오고, 성공했다가도 결국에는 실패가 온다.

'인간의 모든 일이 새옹의 말 같다.(人間萬事 塞翁之馬)' - 《회남자》인간훈(人間訓)

는 말대로 사생과 성패는 늘 갈마들게 마련이다. 여기에 너무 집착하지 말고 초탈할 줄 알아야 한다.

字源 敗(패할 패) 貝+攵(攴, 칠 복). 물건[貝]을 쳐서[攵] '깨뜨리다' '부수다'의 뜻. 會意 / 攵에서 뜻을, 貝에서 음을 취함. 形聲

語義 求成之心(구성지심) 성취하기를 바라는 마음. 太堅(태견) 지나치게 굳음. 保生之道(보생지도) 삶을 보전하는 길. 장수법(長壽法). 過勞(과로) 지나치게 애씀.

---

63. 흐르는 물이나 낙화落花와 같이 처세해야 심신이 자유롭다

古德이 云하되 '竹影掃階塵不動이요 月輪穿沼水無痕이라'하고, 吾儒가 云하되 '水流任急境常靜이요, 花落雖頻意自閑이라'하니, 人常持此意하여 以應事接物하면 身心이 何等自在리오?

文意 옛 고승(高僧)이 말하기를 '대그림자가 섬돌을 쓸어도 티끌은 일지 않고, 달빛이 연못을 뚫어도 물에는 흔적이 없다' 하였고, 우리의 유가(儒家)도 말하기를 '물 흐름이 아무리 빨라도 둘레는 늘 고요하고, 낙화가 비록 잦다 해도 마음은 스스로 한가롭다'라고 했으니, 사람이 항상 이런 뜻을 가지고 사물에 접한다면, 몸과 마음이 얼마나 자유로울까?

要旨 대나무 그림자 뜰을 쓰니 먼지는 일지 않고, 달이 연못 속을 꿰뚫으나 흔적이 없다는 말은, 허하면 응하고 응하되 자취가 없다는

뜻이고, 물은 흘러가도 둘레는 고요하고 꽃이 떨어져도 마음은 한가하다는 말은, 동중정(動中靜)의 경지를 말하는 것이다. 우리는 이런 심정으로 매사에 대처해야 심신이 자유롭다.

解説 ▮ 본문의 고덕(古德)은 당나라 설봉화상(雪峯和尙)으로 그가 법당에 올라가 설교한 말 중에서
'죽영소계진부동, 월천담저수무흔(竹影掃階塵不動, 月穿潭底水無痕.)'
이라고 한 구절을 인용한 것이라 한다. 일설에는 당나라 조등선사(祖燈禪師) 지선(志璿)의 말이라고도 한다. ≪보등록(普燈錄)≫에 실려 있다.

字源 ▮ 掃(쓸 소) 扌(手)+帚(비 추). 손[手]에 비[帚]를 들고, '쓸다'라는 뜻. 會意 / 扌에서 뜻을, 帚에서 음을 취함. 形聲
階(섬돌 계) 阝(阜, 언덕 부)+皆(다 개). 여러[皆] 개의 뒷돌을 언덕[阝]같이 쌓아 올린 '섬돌' 또는 '층계'의 뜻. 會意 / 阝에서 뜻을, 皆에서 음을 취함. 形聲
儒(선비 유) 亻(人)+需(소용될 수). 세상에서 소용되는[需] 사람[人], 곧 '학자' 등을 뜻함. 會意 / 亻에서 뜻을, 需에서 음을 취함. 形聲
頻(자주 빈) 頁+步(涉, 건널 섭). 사람[頁]이 물을 건널 때[涉] '자주' 머뭇거리고, 겁을 낸다는 뜻. 會意

字義 ▮ 穿(천) 뚫다. 沼(소) 늪, 연못. 痕(흔) 상처, 흔적.

語義 ▮ 古德(고덕) 옛날에 덕이 높았던 명승(名僧). 吾儒(오유) 우리의 유가(儒家). 應事接物(응사접물) 사물에 접함. 何等自在(하등자재) 얼마나 자유로우랴?

64. 자연의 음악과 문장을 알아야 한다

^{림 간 송 운} ^{석 상 천 성} ^{정 리 청 래} ^{식 천 지 자 연 명 패}
林間松韻과 石上泉聲도 靜裡聽來면 識天地自然鳴佩하고,

^{초 제 연 광} ^{수 심 운 영} ^{한 중 관 거} ^{견 건 곤 최 상 문 장}
草際煙光과 水心雲影도 閑中觀去면 見乾坤最上文章이라.

文意 ▌ 숲 사이의 솔바람소리와 돌 위를 흐르는 샘물소리도 고요한 가운데 들어보면, 천지자연의 음악임을 느낄 수 있고, 풀섶의 안개 빛과 물 가운데 비친 구름 그림자도 한가한 가운데 보게 되면, 이 세계 최상의 문장임을 알게 된다.

要旨 ▌ 고요 속에 들리는 자연의 소리는 자연의 훌륭한 음악이요, 한가함 속에 보이는 자연의 경치는 천지간의 최상의 문장이다.

解說 ▌ 문장(文章)이란 원래 무늬란 뜻이었다. 청색과 적색을 섞어 짠 무늬를 '문(文)'이라 하고, 적색과 백색을 섞어 짠 무늬를 '장(章)'이라 하였다. 그것이 변하여 의복 등에 아름답고 알록달록하게 그리거나 수놓은 것을 문장이라 하니 모양(模樣)·문채(文彩) 등으로도 쓰였다. 그러나 오늘날에는 글자를 엮어 사상이나 감정을 적어 완성한 것을 문장이라 한다. 곧 글을 말하게 되었다. 또 문장가(文章家)의 준말로도 쓰인다. 이태백은 천하의 문장이라는 식이 그런 것이다.

그러나 이 문장은 대단히 중요하여 언제 어디서나 문장 없이는 생활할 수 없는 시대가 되었다. 중국 삼국시대 위(魏)나라 문제(文帝) 조비(曹丕)도 그 《전론(典論)》 논문(論文)에서

'문장은 나라를 경영하는 대업이요 영원히 썩지 않는 성대한 사업이다. (文章經國之大業不朽之盛事)'

라고 하여 문장의 효용을 중요시했다.

字源 ▌ 韻(울림 운) 音에서 뜻을, 員에서 음을 취함. 形聲

字義 ▨ 佩(패) 차다. 패옥.

語義 ▨ 松韻(송운) 솔바람소리. 鳴佩(명패) 패옥 소리. 울리는 패옥. 음악. 草際(초제) 풀섶. 煙光(연광) 안개 빛. 水心雲影(수심운영) 물속에 비치는 구름 그림자.

---

65. 맹수는 길들이기 쉬워도 인심人心은 다스리기 어렵다

眼看西晉之荊榛하되 猶矜白刃하고, 身屬北邙之狐兎하되 尙惜黃金이라. 語에 云하되 '猛獸는 易伏이나 人心은 難降하며, 谿壑은 易塡이나 人心은 難滿이라'하니 信哉라!

文意 ▨ 눈으로 서진의 황폐함을 보고서도 오히려 칼날을 뽐내고, 몸은 북망산의 여우와 토끼에게 맡겨질 것이로되, 아직도 황금을 아낀다. 옛말에 이르기를 '사나운 짐승은 길들이기 쉽지만, 사람의 마음은 항복시키기 어렵고, 계곡은 쉽게 메울 수 있어도, 사람의 마음은 만족시키기 어렵다'고 했으니, 옳은 말이다.

要旨 ▨ 눈으로 금방 망할 것을 알면서도 권세를 뽐내고, 자신이 죽어 공동묘지로 갈 줄도 모르고 재물을 탐낸다. 옛사람의 '사람보다는 차라리 짐승을 길들이기 쉽고, 계곡보다는 사람의 마음은 채우기 어렵다'는 말이 실감난다.

解說 ▨ 《진서(晉書)》 색정전(索靖傳)에 보면, 색정(索靖)이 진(晉)나

라에 장차 난리가 있을 것을 예견하고 낙양 궁성 문 밖에 있는 구리로 만든 낙타를 가리키며, "반드시 네가 잠시 덤불 속에 있을 것을 보리로 다."하며 탄식했다. 과연 그의 말이 맞아 조왕윤(趙王倫)의 난에 이어 만족(蠻族)이 침입하여 진나라는 강남으로 옮기니, 옮기기 전을 서진(西晉)이라 하고, 강남으로 옮긴 뒤를 동진(東晉)이라 한다.

북망산(北邙山)은 낙양 북쪽에 있는 산인데, 한(漢)나라 이래로 유명한 사람이 많이 묻혀 공동묘지가 되었다. 당나라 심전기(沈佺期)의 〈망산(邙山)〉이란 시가 있다.

'북망산 위에는 무덤이 늘어서 있어,　　　北邙山上列墳塋
　　　　　　　　　　　　　　　　　　　 북 망 산 상 렬 분 형

만고천추에 낙양성을 대하고 있네.　　　萬古千秋對洛城
　　　　　　　　　　　　　　　　　　　 만 고 천 추 대 락 성

성안의 낮과 저녁에는 노래와 종소리 일고,　城中日夕歌鐘起
　　　　　　　　　　　　　　　　　　　 성 중 일 석 가 종 기

산 위에는 오직 소나무 잣나무 소리 들리네.'　山上唯聞松栢聲
　　　　　　　　　　　　　　　　　　　 산 상 유 문 송 백 성

사람의 욕심이란 한이 없는 것, 이를 줄일 줄 알아야 한다.

字源 ▮ 西(서녘 서) 새가 둥우리에 깃든 모양을 본떠, 날이 저물어 해가 '서쪽'으로 넘어갔음을 뜻함. 象形

刃(칼 인) 칼[刀]의 날[丶]을 가리킴. 指事

北(북녘 북) 사람들이 서로 등지고 있는 모양[仆]을 본떠, '배반하다'의 뜻이 됨. 象形 會意 / 옛날에는 집을 남향으로 지어, 남향에 등진 '북향'을 뜻함. 指事

兎(토끼 토) 토끼의 모양을 본뜸. 象形

惜(아낄 석) ↑(心)＋昔(옛 석). 지난[昔] 일을 생각[心]하면, '안타깝다'는 뜻. 會意 / ↑에서 뜻을, 昔에서 음을 취함. 形聲

字義 ▮ 晋(진＝晉) 진나라. 邙(망) 산 이름. 谿(계) 시내, 계곡. 壑(학) 골짜기. 塡(전) 메우다, 채우다.

語義 ▮ 西晉之荊榛(서진지형진) 서진이 멸망하여 그 도읍이 가시와 잡초에 묻혀 황폐함. 白刃(백인) 병기(兵器). 무기. 北邙(북망) 낙양(洛陽)

북쪽에 있는 공동묘지. 谿壑(계학) 계곡, 골짜기.

---

66. 마음이 고요하면 어디나 청산녹수靑山綠水이다

^{심 지 상}心地上에 ^{무 풍 도}無風濤면 ^{수 재}隨在에 ^{개 청 산 록 수}皆靑山綠水요,

^{성 천 중}性天中에 ^{유 화 육}有化育이면 ^{촉 처}觸處에 ^{견 어 약 연 비}見魚躍鳶飛라.

文意 ▌ 마음에 풍파가 없으면 가는 곳마다 청산녹수요, 천성 가운데 만물을 화육하는 기운이 있으면 닿는 곳마다 물고기가 뛰놀고 솔개가 날아오름을 보게 될 것이다.

要旨 ▌ 마음이 고요하면 눈앞이 모두 청산녹수요, 천성이 조화를 이루면 어디에서나 연비어약(鳶飛魚躍)이다.

解説 ▌ '심지(心地)'란 '마음'이란 뜻이다. 마음은 모든 법의 근원으로, 마치 대지(大地)가 초목을 자라게 하는 것과 같다하여 마음을 '심지'라 부른다.

'연비어약(鳶飛魚躍)'은 '솔개는 날고 물고기는 뛴다'는 뜻으로 '본성을 살려서 자유롭게 활동한다'는 말이다. ≪시경(詩經)≫ 한록편(旱麓篇)의 '솔개는 하늘에서 날고, 물고기는 연못에 뛴다.(鳶飛戾天, 魚躍于淵)'에서 나온 말이다. ≪중용(中庸)≫에도 인용되어 있다.

마음이 고요하면 청산녹수 속에 있는 것 같고, 본성이 온화하여 덕이 있으면 어디를 가나 자유롭게 활동할 수 있다.

字義 ▌ 濤(도) 파도. 躍(약) 뛰다.

---

67. 고관대작高官大爵이 소박한 농부만 못하다

峨冠大帶之士도 一旦睹輕簑小笠으로 飄飄然逸也하면 未必
不動其咨嗟하고, 長筵廣席之豪도 一旦遇疎簾淨几로 悠悠
焉靜也하면 未必不增其綣戀하리니, 人奈何驅以火牛하고 誘
以風馬하며 而不思自適其性哉아?

文意 ▌ 높은 관에 큰 띠 두른 벼슬아치도, 한번 가벼운 도롱이에 작은 삿갓 쓴 사람의 경쾌하고 안일함을 보면, 부러운 탄식을 내지 않을 수 없을 것이고, 호화로운 곳에 사는 부호라도 한번 성긴 발과 깨끗한 책상에 한가롭게 고요를 즐기는 사람을 만나면, 그리워하는 마음이 더해지지 않을 리 없다. 사람은 어쩌자고 화우(火牛)로써 몰아붙이고, 풍마로 꾀일 줄만 알고, 그 천성에 자적(自適, 〔무엇에 속박됨이 없이〕제 마음 내키는 대로 즐김)할 생각을 하지 않는가?

要旨 ▌ 고관대작도 탈속한 농부나 은사를 보면 부러워하고, 고대광실의 부자도 정결한 초가집에서 독서하는 선비를 보면 그리워한다. 그런데 사람들은 약육강식(弱肉强食)하고, 강자에게 아첨하면서도 천성에

자적할 줄 모른다.

解說 ▌ '화우(火牛)'는 '화우지계(火牛之計)'라고도 하는데, 중국 전국시대의 고사이다. ≪사기(史記)≫ 전단전(田單傳)에 이런 기사가 있다.

'전국시대 연(燕)나라가 제(齊)나라를 공격했을 때, 제나라 서울의 벼슬아치로 있던 전단(田單)이 추천되어 장군이 되었다. 그는 최후의 아성(牙城)인 즉묵(卽墨)이란 땅을 지킬 때 천여 마리의 소의 뿔에다 창을 붙들어 매고 꼬리에 기름 먹인 갈대를 매어 불을 붙인 다음, 연나라 진영으로 몰아 보내어 연군을 크게 격파했다.'

또 '풍마(風馬)'는 '풍마우불상급(風馬牛不相及)'의 준말인데, ≪좌전≫ 희공(僖公) 4년조에 보인다.

'제(齊)나라 환공(桓公)이 마침내 초(楚)나라를 정벌하니, 초나라 임금이 사신을 보내어 하는 말이, "그대는 북해에 있고 과인은 남해에 있어 다만 교미하려는 마소라도 미치지 못할 것이다.(君處北海, 寡人處南海, 唯是風馬牛不相及也.)"라고 하면서 달랬다.'

사람들은 수단방법도 가리지 않고 부귀공명에 붙좇아 몰려들면서, 어째서 본성에 맞는 유유자적하는 생활을 생각하지 못하는가?

字源 ▌ 旦(아침 단) 日+一. 해〔日〕가 지평선〔一〕 위로 떠오르는 때인 '아침'을 뜻함. 會意

席(자리 석) 庀(庶, 무리 서의 획 줄임)+巾(수건 건). 사람들〔庀〕이 천〔巾〕을 밑에 깐 모양에서, '자리'의 뜻이 됨. 會意 / 巾에서 뜻을, 庀에서 음을 취함. 形聲

焉(어조사 언) 원래는 새의 모양을 본떴으나, 오늘날에는 '의문사' '조사'로 쓰임. 象形 假借

奈(어찌할 내) 원자는 柰. 木에서 뜻을, 示에서 음을 취한 '과일' 이름이었으나, 오늘날에는 '어찌'의 뜻이 됨. 形聲 假借

誘(끌 유) 言에서 뜻을, 秀(뛰어날 수)에서 음을 취함. 形聲

字義 ▌ 睹(도) 보다. 簑(사) 도롱이. 笠(립) 삿갓. 飄(표) 떠돌다. 嗟(차) 탄식. 筵(연) 대자리. 綣(권) 정답다. 驅(구) 몰다.

語義 ▌ 峨冠大帶(아관대대) 높은 관과 넓은 띠. 높은 벼슬아치의 복장.

一旦(일단) 한 번.　輕簑小笠(경사소립) 가벼운 도롱이와 작은 삿갓. 농부나 은자(隱者)의 복장.　飄飄然(표표연) 경쾌한 모양.　咨嗟(자차) 탄식함.　長筵廣席(장연광석) 길고 넓은 자리. 호화로운 잔치자리.　疎簾淨几(소렴정궤) 성긴 발과 청아한 책상.　悠悠焉(유유언) 한가로운 모양.　綣戀(권련) 그리워하다.　火牛(화우) 꼬리에 불을 붙인 소.　風馬(풍마) 교미(交尾)하려는 말. 바람난 말.

---

68. 세상에 살면서 세상을 잊어라

_{어 득 수 서}魚得水逝로되 _{이 상 망 호 수}而相忘乎水하고 _{조 승 풍 비}鳥乘風飛로되 _{이 부 지 유 풍}而不知有風하니, _{식 차}識此면 _{가 이 초 물 루}可以超物累하고 _{가 이 락 천 기}可以樂天機라.

文意 ▌ 물고기는 물을 얻어 헤엄치되 물이 있음을 잊고, 새는 바람을 타고 날지만 바람이 있음을 모른다. 이러한 사실을 안다면 가히 물질의 속박에서 벗어나 하늘의 작용을 즐길 수 있을 것이다.

要旨 ▌ 물고기가 물에 살면서 물을 잊고, 새가 바람 속을 날면서도 바람을 잊듯이, 사람도 세상에 살면서 세상을 잊을 줄 알아야 모든 구속에서 벗어나고 자연의 숱한 작용을 터득할 수 있다.

解說 ▌ '어수지교(魚水之交, 수어지교水魚之交)'란 말이 있다. '물과 고기의 사귐 - 떨어질래야 떨어질 수 없는 매우 가까운 사이. 아주 친밀하여 떨어질 수 없는 사이'를 말한다. 이 말은 ≪삼국지(三國志)≫ 제갈량전(諸葛亮傳)에서 나왔다. 중국 삼국시대 촉한(蜀漢)의 임금 유비(劉備)가 제갈량을 매우 사랑하나 관우(關羽)와 장비(張飛) 등은 이를 싫어했다.

이에 유비가 "나에게 공명선생이 있는 것은 마치 고기에게 물이 있는 것과 같다.(孤之有孔明, 猶魚之有水也)'"라고 했다.

이렇게 물고기는 물 없이는 못 살고, 새는 바람을 타야 잘 난다. 그러나 고기가 가장 가까운 물을 잊고, 새가 움직이면 만나는 바람을 잊듯이 사람도 세상 속에서 살면서 세상사를 잊을 줄 알아야 참다운 천기를 알 수 있다.

字源 ▌ 超(뛰어넘을 초) 走에서 뜻을, 召(부를 소)에서 음을 취함. 形聲
累(여러 루) 糸에서 뜻을, 田(畾, 밭 사이 뢰의 생략형)에서 음을 취함.
形聲

字義 ▌ 逝(서) 가다, 헤엄치다.

語義 ▌ 物累(물루) 외물(外物)의 속박. 사물에 의한 얽매임. 天機(천기) 천지의 오묘한 작용.

---

69. 인생은 무상無常하고 성쇠盛衰는 돌고 돈다

狐眠敗砌하고 兎走荒臺하니 盡是當年歌舞之地요,

露冷黃花하고 煙迷衰草하니 悉屬舊時爭戰之場이라.

盛衰何常이면 强弱安在오? 念此면 令人心灰라.

文意 ▌ 여우는 무너진 섬돌에서 잠자고, 토끼는 황폐한 누대 위를 달리니, 여기는 모두 당시 노래하고 춤추던 곳이요, 이슬은 국화에 싸늘히 맺히고, 연기는 시든 풀에 어리니, 여기는 옛날 전쟁터였다. 번성하

고 쇠퇴함이 어찌 변치 않을 것이며, 강자와 약자가 어디에 있는가? 이를 생각하면 마음이 재와 같이 식을 것이다.

要旨 ▌ 지난날 호화롭게 잔치하던 고각누대(高閣樓臺, 높고 큰 누각) 도 지금은 황폐하여 여우와 토끼의 굴이 되고, 옛날의 영웅호걸이 각축을 다투던 전쟁터에는 이슬과 연기가 국화와 시든 풀에 어려 있다. 인간 성쇠는 무상한 것, 이 이치를 알면 사람의 마음은 냉철해져 부귀에 들뜨지 않을 것이다.

解說 ▌ '수구지심(首丘之心)'이란 말이 있다. '고향으로 돌아가 묻히고 싶은 마음'을 말한다. ≪회남자(淮南子)≫ 설림훈(說林訓)에 '새는 날아 고향으로 돌아가고, 토끼는 달아나 제 굴로 돌아가며, 여우는 죽을 때 제 집이 있는 언덕 쪽으로 머리를 둔다.(鳥飛反鄉, 兎走歸窟, 狐死首丘)'
고 했고, 〈초사(楚辭)〉 구장(九章) 애영편(哀郢篇)에도 '여우가 죽을 때 반드시 제 굴이 있는 언덕으로 머리를 둔다.(狐死必首丘)'
라고 했다. 여우와 토끼도 고향을 사랑함은 사람과 같다. 이런 토끼와 여우의 굴이 있는 곳이 옛날에는 궁전 터였고, 잡초만 우거진 이 벌판이 옛날의 유명한 전쟁터였다는 것을 상상해 본다면, 인생무상을 느낄 것이고, 마음은 침착해져 속세의 명리나 부귀에 소원해질 것이다.

字源 ▌ 黃(누를 황) 炗(光, 빛 광의 옛 자)＋田. 곡식이 자라는 밭[田]의 빛[光]이 '누렇다'는 뜻. 會意 / 田에서 뜻을, 炗에서 음을 취함. 形聲
場(마당 장) 土＋昜(볕 양). 햇볕[昜]이 드는 땅[土], 곧 '마당'을 뜻함. 會意 / 土에서 뜻을, 昜에서 음을 취함. 形聲
強(굳셀 강) 弘＋虫. 원래는 큰[弘] 벌레[虫], '바구미'를 뜻했으나, 彊(굳셀 강)의 음과 뜻을 빌어서 '굳세다'의 뜻이 됨. 會意 假借 / 虫에서 뜻을, 弘에서 음을 취함. 形聲
弱(약할 약) 어린 새의 두 날개가 나란히 펼쳐진 모양에서, '어리다' '약하다'의 뜻이 됨. 象形

字義 ▌ 砌(체) 섬돌.

語義 ▌ 敗砌(패체) 무너진 섬돌. 荒臺(황대) 황폐한 누대. 黃花(황화)
국화의 별명.

---

70. 총애寵愛와 치욕恥辱에도 놀라지 않는다

_{총 욕} _{불 경} _{한 간 정 전 화 개 화 락}
寵辱에 不驚하니 閒看庭前花開花落하고,

_{거 류} _{무 의} _{만 수 천 외 운 권 운 서}
去留에 無意하니 漫隨天外雲卷雲舒니라.

文意 ▌ 영화와 욕됨에 놀라지 않으니, 한가로이 뜰 앞에 피고 지는 꽃
을 보고, 떠남과 머무름에 뜻이 없으니, 무심히 하늘 밖의 걷히고 펼
쳐지는 구름을 따른다.

要旨 ▌ 영광과 치욕에도 놀라지 않고 행동거지를 자유롭게 할 수 있도
록 달관해야 한다.

解説 ▌ ≪노자≫ 제13장에
'총애를 받거나 굴욕을 당했을 때 놀란 듯이 대하라. 큰 환난을 내 몸같
이 귀히 여기라.(寵辱若驚, 貴大患若身.)'
고 하였다. 재래로 이 문장의 해석에 대하여 여러 설이 분분하다.
그러나 달관(達觀)한 사람은 혹 남에게 사랑을 받거나 굴욕을 당했을
때, 깜짝 놀라 곧 경계할 것이다. 총애나 굴욕은 인간의 속된 욕망에서
빚어지는 대우이므로 이런 총애나 굴욕을 당했을 때, 분연히 놀라 물리
치고, 이런 큰 근심거리를 내 몸 아끼듯이 귀중한 자료로 삼아 처리한다

면 내 몸은 안전하고 영구히 보존할 수 있다.

그러나 속된 인간은 이런 큰 근심거리, 곧 세속적 명리를 위해 몸을 파는 자가 많으므로 총애와 굴욕을 받았을 때 놀라 경계해야 된다는 내용이다. 그러므로 도리와 인생에 달관한 사람은 영욕을 초월하고 진퇴를 자연에 맡기므로 한가하게 꽃의 피고 지는 것과 구름의 일고 사라짐을 바라볼 수 있는 마음의 여유가 있을 것이다.

字源▐ 卷(책 권) 龹(𢍏, 주먹밥 권의 변형)+㔾(卩, 병부 절). 본래 무릎[卩]을 구부린다[龹]는 뜻이었는데, 나중에 두루마리 '책'을 뜻하게 되었음. 會意 / 㔾에서 뜻을, 龹에서 음을 취함. 形聲

語義▐ 寵辱(총욕) 총애를 받음과 욕을 당함. 去留(거류) 떠남과 머무름. 雲卷雲舒(운권운서) 구름이 걷히고 펼쳐짐. 권(卷)은 말 권(捲)과 통하는 글자.

---

71. 부나비나 올빼미는 되지 말라

晴空朗月(청공랑월)에 何天(하천)을 不可翱翔(불가고상)이리오마는 而飛蛾(이비아)는 獨投夜燭(독투야촉)하고, 淸泉綠卉(청천록훼)에 何物(하물)을 不可飮啄(불가음탁)이리오마는 而鴟鴞(이치효)는 偏嗜腐鼠(편기부서)하니, 噫(희)라 世之不爲飛蛾鴟鴞者(세지불위비아치효자)가 幾何人哉(기하인재)아?

文意▐ 하늘 맑고 달 밝은데, 어디인들 날 데가 없어, 부나비는 홀로 촛불에 몸을 던지고, 맑은 샘 푸른 풀잎에 어디 쪼고 마실 것이 없어, 올빼미는 굳이 썩은 쥐를 즐기는가? 슬프다! 세상에 부나비와 올빼미가 아닌 사람이 몇이나 될까?

要旨 ▌ 닭 밝은 창공을 날지 않고 촛불에 몸을 던져 죽는 부나비, 맑은 물 푸른 풀을 제쳐 놓고 썩은 쥐를 먹는 올빼미는, 마치 속된 욕망에 가득 찬 사람이 위험 속으로 몸을 마구 내던지고, 꺼림칙한 것만을 마구 먹는 사람과 같다 할 것이다.

解說 ▌ 중국 전국시대에 혜자(惠子, 혜시惠施)가 양(梁)나라 재상으로 있을 때, 장자(莊子)가 찾아갔다. 아직 만나기도 전인데 누군가가 혜자에게 장자가 혜자의 관직을 뺏으러 왔다고 무고했다. 혜자는 장자를 체포해 오게 했다. 이에 장자가 혜자에게 말했다.
"남쪽에 원추(鵷鶵, 봉황鳳凰의 일종)란 새가 있는데 그 새는 남극해에서 출발해서 북극해로 가며, 반드시 오동나무에 쉬고 대나무 열매만 먹고 또 샘물만 마시오. 이 새가 하늘을 나는데 아래를 보니 올빼미가 썩은 쥐를 얻어 가지고 있다가[鴟得腐鼠], 머리 위로 날아가는 원추새를 보고 그 썩은 쥐를 빼앗길까봐 '꽥'하고 소리를 질렀소. 지금 당신도 내가 양나라 재상 자리를 빼앗아갈까 봐 나를 보고 '꽥'하는 것이오?"
원추와 올빼미의 우화로써 세속적 명예나 지위를 경시하는 장자의 처세관을 잘 나타내고 있다.

字源 ▌ 投(던질 투) 扌(手)＋殳(창 수). 손[扌]으로 창[殳]을 '던진다'는 뜻. [會意] / 扌에서 뜻을, 殳에서 음을 취함. [形聲]

字義 ▌ 啄(탁) 쪼다. 鴟(치) 솔개. 鴞(효) 올빼미.

語義 ▌ 翺翔(고상) 자유로이 낢. 飛蛾(비아) 부나비. 綠卉(록훼) 푸른 풀. 鴟鴞(치효) 올빼미.

72. 밖에서 구하지 말고 마음속에서 구하라

纔就筏하여 便思舍筏하면 方是無事道人이나,

若騎驢하여 又復覓驢하면 終爲不了禪師니라.

文意 ┃ 뗏목(배)에 오르자 곧 뗏목을 버릴 생각을 하는 사람은 바로 일 없는 도인이며, 만일 나귀를 타고 또 다시 나귀를 찾는다면 끝내 도를 깨닫지 못한 선사가 될 뿐이다.

要旨 ┃ 강을 건너면 배는 필요가 없듯이, 불경은 불도를 얻는 도구이므로 깨달은 뒤에는 차치해야 하고, 나귀를 타고 나귀를 찾듯이, 자기 마음에서 깨닫지 못하고 남에게서 찾으면 끝내 돌중을 면하지 못한다.

解說 ┃ '기려멱려(騎驢覓驢)'란 '나귀를 타고 있으면서 그 나귀를 찾는다'는 뜻이다. 자신의 불성(佛性)을 자신에게서 찾지 못하고 남에게서 구함을 비유한다. ≪전등록(傳燈錄)≫ 권28에는
'경을 외워 유(有)와 무(無)의 뜻을 찾지 못함은, 마치 나귀를 타고 나귀를 찾는 것과 같다.(誦經不見有無義, 眞似騎驢覓驢)'
라 했고, 또 권29에는
'마음이 곧 부처인 줄을 깨닫지 못한다면 이야말로 나귀를 타고 나귀를 찾는 것이다.(不解心卽是佛, 眞是騎驢覓驢)'
라고 했다.
곧 모든 이치는 자기 자신에게서 찾을 것을 강조한 내용이다.

字源 ┃ 師(스승 사) 自(堆, 쌓일 퇴의 본자)+帀(두를 잡). 많이 모여〔自〕둘러〔帀〕선 '군사' 또는 많은〔自〕제자에 둘러싸여〔帀〕있는 '스승'을 뜻함. 會意

字義 ┃ 筏(벌) 뗏목. 驢(려) 나귀. 覓(멱) 찾다, 보다.

語義 ▮ 就筏(취벌) 뗏목(배)에 오름. 纔…便(재…변) 겨우 …하니, 문득 …한다. 舍筏(사벌) 뗏목을 버림. 舍=捨. 方是(방시) 바야흐로 …이다. 無事道人(무사도인) 일상사의 얽매임에서 벗어난 도통한 사람. 달인(達 人). 騎驢覓驢(기려멱려) 나귀를 타고서 나귀를 찾음. 不了禪師(불료선 사) 진리를 깨닫지 못한 사이비 도인(道人).

---

73. 냉정한 눈과 마음으로 사물을 판단하라

^{권 귀 룡 양}　　　　　^{영 웅 호 전}　　　^{이 랭 안 시 지}　　　^{여 의 취 전}
權貴龍驤하고　英雄虎戰하니　以冷眼視之하면　如蟻聚羶하고
^{여 승 경 혈}
如蠅競血이라.

^{시 비 봉 기}　　　^{득 실 위 흥}　　　^{이 랭 정 당 지}　　　^{여 야 화 금}
是非蜂起하고　得失蝟興하니　以冷情當之하면　如冶化金하고
^{여 탕 소 설}
如湯消雪이니라.

文意 ▮ 권세와 부귀를 지닌 사람이 용처럼 날뛰고, 영웅들이 범처럼 다투니, 이를 냉정한 눈으로 본다면 마치 개미가 비린내에 꼬이고 파 리가 피를 다투어 빨아먹는 것과 같다.
시비를 따지는 데 벌떼가 이는 듯하고, 이해득실을 가리는 것이 고슴 도치 털이 뻗치는 듯하니, 이를 냉정한 마음으로 대하면, 마치 풀무가 쇠를 녹이고, 끓는 물이 눈을 녹이는 것과 같다.

要旨 ▮ 권력 다툼과 명리 추구를 냉철한 눈으로 보면 개미나 파리 떼 가 피비린내 나는 먹이에 모여드는 것 같고, 시비와 득실을 다투는 것

을 냉정한 입장에서 보면 용광로에 쇠가 녹듯, 끓는 물에 눈이 녹듯 사라진다.

解説 ▌ '흥(興)'과 '여(與)'와 '여(輿)'자는 모양은 비슷하지만 다른 글자이다. 흥(興)은 '일어나다, 흥겹다, 흥' 등의 뜻을, 여(與)는 '더불어, 함께, 참여하다, 어조사' 등의 뜻을, 여(輿)는 '수레바탕, 천지, 무리' 등의 뜻을 나타낸다. 그 중에 여(與)는 실사(實辭)와 허사(虛辭)를 겸했다. '주다, 참여하다' 등의 뜻은 실사이고, '더불어, 보다, 인가?' 등의 뜻은 허사이다. 곧 여(與)는 '여(歟)'와 같은 자로 의문을 나타내는 조사(助辭)로도 쓰인다.

중국의 어느 시골 부자가 자식을 위하여 독선생(獨先生)을 모셔 왔는데 실력이 말이 아니었다. 그러나 선생이 하도 없어 그냥 자식을 맡기고 1년에 보수로 쌀 열 가마를 주는데, 글자 한 자를 잘못 가르칠 때마다 쌀 한 말씩 제하는 조건으로 했다. 1년이 지나 도저히 안되겠다 여겨 하루는 부자가 사랑으로 나가 그 선생에게 그만둘 것을 요구, 보수를 계산하니 쌀 두 말뿐이었다. 이를 본 선생은 하도 기가 막혀 "시하언흥(是何言興), 시하언흥(是何言興)(시하언여是何言與, 시하언여是何言與 – '이 무슨 말이요, 이 무슨 말이요'의 잘못)"하니, 부자가 하인을 불러 두 말의 쌀마저 가지고 안으로 들어가라는 바람에 선생은 무일푼으로 쫓겨나고 말았다. 흥(興)자에 얽힌 소화(笑話) 한 토막이다.

字源 ▌ 龍(용 룡) 용의 모양을 본뜸. 象形
湯(끓을 탕) 氵(水)에서 뜻을, 昜(볕 양)에서 음을 취함. 形聲

字義 ▌ 驤(양) 날뛰다. 蟻(의) 왕개미. 蠅(승) 파리. 蝟(위) 고슴도치.

語義 ▌ 權貴(권귀) 권세와 부귀. 권력이 있고 부귀한 사람. 龍驤(룡양) 용처럼 날뛰며 다툼. 虎戰(호전) 범이 싸움. 蟻聚羶(의취전) 개미가 비린내에 모여듦. 蠅競血(승경혈) 파리 떼가 다투어 피를 빨음. 蝟興(위흥) 고슴도치 털처럼 일어섬. 冶化金(야화금) 풀무가 쇠붙이를 녹임. 湯消雪(탕소설) 끓는 물이 눈을 녹임.

74. 물욕에서 벗어나 천성天性에 자적自適하라

羈^기鎖^쇄於^어物^물欲^욕하면 覺^각吾^오生^생之^지可^가哀^애하고 夷^이猶^유於^어性^성眞^진하면 覺^각吾^오生^생之^지可^가樂^락하니, 知^지其^기可^가哀^애하면 則^즉塵^진情^정이 立^립破^파하고 知^지其^기可^가樂^락하면 則^즉聖^성境^경이 自^자臻^진이라.

文意 ▌ 물욕에 얽매이면, 우리 인생의 애달픔을 깨닫게 되고, 천성에 따라 유유히 노닐면 우리 생애의 즐거움을 깨닫게 되니, 그 애달픔을 알면 곧 속세의 욕심이 그대로 사라져 버릴 것이요, 그 즐거움을 알면 곧 성인의 경지가 스스로 다다를 것이다.

要旨 ▌ 사람이 물욕에 차면 애달프고, 천성에 유유자적하면 즐겁다. 그 애달픔을 알면 욕심이 사라지고, 그 즐거움을 알면 성인의 경지에 이른다.

解說 ▌ '쇄(鎖)'자는 원음이 '솨'로, '자물쇠, 가두다'의 뜻이다. 우리나라의 옛 형기구(刑器具) 중에 족쇄(足鎖)·항쇄(項鎖)가 있다. 족쇄는 '죄인이나 피의자의 발목에 채우던 쇠사슬'이다. 족가(足枷)라고도 한다. 족가는 곧 '차꼬'이다. 죄수의 발을 묶어 두는 데는 같으나 그 재료가 다르다. 차꼬는 기다란 두 개의 나무토막 틀에 발목이 들어갈 만큼 구멍을 파서 그 구멍 안에 죄인의 발목을 넣고 두 나무토막을 합쳐 모으고 자물쇠를 채우는 것이다.

또 항쇄는 '죄인의 목에 씌우는 칼'이다. 또 '질곡(桎梏)'이란 형구가 있다. '질(桎)'은 '차꼬'를 말하며, 곡(梏)은 수갑(手匣)을 말한다. 죄인의 두 손을 묶는 형구이다. 그밖에 '오라'가 있는데, 옛날 도둑이나 죄인을 결박하던 줄로 그 빛이 붉어 '홍줄'·'홍사(紅絲)'라고도 했다. 이 끈으로 죄인의 손을 묶어 등 뒤로 붙들어 맸으므로 '오라(를) 지다'란 말이 생기고, 관형형(冠形形)의 수식어로 '오라질'이란 말이 생겼다.

字源 ▌ 鎖(자물쇠 쇄) 金에서 뜻을, 㕭(자개소리 쇄)에서 음을 취함. [形聲]

哀(슬플 애) 衣+口. 옷깃[衣]으로 눈물을 닦으며 운다[口]는 데서 '슬프다'의 뜻이 됨. [會意] / 口에서 뜻을, 衣에서 음을 취함. [形聲]

字義 ▌ 羈(기) 굴레를 씌우다. 臻(진) 이르다.

語義 ▌ 羈鎖(기쇄) '기(羈)'는 굴레, '쇄(鎖)'는 자물쇠. 곧 얽매임을 뜻함. 夷猶(이유) 유유자적하게 노닒. 塵情(진정) 속세의 욕심. 立破(립파) 곧바로 깨짐. '립(立)'은 '곧'의 뜻.

---

75. 마음이 밝으면 모든 것이 영롱玲瓏하고 투철透徹하다

胸中에 既無半點物欲이면 已如雪消爐焰氷消日하고,

眼前에 自有一段空明이면 時見月在靑天影在波니라.

文意 ▌ 마음속에 반점의 물욕도 없으면, 이미 눈이 화롯불에 녹고 얼음이 태양에 풀리는 듯하리라. 눈앞에 스스로 한 조각의 밝은 빛을 지닌다면, 언제나 달이 푸른 하늘에 있고 그림자가 물결 가운데 있는 것을 볼 수 있으리라.

要旨 ▌ 욕심이 없으면 모든 번민은 눈 녹듯이 사라지고, 마음이 밝으

면 물속에 비치는 청천의 달같이 고요하리라.

解説 ▌ 인생을 달관한 사람은 좀처럼 물욕이 일지 않는다. 안빈낙도(安貧樂道)하고 유유자적(悠悠自適)한다. 그러나 속인은 욕심이 한이 없어 태산이라도 떠오려 한다. 이런 사람은 ≪회남자(淮南子)≫ 제속훈(齊俗訓)에 보이는 '물질이 풍족하면 욕심이 줄어든다(物豐則欲省)'는 말의 경우에나 욕심이 줄어들 것이다. 요(堯)임금 때처럼 백성들이 '배불리 먹고 배를 두드리는(含哺鼓腹)' 경지에서나 욕심이 줄어들 것이다.

그러나 사람이 수양을 쌓아서 인생을 달관하면 언제나 마음이 호수같이 잔잔하여 만물이 제대로 비추어 옴을 볼 것이니, 이때의 희열 이상의 것이 다시는 없을 것이다.

字源 ▌ 爐(화로 로) 火+盧(밥그릇 로). 불[火]을 담는 그릇[盧], 곧 '화로'를 뜻함. 會意 / 火에서 뜻을, 盧에서 음을 취함. 形聲

語義 ▌ 半點(반점) 약간을 뜻하는 말. 爐焰(로염) 화로 속에 타오르는 불꽃. 一段(일단) 한 조각. 空明(공명) 달이 물속에 비친 모양. 마음이 밝고 빛남의 뜻.

---

76. 산천이 아름다우면 시상詩想은 절로 일어난다

詩思는 在灞陵橋上이라 微吟就에 林岫가 便已浩然하고,

野興은 在鏡湖曲邊이라 獨往時에 山川이 自相映發이라.

文意 ▌ 시상은 파릉 다리 위에 있으니 나지막이 읊조림에 이르러 숲과

계곡이 문득 탁 트이게 되고, 맑은 흥취는 경호의 굽이진 호수 가에 있으니, 홀로 거닐면 산과 내가 절로 서로를 비춘다.

要旨 ▎ 시상은 파릉 다리가 있는 곳처럼 아름다운 경치 속에 있는 것이고, 야흥은 경호 가와 같은 멋진 곳을 거닐어야 느껴지는 것이다.

解說 ▎ 파릉교(灞陵橋)에 얽힌 이야기는 《전당시화(全唐詩話)》에 보인다. 파릉교는 당나라 서울 장안 동쪽에 있는데 버들을 꺾어 길 떠나는 나그네에게 주면서 이별을 나누던 장소로도 유명하다.

당나라 재상 정계(鄭綮)는 시를 잘 지었다. 어떤 사람이 요즈음 새로 지은 시가 있느냐고 묻자, 정계는

"시상은 파릉교 눈바람 속의 당나귀 등 위에 있으니, 이런 궁전 안 같은 곳에서야 있을 리 없다."

라고 한 고사에서 나왔다. 곧 궁전 안 같은 곳에서는 도저히 시를 쓸 수 없고, 파릉교가 있는 곳 같은 아름다운 산천 속에 나귀를 타고 지나가며 읊어야 멋진 시가 나온다는 것이다.

경호(鏡湖)는 당나라 현종(玄宗) 때 이태백을 보고 적선인(謫仙人)이라 부른 하지장(賀知章)에 얽힌 이야기이다. 하지장이 천보(天寶) 초에 도사가 되고자 고향의 사명산(四明山)으로 들어갈 때였다. 그가 관직을 버리고 귀향할 때 현종은 경호곡(鏡湖曲)·섬천곡(剡川曲)의 두 곡을 하사하고 어제시(御製詩)를 비롯, 문무백관이 시를 지어 전송했다. 이때 이태백도 지어 보낸 시가 남아 있다. 곧 경호 가같이 아름다운 자연 속을 홀로 거닐 때 참으로 멋진 속세를 벗어난 맑은 흥취를 맛볼 수 있다는 것이다.

字源 ▎ 陵(큰 언덕 릉) 阝(阜)＋夌(넓을 릉). 넓은〔夌〕 언덕〔阝〕이 '큰 언덕'이라는 뜻. 會意 / 阝에서 뜻을, 夌에서 음을 취함. 形聲
浩(넓을 호) 氵(水)에서 뜻을, 告(알릴 고)에서 음을 취함. 形聲
野(들 야) 里(마을 리)에서 논〔土〕 밭〔田〕이 있는 '들'의 뜻을, 予(줄 여)에서 음을 취함. 形聲
川(내 천) 시내에 물이 흐르는 모양을 본뜸. 象形
映(비칠 영) 日에서 뜻을, 央(가운데 앙)에서 음을 취함. 形聲

字義 ▌灞(파) 물 이름.

語義 ▌詩思(시사) 시적인 생각, 시적인 감상, 시상(詩想). 灞陵橋(파릉교) 장안(長安) 동쪽에 있는 다리 이름. 微吟就(미음취) 시가 떠올라 나직이 읊조리는 때에 이름. 林岫(림수) 숲과 골짜기. 浩然(호연) 마음이 넓게 탁 트인 상태. 野興(야흥) 속세를 벗어난 맑은 흥취. 鏡湖(경호) 절강성(浙江省) 소흥현(紹興縣) 남쪽에 있는 호수 이름. 감호(鑑湖)·장호(長湖)라고도 함. 映發(영발) 눈이 부시게 빛남.

---

77. 일찍 피는 꽃은 일찍 진다

伏久者는 飛必高하고 開先者는 謝獨早하니, 知此면 可以免蹭蹬之憂하고 可以消躁急之念이라.

文意 ▌오래 엎드린 새는 날 때 반드시 높이 오르고, 먼저 핀 꽃은 질 때는 유독 빨리 떨어진다. 이러함을 알면 발 헛디딜 근심을 면할 수 있을 것이요, 초조한 생각을 없앨 수 있을 것이다.

要旨 ▌오래 엎드린 새는 높이 날고 일찍 피는 꽃은 일찍 지니, 사람도 이런 이치를 알면 인생행로에서 실수가 없고 조바심이 없을 것이다.

解說 ▌'급히 더운 방이 쉬 식는다.' 먼저 피는 꽃은 먼저 지는 법이다. 목련(木蓮)이 일찍 피고 예쁘지만 하루이틀 만에 져 버린다. 그러나 ≪역경(易經)≫ 계사전(繫辭傳) 하(下)에

'자벌레가 구부리는 것은 펴기 위해서다.(尺蠖之屈, 以求伸也.)'
라고 했다. 자벌레가 될 수 있는 한 많이 구부리는 것은 가능한 한 멀리 뻗기 위해서다.

사람도 큰 발전을 위해서는 참고 견딜 필요가 있다. 칩거(蟄居)하면서 수양할 줄도 알아야 한다.

字義 ▌ 蹭(층) 어정거리다. 蹬(등) 어정거리다, 밟다.

語義 ▌ 謝(사) 꽃이 떨어짐. 蹭蹬(층등) 발을 헛디뎌 실각함. 지위에서 떨어짐.

---

78. 삼라만상森羅萬象은 헛된 것이다

^{수 목}樹木은 ^{지 귀 근 이 후}至歸根而後에 ^{지 화 악 지 엽 지 도 영}知華萼枝葉之徒榮하고,

^{인 사}人事는 ^{지 개 관 이 후}至蓋棺而後에 ^{지 자 녀 옥 백 지 무 익}知子女玉帛之無益이라.

文意 ▌ 나무는 뿌리만 남은 뒤라야 꽃과 잎이 헛되이 무성했음을 알 수 있고, 사람은 관 뚜껑을 덮은 뒤라야 자손과 재산이 쓸데없음을 알게 된다.

要旨 ▌ 나무는 잎이 진 뒤에야 꽃이 피고 잎이 무성했던 것이 헛됨(사물이 덧없음의 비유)을 알고, 사람은 죽은 뒤에야 자손과 재산이 소용없음을 안다.

解說 ▌ 두보의 시구에
'장부는 관을 덮어야 일이 비로소 결정된다.(丈夫蓋棺事始定)'

고 하여 사람 일은 죽은 뒤에야 제대로 평가를 받는다고 하였다. 그러나 죽은 뒤에도 평가가 달라져 부관참시(剖棺斬屍) 당하는 일이 있으니 죽은 뒤에도 마음을 놓지 못하는 경우가 종종 있다.

사람이 생전에 자신의 권세와 명예를 위하여, 또는 자신의 영달과 재산 증식을 위하여 악착같았지만, 일단 관을 덮고 보면 그 자신은 처량하기 짝이 없다. 제대로 먹지도 놀지도 쓰지도 못하고 가는 것이 본인이다. 초목이 싹이 터서 꽃이 피고 열매를 맺고 단풍이 져서, 잎이 모두 떨어지면 앙상한 가지와 줄기로 지난날의 헛된 영화를 되새기며 한탄하는 경우와 같다 할 것이다.

字源 ▌ 徒(무리 도) 彳+土+止. 발〔止〕로 땅〔土〕을 걸어다니는〔彳〕 '뭇 사람'을 뜻함. 會意 / 彳와 止에서 뜻을, 土에서 음을 취함. 形聲

字義 ▌ 蕚(악) 꽃받침. 帛(백) 비단.

語義 ▌ 歸根(귀근) 가을이 되어 잎이 지고 줄기와 뿌리만이 남는 상태. 華蕚(화악) 꽃과 꽃받침, 곧 꽃. 徒榮(도영) 헛된 영화. 蓋棺(개관) 관 뚜껑을 덮음. 玉帛(옥백) 주옥(珠玉)과 비단. 곧 재산.

---

79. 속세에 살면서 속세를 초월하라

眞空은 不空이요 執相은 非眞이요 破相도 亦非眞이니, 問世尊은 如何發付오? '在世出世하라. 徇欲은 是苦요 絶欲도 亦是苦니 聽吾儕善自修持하라.'

文意 ▌ 참다운 공(空)은 공(空)이 아니요, 현상에 집착하는 것은 참이

아니며, 현상을 부인하는 것도 참이 아니다. 묻건대 세존은 어떻게 말씀하셨는가? '세상에 있으면서 세속을 초월하라. 욕심을 따르는 것도 괴로움이요, 욕심을 끊는 것도 괴로움이니, 우리는 스스로 심신을 잘 수양하도록 하자.'

要旨 ▎ 진공(眞空)은 공이 아니요, 그렇다고 현상에 집착해도 진실이 아니며, 현상을 무시하는 것도 진실이 아니다. 석가의 말대로 욕심을 따르는 것도 괴롭고 욕심을 끊는 것도 괴로우니 잘 수양하여 속세에 살면서 속세를 초월하라.

解説 ▎ ≪반야심경(般若心經)≫에
'색은 곧 공이요, 공은 곧 색이다.(色卽是空, 空卽是色.)'
라고 했다. 천지간의 만물은 그 모양이 모두 뚜렷하나 그 본체는 공(空)이다. 우리의 몸은 토(土)·수(水)·화(火)·풍(風) 등이 어울려 이루어졌지만, 이것들이 각각 흩어지면 우리 몸은 소멸하고 만다.
여기에 연필·책상·책 등이 있는데, 이것들은 여러 구성 요소가 합쳐져서 이루어진 것이다. 그러나 그 요소가 흩어지면 공(空＝無)으로 돌아가니 이것이 곧 '색즉시공(色卽是空)'이다. 그러나 눈앞에 연필·책상·책 등이 나타나 있으니 공이 없다고는 할 수 없다. 그래서 '공즉시색(空卽是色)'이라 한다. 곧 공은 본질, 색은 현상이라 하면 이해하기 쉬울 것이다. 본질이 있으니 현상이 있고, 현상이 있으니 본질이 있다. 곧 공과 색은 표리관계와 같다고 할까?
그러므로 본체와 현상은 떨어질 수 없는 일체(一體)로서 모든 사물은 상대적으로 볼 때에는 현상이 되고, 절대적으로 볼 때에는 본체가 된다. 그래서 현상에만 집착함도 진실이 아니고, 또 이 현상을 부인함도 진실이 아니다. 사람이 속세에 살면서 욕심의 노예가 되는 것은 고민이지만, 그렇다고 욕망을 끊는 것도 큰 고통이다. 그러니 우리는 속세에 살면서 속세를 초월할 줄 알아야겠다.

字源 ▎ 尊(높일 존) 酋(술 익을 추)＋寸. 윗사람 또는 제사상에 술[酋]을 절도 있게 바친다는 데서 '공경하다' '존중하다' '윗사람' 등의 뜻이 됨. 〔會意〕／ 酋에서 뜻을, 寸에서 음을 취함. 〔形聲〕

付(붙일 부) 亻(人)+寸. 손[寸]에 쥔 것을 다른 사람[人]에게 '준다'는
뜻. 會意

字義 ▌ 儕(제) 무리.

語義 ▌ 眞空(진공) 참다운 공(空). 공(空)은 불가(佛家)에서 말하는 우
주의 현상. 만물의 실체. 執相(집상) 현상에 집착함. 破相(파상) 현상
을 허무한 것이라 봄. 世尊(세존) 석가. 불타(佛陀)는 만덕(萬德)을 구
유(具有)하여 세상에서 존중되는 까닭에 세존이라 함. 發付(발부) 의견
을 발표함. 在世出世(재세출세) 세속에 살면서 세속을 초월함. 吾儕(오
제) 우리들. 修持(수지) 마음을 닦고 몸가짐을 유지함.

80. 신분은 다르지만 욕심은 마찬가지이다

烈士는 讓千乘하고 貪夫는 爭一文하니 人品은 星淵也나 而
好名은 不殊好利요,

天子는 營家國하고 乞人은 號饔飧하니 位分은 霄壤也나 而
焦思는 何異焦聲이리오?

文意 ▌ 의로운 신비는 천승의 나라도 사양하고, 탐욕한 사나이는 한
푼의 돈을 다툰다. 그들의 인품은 하늘과 땅의 차이로되, 명예를 좋아
함이 이익을 좋아함과 다를 것이 없다.
천자는 국가를 다스리고, 거지는 아침저녁 끼니를 구걸하여 외친다.

그들의 지위와 신분은 천지 차이지만, 애타는 심사는 애타는 음성과 무엇이 다르랴?

要旨 ▌ 열사가 나라를 사양하고 탐욕한 사람이 한 푼을 아끼니, 두 사람의 인격은 천지 차이지만, 탐하는 것에서는 매한가지이다. 천자는 나라를 다스리고 거지는 끼니를 비니, 두 사람 사이는 천지 차이지만 애태우는 점에서는 같다.

解說 ▌ ≪장자(莊子)≫ 변무편(駢拇篇)에
'백이는 이름 때문에 수양산 아래에서 죽었고, 도척은 이익 때문에 동릉산에서 죽었다. 이 두 사람은 죽은 까닭은 같지 않지만 그 생명을 잃고 천성을 해친 것은 똑같다. 그런데 어째서 백이는 옳고 도척은 그르다고 하는가? …내가 이른바 잘함이란 인의를 말하는 것이 아니고 그 천성의 진실에 맡길 뿐이다.(伯夷死名於首陽之下, 盜跖死利於東陵之上, 二人者所死不同, 其於殘生傷性均也. 奚必伯夷之是, 而盜跖之非乎? …吾所謂臧者, 非所謂仁義之謂也, 任其性命之情而已矣.)'
라고 한 대목이 있다. 소를 훔치나 바늘을 훔치나, 훔치는 점에서는 같고,
'공자나 도척도 죽는 점에는 같다.(孔子盜跖同一軌)'
고 할 것이다.

字源 ▌ 殊(다를 수) 歹(뼈 알)＋朱(붉을 주). 뼈〔歹〕가 드러나게 상처입고 붉은〔朱〕 피를 흘리고 '죽다', 또는 죽은 상태가 살아 있을 때와 '다르다'는 뜻. 會意 / 歹에서 뜻을, 朱에서 음을 취함. 形聲
號(부를 호) 号(이름 호)＋虎. 호랑이〔虎〕의 울음소리〔号〕처럼 우렁차게 '부르짖다'라는 뜻. 會意 / 虎에서 뜻을, 号에서 음을 취함. 形聲
壤(흙 양) 土에서 뜻을, 襄(도울 양)에서 음을 취함. 形聲

字義 ▌ 饔(옹) 아침밥. 飧(손) 저녁밥.

語義 ▌ 烈士(렬사) 의(義)를 존중하는 선비. 千乘(천승) 전시(戰時)에 전차 1천 대를 낼 수 있는 제후(諸侯)의 나라. 貪夫(탐부) 탐욕이 많은 사람. 一文(일문) 한 푼. 星淵(성연) 하늘의 별과 땅의 연못. 천지 차

이. 不殊(불수) 다를 것이 없음. 饔飧(옹손) 아침과 저녁의 끼니. 位分
(위분) 지위와 신분. 霄壤(소양) 하늘과 땅 차이.

81. 소라고 부르건 말이라고 부르건 상관하지 않는다

^{포 암 세 미} ^{일 임 복 우 번 운} ^{총 용 개 안}
飽諳世味하면 一任覆雨飜雲하여 總懶開眼하고,

^{회 진 인 정} ^{수 교 호 우 환 마} ^{지 시 점 두}
會盡人情하면 隨敎呼牛喚馬하여 只是點頭라.

文意 ▌ 세상맛을 속속들이 알고 나면, 손바닥을 덮치고 뒤치어 비가
되었다 구름이 되었다 하는 세태에 몸을 맡겨 그만 눈을 뜨기조차 성
가시게 되고, 인정을 다 깨달아 알게 되면, 소라고 부르건 말이라고
부르건 부르는 대로 맡겨 그저 머리만 끄덕이게 될 것이다.

要旨 ▌ 세상맛을 다 알면 엎치락뒤치락해도 거들떠보지 않고, 인정을
적나라하게 알면 헐뜯거나 칭찬하거나 고개만 끄덕일 뿐이다.

解說 ▌ '복우번운(覆雨飜雲)'은 두보의 〈빈교행(貧交行)〉이란 시에 나온
다.

'손바닥을 뒤치면 구름이 되고 손바닥을 엎으면 비가 되니,

飜手作雲覆手雨
^{번 수 작 운 복 수 우}

이랬다저랬다 경망됨을 어찌 다 셀 수 있나?　　　紛紛輕薄何須數
^{분 분 경 박 하 수 수}

그대는 못 보았는가? 관중과 포숙이 가난했을 때 사귐을.

이 도리를 지금 사람은 흙덩이같이 버리네.'　　此道今人棄如土
　　　　　　　　　　　　　　　　　　　차 도 금 인 기 여 토

곧 세상 인정의 번복이 무상함을 나타낸 말이다.

'호우환마(呼牛喚馬)'는 ≪장자(莊子)≫ 천도편(天道篇)에 있다.

'자네가 나를 소라고 부르면 나는 소라고 하고, 나를 말이라고 부르면 나는 말이라고 하겠네.(子呼我牛也, 而謂之牛, 呼我馬也, 而謂之馬.)'

남들이 헐뜯거나 칭찬하거나 내버려두고 상관하지 않겠다는 뜻이다. 각박한 세상, 오불관언(吾不關焉)의 태도로 살아나가야 편하다.

字源 ▮ 飜(뒤집을 번) 番(차례 번)＋飛(날 비). 새가 여러 번〔番〕 날개를 퍼득거려 난다〔飛〕는 뜻에서, '엎치락뒤치락한다'는 뜻이 됨. 會意 / 飛에서 뜻을, 番에서 음을 취함. 形聲

呼(부를 호) 口＋乎(감탄사 호). 입〔口〕에서 말을 내뿜으며〔乎〕 '부른다'는 뜻. 會意 / 口에서 뜻을, 乎에서 음을 취함. 形聲

字義 ▮ 諳(암) 깨닫다, 숙달하다.　慵(용) 게으르다.

語義 ▮ 飽諳(포암) 속속들이 앎.　世味(세미) 세상의 달고 쓴맛.　覆雨飜雲(복우번운) 손바닥을 엎으면 비가 되고, 손바닥을 뒤치면 구름이 되는 경박한 세태.　會盡(회진) 다 깨달아 알게 됨.　隨敎(수교) 되는 대로 맡겨버림.　呼牛喚馬(호우환마) 소라고 부르건, 말이라고 부르건 내버려둠.　點頭(점두) 머리를 끄덕임. 시인함.

---

82. 매사를 현재의 인연에 따라 처리하라

今人은 專求無念이나 而終不可無니, 只是前念不滯하고 後
금 인　전 구 무 념　　　이 종 불 가 무　　지 시 전 념 불 체　　　후

念^넘不^불迎^영하며, 但^단將^장現^현在^재的^적隨^수緣^연하여 打^타發^발得^득去^거면 自^자然^연漸^점漸^점入^입

無^무리라.

文意 ▌ 오늘날의 사람들은 오로지 사념을 없애기를 추구하지만 끝내는 없앨 수가 없다. 다만 이전에 있었던 생각을 남겨두지 않고, 앞으로 있을 생각을 맞아들이지 말며, 단지 지금 있는 대로의 인연에 따라 처치해 나갈 수 있다면, 자연히 무념의 경지로 들어가게 될 것이다.

要旨 ▌ 무념무상(無念無想)의 상태를 보지(保持)하려면 과거의 생각을 끊고 앞으로의 생각을 물리치며, 현재의 인연에서 처리하여야 무념무상의 경지에 들어갈 수 있다.

解說 ▌ ≪장자(莊子)≫ 응제왕편(應帝王篇)에 이런 말이 있다.
'지극한 사람이 마음을 쓰는 것은 거울과 같아서 보내지도 않고 맞이하지도 않으며, 응하면서도 감추지도 않는다. 그러므로 마음은 사물에 능히 견디면서 자신을 다치지 않는다.(至人之用心若鏡, 不將不迎, 應而不藏. 故能勝物而不傷.)'
또 ≪장자≫ 인간세편(人間世篇)에서 안회(顏回)의 질문에 공자(孔子)가 답하는 형식으로 이렇게 말했다.
'너는 뜻을 한 가지로 가져라. 귀로 듣지 말고 마음으로 들으며, 마음으로 듣지 말고 기(氣)로 들어라. 듣는 것은 귀에서 그치고, 마음은 사물과 꼭 맞는 데서 그친다.(若一志, 無聽之以耳, 而聽之以心. 無聽之以心, 而聽之以氣. 聽止於耳, 心止於符.)'
곧 마음을 무념무상의 허(虛)한 상태로 갖되, 거울은 순간순간 비추는 것으로 끝내듯, 전후의 잡념을 버리고 평정을 가지면 무념무상의 경지에 들어갈 수 있다.

字源 ▌ 專(오로지 전) 叀(실패 모양)＋寸(손). 손[寸]으로 실패[叀]를 잡고 있는 형상을 본떠, 실을 '오로지' 한쪽 방향으로만 감는다는 뜻. 象形
會意

迎(맞을 영) 辶+卬(높을 앙). 높은[卬] 사람을 '맞으러' 간다[辶]는 뜻.
會意 / 辶에서 뜻을, 卬에서 음을 취함. 形聲

打(칠 타) 扌(手)+丁(못 정). 손[手]으로 못[丁]을 '쳐' 박는다는 뜻.
會意

語義 ▋ 無念(무념) 사념이 없는 상태. 不滯(불체) 남겨두지 않음. 隨緣
(수연) 인연에 따름. 打發(타발) 처치함.

---

83. 인위人爲를 버리고 자연에 맡겨라

의 소 우 회   변 성 가 경   물 출 천 연   재 견 진 기   약
意所偶會면 便成佳境하고 物出天然이면 纔見眞機하니, 若

가 일 분 조 정 포 치   취 미 변 감 의   백 씨 운   의 수 무 사
加一分調停布置하면 趣味便減矣라. 白氏云하되 '意隨無事

적   풍 축 자 연 청   유 미 재   기 언 지 야
適이요 風逐自然淸이라'하니, 有味哉라! 其言之也여.

文意 ▋ 뜻에 우연히 맞아들면 문득 아름다운 경지가 이루어지고, 물건
은 천연에서 나온 것이라야 비로소 참된 기틀을 볼 수 있으니, 만일
조금이라도 인위적인 조정과 배치를 가한다면, 취미는 곧 감소된다.
백낙천이 말하기를 '마음은 할 일이 없음에 따라 쾌적해지고, 바람은
절로 불어올 때 맑다'라고 했으니, 멋있도다, 그 말이여!

要旨 ▋ 천하의 사물이 우연히 뜻에 맞아야 아름다운 경지를 이루고,
자연적이라야 참된 묘미를 맛본다. 만일 인공을 가하면 그 멋이 감소
된다. 백낙천이 뜻은 무사해야 자적하고, 바람은 자연스러워야 맑다
고 했으니 참으로 멋있는 말이다.

解説 ▌ '백씨(白氏)'는 당나라의 유명한 시인 백거이(白居易, 772-846)로, 자가 낙천(樂天)이다. 중당(中唐)을 대표하는 시인인데, 사회적 소재를 시로 잘 썼기 때문에 일반적으로 사회시인이라 한다. 〈장한가(長恨歌)〉와 〈비파행(琵琶行)〉은 너무나도 잘 알려진 시이다. 문집에 ≪백씨장경집(白氏長慶集)≫ 71권이 있다. 그러나 위의 시는 그의 문집에 없다.

모든 일이 자연적으로 마음에 맞아야 멋과 묘미가 있으니 인공을 가하면 자연미가 덜함을 강조하고 있다.

字源 ▌ 偶(짝 우) 亻(人)+禺(원숭이 우). 원숭이〔禺〕가 사람〔人〕을 닮았다 하여 '허수아비'를 뜻하였다가, 원숭이 '한 쌍' '배필' 등의 뜻으로 쓰이게 됨. 會意 / 亻에서 뜻을, 禺에서 음을 취함. 形聲

佳(아름다울 가) 亻(人)+圭(서옥 규). 사람〔人〕이 옥〔圭〕같이 '아름다움'을 뜻함. 會意 / 亻에서 뜻을, 圭에서 음을 취함. 形聲

置(놓을 치) 罒(网, 그물 망)+直(곧을 직). 그물〔罒〕을 곧바로〔直〕 세워 '쳐둔다'는 뜻. 會意 / 罒에서 뜻을, 直에서 음을 취함. 形聲

語義 ▌ 偶會(우회) 우연히 맞음. 眞機(진기) 진정한 기틀, 참된 묘미. 調停(조정) 고침, 조절함. 布置(포치) 위치를 정함. 白氏(백씨) 당(唐)나라의 시인 백거이(白居易).

---

84. 본심이 맑아야 안빈낙도安貧樂道할 수 있다

性天이 澄徹하면 卽饑食渴飮이라도 無非康濟身心이요,

心地가 沈迷하면 縱談禪演偈라도 總是播弄精魂이라.

文意 ▌ 천성이 맑으면 굶주림과 목마름을 겨우 면할 정도의 생활이라도 심신을 건전하게 하지 못할 것이 없고, 마음이 물욕에 빠져 혼미해지면 비록 선을 말하고 게를 풀이할지라도 모두가 정신의 희롱일 뿐이다.

要旨 ▌ 본성이 맑으면 안빈낙도할 수 있지만, 마음이 물욕에 빠져 있으면 아무리 좌선을 하고 불경을 외워도 번뇌에서 벗어나지 못한다.

解說 ▌ 공자의 제자 안회(顔回)는 안빈낙도로 유명하다. 옛 시조에도
'산중(山中)에 살자 하니 두견(杜鵑)이도 부끄럽다.
내 집을 굽어보며 솟 적다 하는구나
군자는 안빈낙도니 긔 분(分)인가 하노라.'
라고 했다. 모름지기 우리도 옛 조상을 본받아 안빈낙도하는 심정을 길러야 할 것이다.

字源 ▌ 渴(목마를 갈) 氵(水)에서 뜻을, 曷(어찌 갈)에서 음을 취함. 形聲
康(편안할 강) 庚(충실할 경)＋米. 충실한[庚] 쌀[米]알이라는 데서 '건전하다' '평안하다'의 뜻이 됨. 會意 / 米에서 뜻을, 庚에서 음을 취함. 形聲
演(통할 연) 氵(水)에서 물 흐르듯이 능숙하게 '표현해낸다'는 뜻을, 寅(동방 인)에서 음을 취함. 形聲
魂(혼 혼) 鬼에서 뜻을, 云(이를 운)에서 음을 취함. 形聲

字義 ▌ 徹(철) 철저하다, 꿰뚫다.

語義 ▌ 性天(성천) 천성(天性). 澄徹(징철) 맑고 투명함. 饑食渴飮(기식갈음) 주리면 밥 먹고, 목마르면 마심. 겨우 기갈을 면하는 생활. 康濟(강제) 편안히 지냄. 沈迷(침미) 물욕에 빠져 마음이 어지러움. 縱(종) 비록. 談禪演偈(담선연게) 선(禪)을 말하고, 게(偈)를 풀이함. 게는 불타의 공덕을 찬미한 시(詩)의 일종. 播弄(파롱) 희롱함. 精魂(정혼) 정신과 영혼.

85. 욕심 없는 마음을 가지고 근심 걱정을 잊어라

^{인심} ^{유개진경} ^{비사비죽} ^{이자념유} ^{불연불}
人心에 有個眞境하여 非絲非竹이라도 而自恬愉하고 不煙不

^명 ^{이자청분} ^{수념정경공} ^{려망형석} ^재
茗이라도 而自淸芬하니, 須念淨境空하고 慮忘形釋이라야 纔

^{득이유연기중}
得以游衍其中이라.

文意 ▌ 사람의 마음에는 일종의 참 경지가 있어, 거문고와 피리가 아니더라도 스스로 편안하고 유쾌해지고, 향과 차가 아니더라도 절로 맑은 향기가 풍기니, 모름지기 생각을 깨끗이 하고 심정을 공허하게 하며, 염려를 잊고 형체를 풀어 버려야, 비로소 그 속에 소요할 수 있다.

要旨 ▌ 사람의 마음속에는 참다운 경지가 있어, 음악과 향·차가 아니더라도 물욕에 대한 잡념을 없애고 명리에 얽힌 육체를 풀어 놓으면, 그런 경지에 이를 수 있다.

解說 ▌ '사죽(絲竹)'은 원래 '실과 대'란 뜻인데, 실로 소리를 내는 현악기(絃樂器)와 대로 만든 관악기(管樂器)를 총칭하는 말이다. 실로 소리 내는 악기의 대표는 거문고요, 대로 만든 대표적인 악기가 피리이므로, 거문고와 피리라고 하기도 한다.
중국 육조시대(六朝時代) 좌사(左思)의 〈초은시(招隱詩)〉에 다음과 같은 구절이 있다.

'반드시 거문고 피리 아니더라도　　　　　　非必絲與竹
　　　　　　　　　　　　　　　　　　　　비 필 사 여 죽

산과 물에는 맑은 소리 있네.　　　　　　　山水有淸音
　　　　　　　　　　　　　　　　　　　　산 수 유 청 음

어째서 읊조려 노래 부름을 기다려야 하나?　何事待嘯歌
　　　　　　　　　　　　　　　　　　　　하 사 대 소 가

관목이 스스로 서글피 읊조리네.' 　　　　灌木自悲吟
　　　　　　　　　　　　　　　　　　관 목 자 비 음

語義 ▮ 眞境(진경) 참된 깨달음의 경지.　絲竹(사죽) 거문고와 피리.　恬
愉(념유) 편안하고 유쾌함.　煙(연) 향을 사르는 연기.　茗(명) 차(茶).
淸芬(청분) 맑은 향기.　念淨(념정) 생각이 깨끗함.　境空(경공) 경지가
텅 빔. 듣고 보는 데 얽매이지 않음.　慮忘(려망) 생각이 잊혀짐.　形釋
(형석) 형체가 풀림.　游衍(유연) 거넒. 소요함.

---

86. 풍류는 세속적世俗的인 데에 있다

金自鑛出하고 玉從石生하니 非幻이면 無以求眞이라.

道得酒中하고 仙遇花裡하니 雖雅나 不能離俗이라.

文意 ▮ 금은 광석에서 나오고, 옥은 돌에서 생기는 것이니, 환상이 아
니면 참다운 실상을 구할 수 없다. 술 가운데서 도를 터득하고, 꽃 속
에서 신선을 만났다는 것은 비록 아취가 있기는 하나, 속됨〔성聖스럽지
못한 것〕을 벗어날 수 없다.

要旨 ▮ 금이 광석에서 나오고 옥이 돌에서 나오듯이 실체도 환상에서
찾아야 한다. 술 속에서 도를 깨닫고 신선을 꽃 속에서 만났다는 이야
기가 있지만 이것들도 속됨에서 벗어난 것은 아니다. 곧 속세에서 도
를 찾아야 한다.

解說 ▮ '술에서 도를 깨달았다'는 이야기는 중국 진(晉)나라 때 죽림칠현
(竹林七賢, 혜강嵇康·완적阮籍·산도山濤·상수向秀·유영劉伶·완함阮咸

· 왕융王戎)이 취중에서 노자(老子)의 도를 깨달았다는 고사에서 나온 것이다.

그리고 '신선을 꽃 속에서 만남'은 도연명(陶淵明)의 〈도화원기(桃花源記)〉속의 어부가 물에 떠내려가는 복사꽃을 따라 상류로 올라가 무릉도원(武陵桃源)에 이르러 신선을 만났다는 고사에서 인용한 것이다.

字源 ▌ 鑛(쇳돌 광) 金에서 뜻을, 廣(넓을 광)에서 음을 취함. 形聲

語義 ▌ 幻(환) 환상. 형상계. 眞(진) 참다운 실상. 실체. 본체. 道得酒中(도득주중) 도를 술 가운데서 얻음. 仙遇花裡(선우화리) 신선을 꽃 속에서 만남.

---

87. 도심道心으로 볼 때 만물은 한결같다

^{천지중만물} ^{인륜중만정} ^{세계중만사} ^{이속안람}
天地中萬物과　人倫中萬情과　世界中萬事는　以俗眼覽하면

^{분분각이} ^{이도안관} ^{종종시상} ^{하번분별} ^{하용}
紛紛各異나 以道眼觀하면 種種是常이니 何煩分別하며 何用

^{취사}
取捨리요?

文意 ▌ 천지 가운데의 만물, 인륜 가운데의 온갖 감정들, 세계 속의 수많은 사건들, 이들은 속된 눈으로 보면 각양각색으로 각자가 다르지만, 도통한 눈으로 보면 갖가지 것이 모두 한결같은 것이니, 어찌 분별하느라고 번거로워 할 것이며, 취사선택이 무슨 필요가 있을까?

要旨 ▌ 천지간의 사물과 감정이 속인의 눈으로 볼 때는 천차만별이지만, 도인의 눈으로 볼 때는 한결같다.

解説 ▌ 중국 전국시대의 도가(道家) 사상가 장주(莊周, 장자)는 만물제동(萬物齊同)의 설을 주장했다. ≪장자(莊子)≫ 제2편은 바로 그 설을 나타내는 제물론편(齊物論篇)이다. 만물은 그 근원에 있어서는 일체(一體)가 되어 아무런 구별이 없다고 했다. 이런 이치를 체득한 달자(達者)만이 모든 존재를 있는 그대로 인정하는 경지에 도달한다고 했다.

字源 ▌ 倫(인륜 륜) 亻(人)에서 뜻을, 侖(뭉치 륜)에서 음을 취함. 形聲
各(각각 각) 夊(뒤처져 올 치) + 口. 말[口]에 행실이 뒤처져[夊], 서로 일치하지 않고 '제각기'라는 뜻. 會意
別(다를 별) 另(나눌 별) + 刂(刀). 칼[刀]로 나누어[另] '구별한다'는 뜻. 會意
捨(버릴 사) 扌(手)에서 뜻을, 舍(집 사)에서 음을 취함. 形聲

語義 ▌ 人倫(인륜) 도덕적 인간관계. 萬情(만정) 여러 가지 감정. 俗眼(속안) 세속적인 견해. 紛紛(분분) 각양각색. 道眼(도안) 도를 깨달은 사람의 견해. 種種是常(종종시상) 갖가지 것이 모두 한결같음.

---

88. 정신이 왕성하면 안빈낙도安貧樂道할 수 있다

^{신 감}神酣하면 ^{포 피 와 중}布被窩中에 ^{득 천 지 충 화 지 기}得天地冲和之氣하고,

^{미 족}味足하면 ^{려 갱 반 후}藜羹飯後에 ^{식 인 생 담 박 지 진}識人生澹泊之眞이라.

文意 ▌ 정신이 왕성하면 베 이불 작은 방 속에서도 천지의 바르고 화평한 기운을 얻고, 입맛이 좋아 무엇이든 맛있게 느낀다면 명아주국에

밥을 먹은 뒤에도 인생의 담박한 진미를 알 것이다.

要旨 ▮ 정신이 왕성하면 오막살이에서 엉성한 음식을 먹어도 화평한 기운을 깨닫고 인생의 담박한 맛을 느낀다. 즉 안빈낙도(安貧樂道, 가난한 생활 가운데서도 편안한 마음으로 도를 즐김)할 수 있다.

解說 ▮ '천지충화지기(天地冲和之氣)'는 천지의 정기(精氣)로서 천지간의 조화된 하나의 큰 원기(元氣)를 말한다. ≪노자≫ 제42장에 '절대적 실체인 도에서 하나의 기(氣)가 나오고, 그 하나인 기가 다시 둘로 나뉘어져 음(陰)과 양(陽)이 생기고, 그 둘인 음과 양이 서로 조화됨으로써 세 번째인 화합체가 생기고, 이 세 번째의 화합체에서 만물이 나오게 된다. 따라서 만물은 자체 내에 음과 양을 상대적으로 업거니 지거니 하면서 지니고 있으며, 음과 양의 두 기가 혼연일체가 되어 충화(冲和)된 화합체를 이루고 있다.(道生一、一生二、二生三、三生萬物. 萬物負陰而抱陽, 冲氣以爲和.)'
라고 한 데서 나온 말이다.

字義 ▮ 酣(감) 술 취하다, 왕성하다.

語義 ▮ 神酣(신감) 정신이 왕성함. 布被(포피) 베 이불. 窩中(와중) 작은 방 속. 冲和(충화) 중정(中正)하고 화평(和平)한 기운. 味足(미족) 맛에 만족함. 입맛이 왕성함. 만족하다고 느낌. 藜羹(려갱) 명아주국.

---

89. 마음에 깨달음이 없으면 중도 속인俗人이다

^{전 탈} ^{지 재 자 심} ^{심 료} ^{즉 도 사 조 점} ^{거 연 정 토} ^불
纏脫은 只在自心이니 心了면 則屠肆糟店도 居然淨土요, 不

然이면 縱一琴一鶴과 一花一卉로 嗜好雖淸이라도 魔障終在라. 語에 云하되 '能休면 塵境도 爲眞境이요, 未了면 僧家도 是俗家라'하니 信夫로다.

文意 ▌ 얽매임과 벗어남은 단지 자신의 마음에 달린 것이니, 마음으로 깨달으면 푸주간이나 술집도 그대로 극락이 되고, 그렇지 않으면 비록 거문고와 학을 벗 삼고, 화초를 심어 가꾸어 그 즐거워함이 청아할지라도, 악마의 방해는 끝내 남아 있을 것이다. 옛말에 이르되 '능히 쉴 수만 있다면, 더러운 세속도 참 경지가 되고, 깨닫지 못하면 절간도 속세가 된다'고 하니 과연 옳은 말이다.

要旨 ▌ 속박과 해탈은 마음에 달린 것이다. 마음에 깨달음이 있으면 푸주간이나 술집에 살아도 그곳이 극락이요, 깨달음이 없으면 신선생활을 해도 악마의 장애를 벗어나지 못한다.

解說 ▌ '부(夫)'는 실사로서는 '사내·지아비·선생' 등의 뜻이 있다. 곧 '장부(丈夫)·부부(夫婦)·부자(夫子)' 등이 그것이다. 그러나 허사로 쓰일 때는 '저·어조사' 등의 뜻이 있다. 문장의 맨 앞에 올 때는 '저' '대저'의 뜻인데 이때를 특히 발어사(發語辭)라 한다. 이태백(李太白)의 〈춘야연도리원서(春夜宴桃李園序)〉의 첫머리
'대저 천지란 만물의 여관이요, 시간은 오랜 세월의 지나가는 나그네이다.(夫天地者萬物之逆旅, 光陰者百代之過客.)'
라고 할 때의 '부(夫)'자의 경우이다.
그러나 감동의 종결사(終結辭)로 쓰일 때가 있으니 본문 맨 끝의 '신부(信夫)'가 그것이다. 신(信)자만으로도 뜻이 통하는데 부(夫)자를 붙여 '감동'을 나타내고 있다. 따라서 '믿음직스럽도다!' '진실이로다!' 등의 뜻으로 해석할 것이다.

字源 ▌ 店(가게 점) 广(돌집 엄)에서 뜻을, 占에서 음을 취함. 形聲

鶴(두루미 학) 寉(새 높이 날 확)+鳥. 높이 나는〔寉〕새〔鳥〕, 곧 '학'을 뜻함. 會意 / 鳥에서 뜻을, 寉에서 음을 취함. 形聲

語義 ▮ 纏脫(전탈) 얽매임과 벗어남. 心了(심료) 마음으로 깨달음. 屠肆(도사) 푸주간. 糟店(조점) 술집. 居然(거연) 그대로, 의연히. 淨土(정토) 극락세계. 魔障(마장) 악마의 방해. 塵境(진경) 세속. 僧家(승가) 절.

---

90. 근심을 버리면 자연自然을 즐길 수 있다

두실중
斗室中이라도 만려도연
萬慮都捐하면 설심화동비운
說甚畫棟飛雲하고 주렴권우
珠簾捲雨하며, 삼배후
三杯後에 일진자득
一眞自得하면 유지소금횡월
唯知素琴橫月하고 단적음풍
短笛吟風이라.

文意 ▮ 좁은 방에 거처할지라도 모든 시름을 다 버리면, 채색한 기둥에 구름 날고, 구슬발 걷고 비를 구경한다는 이야기를 해서 무엇하며, 석 잔 술에 얼근한 후에 모든 진리를 스스로 얻었다면, 다만 소박한 거문고를 달빛에 비껴 타고, 단소를 바람결에 읊조릴 줄만을 알 뿐이다.

要旨 ▮ 모든 근심을 잊으면 고대광실(高臺廣室)이 필요 없고, 술이 거나하여 풍월을 즐길 뿐이다.

解說 ▮ '화동비운(畫棟飛雲)·주렴권우(珠簾捲雨)'는 초당(初唐) 4대 시인의 한 사람인 왕발(王勃)의 〈등왕각서(滕王閣序)〉에 나온다.
왕발이 등왕각 서문을 길게 짓고 맨 끝에 등왕각을 찬송하는 시를 지었다. 칠언율시인데 그 승련(承聯)에

'단청을 곱게 한 기둥에는 아침이면 나는 남포의 구름,　畵棟朝飛南浦雲
화 동 조 비 남 포 운

구슬발을 저녁 때 걷어 올리면 서산에 비가 내리네.'　珠簾暮捲西山雨
주 렴 모 권 서 산 우

라고 한 데서 따온 것이다.

또 '삼배후 일진자득(三杯後 一眞自得)'은 겨우 석 잔의 술에도 거나하게
취하여 온 천지간의 진리를 깨닫는다는 뜻인데, 이백(李白)의 〈월하독작
(月下獨酌) 4수〉 시를 보면 그 경지를 더 명확하게 알 수 있다. 그 제2
수는 다음과 같다.

'하늘이 술을 사랑하지 않았다면,　天若不愛酒
천 약 불 애 주

주성(酒星)은 하늘에 없었을 것이고,　酒星不在天
주 성 부 재 천

땅도 술을 사랑하지 않았다면　地若不愛酒
지 약 불 애 주

땅에는 주천(酒泉)이 없을 것이네.　地應無酒泉
지 응 무 주 천

천지가 이미 술을 사랑했으니,　天地旣愛酒
천 지 기 애 주

술을 사랑해도 하늘에 부끄럼이 없네.　愛酒不愧天
애 주 불 괴 천

맑은 술을 성인에 비김을 들었고,　已聞淸比聖
이 문 청 비 성

탁주를 현인에 비유함도 알았네.　復道濁比賢
부 도 탁 비 현

성현도 이미 술을 마셨으니,　賢聖旣已飮
성 현 기 이 음

어찌 반드시 신선을 찾을 건가?　何必求神仙
하 필 구 신 선

석 잔에 큰 도와 통하고,　三杯通大道
삼 배 통 대 도

한 말에 자연과 합일하네.　一斗合自然
일 두 합 자 연

다만 술 속의 멋을 찾을 뿐,　但得酒中趣
단 득 주 중 취

못 마시는 이에게는 전하지 말게.'　勿爲醒者傳
물 위 성 자 전

말을 뜻할 때는 '설', 기쁨을 뜻할 때는 '열', 설득을 뜻할 때는 '세'로 발음함. 轉注

笛(피리 적) 竹에서 뜻을, 由에서 음을 취함. 形聲

字義 ▌ 捐(연) 버리다, 덜다.

語義 ▌ 斗室(두실) 한 말들이 정도의 방. 좁은 곳. 都捐(도연) 다 버림.
甚(심) 어찌. '하(何)'의 뜻. 의문사. 畵棟(화동) 단청한 기둥. 珠簾(주
렴) 구슬발. 一眞(일진) 한결같은 진리, 모든 진리. 素琴(소금) 장식하
지 않은 거문고.

---

91. 사물에 부딪치면 풍정風情이 일어난다

_{만 뢰 적 료 중} _{홀 문 일 조 롱 성} _{변 환 기 허 다 유 취}
萬籟寂寥中에 忽聞一鳥弄聲하면 便喚起許多幽趣하고,

_{만 훼 최 박 후} _{홀 견 일 지 탁 수} _{변 촉 동 무 한 생 기}
萬卉摧剝後에 忽見一枝擢秀하면 便觸動無限生機하니,

_{가 견 성 천} _{미 상 고 고} _{기 신} _{최 의 촉 발}
可見性天은 未常枯槁하고 機神은 最宜觸發이라.

文意 ▌ 모든 소리가 고요해진 가운데 문득 한 마리 새의 지저귐이 들
리면, 곧 수많은 그윽한 운치를 불러일으키고, 모든 초목이 영락한 후
에 문득 한 가지의 꽃을 보면, 곧 무한한 생동감이 움직이게 되니, 천
성은 항상 메마르지 않고, 정신은 사물에 부딪쳐 가장 잘 발휘됨을 가
히 알 수 있다.

要旨 ▌ 고요한 밤 한 마리 새소리는 흥취를 불러일으키고, 낙엽 속의 한 송이 꽃은 무한한 생기를 돋운다. 이로 보아 천성은 마르지 않아 사물에 부딪치면 감동이 발함을 알 수 있다.

解說 ▌ 중국 남북조시대 양(梁)나라 시인 왕적(王籍)의 〈입약야계(入若耶溪)〉 시에 다음과 같은 구절이 있다.

'매미소리 시끄러우니 숲이 더욱 고요하고,　蟬噪林逾靜
　　　　　　　　　　　　　　　　　　　선 조 림 유 정

새가 우니 산이 더욱 그윽하네.'　鳥鳴山更幽
　　　　　　　　　　　　　　조 명 산 갱 유

또 송나라 왕안석(王安石, 1021-1086)의 〈석류(石榴)〉 시에는
'온갖 푸르름 속에 빨간 꽃 한 송이,　萬綠叢中紅一點
　　　　　　　　　　　　　　　　만 록 총 중 홍 일 점

사람을 움직이는 봄빛은 많을 필요가 없네.'　動人春色不須多
　　　　　　　　　　　　　　　　　　　동 인 춘 색 불 수 다
라고 한 구절이 있다.

고요 속의 한 마리 새소리, 단풍 속의 한 송이 꽃은 감동을 유발시키니, 이는 내 몸이 아직 살아 있고 내 정서가 아직 메마르지 않았음을 나타내는 것이다.

字源 ▌ 限(한정 한) 阝(阜, 언덕 부)＋艮(그칠 간). 높은 언덕〔阝〕에 막혀〔艮〕 길에 '한계'가 있다는 뜻. 會意 / 阝에서 뜻을, 艮에서 음을 취함. 形聲

字義 ▌ 摧(최) 꺾다, 쪼개다.　剝(박) 벗기다.　擢(탁) 빼어나다, 뛰어나다.

語義 ▌ 萬籟(만뢰) 모든 음향.　寂寥(적료) 쓸쓸하고 조용함.　弄聲(롱성) 우짖는 소리.　幽趣(유취) 그윽한 운치.　萬卉(만훼) 모든 초목.　摧剝(최박) 꺾어지고 헐벗음.　擢秀(탁수) 빼어나다, 꽃이 핌.　觸動(촉동) 사물에 부딪쳐 움직임.　枯槁(고고) 마르고 시듦.　機神(기신) 활동의 정신. 觸發(촉발) 사물에 부딪쳐 발동함.

92. 심신을 조종하여 중용을 지켜라

白氏云하되 '不如放身心하여 冥然任天造라'하고, 晁氏云하
되 '不如收身心하여 凝然歸寂定이라'. 放者는 流爲猖狂하고
收者는 入於枯寂하니, 唯善操心身的은 欛柄在手하여 收放
自如라.

文意 ▮ 백낙천은 말하기를 '몸과 마음을 풀어놓아, 까마득히 자연의 조
화에 맡겨두는 것보다 나은 것이 없다'라 했고, 조보지는 말하기를 '몸
과 마음을 거두어, 단단히 선정(禪定)으로 돌아가는 것만 같지 못하다'
고 했다. 해방하면 도를 넘어 미치광이가 되기 쉽고, 단속하면 메마르
고 삭막하여 생기 없는 데로 빠지기 쉽다. 다만 몸과 마음을 잘 다루
는 사람만이 온갖 조종의 권한이 자신의 손에 있어서 거두고 방치함을
자유자재로 할 수 있다.

要旨 ▮ 백낙천은 심신을 해방하여 자연에 맡기라 하고, 조보지는 반대
로 구속하여 고요한 상태에 두라 했는데, 해방하면 미치광이가 되기
쉽고 구속하면 생기를 잃기 쉬우니, 이것들을 잘 조종하여 중용을 지
킴이 좋을 것이다.

解說 ▮ 백낙천의 시구는 그의 문집 ≪백씨장경집(白氏長慶集)≫ 권10에
있는 고시(古詩) 〈수하(首夏)〉라는 제목의 일부이다. 그 후반부는 다음
과 같다.

'근심에 빠진들 마침내 무슨 이익이 있는가? 沈憂竟何益
침 우 경 하 익

다만 스스로 회포만 수고롭네.　祇自勞懷抱
　　　　　　　　　　　　　　기 자 로 회 포

몸을 확 풀어놓아,　　　　　不如放身心
　　　　　　　　　　　　　　불 여 방 신 심

아득히 자연의 되어감에 맡겨라.　冥然任天造
　　　　　　　　　　　　　　명 연 임 천 조

심양에는 아름다운 술이 많으니,　潯陽多美酒
　　　　　　　　　　　　　　심 양 다 미 주

술잔을 마르지 않게 자꾸 마시게.　可使杯不燥
　　　　　　　　　　　　　　가 사 배 부 조

분어란 고기는 흔하기 진흙과 같아,　溢魚賤如泥
　　　　　　　　　　　　　　분 어 천 여 니

아침저녁으로 삶고 지지고 야단이네.　烹炙無昏早
　　　　　　　　　　　　　　팽 자 무 혼 조

아침은 산 밑 절에서 먹고,　朝飯山下寺
　　　　　　　　　　　　　　조 반 산 하 사

저녁엔 호수 가운데 섬에서 취하네.　暮醉湖中島
　　　　　　　　　　　　　　모 취 호 중 도

어찌 반드시 고향으로 돌아가리?　何必歸故鄕
　　　　　　　　　　　　　　하 필 귀 고 향

여기에서 늙어 끝마치려네.'　妏焉可終老
　　　　　　　　　　　　　　자 언 가 종 로

또 조보지(晁補之, 1053-1110)는 북송(北宋)의 시인으로 자는 무구(無咎)이며, 소동파의 제자이다. 평생 도연명의 사람됨을 사모했고 산수화도 잘 그리고 글씨도 잘 썼다. 문집으로 ≪계륵집(鷄肋集)≫ 70권이 있다.

字義 ▌ 晁(조) 조(朝)의 옛 글자. 欛(파) 칼자루.

語義 ▌ 白氏(백씨) 당나라 시인 백낙천(白樂天). 冥然(명연) 눈을 감고 있는 모양. 天造(천조) 하늘의 조화. 천공(天工). 晁氏(조씨) 송(宋)나라의 시인 조보지(晁補之). 凝然(응연) 움직이지 않는 모양. 寂定(적정) 잡념을 버리고 선정(禪定)에 들어간 상태. 猖狂(창광) 미치광이. 枯寂(고적) 고목처럼 생기가 없음. 欛柄(파병) 손잡이 자루, 조종하는 권한. 自如(자여) 자유자재.

93. 자연과 인심은 융화하여 하나가 된다

當雪夜月天하면 心境이 便爾澄徹하고, 遇春風和氣하면 意
界가 亦自冲融하니, 造化人心이 混合無間이라.

文意 ▌ 눈 내린 밤 달 밝은 하늘을 보면, 마음이 문득 투명하게 맑아
지고, 봄바람의 온화한 기운을 만나게 되면, 마음도 또한 절로 부드러
워진다. 그리하여 자연의 섭리와 인간의 심리는 한데 어울려 틈이 없
는 것이다.

要旨 ▌ 눈 내린 밤 달빛을 보면 내 마음도 맑고, 봄바람의 따뜻한 기
운을 만나면 내 마음도 부드러워져, 천인합일(天人合一)의 물아일치경
(物我一致境)을 맛보게 된다.

解說 ▌ 조화와 인심은 합일하여 틈도 없다는 천인합일의 경지를 말했는
데, 북송(北宋)의 대학자 정명도(程明道)의 〈추일우성(秋日偶成)〉이란
시에서 이를 잘 나타내고 있다.

'한가하니 모든 일 조용하고,	閑來無不從容事
잠을 깨니 동창엔 해가 이미 붉네.	覺睡東窓日已紅
만물을 조용히 보면 모두 자득하고,	萬物靜觀皆自得
사시의 아름다운 흥 사람들 다 같네.	四時佳興人亦同
도는 천지 유형 밖으로 통하고,	道通天地有形外
생각은 풍운 변태 속으로 드네.	思入風雲變態中
부귀에 빠지지 않고 빈천도 즐기니,	富貴不淫貧賤樂

남아는 이에 이르러야 호웅이로세.' 　　　男兒到此是豪雄
　　　　　　　　　　　　　　　　　　 남 아 도 차 시 호 웅

語義 ▌ 心境(심경) 마음의 상태. 便爾(변이) 문득. 澄徹(징철) 맑고 탁 트임. 意界(의계) 생각. 뜻. 冲融(충융) 부드럽게 융화됨. 造化(조화) 대자연의 섭리.

94. 문장 수업과 도덕 수양도 졸拙로부터 시 작하라

_{문 이 졸 진} 　　　_{도 이 졸 성} 　　　_{일 졸 자} 　　_{유 무 한 의 미} 　　　_{여 도}
文以拙進하고 道以拙成하니 一拙字에 有無限意味라. 如桃

_{원 전 폐} 　　　_{상 간 계 명} 　　　_{하 등 순 롱} 　　_{지 어 한 담 지 월} 　　_{고 목}
源犬吠와 桑間鷄鳴은 何等淳龐고? 至於寒潭之月과 古木

_{지 아} 　　　_{공 교 중} 　　_{변 각 유 쇠 삽 기 상 의}
之鴉하여는 工巧中에 便覺有衰颯氣象矣라.

文意 ▌ 문장은 졸박함으로써 나아가고, 도는 졸박함으로써 이루어진다. '졸(拙)'이라는 한 글자에 무한한 의미가 있다. 마치 복사꽃 핀 마을에 개가 짖고, 뽕나무 사이에서 닭이 운다는 글은 얼마나 순박한가? 그러나 차가운 연못에 달이 비치고, 고목에 까마귀 운다는 데 이르러는 교묘하기는 하지만 그 가운데 문득 쓸쓸하고 삭막한 기분을 느끼게 된다.

要旨 ▌ 문장이나 도덕 수양도 진실을 그대로 나타내는 졸박에서 시작하여 발전하니 '졸(拙)'자는 매우 중요한 글자이다. '복사꽃 마을 개가 짖고 뽕나무에서 닭이 운다'고 하면 얼마나 소박한 문장인가? 그러나

'연못에 달이 차고 고목에서 까마귀 운다'고 하면 기교를 부려 교묘하지만 졸박한 맛이 없다.

解說 ▌ ≪노자≫ 제45장에
'매우 뛰어난 재주는 서툰 것 같다.(大巧若拙)'
라 했고, ≪한비자(韓非子)≫ 설림편(說林篇) 하(下)에서도
'교묘한 거짓은 서투른 정성만 같지 못하다.(巧詐不如拙誠)'
라고 했으며, 도연명도 〈귀원전거(歸園田居)〉라는 시에서 '수졸(守拙)'을 강조했다. 졸렬함, 곧 소박함을 지키라는 뜻이다. 그 제2수의 한 구절에 이런 글이 있다.

'남쪽 들 끝에서 황무지를 개간하여,　　開荒南野際
　　　　　　　　　　　　　　　　　　개 황 남 야 제

소박함을 지키려 전원으로 돌아왔네.　守拙歸園田
　　　　　　　　　　　　　　　　　　수 졸 귀 원 전

사방 집터는 10여 무,　　　　　　　　方宅十餘畝
　　　　　　　　　　　　　　　　　　방 택 십 여 무

초가집은 8, 9간.'　　　　　　　　　　草屋八九間
　　　　　　　　　　　　　　　　　　초 옥 팔 구 간

본문에 인용한 '도원견폐 상간계명(桃源犬吠 桑間鷄鳴)' 구절은 도연명의 〈도화원기(桃花源記)〉에서 나왔으며, 순박한 전원 풍경을 묘사한 대목이다. '한담지월 고목지아(寒潭之月 古木之鴉)'는 누구의 글귀인지 미상이다.

字源 ▌ 源(근원 원) 氵(水)＋厂＋泉. 언덕〔厂〕 밑의 샘〔泉〕이 물〔水〕의 근원이 된다는 뜻. [會意] / 氵에서 뜻을, 原에서 음을 취함. [形聲]
　桑(뽕나무 상) 叒(동쪽 신목 약. 많은 손, 또는 뽕잎을 뜻함)＋木. 뽕잎 따는〔叒〕 나무〔木〕, 곧 뽕나무를 나타냄. [象形] [會意]

字義 ▌ 吠(폐) 짖다.　淳(순) 순박하다.　龐(롱) 충실하다.　(방) 크다, 높다.

語義 ▌ 拙(졸) 졸박(拙撲), 꾸밈이 없음.　何等(하등) 얼마나.　淳龐(순롱) 순박하고 충실함.　古木之鴉(고목지아) 고목에 앉은 까마귀.　工巧(공교) 교묘함.　衰颯(쇠삽) 쇠퇴하고 삭막한 모양.

95. 사물의 주인공이 되어 천지를 소요逍遙하라

이 아 전 물 자　득 고 불 희　실 역 불 우　대 지 진 속 소 요
以我轉物者는 得固不喜하고 失亦不憂하니 大地盡屬逍遙하며,

이 물 역 아 자　역 고 생 증　순 역 생 애　일 모 변 생 전 박
以物役我者는 逆固生憎하고 順亦生愛하니 一毛便生纏縛이라.

文意 ▌ 나 자신의 의지에 따라 사물을 움직이는 사람은 얻었다 해도 진정 기뻐하지 않고, 잃었다 해도 또한 근심하지 않으니, 대지를 모두 소요하는 곳으로 삼는다. 자신이 외물에 의해 부려지는 사람은 역경에 대하여는 증오를 나타내고, 순경에 대하여는 또한 애착을 느끼니, 털 끝만 한 일에도 곧 자신이 얽매인다.

要旨 ▌ 자신이 만물의 주인공이 된 사람은 득실(得失)을 상관하지 않으므로 온 천지가 그의 것이요, 사물에게 부림을 당하는 사람은 역경을 증오하고 순경에 애착을 가지므로 사소한 일에서도 번뇌를 면하지 못한다.

解說 ▌ ≪순자(荀子)≫ 수신편(修身篇)에
'군자는 사물을 부리고, 소인은 사물에게 부림을 당한다.(君子役物, 小人役於物)'
라고 했다. 만물을 부리는 입장에서 속세의 구속을 벗어나면 천하의 것이 모두 내 것이며 즐거운 생활이 되고, 사물에게 부림을 당하는 노예 신세가 되면 사소한 것에도 속박을 받아 영일이 없을 것이다.

字源 ▌ 役(부릴 역) 彳(行)＋殳(창 수). 장정들을 변방에 배치하여 창〔殳〕을 들고 다니며〔行〕, 병역에 종사시킨다는 데서 '부리다'의 뜻이 됨. 會意

憎(미워할 증) 忄(心)에서 뜻을, 曾(일찍 증)에서 음을 취함. 形聲
毛(털 모) 짐승의 털 모양을 본뜸. 象形

語義 ▮ 以我轉物(이아전물) 자기 자신의 의지대로 외물(外物)을 자유로이 부림. 盡屬逍遙(진속소요) 모두 소요자적하는 곳으로 삼음. 以物役我(이물역아) 외물의 노예가 되어 외물에 의해 자신이 부려짐. 一毛(일모) 하나의 털. 매우 작은 일. 纏縛(전박) 얽매임.

---

96. 형체가 있으면 그림자가 있다

리 적 즉 사 적　　　　견 사 집 리 자　　　　사 거 영 류 형
理寂則事寂하니 **遣事執理者**는 **似去影留形**이요,

심 공 즉 경 공　　　　거 경 존 심 자　　　　여 취 전 각 예
心空則境空하니 **去境存心者**는 **如聚羶却蚋**니라.

文意 ▮ 본체가 고요하면 그 현상도 따라서 고요해지는 것이니, 현상을 버리려고 하면서 본체를 고수하는 행위는, 마치 형체는 그대로 두고 그림자만 없애려는 것과 같다.
마음이 공허해지면 환경도 따라서 공허해지는 것이니, 환경을 없애 버리려고 하면서 마음을 그대로 보존하는 것은, 마치 비린 것을 모아두고 모기를 쫓으려는 것과 같다.

要旨 ▮ 본체와 현상, 마음과 환경은 불가분 관계에 있으니, 마치 이것은 형체와 그림자와의 관계와 같다. 형체만 생각하고 그림자는 없애려는 깃은 마치 비린 것을 모아놓고 파리를 쫓는 것과 같다.

解說 ▮ '이(理)'와 '사(事)'는 우주의 '본체'와 '현상'으로서 '이'는 '형체', '사'는 '그림자'에 비유된다. 평등한 '이'에 대하여 차별의 '사'가 있고, 차별의 '사'가 있는데 대하여 평등의 '이'가 있다. 이런 관점으로 보는 것이 화엄종(華嚴宗)의 삼법계관(三法界觀)의 하나인 '이사무애관(理事無碍

觀)'이라 한다.

마음이 고요하면 시끄러운 환경도 고요하게 느껴지니, 이는 마치 옛날 문수보살이 술집에 드나들었어도 부정한 마음에 물들지 않았던 일과 같다. 마음이 공하니 환경도 공하기 때문이다.

지금 사람들은 비록 부귀영화를 버리더라도 그것에 대한 생각을 아주 끊어 버리지 못하는 것이 마치 비린내 나는 것을 모아두고 모기 따위만 쫓으려고 하는 것과 같다.

字義 ▌ 蚋(예) 모기.

語義 ▌ 理(리) 이치. 우주의 원리. 우주의 본체. 事(사) 우주간의 사물. 현상. 遺事(견사) 일을 버림. 곧 현상을 무시함. 執理(집리) 본체를 고집함. 聚羶(취전) 비린 것을 모아놓음. 却蚋(각예) 모기를 쫓음.

---

97. 세속의 겉치레와 구속에서 벗어나라

幽人清事는 總在自適이라. 故로 酒以不勸으로 爲歡하고, 棋以不爭으로 爲勝하며, 笛以無腔으로 爲適하고, 琴以無絃으로 爲高하며, 會以不期約으로 爲眞率하고, 客以不迎送으로 爲坦夷하니, 若一牽文泥迹하면 便落塵世苦海矣라.

文意 ▌ 은둔자의 맑은 흥취는 모두가 유유자적하는 데 있다. 그러므로 술은 권하지 않고 나름대로 마시는 것으로 기쁨을 삼고, 바둑은 다투

지 않는 것으로써 승리로 삼고, 피리는 구멍을 무시함으로써 적당한 연주를 하고, 거문고는 현을 따지지 않음으로써 고상함으로 여기고, 만남은 약속을 하지 않음으로써 참되다 하고, 손님은 마중과 배웅을 않음으로써 마음 편히 여기니, 만약 한 번이라도 겉치레에 이끌리고 형식에 얽매인다면, 곧 세속의 고해로 떨어지고 말 것이다.

要旨 ▌ 세속을 벗어난 사람은 유유자적할 뿐이라, 술은 멋대로 마시고, 바둑은 승리를 다투지 않으며, 음악은 흥겹기만 하면 되고, 만나고 싶으면 약속 없이 찾아다니며, 손님을 영송하는 일이 없으니, 곧 세속의 겉치레와 구속을 받지 않기 때문이다.

解說 ▌ '번문욕례(繁文縟禮)'란 말이 있다. 번거로운 문장과 자질구레한 예법이란 뜻으로, 너무나 문구에 구애되고 지나치게 예의에 구속받아 도리어 형식에 치우치는 것을 나타낸 말이다.

사람은 어리석어 보이기도 하고, 덤덤한 데도 있어야 한다. 너무나 융통성 없이 빈틈없고 매사에 지나치게 까다로우면, 남들과 잘 어울리지 못하여 외톨이가 되기 쉽다. 세상을 살아가면서 너무 형식적이거나 겉치레만 따르는 가식을 버리고 진솔한 생활태도가 바람직하다.

字源 ▌ 勸(권할 권) 雚(황새 관)+力. 황새〔雚〕는 좋은 새라 하여, 좋은 일을 힘써〔力〕 '권한다'는 뜻. 會意 / 力에서 뜻을, 雚에서 음을 취함. 形聲

期(기약할 기) 月에서 시간적인 의미를 취하고, 其에서 음을 취함. 形聲

約(약속할 약) 糸+勺(작을 작). 실〔糸〕로 작은〔勺〕 매듭을 '맺어' '약속'을 표시한다는 뜻. 會意 / 糸에서 뜻을, 勺에서 음을 취함. 形聲

率(거느릴 솔) 새 그물을 본떠, 새가 그물에 걸리도록 몰이한다는 데서 '거느리다'의 뜻이 됨. 象形 / '헤아리다, 비례'의 뜻일 때는 '률'로 읽음.

送(보낼 송) 辶+关(关, 웃을 소의 옛 자). 떠나는〔辶〕 사람과 웃으며〔关〕 헤어진다는 데서, '보내다'의 뜻이 됨. 會意

字義 ▌ 腔(강) 구멍. 坦(탄) 평탄하다. 牽(견) 끌다.

語義 ▌ 幽人(유인) 세속을 떠나 한가히 지내는 사람. 그윽한 곳에 숨어

사는 은둔자. **淸事**(청사) 깨끗한 일. 맑고 깨끗한 흥취. **自適**(자적) 마음 내키는 대로 여유 있고 한가하게 생활함. 유유자적(悠悠自適). **眞率**(진솔) 참되고 솔직함. **坦夷**(탄이) 마음 편함. 평탄함. **牽文**(견문) 겉치레에 이끌림. 문(文)은 문(紋)의 뜻. **泥迹**(니적) 표면의 자취에만 얽매임.

---

98. 생각이 생사生死에 미치면 온갖 뜻이 재처럼 차다

試思未生之前에 有何象貌하고 又思旣死之後에 作何景色하면 則萬念灰冷하고 一性寂然하여 自可超物外遊象先이라.

文意 ▌ 시험 삼아 이 몸이 태어나기 전에 어떤 모습을 지녔을까 생각해보고, 또 이 몸이 죽은 후에 어떤 모양이 될까 생각해보면, 만 가지 생각이 재처럼 싸늘히 식게 되고, 한 조각 본성만이 고요히 남아, 스스로 만물 밖으로 초월하여 만물의 생성이 있기 전의 상태에서 노닐게 될 것이다.

要旨 ▌ 조용한 마음으로 내가 태어나기 이전의 상태와 이 몸이 죽은 후의 모습을 상상해보라. 그러면 모든 망상이 불 꺼진 재처럼 식고 본성만이 남아 혼돈(混沌) 이전의 고요한 세계에 노닐게 될 것이다.

解說 ▌ '(도가) 누구의 아들인지 나는 모르겠으나 옥황상제의 선조로서 형상화되었다.(吾不知誰之子, 象帝之先.)'

≪노자≫ 제4장에 있는 말로, 도는 천지가 형성되기 이전에 생겼다는 것이다. 또 제25장에

'혼돈하면서도 이루어지는 무엇인가가 천지보다도 먼저 있었다. 그것은 소리가 없어 들을 수도 없고, 형태가 없어 볼 수도 없으나, 홀로 우뚝 서 있으며 언제까지나 변하지 않고, 두루 어디에나 번져 나가며 절대로 멈추는 일이 없어, 천하 만물의 모체라 할 수 있다. 나는 그 이름을 알지 못하겠다. 억지로 그것에 자를 붙여 도(道)라 하고, 억지로 이름을 지어 대(大)라 할 뿐이다.(有物混成, 先天地生. 寂兮寥兮, 獨立不改, 周行以不殆, 可以爲天下母. 吾不知其名, 强字之曰道, 强爲之名曰大.)'

라고 했는데, 이것은 도의 표현으로 도는 천지에 앞서 생겼다고 했다.

속세의 잡념을 버리고 고요히 원초(原初)를 생각해보면 본성에 얻어지는 진리를 느낄 것이다.

字源 ▌ 試(시험할 시) 言＋式(법 식). 일정한 방식[式]에 의하여 물어본다[言]는 데서 '시험하다'의 뜻이 됨. 會意 / 言에서 뜻을, 式에서 음을 취함. 形聲

貌(모양 모) 豸(豹, 표범 표의 생략형)＋皃(사람의 머리, 다리를 본뜸). 사람의 용모[皃]는 표범의 무늬[豹]처럼, '외형으로 나타나는 것'이라는 데서 '모양'의 뜻이 됨. 會意 / 皃에서 뜻을, 豸에서 음을 취함. 形聲

語義 ▌ 象貌(상모) 모습. 景色(경색) 모양. 灰冷(회랭) 재처럼 싸늘하게 식음. 一性(일성) 일단의 본성. 象先(상선) 천지 만물이 생겨나기 이전의 상태.

99. 미연未然에 아는 것이 지혜로운 것이다

^{우 병 이 후} ^{사 강 지 위 보} ^{처 란 이 후} ^{사 평 지 위 복} ^비
遇病而後에 思强之爲寶하고 處亂而後에 思平之爲福은 非

^{조 지 야} ^{행 복 이 선 지 기 위 화 지 본} ^{탐 생 이 선 지 기 위 사}
蚤智也라. 倖福而先知其爲禍之本하고 貪生而先知其爲死

^{지 인} ^{기 탁 견 호}
之因은 其卓見乎인저.

文意 ▮ 병든 뒤에야 건강이 보배로운 줄 생각하고, 어지러움에 처한 뒤에야 평화로운 것이 복됨을 생각함은 빠른 지혜가 아니다. 복을 바라는 것이 재앙의 근본임을 미리 알고, 삶을 탐내는 것이 죽음의 원인이 됨을 미리 아는 것이 뛰어난 식견이로다.

要旨 ▮ 병이 들어 봐야 건강의 고마움을 알고, 난세에 처해야 평화가 그리움을 아는 것은 선견지명이 못 된다. 복을 바라는 것이 화의 근본이요, 살고자 함이 죽음의 원인이 됨을 알면 그것이야말로 탁견이다.

解說 ▮ ≪전국책(戰國策)≫ 조책(趙策)에
'어리석은 사람은 이루어 놓은 일에 대해서도 어둡고, 지혜로운 사람은 아직 싹트기 전에 환하다.(愚者闇於成事, 智者明於未萌.)'
라 했고, 같은 말이 ≪사기(史記)≫ 조세가(趙世家)에서는
'우자암성사, 지자도미형(愚者闇成事, 智者覩未形.)'
이라고 표현되어 있다.
반드시 여러 번 체험한 뒤에 안다면 이는 늦은 것이요, 어리석은 짓이다. 미연(未然, 아직 그렇게 되지 않은 상태)에 알아서 방지할 줄 알아야 지혜로운 사람이라 할 수 있다.

字源 ▮ 寶(보배 보) 宀+玉+缶(장군 부)+貝. 집안[宀]의 큰 단지[缶]에 담아놓은 구슬[玉]이나 재물[貝]을 가리켜 '보배'라고 함. 會意 / 宀

· 玉 · 貝에서 뜻을, 缶에서 음을 취함. 形聲

字義 ▮ 蚤(조) 일찍. 조(早)와 같음. 원래는 '벼룩 조'.

語義 ▮ 蚤智(조지) 빠른 지혜, 선견지명(先見之明). 倖福(행복) 복이 돌아오기를 바람. 卓見(탁견) 탁월한 식견.

---

100. 미추美醜와 자웅雌雄은 일시적인 가상假相이다

優人은 傅粉調硃하여 效姸醜於毫端하나 俄而오 歌殘場罷하면 姸醜何存이며, 奕者는 爭先競後하여 較雌雄於著子하나 俄而오 局盡子收하면 雌雄安在리오?

文意 ▮ 배우가 분 바르고, 연지를 찍어 붓끝으로 곱고 미운 것을 흉내 내지만, 이윽고 노래가 끝나고 막이 내리면 곱고 미운 것이 어디에 남아 있을 것이며, 바둑 두는 사람이 앞뒤를 다투면서 바둑알로 승패를 겨루지만, 이윽고 판이 끝나 바둑알을 거두고 나면 승패가 어디엔들 남아 있으랴?

要旨 ▮ 배우가 최고로 아름답게 화장하지만 출연이 끝나면 아무것도 아니고, 바둑 두는 사람이 승부를 다투어 자웅을 겨루지만 바둑판이 끝나면 승패도 없는 것, 인생도 이와 같아 속세의 시비득실이 하등 필요가 없는 것이다.

解説┃ 중국에 '난가(爛柯)'란 고사가 있다. '도끼 자루가 썩었다'는 뜻으로 진(晋)나라 왕질(王質)이 신선들이 바둑 두는 것을 보느라고 도끼 자루가 썩을 때까지 세월이 지나가는 것을 몰랐다는 고사에서 나온 말이다. ≪술이기(述異記)≫에 이런 이야기가 있다.

'중국 신안군(信安郡)에 있는 석실 안에서 나무꾼 왕질이 두 선동(仙童)이 바둑 두는 것을 보았는데, 그때 선동이 왕질에게 대추씨 하나를 주므로 그것을 먹으니 배고픔도 모르고, 곁에 앉아 구경하다가 선동이 "자네 도끼 자루가 썩었네."하므로 버리고 고향길로 돌아왔다. 그러나 세월은 하도 많이 흘러 고향을 떠났을 때 살아 있던 사람은 하나도 없었다.'

그 뒤 우리 속담에도 '신선놀음에 도끼 자루 썩는 줄 모른다'는 말이 생겨났다.

바둑을 둘 때는 승부에 집착하지만 끝나면 승부가 무슨 필요가 있겠는가? 인생은 한 토막 연극이요, 한 판의 바둑과 같으니 구차하게 명리나 권세에 집착할 필요가 없는 것이다.

字源┃ 優(넉넉할 우) 亻(人)＋憂(근심 우). 근심[憂]이 있는 듯이 신중히 일하는 사람[人]은 남달리 '우수하다' '뛰어나다'라는 뜻. 會意 / 亻에서 뜻을, 憂에서 음을 취함. 形聲

粉(가루 분) 米＋分. 쌀[米]을 잘게 나누어[分] 부순 '가루'를 뜻함. 會意 / 米에서 뜻을, 分에서 음을 취함. 形聲

罷(마칠 파) 罒(网, 그물 망)＋能. 유능한[能] 사람이 죄를 지어 법망[罒]에 걸렸을 때, 관대히 벌을 '면제하고' '내보낸다'는 뜻. 會意

局(마을 국) 尸(尺, 자 척의 변형)＋口. 자[尺]로 잰 듯이 말[口]을 삼가며, 법도에 따라 일하는 관청의 한 '부분', 또는 그 분야의 일을 하는 '방'을 뜻함. 會意

字義┃ 傅(부) 붙이다, 바르다.　硃(주) 연지, 진홍색 광택이 있는 광물.

語義┃ 優人(우인) 배우.　傅粉(부분) 흰 가루를 바름.　調硃(조주) 연지를 찍음.　妍醜(연추) 아름다움과 추함.　毫端(호단) 붓끝.　俄而(아이) 이윽고, 갑자기.　歌殘場罷(가잔장파) 노래가 끝나고, 무대의 막이 내림.　雌雄(자웅) 승패, 우열.　著子(착자) 바둑알.　子收(자수) 바둑알을 거둠.

101. 자연의 아름다움은 한가한 사람만이 느낄 수 있다

風花之瀟洒와 雪月之空淸은 唯靜者爲之主요,

水木之榮枯와 竹石之消長은 獨閑者操其權이라.

文意 ▌ 바람과 꽃의 산뜻함과, 눈과 달의 맑음은, 오직 고요한 사람만이 그것의 주인이 되고, 물과 나무의 번성하고 메마름과, 대나무와 돌의 소멸되고 성장하는 것은 유독 한가한 사람만이 그 소유권을 지닐 수 있다.

要旨 ▌ 바람과 꽃, 눈과 달의 아름다움은 고요한 사람만이 보고 즐기며, 물과 나무, 대나무와 돌의 성쇠는 한가한 사람만이 느낄 수 있다.

解說 ▌ 속세의 이욕에 눈이 어두운 사람은 사계절의 자연의 아름다움을 볼 정신적 여유가 없으므로 보고도 아름다움을 느끼지 못한다.
중국 송나라 소강절(邵康節, 1011-1077)의 〈소거음(小車吟)〉이란 시에
'한가함은 물·대·구름·산의 주인이 되고　閑爲水竹雲山主

고요함은 바람·꽃·눈·달의 권리를 얻는다.'　靜得風花雪月權

라고 한 대목의 내용이 윗글에 들어 있다. 이 시는 소강절의 ≪이천격양집(伊川擊壤集)≫ 권12에 있다.
오직 한가하고 고요한 사람만이 자연의 아름다움을 만끽할 수 있다.

字義 ▌ 瀟(소) 맑음. 洒(쇄) 깨끗함. 쇄(灑)와 같음.

語義 ▌ 風花(풍화) 여름 바람과 봄꽃. 瀟洒(소쇄) 산뜻하고 깨끗함. 雪月(설월) 겨울 눈과 가을 달. 空淸(공청) 깨끗하고 맑음. 榮枯(영고) 번성함과 쇠퇴함. 消長(소장) 마모됨과 자라남. 성쇠의 변화. 操其權(조

기권) 그 권한을 잡음.

102. 천성天性을 보전하면 욕심도 담박淡泊하다

^{전 부 야 수}
田父野叟는 ^{어 이 황 계 백 주}語以黃鷄白酒하면 ^{즉 혼 연 희}則欣然喜하나 ^{문 이 정 식}問以鼎食하면

^{즉 부 지}則不知하고, ^{어 이 온 포 단 갈}語以縕袍短褐하면 ^{즉 유 연 락}則油然樂하나 ^{문 이 곤 복}問以袞服하면

^{즉 불 식}則不識하니 ^{기 천}其天이 ^전全이라. ^고故로 ^{기 욕 담}其欲淡이니 ^{차 시 인 생 제 일}此是人生第一

^{개 경 계}個境界라.

文意 ▌ 시골 사람들은 닭이나 막걸리 같은 음식에 대해 말하면 흐뭇해
하고 기뻐하지만, 고급 요리에 대해서 물으면 알지 못하고, 무명 두루
마기에 베잠방이 같은 옷에 대해 말하면 유쾌하게 즐거워하지만, 벼슬
아치의 예복 같은 것에 대해 물으면 알지 못하니, 그것은 천성이 온전
하기 때문이다. 그러므로 그 바라는 바가 담박하니, 이것이 인생의 제
일가는 경지이다.

要旨 ▌ 시골 사람들이 닭고기와 막걸리를 좋아하고 무명옷을 즐겨 입
으면서, 고관대작의 의식(衣食)을 모르니 그들은 천진난만하기 때문이
다. 이 천진이야말로 인생의 최고의 경지이다.

解說 ▌ '황계백주(黃鷄白酒)'는 '누런 닭과 흰 술'이니 누런 닭은 맛이 있
고, 흰 술은 막걸리이다. 이태백(李太白)의 〈남릉별아동입경(南陵別兒童
入京)〉이란 시에

'막걸리 새로 익자 산속 내 집 돌아가니

白酒新熟山中歸
백주신숙산중귀

누런 닭 기장을 쪼는데 가을이 정히 살지네.

黃鷄啄黍秋正肥
황계탁서추정비

아이 불러 닭 삶아 막걸리를 기울이니,

呼童熟鷄酌白酒
호동숙계작백주

계집애는 생글생글 웃으며 남의 옷을 당기네.'

兒女嬉笑牽人衣
아녀희소견인의

란 구절이 있다. 황계·백주는 참으로 구수하고 풍요로운 농촌의 가을 풍경의 상징이다.

담박한 심정, 유유자적하는 마음이야말로 인생의 최고의 이상적 경지라 할 것이다.

字源 ▌ 食(먹을 식) 亼(集, 모을 집의 본자)＋皀(낟알 흡). 낟알〔皀〕을 모아〔亼〕 지은 '밥'을 뜻함. 會意

油(기름 유) 氵(水)에서 뜻을, 由에서 음을 취함. 形聲

服(입을 복) 月〔舟, 배 주의 변형〕＋𠬝(다스릴 복). 배〔舟〕에서 선장의 지휘〔𠬝〕에 따라 '일한다'하여 '복종하다'의 뜻이 됨. 會意 / 月에서 뜻을, 𠬝에서 음을 취함. 形聲

第(차례 제) 竹＋弟. 대죽〔竹〕에 쓴 글을 차례〔弟〕대로 엮어 책을 만든 다는 데서, '차례' '순서'를 뜻함. 會意 / 竹에서 뜻을, 弟에서 음을 취함. 形聲

字義 ▌ 叟(수) 늙은이. 鼎(정) 솥. 縕(온) 솜옷, 모시. 褐(갈) 굵은 베 옷.

語義 ▌ 田父野叟(전부야수) 농사짓는 사나이와 들에서 일하는 늙은이. 곧 시골 사람들. 黃鷄(황계) 털이 누런 닭. 白酒(백주) 막걸리. 鼎食(정 식) 기마솥에 넣어 찐 고급 요리. 縕袍(온포) 솜을 넣은 무명 도포. 短 褐(단갈) 베잠방이. 油然(유연) 왕성하게 일어나는 모양. 袞服(곤복) 곤 룡포. 천자의 의복. 고관대작의 예복. 天全(천전) 천성이 완전함. 第一 個(제일개) 첫째가는.

103. 사념邪念이 없으면 진심眞心이니 관심觀 心이 필요 없다

^{심 무 기 심}
心無其心이면 ^{하 유 어 관}何有於觀이리요? ^{석 씨 왈}釋氏曰 '^{관 심 자}觀心'者는 ^{중 증 기}重增其 ^장障이라.

^{물 본 일 물}物本一物이니 ^{하 대 어 제}何待於齊리요? ^{장 씨 왈}莊氏曰 '^{제 물 자}齊物'者는 ^{자 부 기 동}自剖其同 이라.

文意 ▌ 마음에 사념이 없으면, 마음속을 관찰함이 무슨 필요가 있겠는 가? 석가가 말하는 '마음속을 관찰한다'는 것은, 거듭 그 장애를 더할 뿐이다.

만물은 본래 일체인데, 어찌 가지런하기를 기다릴 것인가? 장자가 말 하는 '만물을 가지런히 한다' 함은 스스로 동일한 것을 쪼개는 것이다.

要旨 ▌ 마음속에 사념이 없으면 마음을 관찰할 필요조차 없으므로 도 리어 미혹을 더할 뿐이고, 만물은 본래 일체이니 제물론(齊物論, 평등 한 견지見地에서 만물을 관찰함)은 도리어 일체(一體)를 분할시키는 것 이다.

解說 ▌ ≪열자(列子)≫ 설부편(說符篇)에
'의심하는 마음이 있으면 어두컴컴한 도깨비가 나타난다.(疑心, 生暗鬼)' 라고 했다. 마음에 의심이 생기면 환상(幻想)이 생겨 있지도 않은 무서 운 도깨비도 나타난다. 그러므로 사념·잡념·망념 등을 깨끗이 버려야 진심이 보존되고, 진심만 가지고 있으면 마음의 관조(觀照)도 필요가 없 다.

또 이 세상의 만물을 현상만 볼 때는 가지각색이지만, 본질에서 볼 때는 모두가 한가지이다. 따라서 제물을 논할 필요가 없다. 제물은 도리어 만물의 일체를 분화시키는 결과가 된다.

字源 ▌ 莊(씩씩할 장) ++(艸)＋壯. 풀[++]이 무성[壯]한 모양에서, '장대함' '장엄함'을 뜻함. 會意 / ++에서 뜻을, 壯에서 음을 취함. 形聲

字義 ▌ 剖(부) 쪼개다, 가르다.

語義 ▌ 其心(기심) 사념(邪念), 망령된 생각. 釋氏(석씨) 석가모니. 觀心(관심) 자신의 심성(心性)이 어떤 상태인가 관찰함. 자기반성. 莊氏(장씨) 장주(莊周). 노자(老子)의 학설을 계승하여 ≪장자(莊子)≫ 33편을 남김. 齊物(제물) ≪장자≫ 중의 제물론(齊物論)을 가리킴.

---

104. 극極에 이르기 전에 머물 줄 알라

<u>생</u><u>가</u><u>정</u><u>농</u><u>처</u> <u>변</u><u>자</u><u>불</u><u>의</u><u>장</u><u>왕</u> <u>선</u><u>달</u><u>인</u><u>살</u><u>수</u><u>현</u><u>애</u>
笙歌正濃處에 便自拂衣長往하니 羨達人撒手懸崖하고,

<u>경</u><u>루</u><u>이</u><u>잔</u><u>시</u> <u>유</u><u>연</u><u>야</u><u>행</u><u>불</u><u>휴</u> <u>소</u><u>속</u><u>사</u><u>침</u><u>신</u><u>고</u><u>해</u>
更漏已殘時에 猶然夜行不休하니 哎俗士沈身苦海니라.

文意 ▌ 생황(피리) 불고 노래함이 한창 무르익었을 때, 문득 나름대로 옷을 털고 일어나 멀리 가버림은, 마치 통달한 사람이 낭떠러지에서 손을 놓고 횔보하는 것 같아 부럽고, 밤늦게 시간이 이미 다했는데도, 여전히 쉬지 않고 밤길을 쏘다님은, 마치 속된 선비가 자기 몸을 고해(苦海)에 담그는 것 같아서 우습다.

要旨 ▌ 흥겨움이 다하기 전에 손을 떼고 홀연히 떠나갈 줄 아는 사람은 달인(達人)이라 그의 행동이 부럽지만, 시간이 다 지났는데도 세속

의 명리에 빠져 욕구를 만족시키려는 사람은 속인이라 비웃음을 받을 만하다.

解説 ▌ 사람은 거취(去就)가 분명해야 한다. 시기에 잘 맞추어 적절히 행동해야 한다. 현대어로 타이밍을 맞출 줄 알아야 한다. 그 시기를 넘기면 사정이 달라지는 것이 일반적이다. 그래서 옛사람도 여러 가지로 말했다.

'시간이 가면 풍속도 달라진다.(時移俗易)' – ≪설원(說苑)≫ 잡언(雜言)

'시간이 달라지면 사정도 달라진다.(時易事易)' – 동방삭(東方朔) 〈답객난(答客難)〉

'때란 것은 얻기는 어려우나 잃기는 쉽다.(時者難得而易失也)' – ≪사기≫ 제태공세가(齊太公世家)

때가 지나면 모든 일이 달라지니 적시(適時)를 잘 타야 한다는 것이다. 풍악이 무르익으면 흥이 한껏 오르나 그 흥이 사라지면 슬픔이 오는 법, 적시에 자리를 떠나 남이 잘 안가는 곳으로 유유히 가면 마치 신선 같다. 반대로 시간의 흐름도 모르고 세속의 명리를 찾느라 아무 곳이나 헤맨다면 이는 남의 웃음거리밖에 되지 않는다.

字義 ▌ 笙(생) 생황. 관악기의 일종. 撒(살) 뿌리다, 흩어버리다.

語義 ▌ 正濃處(정농처) 흥이 한창 무르익었을 때. 拂衣長往(불의장왕) 옷을 털고 멀리 길을 감. 떨치고 일어남. 撒手懸崖(살수현애) 낭떠러지에서 손을 놓고 활보함. 更漏(경루) 밤 시각을 알리는 물시계. 경(更)은 시각, 루(漏)는 누각(漏刻). 곧 물시계. 已殘(이잔) 물시계의 물이 다 없어짐. 猶然(유연) 어정어정 걷는 모양.

105. 마음을 꽉 잡고 속세를 걸어가라

把握未定이어든 宜絶跡塵囂하여 使此心으로 不見可欲而不
亂하여 以澄吾靜體하고, 操持既堅이어든 又當混跡風塵하여
使此心으로 見可欲而亦不亂하여 以養吾圓機라.

文意 ▋ 마음이 확고히 잡히지 않았거든, 마땅히 번잡한 속세를 떠나, 자기 마음으로 하여금 욕심날 만한 것을 보지 않게 하고, 어지럽혀지지 않게 하여, 나의 고요한 심체를 맑게 해야 한다. 그리고 마음을 이미 굳게 잡았거든, 또한 당연히 속세에 섞여, 자기 마음으로 하여금 욕심날 만한 것을 보아도 또한 어지럽혀지지 않게 함으로써, 나의 원만한 심기를 길러야 한다.

要旨 ▋ 마음이 꽉 잡히지 않은 사람은 속세를 떠나 유혹의 눈이 뜨지 않게 함으로써 마음 바탕을 닦으라. 마음이 꽉 잡힌 다음에는 속세로 돌아와 함께 살되, 유혹에 움직이지 않으면, 원활한 활동을 기를 수 있다.

解說 ▋ '견물생심(見物生心)'이란 말이 있다. 물건을 보면 욕심이 생겨 사념(邪念)과 잡심(雜心)이 생기게 마련이다. 그래서 아예 보지 않음으로써 속된 욕심을 물리쳐야 한다. 그래서 젊어서 입산수도(入山修道)하는 일이 많다. 눈으로 보면 마음의 평정을 잃기 쉽다. 《노자》 제32장에서도
'욕심낼 만한 것을 보이지 않아야 백성들의 마음이 어지러워지지 않는다.(不見可欲, 使民心不亂)'
라고 했다. 속세에 살면서도 사람의 본성을 유지해 나가는 일은 많은 수양의 결과로 얻어지는 것이다.

字義 ▌ 囂(효) 시끄럽다. 떠들썩하다.

語義 ▌ 把握(파악) 확고한 생각을 움켜쥠. 확실히 이해함.   絶跡塵囂(절적진효) 속되고 떠들썩한 곳에서 발자취를 끊음.   靜體(정체) 고요한 마음의 바탕.   操持(조지) 굳게 잡음.   圓機(원기) 원활한 활동, 만사에 모나지 않은 심기.

---

106. 남과 나를 동일시하고 사물과 나를 잊으라

喜寂厭喧者는 往往避人以求靜하니 不知意在無人하면 便成我相하고 心著於靜하면 便是動根이라. 如何到得人我一視하고, 動靜兩忘的境界리오?

文意 ▌ 고요함을 좋아하고 시끄러움을 싫어하는 사람은 흔히 사람을 피함으로써 고요함을 찾지만, 사람이 없는 데를 찾는 데 뜻을 두는 것이, 곧 자아에 사로잡히는 것이 된다는 것을 모르며, 마음이 고요함에 집착하는 것이, 곧 동요의 근본임을 모른다. 이래서야 어찌 남과 나를 동일시하고, 동요와 고요를 둘 다 잊는 경지에 다다를 수 있겠는가?

要旨 ▌ 고요함을 좋아하는 사람은 조용한 곳을 찾는데, 그 고요함을 찾는 자체가 자아에 사로잡힘이며 동요의 근본이 됨을 모르니, 이런 사람은 남과 내가 평등하고, 동(動)과 정(靜)을 둘 다 잊어야 하는 절

대계(絶對界)의 경지에 이를 줄 모른다.

解説 ▋ 유교에서도 '일시동인(一視同仁)'이란 말이 있다. 한유(韓愈)의
〈원인(原人)〉에

'그러므로 성인은 모든 사람을 똑같이 사랑하되, 가까운 이를 더 후하게
대하여 차츰 먼 사람까지 미친다.(是故聖人一視而同仁, 篤近而擧遠.)'
라고 한 데서 이 말이 나왔다. 그러나 이 '일시동인'의 뜻은 피차의 구별
없이 인류도 금수도 평등히 사랑해야 함을 뜻한다.

語義 ▋ 喜寂厭喧(희적염훤) 고요한 것을 좋아하고 시끄러운 것을 싫어함.
我相(아상) 망상에 의한 자기의 모양. 불교에서 나온 말임. 動根(동근)
동요의 근본. 人我一視(인아일시) 남과 나를 동일하게 여김.

---

107. 속세로 돌아오면 속기俗氣에 물든다

山居하면 胸次清洒하여 觸物皆有佳思하니, 見孤雲野鶴하면
而起超絶之想하고, 遇石澗流泉하면 而動澡雪之思하며, 撫
老檜寒梅하면 而勁節挺立하고, 侶沙鷗麋鹿하면 而機心頓
忘이라. 若一走入塵寰하면 無論物不相關이나 卽此身이 亦
屬贅旒矣라.

文意 ▋ 산속에 살면 가슴속이 맑고 시원하여, 대하는 것마다 모두 아
름다운 생각을 갖게 한다. 외로운 구름과 들녘의 학을 보면, 속세를

초월한 생각이 일어나고, 돌 틈의 시내와 흐르는 샘물을 만나면, 때 묻은 마음이 씻기는 듯한 생각이 동하며, 늙은 전나무와 찬 매화를 어루만지면, 굳센 절개가 우뚝 솟아나고, 모래밭의 갈매기나 고라니·사슴을 벗하면, 번거로운 마음이 어느덧 잊혀진다. 그러나 만약 한 번 속세에 뛰어 들어가면 비록 외물과 상관하지 않을지라도, 곧 이 몸 또한 쓸데없는 존재가 될 것이다.

要旨 ▌ 산속에 은거하면 마음도 깨끗해져, 보고 듣고 대하는 모든 자연이 맑고 산뜻하여 속기(俗氣, 속계俗界의 기풍, 속된 기풍)를 벗어나게 된다. 그러나 일단 속세로 들어오면 속세의 외물을 대하지 않더라도 속된 마음을 갖게 된다.

解說 ▌ 중국 송나라 임포(林逋)는 시호가 화정선생(和靖先生)으로 박학하고 시서(詩書)를 잘했다. 서호(西湖)의 고산(孤山)에 집을 짓고 20년 동안 저자에 나가는 일이 없었다. 독신으로 살아 자식도 없이 매자학처(梅子鶴妻)로 유명했다. 곧 학을 길러 아내로 생각했고, 매화를 심어 자식으로 여겼다.

임포는 일찍이 두 마리의 학을 길렀는데, 그것들을 풀어놓으면 구름 속까지 높이 날아올라 한참 동안 선회하다가 우리 안으로 돌아오곤 했다. 임포는 늘 조각배를 타고 서호 근처에 있는 여러 절을 자주 들렀는데, 혹 손님이 와서 임포를 찾으면 한 동자(童子)가 손님을 맞이해 놓고 학을 풀어놓는다. 그러면 이윽고 임포가 돌아오니 학이 높이 날아 임포에게 신호를 했기 때문이라 한다.

이렇게 자연 속에 파묻혀 자연과 동화되어 천진(天眞)을 길러 나감이 더 말할 나위 없이 좋은 일이지만, 사람은 사회적 동물이라 그렇지 못한 것이 또한 아쉽다.

字源 ▌ 梅(매화 매) 木＋每(탐낼 매). 탐스러운〔每〕 꽃이 피는 나무〔木〕, '매화나무'를 뜻함. 會意 / 木에서 뜻을, 每에서 음을 취함. 形聲
沙(모래 사) 氵(水)＋少(작은 자갈). 물〔氵〕가에 흩어져 있는 작은 자갈〔少〕인 '모래'를 뜻함. 會意 / 氵에서 뜻을, 少에서 음을 취함. 形聲

鹿(사슴 록) 사슴의 뿔과 머리, 다리를 본뜸. 象形

字義 ▌ 澡(조) 씻다. 撫(무) 어루만지다. 檜(회) 전나무. 勁(경) 굳세다. 挺(정) 솟다, 뛰어나다. 寰(환) 천하, 세계. 贅(췌) 혹, 붙이다. 旒(류) 면류관에 다는 구슬.

語義 ▌ 胸次(흉차) 가슴속. 차(次)는 중(中)의 뜻. 淸洒(청쇄) 맑고 산뜻함. 觸物(촉물) 사물에 접촉함. 超絶之想(초절지상) 세속을 초월하는 생각. 澡雪(조설) 씻어버림. 老檜寒梅(로회한매) 늙은 전나무와 차가운 눈 속에 피는 매화. 勁節(경절) 굳은 절개. 挺立(정립) 우뚝 섬. 沙鷗(사구) 모래밭의 갈매기. 機心(기심) 계략을 꾸미는 번거로운 마음. 頓忘(돈망) 갑자기 잊어버림. 塵寰(진환) 티끌 세상, 세속. 贅旒(췌류) 췌(贅)는 혹. 류(旒)는 면류관 앞뒤에 늘인 구슬. 곧 무용지물.

---

108. 물아일치경物我一致境에는 새도 친구가 되고, 구름도 와 머문다

興逐時來면 芳草中에 撤履閒行하니 野鳥忘機時作伴이요,
景與心會면 落花下에 披襟兀坐하니 白雲無語漫相留니라.

文意 ▌ 흥취가 때때로 일어나면 향기로운 풀밭을 맨발로 한가히 거니니, 들의 새들도 경계하는 마음을 잊고 때때로 벗이 되고, 경치가 마음에 맞아 흡족하면 떨어지는 꽃 아래 옷깃을 풀어헤치고 우두커니 앉아 있으니, 흰 구름이 말없이 멋대로 내 곁에 와 머문다.

要旨 ▌ 자연과 내가 물아일치경(자연물과 자아自我가 하나가 된 상태.

대상물에 완전히 몰입(沒入된 경지)에 이르면 자연과 나 사이를 막는 의복도 내던지게 되고, 또 새와 구름까지도 나와 한몸이 되어 서로 어울린다.

解說 ▌ 송나라 주자(朱子)의 〈독서락(讀書樂) 사수(四首)〉 중 춘시(春詩) 승련(承聯)에

'좋은 새가 가지 끝에 있으니 또한 좋은 벗이요,　　好鳥枝頭亦朋友
　　　　　　　　　　　　　　　　　　　　　　　　호 조 지 두 역 붕 우

꽃이 떨어져 물 위에 있으니 모두 다 문장이다.'　　落花水面皆文章
　　　　　　　　　　　　　　　　　　　　　　　　락 화 수 면 개 문 장

라고 한 대목이 있다.

이런 경지가 바로 물아일치의 정을 나타낸 것이라 할 것이다.

字義 ▌ 撤(철) 거두다.　披(피) 풀어헤치다.　襟(금) 옷깃.　兀(올) 오뚝한 모양. 멍청한 모양.

語義 ▌ 逐時(축시) 때를 따라.　撤履(철리) 신을 벗음. 맨발.　閒行(한행) 한가히 거넒.　忘機(망기) 경계하는 마음을 버림.　披襟兀坐(피금올좌) 옷깃을 풀어헤치고 우두커니 앉아 있음.　漫(만) 제멋대로, 느릿느릿.　相留(상류) 곁에 머묾.

109. 행복과 불행은 마음가짐에 달렸다

人生福境禍區는 皆念想造成이라. 故로 釋氏云하되 '利欲熾
인 생 복 경 화 구　　　개 념 상 조 성　　　　고　　　석 씨 운　　　　리 욕 치

然하면 卽是火坑이요, 貪愛沈溺하면 便爲苦海나, 一念淸淨
연　　　　즉 시 화 갱　　　탐 애 침 닉　　　　변 위 고 해　　　일 념 청 정

하면 烈焰成池하고 一念警覺하면 船登彼岸이라'하니, 念頭
　　　렬 염 성 지　　　일 념 경 각　　　선 등 피 안　　　　　녀 두

稍異^{초이}면 境界頓殊^{경계돈수}라 可不愼哉^{가불신재}아?

文意 ▌ 인생의 행복과 재앙은 모두 마음이 만들어 내는 것이다. 그러므로 석가가 말하기를 "욕심이 불같이 타오르면, 그것이 곧 불구덩이요, 탐욕과 애착에 빠져들면 그것이 곧 괴로움의 바다가 된다. 한결같이 마음이 깨끗하면 거센 불꽃도 연못이 되고, 한번 마음에 큰 깨달음이 있으면 배는 피안에 오른다." 하였다. 생각이 약간만 달라져도, 그 경계는 크게 달라지니, 신중하지 않을 수 있겠는가?

要旨 ▌ 인생의 행복과 불행은 마음에 달려 있는 것이다. 석가가 말한 대로 욕심이 불길 같으면 자신을 망쳐 지옥으로 떨어지지만, 마음에 한번 크게 깨달으면 욕심의 불길도 모두 사라지고 극락세계에도 갈 수 있으니, 생각을 약간만 달리해도 그 결과는 천양지차의 차이를 나타낼 수 있다.

解說 ▌ 불교에서 '피안(彼岸)'이란 말을 많이 쓴다. '도피안(到彼岸)'의 준말이다. 인생이 살다가 죽어가는 과정을 이편 강 언덕에서 배를 타고 강을 건너 저편 강 언덕에 도착하는 것으로 비유한 말이다. 사람이 이승에 살다가 저승으로 가는 이쪽 경계가 차안(此岸)이요, 그 저편인 저승이 '피안'인데 그 중간에 중류(中流)가 있어 배를 타고 건너는 곳으로 비유된다. 따라서 이 세상이 고해(苦海), 중류가 번뇌, 피안이 극락 등으로 견주어 설명할 수 있겠다.

백낙천(白樂天)의 〈제위개주경장시(題韋開州經藏詩)〉의 끝 연(聯)에

'듣건대, 그대가 피안에 오르면　　聞君登彼岸
　　　　　　　　　　　　　　　　　　문 군 등 피 안

뗏목을 버리고 또 어떻게 할 것인가?'　捨筏復何如
　　　　　　　　　　　　　　　　　　　사 벌 부 하 여

라고 했는데, 여기의 피안이 바로 그것이다.

字源 ▌ 區(감출 구) 匸(감출 혜)＋品(물건 품). 물건〔品〕을 감추어〔匸〕 두는 여러 개의 '작은 간', 지역상의 '구역'을 뜻함. 會意

船(배 선) 舟(배 주)에서 뜻을, 㕣(산속 늪 연)에서 음을 취함. 形聲

語義 ▌ 福境禍區(복경화구) 행복의 경지와 재앙의 구역.　念想(념상) 생각, 마음.　熾然(치연) 활활 기세 좋게 타오르는 모양. 연(然)은 연(燃)과 같음.　火坑(화갱) 불구덩이.　貪愛(탐애) 탐내고 아낌.　沈溺(침닉) 빠짐.　烈焰(렬염) 거센 불꽃.　彼岸(피안) 범어(梵語)에서 나온 말. 열반(涅槃)하여 모든 번뇌와 고통에서 벗어난 깨달음의 경지. 극락세계.　稍異(초이) 약간 다름.　頓殊(돈수) 확 달라짐, 크게 차이가 남.

---

110. 물방울이 계속 떨어져 돌구멍이 생긴다

^{승 거 목 단}
繩鋸木斷하고　水滴石穿하니　學道者는　須加力索이라.

水到渠成하고　瓜熟蒂落하니　得道者는　一任天機니라.

文意 ▌ 새끼줄 톱도 나무를 자르고, 낙수도 돌을 뚫는다. 도를 배우는 사람은 모름지기 찾기 위한 노력을 가해야 한다. 물이 모이면 개천이 이루어지고, 외가 익으면 꼭지가 떨어지는 것이다. 도를 얻으려는 사람은 한결같이 하늘의 섭리에 맡기면 되는 것이다.

要旨 ▌ 줄톱이 나무를 자르고 물방울이 돌을 뚫듯이 꾸준히 노력하면 마침내는 물이 모여 개천이 되고, 외가 익어 꼭지가 떨어지듯이 크게 진리를 터득하게 된다.

解説 ▌ ≪한서(漢書)≫ 매승전(枚乘傳)에
'태산의 물받이의 물이 돌을 뚫고, 외곬로 계속되는 두레박 줄이 우물 난간 나무를 자른다. 물은 돌의 송곳이 아니고, 줄은 나무의 톱이 아니건만, 점차로 끊임없음이 그렇게 만드는 것이다.(泰山之霤穿石, 單極之統斷幹, 水非石之鑽, 索非木之鋸, 漸靡使之然也.)'

라고 했는데, 여기에서 '승거목단(繩鋸木斷), 수적석천(水滴石穿)'이란 말이 생겼다.

송나라 나대경(羅大經)이 지은 ≪학림옥로(鶴林玉露)≫에

'하루에 1전씩, 천 일이면 1천 전이요, 줄 톱에 나무가 잘려지고 물방울이 돌을 뚫는다.(一日一錢, 千日一千, 繩鋸木斷, 水滴石穿.)'

라고도 했다. 또 '물이 모여 개울을 이룬다(水到渠成)'는 말은 '물이 오면 고기가 간다(水到魚行)'와 같은 뜻의 말이다. 이 말은 주자(朱子)의 〈답노덕장서(答路德章書)〉라는 글에서 나왔는데 송나라 범성대(范成大)의 시에는 이렇게 인용되어 있다.

'학문은 뿌리가 깊어 바야흐로 꼭지가 단단해야 하고,　　學問根深方蒂固
　　　　　　　　　　　　　　　　　　　　　　　　　　　　학 문 근 심 방 체 고

공명은 물이 모여 개울을 이루듯이 때가 되어야 한다.'　　功名水到自渠成
　　　　　　　　　　　　　　　　　　　　　　　　　　　　공 명 수 도 자 거 성

이태백의 일화(逸話)에 '마저작침(磨杵作針)'이란 고사가 있다. ≪잠확유서(潛確類書)≫에 나온다.

이태백이 어려서 산속에 들어가 독서할 때 아직 학문이 완성되지도 않았는데 집이 그리워 산을 떠나 귀향하고 있었다. 때마침 길가에서 노파가 쇠 절굿공이를 갈고 있는 것을 보았다. 까닭을 물으니 그 쇠 절굿공이를 갈아서 바늘을 만들려 한다고 했다. 이에 이태백은 크게 깨달아 학문은 저렇게 오랜 세월에 걸친 연구 끝에 이루어지는 것임을 깨닫고 다시 산속으로 들어가 학문을 닦았다.

字源 ▌ 熟(익을 숙) 灬(火)에서 뜻을, 孰(누구 숙)에서 음을 취함. 形聲

字義 ▌ 繩(승) 새끼줄.　鋸(거) 톱, 톱질하다.　滴(적) 물방울.　渠(거) 개천.　蒂(체) 꼭지. 체(蔕)와 같음.

語義 ▌ 繩鋸木斷(승거목단) 새끼줄로 톱질하여, 나무가 잘라짐. 새끼줄을 톱 삼아 오랫동안 톱질하여 나무를 자름.　水滴石穿(수적석천) 낙수에 돌이 파임.　力索(력색) 힘써 찾음. 노력의 뜻.　水到渠成(수도거성) 물이 모여 내를 이룸.　天機(천기) 천지자연의 기묘한 작용.

111. 세속의 마음을 버리면 티끌과 같은 이 세상이라도 고해苦海가 아니다

機^기息^식時^시에 便^변有^유月^월到^도風^풍來^래하니 不^불必^필苦^고海^해人^인世^세요,

心^심遠^원處^처에 自^자無^무車^거塵^진馬^마迹^적하니 何^하須^수痼^고疾^질丘^구山^산이리오?

文意 ▌ 마음씀을 그치면 문득 달빛이 비치고 바람이 불어오니, 반드시 인생이 고해라고만은 할 수 없고, 마음을 멀리한 곳에는, 자연히 수레의 먼지와 말발굽 소리가 없으니, 어찌 모름지기 산수를 그리워 병이 들겠는가?

要旨 ▌ 마음이 명리를 떠나면 마치 밝은 달이나 맑은 바람 같아, 인생은 고해라고만 할 수 없고, 마음이 멀리 속세 밖에 노닐면 속된 자취가 없어 반드시 산속으로 들어갈 필요는 없다.

解説 ▌ 중국 송나라 소옹(邵雍, 시호 강절康節)의 〈청야음(淸夜吟)〉이란 시에

'달은 하늘 복판에 이르고,   月到天心處
                                 월 도 천 심 처

바람이 수면에 왔을 때.   風來水面時
                                 풍 래 수 면 시

이같은 서늘한 맛을,   一般淸意味
                                 일 반 청 의 미

아는 이 적으리라.'   料得小人知
                                 료 득 소 인 지

라고 했다. 달 밝고 바람 맑은 때의 청아(淸雅)한 맛은 속된 마음을 버린 자만이 느낄 수 있다. 이런 심경일 때는 속세도 선경의 느낌이 들 수 있는 것이다.

語義 ▌ 機(기) 마음의 활동. 마음씀.　心遠(심원) 마음이 속세에서 멀리 떠나 소요함.　車塵馬迹(거진마적) 수레에서 이는 먼지와 말발굽 소리. 왕래의 번잡함.　痼疾丘山(고질구산) 산수를 사랑하는 고질병. 천석고황 (泉石膏肓).

---

112. 낙엽이 새싹을 틔운다

草木이 纔零落하면 便露萌穎於根底하고 時序가 雖凝寒이나 終回陽氣於飛灰라.

肅殺之中에 生生之意가 常爲之主하니 卽是可以見天地之 心이라.

文意 ▌ 초목이 이제 막 시들어 떨어졌는가 하면, 곧바로 뿌리로부터 싹이 돋아나고, 계절이 비록 추운 겨울이라도 마침내 날아오는 재로부터 생동하는 봄기운이 돌아온다.

만물을 죽이는 엄숙한 기운 가운데서도 생성발육의 기운은 항상 주인 이 되어 있으니, 이로써 가히 천지의 마음을 볼 수 있는 것이다.

要旨 ▌ 낙엽 속에 새싹이 트고 엄동설한 속에 새봄이 움튼다. 그러므 로 천지의 마음은 한편 죽이면서도 다른 한편으로는 만물을 낳아 기르 니 살리는 것이 본심이 된다.

解説 ▌ 원문에 '비회(飛灰)'란 말이 나온다. ≪한서(漢書)≫ 율력지(律曆志)에 나오는 고사이다.

옛날 중국에서는 대나무 통에 갈대를 태운 재를 넣어 두고, 동지(冬至)가 되어 양기가 되돌아오면 통 속의 재가 날려 밖으로 나오면 그것으로 절기를 알았다고 한다. 그리고 가을은 오행(五行)으로 금(金)에 속하므로 가을바람을 금풍(金風)이라 하고, 가을바람은 엄숙하게 불어 만물을 죽이므로 가을 기운은 숙살(肅殺)한다고 한다. 가을과 겨울의 차고 엄한 기운을 나타낼 때도 쓴다.

곧 엄동설한 속에 새봄의 싹이 숨어 있어 죽이자마자 태어나 자라게 되므로, 하늘의 마음은 본디 살리는 마음이 기본이 되는 것이다.

字源 ▌ 底(밑 저) 广(바위 엄)＋氐(낮을 저). 바위〔广〕 아래의 낮은〔氐〕 곳이라는 데서 '밑'을 뜻함. 〔會意〕 / 广에서 뜻을, 氐에서 음을 취함. 〔形聲〕
序(차례 서) 广에서 뜻을, 予(줄 여)에서 음을 취함. 〔形聲〕
肅(엄숙할 숙) 聿(붓 율, 손에 붓을 쥐고 있는 모양)＋開(淵, 연못 연의 옛 자). 손에 붓을 들고〔聿〕 사무를 처리할 때는, 깊은 연못〔開〕에 다다른 듯 '신중하고' '엄숙해야' 한다는 뜻. 〔會意〕

字義 ▌ 萌(맹) 싹. 穎(영) 이삭, 싹, 송곳 끝.

語義 ▌ 零落(령락) 시들어 떨어짐. 萌穎(맹영) 눈 또는 싹. 時序(시서) 계절. 凝寒(응한) 얼어붙는 추위. 엄동(嚴冬). 飛灰(비회) 재를 날림. 肅殺(숙살) 가을의 쌀쌀하고 무거운 기운이 만물을 숨죽게 만듦. 生生之意(생생지의) 만물을 생성발육하게 하는 기운.

113. 비 갠 뒤의 경치景致가 더 아름답다

雨餘에 觀山色하면 景象이 便覺新妍하고,

夜靜에 聽鐘聲하면 音響이 尤爲淸越이라.

文意 ▌ 비 갠 뒤에 산빛을 바라보면, 경치가 문득 새롭고 아름답게 느껴지며, 고요한 밤중에 종소리를 들으면, 음향이 더욱 맑고 뛰어나게 들린다.

要旨 ▌ 비 갠 뒤의 산의 경치는 더욱 아름답고, 고요한 밤에 듣는 종소리는 더욱 맑다. 사람도 속된 마음을 씻어 버리면, 더욱 새로워지고 고요히 처하면 더욱 맑아지는 법이다.

解說 ▌ 두보(杜甫)의 〈절구(絶句)〉라는 시 전반부에

'강이 파라니 새가 더욱 희고   江碧鳥逾白
강벽 조 유 백

산이 푸르니 꽃이 불타는 것 같더라.'   山靑花欲燃
산 청 화 욕 연

라고 했다. 강이 유심히 파라니 그 위에서 노는 흰 새가 더욱 희게 보이고, 산이 푸르니 그 푸르름 속에 방긋 피어 있는 꽃들은 마치 활활 타오르는 불꽃 같다. 서로 대조되어 더욱 뚜렷하게 보임을 강조하고 있다.

비 온 뒤의 경치의 아름다움, 고요한 밤중에 듣는 종소리는 우리의 속된 몸과 마음을 깨끗하고 고요하게 해주고도 남음이 있다.

字源 ▌ 音(소리 음) 言+ㅡ. ①도리[ㅡ]에 맞는 소리[言]라 하여 '음률' '음조'를 뜻함. ②말[言] 속에 있는 것[ㅡ]이라 하여, '음성' '소리'를 뜻함. 會意 指事

響(소리 향) 音에서 뜻을, 鄕(시골 향)에서 음을 취함. 形聲

語義 ▌ 雨餘(우여) 비 갠 뒤. 景象(경상) 경치. 新妍(신연) 청신하고 아

름다움. 夜靜(야정) 밤이 고요함. 淸越(청월) 맑고 뛰어남.

114. 자연은 인심人心을 지배한다

^{등 고}登高하면 ^{사 인 심 광}使人心曠하고 ^{림 류}臨流하면 ^{사 인 의 원}使人意遠하며 ^{독 서 어 우 설}讀書於雨雪
^{지 야}之夜하면 ^{사 인 신 청}使人神淸하고 ^{서 소 어 구 부 지 전}舒嘯於丘阜之巓하면 ^{사 인 흥 매}使人興邁라.

文意 ▌ 높은 산에 오르면 사람의 마음이 넓어지고, 흐르는 물가에 다
다르면 사람의 뜻이 원대해지며, 비나 눈이 오는 밤에 책을 읽으면 사
람의 정신이 맑아지고, 언덕 마루에 올라 휘파람을 불면 사람의 흥취
가 고매해진다.

要旨 ▌ 산수를 대하면 마음이 시원하고, 아름다운 경치에 이르면 능률
도 배가한다.

解說 ▌ 중국 민속에 '등고(登高, 등고절登高節이라고도 함)' 행사가 있다.
음력 9월 9일 중양절(重陽節)에 빨간 주머니에 수유(茱萸)를 넣어 팔에
걸고 높은 산에 올라 국화주를 마시면서 재액을 피하는 행사이다. 그 유
래를 ≪속제해기(續齊諧記)≫에서 볼 수 있다.
'옛날 중국의 한(漢)나라 때 환경(桓景)이 비장방(費長房)을 따라다니며
몇해 동안 도술을 배우는데, 한 번은 비장방이 말하기를 "너의 집에 재
앙이 닥칠 것이니, 빨리 가서 가족들로 하여금 빨간 주머니를 만들고 그
속에 수유를 넣어 팔에 걸고 높은 산에 올라 국화주를 마시면 그 화를
면할 수 있다."하므로 환경이 그 말대로 했다가 저녁에 돌아와 보니 가
축들이 모두 폭사했다.'

그래서 그 뒤로는 중양절에 높은 산에 올라 국화주를 마시고, 부인들은 수유 주머니를 차고 다니는 풍속이 생겼다고 한다.

높은 곳에 올라가면 마음도 넓어지고 물가에 가면 생각이 물을 따라 아득히 상상의 날개를 펴듯이, 사람은 자연 환경에 따라 느낌이 달라지고 생각이 달라진다. 그러므로 인간은 자연을 수양의 도장(道場)으로 삼아야 할 것이다.

字源 ▌ 臨(임할 림) 臥(누울 와)＋品. 물건[品]을 보기 위해 몸을 굽혀[臥] 가까이 '다다름'을 뜻함. [會意] / 臥에서 뜻을, 品에서 음을 취함. [形聲]

字義 ▌ 嘯(소) 휘파람. 阜(부) 언덕. 巓(전) 산마루. 邁(매) 가다, 뛰어나다.

語義 ▌ 意遠(의원) 뜻이 원대함. 舒嘯(서소) 휘파람을 불음. 丘阜(구부) 언덕. 興邁(흥매) 흥취가 고매(高邁)해짐.

---

115. 모든 척도尺度는 마음에 달렸다

心曠하면 則萬鍾도 如瓦缶요, 心隘하면 則一髮도 似車輪이라.

文意 ▌ 마음이 넓으면 만 종의 큰 봉록도 마치 질항아리같이 여기고, 마음이 좁으면 머리칼 한 올도 마치 수레바퀴같이 크게 생각한다.

要旨 ▌ 마음이 넓으면 많은 것도 하찮게 여기고, 마음이 옹졸하면 조

그마한 것도 대단하게 보인다.

解說 ▌ ≪장자(莊子)≫ 소요유편(逍遙遊篇)에 붕새와 메까치의 이야기가
나온다. 붕새는 북쪽 바다에서 물결을 치는 것이 3천 리에, 회오리바람
을 타고 9만 리나 올라가 6개월 동안이나 날아 남쪽 바다에 이른다. 이
를 본 매미와 메까치는 붕새를 미련하다고 했다. 그들은 이 나무에서 저
나무까지 날아가는 데도 멀면 중간에서 쉬어간다. 그러니 매미와 메까치
가 붕새의 마음과 뜻을 알 리 없다. 몇 백 미터의 거리를 나는 것도 대
단하다고 생각할 것이다. 그러나 붕새는 1만 리 정도는 근거리로 볼 것
이다. 따라서 사람은 마음이 넓어야 온갖 굴레에서 벗어날 수 있다. 그
럼으로써 유유자적할 수 있을 것이다.

字源 ▌ 瓦(기와 와) 진흙으로 구워 만든 '기와' 또는 '질그릇'의 모양을 본
뜸. 象形

字義 ▌ 曠(광) 크다, 넓다. 缶(부) 장군. 목이 좁은 독. 隘(애) 좁다,
(액) 막히다.

語義 ▌ 萬鍾(만종) 많은 봉록(俸祿). 1종(鍾)은 64두(斗). 만 종은 6만
4천 석(石)의 많은 수량을 말함. 瓦缶(와부) 질항아리. 似車輪(사거륜)
수레바퀴처럼 크게 보임. 갖고 싶은 욕심에서 하찮은 것도 대단한 것으
로 보임.

116. 사물事物을 내가 부리되 사물에게 부림을
당하지 말라

무풍월화류　불성조화　　무정욕기호　불성심체　지
無風月花柳면 不成造化하고 無情浴嗜好면 不成心體라. 只

以我轉物_{이아전물}하고 不以物役我_{불이물역아}면 則嗜慾_{즉기욕}도 莫非天機_{막비천기}요, 塵情_{진정}도
則是理境矣_{즉시리경의}라.

文意 ▌ 바람과 달, 꽃과 버들이 없으면 천지의 조화도 이루어지지 못
하고, 정욕과 기호가 없으면 마음의 본체를 이룬다고 할 수가 없다.
다만 내 의지로써 사물을 움직이고, 사물에 얽매여 내가 부림을 당하
지 않는다면, 기호와 정욕도 천지의 작용이 아닌 것이 없고, 세속적인
마음도 곧 진리의 경지가 되는 것이다.

要旨 ▌ 풍월화류 등 자연의 조화가 없으면 조물주도 아무 소용이 없
고, 감정이 없으면 사람의 본체도 없다. 그러나 만물을 내가 주체적으
로 부리되 천진난만한 본심으로 행동하면 이 속세도 곧 이상향이라 하
겠다.

解說 ▌ 화류(花柳)란 원래 '꽃과 버들'이란 뜻인데 '화가유항(花街柳巷)'
'화류계(花柳界)'의 뜻으로 발전했다. 곧 '꽃거리 버들골목' '꽃과 버들의
세계'라는 뜻인데, 이것이 '기생들이 사는 동네' '기생세계'로 쓰이게 된
것이다. 또 '화류'는 '노류장화(路柳墻花)'와의 관계에서도 생긴 말이다.
'길가의 버들과 담 밑의 꽃'이라는 뜻으로 이것들은 아무나 꺾을 수 있
다. 따라서 데리고 노는 여자, 아무나 희롱할 수 있는 기생의 대명사가
되었다.
'풍월(風月)'은 '바람과 달'이란 뜻에서 '바람 솔솔 불고 달이 밝은 때' 시
가(詩歌)를 읊조리며 풍류를 즐기며 놀므로 그때 지은 시가를 풍월이라
고도 한다. 그리고 그것을 읊은 것을 '음풍농월(吟風弄月)'이라 한다. '독
서당 개 삼년에 풍월을 읊는다(堂狗三年吠風月)'는 풍월도 바로 그것이
다.
자연이 조화를 부리듯 사람도 천진난만한 정서로 만물을 부리면, 천지의
조화에 맞아 속세의 정이 진리의 경지가 된다.

語義 ▌ 造化(조화) 조물주의 기교. 心體(심체) 마음의 본체. 嗜慾(기욕)

기호와 정욕. **天機(천기)** 하늘의 작용. **塵情(진정)** 세속적인 마음. **理境(리경)** 진리의 경지.

117. 자신에 대하여 깨달은 사람은 만물을 자기 것으로 생각하지 않는다

^{취 일 신}
就一身하여 ^{료 일 신 자}**了一身者**는 ^{방 능 이 만 물}**方能以萬物**로 ^{부 만 물}**付萬物**하고 ^{환 천 하}**還天下**
^{어 천 하 자}**於天下者**는 ^{방 능 출 세 간 어 세 간}**方能出世間於世間**이라.

文意 ▌ 자기 한 몸에 대해 자기 한 몸으로써 깨달은 사람은, 바야흐로 능히 만물의 개성을 가지고 만물에게 부여해 줄 수 있고, 천하 모든 것을 천하의 돌아가는 데에다 돌려 간섭하지 않는 사람은, 바야흐로 세속 안에서 세속을 초월할 수 있는 것이다.

要旨 ▌ 자기 자신에 대하여 깨달은 사람은 욕심이 없어져 만물을 있는 그대로 발전시킬 수 있고, 천하를 천하 것으로 생각하는 사람은 속세에 살면서도 속세를 초월한 사람이다.

解說 ▌ 《육도(六韜)》 문사편(文師篇)에
'천하는 한 사람의 천하가 아니요, 곧 천하인의 천하이다. 천하의 이익을 같이하고자 하는 사람은 천하를 얻고, 천하의 이익을 독차지하려는 사람은 천하를 잃는다.(天下非一人之天下, 乃天下之天下也. 同天下之利者, 則得天下. 擅天下之利者, 則失天下)'
라고 한 대목이 있다. 강태공(姜太公)의 말인데, 세상을 1인의 군주를 비롯한 모두가 만인공유(萬人共有)라고 여겨 천하인의 천하로 생각할 때 이상적 정치가 이루어진다고 본 것이다.

더 나아가 천하 만물은 만물 그 자체의 것으로서 나 개인 사유(私有)의 관념이 없어졌을 때 각자의 인생은 자신을 완전히 이해하는 결과가 되는 것이다.

語義 ▌ 就(취) 나아감, 대하여. 了(료) 이해함. 요해(了解). 以萬物付萬物(이만물부만물) 만물에 만물 자체의 천성을 부여하여 각기 자기가 맡은 바를 담당하게 함. 還天下於天下(환천하어천하) 천하의 모든 사물을 천하의 되어가는 바에다 돌려주어 상관 않음. 出世間於世間(출세간어세간) 세속에 있으면서 세속을 초월함.

---

118. 너무 한가하지도, 너무 바쁘지도 말라

人生^{인생}이 太閒^{태한}하면 則別念^{즉별념}이 竊生^{절생}하고 太忙^{태망}하면 則眞性^{즉진성}이 不現^{불현}이라. 故^고로 士君子^{사군자}는 不可不抱身心之憂^{불가불포신심지우}하고 亦不可不耽^{역불가불탐} 風月之趣^{풍월지취}라.

文意 ▌ 인생살이가 너무 한가하면 딴 생각이 슬그머니 생겨나고, 너무 바쁘면 본성이 나타나지 않는다. 그러므로 군자는 몸과 마음의 근심을 지니지 않아서도 안 되며, 또한 바람과 달을 즐기는 흥취를 누리지 않아서도 안 된다.

要旨 ▌ 사람이 너무 한가하면 잡념이 생기고, 반대로 너무 바쁘면 참된 본성이 나타나지 못한다. 그러므로 선비는 잡념이 생기지 않도록 심신을 삼가 행동하고, 풍월을 즐겨 본성을 유지하도록 노력해야 한다.

解說 ≪대학(大學)≫에

'소인은 한가히 거처하면 착하지 못한 짓을 행하는 데 이르지 않는 곳이 없다.(小人閑居, 爲不善, 無所不至.)'

라고 했다. 또 공자는 ≪논어≫ 양화편(陽貨篇)에서

'종일 포식하고서 마음 쓸 데가 없다는 것은 곤란한 일이다. 바둑·장기 따위가 있지 않은가? 그런 것이라도 하는 것이 오히려 나을 것이다.(飽食終日, 無所用心, 難矣哉! 不有博奕者乎? 爲之猶賢乎已.)'

라고 했다. 우두커니 그냥 있는 것보다는 바둑·장기라도 두는 것이 낫다는 뜻이다. 수양이 부족한 사람이 우두커니 있으면 잡념이 생기고 까딱하면 나쁜 짓을 하기 쉬우므로 차라리 아무런 오락에라도 마음을 쓰라는 것이다.

그렇다고 지나치게 바쁘면 오락은 차치하고 풍월도 감상할 시간마저 없고, 그러다 보면 천진한 본성을 잃고 속정에 파묻히게 되기 쉽다. 그러므로 군자는 이를 조절하여 중용(中庸)의 길을 걸어야 할 것이다.

字源 抱(안을 포) 扌(手)+包. 손[手]이나 팔로 감싸[包] '안는다'는 뜻. [會意] / 扌에서 뜻을, 包에서 음을 취함. [形聲]

語義 竊生(절생) 모르는 사이에 슬그머니 생겨남. 眞性(진성) 천진한 성품, 본성. 風月之趣(풍월지취) 자연을 바라보고 즐기는 흥취.

---

119. 마음이 고요하면 어디에 간들 천국이다

人心은 多從動處失眞이라. 若一念不生하여 澄然靜坐하면

雲興而悠然共逝하고 雨滴而冷然俱淸하며 鳥啼而欣然有會

하고 <ruby>花<rt>화</rt>落<rt>락</rt>而<rt>이</rt>瀟<rt>소</rt>然<rt>연</rt>自<rt>자</rt>得<rt>득</rt></ruby>하니 <ruby>何<rt>하</rt>地<rt>지</rt>非<rt>비</rt>眞<rt>진</rt>境<rt>경</rt></ruby>이며 <ruby>何<rt>하</rt>物<rt>물</rt>非<rt>비</rt>眞<rt>진</rt>機<rt>기</rt></ruby>리오?

文意 ▎ 사람의 마음은 흔히 동요되는 데서 진실을 잃는다. 만일 한 가지 생각도 일으키지 않고 맑게 고요히 앉아 있으면, 구름이 일어나면 한가로이 함께 가고, 빗방울이 떨어지면 서늘히 더불어 맑아지며, 새가 울면 흐뭇하게 느끼고, 꽃이 지면 산뜻하게 절로 감동을 얻으니, 어디인들 참 경지가 아닐 것이며, 어떤 것인들 참 기운이 아니리오?

要旨 ▎ 사람의 마음은 원래 명경지수(明鏡止水)와 같은 것인데 움직이므로 진실을 잃는다. 그러므로 마음이 고요하면 사물이 그대로 비치어 함께 느끼고 깨달아, 어디나 진리의 세계요, 어느 것에서도 진리의 작용을 느낀다.

解說 ▎ ≪예기(禮記)≫ 악기편(樂記篇)에
'사람이 태어나면서 조용한 것은 하늘의 성품이요, 사물에 느끼어 움직임은 천성의 욕심이라.(人生而靜, 天之性也. 感於物而動, 性之欲也.)'
라고 했다. 이렇게 볼 때 옛사람도 사람의 천성은 고요한 것으로 보았다. 이 고요함을 지키는 것이 천성을 지킴인데, 이 천성이 움직이면 물욕이 생겨나고, 이 물욕 때문에 사람들은 천진(天眞)을 잃게 된다. 그러므로 이 천진을 지켜야 천지자연의 사물을 제대로 보고 천지의 조화를 제대로 알게 된다.

語義 ▎ 澄然(징연) 맑은 모양. 悠然(유연) 느릿느릿 한가로운 모양. 雨滴(우적) 비가 떨어짐. 冷然(랭연) 서늘한 모양. 有會(유회) 느끼는 바가 있음. 瀟然(소연) 깔끔하고 깨끗한 모양. 眞機(진기) 천지 자연의 참다운 활동.

120. 슬픔도 기쁨도 모두 잊을 줄 알라

子^자生^생而^이母^모危^위하고 鎩^강積^적而^이盜^도窺^규하니 何^하喜^희非^비憂^우也^야리오?

貧^빈可^가以^이節^절用^용하고 病^병可^가以^이保^보身^신하니 何^하憂^우非^비喜^희也^야리오?

故^고로 達^달人^인은 當^당順^순逆^역一^일視^시하여 而^이欣^흔戚^척兩^량忘^망이라.

文意 ▌ 자식이 생기면 어머니가 위험을 겪고, 돈꾸러미가 쌓이면 도둑이 엿보게 되니, 어떤 기쁨이 근심이 아니랴? 가난은 씀씀이를 절약할 수 있게 해주고, 병은 몸을 보호할 수 있도록 해주니, 어느 근심인들 기쁨이 아니랴? 그러므로 통달한 사람은 순경과 역경을 동일시하고, 기쁨과 근심을 둘 다 잊어야 한다.

要旨 ▌ 자식을 낳자면 어머니가 진통을 겪고, 돈이 있으면 도둑을 막아야 하니, 기쁨이 근심으로 변한다. 가난은 부자의 요인이 되고 병은 건강의 시발이 되니, 근심이 기쁨이 된다. 다만 달인(達人)은 이 두 가지를 모두 초월하여 잊고 유유자적한다.

解說 ▌ '양망(兩忘)'이란 '둘 다 잊는다'는 뜻이다. 유무(有無)·생사(生死)·빈부(貧富)·동정(動靜) 등 상대적인 관념을 모두 초월하여 잊어야 한다는 것이다. 《장자(莊子)》 대종사편(大宗師篇)에 '요임금을 칭찬하고 걸왕을 비난하는 것보다는 양쪽을 모두 잊고 도로 귀화하느니만 못하다.(與其譽堯而非桀也, 不如兩忘而化其道.)' 라고 한 데서 나온 말이다. 모든 것을 잊고 초월하는 일, 대단한 수양의 결과라 할 것이다.

字源 ▌ 盜(도적 도) 次(涎, 침 연)＋皿. 그릇[皿]에 담긴 음식을 보고 침[次]을 삼키다가, 몰래 집어먹는다는 연유에서 '도둑'을 뜻함. 〔會意〕

戚(겨레 척) 원래는 戉(도끼 월)에서 뜻을, 尗(콩 숙)에서 음을 취하여, '도끼'를 뜻했음. 形聲 / 훗날 겨레 족(族)과 음이 통하여 그 뜻을 빌어 '친척'의 뜻으로 바뀌어 쓰임. 假借

字義 ▌ 鏹(강) 돈 꾸러미.

語義 ▌ 順逆(순역) 순조로운 때와 거슬림에 처한 때. 곧 순경(順境)과 역경(逆境). 欣戚(흔척) 기쁨과 슬픔. 흔쾌함과 근심. 척(戚)은 척(慽)과 같음.

---

121. 마음에 그림자를 남기지 말라

_{이근} _{사표곡투향} _{과이불류} _{즉시비구사}
耳根은 似颷谷投響하여 過而不留하면 則是非俱謝하고,

_{심경} _{여월지침색} _{공이불착} _{즉물아량망}
心境은 如月池浸色하여 空而不著하면 則物我兩忘이라.

文意 ▌ 귀는 마치 광풍이 골짜기에 메아리를 던지는 것 같아서, 지나간 후에 남겨두지 않으면 시비가 모두 사라지고, 마음은 마치 달빛이 연못에 잠기는 것 같아서, 텅 비게 하여 집착하지 않으면 사물과 나를 둘 다 잊게 된다.

要旨 ▌ 귀로 듣자마자 흘려보내면 시비가 있을 수 없고, 마음을 고요히 가지면 물아가 일체가 된다.

解說 ▌ '이근(耳根)'은 '귀뿌리'로 귀를 말한다. 불교에서 외계로부터 마음속으로 들어오는 감각의 관문을 근(根)이라 하고 육근(六根)이 있다. 육근은 육식(六識)을 낳는 여섯 가지 근이란 것이다. 곧 눈·귀·코·입

·몸·뜻을 통틀어 일컫는데 육입(六入)이라고도 한다. 이 육근에 의하여 세상을 지각하는 여섯 가지 작용이 육식인데, 곧 안식(眼識)·이식(耳識)·비식(鼻識)·설식(舌識)·신식(身識)·의식(意識)을 뜻한다.
사람은 이 세상을 살아나감에 있어 감각에 얽매임이 없어야 할 것이다. 들으면 들은 대로, 보면 본 대로 흘려보내고 멈추어 두지 말아야 시비가 없고 분쟁이 없게 될 것이다. 모든 속세의 명리를 잊을 때 물아일치(物我一致)의 경지를 이룰 것이다.

字源 ▌ 浸(빠질 침) 氵(水)+㑴(侵, 침범할 침의 획 줄임). 물[水]이 침범함[㑴], 곧 '스며듦'의 뜻이 됨. 會意 / 氵에서 뜻을, 㑴에서 음을 취함. 形聲

語義 ▌ 耳根(이근) 귀. 颷谷(표곡) 광풍이 부는 골짜기. 投響(투향) 메아리를 던짐. 俱謝(구사) 함께 사라짐. 月池浸色(월지침색) 못에 비치는 달이 빛을 발함. 空而不著(공이불착) 텅 비어, 집착하지 않음.

---

122. 세상은 티끌 같은 세상도, 고해苦海도 아니다

世人은 爲榮利纏縛하여 動曰 '塵世苦海'라 하며, 不知雲白
山靑하고 川行石立하며 花迎鳥笑하고 谷答樵謳하니, 世亦
不塵이요 海亦不苦언만 彼自塵苦其心爾라.

文意 ▌ 세상 사람들은 영화(榮華)와 명리(名利)에 얽매여, 걸핏하면

'티끌 세상'이니, '고통의 바다'니 말하면서, 구름이 희고 산이 푸르며, 내가 흐르고 돌이 서 있으며, 꽃이 반기고 새가 웃으며, 골짜기가 답하고 나무꾼이 노래함을 모른다. 세상도 티끌이 아니요, 바다도 괴로움이 아니건만, 저들은 스스로 그 마음을 티끌로 하고 괴로움으로 만들 뿐이다.

要旨 ▍ 세상 사람들은 명리에 속박되어 이 세상을 티끌 세상·고통의 바다라고 하면서 자연의 아름다움을 모른다. 정말로 자연의 아름다움을 알면 티끌 세상·고통의 바다가 아님을 알 것이다.

解說 ▍ '전(纏)'자는 '묶는다·얽다' 등을 뜻하는 글자이다. 옛날 중국 여자들이 발을 동여매던 풍습으로 '전족(纏足)'이란 것이 있다. 여자 아이가 네댓 살이 되면, 발에 긴 천을 감아서 엄지 발가락만 남기고 모두 동여매어 자라지 못하게 하여, 초승달 모양의 작은 삼각형으로 만드는 것이다. 당(唐)나라가 망하고 이어 오대(五代)시대 남당(南唐)의 후주(後主)에게 귀여움을 받던 궁빈(宮嬪) 요낭(窅娘)이 가무에 능했는데, 발을 예쁘게 하기 위하여 천을 감아 발을 작게 만든 데서 시작했다고 한다.
그 후 청나라 강희제(康熙帝)가 금지령을 내리고, 중화민국이 되어서부터는 부인운동으로 전족의 해방을 부르짖어 지금은 거의 볼 수 없다. 중국의 전통적 여성 압박과 남성의 여성 독점적 성격과 미인의 조건으로 삼은 데서 기인했다 한다.

字源 ▍ 答(대답할 답) 竹+合. 대쪽〔竹〕에 글을 써서 받은 편지 내용에 적합〔合〕하게 '회답한다'는 뜻. 〔會意〕 / 竹에서 뜻을, 合에서 음을 취함. 〔形聲〕

語義 ▍ 纏縛(전박) 얽매임. 구속됨. 動曰(동왈) 걸핏하면 말함. 툭하면 말함. 谷答樵謳(곡답초구) 골짜기에 나무꾼의 노래가 메아리침. 골짜기가 답하고 나무꾼이 노래함.

123. 술은 거나하고, 꽃은 반쯤 피었을 때가 좋다

花看半開하고 酒飮微醺하면 此中에 大有佳趣라. 若至爛漫
酕醄면 便成惡境하니 履盈滿者는 宜思之라.

文意 ▌꽃은 반쯤 피었을 때 보고, 술은 거나하게 취할 정도로 마시면 이러한 가운데 큰 멋이 있는 것이다. 만약 꽃이 활짝 피고, 술이 엉망으로 취하는 데까지 이른다면, 문득 고약한 상태가 되는 것이니, 절정의 위치에 처한 사람은 마땅히 이를 생각해야 할 것이다.

要旨 ▌꽃은 반쯤 피었을 때가 보기 좋고, 술은 거나할 정도로 마셔야 참된 멋을 알 수 있다. 꽃이 활짝 피고 술이 만취하면 끝장나는 판이다.

解說 ▌≪전국책(戰國策)≫ 진책(秦策)에
'해가 복판에 오면 옮겨가고, 달은 가득 차면 기울며, 만물은 무성하면 쇠한다.(日中則移, 月滿則虧, 物盛則衰).'
라고 한 것이 바로 이런 경지를 대변하는 말이다. 가득 차서 넘치기 전에 멈출 줄 아는 요령을 배워야 할 것이다.

字義 ▌醺(훈) 훈훈히 취하다. 酕(모) 매우 취함. 醄(도) 곤드레만드레 취한 상태.

語義 ▌微醺(미훈) 조금 취함, 거나하게 취함. 佳趣(가취) 멋. 爛漫(란만) 한창 찬란한 빛을 발함, 활짝 핀 모양. 酕醄(모도) 흠뻑 술에 취함, 만취(滿醉). 履盈滿(리영만) 가득 차서 절정에 다다른 지경에 이름.

124. 자연을 본받아 세속世俗에 물들지 말라

山肴는 不受世間灌漑하고 野禽은 不受世間豢養이로되 其味
皆香而且冽하니, 吾人도 能不爲世法所點染하면 其臭味不
迥然別乎아?

文意 ▎ 산나물은 세상 사람들에 의해 가꾸어지지 않고, 들새는 세상
사람들에 의해 먹여 길러지지 않지만, 그 맛은 모두 향기롭고 또한 뛰
어나다. 우리도 세상의 법도에 물들지 않을 수 있다면 그 품위가 월등
히 높고 각별하지 않겠는가?

要旨 ▎ 천연적인 산나물이나 산짐승의 맛이 인공적으로 기르고 가꾼
가축이나 채소의 맛보다 훨씬 낫다. 사람도 세속을 떠나 자연과 더불
어 산다면 그 멋과 맛은 유별날 것이다.

解說 ▎ '효(肴)'는 '안주 효'자인데, '고기안주'를 뜻한다. 따라서 '주효(酒
肴)'하면 '술과 안주'라는 뜻이요, '효소(肴蔬)'라 하면 '고기안주와 채소'
를 나타내며, '효핵(肴核)'하면 '고기안주와 과일안주'를 말한다. '핵(核)'
은 '씨 핵'자이므로 과일에는 씨가 있어 과일안주를 의미한다.
소동파(蘇東坡)의 〈전적벽부(前赤壁賦)〉에도
'안주가 이미 다 없어지고, 술잔과 쟁반도 어수선하게 흩어져 있다.(肴核
旣盡, 杯盤狼藉.)'
라고 했다. 그러나 '산효(山肴)'는 '산나물'이란 뜻으로 쓰였다.

字源 ▎ 臭(냄새 맡을 취) 自(코를 본뜸)＋犬. 개[犬]는 코[自]로 '냄새를
맡음'을 뜻함. 會意

字義 ▎ 肴(효) 안주, 나물. 灌(관) 물주다. 漑(개) 물을 대다. 豢(환)

기르다. 迥(형) 멀다, 빛나다.

語義 ▌ 山肴(산효) 산나물. 灌漑(관개) 물을 대줌. 인공적으로 가꿈. 豢養(환양) 먹여 기름. 洌(렬) 맛이 뛰어남을 뜻함. 世法(세법) 세상의 법도, 세속적인 눈으로 볼 때 타당하게 여겨지는 법칙. 點染(점염) 물 듦. 臭味(취미) 냄새와 맛. 품위나 인격을 뜻함.

125. 사물을 관찰하되 깨달음이 있어야 한다

재 화 종 죽 완 학 관 어 우 요 유 단 자 득 처 약 도 류 련 광
裁花種竹하고 玩鶴觀魚하되 又要有段自得處니 若徒留連光

경 완 롱 물 화 역 오 유 지 구 이 석 씨 지 완 공 이 이
景하여 玩弄物華하면 亦吾儒之口耳요 釋氏之頑空而已니

유 하 가 취
有何佳趣리오?

文意 ▌ 꽃을 가꾸고, 대나무를 심으며, 학을 감상하고 물고기를 바라볼지라도, 또한 그 가운데 일단의 스스로 깨달음이 있어야 하는 것이니, 만약 헛되이 경치에만 탐닉하여, 겉모습의 화려함만을 감상하고 즐긴다면, 이는 또한 우리 유가의 입과 귀에서 그치는 학문이요, 불가의 완공(頑空)일 뿐이니, 무슨 아름다운 멋이 있으리?

要旨 ▌ 화초를 재배하고 짐승을 기를 때에도 자연의 진리를 깨달아야 한다. 그렇지 못하고 겉만 보고 즐긴다면 이는 구이지학(口耳之學)이요 완공(頑空)상태라 아무런 가치가 없다.

解說 ▌ '유련(留連)'이란 말은 '돌아다니며 즐기느라고 집에 돌아올 줄을

잇는다'는 뜻이다. ≪맹자(孟子)≫ 양혜왕장(梁惠王章) 하(下) 낙이천하장(樂以天下章)에서 나온 말인데, '유련황망(流連荒亡)' '유련황락(流連荒樂)'의 준말이다.

'흐름에 따라 배를 타고 내려가며 돌아가기를 잊는 것을 유(流)라 하고, 흐름에 따라 배를 타고 올라가면서 돌아가기를 잊는 것을 연(連)이라 한다. 짐승을 따라다니며 싫증 날 줄 모르는 것을 황(荒)이라 하고, 술을 즐기며 싫증 날 줄 모르는 것을 망(亡)이라 한다.(從流下而忘反, 謂之流. 從流上而忘反, 謂之連. 從獸無厭, 謂之荒. 樂酒而無厭, 謂之亡.)

이렇게 맹자는 유련황망의 개념을 말했다.

'구이(口耳)'는 '구이지학(口耳之學)'의 준말로 ≪순자(荀子)≫ 권학편(勸學篇)에서 나온 말임은 앞에서 말한 바 있다.

'완공(頑空)'은 천하의 만물이 모두 '공(空)'이라고 보는 소승불교(小乘佛教)의 견해인데, '편공(偏空)'이라고도 하며 '진공(眞空)'의 대가 된다.

요컨대 자연물을 보더라도 그냥 겉모습만 보고 즐길 것이 아니라 내면에 들어 있는 자연의 이치, 곧 자연적인 도를 터득해야 정말로 아름다운 것을 느낄 수 있다는 내용이다.

字源 ▌ 連(이을 련) 辶＋車. 사람이 수레[車]를 끌고 간다[辶], 곧 사람에 '뒤이어' 수레가 따라간다는 뜻. 會意

語義 ▌ 自得(자득) 스스로의 마음속에서 깨달음.　留連(류련) 산수놀이에 반하여 돌아올 줄 모름. 탐닉함.　玩弄(완롱) 감상하고 즐김.　物華(물화) 겉모습의 아름다움.　口耳(구이) 입과 귀로만 익히고, 실천에 옮기지 않음. 구이지학(口耳之學)의 준말.　頑空(완공) 완고하게 공(空)이라는 관념에만 사로잡힘.

126. 불의不義에 빠지느니 차라리 죽는 편이 낫다

山林之士는 淸苦而逸趣自饒하고 農野之夫는 鄙略而天眞

渾具하니, 若一失身市井駔儈하면 不若轉死溝壑이 神骨猶

淸이라.

文意 ▌ 산림에 은거하는 선비는 청렴하고 빈곤하나 뛰어난 취미가 스스로 풍족하고, 농부는 거칠고 속되지만 천진한 본성을 온전히 다 갖추고 있다. 만약 자칫하여 한번 몸을 시장 바닥의 거간꾼으로 전락시킨다면, 이것은 구렁에 굴러 떨어져 죽더라도 몸과 마음만은 오히려 깨끗한 것만 같지 못하다.

要旨 ▌ 산림 속의 은사는 스스로 빼어난 멋이 있고, 들판의 농부는 소박한 천진이 있다. 그러나 일단 시장의 거간꾼이 되면 그런 멋과 천진이 없어지니, 산속에 묻혀 죽을지언정 심신을 맑게 가지는 것이 낫다.

解說 ▌ '산림지사(山林之士)'는 '암혈지사(巖穴之士)' '산곡지사(山谷之士)'라고도 하는데, 속세를 떠나 산림 속에 묻혀 사는 사람이다. ≪한서(漢書)≫ 왕길전(王吉傳) 찬(贊)에
'산림의 선비는 가서 돌아올 줄 모르고, 조정의 선비는 들어가서 나올 줄 모르니, 두 사람은 각각 단점이 있다.(山林之士, 往而不能反, 朝廷之士, 入而不能出, 二者各有所短.)'
라고 했다. 사람이 세상을 살아나가자면, 때로는 산림지사가 될 때도 있지만, 때를 만나면 출세하여 국가와 민족을 위하여 이바지할 때도 있어야 한다는 말이다.

그러나 속세의 명리에 어두워 더럽게 사느니보다는 산속에 묻혀 깨끗하게 사는 게 더 낫겠다는 것이다.

字源 ▌ 農(농사 농) 田+辰(새벽에 뜨는 별). 새벽부터[辰] 밭[田]에 나가 '농사짓는다'는 뜻. 會意

略(간략할 략) 田+各. 각자[各]의 농지[田]를 구분하는 경계가 '대략' 정해진 것이라, 남의 농지를 '침략'하기 쉽다는 데서 뜻을 취함. 會意 / 田에서 뜻을, 各에서 음을 취함. 形聲

井(우물 정) 나무로 네모지게 짠 우물의 틀 모양을 본뜸. 象形

字義 ▌ 饒(요) 풍족하다. 駔(조, 장) 거간꾼. 儈(쾌) 거간꾼.

語義 ▌ 淸苦(청고) 청렴하고 빈곤함. 逸趣(일취) 세속을 초월한 높은 취미. 鄙略(비략) 거칠고 꾸밈이 없음. 市井(시정) 시장 바닥. 도시의 거리. 駔儈(장쾌) 중개인, 거간꾼. 轉死溝壑(전사구학) 도랑이나 구렁에 굴러 떨어져 죽음.

---

127. 분수에 맞지 않는 이득은 함정陷穽일 따름이다

非分之福과 無故之獲은 非造物之釣餌면 卽人世之機阱이라. 此處에 著眼不高하면 鮮不墮彼術中矣라.

文意 ▌ 분에 맞지 않는 복과 까닭 없이 얻은 이득은, 조물주의 낚싯밥이 아니면, 곧 인간 세상의 함정이니, 이러한 때에 눈을 높이 들어 조

심하지 않는다면, 그 술수 속에 떨어지지 않을 사람이 드물다.

要旨 ▌ 분수에 맞지 않는 복이나 까닭 없는 이득은, 조물주의 미끼이 거나 사람이 파놓은 함정이다. 여기에 빠지지 않도록 조심해야 한다.

解說 ▌ ≪사기(史記)≫ 귀책열전(龜策列傳)에서 제소손(諸少孫)이
'불행은 근거도 없이 오는 것이 아니고, 행복은 아무런 까닭도 없이 오는
것이 아니다.(禍不妄至, 福不徒來)'
라고 말했다. 복과 불행도 그 자신이 불러온다는 뜻이다. 자신에게 그것
들이 깃들 원인이나 이유가 있어서 닥친다는 것이다.
따라서 자신이 받아야 할 복이 아니거나 이유도 없는 이득은, 조물주가
자신을 시험해보는 것으로 여겨야 할 것이다. 공연한 욕심을 부리다가
결국 미끼나 함정에 걸려 패가망신의 결과를 초래할 것이다.

字源 ▌ 獲(잡을 획) 犭(犬)＋蒦(잴 약, 손에〔又〕 새〔隹〕를 들고 있는 모
양). 개〔犬〕가 쏘아잡은 새〔蒦〕를 물고 주인에게 가져온다는 데서, '잡
다' '얻다'의 뜻이 됨. 〔會意〕 / 犭에서 뜻을, 蒦에서 음을 취함. 〔形聲〕

字義 ▌ 釣(조) 낚시. 餌(이) 미끼. 阱(정) 함정. 짐승 따위를 잡기 위
하여 땅바닥에 파 놓은 구덩이.

語義 ▌ 非分之福(비분지복) 분에 넘치는 복. 분에 맞지 않는 행복. 無故
之獲(무고지획) 까닭없이 얻은 이득. 釣餌(조이) 낚싯밥. 機阱(기정) 함
정. 著眼不高(착안불고) 눈을 뜸이 높지 않음.

---

128. 확고한 주견主見으로 자유자재로워야 한다

人生_은 原是一傀儡_니 只要根蒂在手_라. 一線不亂_{하여} 卷舒
(인생)　(원시일괴뢰)　(지요근체재수)　(일선불란)　(권서)

^{자 유}　　　^{행 지 재 아}　　　^{일 호 불 수 타 인 제 철}　　　^{변 초 출 차 장}
自由하고 行止在我하여 一毫不受他人提掇하면 便超出此場

^{중 의}
中矣라.

文意 ▌ 인생은 본래 하나의 꼭두각시놀음이니, 오직 그 근본을 손에 쥐고 있어야 한다. 한 가닥 실도 어지러짐이 없어야 감았다 풀었다 함이 자유롭고, 움직이고 멈춤이 내 뜻에 있으니, 털끝만큼도 남의 간섭을 받지 않는다면, 곧 꼭두각시 무대에서 벗어날 수 있게 된다.

要旨 ▌ 인생은 꼭두각시라 조종하기에 달렸다. 마음을 일사불란(一絲不亂)하게 하고 몸을 잘 가눌 때 사람은 꼭두각시 신세를 면할 수 있을 것이다.

解說 ▌ '괴뢰(傀儡)'는 우리말로 꼭두각시라 한다. '각시'는 '새색시'라는 말이요, '꼭두'는 '곽독(郭禿)'이 변한 것이라 한다. ≪안씨가훈(顏氏家訓)≫ 서증편(書證篇)에
'옛날 성씨가 곽(郭)이란 사람이 있었는데, 병을 앓아 머리가 홀랑 빠지는 바람에 대머리가 되었다. 그래서 사람들이 그 곽씨 대머리를 놀려대곤 했다.'
라고 나온다. 그러므로 후인이 나무에 인형을 만들어 그 곽씨 대머리〔郭禿〕라고 지칭하다 보니 인형을 '곽독(郭禿)→꼭두'라고 부르게 되고 거기에 각시란 말을 덧붙여 꼭두각시가 된 것이다.
오늘날 '괴뢰'는 자기 주관대로 움직이지 못하고 피동적으로 남의 지배만 받는 가짜 허수아비로 쓰이고, 또는 남의 조종을 받아 대신 행동하는 사람을 가리킨다.
그런데 이 괴뢰는 연출사가 줄을 매어 놀리니 그 줄 놀림에 따라 움직인다. 따라서 '괴뢰'는 육체, '줄'은 인간의 정신으로 비유된다. 곧 맑은 정신으로 몸을 잘 움직이는 사람은 허수아비 세계에서 벗어날 수 있다는 말이다.

字源 ▌ 線(실 선) 糸에서 뜻을, 泉(샘 천)에서 음을 취함. 形聲

語義 ▌ 傀儡(괴뢰) 꼭두각시. 根蒂(근체) 뿌리와 꼭지, 근본. 卷舒(권
서) 감았다 풀었다 함. 行止(행지) 행동거지, 움직임과 멈춤. 提掇(제
철) 간섭. 此場中(차장중) 인생의 무대인 세상 가운데.

---

129. 아무 일이 없음이 최상의 복이다

^{일 사 기} ^{즉 일 해 생} ^고 ^{천 하 상 이 무 사 위 복} ^{독 전}
一事起면 則一害生이라. 故로 天下常以無事爲福이라. 讀前

^{인 시} ^운 ^{권 군 막 화 봉 후 사} ^{일 장 공 성 만 골 고}
人詩에 云하되 '勸君莫話封侯事하라. 一將功成萬骨枯라'하

^{우 운} ^{천 하 상 령 만 사 평} ^{갑 중 불 석 천 년 사}
고, 又云하되 '天下常令萬事平하면 匣中不惜千年死라' 하

^{수 유 웅 심 맹 기} ^{불 각 화 위 빙 산 의}
니, 雖有雄心猛氣나 不覺化爲冰霰矣라.

文意 ▌ 한 가지 일이 생기면 한 가지 해로움도 생긴다. 그러므로 천하
는 항상 일이 없는 것을 복으로 삼는다. 옛사람의 시를 읽으니 이르기
를 '그대에게 권하노니 제후에 봉해지는 일에 대해서는 말하지 마오.
한 장수가 공적을 이룸에 만 명의 뼈가 마른다'하고, 또 이르기를 '천
하가 항상 만사를 평화롭게 만든다면, 갑 속에서 천 년을 썩어도 아깝
지 않으리라'하니, 비록 영웅의 야심과 용맹한 기개가 있다 하여도, 모
르는 사이에 얼음과 눈처럼 되어 버릴 것이다.

要旨 ▌ 세상의 모든 일은 이해와 득실이 상반되는 법이다. 그래서 아
무 일도 없는 것이 복이다. 한 사람이 공을 세우기 위하여 그의 부하

수만 명이 죽어야 하니, 천하가 태평하여 칼이 녹이 슬어 사용하지 않게 됨이 좋겠다. 이를 생각하면 영웅심도 봄눈같이 사라질 것이다.

解說 ▌ 본문에 두 시인의 시가 인용되어 있다. 첫 번째는 만당(晩唐)의 시인 조송(曹松)의 〈기해세(己亥歲)〉라는 시이다.

'택국의 강산이 전쟁 판도로 들어가
澤國江山入戰圖
택 국 강 산 입 전 도

백성들이 어떻게 나무하고 풀 벰을 즐길까?
生民何計樂樵蘇
생 민 하 계 락 초 소

그대에게 권하노니 제후로 봉하는 일은 말하지 말게나,
勸君莫話封侯事
권 군 막 화 봉 후 사

한 장수 공을 이루려면 만 명의 뼈 말라야 되네.'
一將功成萬骨枯
일 장 공 성 만 골 고

원래 시에는 '권(勸)'이 '바랄 빙(憑)'으로 되어 있다.
다음은 작자, 연대 미상의 시구로 칼을 읊은 것이다.

'천하가 항상 모든 일로 하여금 태평케만 한다면,
天下常令萬事平
천 하 상 령 만 사 평

(칼이) 갑 속에서 천 년 동안이나 묵어 녹이 슬어 버린들 아깝지 않다.'
匣中不惜千年死
갑 중 불 석 천 년 사

천하는 무사하고 태평한 것이 제일임을 강조한 내용이다.

字源 ▌ 話(말씀 화) 言+昏(입 막을 괄). 남의 잡다한 말을 그치게 하는〔昏〕말〔言〕이라 하여 '착한 이의 말'이란 뜻이 됨. 會意 / 言에서 뜻을, 舌(昏의 변형)에서 음을 취함. 形聲

字義 ▌ 匣(갑) 상자, 궤. 霰(선·산) 싸락눈(원음 선, 속음 산)

語義 ▌ 封侯(봉후) 공을 세우고 제후가 됨. 萬骨枯(만골고) 수만 명의 부하가 전사하여 그 뼈가 말라 있음. 匣中不惜千年死(갑중불석천년사) 갈집 속에서 천 년을 썩어도 아깝지 않다고 칼에 가탁하여, 전란을 풍자한 말. 雄心猛氣(웅심맹기) 영웅다운 마음과 용맹스러운 기개. 冰霰(빙산) 얼음과 싸락눈. 결국은 녹아 버리는 허망한 것.

130. 망망한 세상에 절이 모순의 소굴이 되어서는 안 된다

^{음분지부} ^{교이위니} ^{열중지인} ^{격이입도} ^{청정}
淫奔之婦가 矯而爲尼하고, 熱中之人도 激而入道하니, 淸淨
^{지문} ^{상위음사연수야여차}
之門이 常爲婬邪淵藪也如此라.

文意 ▌ 음란한 여자가 극단으로 흘러 여승이 되고, 사물에 열중하던 사람이 격분하여 불도에 들어가니, 맑고 깨끗해야 할 불문이 항상 음란과 사악의 소굴이 됨이 이와 같다.

要旨 ▌ 음란한 여자가 형편이 부득이하여 정절을 위장하여 여승이 되고, 명리에 안달하던 사람이 실패하자 분기하여 절로 들어오니 깨끗해야 할 절이 음란하고 사악한 무리의 소굴로 변한다.

解說 ▌ 고래로 음란한 여인은 ≪수호전(水滸傳)≫에 나오는 반금련(潘金蓮)을 빼놓을 수 없다. 반금련이 시동생 무송(武松)의 헌출한 기상을 흠모하여 하루는 술상을 차려놓고, 지지리도 못생긴 남편 무대(武大)가 떡을 팔러 나간 사이에, 무송을 유혹한다. 술잔을 따라 권하면서 시동생의 마음을 홀리려고 "도련님[叔叔]" 소리를 39번이나 하다가 나중에는 술 한 잔을 따라 자신이 반 잔만 마시고 무송에게 넘겨주며 "당신! 생각 있으면, 이 술잔 받아요!"라고 말한다. 이 '당신[你]' 한마디는 참으로 묘한 마음의 표현이라 하겠다.
이런 음란한 여인도 절개를 지킨다고 절로 들어가고, 나쁜 짓만 하던 악한도 수도한다고 절로 들어가니 절에는 도리어 악의 꽃이 피고 있음이 옛날부터 있었던 모양이다.

字源 ▌ 淫(음란할 음) 氵(水)에서 뜻을, 㸒(가까이할 음)에서 음을 취함.
形聲

矯(바로잡을 교) 矢(화살 시)＋喬(높을 교, 길다는 뜻). 길고〔喬〕 굽은 화살대〔矢〕를 정도에 맞게 '고쳐서 바로잡는다'는 뜻. 會意 / 矢에서 뜻을, 喬에서 음을 취함. 形聲

字義 ▮ 婬(음) 음탕하다. 藪(수) 큰 늪, 덤불 숲.

語義 ▮ 淫奔(음분) 음란함. 矯(교) 극단적으로 돌변함. 激(격) 격분함. 清淨之門(청정지문) 부처의 세계. 불문(佛門). 婬邪(음사) 음란하고 사악함. 淵藪(연수) 물고기가 모이는 연못과 짐승이 모이는 숲. 소굴의 뜻.

---

131. 제3자의 입장에서 사고思考하고 판단하라

波浪이 兼天에 舟中不知懼나 而舟外者寒心하고, 猖狂이 罵座에 席上은 不知警이나 而席外者咋舌이라. 故로 君子는 身雖在事中이나 心要超事外也라.

文意 ▮ 물결이 심해 하늘에 맞닿을 때에, 배 안에 탄 사람은 두려움을 몰라도 배 밖의 사람들은 마음이 서늘해지며, 미치광이가 좌중에 대고 욕할 때 자리 위에 있는 사람은 경계할 줄 몰라도, 자리 밖에 있는 사람은 혀를 찬다. 그러므로 군자는 몸은 비록 일 가운데 있을지라도 마음은 일 밖으로 벗어나 있어야 한다.

要旨 ▮ 풍랑에 휘말린 배 안의 승객보다 그런 배를 바라보는 외부 사람이 더 애태우고, 술 취한 미치광이가 떠들면 외부 사람이 주의시키듯이, 군자는 속세에 살면서도 마음은 속세 밖에 두어야 한다.

解說 ▌ ≪맹자≫ 진심장(盡心章) 상(上) 공자등동산장(孔子登東山章)에서 맹자가 한 말이 있다.

'공자가 동산에 올라가서는 노나라를 작다고 여기고, 태산에 올라가서는 천하를 작다고 여기셨다. 그러므로 바다를 본 사람에게는 웬만한 강물은 물로 보이지 않고, 성인의 문에서 배운 사람에게는 어지간한 말은 말같이 들리지 않는 법이다.(孔子登東山而小魯, 登太山而小天下. 故觀於海者難爲水, 遊於聖人之門者難爲言.)'

낮은 데서 보면 크게 보이지만 높은 데 올라가 내려다보면 작게 보이는 것이 상식이듯 대한민국을 서울에서 보면 넓어 끝이 없는 것 같지만, 세계지도를 펴놓고 보면 너무나도 작아 보인다.

위치에 따라 견해가 달라진다. 배 안에서는 거센 풍랑이 보이지 않으므로 두려울지 모르지만, 저 육지에서 파도 속에 명멸하는 조각배를 볼 때 위험천만임을 느낀다. 따라서 군자는 제3자의 입장에서 볼 줄 알아야 한다. 그래야 속세에 살면서도 속세를 떠나 있는 마음을 가질 수 있다.

字源 ▌ 兼(겸할 겸) 禾(벼 화)를 나란히 놓고, 又(또 우, 손)를 중간에 놓아, 손[又]에 벼 이삭 둘[秝]을 겹쳐 잡은 모양을 본떠 '모으다' '겸하다'의 뜻이 됨. 會意

座(자리 좌) 广+坐. 집안[广]에서 앉는[坐] '자리'를 뜻함. 會意 / 广에서 뜻을, 坐에서 음을 취함. 形聲

舌(혀 설) 口+干(방패 간). 입[口]으로 말하거나 음식을 먹을 때, 방패[干] 구실을 하는 '혀'의 모양을 본뜸. 會意 象形

字義 ▌ 懼(구) 두려워하다. 罵(매·마) 욕하다. 咋(색) 씹다. (책) 꽥 소리를 내다.

語義 ▌ 兼天(겸천) 하늘에 닿음. 寒心(한심) 가슴이 서늘함, 걱정하는 마음. 猖狂(창광) 미치광이. 罵座(매좌) 좌중에 대고 욕함. 咋舌(색설) 혀를 참.

132. 번거로움을 줄이고 고요함을 늘이라

人生^{인생}이 減省一分^{감생일분}하면 便超脫一分^{변초탈일분}하니 如交遊減^{여교유감}하면 便免紛擾^{변면분요}하고 言語減^{언어감}하면 便寡愆尤^{변과건우}하며 思慮減^{사려감}하면 則精神不耗^{즉정신불모}하고 聰明減^{총명감}하면 則混沌可完^{즉혼돈가완}이라. 彼不求日減^{피불구일감}하고 而求日增^{이구일증}者^자는 眞桎梏此生哉^{진질곡차생재}로다.

文意 ┃ 인생에 있어서 어떤 일이든 한 푼을 덜어 줄이면, 곧 한 푼만큼 그 일에서 벗어날 수 있으니, 예를 들면 사람들과의 교제가 줄면, 곧 소란을 면할 수 있고, 말을 줄이면 곧 허물이 적어지고, 생각이 줄면 정신이 소모되지 않고, 총명함을 줄이면 본성을 온전히 할 수 있다. 이처럼 날로 줄이기를 구하지 않고, 날로 늘리기만을 구하는 사람은 진정 이 삶을 속박하는 것이다.

要旨 ┃ 일을 줄이면 그만큼 자유는 더 늘어난다. 교제를 줄이면 시끄러움이 줄고, 말을 줄이면 허물이 줄며, 생각을 줄이면 정신이 덜 소모되고, 총명을 줄이면 그만큼 본성이 온전하다. 떠벌이기를 좋아하는 사람은 그만큼 속박당하는 삶을 살아야 한다.

解說 ┃ 중국 원(元)나라의 유명한 재상 야율초재(耶律楚材)가 말했다. '하나의 이익을 일으키는 것은 하나의 해를 제거하는 것만 못하고, 하나의 일을 만드는 것보다는 하나의 일을 줄이는 것이 낫다.(興一利不若除一害, 生一事不若減一事.)'
≪명심보감≫ 존심편(存心篇)에도
'일을 꾸미면 자꾸 생기고, 줄이면 자꾸 준다.(生事事生, 省事事省)'
라고 했다. 결국 자꾸 일을 벌여놓으면 그만큼 자신의 구속은 심해지는 법이다.

字義 ▌耗(모) 덜다, 어지럽다.

語義 ▌減省(감생) 덜어내어 줄임.　交遊(교유) 교제.　紛擾(분요) 시끄럽고 소란함.　愆尤(건우) 허물, 과실.　混沌(혼돈) 천지가 구분되기 전의 상태. 본성(本性).　桎梏(질곡) 족쇄와 수갑. 속박.

---

133. 자신의 변덕을 없애기가 제일 어렵다

^{천운지한서}天運之寒暑는 ^{이피}易避나 ^{인세지염량}人世之炎涼은 ^{난제}難除하고, ^{인세지염량}人世之炎涼
은 ^{이제}易除나 ^{오심지빙탄}吾心之氷炭은 ^{난거}難去니, ^{거득차중지빙탄}去得此中之氷炭하면 ^{즉만}則滿
^강腔이 ^{개화기}皆和氣하여 ^{자수지}自隨地에 ^{유춘풍의}有春風矣라.

文意 ▌천지 운행의 추위와 더위는 피하기 쉬워도, 인간 세상의 뜨거움과 서늘함은 제거하기 어렵고, 인간 세상의 뜨거움과 서늘함은 제거하기 쉬워도, 내 마음의 얼음처럼 냉정했다가 숯처럼 열렬해지는 변덕은 없애기 어렵다. 이 마음속의 변덕을 없앨 수 있다면 가슴은 온화한 기분으로 가득 차고, 가는 곳마다 절로 봄바람이 있을 것이다.

要旨 ▌자연의 계절 변화는 견딜 수 있고, 세상 인정의 변덕은 제거할 수 있으나, 나 자신의 조석(朝夕)으로 변하는 마음은 없애기 어렵다. 이를 없애야 가슴속이 평화로워 어디에 가나 봄바람이 돌 것이다.

解說 ▌'빙탄(氷炭)'은 '얼음과 숯'이란 뜻이다. 얼음과 숯불이 공존할 수

가 없다. 그래서 성질이 상반하여 서로 화합되지 못함의 비유로 사용된다. 이 '빙탄'에서 더 발전한 말이

'얼음과 숯불은 서로 병존하지 못한다.(氷炭不相竝)' –〈초사(楚辭)〉동방삭(東方朔) 칠간(七諫)

'얼음과 숯불은 같은 그릇에 공존할 수 없다.(氷炭不同器)' – ≪염철론(鹽鐵論)≫ 자복(刺復)

라고 했으나 결국 '얼음과 숯불은 서로 용납하지 못한다(氷炭不相容)'란 숙어가 많이 쓰인다. 또

'얼음과 숯불은 말하지 않지만, 그 차가움과 뜨거움은 저절로 분명하다.(氷炭不言, 冷熱自明)' – ≪진서(晉書)≫ 왕침전(王沈傳)

라고 하여 실속이 있으면 선전을 하지 않아도 저절로 드러난다는 뜻으로도 쓰이고 있다. 이것도 이 '빙탄'에서 파생한 숙어이다.

字源 ▌ 運(움직일 운) 辶+軍. 군인[軍]이 수레를 몰고 간다[辶], 또는 물건[軍]을 지고 간다[辶]는 데서 '나르다' '운전하다' '옮기다'의 뜻이 됨. 會意 / 辶에서 뜻을, 軍에서 음을 취함. 形聲

炭(숯 탄) 屵(岸, 언덕 안의 획 줄임)+火. 언덕[岸]에서 굽는 것[火]이 '숯'이란 뜻. 會意 / 火에서 뜻을, 屵에서 음을 취함. 形聲

語義 ▌ 天運(천운) 하늘의 운행, 기후. 人世之炎凉(인세지염량) 인간 세상의 뜨겁고 서늘함. 권세에 아첨하고, 패배자에게 냉담한 세태. 氷炭(빙탄) 사람에 따라 차갑고 따뜻하게 대하는 변덕. 滿腔(만강) 강(腔)은 가슴을 뜻함. 가슴에 가득 참. 隨地(수지) 이르는 곳마다.

134. 최상의 즐거움은 스스로 만족함에 있다

^{차 불 구 정} ^{이 호 역 부 조} ^{주 불 구 렬} ^{이 준 역 불 공}
茶不求精하니 而壺亦不燥하고 酒不求冽하니 而樽亦不空하

^{소금} ^{무 현 이 상 조} ^{단 적} ^{무 강 이 자 적} ^{종 난 초}
며 素琴은 無絃而常調하고 短笛은 無腔而自適하면 縱難超

^{월 희 황} ^{역 가 필 주 혜 완}
越羲皇이나 亦可匹儔嵇阮이라.

文意 ▍ 차는 매우 좋은 것만 찾지 않으니, 차 단지가 또한 마르지 않고, 술은 맛이 좋은 것만 찾지 않으니, 술통이 또한 비지 않으며, 소박한 거문고는 줄 없이 항상 고르고, 짧은 피리는 구멍 없이 절로 쾌적하니, 비록 복희씨를 뛰어넘기는 어려워도, 혜강과 완적쯤은 가히 필적할 수 있으리라.

要旨 ▍ 좋건 나쁘건 차를 계속 마시고, 술을 끊임없이 마시며, 자연의 음악 속에 유유자적하면, 복희씨의 생활에 미치지는 못하지만 죽림칠현에는 비길 만하다.

解說 ▍ 중국 진(晋)나라의 죽림칠현(竹林七賢), 곧 혜강(嵇康)·완적(阮籍)·산도(山濤)·상수(向秀)·유영(劉伶)·완함(阮咸)·왕융(王戎)은 매일 대숲 속에 모여 청담(淸談)을 논하며 술로 세월을 보내는 가히 신선생활을 보냈다 할 것이다. 또 중국 전설시대의 세 임금 복희(伏羲)·신농(神農)·수인(燧人) 시대는 이상적인 시대로 유명하다.
비록 넉넉한 생활은 아니나 마시고 싶은 차와 술이 있고, 자연의 음악이 곁들여지니 그야말로 유유자적(悠悠自適)하여 천하에 부러울 것이 없다 할 것이다.

字源 ▍ 茶(차 차) ①원래는 艹(艸)에서 뜻을, 余(나 여)에서 음을 취한 茶(씀바귀 도)였는데 一획이 줄음. [形聲] / ②艹+人+木. 사람〔人〕이 그

잎[艹]을 먹는 나무[木], 곧 '차나무' '차잎' 등을 뜻함. 會意

皇(임금 황) 머리에 왕관을 쓰고 앉아 있는 황제의 모양을 본뜸. 象形 /
自＋王. 시초로부터[自] 있었던 세 왕[王], 곧 '삼황(三皇)'을 뜻함. 會意

匹(짝 필) ①베 '한 필'을 여러 번 접은 모양을 본뜸. 象形 / ②匚(덮을
혜)＋八. 덮개[匚]를 둘로 나누어[八] 한 '짝'을 만든다는 뜻. 會意 / 匚
에서 뜻을, 八에서 음을 취함. 形聲

字義 ▌ 羲(희) 황제 이름. 儔(주) 짝. 嵇(혜) 성(姓). 阮(완) 성(姓).

語義 ▌ 精(정) 품질이 매우 좋음. 燥(조) 마름. 차가 떨어져 그릇이 빔.
冽(렬) 향기롭고 서늘함. 素琴(소금) 소박한 거문고. 꾸미지 않은 거문
고. 羲皇(희황) 중국 태고시대의 전설적인 황제. 복희씨(伏羲氏)라고도
한다. 匹儔(필주) 짝. 필적함. 嵇阮(혜완) 혜강(嵇康)과 완적(阮籍). 진
(晋)나라 때 죽림칠현 중의 두 사람.

---

135. 모든 일은 인연이니 분수에 안거安居하라

釋氏隨緣과 吾儒素位의 四字는 是渡海的浮囊이라. 蓋世路
茫茫하여 一念求全하면 則萬緒紛起하니 隨寓而安이면 則無
入不得矣라.

文意 ▌ 불교에서 말하는 '수연(隨緣)'과 유가에서 말하는 '소위(素位)',
이 넉 자는 바다를 건너는 부낭이다. 대개 세상을 살아가는 길은 아득
히 먼 것이라서, 한 가지 생각으로 완전한 것만을 구한다면, 만 가지

잡념의 실마리가 어지럽게 일어나니, 경우에 따라서 안주하면, 어디를 가든지 얻지 못함이 없을 것이다.

要旨 ▌ 수연(隨緣)과 소위(素位)는 세파(世波)를 건너는 구명대(救命帶)이다. 이것으로 생활의 방도를 삼으면 어디에 가나 편안하다.

解說 ▌ '수연(隨緣)'이란 '인연을 따른다'는 뜻이다. 외계의 사물이나 자신에게 감촉을 주는 것을 '연(緣)'이라 하고, 이 '연'에 응하여 나 자신이 동작하는 것을 '수연' 곧 '인연에 따른다'고 한다. 따라서 불교에서는 모든 일이 인연으로 이루어지고 인연으로 흩어진다고 한다. 그래서 '옷깃만 스쳐도 인연이 있다'고 한다.

한편 유교에서는 ≪중용(中庸)≫ 제14장에

'군자는 자기의 위치에 처해 있어 그 밖의 것은 바라지 않는다. 부귀에 처해 있으면 부귀한 데서 행하고, 빈천에 처해 있으면 빈천한 데서 행하며, 미개한 족속에 처해 있으면 미개한 족속에서 행하고, 환난 속에 처해 있으면 환난 속에서 행하므로, 군자는 어디에 들어가도 득의하지 않는 일이 없다.(君子素其位而行, 不願乎其外. 素富貴, 行乎富貴. 素貧賤, 行乎貧賤. 素夷狄, 行乎夷狄. 素患難, 行乎患難. 君子無入而不自得焉.)'
라고 했다.

인연에 따라 분수에 맞게 행함이 군자의 도리이다.

字源 ▌ 四(넉 사) 옛날에는 작대기 네 개〔亖〕로 '넷'을 뜻했음. 指事 / 囗
(둘레 위)＋八. 주위〔囗〕를 사방으로 나눈다〔八〕는 데서 '넷'을 뜻함.
會意

渡(건널 도) 氵(水)에서 뜻을, 度(법도 도)에서 음을 취함. 形聲

茫(아득할 망) ＋＋(艸)＋汒(큰물 망). 넓은〔汒〕 초원〔艹〕이 펼쳐져 있다는 데서 '광활함' '아득함'을 뜻함. 會意 / ＋＋에서 뜻을, 汒에서 음을 취함.
形聲

緖(실마리 서) 糸에서 뜻을, 者(놈 자)에서 음을 취함. 形聲

字義 ▌ 囊(낭) 주머니, 자루.

語義 ▌ 隨緣(수연) 인연을 따름. 素位(소위) 자기 본분을 지켜 행함.

浮囊(부낭) 구명대(救命帶).　茫茫(망망) 아득히 먼 모양.　萬緖(만서) 만
갈래 생각의 실마리.　紛起(분기) 어지럽게 일어남.　寓(우) 부치어 삶.
임시로 사는 집. 여기서는 '경우'의 뜻.　無入不得(무입부득) 가는 곳마다
깨달음을 얻지 못함이 없음.

해 제 解題

'채근담(菜根譚)'이란 '나물 뿌리를 씹는 담박한 생활에서 인생을 관조하고 인간이 나아갈 길을 말한다'는 뜻의 책 이름이다. 채근(菜根)이란 말은 원래 중국 송나라 주자(朱子, 본명 주희朱熹 1130-1200)가 제자 유자징(劉子澄)을 시켜 어린이 수신(修身) 교재로 엮은 ≪소학(小學)≫의 맨 끝 구절에서 나왔다. 곧,

'왕신민이 일찍이 말하기를 "사람이 항상 나물 뿌리를 씹어 먹으면 모든 일을 이룰 수 있다" 하니 호강후가 듣고 무릎을 치며 감탄했다.(汪信民嘗言 "人常咬得菜根, 則百事可做." 胡康侯聞之, 擊節嘆賞.)'

라고 한 데서 나온 말이다.

왕신민은 송나라 임천(臨川) 사람으로 이름은 혁(革)이다. 또 이 소리를 듣고 감탄한 호강후는 송나라 호안국(胡安國)으로 자가 강후이고, 시호는 문정(文定)이다. 주자도 이 말에 평을 붙이기를,

"지금 사람들이 나물 뿌리를 씹어 먹지 않아 그들의 마음을 어기는 자가 많으니, 삼가지 않을 수 있는가?(今人, 因不能咬菜根, 而至於違其心者, 衆矣. 可不戒哉?)"

라고 했다.

그러므로 ≪채근담≫은 자연과 인생의 묘리(妙理)와 처세(處世)와 은둔(隱遁)의 요결(要訣)을 설명한 책이다.

≪채근담≫은 중국 명나라 학자 홍자성(洪自誠)의 저서로 되어 있는데, 명나라 만력(萬曆, 1573-1620) 연간의 학자 우공겸(于孔兼)의 제사(題詞)에서 언급했기 때문에, 홍자성이 저술한 것으로 알게 되었다. 그러나 홍자성의 자세한 전기는 기록되어 있는 곳이 없어, 그의 생애를 알 길이 없고 다만, ≪채근담≫의 내용으로 미루어 보아, 그는 유불선(儒佛仙)에

통달한 철인(哲人)임을 알 수 있을 뿐이다. 그러나 제사를 쓴 삼봉주인(三峯主人) 우공겸(于孔兼)의 약력은 ≪명사(明史)≫ 등 여러 곳에 보인다.

그런데 ≪채근담≫은 청나라 건륭(乾隆, 1736-1795) 말년에 수초당(遂初堂)에서 간행한 것이 또 있는데, 거기에는 저자가 홍응명(洪應明)으로 되어 있다. 그래서 이것을 건륭본(乾隆本)이라고 하는데, 이 책에는 우공겸의 제사를 빼버리고 수초당 주인의 지어(識語)를 앞에 붙이고 있다. 따라서 홍자성·홍응명·수초당 주인의 관계가 묘한데, 결국 3인이 한 사람의 이칭(異稱)일 것이라고도 하고, 별개의 인물이라면 홍응명과 수초당 주인은 동일인일 것이라고도 하는 등 추측이 분분하다.

그러나 두 판본을 비교해 보면, 홍자성본 곧 만력본은 전편을 전집(前集)·후집(後集)으로 나누어 전집이 225조(條), 후집이 134조(혹은 135조)로 되어 있는데 대하여 홍응명본, 곧 건륭본은 수성(修省)·응수(應酬)·평의(評議)·한적(閑適)·개론(槪論)의 5종목으로 나뉘어 있다. 그 내용은 양자가 공통된 장(章)도 많으나 후자가 전자보다 장수가 더 많다.

그래서 전자를 약본(略本), 후자를 광본(廣本)이라고도 부른다. 곧 건륭본은 만력본을 대본으로 후인이 증보(增補)할 때, 청나라 석성재(石性齋)가 편한 ≪속채근담(續菜根譚)≫ 등에서 증보, 편자의 취향에 맞는 글을 더 뽑아 실은 것으로 여겨진다. 그래서 홍자성본이 원본이고, 홍응명본은 증보한 것이므로, 이 역주본(譯注本)은 홍자성본을 대본(臺本)으로 삼았다.

따라서, 이 ≪채근담≫의 내용은 전집은 대체로 사람이 세상에 나아가 사람들과 사귀고 일을 처리하며 임기응변(臨機應變)하는 도를 설명했고, 후집에서는 주로 조용한 곳으로 물러나 앉아 한가히 거처하는 즐거움을 기술하고 있다. 요컨대 동양적 인간학의 쾌저(快著)라 할 것이다.

이 책은 우리나라에도 많이 읽혀 왔는데, 번역본으로는 한용운(韓龍雲, 1879-1944)이 번역한 것을 비롯하여 여러 종류가 있다. 역자가 참조해 본 것들은 다음과 같다.

채근담(수진판袖珍版)	한용운(韓龍雲)	강의(講義)	1917	동양서원
인생과 수양(채근담)	이종렬(李鍾烈)	역(譯)	1961	성봉각
채근담	조지훈(趙芝薫)	편저(編著)	1962	현암사
채근담	이주홍(李周洪)	역(譯)	1973	을유문화사
채근담	민태식(閔泰植)	역(譯)	1974	문선각
채근담	황영주(黃渶周)	역주(譯註)	1978	명문당
채근담	도광순(都珖淳)	역주(譯注)	1978	문예출판사
채근담	김구용(金丘庸)	역(譯)	1979	정음사
채근담	노태준(盧台俊)	역해(譯解)	1980	홍신문화사
채근담	이기석(李基奭)	역해(譯解)	1981	홍신문화사
채근담	박일봉(朴一峯)	역저(譯著)	1982	육문사

채근담菜根譚

초판 발행 – 2015년 7월 30일
2쇄 발행 – 2016년 6월 25일
3쇄 발행 – 2020년 2월 14일

역　자 – 李錫浩
발행인 – 金東求
발행처 – 명문당(창립 1923년 10월 1일)
　　　　서울특별시 종로구 윤보선길 61(안국동)
　　　　우체국 010579-01-000682
　　　　전화 (02) 733-3039, 734-4798
　　　　FAX (02) 734-9209
　　　　Homepage www.myungmundang.net
　　　　E-mail mmdbook1@hanmail.net
　　　　등록 1977.11.19. 제1-148호

ISBN 979-11-85704-35-7　03150